아산재단 연구총서 제389집

망명과 귀환이주

서 장 원

집문당

아산재단 연구총서 제389집

망명과 귀환이주

2015년 8월 10일 1판 1쇄

저 자 | 서장원
발행인 | 임동규
발행처 | **집문당**
등 록 | 1971. 3. 23. 제300-2012-69호
영업부 | 413-120 경기도 파주시 광인사길 85
(02)743-3192~3 팩스(02)742-4657
전자우편 | sale@jipmoon.co.kr
편집부 | 110-360 서울시 종로구 돈화문로 82
(02)743-3096~7 팩스(02)743-0227
전자우편 | edit@jipmoon.co.kr
홈페이지 | www.jipmoon.co.kr

ISBN 978-89-303-1693-4
978-89-303-1500-5(세트)
가격 31,500원

이 도서의 국립중앙도서관 출판시도서목록(CIP)은 e-CIP홈페이지(http://www.nl.go.kr/ecip)와 국가자료공동목록시스템(http://www.nl.go.kr/kolisnet)에서 이용하실 수 있습니다.
(CIP제어번호: CIP2015019780)

망명의 길은 '돌아올 수 없는 여행'이다. 망명의 길에 접어든 사람은, 그리고 귀향을 꿈꾸는 사람은 잃은 사람이다. 그는 다시 돌아가고 싶다. 그러나 다시 돌아와 발견한 장소는 더 이상 그가 떠나온 그곳과 같은 곳이 아니다. 그는 그와 같이 지낼 수 없었던 사람들에게로, 그가 사랑했고 잊지 못했던 나라들로, 그 자신의 것인 언어의 영역으로 돌아가고 싶다. 그러나 그는 결코 고향으로 돌아가지 못한다.

– 칼 추크마이어 –

우리는 다시 이 나라를 떠납니다. 그리고 모든 것은 귀향이 될 수 없었음에 틀림없습니다. 그것은 나에게 부여되지 않았습니다. [⋯] 나는 여기에서 숨 한번 제대로 쉴 수 없다는 것을 알았습니다. 이것은 망명은 아니지만, 망명을 기억나게 하는 대략 그러한 것이었습니다. 나뿐만 아니라, 나의 책들도 그것을 겪었습니다.

– 알프레트 되블린–

방대한 필생의 저작을 쓴 한 78세의 작가는 인생의 나머지에 무엇을 하는가? 그의 소설들이 [⋯] 인간들과 사회적 관계들을 개선하지 못한 것을 들여다본 다음, 들여다보아야만 했던, 그는 무엇을 하는가? (예술적) 환상이 없는, 그의 소설들이 인간들을 인간적으로 만들었다는 거짓말로 스스로를 진정시키려는 준비가 되어 있지 못한, 78세의 작가는 무엇을 하는가? [⋯] 모든 잃어버린 (예술적) 환상에도 불구하고 그는 그의 양심이 그에게 요구하는 것을 쓴다.

– 레온하르트 프랑크–

우리는 마지막 사람들이다.
꼬치꼬치 캐물어 보아라.
우리는 준비 되어 있다.

– 한스 잘 –

머리말

본 연구는 고려대학교 교수자격으로 신청한 2009/10 아산사회복지재단 신진학자 지원 사업 학술연구 결과물이다. 두 기관의 배려가 없었더라면 본 연구는 세상에 빛을 보지 못했을 것이다. 천학비재하지만 '망명과 귀환이주' 현실에 대한 국내 학계의 관심을 불러일으키고 연구를 위한 토대 기반 마련에 미력하나마 기여를 하고 싶은 것이 본 연구의 목적이다.

2004년 독일의 EPISTEMATA (K&N) 학술총서로 간행된 본 연구자의 독문 저서 *Die Darstellung der Rückkehr* (귀환이주 서술)이 본 연구의 모태이다. 이 저작이 선별된 독일의 망명 작가와 망명자서전에 주목했다면, 본 연구서는 20세기 독일에서 발생한 망명과 귀환이주 현실에 대한 전반적인 사항을 체계적으로 파악하는 데 주력했다. 20년 이상 독일에서 유학하며 직접 배우고 익힌 학문적 시각을 국내에서 서투르게 적용하기보다는 '망명과 귀환이주'에 관한 연구모델을 창출하는 것이 임무라고 느꼈기 때문이다. 이러한 맥락에서 '망명과 귀환이주'에 관련된 자료를 총망라했다. 연구서뿐만 아니라 자료로서의 가치도 염두에 두었기 때문이다.

'망명과 귀환이주'에 관한 문제는 꼭 집고 넘어가야 할 시대적 과제이다. 관심이 집중되고 후속 연구가 이어지길 바란다. 본 연구는 미완성이다. 하지만 흐름에는 지장이 없다. 미완성인 제7장 '구역 밖으로의 귀환이주'는 다음 기회에 선보일 것을 약속한다. 개인적으로 애착이 가는 부분이다.

학문을 위해 평생을 떠도는 사람 때문에 가난하고 괴로운 나의 아내, 두 딸 명희, 동희에게 잠시나마 위안이 되었으면 좋겠다. 쉬지 않고 학문적 조언을 아끼지 않는 나의 구텐베르크-마인츠 대학교 은사님인 베른하르트 슈피스 (Bernhard Spies) 교수님, 에르윈 로터문트 (Erwin Rotermund) 교수님, 헤르만 쿠르츠케 (Hermann Kurzke) 교수님을 생각한다. 이 책이 나오기까지 응원해 주고 도와준 고마운 분들에게 감사의 말을 전한다.

2015년 5월 8일
(나치독일 패망 70주년 기념일)
조국광복 70주년 기념일을 기다리며
고려대학교 인문대학 연구실에서
서 장 원

| 차 례 |

제1장 문제제기 및 방향설정 · 1

1. 연구동기 ······ 3
2. 주제설정 ······ 13
3. 연구방향 ······ 19
4. 연구구성 ······ 26

제2장 망명의 본질과 그 전개양상 · 31

1. 망명의 본질 ······ 33
   - 1.1. 망명의 기원 및 개념 ······ 33
   - 1.2. 20세기의 사회적 현실과 망명 ······ 43
   - 1.3. 20세기 독일 망명발생의 역사적 배경 ······ 54
2. 권력과 폭력 ······ 72
   - 2.1. 악의 규정과 폭력의 기원 ······ 72
   - 2.2. 제국의회방화 사건과 나치 독재체제 구축 ······ 75
   - 2.3. 분서사건 ······ 79
3. 나치 이데올로기와 나치의 문화정책 ······ 88
   - 3.1. 나치 이데올로기 ······ 88
   - 3.2. 나치 문화정책 ······ 91
4. 망명현실 ······ 96
   - 4.1. 망명경로 ······ 96
   - 4.2. 망명경험 ······ 100

제3장 망명객 유형 및 현황 · 107

1. 망명객 유형 기준 ······ 109
2. 망명 정치인 ······ 112
3. 망명 작가 및 언론출판인 ······ 123
4. 망명 연극인 및 영화인 ······ 138
4.1. 연극인 ······ 138
4.2. 영화인 ······ 140
5. 망명 예술가 ······ 147
5.1. 음악가 ······ 147
5.2. 화가 및 조각가 ······ 154
5.3. 건축가 ······ 158
5.4. 사진작가 ······ 159
6. 망명 학자 ······ 161
6.1. 자연과학자 ······ 161
6.2. 정신과학자 ······ 179
6.3. 사회과학자 ······ 193
6.4. 심리학자 ······ 216
6.5. 예술사학자 ······ 222
6.6. 그 밖의 학자들 ······ 225
7. 망명 법조인 ······ 227

제4장 귀환이주 현실 · 229

1. 나치 체제 붕괴와 분할점령된 독일 ······ 231
1.1. 나치 체제 붕괴 ······ 231
1.2. 분할점령 속의 정치적 발전 ······ 232
2. 예정된 귀환이주 ······ 237
2.1. 귀환의 희망과 귀환이주의 현실 사이에서 ······ 237

2.2. 점령군 복장으로의 귀환이주 ········· 242
2.3. 점령군 문화정책 ········· 251
3. 조국으로의 귀환이주 ········· 256
3.1. 두 공화국 두 국가 (國歌) ········· 256
3.2. 신생공화국 수립과 귀환이주 정치인 ········· 282
3.3. 귀환이주 엘리트 유대인 ········· 290
4. 귀환이주 망명객 현황 ········· 303
4.1. 연도별로 본 귀환이주 현황 ········· 304
4.2. 분야별로 본 귀환이주 현황 ········· 320

제5장 군정지역으로의 귀환이주 · 339

1. 망명과 귀환의 서글픈 노래 ········· 341
1.1. 바이마르 공화국 시절의 민중작가 ········· 341
1.2. 나치등장과 망명의 길 ········· 349
1.3. 미군의 임무와 독일작가로 귀환 ········· 363
2. 귀향 없는 귀환이주 ········· 375
2.1. 재회 ········· 375
2.2. 돌아올 수 없는 여행 ········· 387
2.3. 귀환이주 후의 재망명 ········· 407
3. 남긴 과제들 ········· 427
3.1. 총체적 죄와 과거사 극복문제 ········· 428
3.2. 독일에 사는 이유와 살지 않는 이유 ········· 433
3.3. OSS 비밀보고서 ········· 444

제6장 분단국가로의 귀환이주 · 451

1. 심정적 사회주의자, 그리고 평화주의자 ······ 453
1.1. 군정지역 귀환이주자들과의 차이점 ······ 453
1.2. 심정적 사회주의자 ······ 463
1.3. 평화주의자 ······ 478
2. 유럽망명, 미국망명 ······ 497
2.1. 유럽망명 ······ 497
2.2. 미국망명 ······ 509
3. 심정적 사회주의자의 서독 귀환 ······ 531
3.1. 비현실적 기대와 부적절한 귀환 ······ 531
3.2. 굴욕적 환영과 환상파괴의 현장 ······ 537
3.3. 원하지 않는 이주자 ······ 548
4. 동·서독 사이의 귀환이주자 ······ 558
4.1. 동·서독 사이의 작가 ······ 558
4.2. 메아리 없는 구상과 공허한 경각심 ······ 566
4.3. 독일 내의 재망명 ······ 570

제7장 구역 밖으로의 귀환이주 · 575

1. 소수와 다수 ······ 577
1.1. 마지막 사람들 ······ 577
1.2. 망명중의 망명 ······ 584
1.3. 집단주의 밖의 고독한 지성인 ······ 588
2. 망명후의 망명 ······ 593
2.1. 이방으로의 귀환이주 ······ 593
2.2. 20세기 비판 ······ 597
2.3. 중개자로서의 망명객 ······ 601
3. 죽어가는 자의 고독 ······ 603

제8장 생각해야 할 의무: 맺는말을 대신하여 · 607

참고문헌 …… 617
약 어 …… 629
부 록 1. 저명 망명객들의 간략한 약력 …… 633
2. 흑색목록 -볼프강 헤르만 목록- …… 763
3. 나치시대 금서 작가 (저술가 포함) 목록 …… 781
찾아보기 …… 789

제1장

문제제기 및 방향설정

제1장 문제제기 및 방향설정

1. 연구동기

20세기 한국은 조선왕조 몰락, 일제강점, 해방, 건국, 6·25전쟁, 분단고착, 민주화 물결 등 격동과 전환의 역사를 겪으며 자생적으로 발생할 수밖에 없었던 망명과 귀환이주의 역사가 있었다. 그런데 격동의 20세기가 지나고 새로운 밀레니엄이 시작된 이 시점에, 굳이 영광과 발전의 역사보다는 별로 떠올리고 싶지 않은 '망명과 귀환이주'에 대한 주제를 거론하는 것은 언젠가 어느 누구에 의해서인가 풀어야 할 시대적 과제이기 때문이다. 이 문제는 단순히 흘러간 어두운 역사의 한 장면이 아니라 오늘날 우리가 당면하고 있는 —긍정적이든 부정적이든— 수많은 문제의 진원지일뿐더러 좀 더 밝은 미래를 밝히기 위한 처방전 역할을 할 수 있는 중요한 대목이다.

망명이란 무엇인가? 망명은 어떠한 상황에서 발생하며 망명의 결과는 어떠한 양상으로 나타날까? 망명의 길을 떠나야 했던 자들은 누구이며, 그들이 망명을 가야만 했던 동기는 무엇일까? 망명을 떠난 자들의 숫자는 얼마나 될까? 조국에서 추방되었거나 도주한 자들은 어떠한 망명경로를 밟았으며, 그들이 정착한 망명의 땅은 어느 곳이었을까? 망명의 땅에서 망명객들은 어떠한 경험을 했을까?

망명객들이 그동안의 망명생활을 뒤로하고 조국으로 귀환할 수 있었던 정치 사회적 배경은 무엇인가? 그들은 언제, 어느 망명의 땅에서 조국으로 귀환이주했는가? 귀환한 망명객들의 숫자는 실제로 어느 정도일까? 귀환이주한 자들은 어떠한 부류의 망명객들일까? 귀환이주자들은 어떠한 방법을 통해 그들의 조국으로 돌아왔을까? 망명객들이 귀환하기로 결정했을 때 망명지 현실은 어떠했으며, 그들이 떠나 있던 옛 고향은 어떻게 변해 있었을까?

망명객들이 고국 (혹은 옛 고향)으로 귀환했을 때, 국내에 거주하고 있던 자들은 그들을 어떻게 생각했을까? 귀환이주한 망명객들은 국내 거주자들에게 어떠한 대접을 받았을까? 망명객들은 돌아온 고국 현실에서 어떠한 경험을 해야만 했을까? 귀환이주를 하지 못한 망명객들은 왜 돌아오지 못했고 그 이후의 상황은 어찌 되었을까?

망명과 귀환이주 현상은 시대적 현실과 어떠한 관계에 있으며, 인간과 사회를 위해 어떤 의미를 지니고 있을까? 실질적으로 '망명과 귀환이주'에 대한 연구는 어느 정도 진행되고 있는가? '망명과 귀환이주'에 대한 연구는 어떠한 방법으로 작업해야 되며, 결국 어떠한 목적을 지녀야 하는가?

누구나 우리가 살아온 20세기를 한번쯤 되돌아보고 오늘날의 현실을 조금만 직시해 본다면, '망명과 귀환이주'에 관한 주제가 역사적으로 얼마나 중차대하며 아직도 우리의 현실과 얼마나 깊은 연관관계를 맺고 있는지 실감하게 된다. 그렇다면 우리에게도 정말 망명과 귀환이주의 역사가 있었을까? 실제로 우리의 역사에서도 그러한 사건이 발생했다면, 그것은 바로 오늘날의 인간과 사회에 어떠한 영향을 미치고 있을까?

조선왕조 몰락과 일제강점이 시작되던 시기에 국내에서 청년시절을 보낸 이승만 (1875-1965)은 1912년 일제가 조작한 이른바 '105인 사건'에 연루되었으나 미국 선교사들의 주선으로 위기를 모면한 후 조국을 떠나 망명의 길에 접어든 20세기 초창기 망명객 중의 한 사람이다. 그는 망명지인 미국, 하와이, 상하이 등지에서 '대한민국임시정부', '워싱턴 구미위원회', '제네바 국제연맹회의' 등을 중심으로 정치활동을 전개했다. 미국으로의 망명은 초행길이 아니라 이미 1904년부터 1910년 사이 미국의 대학에서 수학한 전력이 있었다. 1907년 조지워싱턴대학 졸업, 1908년 하버드대학 석사학위, 1910년 프린스턴대학에서 '미국의 영향을 받은 영세중립론'으로 철학박사학위를 취득한 것으로 알려져 있다.

1945년 제2차 세계대전이 막을 내리자 그해 10월 미국에서 곧장 귀환이주한다. 그 후 이승만은 해방공간, 대한민국 정부수립, 6·25전쟁, 자유당 정권, 4·19혁명 등 급변하는 시대적 흐름의 중심부에서 있었다. 시대에 대한 역사적 논의만큼 논쟁의 중심에 서 있는 인물이다. 한 인간으로 자기 인생의 중요한 시기를 대부분 망명지에서 보냈던 이승만은 인생 말년에 종래와는 또 다른 형태의 망명길에 올라 결국에는 망명지에서 파란만장한 생을 마감한다.

조선왕조가 몰락해가고 서세동점의 현장에 있던 김구는 1893년 동학의 접주가 된 후 동학농민운동을 지휘하던 중 1895년 일본군에 쫓겨 만주로 피신한다. 일제에 의해 조선왕조가 몰락해 가는 것을 보며 1896년에는 일본인에게 시해당한 명성황후의 원수를 갚고자 직접 일본군 중위 '쓰치다'를 살해한다. 1911년에는 '안악사건'으로 체포되어 15년의 형을 선고받아 복역과 출옥을 하였으며, 결국에는 3·1

운동 후 상하이로 망명한다.

망명지 중국에서 김구는 임시정부, 한국국민당, 한인애국단, 한국광복군 등을 중심으로 정치활동을 전개한다. 일제강점으로 인해 망명의 길을 떠난 김구는 제2차 세계대전에서 일본이 패망하자 대한민국 임시정부의 주석 자격으로 상하이에서 귀환이주한다. 귀환이주 후 모스크바 3상회의, 신탁통치 찬·반 운동, 남한만의 단독 총선거 실시 등 망명지에서와는 또 다른 정치활동을 재개한다. 하지만 해방공간과 남북협상의 소용돌이 속에서 국내의 정치발전과 '민족통합 내지 통일정부수립을 위한 남북협상'을 위해 주도적인 역할을 하던 중, 꿈에도 그리던 돌아온 고국에서 망명의 원인제공자가 아닌 동족의 한 청년에 의해 타살당한다.

'안악사건' 후인 1913년 상하이로 망명했고, 1919년에는 파리강화회의에 민족대표로 참여하여 조국독립의 당위성을 주장하며 구미에서도 망명활동을 전개했던 김규식은 1945년 11월 망명지 상하이에서 임정요인들과 함께 귀환이주한다. 귀환 후 남북 양측에서 단독정부 수립 움직임이 가시화되자 민족분단을 저지하기 위해 1948년 4월 김구와 함께 남북협상에 참석했던 김규식은 1950년 6·25전쟁의 와중에 납북되어 그해 12월 평안북도에서 사망한다.

1919년 3·1운동 참여 후 상하이로 망명한 후 1942년 연안에서 활동하며 조선독립동맹 주석을 지낸 김두봉은 망명 전 한글사전『말모이』 편찬사업에 참여하여 한글학자로도 이름이 알려진 인물이다. 조선의용군 계열 연안파의 거두인 김두봉은 1945년 소련군 점령구역인 북한으로 귀환이주한다. 북조선노동당 위원장 등을 역임했으나 연안파 숙청과 함께 당에서 제명당했고, 중노동을 강요당하며 목숨을 연명하다가 1960년 사망한 것으로 알려진다.

1918년 중국 난징에서 망명생활을 시작한 김원봉은 의열단, 조선의용대 등의 강력한 군사조직을 편성하여 무력으로 항일 활동을 전개한 인물이다. 1945년 12월 대한민국임시정부 군무부장 자격으로 귀환이주한 후 좌우합작을 추진한다. 1948년 김구, 김규식 등과 함께 남북협상에 참여했다가 북에 잔류했다. 북한의 당고위직을 역임했으나 1958년 연안파 제거작업 때 숙청당한다. 참고로 이승만과 김구는 황해도 평산과 해주, 김규식은 경기도 양주, 김두봉과 김원봉은 경남 동래 (현재 부산)와 경남 밀양 출신이다. 우연히 위의 둘은 이북 사람이고 아래 두 사람은 이남 사람이다. 그리고 중간에 있는 사람은 경기도 사람이다.

비록 선별하기는 했지만 이들에 관한 개인적인 약력 및 정보를 일별해 보면 기존의 상식이나 연구결과를 굳이 언급하지 않더라도 그들과 관련된 '망명과 귀환이주 현실'은 그들에게만 국한된 개인적인 인간사라기보다는 20세기 전반부터 중반부까지 숨 가쁘게 전개된 우리의 역사적 현실과 얼마나 밀접한 연관관계를 맺고 있는가를 쉽게 알 수 있다.

그렇다면 이승만이나 김구 등 지금까지 알려진 유명 인사들을 제외한다면, 또 다른 망명객들은 없었을까? 왜 없었겠는가. 요동치는 역사적 전개과정을 차분히 추적해 보면 그들 이외의 망명객들도 쉽게 발견된다. 실례로 1910년 일제에 의해 경술국치를 당하자 그해 12월 당시 조선 안의 확고한 위치와 명성을 포기하고 겨울에 60여 명에 달하는 대가족을 이끌고 만주로 망명한 이회영 (1867-1932)이 얼른 눈에 띈다. 이회영이야말로 이승만이나 김구보다도 오히려 더 고전적 의미의 망명객에 속하는 인물이다. 이승만이나 김구는 망명 중의 활동과 귀환이주 후의 정치적 행적 때문에 돋보이는 인물들이고, 이회영과 그의 가족들은 망명과 망명현실의 역사로 남은 사람들이다.

그런데 이승만이나 김구, 혹은 이회영처럼 역사적으로 유명한 인물들을 제외한다면 특별히 기억되는 망명객들도 사실은 별로 없다. 왜 그러할까? 만일 그들 이외의 '망명과 귀환이주'에 대한 역사가 실재한다는 것을 가정한다면 왜 그들은 기억되지 못하고 논의되지 못하는 현상이 나타날까? 이러한 물음들과 이에 따른 예상 가능한 추측이 본 연구를 착수하게 된 첫 번째 동기이다.

망명연구는 본질적으로 망각과 기억의 역사를 더듬어 가는 작업이다. 예를 들어 누구나 잘 알고 있는 이승만과 김구의 개인사가 '기억의 역사'[1)]라면, 아직도 알려지지 않은 실재사실은 '망각의 역사'[2)]다. '기억의 역사'가 승자의 역사 혹은 일반인에 의해 인정된 역사라면,

---

1) "기억"과 "역사"의 연관성 혹은 "집단의 기억 (kollektive Gedächtnisse)"에 관한 일반적인 개요 및 이론은 Clemens Wischermann; Geschichte als Wissen, Gedächtnis oder Erinnerung? Bedeutsamkeit und Sinnlosigkeit in den Vergangenheitskonzeptionen der Wissenschaften vom Menschen, in Ders. (Hg.), Die Legitimität der Erinnerung und die Geschichtswissenschaft, Stuttgart 1996, S. 55-86. (Studien zur Geschichte des Alltags, Bd. 15) / Maurice Halbwachs; Das Gedächtnis und seine sozialen Bedeutungen, 2. Aufl., Frankfurt/M 1985: Ders.; Das kollektive Gedächtnis, 2. Aufl., Frankfurt/M 1985. / Pierre Nora; Zwischen Geschichte und Gedächtnis; Die Gedächtnistheorie. in; Ders.; Zwischen Geschichte und Gedächtnis (Kleine kulturwissenschaftliche Bibliothek, Bd. 16). Berlin 1990, S. 11-33. 참조. 본 글에서 사용하는 "기억의 역사" 개념 및 용어는 학문적인 개요 및 이론을 일별한 다음, 그중에서 개인적 내지 특수 집단이 아니라 일반인 혹은 일반적인 '집단'에게 알려진 '역사적 사건'으로 그 범위를 한정한다.

2) "망각"과 "역사"에 관한 체계적 이론은 별로 눈에 띄지 않는다. 다만 현대 서양 문학의 이론과 실제에서 작가 개인의 감정표현 내지 시학 정립을 위한 가능성 모색만이 눈길을 끌 뿐이다. 특히 이 부분에 관해서는 Dagma Leupold, ; Poetischer Stoffwechsel; Vergessen, Erinnern, Korrespondieren. Oder; Wie die Poesie entsteht?, in; Ders.; Alphabet zu Fuss, München 2005, S. 61-112. / 서장원: 「망각과 기억의 시학」, 『시와 문화』 제9호, 2009, 186-193쪽 참조. 본 글에서 '망각의 역사'는 '기억의 역사'에 대비되는 개념으로 사용한다.

'망각의 역사'는 패자의 역사 혹은 여건상 논의가 불가능하거나 아직도 발굴되지 않은 것이 차이라면 차이다.

그런데 이러한 것들을 나열하는 과정에서 하나의 중요한 단초를 발견하게 된다. 즉 '승자의 역사'와 '패자의 역사', '일반인에 의해 인정된 역사'와 '여건상 논의가 불가능하거나 아직도 발굴되지 않은 역사적 사실'이라는 화두는 단순히 '기억의 역사'나 '망각의 역사' 이면에 아직도 해명되지 않은 그 무엇인가가 분명히 도사리고 있다는 의구심이 발동한다. 일반적으로 '망각의 역사'는 '기억의 역사'에 의해 뒷받침되고, '망각의 역사'가 '기억의 역사'로 밝혀졌을 때는 '기억의 역사'가 '망각의 역사'로 자리를 내주게 된다.

그렇다면 '기억의 역사' 주체는 누구이며, '망각의 역사' 주체는 누구일까? '기억의 역사' 주체는 기억을 가능하게 하는 세력이나 집단이고, '망각의 역사' 주체는 이와 대비되는 세력이나 집단들이다. 이러한 역학관계를 가늠해보았을 때 망명객의 위치는 대부분 '망각의 역사'에 속한다.

이때 학문적 흥미를 유발시키는 것은 '기억의 역사 이면에 망각의 역사가 과연 얼마나 어떻게 실재했을까'라는 물음이다. 하지만 망명의 본질이 인간과 인간, 집단과 집단들 사이의 대결구도에서 숙명적으로 발생할 수밖에 없는 사회적 현실이라는 점을 감안한다면 승자와 패자, 누르는 자와 눌리는 자, 내모는 자와 내밀리는 자가 있다는 간단한 공식은 얼마든지 가능하다. 더구나 인간이라는 종의 역사를 되돌아보면 분명히 기억되어야 할 역사적 사실이 시대적 흐름과 상황에 따라, 즉 기억의 역사 주체들에 의해 기억되어야 할 역사가 —혹은 기억되어도 무방한 역사가— 의도적으로 파묻혀 버리는 수가 있다. 이로 인해 세인의 관심을 집중시키지 못한 사건들은 허다하다.

이러한 전제를 수긍한다면, 지금까지 역사적 선상에서 논의되지 않은 또 다른 망명객들이 있었다면 —현재도 존재한다면— 그들에 관한 논의는 왜 수면 위로 부상하지 않았던 (혹은 않는) 것일까? 이러한 물음들 역시 연구의 한 중요한 동기에 속한다. 이러한 물음들을 진지하게 받아들인다면 망명과 귀환이주의 연구를 진척시키기 위한 일반적이고도 구체적인 물음들은 꼬리에 꼬리를 물게 된다.

특정한 유명 망명객들 이외에 망명과 귀환이주의 역사가 다분히 존재했을 것 (혹은 현재에도 진행 중인)이라는 암시의 실마리를 제공해 주는 두 번째의 전형적인 대상은 현재의 해외 동포 집단 거주상황이다. 집단 거주상황을 통해 우리는 그들의 이주역사와 만날 수 있고, 더 나아가 집단이주 현상 이전에 이미 개인적인 망명의 역사가 있었을 것이라는 예감까지 얻게 된다.

21세기 초엽인 현재, 연변에는 조선족이 자치구를 형성하고 있으며 중앙아시아에는 고려인들이 집단으로 거주하고 있다. 1910년 한일합병부터 일본의 무단정치가 실시되었던 3·1운동 직후까지 국내에서 타국으로의 이주자는 대규모로 발생했지만 1945년 제2차 세계대전 종전 이후 해방된 조국으로 귀환이주한 자들은 떠난 자들에 비해 소수였다. 1945년 일제가 패망할 당시 중국에는 약 200만 정도의 한 (韓)인들이 거주하였지만 이들 중 약 70만 명만 독립된 조국으로 귀환이주했다고 한다.

일제강점 후 당시의 간도나 만주로 이주한 한 (韓)인들은 그들이 처음 이주했던 현재의 연변지방에서 조선족 자치구를 형성하여 아직까지도 집단적으로 정착하고 있지만 연해주로 이주한 사람들은 그와는 또 다른 형태의 이주양상을 보였다. 러시아의 연해주에 거주했던 이주자들은 1937년에 행해진 소련의 중앙아시아 강제이주 정책에 의해 약 18만 명 정도가 시베리아를 거쳐 카자흐스탄, 우즈베키스탄 등 중앙아시아의 각 지역에 정착했다.[3] 그들은 타의에 의해 또 다른 타지의 땅에 정착할 수밖에 없었고, 이로 인해 그들의 귀환이주 꿈은 더욱 멀어질 수밖에 없었다.

대규모의 유랑 내지 강제이주 현상이 발생한 지 100여 년이 흘렀다. 연변과 중앙아시아 지방을 비롯하여 세계 곳곳에는 아직도 한(韓)인 이주자들이 제 나름대로의 이주역사를 지닌 채 정착해 살아가고 있다. 그들은 중앙아시아인의 입장에서 볼 때는 중앙아시아인이 아니고, 한국인의 입장에서 볼 때는 한국인이 아닌 상태로 그들의 삶과 사회를 유지하고 있다. 중국과 한국과의 관계에서도 역시 마찬가지다. 그들은 타자의 입장에서 볼 때는 구역 밖의 사람들일 뿐이다. 그러나 그들의 입장에서 보면 구역 밖의 사람도, 구역 안의 사람도 아니다.

망명과 귀환이주에 관한 연구는 '기억의 역사'에 등장하는 저명한 인물들뿐만 아니라 '망각의 역사' 저 뒤편에 파묻혀 언젠가는 누군가에 의해 기억되어야 할 인물들이 즐비하다. 1938년 중앙아시아에서 비운의 생을 마감한 『낙동강』의 소설가 조명희 (1894-1938)[4], 1919년 3·1운동 후 상하이와 프랑스를 거쳐 독일로 망명해 1945년 이

---

3) 김 피오트로 게르노비치, 방상현 (공저): 재소 한인이민사. 스탈린의 강제이주, 서울 (탐구당) 1993 / 김 예브게니 예브게니예비치 (영웅), 리 블라지미르 표도로비치 (우효) (편저) (김명호 옮김): 스탈린체제의 한인 강제이주. 구소련 국립중앙문서보관소 공개 극비문서, 서울 (건국대학교 출판부) 1994 / 이광규: 러시아 연해주의 한인사회, 서울 (집문당) 1998 / 김 게르만: 한인 이주의 역사, 서울 (박영사) 2005 등 참조

4) 이명재: 포석 조명희 연구−조명희와 소련지역 한글문단−, 『국제한인문학연구』 창간호 (국제한인문학회), 2004 / 장사선, 우정권: 고려인 디아스포라 문학연구, 서울 (월인) 2005 등 참조

후에도 귀환하지 못하고 독일에서 생을 마감한 『압록강은 흐른다』의 소설가 이미륵 (1899-1950), 해방 후 잠시 동안 북한으로 귀환이주했다가 다시 망명지였던 중국으로 되돌아가 활동하다 생을 마감한 「팔로군행진곡」의 작곡가 정율성 (1918-1976) 등의 예술가들이 그러한 예이다. 정치적 색채가 농후한 망명자들은 '기억의 역사'에 등장하지만 보편적인 인류역사 발전에 기여한 예술가나 학자들은 '망각의 역사'에 속하기 쉽다.

역사적으로 꼭 기억되어야 할 저명한 인물들이 아니더라도, 기억되고 현실화되면 인간의 삶에 도움이 되고 경종을 울려줄 수 있는 사건과 인간의 무리는 곳곳에 있다. 일례로 해외 집단 거주자들과 이들의 개인적인 숙명이 여기에 속한다.

이처럼 망명과 귀환이주에 관한 연구는 정치 사회적인 측면뿐만 아니라 인간의 숙명과 인간본질에 대한 근원적인 물음들을 절실히 제기하고 있다. 망명과 귀환이주가 사회적인 현상이긴 하지만 집단 내지 사회적 갈등으로 인해 발생한 문제점을 종국에는 한 개인이 떠안고 해결해야 할 과제로 남기 때문이다. 이러한 의미에서 망명으로 인해 발생한 인간의 숙명과 본질에 관한 물음은 이념을 지향하는 정치 사회적인 배후의 의도적 논리나 고답적인 윤리학적 유희만으로는 해결될 성질의 것이 아니다. 왜냐하면 인간 개개인이 현실적으로 직면하고 있는 인권, 사회보장, 사회복지, 사회통합, 인간안보 등 인간 생존의 기본요건이 정치적 이념이나 단순한 철학적 인간학보다는 우선이기 때문이다.

이러한 점을 고려해 볼 때 망명과 귀환이주에 관한 연구는 종래의 저명인사, 집단 혹은 체제 위주에 국한된 기억의 역사 관점을 탈피해서 망각의 역사까지 확대할 필요가 있다. 특히 망명의 본질이 기득권보다는 피 기득권과 밀접한 관계가 있다는 점을 감안한다면 이에 대한 연구방법론은 더더욱 정당성을 확보한다. 하지만 망각의 역사를 파헤치고 현실화시키기 위해서는 무엇보다도 이에 합당한 연구 방법론이 전제된다. 타당한 연구 방법론을 전제하지 않은 망각의 역사 연구는 주관주의적 연구나 체제 내지 집단 이기주의의 이익을 대변하는 위험성을 내포하고 있기 때문이다. 이러한 의미에서 본 연구는 무엇보다도 망명과 귀환이주에 대한 토대연구로 방법론 개발에 주력하고자 한다.

2. 주제설정

망명과 귀환이주에 관한 문제는 20세기 한국의 역사가 풀어야 할 숙명적인 과제 중의 하나이다. 그럼에도 불구하고 지금까지 이에 관한 주제가 학계의 연구 대상으로 떠오르지 못한 이유는 몇 가지 원인이 있다.

첫째로 지난 100여 년의 역사가 아직도 객관적인 입장에서 제대로 정리될 만큼 정치, 사회, 문화적인 여건이 충분히 성숙되어 있지 못하기 때문이다. 둘째로 일제강점으로 인해 발생한 망명 (이민)자들이 귀환이주하기 시작하는 (혹은 기대되었던) 1940년대 후반이 시간적으로 반세기가 훨씬 지나갔지만 그동안 동족 간에 골육상잔의 전쟁을 겪었고 분단이 고착화되었기 때문이다. 이로 인해 귀환이주자들도 자의나 타의에 의해 이데올로기가 서로 다른 남과 북으로 양분될 수밖에 없었다. 이러한 현실에서 망명객들은 귀환이주 자체에 대한 결정을 쉽게 할 수 없었을 것이고, 동시에 남과 북 각각의 사회는 진정한 의미의 망명과 귀환이주에 대한 논의를 금기시했을 것으로 추측된다.

셋째로 제2차 세계대전 종전 후 남과 북은 대체로 귀환이주를 통해 성공한 망명객들이나 그들을 추종하는 세력들이 정치, 사회, 문화 등 대부분의 분야에서 주도권을 장악했기 때문에 체제 수호적인 혹은 그들에 의한 그들만의 개인미화적인 사실만을 정당화하는 것이 일반적인 상황이었다. 이러한 현실에서 각양각색의 망명과 귀환이주자에 대한 본질적이고도 전반적인 토론은 기대할 수 없었을 것이다.

이러한 실상은 연구를 가로막는 걸림돌이다. 하지만 또 다른 한편으로 보면 연구의 중요성 내지 필요성을 자극하는 동기로 작용하기도 한다. 이렇게 간단하지 않고 동시에 방대한 주제를 효과적으로 진행시키기 위해서는 무엇보다도 선행연구에 대한 철저한 분석이나 이에 합당한 연구방법론 모색이 전제된다. 망명과 귀환이주에 관한 문제는 어느 시대 어느 곳을 망라하고 항상 정치 사회적으로 민감한 사안이기 때문이다. 더 나아가 특정한 일개인의 개인적인 이력과 밀접하게 연관되어 있기 때문에 연구의 방향이 자칫 잘못하면 체제수호나 집단이익 혹은 해당된 개개인에 대한 무책임한 미화나 비방 혹은 지나간 과거에 대해 자의적인 해석으로 일관될 위험성을 다분히 내포하고 있기도 하다.

그렇다면 다양한 선행연구나 신뢰할 수 있는 연구방법론은 충분히 축적되어 있는가? 이미 다양한 연구가 진척되었다고 전제할 경우, 연구자들 사이에서 '망명과 귀환이주'에 관한 문제점을 일목요연하게 조망할 수 있다고 인정하는 연구결과물이 과연 어느 정도 있을까? 더구나 망명에 관한 연구가 국내에서는 아직 미개척분야인 점을 감안한다면 외국의 사례연구를 주목할 수밖에 없는데, 외국의 연구 성과를 과연 어느 정도 국내에 수용할 수 있고 또한 수용의 방법에는 그에 따른 문제나 그 자체가 내포하고 있는 위험성은 없을까? 이러한 문제점과 질문들을 고려하여 본 연구는 20세기 독일역사에서 발생한 '망명과 귀환이주'를 연구주제로 설정한다.

20세기 독일 역사는 한 시대의 몰락 (바이마르 공화국)과 새로운 정치체제 (히틀러 나치 체제)의 등장, 흥망과 영욕의 역사, 분단과 재통일 등 일련의 시대적 전개상황이 20세기 한국의 전반적인 사회상황과 비슷한 양상을 보이고 있기 때문에 이론적인 기본토대를 마련해야 하는 20세기 한국의 시대사나 아직도 첫발을 내딛지 못한 망명과 귀환이주에 대한 연구를 위해서는 좋은 암시로 작용할 수 있다. 더구나 독일은 인류역사에서 발생한 망명현상이 대표적인 양상 혹은 전형적인 형태를 보여주고 있고, 이에 대한 논의 역시 아직도 종결되지 않은 채 —숙명적으로 종결될 수 없는 미완의 과제로— 끊임없이 진행되고 있기 때문이다. 독일을 대상으로 삼을 경우 망명과 귀환이주에 대한 체계적 파악은 물론 주제가 숙명적으로 지닐 수밖에 없는 위험성과 문제점까지 제시할 수 있다.

독일의 학계에서 망명과 귀환이주에 관한 논의는 자국 내의 정치사회적 발전 상황과 깊은 연관관계를 맺고 있다. 제2차 세계대전이 막을 내린 1945년에서 1950년대 초반까지 망명과 귀환이주에 관한 논의는 망명에서 귀환한 망명객 당사자들은 물론 대다수의 일반인들에게도 일반적이고도 첨예한 시대적 주제였다. 대표적인 논의가 1945년 토마스 만과 발터 폰 몰로 사이에 벌어진 귀환이주에 대한 논쟁이다. 하지만 구서독의 경우 1950년대 초반을 기점으로 기민당(CDU)의 아데나워정권이 미국 및 여타의 서방세력들과 강력한 동맹관계를 맺고 반공과 경제부흥 주도의 정책을 펼침에 따라 '망명과 귀환이주', '독일인의 집단적인 죄의 문제', '과거사 극복문제' 등의 논의는 서서히 자취를 감추었다.

서독에서 망명에 관한 논의가 공개적으로 진행된 것은 68세대가 등장한 이후인 1970년대부터이다. 그러나 본격적인 논의는 이보다 좀 더 늦은 1980년대부터라고 볼 수 있다.[5] 1980년대 이후 망명객들의 귀환이주에 관한 연구가 독일이나 미국의 학자들에 의해 간간히 진행되고 있기는 하지만 아직도 전 세계적으로 볼 때 이 분야에 관한 연구는 시작 단계에 불과하다. 하지만 시기적으로 20세기를 회고하고 또한 동시에 20세기에 대한 반성을 바탕으로 21세기를 준비해야 하는 현 시점에서 20세기의 어두운 그림자를 발견해내고 분석하는 데 중요한 자료와 암시를 제공하는 망명과 귀환이주에 관한 논의가 학문적으로 매력적인 주제에 속한다는 사실에 대해서는 많은 사람들이 공감하고 있다.

---

5) 독일의 '망명연구협회 (Exilforschung)'는 1984년 귀환이주를 주제로 한 국제학술지 『망명에 대한 회상－1933년 이후 자서전의 비판적 독서물』을 발간했다. 귀환이주 연구 분야에서 중요한 연구서로 손꼽히는 페터 메르츠 (Peter Mertz)의 저서 『그리고 그것은 너희들의 국가가 되지 않았다. (*Und das wurde nicht ihr Staat*)』가 발간된 것은 1985년이다. 그리고 1990년 에르윈 로터문트 (Erwin Rotermund)와 토마스 쾨브너 (Thomas Köbner)에 의해 귀환이주에 관한 논문들만을 편집한 『망명으로부터의 귀환 (*Rückkehr aus dem Exil*)』이 발간되었다. 그 후 2001년 마리타 크라우스의 『이국으로의 귀향 (*Heimkehr in ein fremdes Land*)』이, 2004년 본 연구자의 『귀환서술 (*Die Darstellung der Rückkehr*)』이 Epistemata 문학연구 총서로 뷔르츠부르크에서 출간되었다. Thomas Koebner u. Wulf Köpke u. Joachim Radkau (Hrsg.): Erinnerungen ans Exil - kritische Lektüre der Autobiographien nach 1933 und andere Themen, München 1984. / Peter Mertz: Und das wurde nicht ihr Staat. Erfahrungen emigrierter Schriftsteller mit Westdeutschland, München 1985. / Thomas Koebner und Erwin Rotermund (hrsg.): Rückkehr aus dem Exil. Emigranten aus dem Dritten Reich in Deutschland nach 1945. Essays zu Ehren von Ernst Loewy, Marburg 1990. / Marita Krauss: Heimkehr in ein fremdes Land. Geschichte der Remigration nach 1945, München 2001. / Jang-Weon Seo: Die Darstellung der Rückkehr. Remigration in ausgewählten Autobiographien deutscher Exilautoren, Würzburg 2004 참조

그러면 구체적인 주제설정을 위해 1945년 제2차 세계대전 종결 후 망명의 결과로 나타난 귀환이주의 현실과 시대적 배경을 개괄해 보기로 하자.

1945년 5월 히틀러 나치의 패망으로 제2차 세계대전이 종말을 고하자 망명객들에게 귀환의 꿈은 현실로 다가왔다. 망명객들의 귀환은 이론적으로 볼 때 걸림돌이 없어 보였다. 그러나 망명객들의 귀향은 그들이 망명지에서 평소 꿈꾸고 고대했던 만큼 단순하지 않았다. 대부분의 망명객들은 현실적으로 고국으로 돌아갈 수 없는 처지였다. 거기에는 복잡한 정치 사회적 현실과 다양한 요인이 도사리고 있었다.

현실적으로 1945년 직후 첫 번째의 귀환이주 물결을 이룬 망명객들은 그렇게도 꿈에 그리던 고국인 독일로 전쟁이 끝나자마자 돌아왔지만 그들은 독일인도 아니고, 점령국 (망명지)인도 아닌 '고향을 잃은 자'였다. 이러한 상황은 그들이 느낀 개인적인 감정보다도 시대변화에 따른 정치, 사회, 문화 등 외적인 요인 때문이었다. 귀환이주자들은 망명 이전에 자기가 보았던 독일인들의 감정이나 정신, 인간관계, 사회적인 풍습 등을 더 이상 발견하지 못했다. 독일의 사회와 문화는 그들이 모르게 변해 있었다. 나치가 패망한 땅에 독일이라는 국가는 존재하지 않았다. 다만 그들의 옛 땅에는 미국, 영국, 프랑스, 소련의 군사통치권만이 있었을 뿐이었다. 이러한 정치적 현실 때문에 당시 망명지에서 독일로 귀환하려면 특별한 경우를 제외하고는 점령군의 복장을 입고 (혹은 망명지 국가의 여권을 소지하고) 독일 땅을 다시 밟을 수밖에 없었다.

바이마르 공화국 시절 대부분 저명한 인사들이었던 귀환이주 망명객들은 다만 그들의 유명세만 믿고 고국을 찾았다. 한때의 '명성'만 믿고 무작정 돌아온 것이다. 하지만 그들은 지나간 시대의 저명인사일 뿐이었고 실질적으로 설 땅이나 실권은 전혀 없었다. 예를 들면 문단의 경우, 전후 서독에는 크게 네 개의 집단이 있었다. 첫째는 나치 작가들이었고, 둘째는 내적 망명 작가, 셋째는 귀환이주한 망명 작가, 그리고 넷째는 히틀러 군대에서 막 귀향한 젊은 작가군들이었다.

나치 작가들은 어차피 점령군들에 의해 철저히 작품 활동이 금지되었기 때문에 실제로 문단의 권력을 장악한 것은 내적 망명객들이었다. 반면에 귀환이주한 망명 작가들은 1933년 망명의 길에 오르기 전 대부분 유명한 작가들이었지만 귀환이주 후 유명세를 회복하지 못하고 새로운 작품 활동도 부진할 수밖에 없었다. 귀환이주 후 그들이 다룬 주제는 '과거사 극복문제'나 '독일의 집단적 죄의 문제'등이 대부분이었고 이는 신생 국가 건설 내지 부흥 정책을 기치로 삼던 사회적 분위기와는 일치하지 않았으며 문체 자체도 신세대를 따를 수 없었다. 더구나 젊은 작가군들은 독일의 '집단적 문제점'을 히틀러 나치 체제뿐만 아니라 구세대의 인물들에게 화살을 돌리는 상황이었다. 문학사적으로 볼 때 내적 망명객들이 지닌 실권은 그들이 노화함에 따라 저절로 젊은 작가군들에게 넘어갔다. 젊은 작가군의 대표로는 47그룹과 후에 노벨문학상을 수상하게 되는 하인리히 뵐, 귄터 그라스 등을 꼽을 수 있다. 이러한 상황에서 귀환이주 작가들은 설 자리가 없었다.

강력한 황제지배하의 '독일제국', 민주의 표본인 동시에 혼란의 상징인 '바이마르 공화국', 폭풍과 천둥번개 속의 '히틀러 제3제국' 등 20세기 유럽대륙에서 전개된 세계적인 영욕의 상징 독일은 점령군 통치를 거쳐 드디어 1949년 그들만의 국가를 수립했다. 그러나 독일은 하나가 아니었다. 동독과 서독이라는 두 개의 정권이 하나의 독일 땅에 수립되었다. 극단적인 양극체제의 분단국가 형태였다. 한 나라

땅에 두 개의 정권수립은 정치체제뿐만 아니라 민족, 사상, 사회, 문화를 갈라놓았다. 베를린을 점령하는 자가 독일을 다스리고, 독일을 점령하는 자가 유럽을 지배한다는 말을 뼈저리게 느낀 서방 연합군과 소련은 독일 전역을 철저히 두 개의 체제로 양분시켰다. 독일의 자존심이었던 수도 베를린까지 양분하는 철저함을 보였다. 새로운 강대국에 의해 행해진 이러한 정치적 발전 양상은 망명에서 돌아온 귀환이주자들까지도 철저히 양분시키는 상황을 초래했다. 공산주의자들이나 소련 쪽으로 망명을 했던 자들은 재빨리 소련군 점령지로 귀환했고 미국, 영국 등 서방세계로 망명했던 자들은 연합군 군정지역으로 귀환하는 실상을 연출했다. 이것이 두 번째의 귀환이주 현실이었다.

이러한 귀환이주 현실을 바탕으로 본 연구는 1945년 이후 독일로 귀환이주한 망명객들의 귀환이주 상황과 문제점에 대한 추적을 연구의 목적으로 삼는다. 본 연구는 특히 일반론 및 개별적인 사례를 바탕으로 '망명과 귀환이주'에 대한 일반적인 개념파악과 그 전개양상을 추적하는 데 목적을 두고 있다. 본 연구가 과제로 삼고 있는 '망명과 귀환이주'는 '망명'과 '귀환이주'로 분리된 개별적인 두 개의 상이한 주제를 다루는 것이 아니라 '망명으로 인한 귀환이주'에 대한 단일주제임을 밝힌다.

3. 연구방향

'망명과 귀환이주'에 대한 연구를 위해 우선 전제되어야 할 사항은 적절한 연구방향 설정이다. 주제가 방대할뿐더러 아직도 미개척 분야이기 때문에 이에 합당한 연구방향 설정 없이는 전체적인 조망이나 학문적 성과를 기대하기 어렵다.

연구방향을 설정하는 것은 단순히 기존의 연구방법론이나 선행연구 모델 중에서 개인의 취향에 따라 방법론을 선택하자는 것이 아니다. 그것보다는 오히려 절실히 요구되는 연구의 객관성을 위해 무엇보다도 이미 발생한 사실 중에서 눈에 띄는 증거를 확보하여 토대를 마련해 내는 것이 중요하다. 이러한 작업이 급박한 이유는 '망명과 귀환이주'에 관한 주제가 정치 사회적으로 대단히 민감하고 동시에 망명객 개인의 사생활 내지 이력과 깊이 연관되어 있기 때문에 자칫 잘못하면 객관적 연구보다는 주관과 감정에 빠질 위험성을 다분히 내포하고 있기 때문이다. 이러한 의미에서 외부로 들어난 일반적 사실을 확보한 다음 이를 바탕으로 연구의 실마리를 찾아가는 것이 중요하다. 그렇다면 제2차 세계대전 종전 후 독일사회가 당면한 일반적인 '망명과 귀환이주'의 실상은 어떠하였는가?

논리적으로 볼 때 나치 독일이 패망한 1945년 5월 8일은 망명객들이 그동안의 망명생활에 종지부를 찍고 귀환의 꿈이 실현되는 시점이었다. 즉 모든 망명객들은 자기를 추방한 고국으로 돌아가도 되는 시간이었다. 그들에게 장애물은 없어 보였다. 그러나 1933년 나치가 집권하자 망명의 길을 떠났던 자들 중에서 1945년 제2차 세계대전이 종말을 고한 이후 고국으로 귀환이주를 감행한 망명객들은 일부분에 지나지 않는다. 대부분의 망명객들에게 2차 세계대전 종전은 전환점이 되지 못했다. 특히 유대인들은 대다수가 귀환하지 않고 계속해서 망명지에 머물렀다.

이러한 역사적 현실에서 연구의 실마리를 암시하는 첫 번째 단서는 일반인들에게 널리 알려진 저명한 망명객들의 귀환이주 실태이다. 일반인들은 귀환이주한 저명한 망명객들을 우선 개인의 이념적 성향이나 직업으로 기억한다. 나치와는 다른 혹은 대척점에 서 있던 이념적 성향이나 직업으로 인해 추방당한 개인적인 역사를 어느 정도 알고 있고, 귀환이주 후 그들이 현실적으로 신생 국가 독일의 각 분야에서 중요한 역할을 담당했기 때문이다. 망명연구에서 이념적 성향이나 직업이 중요한 단초를 제공하는 이유는 바이마르 공화국 시절 망명을 떠난 동기 자체가 인종적인 문제를 제외한다면 이념이나 직업이 중요한 역할을 담당했기 때문이다. 이러한 의미에서 망명연구는 일반인에 대한 연구가 아니라 지식인에 관한 연구이다.

이념적 성향 내지 직업별로 본 귀환이주자들의 면면은 우선 '사회(민주)주의자', '공산주의자', '작가', '예술가', '학자' 등으로 분류된다. 그중에서 가장 먼저 떠오르는 집단으로는 '사회 (민주)주의자'들이 있는데, 그들 중에는 서독 수상을 역임하고 노벨평화상을 수상한 '빌리 브란트'를 비롯하여, 전후 독일 '사민당 (SPD)' 내에서 가장 막강한 영향력을 발휘한 정치가 중의 한 인물인 헤르베르트 붸너, 함부르크 시장을 지낸 막스 브라우어, 바이에른 주지사를 역임한 빌헬름 회그너, 노르트 라인 붸스트팔렌의 주지사를 역임한 하인츠 퀸, 서 베를린 시장을 역임하고 '지역연구가'로 저명한 에른스트 로이터, 함부르크 시의회 의원을 지낸 엘스벳 봐이히만이 있다. 귀환이주한 저명한 '공산주의자'로는 동독 공산당의장과 국가의장을 지낸 발터 울브리히트와 동독 공산당을 창건하고 동독 대통령을 역임한 빌헬름 피크가 있다.

귀환이주한 '망명 작가'로는 『즐거운 포도농원』, 『쾨페닉 대위』, 『악마의 장군』으로 바이마르 공화국 시절과 전후 사회에서 독일인의 사랑을 받아 온 칼 추크마이어, 『서푼짜리 오페라』, 『억척어멈과 그의 아이들』, 『사천의 선인』 등의 작품을 쓰고 '서사극 이론'으로 유명한 베르톨트 브레히트, 『성 바바라 어부들의 봉기』, 『제7의 십자가』 등의 작품과 여성 망명 작가로 필명을 날린 안나 제거스, 동독 구역으로 귀환이주 후 공산당 지도부의 정책에 반기를 들고 통독 후에는 정치적 참여운동으로 유명한 슈테판 하임이 있다.

'배우'로는 '베를린 앙상블'에 참여하며 주로 취리히에서 활동한 테레제 기제가 있고, '학자'로는 '프랑크푸르트학파'에 속한 저명한 사회학자 막스 호르크하임어, 테오도르 W. 아도르노, 에른스트 블로흐와 저명한 독문학자 한스 마이어가 있다. 그 이외에 '교육자' 안나 짐젠, '경제계 인물' 에리히 봐르부르크 등이 있다.[6)]

단순하긴 하지만 어느 정도 가닥을 가늠할 수 있는 이러한 분류를 첫 번째 대상으로 놓고 보면, '사회 (민주)주의자'의 귀환이주와 서독의 정치발전 과정 및 민주 사회 실현 문제, '공산주의자'의 귀환이주와 동독의 국가건설 및 공산국가 실현문제, '망명 작가'의 귀환이주와 전후 독일의 문학계, '예술가'들의 귀환이주와 전후 독일의 예술계, '사회학자'들의 귀환이주와 사회문제논의, '독문학자'의 귀환이주와 망명문학 논의 등 커다란 밑그림을 그릴 수 있다. 하지만 이와 같은 거대한 주제, 특히 '사회 (민주)주의자'나 '공산주의자'와 같은 이념 집단을 단순한 연구 대상으로 삼을 경우 그 연구 결과는 소개에 그치거나 자의적 해석으로 끝나기 쉬운 위험성을 내포하고 있다. 이러한 현상은 굳이 연구결과를 구체적으로 제시하지 않더라도 동독 공

---

6) 마리타 클라우스는 본인 자신의 연구 전개를 위해 우선 귀환이주자들을 정치적 성향 내지 직업의 유형으로 분류해서 소개하고 있지만 실제 내용은 '경계', '망명-한 가족의 숙명', '외부의 시각', '내부의 시각', '귀환이주와 점령정책', '소환', '추방된 엘리트의 귀환', '정계로의 귀환', '귀환여성이주자들', '유대인의 귀환이주와 인종 배척주의', '관료주의와의 만남' 등으로 구성되어 있다. 이러한 연구방향은 귀환이주에 대한 중요한 연구주제들 독자에게 설정하고 있지만, 다른 한편으로는 본격적인 연구보다는 소개에 치중한 면을 보여주고 있다. Marita Kraus; Heimkehr in ein fremdes Land. Geschichte der Remigration nach 1945, München 2001. 참조

산주의자들의 선전 선동에 잘 나타나 있다.

그렇다면 나름대로의 특징을 지니고 있는 망명 작가나 사회학자들이 매력적인 연구 대상으로 떠오른다. 작가의 경우는 '작품' 자체나 '작품'의 배경을 이루는 혹은 '작품'을 구성하는 한 망명객으로서의 '인생관', '세계관', '시대관 혹은 시대증언', '개인사' 등을 보여주는 장점이 있고, 학자의 경우는 '망명현상'과 '사회 혹은 인간의 문제점'을 직접적으로 논의하는 학술적인 의미가 있다. 하지만 둘의 차이를 좀 더 면밀히 —혹은 억지로라도— 관찰해 보면 '이론'과 '경험 (혹은) 체험'으로 분류해 볼 수 있다. 작가의 경우는 망명 경험과 귀환이주 체험을 있는 그대로 전달해 주는 반면, 학자는 분석과 해설을 동시에 겸하고 있다. 이러한 사실을 액면 그대로 받아들인다면 망명 작가들에게서는 '망명과 귀환이주'에 대한 실증적인 자료를 얻을 수 있는 장점이 있다.

이러한 점을 고려하여 본 연구는 1933년 이후 독일인들의 망명과 귀환이주에 대한 전반적인 유형 및 현황을 파악한 다음 구체적인 사례로 망명 작가 3인을 선별하여 망명과 귀환이주 모델 —특히 귀환이주 모델—을 추적해 보기로 한다. 의도적으로 소련군점령지역이나 후일의 동독 구역으로 귀환이주한 작가는 연구의 대상에서 배제했다. 동독으로 이주한 작가들은 대부분 공산주의자들로 실질적으로 현실정치에 주도적으로 참여하였을 뿐만 아니라, 대부분 신생국가의 주축을 이루었기 때문에 망명 작가들이 숙명적으로 지니고 있는 문제점에 대한 연구로서 가치를 크게 느끼지 못했기 때문이다.

그렇다면 연합군 군정지역, 즉 후일의 서독 지역으로 귀환이주한 작가들은 누구인가? 페터 메르츠는 1985년에 발표한 그의 연구서 『그리고 그것은 너의 국가가 되지 않았다. 망명 작가들의 서독 경험들』[7]에서 연합군 군정지역 (혹은 후일의 서독지역)으로 귀환이주한 작가들로 귄터 안더스, 슈테판 안더스, 에른스트 블로흐, 베르톨트 브레히트, 페르디난드 브루크너, 알프레트 되블린, 하인리히 프렝켈, 레온하르트 프랑크, 오스카 마리아 그라프, 빌리 하스, 한스 하베, 슈테판 헤름린, 슈테판 하임, 쿠르트 힐러, 한스 헨니 얀, 알프레트 칸토르뷔치, 알프레트 케르, 헤르만 케스텐, 클라우스 만, 토마스 만, 루드뷔히 마르쿠제, 한스 마이어, 발터 메링, 로베르트 노이만, 에르윈 피스카토르, 테오도르 플리뷔어, 프릿츠 폰 운루, 베르톨트 뷔어텔, 칼 추크마이어, 아르놀드 츠바이크를 열거하고 있다.

위에 열거한 면면들을 보며 떠오르는 궁금증들은 베르톨트 브레히트, 슈테판 헤름린, 슈테판 하임, 아르놀드 츠바이크 등 이미 동독작가로 널리 알려진 인물들과, 독문학자인 한스 마이어와 알프레드 칸토르뷔치가 연합군 군정지역 (혹은 후일의 서독지역)과 어떠한 관계에 있었는가 하는 점이다. 그중에서 한스 마이어는 서독의 저명한 독문학자로 알려지긴 했지만, 동독에서 서독으로 탈출한 귀환이주자에 속한다. 하지만 본 연구는 이러한 인물들을 주요 연구 대상으로 삼지 않고 연합군 군정지역 (혹은 후일의 서독지역)으로 귀환이주한 작가들을 주요대상으로 삼았다. 이들에 대한 연구를 위해 페터 메르츠가 열거한 작가들의 명단을 염두에 두고 다음과 같은 관점으로 연구의 방향을 고정시키기로 한다.

최우선적으로 서독지역으로 귀환이주한 시기에 따라 연구대상을 선정한다. 두 번째로 귀환이주자의 개인적인 특성과 출신성분을 고려한다. 이와 같은 연구방향을 설정한 이유는 다음과 같다.

---

7) Peter Mertz; Und das wurde nicht ihr Staat. Erfahrungen emigrierter Schriftsteller mit Westdeutschland, München 1985.

제2차 세계대전 직후 독일의 역사 진행 과정을 보면 1945년부터 1949년까지는 연합군과 소련군에 의한 군 점령 시기, 그러한 다음 1949년 독일 내에 두 개의 국가가 성립되는 것을 계기로 동·서독으로 분단된 시기이다. 이에 따라 망명과 귀환이주 현상 역시 확연히 다른 두개의 특성으로 나타난다. 첫 번째 시기에는 독일이 아직 점령군하에 있었기 때문에 점령군의 일원이 아니면 귀환이주할 수 없었다. 이것은 귀환이주자들이 망명지 국가 (미국)의 시민권을 소지했거나 혹은 그들과 특수한 관계를 유지했다는 것을 의미한다. 두 번째의 경우는 종전이 되자마자 귀환이 불가능했던 망명객들인데, 이들의 경우는 망명 중 망명지 시민권을 획득하지 않았기 때문에 (독일인임을 절대로 포기하지 않고 귀환이주의 꿈을 버리지 않았던 대부분의 망명객들이 여기에 속한다) 현실적으로 귀환이 불가능했던 사람들이다. 여권이 없었고 귀환할 국가가 아직 존재하지 않았기 때문이다.

두 번째 기준인 귀환이주자의 개인적 특성과 출신성분에 대해서는 우선 유대인이냐 혹은 독일인이냐가 연구대상의 기준으로 작용한다. 유대인의 경우는 굳이 독일로 귀환이주할 명분이 순수 독일혈통에 비해 적을 수밖에 없었다. 더구나 미국으로 이주한 유대인 망명객들은 대다수가 미국시민이 되어 새로운 계층을 형성하고 있었다. 일부 유대인들은 선조의 땅으로 이주하여 이스라엘이라는 새로운 국가를 건설하기도 했다. 두 번째 선별대상은 귀환이주 후 망명 이전의 유명세를 다시 회복했느냐 아니면 회복하지 못했느냐를 기준으로 삼을 수 있다. 그 이외에 개인적인 능력을 지녔음에도 불구하고 망명 이전이나 귀환이주 후 한 번도 세간의 주목을 받아보지 못하고 역사의 소용돌이 속에 파묻힌 경우도 주시했다.

이와 같은 연구방향 설정에도 주제가 지니는 방대함이나 시대적인 민감함 때문에 객관적인 연구가 진행되기에는 많은 위험이 도사리고 있다. 첫째, 주제의 방대함 때문에 자칫 잘못하면 기존의 국제적인 연구결과를 다만 한글로 옮기는 작업이 될 수 있는 위험이 있다. 둘째, 망명과 귀환이주에 대한 논의가 시대가 지니는 전반적인 문제를 통합적으로 포괄하고 있다는 점에서 자칫 잘못하면 일반 역사서술과 같은 틀에 박히고도 자의적인 해석으로 전개될 위험성이 있다. 망명과 귀환이주에 대한 논의는 역사와 현실에 관한 시대적 증언이나 반성이 큰 비중을 차지하는 것은 분명하다. 하지만 실존에 관한 문제가 깊숙이 도사리고 있다는 점을 고려해 볼 때 인간의 존엄을 간과할 위험성을 다분히 내포하고 있다. 셋째, 본 과제의 주제가 아직도 국제적으로 연구의 초보단계에 있다는 사실이다. 이러한 사실은 아직도 선행 연구물의 부족과 자료의 미흡함으로 드러난다. 이러한 문제점들을 최소화하고 연구의 객관성을 확보하기 위해 본 과제는 다음과 같은 연구구성을 한다.

4. 연구구성

본 연구는 총 8장으로 구성되어 있다. 제1장은 이미 제목 자체가 제시하는 것처럼 문제제기와 방향설정에 해당한다. 제2장은 망명에 대한 기본적인 이해를 위해 망명의 본질과 그 전개양상이 면밀히 검토될 것이다. 제3장은 1933년 이후 조국을 떠나야만 했던 망명객들의 망명경로 및 망명현실 등에 관한 구체적인 인적 사항이 정리될 것이다. 제4장은 1945년 이후 망명객들의 전반적인 귀환이주 실상 및 문제점들을 다루게 될 것이다. 제2장이 망명의 본질에 대한 전반적인 이해를 위해 마련되었다면 제3장과 제4장은 1933년 이후 독일 망명객들에 대한 구체적인 현황 및 실상 파악과 귀환이주 현실에 대한 이론적 토대마련을 위해 설정되었다. 제5장에서 제7장까지는 사례연구로 세 가지 유형의 귀환이주를 시대와 선별된 작가 중심으로 분석할 것이다. 제5장은 '군정지역으로의 귀환이주', 제6장은 '분단국가로의 귀환이주' 그리고 제7장은 '구역 밖으로의 귀환이주'가 그 내용이다. 제8장은 맺음말 부분으로 본 작업의 연구결과를 바탕으로 '망명과 귀환이주'에 대한 논의의 의의 및 활용방안 등이 강구될 것이다. 제2장부터 제7장까지의 구체적인 내용은 다음과 같다.

제2장 망명의 본질과 그 전개양상에서는 '망명의 본질', '권력과 폭력', '나치 이데올로기와 나치의 문화정책', '망명현실' 등이 다루어질 것이다. 우선 망명의 본질에서는 '망명', '망명객', '난민', '강제이주' 등의 개념이 우선 정립될 것이다. 그러한 다음 고대사회에서부터 발생한 망명현상이 간략하게 조망될 것이다. '20세기의 역사적 현실과 망명', '20세기 독일 망명발생의 역사적 배경'에서는 전 세계 인류 역사에서 대표적이고도 대규모로 발생한 참사와 추방의 현장을 히틀러 나치 체제 시대를 예로 들어 설명하게 될 것이다. 이를 위해 히틀러의 정권장악 과정, 인종숙청, 국가사회주의 독일노동당 (NSDAP), 민족계몽과 선전부 (RMVP), 국가사회주의 독일 대학생 연맹 등의 본질과 역할이 추적될 것이다. 이어지는 '권력과 폭력' 부분에서는 망명의 직접적인 원인을 제공했던 '악'의 개념, 제국의회방화사건, 분서사건 등이 면밀히 검토될 것이다. '나치 이데올로기와 나치의 문화정책'은 나치의 본질을 설명하기 위한 부분으로 나치의 이데올로기와 나치의 문화정책이 구체적으로 분석될 것이다. '망명현실'은 망명객의 유형, 망명경로, 망명의 현장 등이 시대적 증언이나 망명객들의 회고를 중심으로 추적될 것이다.

제3장에서는 1933년 이후 망명을 떠나야만 했던 인사들의 유형 및 현황을 바이마르 공화국시절 엘리트 집단의 직업별 분류에 따라 추적한다. 각 분야별 저명 망명객들만 선별한다. 독일 망명객들에 대한 전반적인 약력은 지금까지 체계적으로 정리되어 있지 않기 때문에 —체계적으로 정리되기에는 무한한 노력이 따라야 하기 때문에— 우선 곳곳에 산재해 있는 역사적 자료 및 기존의 망명관련 연구 성과물들을 참조했다. 망명 정치인, 망명 작가 및 언론출판인, 망명 연극인 및 영화인, 음악가 · 화가 · 건축가 등의 망명 예술가, 수학자 · 물리학자 · 생물학자 및 화학자 · 의학자 등의 자연과학자, 문헌학자 · 역사학자 · 철학자 등의 정신과학자, 법학자 · 경제학자 · 정치학자 · 사회학자 등의 사회과학자, 망명 심리학자, 망명 예술사학자, 망명 법조인 등의 순서로 정리했다.

제4장에서는 제2차 세계대전의 종전과 더불어 1933년 나치집권으로 인해 망명의 길에 올라야 했던 망명객들이 망명기간 중 그토록 고대했던 귀환이주 현실과 그에 따른 문제점을 집중적으로 다루게 될 것이다. 이러한 논의를 위해 우선 '귀환의 희망과 종전의 현실 사이에' 서 있는 귀환이주 망명객들을 중심으로 동독과 서독 혹은 미국 영국 프랑스 등 서방연합군점령지역과 소련군 점령지역 중 '방향이 서로 다른 귀환이주'를 선택해야만 했던 실상을 파악할 것이다. 이를 위해 계획적으로 소련군과 함께 소련군 점령지역으로 귀환한 공산주의자들의 실상과 점령군 복장으로 서방연합군 점령지역으로 귀환한 망명객들을 살펴본다. 귀환이주의 현실로 나타난 '점령군의 문화정책', '하나의 독일에 수립된 서로 다른 두 개의 공화국', '신생 공화국 수립에 참여한 귀환이주 정치인들'의 면면 및 역할을 살펴본다. 그러한 다음 귀환이주한 망명객들과 독일 국내에 거주했던 독일인들

간의 갈등을 바탕으로 귀환이주의 문제점, 독일의 문제점 등을 진단해 본다.

제5장에서는 귀환이주 제1기에 해당하는 1945년에서 1949년 사이에 귀환이주한 망명객을 연구대상으로 삼는다. 이 시기는 1945년 히틀러 나치 체제의 패망으로 인해 그동안 해외에 거주하던 망명객들이 망명생활의 종지부를 찍고 귀환의 꿈이 현실로 다가온 시점이었다. 하지만 귀환이주의 꿈이 현실화되기에는 많은 문제점을 내포하고 있었다. 그들이 돌아가야 할 땅은 아직 독일이라기보다는 미국 소련 영국 프랑스 군 점령지역이었다. 이러한 시대적 맥락에서 미국 시민권을 소지하고 미국 국방부의 문관자격으로 귀환이주한 칼 추크마이어를 연구대상으로 선정한다. 칼 추크마이어의 귀환이주에는 시대적 맥락 이외에도 어느 시대, 어느 곳을 망라하고 귀환이주에 나타날 수 있는 대표적인 현상인 '잃어버린 고향으로의 귀환'이 나타나고 있다. '잃어버린 고향으로의 귀환'에서는 '독일인을 위한 독일의 시인' 칼 추크마이어가 망명지 미국에서 어떠한 귀향의 꿈을 꾸었으며, 종전이 되자 어떠한 가능성과 문제점을 지니고 귀환했고 또한 그가 경험해야만 했던 사회적 현실이 어떠했는지를 구체적으로 추적한다.

제6장에서는 분단된 국가로 귀환이주하며 겪는 한 귀환이주 망명객의 개인적인 경험과 시대적인 특수성을 작가 레온하르트 프랑크를 예로 선정하여 연구한다. 레온하르트 프랑크는 심정적 사회주의자였지만 예상과는 달리 동독으로 귀환하지 않고 서독으로 귀환이주한 점에 특히 주목하려고 한다. 레온하르트 프랑크는 망명객이 겪어야 될 귀환이주의 문제점을 제대로 파악하지 못했으며, 실질적으로 좌와 우의 어느 편에도 설 수 없었던 동·서독 사이의 작가였다. 이러한 문제점들을 개인적인 이력과 시대가 수용할 수 없었던 그의 세계관과

인생관 등을 바탕으로 조명해 보려고 한다.

제7장에서는 1933년 망명의 길을 떠나 56년 만인 87세의 나이로 독일로 귀환이주한 작가 한스 잘을 조명해 보려고 한다. 한스 잘은 '소수와 다수', '망명중의 망명', '망명후의 망명' 등을 평생 동안 되뇌며 영원히 망명의 굴레를 헤어나지 못한 인물이다. 그는 20세기를 소음의 시기로 규정했고 이러한 시대에 한 지식인이 인간과 사회에 대해 어떠한 행동을 취해야 하는지 증언하고 있다. 지성인의 길, 이데올로기화된 집단주의와 개별인간의 무기력, 지성인의 고독과 무기력 등의 문제를 집중적으로 추적해 보기로 한다.

본 연구의 맺음말에 해당하는 제8장의 '생각해야 할 의무'는 본 연구의 결과를 바탕으로 망명의 역사와 현실, 그리고 귀환이주의 문제점을 전반적으로 파악한 다음 망명으로 인해 파생된 귀환이주의 현실적인 문제점을 전망하기로 한다. 망명에 대한 회고와 전망은 한편으로 망명에 대한 개념을 학문적으로 정립하는 의의가 있을 것이고 또 다른 한편으로는 지금까지 별로 주목받지 못했던 20세기 연구 내지 21세기에 직면한 이주문제를 새로운 각도에서 조망할 수 있는 가능성을 제기하게 될 것이다.

제2장

망명의 본질과 그 전개양상

제2장 망명의 본질과 그 전개양상

1. 망명의 본질

1.1. 망명의 기원 및 개념

인간의 삶의 역사와 망명은 불가분의 관계를 지니고 있다. 망명은 인간이 사회를 형성하고 살기 시작하면서 나타난 정치 사회적 현상이다. 인간들은 살며 무리를 짓기 시작했다. 무리의 안과 밖에서는 사회가 성립되었고, 사회는 집단과 체제를 탄생시켰다. 집단과 체제는 당연히 그것을 유지하기 위한 이념이나 체계를 지닐 수밖에 없었고, 이러한 전제와 진행과정은 당연히 다수자와 소수자, 지배자와 피지배자와 같은 집단을 탄생시켰다. 사회생활에서의 다수자와 소수자, 지배자와 피지배자는 집단 및 계층을 형성하였고 이들은 갈등 혹은 종속의 관계로 나타났다. 이러한 사회적 질서에서 나타난 현상 중의 하나가 망명이다.

망명이란 어원적으로 볼 때 '타지에 체류함', 혹은 '타지로 추방당함' 등의 뜻을 지닌 라틴어 'Exilium'에서 유래하고, 내용적으로 볼 때는 한 인간 혹은 한 민족 집단이 체류불허, 유배, 추방, 시민권박탈, 강제이주 등으로 인하여 본인의 고향에 부재중인 상태를 말한다. 망명과 관련된 체류불허, 유배, 추방, 시민권박탈, 강제이주 등의 전 단계로는 응징, 제재, 징계, 처벌 등이 있다. 고대 로마의 권력자들은 한 개인이나 가족, 혹은 자기 영토에 속한 사람들에게 명령할 권리를 지니고 있었고 이로 인해 응징, 제재, 징계, 처벌은 자연적으로 이루어졌었다.

망명은 무엇보다도 국가나 종교적 집단에 의한 정치적 인종적 이데올로기적 박해에서 기인한다. 그 이외에 고국을 떠나지 않으면 안 될 정도로 고국에서의 꼭 옭매인 참을 수 없는 관계도 원인으로 작용할 수 있다. 고국에서의 참기 어려울 정도로 옭매인 극단적인 현상으로는 추적, 체포, 고문, 투옥 당함 등이 있다. 이러한 상황에서 그 사건에 옭매인 해당자는 한 인간으로서의 존재 경험을 느끼는 공간이 감옥으로 한정되기가 일쑤인데, 바로 이러할 경우 감옥보다는 외국으로 도피하는 편이 훨씬 더 낫겠다는 생각이 들어 이를 실행으로 옮기는 것이 망명이다. 이러한 것들을 미루어 볼 때 망명은 본래의 체류지에서 개인의 자유로운 활동이 제한받는 것과 관계가 있다.

망명이 불법이나 합법적으로 어느 한 국가에 입국한 외국인을 자국 이외의 타 지역으로 몰아내는 강제추방과 대비되는 점은, 망명이 새로 선택된 목적지에서, 좀 더 자세히 말하자면 망명객이 망명지를 제공한 국가에 의해 어떠한 개인적인 자유에 대한 제약이나 제재를 받지 않는 반면, 강제추방은 제약과 제재가 뒤따른 다는 점이다. 이처럼 위에 열거한 망명과 연관된 개념들은 망명이라는 상위개념에 모두 속하기도 하지만, 때에 따라서는 각각의 다른 구체적이고도 미미한 의미 차이를 보이기도 한다. 이러한 차이를 좀 더 분명히 파악하기 위하여, 또한 동시에 파악한 결과를 바탕으로 망명에 대한 전체적인 개념정립을 위한 응용가능성 모색을 위해 각각의 용어에 대한 의미를 정리해 보기로 한다.

'체류불허'는 한 국가의 법체계에서 해당자의 체류상태를 종결하고 재입국이나 계속되는 체류허가를 허용하지 않을 목적으로 확언하고 부담을 주는 —명령이 아닌— 일종의 행정행위이다. 때에 따라서는 체류불허를 통해 체류승인은 효력을 상실하게 된다. 독일이나 스위스 같은 유럽 국가에서는 해당자의 체류가 자국 내의 공공의 안전과 질서 혹은 그 이외의 국가이익을 손상시키거나 침해했을 때 체류를 불허한다고 규정하고 있다. 체류가 불허된 외국인은 체류승인이 거부될 뿐더러 다시는 재입국할 수 없다. 특히 스위스는 자국 내외의 안전을 위태롭게 하는 외국인에 대한 체류불허 사항을 연방경찰이 직접 관장하고 있다. 스위스는 만일 체류허가 없는 사람이 출국기한을 넘기거나 법률상 효력이 있는 체류불허 결정이나 추방결정에 의거 수감되어 있는 사람에 대해서는 이에 준하는 강제추방을 집행할 수 있는 '외국인법'을 규정하고 있다.[1] 일상용어나 언론매체에서 '체류불허'는 간

1) 다음의 "외국인여성들과 외국인들에 대한 (스위스) 연방헌법 69조 (SR 142.20 Bundesgesetz über die Ausländerinnen und Ausländer, Art. 69)" 제1항과 제2항 참조.

제1항. 권한이 있는 칸톤의 관청당국은 외국인 여성과 외국인에 대해 다음의 경우 강제추방 시킬 수 있다.

a. 출국 기한을 넘긴 경우
b. 곧 바로 추방이나 체류불허가 결정된 경우
c. (외국인법) 제76조와 77조에 의거 수감되어 있거나 법률상 효력이 있는 체류불허와 추방결정이 내려진 경우

1. Die zuständige kantonale Behörde schafft Ausländerinnen und Ausländer aus, wenn
   a. diese Frist, die ihnen zur Ausreise gesetzt worden ist, verstreichen lassen;
   b. deren Weg- oder Ausweisung sofort vollzogen werden kann;

간이 '강제퇴거'와 동의어로 사용되고 있다. 하지만 스위스의 경우에서 보듯이 '체류불허'와 '강제퇴거'의 다른 점은 강제퇴거가 체류를 종결시키기 위해 강제수단이 동원된다는 점이다.

'유배'는 어느 사람에 대해 그가 지금까지 익숙했던 주변, 혹은 그가 태어나고 자란 고향으로부터 어느 한 일정한 장소에로의 퇴거지시를 말한다. 익숙했던 주변은 주위환경과 사람들이 포함된다. 망명과 다른 점은 유배가 결코 자유의지에 의한 것이 아니고 유배된 자들에게 귀환을 불허하거나 거주 이전의 자유를 제한하는 지속적이고도 전횡적인 강요의 결과라는 데에 있다. 유배당한 자들이 머물던 곳은 유배를 지시한 자의 통치구역이나 영향권 지역 내가 통상적이었다. 예를 들면 유형지나 자국 내의 고립된 지역이 여기에 속한다. 역사적으로 볼 때 러시아나 대영제국과 같은 강대국들은 식민화의 특별한 목적을 위해 시베리아나 오스트레일리아와 같이 본국에서 거리가 먼 지역으로 범법자들을 유배시켰다.

역사적으로 유명한 유배의 예는 곳곳에서 나타난다. 고대 로마의 시인 오비디우스는 오늘날 콘스탄차로 불리는 흑해 연안의 토미스로 유배를 당했고, 프랑스의 황제 나폴레옹 1세는 엘바 섬과 세인트헬레나 섬으로 두 번에 걸친 유배를 당했다. 소련의 레닌은 시베리아의 아바칸 (북위53도43, 동경91도24에 위치) 근방에 있는 슈센스케에,

---

c. diese sich in Haft nach den Artikeln 76 und 77 befinden und ein rechtskräftiger Aus- oder Wegweisungsentscheid vorliegt.

제2항. 만일 외국인여성들과 외국인들이 합법적으로 다수의 국가로 출국할 가능성이 있다면, 권한이 있는 관청당국은 그들을 그들이 선택한 나라로 강제추방 시킬 수 있다.

2. Haben Ausländerinnen oder Ausländer die Möglichkeit, rechtmässig in mehrere Staaten auszureisen, so kann die zuständige Behörde sie in das Land ihrer Wahl ausschaffen.

스탈린은 북극권에 가까운 시베리아 예니세이 지방의 투르한스크 (북위 65도51, 동경88도04에 위치)로 알렉산드르 솔제니친은 카자스탄으로 유배를 당했다.

파시즘에 의한 유배의 문학적 증언으로는 이탈리아 출신의 소설가 겸 화가인 카를로 레비가 쓴 『그리스도는 단지 에볼리까지만 왔다』(1945)가 유명하다. 카를로 레비는 반파시즘 활동에 가담했다가 1934년 체포되어 남이탈리아의 벽지로 유배되었는데, 이때 학대받는 남이탈리아 농민의 비참한 모습을 보고 작가적인 관찰력과 화가적인 예리한 감수성을 동원하여 소설을 완성했다. 이 작품은 레지스탕스 문학의 걸작으로 손꼽힌다.

'추방'은 한 인종적, 종교적, 사회적, 정치적 집단에 대해 그들의 출생지역을 떠나도록 강요하는 국가적 조치의 상위개념이다. 추방에는 박해와 멸시가 원인 및 결과로 나타난 강요된 떠남과 권력에 의한 혹은 체류불허에 의한 명령의 형태가 있다. 강제추방은 지역 (구역) 법 규정에 따라 범법행위라는 이유로, 정치적 반대파를 강제적으로 탄압하기 위해서 혹은 종족적인 소수자들을 타 지역으로 옮기는 국가적 호송이다. 정착을 목적으로 한 지역에서 타 지역으로 옮기는 국가적인 강제이주와 같은 특별한 형태도 있다. 이렇듯 체류불허나 강제추방 혹은 강제이주도 추방의 일종에 속한다. 이러한 상황에서 눈여겨보아야 할 대목이 '도주자'다. 왜냐하면 망명객과 도주자는 개념상 유사한 점들이 대부분이기 때문이다. '도주자'에 대한 개념을 부언하기로 한다.

'도주자 (혹은 난민)'는 관청당국의 명령에 의해 고향을 떠난 것이 아니라, 신변의 위험을 느낀 나머지 그것을 모면하기 위해 몰래 떠난 자다. 추방된 자들과 다른 것은 도주자들이 고향을 떠나도록 직접 강요를 받지 않았다는 점에 있다. 도주자들이나 체류불허자들이 그들의 고향으로 귀환이 거절될 경우, 더 이상 그들의 위치는 추방된 자들과 구별되지 않는다. 그래서 이러한 경우 그들 역시 추방된 자로 지칭된다. 도주자에 대한 개념을 좀 더 분명히 파악하기 위해 '도주'의 개념에 대해 살펴보기로 한다. '도주'는 적에게서, 공격자에게서, 위험이나 재앙 (예를 들면 천재지변)으로부터 무질서하고 정돈되지 않게, 부분적으로는 공포에 사로잡혀 급작스럽고 격렬하게 물러남 혹은 퇴각을 의미한다. 도주는 아무 목적 없이 위협으로부터 벗어나는 움직임이라기보다는 보호와 안전을 약속하는 도피처 물색으로 정의될 수 있다.

'추방'은 법적으로나 역사적으로 볼 때 분명하지도 않고, 그렇다고 오해의 여지가 없지도 않은 명백하지 않은 개념이 아니다. 이것은 개념이라기보다는 오히려 정치적 용어로 많은 동의어를 동반하며 함축적인 의미로 사용되고 있다. 그러한 만큼 개념의 적용도 때에 따라서는 법적이기도 하고, 역사적이기도 하고 정치적이며 또한 동시에 함축적이다. 예를 들면 독일과 오스트리아에서 '추방'이라고 하면 도주, 체류불허, 제3제국시대 동부구역으로부터 독일인들의 강제이주 내지 제2차 세계대전 이후 연합군의 협정에 따라 폴란드 인민공화국과 소련연방의 행정구역으로 편입되고 더 나아가 일부는 다시 체코슬로바키아의 한 부분이 되어버린 주데텐 지역으로부터 독일인의 강제이주를 연관시키는 것이 그러한 경우이다. 그리고 인종이나 집단에 대한 탄압, 청소, 말살을 위해 추방자의 관점과 이익을 위해 개념이 적용되었다. 이러한 의미에서 추방을 주도한 국가와 그 이외의 국가는 보는 시각이 다르게 나타날 수도 있었다.

추방의 역사는 곳곳에 나타난다. 소수민족 박해로 인한 다수 국가와 지방의 유대인 추방, 로마제국 내의 원시 (초기) 기독교도나 16세기 신교도의 위그노파 등과 같은 종교적이거나 인종적 소수자들에 대한 추방, 교회의 소위 이단자 내지 이교도 추방, 십자군 전쟁 시 해당지역의 회교도 추방 등이 그 예이다. 역사적으로 나타난 이러한 추방의 현장에는 집단박해나 대량학살이 자행되기가 일쑤였다. 아메리카나 오스트레일리아 정복 당시 토착민에 대한 추방이나 민족학살이 그랬고, 현재까지의 역사에서 인디언 종족에 대한 지속적인 거주 지역 한정 시 이러한 상황은 배제되기가 어려웠다. 그 이외에 추방에 관한 역사는 가시적, 불가시적으로 수도 없이 많았다.

본 연구에서 다루고 있는 1930년대 이후 독일의 추방현상도 역사적으로 볼 때 대표적인 예에 속한다. 추방은 지나간 역사의 과거 현실이 아니라 아직도 세계 곳곳에서 벌어지고 있는 현실 중의 실재이다. 추방은 인권, 집단, 종교, 지역, 국제법 등에 관한 수많은 과제를 제시하고 있다.

'시민권박탈 (혹은 국적박탈)'은 강제적인 박탈이나 불인정을 통해 국적을 상실함을 뜻한다. 만일 어느 한 개인이 국적을 소지하고 있지 않다면, 바로 그 사람은 곧 무국적자가 되는 것이다. 독일의 경우 시민권 박탈 실상을 뚜렷이 보여준 시기는 정치적인 반대파들이나 달갑지 않은 사람들에게 이러한 실상을 적용한 소위 제3제국시대나 동독시대로 거슬러 올라간다. 나치의 시민권 박탈에 대한 법적근거는 시민권부여의 무효선언과 독일국적의 불인정이었다. 당시 이러한 법을 근거로 359명의 명단이 공개되었다. 나치가 집권할 당시 시민권을 박탈당한 저명인사로는 빌리 브란트, F. W. 푀르스터, H. E. 야콥, 토마스 만, E. M. 레마르크, 쿠르트 투홀스키가 있고, 동독시절에는 볼프 비어만이 있다. 나치시대의 경험에 근거하여 현재 독일에서는 시민권박탈을 근본적으로 금지하고 있다.

'강제이주'의 형태는 이미 오래전인 고대부터 있었다. 신바빌로니아를 정복한 네부카드네즈라 2세 왕에 의해 바빌론과 바빌론 지방의 인간집단을 이주시킨 유명한 바빌론의 망명은 아시리아에서 그대로 적용되었다. 이러한 조처의 배후에는 원주민을 타문화에 뒤섞거나 거주민의 일부를 멀리 떨어진 지역으로 망명시킴으로써 반란지역을 진정시키기 위한 목적을 지니고 있었다. 강제이주를 살펴보기 위해 이주자에 대한 개념을 살펴보기로 하자.

'이주자'는 이주에 참가한 혹은 이에 관여된 사람들을 의미한다. 이때 이주자 한 사람이 아니라 이주자들이라는 용어를 사용했듯이 이주자에 관한 논의는 어느 한 사람에 국한된 것이 아니라, 국가 주도의 조치에 의해 주민들이 종래의 삶의 공간을 공동으로 떠나는 대단위 민족 집단에 관한 것이다. 이주에는 자유의지의 이민과 자유 의지가 아닌 강제이주가 있다. 망명은 자유의지가 아닌 강제이주에 속한다. 이러한 의미에서 이민과 망명도 엄연히 구별된다. 강제이주의 예로는 18세기 합스부르크 왕가의 명령에 의한 '통과이민'이 있다. 대규모의 이주는 히틀러 집권으로 인해 제2차 세계대전 전과 전쟁 중에 발생했다. 그러면 강요된 망명과 자유의지망명에 대해 살펴보기로 하자.

망명은 외적인 강요에 의해 발생하는 것이 일반적이지만 정치적인 동기나 강한 처벌에 대한 두려움 때문에 다시는 돌아오지 않으려는 목적으로 본인의 나라를 떠나는 '자유의지망명'도 있다. 자유의지망명은 어려운 삶에서 탈출하고자 함과 본인의 정체성을 찾으려는 목적을 지니고 있다. 오늘날 개발도상국가에서 경제부국으로 이주하는 현상이 눈에 띄게 증가하고 있는데, 이러한 현상은 특히 자유의지망명의 요소들을 다분히 내포하고 있다.

이주자 논의에서 보듯이 망명객이라고 하면 일 개개인보다는 다수의 사람을 광범위하게 포괄적으로 지칭하는 것이 일반적이다. 망명객이란 망명 중에 있는 사람들로 그 형태는 국가적 차원에서 지정되어 사용된다. 망명객은 국제적으로 국적과 연관 지어 표기된다. 예를 들면 '달라이라마'라고 하면 티베트, '호메이니'라고 하면 곧 이란을 연상하듯이 '티베트 망명객', '이란 망명객', '러시아 망명객', '중국 망명객' 등이 이에 해당된다.

이상에서 망명의 기원 및 개념을 살펴보았다. 그렇다면 망명의 기원 및 개념 파악은 본 연구를 위해 어떠한 의미를 지니는가? 적용범위는 어떻게 될까? 망명연구는 자칫 잘못하면 주관적이거나 시대조류에 영합하는 특정한 대상에 대한 옹호 내지 비판적인 성격을 띠기 쉽다. 이러한 점을 미연에 방지하고 인류공영을 위한 좀 더 객관적인 연구 자세를 견지하기 위해서는 전체적인 맥락에 대한 조망과 개별 사항에 대한 철저한 파악이 전제된다. 더구나 망명연구는 지금까지 알지 못했던 것을 발견해내고 동시에 개척자적인 작업임으로 이러한 사항은 더욱 요구된다. 하지만 망명에 관한 사항이 사회는 물론 인간 자체에 관한 물음이라는 점을 진지하게 생각해 본다면, 단순한 개념 정의에 대한 파악만으로는 어딘가 부족하다는 것을 곧 깨닫게 된다. 이러한 점을 보완하기 위해 망명의 역사를 좀 더 살펴보기로 한다.

오비디우스와 단테 알리기에리는 서양에서, 그리고 두보와 이백은 동양의 역사에서 대표적으로 기억되는 고전적 망명객들이다. 오비디우스는 아우구스투스 황제에 의해 로마를 떠날 것을 강요받아 흑해 연안에 있는 토미스 (오늘날 루마니아의 콘스탄차)로 추방된 인물이다. 그는 추방당한 뒤 그의 유명한 작품인 『비가』 (5권, 8-12)와 『흑해에서의 편지』(4권, 12-16)에서 망명현실과 망명지에서의 감회를 후대에 전했다. 그 속에는 변방으로 추방된 한 시인의 불행과 고향에로의 간절한 귀환희망을 역력히 표현하고 있다. 하지만 그의 귀환은 끝내 허락되지 않았다.

이백은 부패한 당나라 정치에 불만이 많았기 때문에 본인이 정치에 직접 참여하여 본인 스스로 정치적 재능을 발휘하고 싶어 했던 인물이다. 실제로 그의 나이 43세가 되던 해인 724년에 현종의 부름을 받아 장안에 들어가 환대를 받고 관직을 하사받기도 했으나 정치적 포부를 실현할 기회는 얻지 못했다. 결국에는 현종의 총신인 고역사의 미움을 받아 궁정을 쫓겨났고 마침내는 장안을 떠났다. 현종이 안녹산의 난으로 인하여 촉나라로 피신했을 때 그의 막료로 발탁되었으나 권력투쟁의 와중에서 이백은 옥중에 갇히는 신세가 되었고 결국에는 유배당하게 된다. 후에 구명운동을 통해 사면되기는 하였지만 끝내 방랑의 길을 떠났다가 결국에는 방랑하던 중에 병사하였다.

오비디우스나 이백의 경우에서 보듯이 망명의 외적인 사실도 중요하지만, 한 인간이 직면하는 망명현실과 망명 중에 느끼는 인간의 감정은 인간 본질의 문제와 직접적으로 연결된다. 이러한 의미에서 망명연구는 외적인 현상은 물론 망명객 개개인과 그들이 당면한 특수한 현실과 독특한 감정을 주시할 필요가 있다. 예를 들면 이백의 인생은 방랑으로 시작하여 방랑으로 끝났다. 하지만 그의 방랑은 국가나 현실사회에 대한 세속적인 집념과 개혁보다는 개인적 삶에서 느끼는 우수, 현실적 적막감에 대한 차가운 응시를 통해 인간 본연의 양심과 자유에 대한 본질적인 추구가 인간의 일상사 정립을 위해 얼마나 더 중요한가를 보여주고 있다. 이러한 사실들, 특히 망명현실과 망명경험은 특히 예술가들에게 깊이 각인되고 동시에 그들을 통해 당대나

후세에 전달된다는 의미에서 망명연구는 무엇보다도 망명문학연구와 직결됨을 알 수 있다.

망명객 중에는 정치가, 학자, 예술가 등 그 유형이 다양하다. 하지만 굳이 망명문학을 주시하는 이유는, 작가가 다른 직업과는 달리 본인의 경험과 감정을 글이라는 매개를 통해 인류에게 유산으로 전달하고 있기 때문이다. 더 나아가 이러한 기록은 개인 자신의 회고나 증언이기도 하지만 그 무엇보다도 인간이 호응할 수 있는 인간과 사회에 대한 보편타당한 원리를 제공하기 때문이다.

1.2. 20세기의 사회적 현실과 망명

20세기가 되며 망명은 대규모적이고도 공개적인 현상으로 나타난다. 이러한 현상은 그 사회체제나 인간들의 사고방식이 '현대적'[2)]으로 발전한 러시아나 히틀러 나치 체제뿐만 아니라 세계 곳곳에서 자기 나름대로의 논리와 사회체제를 바탕으로 발생했다. 20세기가 되며 대표적인 망명의 진원지가 된 지역은 1920년대 이후 러시아와 1933년 이후의 독일이었다. 그러한 다음 망명은 세계 곳곳에서 산발적으로 발생했고 아직도 세계 도처에는 추방하는 자와 추방당한 자들이 여기저기에 산재해 있는 실정이다.

---

2) 슈테펜 코트킨Stephen Kotkon은 1999년에 발표한 그의 논문 "Modern Times. The Soviet Union and the Interwar Conjuncture, in: Kritik 2 (2001), S.111-164"에서 히틀러 나치 정권과 공산주의 정권을 '현대적 (modern)'이라고 보았다. 그들의 기념비적 건축물과 거대 산업 건축설계가 '현대'를 대표하는 것이었고, 이성적이고도 국가적인 경제지배, 현대 정신에 입각한 주민정책과 가족정책이 이를 대변한다고 보았다. Jörg Baberowski: Moderne Zeiten? Einführende Bemerkungen, in: Jörg Baberowski (hrsg.) Moderne Zeiten? Krieg, Revolution und Gewalt im 20. Jahrhundert, Göttingen 2006, 7쪽 참조

그렇다면 추방하는 자와 추방당하는 자는 어떠한 계기를 통해 발생하는가? 이러한 사건이 발생하게 된 배후는 과연 무엇인가? 이에 대한 실마리를 찾기 위해 우선 기억되는 망명 진원지의 개별적인 인물들을 거슬러 올라가 보기로 한다.

1917년 러시아 10월 혁명 후인, 1920년과 1922년 사이 부닌, 이바노프, 메레츠코브스키, 스멜레프 등의 작가들은 조국을 떠나 망명지에 머무른다. 망명을 떠난 자들 중 체타엡파, 쿠프린, 스클로브스키, 톨스토이 등은 후에 망명지에서 러시아로 귀환한다.

이들 중 부닌은 10월 혁명 후인 1920년 프랑스로 망명하였고, 1933년에는 노벨문학상을 수상한다. 보르네지의 귀족 집안 출신으로 중학을 중퇴한 부닌은 중편『마을』,『울보 이오안』등을 통해 러시아의 자연과 처참한 농민생활을 치밀하게 묘사했고, 단편『광석』,『새길』등에서는 오래된 농촌의 몰락을 사랑과 안타까운 마음으로 그리는 동시에, 농촌에 대한 자본주의의 침입을 사실적으로 묘사한 작가다.

쿠프린은 11월 혁명 후인 1919년 파리로 망명한 작가였다. 망명지에서 병이 들자 1937년 고국으로 귀환했고, 그 다음해에 상트페테르부르크에서 병사했다. 그는 초기 단편 작품들에서 가난한 사람의 생활과 학대받는 병사를 묘사했고, 중편 작품인『탐욕의 신』에서는 노동자에 대한 착취와 인간의 노예화 등을, 그리고『결투』에서는 군대생활의 부조리함과 비인간성을 그렸다. 그리고『야마』에서는 매춘부의 생활을 폭로하여 위선적 사회를 통렬히 비판하였다.

러시아의 10월 혁명에 이어 두 번째, 아니 20세기 최대의 망명 진원지는 1933년 히틀러 나치 체제가 등장한 독일이었다. 히틀러 나치 독일과 그 결과에 따른 망명과 이주는 인류역사에 나타난 종합적이고도 대표적인 망명현상을 보여준다. 하지만 망명은 러시아의 10월 혁명, 히틀러 나치 독일, 스페인 내전, 그리고 제2차 세계대전 등의 특정한 사건 내지 일정한 장소에서만 발생한 것은 아니다.

예를 들면 1972년 이후 소련에서는 혁명이나 전쟁 때와는 또 다른 망명현상이 발생한다. 그들 중 대표적인 인물이 요젭 브로드스키와 알렉산드르 솔제니친이다. 브로드스키는 1956년 헝가리 사태에 충격을 받고 반체제 성향을 띠게 되었으며 이후 강제노동수용소에 유배되었던 인물이다. 강제로 추방되어 미국에 정착한 브로드스키는 미국 문단에서 각광을 받았고 이로 인해 미시간대학교에서 러시아 시와 현대 서구시를 강의하는 교수가 되었다. 노벨 문학상을 수상한 브로드스키는 미국국적을 취득했다.

솔제니친은 그의 작품 『수용소 군도』에서 소련의 인권탄압을 서술했다는 이유로 국가에 의해 반역죄가 적용되었다. 이로 인해 그는 조국에서 추방되었고, 20년간 미국에서 망명생활을 해야만 했다. '러시아의 양심'으로 불리는 그는 1970년 『이반 데니소비치의 하루』, 『암병동』 등의 작품으로 노벨문학상을 수상하였다.

망명은 소련이나 나치 독일에서뿐만 아니라 분단된 국가인 동독에서 서독으로 도주하는 상황에서도 발생했다. 작가로는 볼프 비어만, 귄터 쿠네르트, 라이너 쿤체 등이 대표적인 인물이다. 작가뿐만 아니라 저명한 독문학자인 알프레트 칸토르비치와 한스 마이어도 동독에서 서독으로 국경을 넘었다.

20세기 유럽지역에서의 망명 발생원인은 러시아 혁명과 히틀러 나치 체제의 등장, 그리고 소련의 강압적인 공산 체제와 독일의 분단국가 형태에서 두드러지게 나타난다. 그렇다면 20세기는 어떠한 시기인가? 외형적으로 20세기를 규정지을 만한 시대적 사건들은 어떠한 것들이 있는가?

20세기는 무엇보다도 전쟁의 세기였다.

1899-1902: 필리핀-미국전쟁
1904-1905: 러일전쟁
1914-1918: 제1차 세계대전
1917-1920: 러시아 2월과 10월 혁명으로 인한 내전
1936-1939: 스페인내전
1930-1940: 소비에트연방-핀란드전쟁 (소위 겨울전쟁)
1894-1895: 제1차 중-일 전쟁 (청일전쟁)
1937-1945: 제2차 중-일 전쟁
1939-1945: 제2차 세계대전
1946-1954: 베트남전쟁
1947-1949: 팔레스타인전쟁
1950-1953: 6.25사변 (소위 한국전쟁)
1964-1975: 베트남전쟁
1954-1962: 알제리전쟁
1967 : 6일 전쟁
1975-2002: 앙골라내전
1975-1990: 레바논내전
1980-1988: 제1차 걸프전쟁
1984- : 터키-PKK (쿠르디스탄 지하단체)분쟁
1989-2001: 아프가니스탄 내전
1990-1991: 제2차 걸프전쟁
1991 : 슬로베니아 10일 전쟁
1991-1995: 크로아티아 전쟁

1992-1995: 보스니아 전쟁

1991-1999: 유고슬라비아전쟁 (발칸분쟁)

1998-2000: 이집트-에리트레이아전쟁

1999 : 코소보전쟁

전쟁뿐만 아니라 혁명도 끊이질 않았다.

1905-1911: 이란입법혁명

1905 : 러시아혁명

1910-1911: 멕시코혁명

1911/1912: 중국신해혁명

1917 : 2월과 10월의 러시아혁명

1918/1919: 독일의 11월 혁명 (소위 '뮌헨 소비에트공화국'으로 불리는 바이에른의 인민위원회공화국과 '브레멘인민위원회공화국')

1918 : 헝가리혁명 (Asternrevolution)

1936-1939: 스페인자유혁명

1945 : 베트남8월혁명

1949 : 중국혁명

1956-1959: 쿠바혁명

1956 : 헝가리민중봉기

1966-1976: 중화인민공화국의 문화혁명

1974 : 포르투갈의 카네이션혁명

1975 : 라오스의 혁명

1979 : 니카라과혁명

1979 : 이란의 이슬람혁명

1989 : 루마니아혁명

1989 : 불가리아혁명

1989 : 체코슬로바키아의 벨벳혁명

1989/1990: 동독의 평화적 혁명

1987-1991: 발트연안3국 (에스토니아, 라트비아, 리투아니아)의 노래하는 혁명

1999- : 베네수엘라의 볼리바르혁명

2003 : 그루지아의 장미혁명

2004 : 우크라이나의 오렌지혁명

2005 : 키르기스스탄의 튤립혁명

2005 : 레바논의 백향목혁명

'혁명'[3)]은 15세기 이래 '천체의 회전'이라는 천문학 전문용어로 출발하여 후에는 '변경함', '갑작스러운 변화', '새롭게 함'등의 의미를 지니고 있다. 이러한 개념정의는 혁명을 '정치적 혁명', '정신적 혁명', '기술적 혁명'으로 분류하는 것을 가능하게 한다. 오늘날에는 18세기 프랑스혁명의 영향을 받아 혁명이라고 하면 '폭력에 의한 정치적 붕괴'를 떠올리는 것이 일반적이다. 하지만 '폭력에 의한 정치적 붕괴'는 혁명보다는 사실상 '쿠데타'에 해당된다. 쿠데타[4)]란 정부를 붕괴시키고 권력을 이양할 목적을 지닌 국가의 소규모 집단 (대부

---

3) 혁명에 관한 개념정의 및 일반적 개요는, Hannah Arendt: Über die Revolution, München 1963. / Eric Hobsbawm: Europäische Revolutionen 1789 bis 1848, Zürich 1962. / Kurt Lenk: Theorien der Revolution, München 1973. 참조

4) 쿠데타에 관한 개념정의 및 세부사항은 David Hebditch / Ken Connor: Wie man einen Militärputsch inszeniert. Von der Planung bis zur Ausführung, Graz 2006. / Edward Luttwak: Wie inszeniert man einen Staatsstreich oder: Der Coup d'Etat, Reinbek 1969. 참조

분 군대)의 예상치 못한 무력적 행위를 말한다. 쿠데타 주동자들은 통상적으로 고위군인들이나 준군사조직의 지도자들이다. 쿠데타가 발생한 후에는 빈번히 군사독재나 전권을 휘두르는 정권체제가 잇따른다. 20세기에는 전 세계적으로 수많은 혁명이 있었다. 혁명을 주도한 자들이나 혁명을 지지하는 자들은 혁명을 혁명이라고 명명하고, 혁명에 의해 붕괴된 자들이나 혁명을 인정하지 않는 자들은 혁명을 쿠데타라고 한다. 쿠데타를 주도한 자들이나 쿠데타를 지지하는 자들은 쿠데타를 혁명이라고 명하고, 쿠데타에 의해 붕괴된 자들이나 쿠데타를 인정하지 않는 자들은 쿠데타를 쿠데타라고 한다. 때에 따라 혁명은 쿠데타가 되기도 하고, 쿠데타가 혁명이 되기도 한다. 하지만 혁명과 쿠데타를 엄밀하게 구분해 내기 위해서는 미래의 역사적 판단과 엄격한 학문적 잣대가 항상 필요하다. 20세기에 발생한 쿠데타 관련 사건들은 다음과 같은 것들이 있다.

1917년 러시아 10월 혁명이 발생했을 때 레닌과 트로츠키의 지휘를 받아 볼셰비키파가 권력을 이양하는 쿠데타가 발생했다. 1921년 2월 21일에는 이란의 레자 칸과 세예드 지아 알 딘 타바타바이가 군사 쿠데타를 감행하여 카자르 왕조의 총리를 축출하였다. 그 시기에 유럽 곳곳에서는 크고 작은 쿠데타가 발생하였고, 1945년 이후에도 쿠데타는 전 세계적으로 끊임없이 발생했다. 1951년 총리가 되어 영국-이란 석유회사의 국유화를 단행했고, 조국 이란의 근대화를 추진하여 국왕의 전제적인 권한을 제한하는 조치를 취한 바 있는 모하메드 모사데크 수상은 1953년 8월 파츠로라 자헤디 장군의 쿠데타로 실각했다. 1960년에는 터키에서 쿠데타가 있었고, 그 뒤를 이어 미얀마 (1962), 브라질 (1964), 그리스 (1967), 토고 (1967), 레바논 (1969), 터키 (1971), 칠레 (1973), 과테말라 (1982), 베네수엘라

(1992), 파키스탄 (1999), 피지 (2000)에서 쿠데타가 있었다. 그리고 21세기에도 베네수엘라 (2002), 태국 (2006), 기니 (2008), 온두라스 (2009) 등지에서 쿠데타는 쉼이 없었고, 2010년 2월 18일 니제르에서도 쿠데타는 발생했다.

전쟁, 혁명, 쿠데타 등을 계기로 기존의 국가나 정부가 붕괴되기도 하고 새로운 국가가 탄생하기도 했다. 1922년에 소비에트연방이 탄생하였고, 터키 건국 (1923), 히틀러 나치 체제 등장 (1933), 남・북한단독정부수립 (1948), 동・서독정부수립 (1949), 이란의 모하마드 모사테크 정권 붕괴 (1953), 소비에트연방의 개혁과 해체 (1985-1991), 독일통일 (1990)이 있었다.

전쟁과 혁명, 기존의 정부 붕괴와 신생국가 탄생, 무질서한 민주사회 등에서는 폭력, 위기, 사회불안도 뒤따랐다. 세계경제공황 (1929), 제2차 세계대전 중의 유대인 대량학살 (홀로코스트) (1939-1945), 일본의 히로시마와 나가사키의 원자폭탄폭격 (1945)으로 인한 대량의 원폭피해자, 중국 인민해방군의 티베트 무력점령 (1951), 아바단위기 (1953), 쿠바위기 (1962), 베트남 패망과 베트남-캄보디아 전쟁으로 인한 보트 피플 (Boat People) (1975- , 1979-), 르완다 민중대학살 (1994)이 있었다. 이 중에서 1951년의 중국 인민해방군의 티베트 무력점령은 뚜렷한 망명현상의 원인을 제공하고 있다.

티베트 망명인[5)]

인도	85,000

---

5) 1998년 티베트 망명정부가 발표한 통계이다. The Government of Tibet in Exile: Tibet in Exile at a Glance. Based on Tibetan Demographic Survey of 1998, Planning Council, Dharamsala.

네팔	14,000
캐나다와 미국	7,000
부탄	1,600
스위스	2,500
중국	1,000
기타 유럽	640
오스트레일리아와 뉴질랜드	220
스칸디나비아	110
일본	60

위에서 보듯이 20세기는 전쟁, 혁명, 쿠데타, 개별 국가의 건설과 붕괴, 사회불안과 민중학살 등이 특징적으로 나타난다. 물론 20세기를 폭력이 난무한 시대로만 규정할 수는 없다. 20세기는 전쟁과 혁명 등으로 인해 대규모의 인명이 살상되기는 했지만 물질적으로는 그 어느 시기보다 풍요로웠고 자연과학과 기술은 상상을 초월할 정도로 발달하여 인간을 지배하는 수준까지 도달했다. 문제는 물질적 풍요와 자유경쟁으로 인한 인간성 상실과 인간경시 풍조가 새로운 과제로 대두되고 있다는 점이다.

일반적으로 20세기라고 하면 1900년 1월 1일부터 1999년 12월 31일, 혹은 1901년 1월 1일부터 2000년 12월 31일까지라는 숫자를 언뜻 생각하게 된다. 하지만 대다수의 역사학자들은 단순한 달력의 수치보다는 정치, 사회, 문화 등의 뚜렷한 변화기에 나름대로의 관점을 부여하며 시대를 구분하고 있다. 이를 바탕으로 제1차 세계대전이 발발하는 1914년까지를 19세기로 간주하는 학자들이 있는데, 그중에서도 에릭 홉스봄의 '긴 19세기'[6] 테제가 가장 대표적이다. 러시아의 10월 혁명과 더불어 새로운 전환기가 도래하였다고 생각하며 1917년까지를 19세기로 보는 학설도 있다.[7] '긴 19세기' 테제는 곧 바로 20세기를 '짧은 20세기'로 표기하는 가능성을 부여한다.

에릭 홉스봄에 의하면 '짧은 20세기'는 제1차 세계대전이 종말을 고하는 시점부터 구 소련연방이 해체되는 1991년까지를 말한다. 에릭 홉스봄은 20세기를 '파국의 시대', '황금시대', '산사태'로 이어지는 '극단의 시대'로 규정한다.[8] 파국의 시대는 제1차 세계대전이 발발하던 1914년부터 제2차 세계대전이 종말을 고하던 1945년 이후까지의 역사로 '총력전의 시대', '세계혁명', '경제적 심연 속으로', '자유주의의 몰락', '공동의 적에 대항하여', '1914-45년의 예술', '제국들의 종식'을 내용으로 하고 있다. 그는 '총력전의 시대'에서 '파국의 시대'를 다음과 같이 개괄하고 있다.

---

6) '긴 19세기' 개념은 에릭 홉스봄의 3부작 『혁명의 시대 (*Age of Revolution 1789-1848*)』, 『자본의 시대 (*Age of Capital 1848-1875*)』, 『제국의 시대 (*Age of Empire 1875-1914*)』에서 유래한다. 홉스봄은 유럽에 공화국 탄생 계기를 마련해 주는 1789년의 프랑스혁명부터 제1차 세계대전이 발발하는 1914년까지를 '긴 19세기 (the long 19th century)'로 규정한다. 이 시기는 역사적 진보사상, 세속화, 합리화, 국가형성, 민주화 속에서 '현대에로의 길'에 접어든 시기였다. 이 시기는 그 이론적 근거를 계몽주의에서 찾았고, 얻어진 결과를 정치 사회형성에 응용하였다. '긴 19세기' 논의에 대해서는 에릭 홉스봄 이외에도 Franz J. Bauer: Das 'lange' 19. Jahrhundert. Profil einer Epoche, Stuttgart 2004. / Jürgen Kocka: Das lange 19. Jahrhundert. Arbeit, Nation und bürgerliche Gesellschaft, Stuttgart 2002. / Michael Stolleis: Der lange Abschied vom 19. Jahrhundert, Berlin 2002. / Nils Freytag, Dominik Petzold (hrsg.): Das 'lange' 19. Jahrhundert. Alte Fragen und neue Perspektiven, München 2007. 참조

7) Franz J. Bauer: Das 'lange' 19. Jahrhundert (1789-1917). Profil einer Epoche, Stuttgart 2004. 참조

8) 에릭 홉스봄의 『Age of Extremes: the short twentieth century 1914-1991』 참조. 에릭 홉스봄: 극단의 시대: 20세기의 역사 (이용우 옮김), 서울 1997. 참조

'유럽 전역에서 등불이 꺼져가고 있다' [⋯] '우리는 등불이 다시 켜지는 것을 생전에 보지 못할 것이다' [⋯] 그러나 그 전쟁은 인류의 종말이 아니었다. 비록, 1914년 7월 28일 오스트리아의 세르비아에 대한 선전포고와, 인류 상당 부분의 종말이 그리 멀지 않은 날로 보였던 1945년 8월 14일 일본의 무조건 항복 [⋯] 사이의, 31년간의 세계전쟁 과정에서 인류가 멸망할 뻔한 순간이 몇 번 있었지만 말이다. [⋯] 세계대전 없이는 '단기 (短期) 20세기'[9]를 이해할 수 없다. 전쟁은 그 세기에 흔적을 남겼다. 단기 20세기는 총소리가 나지 않고 폭탄이 터지지 않았을 때조차 세계전쟁의 견지에서 살았고 사고했다. [⋯] 1914년 이전에 성장한 사람들에게는 1914년 이전과 이후가 너무도 대조적이어서 [⋯] 이 과거와의 어떠한 연속성도 인정하려고 하지 않았다. '평화'는 '1914년 이전'을 의미했고 1914년 이후에는 더 이상 평화라는 이름에 값할 만한 것이 나타나지 않았다.[10]

'황금시대'는 양차 세계대전이 끝나고 동·서 냉전구도 등장과 새로운 갈등이 발생하던 1945년 이후부터 1970년대 초반까지의 사회사로 '냉전', '황금시대', '사회혁명: 1945-90년', '문화혁명', '제3세계', '현실사회주의'를 내용으로 하고 있다. 이 시기는 제2차 세계대전의 결과로 부상한 미국과 소련의 두 초강대국이 끊임없이 대결하던 양극체제의 냉전시대였다. 이 시기는 "[제2차 세계대전 이후] 제3차 세계대전이라고 보는 것이 합당할 상태"로 "[토머스 홉스가 말했듯이] 전쟁은 단순히 전투, 즉 싸우는 행위에만 있는 것이 아니라, 전투를 통해서 다투려는 의지가 충분히 알려진 일정 기간의 시기에도

---

9) '단기 (短期) 20세기'는 'the short 20th century'에 대한 종래의 한글판 번역으로 '짧은 20세기'를 의미한다.

10) 에릭 홉스봄: 극단의 시대: 20세기의 역사 (상), 38쪽 이하.

있다"라고 할 정도로 세계 곳곳에서는 세계대전에 버금가는 크고 작은 국지전이 발발했고 국가적인 폭력이 난무하던 때였다. 이뿐만 아니라 독재와 무질서, 혁명과 국가전복, 침략과 압박, 인종갈등과 내란 등의 사태가 빈번히 발생했다. 이러한 사회적 현실은 대규모의 난민과 망명객들이 출현하기에 충분했다.

1.3. 20세기 독일 망명발생의 역사적 배경

1.3.1. 망명발생과 망명객 현황

1933년 히틀러 나치 체제가 정권을 장악하자 대략 50만 명 정도가 독일, 오스트리아, 체코슬로바키아의 독일어권 구역으로부터 추방을 당했거나 망명의 길을 떠났다. 그들 중 약 1/4이 미국으로 망명했다. 망명객들의 대부분은 순수 유대인이거나 유대인 피가 섞인 사람들이었다. 망명 유대인의 수치에 대해서는 연구나 주장에 따라 다소간의 차이가 있다. 하지만 망명객 중 최소 85%, 최대 95%가 순수 유대인이거나 유대인 혈통을 보유하고 있다는 것은 확실하다. 수치에 대해 이견이 있을 수 있는 것은 종족규정 때문이다. 예를 들면 어떤 망명객은 본인이 순수 독일인이라고 생각하며 살아왔는데, 선조 중 한명이 유대인으로 밝혀질 경우 유대인으로 분류되기 때문이다.

망명연구에서 주의해야 할 점은 개념과 용어에 대한 정확한 구분이다. 즉 한 지역에서 추방을 당했다고 해서 무조건 망명객으로 분류할 수는 없다. 떠난 자들은 난민과 망명객으로 또 다시 분류해야 한다. 난민과 망명객의 차이는 떠난 사람의 사회적 위치나 영향력, 혹은 개인적인 성향이나 의도 등과 깊은 관계를 지니고 있다. 이러한 전제 조건은 망명연구의 어려움이자 한계이다. 본 연구는 난민에 관한 연구가 아니라 망명에 관한 연구다.

망명객은 기본적으로 엘리트다. 예를 들면 1933년 이후 조국 독일을 등지고 망명의 길을 떠난 사람들은 독일의 '문학과 언론출판', '연극', '영화', '음악', '조형예술', '정치', '학자 (수학자, 자연과학자, 정신 · 사회과학자, 철학자와 신학자)', '경제계와 법조계' 등 각각의 분야에서 정책의 결정, 조직의 지도, 문화의 창조에 참여하던 엘리트 집단이었다. '엘리트'란 라틴어의 '선택된', '뛰어나서 뽑힌', '(소수) 정예의'의 뜻에 해당하는 'electus'에서 유래하는 말로 '(기능이나 업적에서) 평균 이상의 자질을 갖춘 사람들' 혹은 사회의 '지도적 내지 영향을 미치는' 소수집단을 말한다.[11] 엘리트는 사회, 문화, 국가 등의 운명에 결정적인 역할을 하는 사람들 내지 집단으로 일반대중과는 대비된다.

히틀러 나치 체제가 등장함에 따라 독일 일반대중의 정치, 사회, 문화, 국가의 방향결정권은 히틀러를 위시한 나치 체제로 넘어간다. 민주국가로 잘 알려진 바이마르 공화국은 히틀러의 국가사회주의에 의해 점령당한다. 그 사이에 바이마르 공화국 시절의 엘리트들이 망명을 떠난 것이다. 이들이 당시 독일 사회에서 얼마나 엘리트 집단에 속했는지는 그들의 면면을 살펴보면 쉽게 가늠할 수가 있다. 망명을 떠난 바이마르 공화국 시절 엘리트는 단순히 한 사회에만 국한된 것

11) 엘리트에 대한 개념 정의 및 개요는 Peter Bachrach: Die Theorie demokratischer Elitenherrschaft, Frankfurt/M 1970. / George Lowell & John Higley: Eliten und Liberalismus, Opladen 1983. / Günter Endruweit: Elite und Entwicklung, Frankfurt/M 1986. / Michael Hartmann: Elitesoziologie. Eine Einführung, Frankfurt/M 2004. / Barbara Wasner: Eliten in Europa. Einführung in Theorien. Konzepte und Befunde, Wiesbaden 2004. / Michael Hartmann: Elite und Macht in Europa. Ein internationaler Vergleich, Frankfurt/M 2007. 참조

이 아니라 20세기 인류 전체의 역사와 관련된 인물들이었다.

이들 중 우선 망명 작가들을 보면 하인리히 만, 토마스 만, 요하네스 R. 베혀, 베르톨트 브레히트, 안나 제거스, 알프레트 되블린, 쿠르트 투홀스키, 칼 추크마이어, 로베르트 무질 등 당시 독일문학을 대표하던 작가들이 조국을 떠났다. 그들의 숫자는 대략 2,500명 정도이고 방송 분야는 600명 정도로 추산된다.[12)]

연극분야 망명객들로는 유명한 배우였던 알베르트 바써만, 망명 후 베를린 독일극장장을 지낸 볼프강 하인츠, 감독 레오폴트 예쓰너, 후에 취리히 샤우슈필하우스의 연출가 장 레오폴트 린드트베르크, 1931년 소련으로 갔다가 후에 미국으로 건너간 유명한 감독 에르윈 피스카토르, 감독 겸 연출가인 막스 라인하르트 등이 있다. 망명 연극인들은 약 4,000명으로 추산된다.[13)]

영화분야는 크게 나치등장 이전과 나치통치 기간 동안에 해외로 망명한 영화인들로 대별된다. 전자에 속하는 자들은 대부분 여러 가지 개인적인 사정으로 인해 —대부분 정치적인 이유가 아님— 독일이나 오스트리아를 떠났지만 1933년 이후 나치 체제가 조국을 지배하자 이에 대한 적개심으로 새로운 고향에 둥지를 틀고 망명활동을 전개한 영화인들이다. 이들 중 가장 대표적인 망명 영화인은 전설적인 여배우로 불리는 말레네 디트리히이다. 말레네 디트리히는 이미 1930년에 미국으로 건너가 세계적인 스타가 되었다. 1933년 나치가 정권을 이양하자 1,500명 이상의 영화산업 종사자들이 독일을 떠났

---

12) 망명 작가와 방송인의 수치에 대해서는 Alexander Stephan: Überwacht, Ausgebürgert, Exiliert. Schriftsteller und der Staat, Bielefeld 2007. 224쪽 참조

13) 망명연극인들의 수치에 대해서는 Alexander Stephan: Überwacht, Ausgebürgert, Exiliert. Schriftsteller und der Staat, 224쪽 참조

다. 당시 독일에 거주하며 영화산업에 종사하던 오스트리아인들도 독일을 떠났는데, 이들도 물론 망명 영화인에 속한다.

그들 중 저명한 영화인들을 거명해 보면 엘리자베트 베르그너, 쿠르트 보이스, 에른스트 도이취, 틸라 두리외, 쿠르트 괴츠, 프릿츠 코르트너, 프릿츠 랑, 페터 로레, 막스 오퓔스, 릴리 팔머, 구스타프 폰 방겐하임 등이 있다.

망명 음악인들로는 지휘자 프릿츠 부쉬, 작곡가 한스 아이슬러, 작곡가 파울 힌데미트, 지휘자 오토 클렘페러, 작곡가이자 음악학자인 에른스트 헤르만 마이어, 작곡가 아르놀트 쇤베르크, 지휘자 브르노 발터, 작곡가 쿠르트 봐일 등이 있다.[14] 망명 영화인들은 약 2,000명으로 추산된다. 그리고 망명 사진작가는 약 200명, 무용수는 약 150명으로 추산된다.[15]

조형예술분야 망명객들로는 화가인 막스 베크만, 화가이자 조각가인 막스 에른스트, 화가이자 풍자화가인 리오넬 파이닝어, 화가이자 그래픽예술가인 게오르게 그로스츠, 화가인 파울 클레, 화가이자 작곡가인 오스카 코코쉬카, 화가인 쿠르트 슈뷔터스 등이 있다.

망명 정치인들로는 오스트리아 사회민주노동자당 당수였던 오토 바우어, 전후 독일의 유명한 정치가이자 노벨평화상 수상자였던 빌리 브란트, 알토나 시장이었던 막스 브라우어, 1920년부터 1921년,

14) 음악분야 망명객들에 대해서는 국내에서 이경분의 연구가 주목된다. 이경분은 '20세기 서구 음악의 어두운 역사'를 "망명음악, 나치음악"이라는 제목하에 '망명 음악가들—떠난 자들의 삶과 음악', '나치 집단수용소의 음악가들—죽은 자와 살아남은 자', '남은 자들—협력한 자들과 침묵한 자들', '전후 독일 음악가의 과거 청산'을 조명하고 있다. 이경분: 망명 음악, 나치 음악. 20세기 서구 음악의 어두운 역사, 서울 (책세상), 2004. 참조

15) 망명 영화인, 망명 사진작가, 망명 무용수들의 수치에 대해서는 Alexander Stephan: Überwacht, Ausgebürgert, Exiliert. Schriftsteller und der Staat, 224쪽 참조

1921년부터 1925년, 1925년부터 1932년까지 프로이센의 국무총리였던 오토 브라운, 프로이센 내무장관과 베를린 경찰청장을 지낸 알베르트 그레체진스키, 독일제국의 재무장관과 제국의회의원을 지낸 루돌프 힐퍼딩, 제국의회의원을 지낸 빌리 뮌첸베르크, 사민당 의장단에 속해있던 에리히 올렌하우어, 1927년 노벨평화상 수상자인 루드뷔히 퀴데, 후에 동독 대통령을 지내고 당시에는 '적색구조 의장'이었던 빌헬름 피크, 마그데부르크 시장을 지낸 에른스트 로이터, 후에 동독 공산당 서기장을 지낸 발터 울브리히트, 공산주의자였다가 후에 사민당 당원으로 전후 서독의 유명 정치가였던 헤르베르트 붸너 등이 있다.

망명을 떠난 학자들은 크게 수학자, 자연과학자, 정신·사회과학자, 철학자, 신학자로 분류된다. 이들은 대부분 대학이나 연구소에 소속되어 있던 자들로 대략 2,000명 정도가 망명을 떠났다.[16] 수학자들로는 알프레트 테오도르 브라우어, 쿠르트 괴델, 욘 폰 노이만, 에미 뇌터, 이싸이 슈르, 칼 루드뷔히 지겔, 헤르만 봐일 등이 망명을 떠났다. 자연과학자 중 물리학자로는 알베르트 아인슈타인을 비롯하여 한스 베테, 마르틴 도이취, 제임스 프랑크, 오토 프리쉬, 발터 하이틀러, 리제 마이트너, 한스 라이헨바흐, 한스 로젠베르크, 오토 슈테른, 레오 실라르드, 에드워드 텔러, 빅토르 봐이스코프, 유진 파울 뷔그너 (유진 폴 위그너)가 망명을 떠났다. 생물리학자로는 막스 델브뤽이 있고, 천체물리학자로는 에르윈 프로인트리히가 있다.

화학자로는 막스 베르크만, 칼 디에라씨, 헤르베르트 프로인트리히, 프릿츠 하버, 미하엘 폴라니가 망명을 떠났고, 생화학자로는 오토 프

16) 망명학자들의 수치에 대해서는 Alexander Stephan: Überwacht, Ausgebürgert, Exiliert. Schriftsteller und der Staat, 224쪽 참조.

릿츠 마이어호프, 칼 노이베르크가 있다. 생물학자로는 리하르트 골드슈미트, 지질학자로는 파울 보르햐르트가 망명을 떠났다. 의학자로는 파울 알스베르크, 젤마 아쉬하임, 필립 슈바르츠가 망명을 떠났고, 의사로는 릴리 에렌프리트, 오스카 간스, 쿠르트 골드슈타인, 게랄드 하스, 베르너 헨레, 그리고 약학자로는 파울 풀렙카가 있다.

정신과학 내지 사회과학자 중에서는 심리학자로 유명한 지그문트 프로이트를 비롯하여, 에리히 프롬, 막스 호르크하이머, 헤르베르트 마르쿠제, 한스 마이어, 테오도르 아도르노, 한나 아렌트, 발터 벤야민, 에른스트 블로흐, 칼 만하임 등이 망명의 길을 떠났다. 예술사학자로는 에르윈 판오프스키가 망명길에 접어들었고, 철학자로는 위에 언급한 사회학자 이외에도 마르틴 부버, 루돌프 카르납, 에른스트 카씨러, 한스 켈젠, 헬무트 쿤, 게오르크 미쉬, 칼 뢰비트, 칼 포퍼, 레오 슈트라우스 등이 있다. 그리고 신학자로는 한스 에렌베르크, 리하르트 크로너, 파울 틸리히 등이 있다.[17)]

이상 위에서 간단히 열거한 예에서 보듯이 망명객들은 당시 독일의 각 분야를 대표하는 소수 정예들로 정치 문화 학계 사회의 지도적 위치에서 막강한 영향력을 발휘하던 인물들이었다. 그들 중에는 노벨상 수상자들도 다수 있었고, 독일과 오스트리아의 예술과 학문분야에서 높은 위치를 점유하고 있던 자들도 다수였다.

이러한 맥락과 연관 지어 볼 때 망명은 단순히 한 인간에 대한 추방보다도 인류 문화 내지 문명에 대한 파괴를 보여주는 결정적인 계기로 나타난다. 인류의 역사에서 전쟁이나 사회 혼란, 혹은 지도자의 무지 등으로 인해 역사적으로 중요한 학문이나 문화재 혹은 이를 주

---

17) 자세한 저명 독일 망명객들의 명단과 그들의 간추린 이력에 대해서는 본 연구서 제3장 '망명객 유형 및 현황' 참조.

도하던 인물들이 소실된 예는 끊임없이 많았다. 일반 대중들은 이를 감지하지도 못했다.

1933년 이후 독일을 떠나야만 했던 망명객들은 나치의 입장에서 볼 때 '이질적인 집단', '나치의 반대파들', '다른 독일을 대표하는 자들'로 대별된다. 이질적 집단에 속하는 자들이란 유대계거나 나치의 종족규정으로 볼 때 비 아리안 계통을 말한다. 대표적인 나치의 반대파들은 마르크스주의나 볼셰비키주의자들과 같은 공산주의자들은 물론 이와 맥을 같이하는 사회주의자들을 말한다. 그리고 다른 독일을 대표하는 자들이란 하인리히 만, 토마스 만, 알프레트 되블린, 칼 추크마이어처럼 바이마르 공화국 시절의 대표적인 지식인, 문인 예술가들을 말한다. 물론 반대파들이나 다른 독일을 대표하는 자들 중에도 종족 규정으로 볼 때 비 아리안 계통들이 다수 포함되어 있다.

하인리히 만은 "망명은 위대했던 독일인들이나 위대한 독일인을 고집하게 될 것이다. 그리고 그것은 동시에 최고의 독일을 의미한다"[18]라고 말했다. 토마스 만은 "내가 있는 곳이 곧 독일이다"라고 말했다. 본인 스스로도 망명객이자, 스페인 내전 전사이며, 공산주의자인 알프레트 칸토르비치는 히틀러 일당이 "세계가 주시하고, 당대의 문학에서 가장 유명한 이름들"을 망명의 반열에 포함시켰음을 확신했다. 더 나아가 그는 "그들의 투쟁과 그들의 작품"은 "오래된 유럽의 문화재를 보존하는 데 기여했고, 또한 폐허 속에서 발생해야 할 오래된 유럽의 문화재를 새로운 유럽으로 구해내 주는 데 기여했다"고 강조했다. 알프레트 칸토르비치의 이러한 발언은 20세기의 정신

18) Heinrich Mann: "Aufgaben der Emigration." In: Literarische und politische Texte aus dem deutschen Exil 1933-1945, hg. v. Ernst Loewy. Stuttgart; Metzler 1977, S. 605.

과 문화사를 회고해 볼 때 과장된 말들이 아니라는 확신을 지니게 만든다.

나치 체제가 등장하자 조국을 떠나야 했던 자들이 최초의 망명지로 선택한 곳은 체코, 스위스, 프랑스, 네덜란드 등과 같이 독일과 인접한 국가들이었다. 예를 들면 예기치 못한 위험한 순간이 닥쳐왔을 때 베를린에서 기차로 몇 시간밖에 걸리지 않는 체코의 프라하는 잠시 피신하기에 적합한 인접국가의 도시였다. 스위스 취리히 역시 마찬가지였다. 당시 독일을 떠나야만 했던 망명객들의 대부분은 그들의 망명기간이 그리 오래갈 것이라고는 예상하지 않았다.

1
벽에다 못을 박지 말자.
저고리는 의자 위에 걸쳐 놓자.
왜 나흘씩이나 머무를 준비를 하는가?
너는 내일이면 돌아갈 것이다.

어린 나무에 물을 줄 필요도 없다.
나무는 또 왜 심겠는가?
그 나무가 한 계단의 높이도 자라기 전에
너는 즐겁게 여기를 떠나갈 것이다.

사람들이 지나갈 때는 얼굴 깊숙이 모자를 눌러 써라!
왜 외국어 문법책을 뒤적거리겠는가?
너를 고향으로 돌아오라고 부르는 소식은
모국어로 씌어져 있을 것이다.

서까래에 석회가 떨어지듯
(그것을 막으려고 하지 마라!)
정의에 거역하여
국경에 설치해 놓은
폭력의 울타리는 썩어 무너질 것이다.

2
네가 벽에 박아 놓은 저 못을 보아라.
언제쯤 너는 돌아갈 것 같은가?
네가 마음속 깊이 믿고 있는 바가 무엇인지 너는 알고 있지 않더냐?

날이면 날마다
너는 해방을 위해 일하고
방구석에 틀어박혀 글을 쓰고 있다.
네가 너의 일을 어떻게 생각하고 있는지 너는 알고 있지 않더냐?
마당 한 귀퉁이에 있는 저 어린 밤나무를 보아라.
물이 가득 담긴 주전자를 너는 이제 그리로 무겁게 나르고 있구나![19]

그러나 히틀러 나치 체제는 더욱 견고해져 갔고 이와 함께 망명객들이 바라던 귀향의 꿈은 점점 멀어져만 갔다. 1939년 제2차 세계대전이 발발하고 나치 독일군이 폴란드나 프랑스 등 인접국까지 점령하자 망명객들은 지금까지 머물던 독일의 인접국을 또 다시 떠나야만 했다. 그리고 마침내 유럽의 마지막 항구인 마르세이유나 리스본을

19) 1936년에서 37년 사이 베르톨트 브레히트가 덴마크의 스덴보르에 머무를 당시 쓴 「망명기간에 대한 상념 (Gedanken über die Dauer des Exils)」 전문. 브레히트는 제국의회방화사건 다음날인 1933년 2월 28일 가족과 함께 독일을 떠나 프라하, 비인, 취리히 등을 거쳐 덴마크의 스덴보르에 정착하고 있었다.

경유하여 미국이나 남미 등으로 돌아오기 어려운 망명의 길을 떠났다. 서부 유럽 쪽으로 떠난 자들이 대서양을 건넜다면 동부 유럽 쪽으로 떠난 대부분의 사회주의자들은 소련으로 망명했다. 유대인들은 그들의 옛 땅인 팔레스타인을 선택하기도 했다. 그리고 터키, 오스트레일리아, 뉴질랜드로 망명의 발길을 재촉하기도 했고, 극소수는 일본이나 중국까지 온 망명객도 있었다. 망명객들은 1차 망명지에서 잠시 머문 다음, 대부분은 미국을 최종 망명지로 선택했다.

1.3.2. 나치 체제 등장과 망명의 물결

20세기가 되며 대규모로 발생한 망명 현상을 이해하기 위해서는 무엇보다도 나치정권이 출현하게 된 역사적 배경에 대한 이해가 전제된다. 히틀러와 그의 동조자들은 그들이 세운 정권을 소위 '제3제국'이라고 표방했다. '제3제국'이란 표현은 나치주의자들이 그들의 정권을 옹호하기 위해 선전용으로 사용했지만, 개념상으로 볼 때는 서양역사의 고대 기독교와 신학적인, 그리고 철학적이고도 유토피아적인 전통에 뿌리를 두고 있다.

기독교와 신학적으로 볼 때 제국이라는 개념은 '성령'이 지배하던 시대를 말한다. 나치주의자들은 이러한 역사적 개념을 근간으로 962년부터 1806년까지의 '신성 로마 제국'을 '제1제국', 1871년부터 1918년까지의 독일제국을 '제2제국'이라고 칭하며, 그들의 정권이 이들의 전통을 이어받은 제3제국이라고 선전했다. 하지만 이러한 개념정립은 이념사적으로 볼 때 역사전개과정을 '고대, 중세, 현대'의 3기로 분류하려는 역사철학적 강박관념에서 출발하고 있다. 즉 기독교적 전통의 제1제국과 근대 국가로서의 제2제국에 대한 정통성을 본인들이 부여받았다는 정통성확보의 시급함에서 급조된 개념이라고 볼 수 있다. 이러한 현상은 나치뿐만 아니라 20세기 정치, 사회, 문화 현실의 곳곳에서 나타나고 있다. 예를 들면 정치발전사에서 소위 제1공화국, 제2공화국, 제3공화국이라는 정치체제도 이러한 현상의 일환이라고 볼 수 있다.

유럽에서 독일이 하나의 통일된 국가로 등장하기 시작한 것은 1871년 독일제국이 성립하면서부터이다. 독일이 통일된 국가로 등장하기 이전은 단지 크고 작은 공국과 도시들이 여기저기에 산재해 있었을 뿐이었다. 이러한 시기에 그들에게 독일인으로서의 정체성을 부여한 것은 '독일어 (도이취 Deutsch)'라는 언어와 독일어를 통한 정신과 문화의 정체성에 대한 믿음 때문이었다. 마인 강변의 프랑크푸르트에서 태어난 괴테, 오늘날 리투아니아의 수도로 카리닌그라드로 불리는 쾨니히스베르크에서 태어난 칸트, 라인 강변의 본에서 태어난 베토벤이 서로 지역과 공국은 다르지만 독일인으로 불리는 사실은 바로 이러한 이유들 때문이다.

근대 독일 역사에 해당되는 독일제국이 성립한 1871년에서부터 제2차 세계대전의 종말로 소위 제3제국이 붕괴하는 1945년까지의 시간을 보면 독일의 제2제국에서 제3제국까지를 포함하는 '독일제국'[20]의 기간은 단지 74년에 불과하다. 독일제국이 탄생하기 전 단계인 1867년부터 2차 세계대전 이후 서방 4대 강국이 패망한 독일을 지배하던 1949년까지를 치더라도 독일제국은 겨우 한 인간의 연령과 비슷한 80년 혹은 81년에 해당한다. 굳이 역사적 사실을 이렇

20) 독일제국에 대한 규정과 범위에 대해서는 Sebastian Haffner: Von Bismarck zu Hitler, München 2001. / Michael Schweitzer: Staatsrecht III. Staatsrecht, Völkerrecht, Europarecht, 8. Aufl. Heidelberg 2004. / Dieter Blumenwitz: Was ist Deutschland? Staats- und völkerrechtliche Grundsätze zur deutschen Frage und ihre Konsequenz für die deutsche Ostpolitik, Bonn 1989. 참조

게 숫자로 환산하는 것은 한 인간이 이러한 역사를 자기의 한 생애에 모두 경험할 수 있는 기간이기 때문이다. 독일제국의 역사를 사건위주, 표제어, 혹은 전환기별로 살펴보면 '독일제국의 성립', '비스마르크 시대', '황제시대', '제1차 세계대전', '1918년', '바이마르와 베르사유', '힌덴부르크 시대', '히틀러 시대', '제2차 세계대전', '독일제국 이후의 역사'로 대별된다.

1. 1871-1918: 비스마르크 제국헌법에 기초한 독일황제제국
   1871-1890: 오토 폰 비스마르크 제국재상시대
   1890-1918: 빌헬름 황제 시대와 제1차세계대전
2. 1919-1933: 바이마르 제국헌법에 기초한 바이마르 공화국
3. 1933-1945: 제3제국
   1943년부터 공식적으로 대독일제국
   역사적 시기로는 국가사회주의 기간
4. 1945-1949: 제2차 세계대전 승전국가에 의한 군 점령시대

황제가 지배하던 독일제국은 독일의 25개 국가로 구성되었었으며 그중에서 프로이센 왕을 황제로 명했다. 황제는 '전쟁선포권', '외교사절 임명권', '국군통수권', '수상임명권'을 지녔으며, 황제가 지배한 독일제국은 1871년에서 1918년까지 지속되었다. 1871년부터 1945년까지 독일은 '황제' (1871-1918)와 '제국 대통령' (1919-1945년)에 의해 지배된다.

1871년부터 1918년까지의 기간에 독일제국은 빌헬름 1세, 프리드리히 3세, 빌헬름 2세 황제가 재위했다. 빌헬름 1세는 1861년부터 1888년까지 프로이센 왕이었으며, 1871년부터 1888년까지 독일제

국의 황제였다. 그는 베를린에서 출생하여 베를린에서 사망했다. 프리드리히 3세는 1888년 3월 9일부터 그해 6월 15일까지 99일간 황제로 재위했다. 그는 포츠담에서 출생하여 포츠담에서 사망했다. 빌헬름 2세는 1888년부터 1918년까지 황제로 재위했다. 1859년 베를린에서 출생한 빌헬름 2세는 1941년 네덜란드의 도른 (Doorn)에서 사망했다. 빌헬름 1세와 프리드리히 3세가 태어난 곳에서 사망한 것과 달리 빌헬름 2세가 타국에서 사망한 것은 혁명에 의해 폐위된 다음 독일에서 추방되었기 때문이다.

독일제국의 황제들 (1871–1918)

1. 1871-1888: 빌헬름 1세
   1861-1888: 프로이센 왕
2. 1888-1888: 프리드리히 3세
   (1888년 3월 9일부터 1888년 6월 15일까지 99일 간 황제로 재위)
3. 1888-1918: 빌헬름 2세
   (1859년 베를린에서 출생하여 1941년 네덜란드의에서 사망)

1919년부터 1945년 사이에는 프리드리히 에버트 (SPD, 1919-1925), 한스 루터 (1925 대행), 파울 폰 힌덴부르크 (무소속, 1925-1934), 아돌프 히틀러 (1934-1945년)에 의해 독일은 지배된다.

독일제국의 대통령들 (1919–1945)

1. 1919-1925: 프리드리히 에버트 (SPD)
2. 1925-1925: 한스 루터 (대행)[21]

---

21) 1925년 2월 28일 바이마르 공화국의 초대 제국대통령인 프리드리히 에버트 Friedrich

3. 1925-1934: 파울 폰 힌덴부르크 (무소속)
(1925년 - 1934년 8월 2일)
4. 1934-1945: 아돌프 히틀러 (NSDAP)
(1934년 8월 2일 - 1945년 4월 30일)
5. 1945-1945: 칼 되니츠
(1945년 5월 1일 - 1945년 5월 23일): 히틀러는 유언으로 칼 되니츠를 제국대통령 후계자로 정함

1933년 독일의 정치, 사회, 문화 등 모든 분야에 걸쳐 권력을 장악한 아돌프 히틀러는 1934년 힌덴부르크가 사망할 때까지 정권의 실권자로 전권을 행사한다. 힌덴부르크가 사망하자 곧바로 제국의 수상과 제국대통령직을 인수한다. 그러한 다음 그를 '지도자 (퓨러, Führer)'와 '제국 수상'이라고 부르게 한다. 그러면 어떻게 해서 히틀러가 정권을 장악하게 되는가?

1914년에 발발한 제1차 세계대전은 러시아 혁명으로 인한 독일의 혁명물결에 의해 스스로 종말을 고하게 된다. 새롭게 민주국가로 등장한 바이마르 공화국은 '황제들의 집권시기'[22]때와는 완전히 다르게 모든 시민, 즉 남녀에게 정치적인 평등권을 보장한다. 하지만 이 민

Ebert의 예기하지 못한 사망으로 인하여 바이마르 공화국의 대통령선거는 부득이 할 수밖에 없었다. 1925년 3월 29일 선거가 행해졌는데 어떤 후보도 당선에 필요한 절대 다수표를 확보하지 못했다. 1925년 4월 26일, 빌헬름 막스 (Wilhelm Marx), 파울 폰 힌덴부르크 (Paul von Hindenburg), 에른스트 텔만 (Ernst Thälmann)이 맞선 제2차 선거가 시행되었는데, 파울 폰 힌덴부르크가 48.3%로 승리했다. 빌헬름 막스가 2위, 에른스트 텔만은 6.4%에 그쳤다. 당시 한스 루터 (Hans Luther)는 대통령직을 대행했다.

22) 황제가 집권하던 독일제국의 경직된 사회 분위기는 바이마르 공화국 시절의 문학에 자주 등장하는데, 그중에서도 특히 하인리히 만의 『충복 (*Der Untertan*)』과 칼 추크마이어의 『쾨페닉대위 (*Hauptmann von Köpnick*)』에 잘 나타나 있다.

주정부는 처음부터 상해를 입기 시작한다. 처음부터 패전의 결과를 떠넘겨 받아야 했으며, 더 나아가 경제위기와 정치위기까지 겪었다. 바이마르 공화국은 1929년에 발생한 경제공황으로 인해 1930년부터 긴급조치권을 발동하게 된다.

이러한 배경과 사회 분위기로 인해 민주주의는 영향력을 상실할 수밖에 없었다. 게다가 극단적인 국가주의자들 (보수주의자들)은 정부에 대해 강경 대응했고 패전의 결과를 민주정부에 떠넘겼다. 그뿐만 아니라 공산주의자들은 프롤레타리아 독재를 원했다. 그리고 1930년대 초반 경제위기로 인해 의회민주주의는 힘을 잃게 되었다. 이러한 상황에서 히틀러의 나치당이 서서히 부상하게 된다.

1932년 7월 31일 행해진 제국의회 선거에서 히틀러가 이끄는 국가사회당 (나치당, NSDAP)은 37.3%로, 11월 6일에 행해진 선거에서는 33.1%로 두 번에 걸쳐 독일사민당 (SPD)과 독일공산당 (KPD)을 제치고 최대 득표로 원내 제1당이 되었으나, 정부를 구성하는 데 필요한 절대 다수는 획득하지 못했다.

1932년 1, 2차 제국의회 선거결과

1. 국가사회당 (NSDAP): 37.3% (7월), 33.1% (11월)
2. 독일사민당 (SPD): 21.6% (7월), 20.4% (11월)
3. 독일공산당 (KPD): 14.3% (7월), 16.9% (11월)
4. 독일중앙당 (Z): 12.4% (7월), 11.9% (11월)
5. 독일국가인민당 (DNVP): 5.9% (7월), 8.3% (11월)

하지만 나치당 주도의 정치 사회분위기에 압도당한 파울 폰 힌덴부르크 대통령은 1933년 1월 30일 무력하게 아돌프 히틀러를 수상으로 임명한다. 이로 인해 히틀러와 나치당은 합법적으로 12년에 걸친 장기집권을 예고하는 '정권장악 (권력이양)'을 하게 된다. 히틀러는 제국수상에 임명되자마자 4개월 이내에, 즉 2월에서 7월 사이에 완전히 정권을 장악한다.

1933년 2월 27일 제국의회방화사건을 구실로 히틀러는 긴급 대통령령을 포고해 비상사태를 선언한다. 2월 27일과 28일 밤사이에 벌어진 방화사건에서 네덜란드인 공산당원 마리누스 반 데어 루베를 방화범으로 현장에서 체포하며, 이를 계기로 히틀러는 그의 정적이었던 독일 공산당에 대한 탄압을 개시한다. 그리고 히틀러는 바이마르 공화국 헌법에 따라 기초된 기본적 인권이나 노동자의 권리 대부분을 정지시킨다.

1933년 3월 5일에 실시된 제국의회 선거에서 나치는 43.9%의 득표를 기록한다. 사민당은 2.1%, 공산당은 4.6%로 전년에 비해 대폭 감소한다. 1932년 선거에서 5위를 기록한 독일국가인민당 (DNVP)은 1933년 제1차 세계대전 참전용사 전역군인이 주축이 되어 1918년에 창당된 '철모당 (전선장병 연맹, 철모)'과 제1차 세계대전 이후 시골주민으로 구성된 '지방연맹'과 공조해서 선거에 참여한다. 하지만 야권공조에도 불구하고 전년도에 비해 0.3%가 감소한다.

1933년 3월 5일의 제국의회 선거결과

1. 국가사회당 (NSDAP): 43.9% (1932년 11월 선거에 비해 +10.8)
2. 독일사민당 (SPD): 18.3% (1932년 11월 선거에 비해 −2.1)
3. 독일공산당 (KPD): 12.3% (1932년 11월 선거에 비해 −4.6)
4. 독일중앙당 (Z): 11.3% (1932년 11월 선거에 비해 −0.6)
5. 흙-백-적 투쟁전선 (KSWR): 8.0% (1932년 11월 선거에 비해 −0.3)

이로써 히틀러가 이끄는 국가사회당은 명실상부하게 독일국민이 전폭적으로 지지하는 정당으로 발돋움하게 된다. 선거 결과의 승리를 계기로 1933년 3월 12일 독일의 새로운 국기가 제정할 때까지 검은 색-하얀색-적색이 그려진 종래의 독일제국의 국기와 나치당의 깃발인 하켄크로이츠를 동시에 내걸기로 결정된다.

1933년 3월 23일에는 제국의회에서 '전권 위임법'을 통과시켜 히틀러에게 전권을 위임하는 히틀러 일당독재체제를 확립한다. 1933년 4월 26일에는 '비밀 국가경찰 (게슈타포)'을 설치하고, 지도자나 정권에 대한 비판자나 반대자를 감시, 색출, 체포, 구금하는 역할을 담당하게 한다. 이를 통해 독일의 정치, 사회, 문화 전반에 걸친 감시와 조작은 물론, 직접적으로 사회전반을 조종한다. 게슈타포를 통해 나치의 수많은 정적들, 특히 공산당과 사민당원이 정치범으로서 몰려 감금된다. 유대인들은 수용소에 감금되었다가 노역으로 피폐해지거나 독가스실에서 생을 마감하게 된다.

1933년 5월 10일에는 "비독일정신에 대항하여"를 모토로 한 대규모의 분서사건이 자행된다. 베를린에서 시작된 이 사건은 전 독일로 번진다. 250명이 넘는 작가들의 작품이 화염 속에 던져지고, 이로 인해 첫 번째의 대규모 망명의 물결이 발생한다.

1934년 1월 30일에는 종래의 헌법을 변경하여 '제국 재건법'을 제정하였다. 이 개정은 바이마르 공화국 시대에 지방자치국가였던 독일을 일원적인 중앙집권국가로 변모시킨 정치제제의 대 개혁이었다. 이 법령에 근거하여 주 의회는 해산되고, 각 주는 히틀러 정부가 직접 관할했다. 히틀러 정권은 주 정부를 관장하는 '제국 주정부 장관'을 임명하여 각주에 파견하였다. 이들은 물론 나치당의 간부들이었다.

1934년 8월 2일 힌덴부르크 대통령이 사망하자 수상이었던 아돌프 히틀러는 국가원수인 대통령직까지를 인수하며 명실상부한 제1인자가 된다. 마침내 개인을 우상화하는 '지도자'라는 호칭과 함께 총통이라는 무소불위의 권력을 행사한다. 1935년에는 유대인들에 대한 뉘른베르크 (인종차별)법이 공포되고, 1939년 9월 1일에는 폴란드 침공을 계기로 제2차 세계대전을 발발시킨다. 이러한 역사적 진행과정에서 수많은 정치적 반대자들과 수백만 명의 유대인들이 수용소에서 처형되고, 대규모의 망명객이 발생한다. 1933년부터 1939년까지의 중요한 역사적 사건을 연표로 정리해 보면 다음과 같다.

1933년

- 1월 30일: 힌덴부르크 제국대통령 아돌프 히틀러를 제국수상으로 임명
- 2월 28일: 제국의회방화사건 후 '민족과 국가 보호를 위한' '긴급조치권' 포고
- 3월 13일: 요셉 괴벨스 '민족계몽과 선전부' 장관 취임
- 3월 24일: 제국의회 히틀러 전권위임법 통과
- 4월 7일: '직업공무원 재건법'으로 '비 아리아인' 공직추방
- 5월 10일: 여러 대도시에서 공개적으로 분서
- 7월 14일: 나치당 (NSDAP) (일당 독재의) 국가 정당이 됨
- 10월 14일: 독일 국제연맹 탈퇴

1934년

- 1월 26일: 독일과 폴란드 불가침조약 조인
- 6월 25일: 오스트리아 연방총리 돌푸스 암살
- 6월 30일: 소위 '룀-쿠데타'로 인한 나치 돌격대 (SA) 무장해제

1935년

–9월 15일: ‘뉘른베르크 법’과 ‘독일민족 혈통보호에 관한 법’ 통과

1936년

–7월 19일: 스페인 내전 시작

–11월 23일: 칼 폰 오씨츠키 노벨평화상 수상; 수여 금지

–11월 25일: 소련에 대항한 독일과 일본 ‘방공협정’ 조인

1938년

–3월 13일: 오스트리아 합병

–11월 9/10일: 국가적 유대인 학살 ‘제국 수정의 밤’

1939년

–3월 15일: 프라하 진군

–8월 23일: 독일-소련 불가침조약

–9월 1일: 독일군의 폴란드 공격으로 제2차 세계대전 발발

2. 권력과 폭력

2.1. 악의 규정과 폭력의 기원

망명은 어느 인간이나 집단이 다른 인간이나 집단을 악의 대상으로 규정하고 그들에 대해 폭력을 행사할 때 나타나는 특수한 사회적 현상이다. 히틀러 나치 체제의 경우 제국의회 방화사건을 구실로 사회주의자나 공산주의자 등 정적을 제거할 때나, ‘비독일정신’을 모토

로 분서사건을 자행했을 때나, 유대인을 말살시키기 위해 '비 아리아인에 대한 종족 규정'을 거론하던 배후에는 항상 '증오'와 '악'의 개념이 도사리고 있었다.

'증오' 내지 '악'은 인간의 이성적 판단이라기보다는 감정의 발로이다. 감정의 종류에는 크게 '사랑', '증오', '슬픔', '기쁨', '희망', '허무', '아늑함', '공포', '환희', '분노' 등이 있다. 서양식 철학적으로 볼 때 인간은 영혼과 육체로 구성되어 있다고 한다. 육체는 인간의 틀로 가시적이고, 영혼은 불가시적이다. 불가시적인 영혼은 이성과 감정으로 나누어져 있다. 이성은 합리적이고도 보편타당함을 최상으로 여기지만, 감정은 주관적이고 유토피아적인 것에 더 높은 가치를 둔다. 그런데 이성이나 감정이라는 틀을 동원하여 세상을 파악할 경우 —감정의 경우는 감지한다고 말하는 편이 더 옳다— 일반적으로 서양의 철학과 종교에서는 '선'과 '악'이라는 상대주의적 범주를 이용한다. '선과 악' 범주는 서양 철학의 윤리학과 기독교에서 특히 즐겨 사용한다.

철학적 윤리학에서는 도덕적으로 금지되었거나 허용되지 않은 행위 혹은 이러한 행위를 행하려는 의지를 '악'으로 본다. 하지만 각양각색의 윤리적 입장에 따라 기준은 다양하게 적용된다. 즉 판단의 주체가 어느 시대, 어떤 관점, 어떠한 사람, 어떠한 집단이냐에 따라 선과 악의 기준은 달라진다는 것이다. 역사적으로 볼 때 이러한 판단의 대표적인 예는 종교에서 나타난다. 각각의 종교는 그들 나름대로의 기준에 따라 선과 악에 대한 관점을 지니고 있다. 관점을 지니고 있다함은 '선'과 '악'이 꼭 핵심을 이루는 개념이라는 말은 아니다. 어떤 종교는 '선과 악'을 중심개념에 배치하기도 하지만 또 다른 종교는 '선과 악'에 대한 뚜렷한 구분이나 개념 자체를 비중 있게 받아들이지도 않는다.

'선과 악'은 특히 기독교의 교리를 이루는 핵심 개념이다. 기독교에서 '악'은 원죄론으로부터 시작된다. 신은 전지전능한 창조주로서 이 세상에 존재하는 만물을 지배하는 힘을 지니고 있기 때문에, 이에 대항하는 것 자체를 악으로 본다. 왜냐하면 신이 창조한 모든 것은 '선'한 것이라는 이유에서이다. 기독교적 해석에 따르면 이러한 의미에서 사탄의 행동은 '악'을 저지른 첫 번째 경우였고, 사탄의 후손인 인간들은 숙명적으로 원죄의식을 지닐 수밖에 없다는 것이다. 서양의 기독교적 전통에서 자란 추크마이어 같은 망명 작가는 낙원에서 추방된 사탄을 인류 최초의 망명객으로 보았다.

어찌 되었든 망명과 관련된 '악'의 감정에서는, 즉 어떤 대상을 이미 '악'으로 규정하면, 그 다음에 발화하는 감정이 '증오'이고, 증오가 폭발하여 실질적인 행동으로 옮겨지는 과정이 폭력이다. 폭력은 여러 가지의 형태로 나타난다. 폭력은 멸시, 차별, 따돌림, 감시, 괴롭힘, 추적, 체포, 고문, 투옥 등에서부터 시작하여 살인, 혁명, 전쟁 등으로까지 발전한다. 망명은 폭력행위의 한 결과로 나타난 현상이고, 망명객의 대부분은 또 다른 폭력의 현장에서 생활하기 일쑤이다. 폭력이 유발되는 감정 중의 마지막 단계가 '증오'이다.

전승되는 문헌학적 정의에 따르면 증오는 '자연적 증오 (naturale odium)', '비자연적, 동물적, 악마와 같은 증오 (Brutale & innaturale quasi furiens odium)', '멜랑콜리한 증오 (odium melancholicum)', '인간적 증오 (odium humanum)'로 분류된다.[23]

---

23) Justus Georg Schottelius: Ethica. Die Sittenkunst oder Wollebenskunst, Wolfenbüttel 1669. 152쪽 이하 참조. 독일 바로크시대의 저명한 언어학자이자 문학자인 숏텔의 윤리학에 관한 이 저서는 독일바로크문학 (Deutsche Barock-

극단주의, 광신주의, 근본주의 등에 '증오'의 감정이 이입되면 이 증오의 감정은 곧바로 폭력의 형태로 둔갑한다. 이러한 현상은 극단적인 종교관, 전체주의 등에서 쉽게 찾아볼 수 있다. 피지배자들에 대한 지배자들의 '악의 규정'은 전체주의를 합리화시키고 인간을 추방하려는 정당성을 확보하게 만든다. 1933년 제국의회방화사건과 분서사건은 히틀러 나치 체제가 악을 규정하고 악에 대한 행동을 실천에 옮긴 대표적인 실례이다. 이러한 결과는 곧 인간추방과 학살로 이어졌다. 사회학적으로 볼 때 '악'에 관한 논의는 가해자와 피해자에 관한 문제로 집약된다. '악'의 감정은 공산주의자나 사회주의자 탄압보다도 유대인 말살에 더 두드러지게 나타났다. 평소에 유대인을 인간적으로 증오했던 독일들의 감정은 나치 체제가 들어서며 '동물적 증오'로 바뀌었다.

'악'의 감정으로 인한 '증오 (심)' 발동 이외에도, 또 다른 증오심을 발동시킨 요인은 문명화 과정으로 인한 '인간적 증오'이다. 여기에는 집시를 비롯한 미개문명자, 창녀, 불구인, 비행인들이 포함되었다. 나치시대에는 정치 사회적 부조리는 철저히 배격되었다.

2.2. 제국의회방화 사건과 나치 독재체제 구축

'제국의회화재'는 1933년 2월 27일과 28일 밤 사이 베를린에 소재하는 제국의회 의사당에서 발생했다. 화재의 원인은 방화에서 비롯

Literatur) 영인본 작업의 일환으로 1980년 예륵 요헨 베른스 (Jörg Jochen Berns)의 작업으로 스위스의 베른과 독일의 뮌헨에 있는 프랑케 출판사에서 출판되었다. 전승되는 '감정', '인간 행위'에 관한 본질적인 이론을 문헌학적으로 기술해줌으로써 이어지는 독일의 고전주의 및 관념론 발전에 중요한 교량역할을 해주고 있다.

되었다. 사건현장에서 네덜란드 출신의 공산주의자인 마리뉘스 반 데어 루베가 방화범으로 체포되었다. 하지만 화재의 정황이나 방화행위에 대한 구체적인 것들은 납득이 갈 만큼 해명되지도 않은 채, 나치들은 방화가 공산주의자들의 소행에 의해 발생했다고 단정 지었다. 이 사건은 아직까지도 밝혀지지 않은 미제사건으로 남아 있다. 방화범과 방화의 배후에 대해서는 아직도 논쟁거리로 남아 있다.

당시 제국 수상인 아돌프 히틀러, 제국의회 의장인 헤르만 괴링, 히틀러의 최측근인 요셉 괴벨스 등이 즉각 화재 현장에 도착했다. 당시 제국의회 의장인 괴링은 화재 현장을 보자마자 화재의 원인이 공산주의자들의 범행이라고 그 자리에서 발언했다. 그뿐만 아니라 공산당 정치 지도자들을 체포하라고까지 했다. 괴링의 이러한 즉각적인 선언은 아직 수사에 착수하기도 전이었고, 더구나 진화작업도 끝나지 않았을 때였다. 괴링을 비롯한 나치 지도자들의 기세등등함은 방화가 곧 공산주의자들에 의해 자행되었다는 분위기로 굳어져버리게 만들었다. 나치 지도부의 이러한 행동은 1932년 7월과 11월의 선거에서 뚜렷하게 그들의 정적이었던 공산주의자들이나 사회주의자들에 대한 그들의 평소 '악'감정이 그대로 돌출된 것이었다. 이 사건은 공산주의자들과 사회주의자들에게 대한 탄압의 빌미로 작용했다.

나치 지도자들은 제국의회방화 사건이 '코민테른'의 행위로 밝혀졌다고 주장했다. 그리고 '제국의회방화사건 재판'으로 알려진 라이프치히 재판에서 1933년 3월 초에 체포된 3명의 인물을 내세웠다. 체포범들은 게오르기 미하일오프 디미트로프, 봐씰 타네프, 블라고이 포포프로 불가리아 공산주의자들이었다. 당시 경찰은 그들을 공산주의자로 의심된다는 신고를 받고 체포했을 뿐이었다. 그런데 체포하고 나서야 그들이 코민테른의 중요한 인물들임을 알았다. 체포범 중 디미트로프는 서유럽 코민테른 활동의 책임자였다.

제국의회방화사건의 직접적인 정치적 배경은 1933년 3월 5일에 치러질 제국의회의원 선거전과 깊은 연관관계를 맺고 있다. 화재현장에서 괴링의 첫 번째 발언에서 보듯이, 나치 지도부는 방화를 '독일공산당 (KPD)'의 봉기로 간주했다. 하지만 당시의 다른 목격자들은 새로이 권력을 이양한 자들이 그들의 권력을 강화하기 위해 미리 계획된 사건이라고 여겼다. 어찌되었든 제국의회방화사건을 계기로 선거전은 '마르크스주의에 대한 투쟁'으로 노선이 정해졌다. 방화사건은 '국가사회주의노동자당 (NSDAP)'에게 과격함의 가능성과 좌파정당들에 대한 공권력 투입을 결과로 선물했다.

'국가사회주의노동자당 (NSDAP)'은 직접적으로 '피의 반란과 내전에 대한 봉화'를 언급했다. 괴링은 방화현장에서 내무장관에게 공산주의 언론금지를 명령했다. 공산당 사무실은 폐쇄되었고, 수많은 공산당 지도자들이 체포되었다. 베를린에서만 1,500명의 공산당원이 체포되었다. 그중에는 제국의회 의원도 포함되어 있었다. 공산당 정치국원들이 비밀회의를 하던 중이었기 때문에, 경찰이 공산당 지도부는 체포할 수 없었다. 하지만 제국의회 공산당 원내대표인 에른스트 토글러는 방화사건에 참여했다는 주장이 불합리하다는 것을 밝히기 위해 얼마 지나지 않아 자진출두했다. 현장에서 체포된 마리뉘스 반 데어 루베가 '독일사민당 (SPD)'과도 연관되어 있다는 것을 시인했기 때문에 사민당에게도 초점이 맞춰졌다. 사민당관련 언론이나 사민당의 선거 현수막 게시 역시 14일 동안 금지되었다.

1933년 2월 28일 '제국내각'은 '민족과 국가 보호를 위한 제국대통령 법령'을 의결하여 파울 폰 힌덴부르크 대통령의 재가를 받았다. 이 법은 '긴급조치권'으로 바이마르 공화국의 기본권을 무효화시키는 것이었다. 긴급조치권의 발동으로 경찰과 '나치돌격대'는 영장 없이 체포 구금하는 것이 가능해졌고, 체포 수감자는 법률적으로 보호받는 것이 무시되었다. 가택이나 재산의 안전도 보호받을 수 없었다. 우편, 통신의 비밀은 유지될 수 없었다. 표현의 자유, 언론의 자유, 집회의 자유도 유보되었다. 긴급조치권 발동은 지금까지 유지되었던 법치국가의 종말을 의미했다. 이 법은 '제3제국'이 붕괴할 때까지 존속했다.

'긴급조치권'은 공산당 지도부뿐만 아니라 수많은 비판세력, 특히 좌파 지식인들을 겨냥했다. 이미 2월 28일에 칼 폰 오씨츠키, 에리히 뮈잠, 루드뷔히 렌, 에곤 에르윈 키쉬, 막스 호단, 한스 리텐 등이 그들의 사냥대상이었다. 며칠 후 공산당의장 에른스트 퇼만도 경찰에 체포되었다. 1933년 3월 중순까지 프로이센에서만 정적 10만 명 이상 (대다수가 공산주의자들)이 체포되었다. 그들은 임시 집중수용소나 고문실로 보내졌다. 선거 당일 백여 명의 부상자와 69명의 사망자가 발생했다. 사상자는 야당뿐만 아니라 나치돌격대와 나치당원들도 있었다. 이처럼 제국의회방화사건은 나치가 독재체제 구축을 위한 중요한 길목에 서 있었던 사건이었다.

1933년 1월 30일 수상이 된 직후 히틀러가 취한 첫 번째 행동은 힌덴부르크 대통령에게 제국의회를 해산해줄 것을 요청한 것이었다. 의회를 해산하고 재선거를 통해 의회에서 나치당의 의석을 늘린 후 독재체제 정권을 확고히 하기 위함이었다. 히틀러의 요구는 받아들여졌고, 이로 인해 1933년 3월 5일로 총선 일정이 잡혀 있는 상태에서 제국의회방화사건이 발생한 것이다. 히틀러는 재선을 통해 다수의 의석수를 확보한 후 합법적으로 바이마르 공화국의 잔재를 청산하고자 했다.

1933년 3월 5일에 실시된 총선거에서 국가사회당 (NSDAP)은

1932년 11월 선거에 비해 10.8%나 상승한 43.9%를 기록하는 대승을 거두었다. 선거결과를 통해 히틀러와 나치주의자들은 명실공히 합법적으로 독재체제를 구축했다. 하지만 이러한 정치적 발전과정은 독일인들에게 나치 체제를 허용했는지, 혹은 옹호했는지 등의 원죄문제를 과제로 남겼다. 그해 12월 23일에 열린 재판에서 디미트로프 등에게는 무죄판결이, 현장에서 체포된 마리뉘스 반 데어 루베에게는 사형판결이 내려졌다. 루베는 1934년 1월 10일 교수형에 처해졌다.

2.3. 분서사건

나치 독제체제는 공산주의자나 사회주의자 등 정적제거, 유대인이나 집시 등 인종청소만 한 것이 아니라, 유럽의 물질적인 가치 내지 문화적인 가치를 말살하는 행동을 감행했다. 그들은 체계적이고도 물리적으로 인간을 말살하기 이전에 대규모로 책들과 문화재를 말살했다. 1933년 5월 10일 베를린 학생회를 중심으로 2만여 권의 책을 불태우는 분서사건이 발생했다. 이 사건은 그해 6월까지 독일 전 지역 대학의 학생회에 의해 독일의 각 지역에서 진행되었다.

'분서'란 서적과 여타의 간행물을 불이라는 매개물을 이용하여 시위적으로 파괴하는 행위를 말한다.[24] 분서는 인간 문화의 역사만큼이나 장구한 역사를 지니고 있다. 진시황제 시대의 분서, 로마가톨릭의 분서, 히틀러시대의 분서가 역사적으로 유명한 예이다. 대부분 공개적으로 행해진 분서는 서적 내지 간행물의 내용에 대한 도덕적, 정치

24) 분서에 대한 개념정의 및 역사적 전개상황은 Hermann Rafetseder: Bücherverbrennung: Die öffentliche Hinrichtung von Schriften im historischen Wandel, Wien 1988. 참조

적, 종교적 항변으로 발생했다. 국가적으로 연출 내지 허용된 조치나 국가권력에 대한 항의의 수단으로 분서가 행해지기도 했다. 역사적으로 '신성을 모독하는', '이교도의', '이단의', '부도덕한', '파렴치한', '소요를 조장하는', '대역죄의', '상징적인', '실질적인' 내용의 글이라는 이유에 해당하는 '사랑받지 못하는 (마음에 들지 않는)' 책들이 불살라졌다.

'1933년에 발생한 독일 분서사건'[25]의 발단은 볼프강 헤르만이라는 인물로 거슬러 올라간다. 베를린의 한 도서관 사서인 볼프강 헤르만은 비독일적이거나 독일정신에 위배되는 도서들을 바탕으로 '흑색목록'[26]을 작성했는데 '독일대학생회'[27]가 볼프강 헤르만 목록을 바탕으로 사건을 주도한 것이다. '독일대학생회'는 비독일 정신에 대항하는 행동을 전개하는 데 필요한 전투력 증강을 위해 학생회 내에 한스 칼 라이스트릿츠의 지도 아래 '언론과 선전 본부'를 설치했다. 그러한 다음 4월 초부터 거사를 사전에 준비하고 5월 10일에 1817년 '봐르트부르크 축제' 기간에 행해진 분서사건을 거명하며 베를린을 비롯한 21개의 독일 도시에서 분서를 감행하였다. '봐르트부르크 축제' 기간에 행해진 분서의 명분은 '유대적 분해정신에 대항하는 총체적 행동'이었다.

---

25) 1933년에 발생한 독일의 분서사건에 대해서는 Werner Treß: *Wider den undeutschen Geist!* Bücherbrennung 1933, Berlin 2008. / Volker Weidermann: Das Buch der verbrannten Bücher, München 2009. 참조

26) 볼프강 헤르만 Wolfgang Hermann의 '흑색목록'은 부록참조

27) '독일대학생회 (Deutsche Studentenschaft, DSt)'는 1919년부터 1945년까지 단치히, 오스트리아, 체코슬로바키아에 있는 과거의 독일대학교를 포함하여 전 독일의 대학교에 존속했다. 원래는 민주 이익 대표기구로 창립되었다. 1920년대에는 공화주의 소수파와 민족주의 다수파간에 내분도 있었다. 1931년부터 '나치-대학생연맹 (NS-Studentenbund)'이 학생회를 장악했다. 1945년 나치 단체로 모든 활동이 금지되었다.

대학생들에게 정치투쟁의 중요한 요소는 선전 작업이었다. 1933년 4월 2일 세부계획이 세워지고, 4월 6일에 각 대학생회에 전단이 전달되었다. '독일대학생회' 지도부는 이러한 발의와 기선제압을 통해 국가사회주의 (나치)를 위해 대학생들의 동원에 대한 준비와 능력을 갖추고 있음을 입증해 보이려고 했다. 1933년 4월 12일 '비독일정신에 대항하는' 대학생들의 입장과 행동에 대한 목표를 담은 12개의 테제를 마련했다. 12개의 테제는 독일어 고어체의 적색 글씨로 독일 각 대학의 게시판에 게시되었고, 여러 개의 신문에 게재되었다.

1. 언어와 저술은 민족에 뿌리박고 있다. 독일민족은 그들의 언어와 그들의 저술들은 독일민족성의 순수하고 섞인 것이 없는 표현이다라는 것에 대한 책임이 있다.
2. 오늘날 저술과 독일민족성 사이에는 모순의 틈새가 벌어져 있다. 이러한 상태는 치욕이다.
3. 언어와 저술의 순수함은 너에게 있다! 너의 민족은 너에게 언어를 귀하게 보전할 것을 넘겨주었다.
4. 우리의 가장 위험한 적대자는 유대인과 유대인에 예속된 자다.
5. 유대인은 단지 유대적으로만 생각할 수 있다. 그가 독일어로 쓰면, 그는 속이는 것이다. 독일어로 쓰는 독일인이 비독일적으로 사고하면, 그는 배신자다. 그 이외에도 비독일적으로 말하고 쓰는 대학생은 생각이 없다. 그리고 그의 과제는 신뢰받지 못한다.
6. 우리는 거짓을 근절시키려 한다. 우리는 배신을 낙인찍으려 한다. 우리는 대학생들을 위해 경솔함이 아닌 사육과 정치 교육의 장을 원한다.
7. 우리는 유대인을 이방인으로 주시하려고 하고, 우리는 민족성을

심각하게 받아들이려고 한다. 그래서 우리는 히브리어로 발간된 유대작품에 대한 검열을 요구한다. 독일어로 발간된 것들은, 번역이라고 명기되어야 한다. 독일어 문자를 잘못 사용한 것에 대해서는 첨예한 간섭을 하여야 한다. 독일어 문자는 단지 독일인들이 사용한다. 비독일정신은 공공의 도서관에서 근절된다.

8. 우리는 독일 대학생에게 자립적인 인식과 결정에로의 의지와 능력을 요구한다.
9. 우리는 독일 대학생에게 독일 언어에 대한 순종보존에로의 의지와 능력을 요구한다.
10. 우리는 독일 대학생에게 유대적 지식주의와 그것과 접속된 독일 정신생활에서의 자유적인 타락현상에 대한 극복에로의 의지와 능력을 요구한다.
11. 우리는 독일정신에서 사고의 안정에 따라 대학생들과 교수들의 최고를 요구한다.
12. 우리는 독일대학을 독일민족성의 탁아소로, 독일 정신의 힘으로부터 투쟁의 장소로 요구한다.

'흑색목록'은 '마르크스나 공산주의에 관한 학문적인 기술', '독일민족에게 익숙하지 않은 대도시 문학이나 아스팔트문학', '전선장병들을 해치는 지저분한 감정문학이나 반전문학', '독일민족의 풍습과 종교적 기반을 전복시키려는 문학', '사회의 혼란을 유발시키는 문학', '바이마르 공화국을 옹호하는 문학'을 내용으로 하는 저작물을 대상으로 삼고 있다.

'흑색목록'을 분야별로 정리해 보면, 문학 (처음에는 71명, 그 후 127명의 작가와 4개의 명작선집), 역사 (51명의 작가와 4개의 명작선집), 예술 (8개의 작품과 5개의 연구서), 정치와 행정학 (121명과 작자미상의 5개 작품), 문학사 (9명의 저자), 종교, 철학, 교육학으로 되어 있다. 문학사와 종교, 철학, 교육학은 5월 10일과 16일에 학생회에 보내졌기 때문에 제1차 분서목록에서 빠질 수밖에 없었다. 흑색목록의 원본은 현재 뷔르츠부르크 국립문헌보관소에 소장되어 있다.

1933년 5월 10일 밤 '비독일적 정신에 대항하는' 행동으로 책 더미가 불구덩이에 던져졌다. 활활 타오르는 불구덩이에는 마르크스나 엥겔스, 하인리히 만과 토마스 만 형제, 알프레트 되블린 책들뿐만 아니라, 에리히 케스트너, 에리히 마리아 레마르크, 히르쉬펠트 등의 책들이 다음과 같은 구호[28)]와 함께 던져졌다.

1. 계급투쟁과 물질주의에 반대하고 민족공동체와 이상적 삶의 태도를 위하여! 나는 마르크스와 카우츠키의 저작물을 화염에 던진다.
2. 데카당스와 도덕적 붕괴에 반대하고 가족과 국가의 번영과 풍습을 위하여! 나는 하인리히 만, 에른스트 글뢰저, 에리히 케스트너의 저작물을 화염에 던진다!
3. 지조 없는 자들과 정치적 배신자들을 반대하고 민족과 국가에 대한 헌신을 위하여! 나는 프리드리히 빌헬름 푀르스터의 저작물을 화염에 던진다.
4. 본능적인 생활의 영적인 과대평가를 반대하고 인간영혼의 고귀함을 위하여! 나는 프로이트의 저작물을 화염에 던진다.
5. 우리 역사의 위조와 지위를 떨어뜨리는 것에 반대하고 우리 과

28) Quelle: "Neuköllner Tageblatt", Freitag, den 12. Mai 1933, Nr. 111.

거의 경외를 위하여! 나는 에밀 루드비히, 베르너 헤게만의 저작물을 화염에 던진다.

6. 유대 민주주의의 각인하에 우리민족에게 낯선 저널리즘에 반대하고 국가건설 작업의 책임의식 있는 공동 작업을 위하여! 나는 테오도르 볼프, 게오르크 베른하르트의 저작물을 화염에 던진다.
7. 세계대전 병사들에게 문학적 누설과 배신하는 것을 반대하고 국방의 정신 속에 민족의 교육을 위하여!
8. 독일어를 주제넘게 망치는 것을 반대하고 우리민족의 최고 가치 있는 자산보호를 위하여! 나는 알프레트 케르의 저작물을 화염에 던진다.
9. 뻔뻔스러움과 불순함을 반대하고 불멸의 독일정신에 대한 존중과 경외를 위하여! 화염은 투홀스키와 오씨츠키의 저작물을 꿀꺽 삼킨다!

베르톨트 브레히트는 「분서」라는 시에서 책이 불태워지는 상황에서 이를 대하는 작가의 마음을 다음과 같이 썼다.

분서
해로운 지식의 책들을 공개적으로 불태워 버리길,
그리고 곳곳에서 황소들이 책이 실린 수레를
화형장으로 끌고 가도록 강요받기를,
정권이 명령하였을 때,
가장 뛰어난 작가의 한 사람인 어느 한
쫓기는 시인이 분서목록을 연구하듯이 보다가
자기의 책들이 누락된 것을 알고

소스라치듯 놀랐다. 그는 노여움에 날개를 달고
책상으로 달려가, 권력자에게 편지를 썼다.
나를 불태워라!라고 그는 날아가는 필치로 썼다. 나를 불태워라!
나를 모욕하지 마라! 나를 남겨놓지 말아라! 나의 책들 속에서
나는 언제나 진실을 말하지 않았더냐? 그런데 지금 너희들에게
내가 마치 거짓말쟁이 같은 취급을 받아야 한단 말이냐!
나는 너희들에게 명령하노니, 나를 불 태워라! 29)

그리고 하인리히 하이네는 이미 오래전에 "그것은 단지 서막이었다. 책을 태우는 그곳에서, 마지막에는 역시 인간을 불태운다"라고 썼다. 이 글은 1933년에 발생한 분서사건에 대한 경종을 일깨우기 위하여 오늘날 베를린훔볼트대학교(HU Berlin)의 맞은편 '베벨광장'에 새겨져 있다.

책이 불태워진 작가나 사상가들로는 발터 벤야민, 에른스트 블로흐, 베르톨트 브레히트, 막스 브로트, 오토 딕스, 알프레트 되블린, 알베르트 아인슈타인, 리온 포이히트방어, 마리루이제 플라이써, 레온하르트 프랑크, 지그문트 프로이트, 이반 골, 게오르게 그로스츠, 야로스라프 하젝, 하인리히 하이네, 외된 폰 호르바트, 하인리히 에두아르트 야콥, 프란츠 카프카, 게오르크 카이저, 에리히 케스트너, 알프레트 케르, 에곤 에르윈 키쉬, 지크프리트 크라카우어, 칼 크라우스, 테오도르 레싱, 알렉산더 레르넷-홀레니아, 칼 립크네히트, 게오르크 루카치, 로자 룩셈부르크, 하인리히 만, 클라우스 만, 루드뷔히 마르쿠제, 칼 마르크스, 로베르트 무질, 칼 폰 오씨츠키, 에르윈 피스카토르, 알프레트 폴가, 에리히 마리아 레마르크, 루드뷔히 렌, 요아힘 링겔나

29) Die Bücherverbrennung 1938년.

츠, 요셉 로트, 넬리 작스, 펠릭스 잘텐, 안나 제거스, 아르투어 슈니츨러, 칼 슈테른하임, 베르타 폰 주트너, 에른스트 톨러, 쿠르트 투홀스키, 야콥 봐써만, 프란츠 붸르펠, 그레테 봐이스코프, 아놀트 츠바이크, 슈테판 츠바이크 등이 있다.

프랑스 작가로는 앙드레 지드, 로망 롤랑, 앙리 바르뷔스가 있고, 미국 작가로는 어네스트 헤밍웨이, 업턴 싱클레어, 잭 런던, 존 도스 파소스가 있고, 소련의 작가로는 막심 고르키, 이작 바벨, 블라디미르 일이치 레닌, 레온 트로츠키, 블라디미르 마야코브스키, 일이야 에렌부르크 등이 있다.

분서를 당한 작가들에 대한 박해는 분서와 함께 시작된 것이 아니라, 분서사건과 함께 이미 절정에 달해 있었다. 수많은 작가들을 비롯하여 예술가, 학자들 (자연과학자, 정신과학자, 사회과학자 등)은 분서사건의 결과로 인해 일자리에서 퇴출당했으며 출판은 금지되었다. 도서관에서는 그들의 책이 사라졌고, 수업 교재였던 책들 역시 교재에서 자취를 감추었다. 그뿐만 아니라 어느 작가들은 육체적으로 폐기처분 당했다. 칼 폰 오씨츠키, 에리히 뮈잠, 게르트루트 콜마, 야콥 봔 호디스, 파울 코른펠트, 아르노 나델, 게오르크 헤르만, 테오도르 볼프, 아담 쿠크호프, 루돌프 힐퍼딩은 유대인수용소에서 죽어 없어지거나 처형당했다. 에른스트 톨러나 쿠르트 투홀스키 같은 작가들은 독일국적을 박탈당했고, 여타의 작가들은 망명을 강요받거나 내적 망명으로 스며들었다. 그리고 많은 작가들은 망명의 길을 택함으로써 목숨을 건질 수 있었다.

1933년 5월 10일 분서사건이 벌어진 며칠 후인 5월 16일 흑색목록은 '독일출판협회'에 공개되었다. 흑색목록은 볼프강 헤르만에 의해 계속해서 보충되었고 또한 확대되었다. 1년 후 3,000권 이상의 저서와 글들이 추가되었다. 독일에 해가되는 것과 원치 않는 저작들이 1935년부터 정규적으로 추가되었다. 마침내는 12,400개의 책명과 149명의 전집이 포함되었다. 1935년 이후의 상황을 정리해 보면 다음과 같다:

1. 국가반역자의 작품들, 망명자의 작품들, 새로운 독일을 저해하는 외국작가들
2. 마르크스주의자, 공산주의자, 볼쉐베키주의자들의 작품
3. 평화주의 문학자들
4. 자유 민주 경향과 경향문학, 바이마르 공화국을 선전하는 문학 (예: 라테나우, 하인리히 만)
5. 독일민족의 근원, 본질, 문화를 비하하는 모든 역사서, 독일인종을 예로 들며 독일민족의 질서를 저해하는 저술 (예: 에밀 루드비히)
6. 원시적인 다윈주의와 일원론의 잘못된 자연과학적인 계몽을 내용으로 하는 세계관적 내지 인생관적 저술들 (예: 헤켈)
7. '변종예술'[30]을 순수한 예술로 여겨 긍정적으로 평가하는 자들 (예: 그로스츠, 딕스, 바우하우스, 멘델스존)
8. 한 개인의 쾌락을 위해 그리고 그것을 가지고 최고조로 민족과 종족을 파괴하려는 성적 교육과 성적 계몽을 위한 저작들 (예:

---

30) '변종(된) 예술 (Entartete Kunst)'이란 독일의 나치독재시절 당시의 현대예술을 비방하기 위해 종족이론에 바탕을 두고 그들의 관점에서 정립한 공식적인 나치 선전 용어이다. '변종됨 (Entartete)'은 19세기 말 의학에서 사용하던 개념으로 나치가 예술개념에 도입하여 사용한 용어이다. 그들이 말하는 '변종예술 (Entartete Kunst)'로는 표현주의, 다다이즘, 신 즉물주의, 초현실주의, 입체파, 야수파 등이 속한다.

히르쉬펠트)

9. 아스팔트와 문명문학의 데카당스, 민족저해문학 (예: 그라프, 하인리히 만, 슈테판 츠바이크, 바써만, 프란츠 브라이)
10. 유대작가 내지 그들과 비슷한 범위에 있는 자들의 문학.
11. 시민적이고 봉건적 인생관을 앞세워 표피적이고 진실 되지 않고 달콤한 방법으로 인생과 인생의 목적을 서술하는 사회 문학 내지 대중문학
12. 국가나 애국적인 것을 통속적으로 그린 작품 (예: P.O. 헤커)

3. 나치 이데올로기와 나치의 문화정책

3.1. 나치 이데올로기

나치 이데올로기의 근간을 정립하고 지표를 제시하는 중요한 저술은 아돌프 히틀러의 『나의투쟁』과 알프레트 로젠베르크의 『20세기의 신화』다. 『나의투쟁』은 히틀러가 뮌헨에서 쿠데타를 실패한 후 1924년 감옥에서 제1부가 써졌고, 그 후 1925년과 1926년에 발간되었다. 이 책에는 히틀러의 '세계관'은 물론 나치 이데올로기의 중요한 정보와 나치의 목적, 방법 등이 서술되어 있다. 1930년에 발간된 로젠베르크의 『20세기의 신화』는 나치에게 이론적 체계를 제공한 대표적인 저서이다. 로젠베르크는 실질적으로 나치의 문화정책과 인종정책에 깊숙이 관여했다.

나치 이데올로기는 '국가주의와 민족공동체', '사회다윈주의와 인종주의', '유대인 배척주의', '반 의회주의와 지도자원리', '반 마르크스주의', '삶의 공간 이데올로기', '반 자본주의' 등의 요소로 구성되

어 있다.

'국가주의'는 곧 '국가사회주의'로 가기 위한 전 단계, 혹은 개념 정립을 위한 근간이다. 즉 국가우선 주의를 넘어 도가 지나친, 절대화된 국가주의가 곧 '국가사회주의'의 본질이다. 게다가 국가주의에 유럽의 파시즘을 가미시킨 것이 국가사회주의이다. 국가사회주의는 국가를 상대적인 어떠한 가치보다도 상위에 두고, 개인적인 활동이나 이익에 반대하여 개인적인 어떠한 것도 국가의 일부분이라는 것들을 본질적인 구성요소로 삼고 있다. 이러한 본질을 그대로 반영하는 것이 "너는 아무것도 아니다, 너의 민족이 전부다! (Du bist nichts, dein Volk ist alles!)"라는 표어다.

한 민족이 '국가주의화'하기 위해서는 '민족공동체'가 불가피하게 필수적인 요인으로 작용할 수밖에 없다. 민족공동체에서는 모든 사회계층이 대립을 지양하여 하나의 목표를 향해 누구나 다 균등하게 매진해야 할 의무를 지녀야 한다는 것이다. 이를 통해 새로운 민족몸통을 창조해 내는 것이 히틀러의 목표였다.

'사회다윈주의와 인종주의'는 사회다윈주의가 근간을 이루고 있다. 사회다윈주의란 '찰스 다윈'의 생물 진화론을 자연과 사회의 차이를 무시하고 사회학에 도입하여, 생존경쟁과 자연도태를 '사회진화'의 기본적인 동력이라고 보는 학설을 말한다. 나치들은 19세기 후반부터 스펜서, 키드, 랑게, 아몬, 굼플로비츠, 라첸호퍼 등에 의해 발달한 이 학설에 의거하여, 인종차별, 제국주의적 침략, 파시즘을 합리화하는 이론으로 도용하였다. 나치들이 이러한 학설을 나치 이데올로기로 설정한 이유는 인종적으로 나치 국가를 '아리안족화'함은 물론, '타민족 박멸'에 목표를 두고 있었기 때문이다. '인종주의'와 관련하여 나치들은 '소수민족'을 '노동노예'로 간주한다.

'유대인 배척주의'는 '유대인은 적', '유대인은 악의 화신', '유대인은 인류의 철천지원수'라는 세계관 및 현실인식에 기본바탕을 두고 있다. 유대인을 제거하기 위해서는 도덕성까지도 버려야 한다고 나치들은 강조한다. 유대인을 제거해야만 그들이 생존할 수 있다고 나치들은 선전한다. '유대인 배척주의'가 구체적인 현실적 행동으로 옮겨진 것이 1933년부터 발효된 '반 유대인 문서', '분서사건', 1935년의 '뉘른베르크 법', 1938년의 '제국 수정의 밤', 1940년대의 '최종해결'이다.

'제국 수정의 밤'이란 1938년 11월 9일 밤에 자행된 나치의 유대인 학살을 말하며, 1940년대의 '최종해결'이란 최종적으로 유대인을 말살하려던 계획을 말한다. "유대인들과 이들에게는 단지 극약처방만이 도움된다"라는 표어는 '유대인 배척주의'를 잘 반영하고 있다. '유대인 배척주의'는 오늘날도 독일인들 사이에서 '외국인 적대감'과 맞물려 끊임없는 논쟁을 불러일으키고 있다.

'반 의회주의'와 관련하여 나치들은 "민주주의란 기본적으로 독일적인 것이 아니고, 그 어떤 유대적인 것"이라고 강조했다. 나치들은 민주적 의사형성을 "더럽고, 진실되지 않은" 것이라고 비방하며, 민의의 대표자들을 위선적인 기회주의자로 규정지었다. 그리고 의회주의를 무책임한 제도라고 했다. 의견의 다원성과 결정가능성은 그들에게 철저히 물리쳐야 할 것으로 나타났다. 이러한 의미에서 다수당이 존재하는 정당국가란 특히 무시되었다. 정당이란 다만 통합된 의견을 지녀야 하며, 다양한 의견은 민족의 의지를 오도할 수 있다고 보았다. 이러한 의미에서 독일은 지도자가 이끄는 '지도자 국가'가 되어야 한다고 했다. 이러한 상황을 잘 나타내는 구호가 "지도자는 명령하고, 우리는 따른다 (Führer befiehl, wir folgen!)"였다.

'반 마르크스주의'와 관련하여 나치들은 마르크스-볼셰비키적인 혁명을 거부했다. 이와 함께 사회주의도 거부했다. '반 자본주의'와 관련해서는 자본주의적 경제 질서를 거부했다. 특히 금융자본에 의한 경제 질서를 거부했다. 조세는 폐지되어야 한다는 것이 그들의 입장이었다. '삶의 공간 이데올로기'는 독일인들을 '공간 없는 민족'으로 규정지으며, 삶의 공간을 독일 밖으로까지 넓혀 이주공간을 정복하고 독일 동부에 위치한 지역에서 '노동노예'까지 확보하자는 것이었다.

3.2. 나치 문화정책

체제를 유지하기 위해서 가장 중요한 것은 문화정책이다. 왜냐하면 문화장악을 통해서만이 권력은 더욱 확고해질 수 있기 때문이다. 정치권력 장악이 외형적이고도 초보적인 장악이라면, 문화장악은 외형적인 장악을 영구화시키는 내적인 작업이다. 1933년 초 나치들이 외적으로는 정권을 장악했지만 바이마르 공화국의 문화를 속전속결로 변동시키기에는 무리가 있었다. 사실상 그렇게 할 수도 없었다. 이때 그들이 직감적으로 느낀 것이 바이마르 공화국의 문화를 비하시켜야 된다는 것이었다. 이렇게 기본 방향이 설정되자, 그들은 자체 문화 프로그램을 실현하는 것은 잠시 뒤로 미루고, 실질적이고도 잠재적인 반대파를 차단하는 것을 행동의 첫 번째 목표로 설정했다. 그러나 권력이 견고하게 확보된 것도 아니었고, 외국의 반응도 그리 좋지 않았다. 이러한 상황에서 억압적으로 반대파들에 대한 영향력을 행사할 수 없었다. 그랬기 때문에 정당성을 확보하는 것이 무엇보다도 시급한 문제였다. 이때 발생한 것이 제국의회방화사건이었다.

제국의회방화사건이 발생한 바로 다음날인 1933년 2월 28일 공포된 '민족과 국가 보호를 위한 제국대통령 법령'은 오랫동안 계획된 공산주의자와 사회주의자들에 대한 탄압을 합법화시킨 조치였다. 이를 통해 정적 탄압은 물론 그들이 계획했던 문화정책을 합법적으로 시행하기 시작했다. 더구나 1933년 3월 5일 제국의회 선거에서의 대승은 합법적으로 나치의 반대파들을 제거할 구실이 더욱 공고해졌다. 나치가 제거하려고 마음먹었던 문화 반대파들은 '허무주의'의 부르주아 작가들, '자유 개방주의' 작가들, 볼셰비키 작가들이었다.

문화 반대파뿐만 아니라 독일의 피와 독일의 명예를 보호하기 위한 법을 근거로 유대인 혈통의 작가, 언론인, 출판인들을 '합법적'으로 추방하기 시작했다. '유대적' 혹은 '문화 볼셰비키적'인 작가를 추방한 이유는 단순히 종교나 당파적이라기보다는 오히려 '세계관적 관점', 현대, 정치적인 것에 대해 자기들과 글쓰기 (묘사, 표현, 서술) 방식이 달랐기 때문이다.

'제국 선전부', '제국 작가청', '나치의 전 정신과 세계관 수련과 교육 감시청'이 설립되자 나치의 문화정책은 일사천리로 진행되었다. 프로이센 예술원 창작 분과의 50% 정도 회원이 체제 동조자로 대체되었다. 그리고 '독일작가연맹'은 반항 없이 '제국작가연맹 (RDS)'으로 편입되었다. 대학교수의 14% 이상이 대학 강단을 떠나야만 했다. 잡지, 일간지들은 발간을 중단해야만 했다. 편집인들은 감소되었고, 앙상블은 교체되었다. 출판사는 문을 닫고, 책들은 폐기되었고, 금서 목록이 발표되었다.

나치 문화실권자들의 파괴행위는 사실상 그들이 그들의 위치를 확고하게 장악했을 때보다도 1933년 초가 더 악랄했다. 제국의회방화 사건이 난 바로 다음날 관청의 허가도 없이, 더구나 당사자의 방어권도 없이 공산주의 실권자, 작가, 언론인들이 체포되었다. 감옥은 넘쳐

났고, 매일 새로운 수감자들이 감옥을 채웠다.

공산주의자인 요하네스 R. 베혀, 베르톨트 브레히트, 빌리 뮌첸베르크, 에리히 봐이네르트, 프리드리히 볼프는 도주를 했기 때문에 화를 면할 수 있었다. 이것이 망명의 시초였다. 종래의 좌익 출판사, 서점, 신문, 잡지들은 소유권을 박탈당했다. 그러한 다음 그들은 나치 전향을 강요받았다. 전향을 거부한 자들은 조국을 떠나도록 압박을 받았다. 1933년 3월 중순에 이르자 공산주의 내지 사회민주주의 문학은 더 이상 독일제국의 땅에서 화제에 오르지 않았다.

해당 작가들의 출판은 방해를 받았고, 심리나 육체적 압박을 통해 도주를 강요받았거나 체포당했다. 시대비판 (마르크스주의)이나 형식 실험 (아방가르드)은 거의 설 자리가 없었다. 이성과 계몽의 자리에는 '종족신화', '피', '땅', '천년제국'들이 대신했다. 자기 자신과 주위에 대해 물음을 던지는 문학 대신에 시인은 '선지자'나 '민족의 정신적 지도자'로 대치되었다.

나치 이데올로기를 정립한 대표적인 이론가 알프레트 로젠베르크는 예술은 오직 아리아인의 것이라고 강조했다. 그는 '독일예술투쟁연맹 (KfdK)'을 조직하여 나치 문화정책을 지휘하였다. 이 단체는 비독일적이고 실험주의적인 아방가르드, 야수파, 미래파를 거부하고 미국문화를 배척했다. "예술은 항상 한 특정한 피의 창조이고, 한 예술의 형식과 연관된 본질은 단지 동일한 피의 피조물에 의해 이해된다"라고 로젠베르크는 『20세기의 신화』에서 주장했다. 로젠베르크는 전 세계적으로 일반화된 '예술 자체를 위한 예술'을 거부했다.

알프레트 로젠베르크는 그의 주저 『20세기의 신화』가 발간되기 1년 전인 1929년 최초의 나치 예술정치 조직체인 '독일예술투쟁연맹'을 창설했다. 그는 '독일예술투쟁연맹'의 총책으로 추상적이고 실험성을 즐기는 현대나 '흑인 재즈'와 같은 미국적 문화영향에 대해 사냥몰이를 해댔다. 로젠베르크는 1924년 아돌프 히틀러가 그의 저서 『나의투쟁』에서 밝힌 민족의 종족주체 위에, 그리고 포괄적이고도 미학적 창조의 조각, 회화, 건축, 문학, 음악, 영화 위에 풍습적인 국가이념과 문화이념을 기본으로 해야 된다는 것을 선전해 댔다.

나치당 (NSDAP)의 '종합적 정신, 세계관 수련과 교육의 감독을 위한 지도자'의 위임자인 로젠베르크는 그의 조직체를 가지고 그가 계획했던 것보다 크게 성과를 거두지는 못했다. 그러나 그는 그의 상대역인 괴펠스와의 화해를 통해 어느 정도 자기 조직체의 역량을 유지할 수 있었다.

요셉 괴벨스는 1933년 9월에 조직된 '민족계몽과 선전부 (일반적으로 선전부라고 함)'를 나치 문화정책 수행을 위한 기구로 사용했다. 선전부에는 조각, 저술, 음악, 연극, 영화, 방송, 언론 등의 부처를 두고 문화강령과 예술작품의 사회 경제적인 규칙을 의무화시켰다. 인종적이나 정치적인 이유로 실질적인 직업금지나 출판 (공연)금지 등을 시켰다.

나치주의자들이 정권을 장악한 지 몇 개월 만에 '유대인 예술가', '공산주의 예술가', '자기들이 원하지 않는' 예술가들을 무자비하게 공직에서 퇴출시켰다. 또한 1933년 5월 10일 베를린의 오페른플라츠에서 분서를 감행한 후, 바이마르 공화국의 예술과 문화의 다양성은 돌이킬 수 없는 종말을 고하게 된다. 그리고 아방가르드적이고 대도시적인 예술이나 문화는 '비독일적'이거나 '이질적'으로 평가되며 거부되거나 박해를 받게 된다.

1933년 9월 22일에 창설된 제국문화청은 제국선전부장관 괴벨스를 위원장으로 예술창작품에 대한 새로운 지표를 마련한다. 이에 따라 아리안 혈통이거나 '문화볼셰비키'적인 작업의 낙인이 찍히지 않은 자들만이 계속해서 직업을 유지할 수 있게 된다. 예술과 문화는 이미 더 이상 자율성을 유지하는 것이 아니라, 나치 체제나 그들의 종족 이데올로기를 위한 예속물일 뿐이었다. 신 나치 독일의 예술은 북방 아리아 민족을 위한 예술이 되어야만 했다.

나치는 자유가 모토였던 바이마르 공화국의 문화를 비하하였는데 이는 잠재적인 반대파의 힘을 차단하기 위함이었다. 또 유대·공산주의 예술가와 반대파들을 공공의 직책에서 물러나게 하고 괴벨스가 이끄는 선전부, 독일작가청은 나치 체제와 세계관을 수련, 교육시키는 감시청을 두었다. 나치는 아리아 계통의 순수한 피와 명예를 중시했고 문학은 나치이데올로기를 전파하기위한 도구로 사용되었다. 그리고 예술은 오직 특정 피의 창조물, 즉 아리아인의 창조물로 인식하였다.

나치의 문화를 세부적으로 살펴보면, 영화는 주로 건전한 농촌생활, 고향문화를 치켜세우는 것이었다. 회화는 건강한 여성상, 모유를 수유하는 여성, 농촌에서 농사일을 하는 풍경, 올림픽에 대한 것들이 그림으로 옮겨졌다. 음악은 체제를 선전하는 데 주로 동원되었다. 특히 베토벤과 바그너를 대표적으로 이용하였다. 나치는 이들이 국가와 민족을 위해 작곡을 했다고 자기식의 해설을 했다. 하이든, 모차르트, 바하 등의 곡들도 이용되었다.

이상화된 이보 잘리거의 "다이아나의 휴식", 아돌프 치글러의 "4원소"의 여자나체상은 나치-회화의 중심을 이루었다. 잘 형상화된 육체는 나치주의자들에게 북방인의 미학, 아름다움, 순수함, 우아함을 상징화하는 선전물로서의 역할을 했다. 저명한 두 명의 나치 조각가인 아르노 브레커와 요젭 토락의 조각과 기념비들은 영웅적인 격정을 가지고 '아리아 주인민족'의 우월성을 과시했다.

나치-문화정책의 우대받던 모티브는 풍경, 전원생활, 신화의 장면들 —나치 여성정책의 의미에서— 수유하는 엄마, 노동자 농민의 고된 작업 등이 속한다. 레오폴트 쉬뭇츨러, 토마스 바움가르트너, 아돌프 뷔젤, 젭 힐츠, 파울 융한스와 같은 화가들은 그들의 그림에서 사라지지 않는 가치, 전통, 산업화 이전에 창립된 피와 토지이데올로기를 신화화했다.

히틀러가 가장 중요시한 것은 건축물이었다. 히틀러는 건축물이야말로 인간의 정신이 가장 잘 나타나는 예술이라고 했다.

4. 망명현실

4.1. 망명경로

1933년 나치 체제가 들어서자 망명객들이 처음으로 도주 방향을 정한 곳은 체코, 스위스, 프랑스 등 독일과 인접한 국가였다. 그들은 히틀러 체제가 오랫동안 지속될 것이라고 생각하지 않았고, 이로 인해 그들의 망명생활도 오래갈 것이라고 생각하지 않았다. 하지만 그들의 예상은 빗나갔다. 1933년에 등장한 나치 체제는 1945년 제2차 세계대전이 끝날 때까지 12년이나 걸렸다.

모든 망명 작가들은 나치의 박해를 피해 우선 도주했다. 그들이 일시적으로 거주한 타지, 아니면 새로운 고향, 강요된 고향도 그들에게 그렇게 호의적이지는 않았다. 호의적인 문제를 벗어나 그렇게 안전한 지역도 아니었다. 그들은 우선 체류에 관계된 모든 문제와 싸워야 했다.

유대인의 경우 스위스에서는 여권에 알파벳으로 유대인을 의미하는 'J 스탬프'를 찍어주었다. 유대인 출신 독일인은 스위스에서도 독일인이 아닌 유대인이었다. 그들 중에는 스위스에 입국이 거부되는 경우도 있었는데, 유대인이라는 표식 때문에 다시 독일의 비밀경찰에 체포되어 유대인 수용소로 이송되었다. 프랑스에서는 적대적 외국인이라는 낙인이 찍혀 수용소에서 감금되는 사태가 빈번히 발생했다. 프랑스 입장에서 볼 때 독일 망명객들은 엘리트 문화지식인이라기보다는 적대적 외국인일 뿐이었다. 일부 망명객들은 고독과 자포자기 상태에서 자살을 하기도 했고, 국경을 넘다 목숨을 잃기도 했다.

더구나 1939년 제2차 세계대전이 발발하고 독일군이 진격하자 그들은 체코슬로바키아, 오스트리아는 물론 프랑스, 네덜란드 등을 떠나야 했다. 프랑스에 머물던 대부분의 망명객들은 피레네 산맥을 넘고 스페인을 거쳐 포르투갈의 리스본 항구를 거쳐 미국이나 남아메리카 등지로 도주의 발길을 재촉했다. 그들이 유럽을 떠나 신대륙에 당도한 것은 1940년 전후의 일이다. 망명연구에서 시기적으로 1933년, 1939년, 1940년, 1945년이 중요한 것은 이러한 이유에서이다. 이와 함께 소련의 스탈린정책이 실시되는 1937년도 망명현실 연구에서 빼놓을 수 없는 시기다. 당시의 상황을 가시적으로 파악하기 위해 제2차 세계대전 발발에서 1945년 종전까지의 연표를 다음과 같이 정리해 본다.

1939년

–9월 1일: 독일군의 폴란드 침공으로 제2차 세계대전 발발

1940년

–4월 9일: 독일군 덴마크와 노르웨이 기습공격

–4월 27일: 아우슈비츠 유대인수용소 설치

—5월 10일: 독일군 네덜란드, 프랑스, 벨기에 공격
—6월 10일: 이탈리아 전쟁 개시

1941년
—6월 22일: 독일군 소련 기습공격
—9월 1일: '유대인 별' 착용 의무화
—12월 8일: 일본의 진주만 기습공격으로 미국 전쟁 선포
—12월 11일: 미국에 대한 히틀러의 전쟁 선포

1942년
—1월 20일: '유대인문제 최종해결'을 위한 '반제-회의'

1943년
—2월 2일: 독일 6군단 스탈린그라드에서 항복
—2월 18일: 요셉 괴벨스 '총력전' 요구 (연설)
—5월 15일: 바르샤바 게토 (유대인 집단거주 지역) 봉기 진압
—9월 8일: 이탈리아 항복

1944년
—6월 6일: 연합군 노르망디 침공 시작
—7월 20일: '볼프스샨체'에서 히틀러 암살시도

1945년
—1월 27일: 소련군에 의해 아우슈비츠 유대인수용소 해방
—2월 4~11일: 알타회담

–4월 28일: 미군에 의해 다하우 유대인수용소 해방

–5월 7/8일: 전 독일군의 무조건 항복

1940년 독일에 인접한 유럽의 전역으로 전쟁이 확장되자, 망명객들은 지금까지 머물던 독일의 인접국가에서 신대륙으로 망명의 길을 재촉할 수밖에 없었다. 하지만 유럽에서 신대륙으로의 도주도 간단하지는 않았다. 그들은 미국으로 향하는 여객선에 그냥 승선만하면 되는 여행객이 아니었다. 그들은 인간이라기보다는 누구도 반기지 않는 쫓기는 망명객이었다. 그들은 우선 미국의 입국비자를 받아내어야 되었고, 어떻게 해서든 배표를 구해야 했다. 합법적으로 입국허가를 받지 못하고, 정상적으로 배표를 구하지 못하면, 다른 수법이라도 동원해야 했다. 그렇게라도 하지 못하면 그들의 목숨은 위태로울 수밖에 없었다. 더구나 일부의 망명객들은 오지 않는 배를 기다려야 했다. '희망의 원리'를 포기한다면 그들은 살아남을 수가 없었다. 이때의 상황을 안나 제거스는 소설 『통과』에서 잘 묘사하고 있다. 에리히 마리아 레마르크의 『리스본의 밤』도 마찬가지다.

무엇보다도 그들에게 유럽문화와의 격리는 더 많은 고립과 단절을 초래했다. 우선 신대륙에서 문화충격을 받았다. 미국은 유럽과 "모든 것이 달랐다".[31] 생활환경이 달랐고, 노동조건이 달랐다. 더구나 그들은 그곳에서 생존해야만 했다. 생존을 위해 영어를 배워야만 했다. 그리고 적응해야 했다. 망명연구에서 '적응'의 문제는 중요한 주제 중의 하나다.

---

31) 망명객들이 미국에서 느낀 문화충격에 대해서는 Valerie Popp: "Aber hier war alles anders...". Amerikabilder der deutschsprachigen Exilliteratur nach 1939 in den USA, Würzburg 2008. 참조

많은 공산주의자들은 소련으로 망명했다. 망명 중 소련에서 벌어진 "표현주의 논쟁"은 문학이론 연구에서 중요한 위치를 차지하고 있다. 소련으로 망명한 공산주의자들의 대부분은 히틀러 체제가 패망한 후 소련점령지역으로 귀환하여 동독을 재건했다. 남미로 망명한 공산주의자들은 다수가 멕시코를 망명지로 선택했다. 망명연구에서 중요한 현상은 초창기 영국, 오스트레일리아, 뉴질랜드, 팔레스타인, 남미 등지로 망명했던 인사들의 대부분이 최종 망명지를 미국으로 선택했다는 점이다.

4.2. 망명경험

망명연구에서 '망명경험 연구'는 무엇보다도 중요한 주제에 속한다. '귀환이주 연구'에서도 '망명경험'은 무엇보다도 빼놓을 수 없는 중요한 전제 조건이다. 망명현실에서 경험했던 사항들이 귀환이주 후 또 다른 형태로 재현되었기 때문이다.

어찌되었든 망명객들에게 다가온 첫 번째 어려움은 모든 것들에 대한 '잃음'이었다. 그들은 지금까지 축적해 놓았던 '자산', '명예', '명성', '사회적 관계', '독자', '관객' 등을 잃었다. 그리고 '고향'과 '국가'를 잃었으며 '모국어'까지 상실하는 위협적인 현실과도 직면하게 되었다. 둘째로 망명지에서는 적국에서 온 위험한 외국인이란 혐의로 격리를 당하거나 감금을 당하는 사태까지 벌어졌다. 셋째로 망명객들의 대부분이 망명 이전의 독일사회에서 저명한 인사들이었거나 지식인 계층이었음에도 불구하고 망명지에서는 현실적으로 생계의 어려움에 직면해 있었다. 일례로 바이마르 공화국 시절 예술원 원장이었던 저명한 작가 하인리히 만이나, 부원장이었던 알프레드 되블린까지도 할리우드에서 미국의 영화대본을 쓰거나 노동청의 직업소개소를 전전하기도 했다. 이들에게 수입원이 되는 출판사나 독자가 없었기 때문이다. 넷째로 이념이나 정치적인 노선의 차이로 망명객들 사이에서 암투도 끊이지 않았다. 이것은 한 인간으로서의 어려움이었고 망명현실의 어려움은 생명 자체를 위협하기도 했다.

망명객들은 이러한 어려운 상황에서도 조국의 미래와 귀환의 날을 꿈꾸었기에 망명현실을 과도기로 여기는 '기다림의 대기실'로 여겼다. 망명의 현장에 나타난 첫 번째 징후는 '고립상태'였다. 그들은 고립상태에서 많은 문제와 충돌해야만 했다. 그러한 상황에서 나치 체제의 빠른 붕괴에 대한 희망도 사라졌다. 그리고 서서히 고향과의 접촉이 단절되기 시작했다. 이렇게 타지에서의 생활환경이 망명생활을 더욱 어렵게 만들었다. 정상적인 사회생활을 하기 위해서는 경제적인 문제가 해결되어야 했는데, 소수의 망명 작가만이 문필생활로 생계를 유지할 수 있었다. 망명 작가에게 '출판'[32]은 생계유지의 수단뿐만 아니라 존재를 확인하는 길이기도 했다.

이러한 중에도 망명 작가들은 여러 곳으로 분산되었지만 공동으로 저항하기 시작했다. 1933년에는 『신 독일의 지면들』이라는 잡지가 안나 제거스에 의해 프라하에서 편집되었다. 클라우스 만은 반파쇼의 목적으로 『수집』이라는 잡지를 편집했다. 1933년에서 1945년에 걸친 12년 동안 400개의 망명 잡지가 발간되었다. 브레히트와 베혀는 '국제 반파쇼 동맹'을 결성했다. 하인리히 만은 반파쇼 문학만이 유

32) 망명시기 망명 작가와 출판사의 관계는, 신종락: 독일 나치시기의 출판상황과 망명출판사. 망명출판사 쿼리도와 알레르트 드 랑에를 중심으로, 『뷔히너와 현대문학』 제28호 (한국뷔히너학회, 2007.), 175-199쪽. / 신종락: 독일 나치망명시기 지식인의 문학적인 삶과 출판가로서의 작가. 자가출판을 중심으로, 『독일언어문학』 제37집 (한국독일언어문학회, 2007.), 273-293쪽. 참조.

일한 독일문학이라는 생각을 지녔고, 많은 동료작가들도 동일한 생각을 지녔다.

반파쇼문학은 두개의 과제를 지녔는데 첫 번째는 '나치의 세계를 해명해 내는 것'이었고 둘째는 '나치독일에 대한 저항'을 지지하는 것이었다. 한두 명의 작가들은 바이마르 공화국 시절에 많은 관심을 집중시킨 역사소설이나 사회소설을 집필했다. 그들은 나치에 의해서 이러한 장르가 중단되었다고 생각했기 때문에 이를 다시 연결시키려 했다. 대표적인 작품이 하인리히 만의 소설 『앙리 4세』다.

또 다른 작가들은 방송연설, 선언문, 선전삐라나 팸플릿, 위장문을 통해 직접 제3제국을 겨냥했다. 1942년에는 제3제국의 일상사를 반영한 안나 제거스의 소설 『제7의 십자가』가 발표되었다. 작품에 등장한 7인의 죄수 중 '게오르크 하이슬러'만 도주에 성공했는데 망명객들에게 이는 곧 '저항의 상징'이 되었다. 망명연구에서 망명문학이 비중을 차지하는 이유는 문학을 통해 망명현실이 잘 들어나고 있기 때문이다. 그렇다면 망명문학은 어떠한 양상으로 전개되었을까?

망명 작가들이 망명지에서 직면한 급박한 현실은 '독일어의 상실'과 '독자로부터의 고립'이었다. 이와 더불어 외적으로 미세한 출판가능성은 작가와 출판언론인들이 기본적으로 지니는 작업의 가능성과 독자에의 영향력을 제한했다. 이러한 현실 속에서도 작가들은 문학을 통해 시대의 현실과 인간 본연의 모습을 적나라하게 서술해 나갔다.

우선 작가들은 제3제국에 대한 계몽을 문학 창작의 목표로 삼았다. '도큐먼트', '르포', '체험보고', '독일소설' 등이 형식으로 사용되었다. '독일소설'은 1934년 릴리 쾨르버[33]의 작품인 『한 유대인 여자

33) 여성 작가로서 릴리 쾨르버의 망명경험과 작품에 대해서는, 서윤정: 모스크바에서

가 새로운 독일을 경험한다』가 대표적인 예이다. 이러한 현상과 작품들이 망명문학의 제1기에 속한다.

망명문학의 제2기는 시대사와 역사적인 것을 혼합한 것이 주류를 이룬다. 독일 소설은 내용적으로 크게 나치 체제 이전사와 나치 체제를 모사한 두 종류로 나뉜다. 전자에 속하는 대표적인 작품으로는 안나 제거스의 『현상금』 (1933), 『구조』 (1937) 등이 있고, 후자는 이름가르트 코인의 『자정이후』 (1937)가 있다. 그 이외에도 안나 제거스의 유명한 망명소설 『통과』 (1944)도 제2기에 속하는 작품이다.

제3기는 시대전환의 의식 속에 시대결산이나 시대청산을 다룬 자서전, 가족소설 (혹은 세대소설), 독일 알레고리 등의 형식이 나타난다. 소설에 비해 시는 양적으로 적었다. 200개의 시집이 망명지에서 출판되었는데, 그나마 대부분은 1945년 이후에 발간되었다. 특히 시 분야는 1933년 이전에 등단한 시인들의 것이 출간되었다. 예를 들면 베르톨트 브레히트, 요하네스 R. 베혀, 칼 볼프스켈, 엘제 라스카-쉴러 등이 제3기에 속하는 작가들이다.

희곡작가들에게 망명상황은 특히 어려웠다. 그들이 쓴 것은 기본적으로 공연될 기회가 없었기 때문이다. 예외적으로 이러한 어려운 상황에도 불구하고 소수의 작품들은 공연되기도 했다. 베르톨트 브레히트의 『카라 부인의 총』, 『제3제국의 전율과 곤궁』 등이 그러한 작품들이다.

그 이외에 특이할 만한 망명문학의 일반적인 상황도 있었다. 망명 중 창작된 문학들은 대부분 1945년 이후 혹은 오늘날에야 출판되었다는 사실이다. 망명 작가들에게 주어진 극도로 심각한 생활환경은

뉴욕까지: 망명작가 릴리 쾨르버 (Lili Korber)의 생애와 작품. 『독일어문학』 제14권 제3호 제34집 (한국독일어문학회, 2006.), 141-156쪽. 참조

창작의 걸림돌이 되어 나타났다. 특히 여성 작가들에게는 성적인 특성상 상황이 더욱 어려웠다.[34] 이에 대한 정보는 그녀들의 많은 자서전들을 통해 세상에 알려졌다. 대부분의 여성 망명 작가들에게 추방은 곧 작가로서의 혹은 시인으로서의 침묵을 의미했다. 망명 조건 속에서 침묵은 끊임없이 계속되었다. 게다가 서독의 전후관계에서 여성 작가들은 대부분 '잊혀졌다'. 1980년대까지 서독에서는 여성작가들이 거의 주목을 받지 못했다. 동독에서는 여성 작가가 '다른 독일'을 재건하는 데 참여한다는 의미에서 서독과는 상황이 달랐다.

망명문학은 1945년으로 끝난 것이 아니다. 군 점령시기, 전후 독일사회, 동독과 서독으로 분할된 두 개의 자주국가, 분단 등 복잡한 상황 속에서도 망명문학에 대한 작업은 시대가 주저하는 속에서 그래도 쉬지 않고 진행되고 있었다. 망명시의 경우 두 개의 양대 분야는 특히 '자서전적인 글'들과 '독일-유대 시'인데, 두 분야 공히 여성 작가들이 주도를 이룬다. 남성 작가들과의 커다란 차이는, 여성들이 그녀들의 회고 속에 삶의 역사와 개인적인 것을 이야기하고 있다는 사실이다. 이에 대한 대표적인 시인들로는 카롤라 브로흐, 마가레테 부버-노이만, 에바 부쉬, 리자 핏트코, 루트 크뤼거, 로라 란다우, 잘카 피어텔, 샤롯테 볼프 등의 시인이 있다.

망명현실이 문학을 통해 잘 드러나고 있기는 하지만, 그보다는 ―혹은 문학 장르 중에서― 훨씬 더 직접적으로 잘 드러나고 있는 곳은 역시 망명자서전이다. 망명연구에서 망명자서전이 보물창고처럼 여겨지는 이유는 바로 이러한 맥락에서이다. 망명자서전 속에는 한 개인

34) 망명 여성 작가들의 상황에 대해서는, 서윤정: 독일 제3제국 시기의 망명여성: 미국, 『독일문학』 45권 3호 통권 제91집 (한국독어독문학회, 2004.), 147-165쪽. 참조.

의 경험과 고백, 시대적 현실과 증언이 빼곡히 들어 있다. 자서전의 특성인 '문학과 진실', '진실과 허구', '실재와 주관' 범주를 진지하게 받아들여 깊은 통찰력과 학문적 엄밀성으로 작업해 나간다면 망명연구뿐만 아니라 인간과 세상 전반에 관한 사항 파악에 대한 좋은 연구결과를 기대할 수 있을 것이다.

선별한 저명 망명자서전은 다음과 같은 것들이 있다.[35)]

–슈테판 츠바이크 (작가): 『어제의 세계』 (1942)

–하인리히 만 (작가): 『한 시대는 검토 된다』 (1946)

–알프레트 되블린 (작가): 『숙명적 여행』 (1949)

–테오도어 발크 (작가): 『잃어버린 원고』 (1949)

–브루노 프라이 (작가): 『베르네의 사나이들』 (1950)

–클라우스 만 (작가): 『전환점』 (1952)

–레온하르트 프랑크 (작가): 『심장이 있는 왼쪽으로』 (1952)

–리온 포이히트방어 (작가): 『프랑스의 악마. 체험』 (1954)

–한스 하베 (작가): 『나를 소개합니다. 나의 인생사』 (1955)

–프란츠 테오도르 초코르 (작가): 『이국의 거리에서』 (1955)

–게오르게 그로스츠 (화가): 『작은 소리로 그래와 큰 소리로 아니야. 자신 스스로 설명하는 그의 삶』 (1955)

–구스타프 레글러 (작가): 『말쿠스의 귀. 한 인생사』 (1958)

–막스 브로트 (작가): 『호전적 삶』 (1960)

–루드뷔히 마르쿠제 (작가): 『나의 20세기』 (1960)

---

35) Exilforschung, Ein internationales Jahrbuch, Bd. 14. 1996, Rückblick und Perspektiven, München 1996, 200-208쪽. 참조. Ingrid Hannich-Bode가 작성한 명단 중 본 연구가 주목한 중요 망명자서전을 연대순으로 간추렸다. 괄호 안의 숫자는 초판 발행연도이다.

—쿠르트 괴츠 (작가, 배우): 『작가와 배우. 페터한스 폰 빈닝겐의 회상』 (1-3권, 1960-1963)
—막스 타우 (작가): 『내가 떠나야만 했던 나라』 (1961)
—칼 추크마이어 (작가): 『마치 나의 한 부분처럼』 (1966)
—오스카 마리아 그라프 (작가): 『외부로부터의 웃음거리. 1918년부터 1933년까지 나의 삶에서』 (1966)
—오스카 코코쉬카 (화가): 『나의 삶』 (1971)
—율리우스 하이 (작가): 『1900년생. 회고』 (1971)
—알프레트 칸토르비치 (작가): 『프랑스 망명. 기묘한 것과 생각해야 할 것』 (1971)
—프릿츠 코르트너 (배우, 감독): 『매일이 밤』 (1973)
—릴리 팔머 (여배우): 『뚱뚱한 릴리 - 착한 아이』 (1974)
—마네 슈페르버 (작가): 『헛된 경고』 (1975)
—발터 뫼링 (작가): 『우리는 계속해야 된다. 망명 중 단상들』 (1979)
—막스 오퓔스 (영화감독): 『존재의 연기』 (1980)
—쿠르트 보이스 (배우): 『아름답기 위해, 너무 진실로』 (1980)
—르네 쾨니히 (사회학자): 『모순된 삶. 지적 자서전 시도』 (1980)
—한스 마이어 (독문학자): 『파기의 한 독일인』 (1982)
—한스 잘 (작가): 『한 도덕주의자의 회고』 (1983)
—칼 뢰비트 (철학자): 『1933년 이전과 이후 독일에서의 나의 삶』 (1986)
—발터 양카 (출판인): 『한 인생의 흔적』 (1991)

제3장

망명객 유형 및 현황

제 3 장 망명객 유형 및 현황

1. 망명객 유형 기준

망명객의 유형을 제시하는 첫 번째 기준은 제국의회방화사건과 분서사건을 통해 나치들이 규정한 집단 및 그들이 거명한 인물들에서 저절로 드러난다. 이러한 분류는 정치 사회적인 —인종학 포함— 관점에 따른 것으로 '이질적 집단'과 '나치 반대파들'이 여기에 속한다. 이질적 집단에 속하는 자들이란 유대계거나 나치의 종족규정으로 볼 때 비 아리안 계통을 말한다. 나치의 반대파들이란 1932년과 1933년의 정치발전 과정에서 나치의 정적이었던 마르크스주의나 볼쉐비키주의자들과 같은 공산주의자들, 그리고 사회주의자들을 말한다.

두 번째 기준은 소위 '다른 독일'을 대표하는 바이마르 공화국 시절의 엘리트 집단이다. 엘리트 집단은 크게 문화 예술인과 학자 집단으로 대별할 수 있다. '다른 독일을 대표하는 자들'이란 용어는 사실 하인리히 만, 토마스 만, 알프레트 되블린, 칼 추크마이어처럼 바이마르 공화국 시절의 대표적인 지식인, 문인 예술가들을 말한다. 이 범주에는 물론 문인, 예술가들이 주류를 이루지만 정신과학 내지 사회과학자들도 포함된다.

두 번째 기준을 준수해 보면 '망명 작가 및 언론출판인', '망명 연극인', '망명 영화인', '망명 음악인', '망명 조형예술가', '망명 정치가', '망명수학자', '망명 자연과학자', '망명 정신과학자', '망명 사회과학자 (망명 사회과학자 중 '망명 사회학자'를 좀 더 세분해서 분류해 볼 수 있다)', '망명 철학자', '망명 신학자' 등으로 분류해 볼 수 있다.

첫 번째와 두 번째의 기준을 설정해 놓고 보면, 첫 번째는 인종 및 정치성향에 따른 분류이고, 두 번째는 직업의 종류에 따른 것이다. 하지만 망명객을 연구의 대상으로 설정했을 때, 첫 번째와 두 번째의 분류에서 경계가 분명한 인물들도 있지만 그렇지 않은 경우가 대부분이다. 경계가 분명한 망명객들로는 공산주의나 사회주의 계열에 속하는 정치가들, 인종적으로 뚜렷이 나타나는 유대인, 직업에만 전념했던 각 분야의 학자들 등이다. 하지만 이들 중 인종적으로 유대인이 뚜렷하지 않은 경우와 정치 사회적인 성향이 불분명하거나 변동이 생겼을 경우는 경계가 모호해진다.

이러한 상황을 감안했을 때 가장 명확한 망명객 분류는 직업별로 본 두 번째의 분류방법이다. 하지만 망명객에 대한 분류는 이것이 전부가 아니다. 다만 가장 기초적이고 초보적인 수준이다. 기초적이고 초보적인 수준이라는 말은 아직도 끊임없이 분류해야 할 작업이 산적해 있다는 말이다. 망명객에 대한 유형분류가 이처럼 중요하고 심각한 이유는, 분류 자체가 이미 연구의 과정 및 성과이기 때문이다.

그러면 직업별로 분류하여 1933년 이후 망명을 떠나야만 했던 인사들의 흔적을 추적해 보기로 한다. 각 분야별로 저명 망명객들만 선별했다. 저명한 독일 망명객들에 대한 명단 및 간단한 약력은 곳곳에 산재해 있는 역사적 자료 및 기존의 망명관련 연구 성과물들을 참조했다.[1] 망명 정치인, 망명 작가 및 언론출판인, 망명 연극인 및 영화인, 음악가 · 화가 · 건축가 등의 망명 예술가, 자연과학자 · 정신과학자 · 사회과학자 등의 망명 학자, 그리고 망명 심리학자, 망명 예술사학자, 망명 경제인사와 법조인 등의 순으로 정리한다.

---

1) 중요한 연구물을 열거하면 다음과 같다. Werner Röder & Herbert A. Strauss: Biographisches Handbuch der deutsch-sprachigen Emigration nach 1933, 3 Bände, München 1980-1983. / Frithjof Trapp: Deutsche Literatur im Exil, Frankfurt/M 1983. / Conrad Pütter: Rundfunk gegen das "Dritte Reich". Deutschsprachige Rundfunkaktivitäten im Exil 1933-1945. Ein Handbuch, München 1986. / Jacques Grandjonc: Zone der Ungewißheit. Exil und Internierung in Südfrankreich 1933-1944, Reinbek 1993. / Wolfram Fischer (hrsg.): Exodus der Wissenschaften aus Berlin. Fragestellungen - Ergebnisse - Desiderate. Entwicklungen vor und nach 1933, Berlin 1994. / Sybille Gerstengarbe: Die erste Entlassungswelle von Hochschullehrern deutscher Hochschulen aufgrund des Gesetzes zur Wiederherstellung des Berufsbeamtentums vom 7.3.1933. in: Berichte zur Wissenschaftsgeschichte 17, 1994, S. 17-39. / Marianne Hassler (hrsg.): Der Exodus aus Nazideutschland und die Folgen. Jüdische Wissenschaftler im Exil, Tübingen 1997. / Claus-Dieter Krohn & Patrik von zur Mühlen & Gerhard Paul & Lutz Winckler (hrsg.): Handbuch der deutschsprachigen Emigration 1933-1945, Darmstadt 1988. / Ulrike Wendland: Biographisches Handbuch deutsprachiger Kunsthistoriker im Exil. Leben und Werk der unter dem Nationalsozialismus verfolgten und vertriebenen Wissenschaftler, München 1998. / Konrad H. Jarausch: Die Vertreibung der jüdischen Studenten und Professoren von der Berliner Universität unter dem NS-Regime. in: Jahrbuch für Universitätsgeschichte 1, 1998. S. 112-133. / Cordula Lissner: Den Fluchtweg zurückgehen. Remigration nach Nordrhein und Westfalen 1945-1955, Essen 2006. / Sandra Wiesinger-Stock & Erika Weinzier & Konstantin Kaiser (hrsg.): Vom Weggehen. Zum Exil von Kunst und Wissenschaft, Wien 2006. / Cilly Kugelmann (hrsg.): Heimat und Exil. Emigration der deutschen Juden nach 1933. Frankfurt/M 2006.

2. 망명 정치인

독일사민당 (SPD) 소속으로[2] 1920년부터 1921년까지, 1921년부터 1925년까지, 1925년부터 1932년까지 프로이센 총리를 역임한 오토 브라운 (Otto Braun, 1872–1955)은 1933년 2월 6일 파울 폰 힌덴부르크 제국대통령 명에 의해 최종적으로 해직당하고, 1933년 3월 4일 스위스로 망명했다.

독일사민당 (SPD) 소속으로 1912년부터 1918년까지 제국의회 의원을 지냈고, 1919/20년 바이마르 국민의회 의원, 1919년부터 1924년까지 프로이센 지방의회 의원을 지낸 오스카 콘 (Oskar Cohn, 1869–1934)은 1933년 팔레스타인으로 망명할 목적으로 파리로 도주했지만, 1934년 팔레스타인 비자를 받기 전 스위스 제네바에서 사망했다.

독일사민당 (SPD) 소속으로 1923년, 그리고 1928년부터 1929년까지 제국재무장관을 역임했고, 1924년부터 1933년까지 제국의회 의원을 지낸 루돌프 힐퍼딩 (Rudolf Hilferding, 1877–1941)은 1933년 스위스로 망명했고, 1938년부터 프랑스에 체류했다. 1941년 마르세유에서 프랑스 당국자에 체포된 후 게슈타포에 넘겨져 죽임을 당했다. '국가독점자본주의론 (Stamokaptheorie)'의 초석을 놓은 인물로 저명하다.

독일사민당 (SPD) 소속으로 『전진 (*Vorwärts*)』 주필을 역임했고, 1920년부터 1933년까지 제국의회 의원을 지낸 프리드리히 슈탐퍼 (Friedrich Stampfer, 1874–1957)는 1933년 자르브뤼켄을 경유하여

2) 이하 망명을 떠날 당시의 당적 및 간단한 경력.

프라하로 망명했다. 프라하에서 반공주의자임을 선언했다. 1939년 파리를 경유하여 미국으로 망명했다.

독일사민당 (SPD) 소속으로 1920년부터 1933년까지 제국의회 의원을 지냈고 1923년에는 제국 내무장관을 역임한 빌헬름 졸만 (Wilhelm Sollmann, 1881-1951)은 1933년 잘란트, 룩셈부르크를 경유하여 미국으로 망명했다.

독일사민당 (SPD) 소속으로 1926년부터 1930년까지 프로이센 내무장관을 역임한 후 베를린 경찰청장으로 재직한 알베르트 그르체신스키 (Albert Grzesinski, 1879-1947)는 1933년 스위스를 경유하여 프랑스로 망명했다. 1936년부터 1937년까지 '독일 정치 난민자 상담위원회' 의장을 역임했고, 1937년 미국 뉴욕으로 망명했다. 1938년 망명자연합 '독일 노동자 대표단' 단장, 1944년 '민주독일협회' 창립위원을 역임했다.

독일사민당 (SPD) 소속으로 독일사민당 당수를 역임했고, 1920년부터 1933년까지 제국의회 의원을 지낸 오토 벨스 (Otto Wels, 1873-1939)는 'Sopade'[3]를 조직하기 위하여 사민당 의장단원들과 더불어 1933년 자르브뤼켄을 경유하여 프라하로 망명했다. 1938년 망명지를 파리로 이전했고, 1939년 프랑스 파리에서 사망했다.

독일사민당 (SPD) 소속으로 1920년부터 1933년까지 제국의회 의원을 지낸 파울 헤르츠 (Paul Hertz, 1888-1961)는 'Sopade'를 조직하기 위하여 오토 벨스, 에리히 올렌 하우어 등 사민당 의장단원들

---

3) Sopade는 '독일사민당 (Sozialdemokratische Partei Deutschlands)'에서 약자를 따온 것으로 망명지 '사민당 의장단'을 말한다. 1933년부터 1938년 초까지 체코 프라하에 조직체가 있었고, 나치군이 체코로 진격하자 프랑스 파리로 옮겨 1940년까지 존속했다.

과 더불어 1933년 자르브뤼켄을 경유하여 프라하로 망명했다. 『사회주의 잡지 (Zeitschrift für Sozialismus)』 주간을 역임했다. 1937년 스페인 내전 상황을 살피기 위해 스페인을 방문했고, 1939년 미국으로 망명했다.

독일사민당 (SPD) 의장단 위원이었던 에리히 올렌하우어 (Erich Ollenhauer, 1901-1963)는 사민당 의장단의 해외 나치정권 저항단체 구축을 위한 파견 결정에 따라 프라하로 망명했다. 1933년부터 1938년까지 'Sopade'를 바탕으로 망명객 3,000명을 규합했다. 1938년 'Sopade' 조직과 함께 파리로 도주하였고, 1939년 오토 벨스와 공동으로 사민당 반전 호소에 참여했다. 1940년 '적대외국인'으로 감금당했다. 1940년 스페인과 리스본을 경유하여 1940년 런던으로 망명했다.

독일사민당 (SPD) 소속인 발터 아우어바흐 (Walter Auerbach, 1905-1975)는 1933년 5월 네덜란드 암스테르담, 1939년 영국으로 망명했다.

독일사민당 (SPD) 소속으로 1921년부터 1933년까지 제국의회 의원을 역임한 지크프리트 아우프호이저 (Siegfried Aufhäuser, 1884-1968)는 1933년 자르브뤼켄을 경유하여 프라하로 망명, 파리를 경유하여 1939년 미국 뉴욕으로 망명했다.

독일사민당 (SPD) 소속으로 1930년부터 1933년까지 제국의회 의원을 지낸 프릿츠 바데 (Fritz Baade, 1893-1974)는 1935년 터키로 망명하여 1939년까지 '농업 시장기구' 자문위원을 역임했다. 1946년 미국으로 건너가 전후 독일에 대한 '모겐소-플랜 (Morgenthau-Plan)' 반대 캠페인과 ' (독일) 산업시설 철거' 반대, '마셜플랜' 지지에 참여했다.

독일사민당 (SPD) 소속으로 알토나 시장을 역임한 막스 브라우어 (Max Brauer, 1887-1973)는 1933년 오스트리아를 경유하여 프랑스로 망명했다. 1933년 10월 행정전문가로 중국 상하이와 난징에 체류했다. 1934년 미국을 거쳐 무국적자로 프랑스를 비롯한 유럽, 미국등지를 전전하다 1937년부터 미국에 거주하며 망명활동에 전념하였다.

독일사민당 (SPD) 소속으로 1931년부터 1933년까지 마그데부르크 시장을 역임한 정치가 겸 '도시학 학자'인 에른스트 로이터 (Ernst Reuter, 1889-1953)는 1933년부터 수차례에 걸쳐 체포당해 '유대인 수용소'에 수감되었다가 석방되었다. 1935년 영국을 경유하여 터키로 망명하여, 1935년부터 1939년까지 터키 경제부, 1939년부터 교통부에 근무했다. 1938년부터 앙카라 행정아카데미 '도시건축 과 도시계획' 교수를 역임했다.

독일사민당 (SPD) 소속으로 1926년부터 국제사회주의투쟁연맹 (ISK)에서 활동한 베르너 한센 (Werner Hansen, 1905-1972)은 1937년 파리, 1938년 런던으로 망명했다.

독일사민당 (SPD) 당원인 칼 카우츠키 (Karl Kautsky, 1854-1938)는 나치가 오스트리아를 합병한 후 1938년 3월 빈에서 네덜란드로 망명하여 1933년 10월 네덜란드 암스테르담에서 사망했다.

독일사민당 (SPD) 당원인 하인츠 퀸 (Heinz Kühn, 1912-1992)은 1933년 잘란트, 프라하, 브뤼셀을 경유하여 스위스 제네바로 망명했다. 2차 대전 중에는 영국 런던에 체류했다.

독일공산당 (KPD) 소속으로 '독일 적색 구조대' 의장을 역임했고 후일 '동독공산당 (SED)' 공동 창당자이자 1949년부터 1960년까지 동독의 유일한 대통령을 역임한 빌헬름 피크 (Wilhelm Pieck, 1876-1960)는 1933년 3월 에른스트 텔만 (Ernst Thälmann)이 체포되자,

독일공산당 (KPD) 중앙위원회 당대표로 위임되었다. 1933년 5월 중앙위원회의 결정에 따라 파리로 망명했고, 망명지를 모스크바로 이전했다. 1937년 '국제 노동자후원 (회) (IAH)' 의장, 1943년 '자유 독일 국가위원회 (NKFD)' 공동 창립위원을 역임했다.

독일공산당 (KPD) 소속으로 독일공산당 중앙위원회 위원이었고, 1928년부터 1933년까지 제국의회 의원을 역임했으며, 후일 1949년부터 1960년까지 동독 수상, 1960년부터 1973년까지 동독 평의회 의장을 역임한 발터 울브리히트 (Walter Ulbricht, 1893-1973)는 1933년 지명수배당한 후, 1933년 10월 파리로 망명했다. 1938년 모스크바로 망명지를 옮겼다. 1941년 모스크바 라디오방송국 독일어 방송, 1943년 '자유 독일 국가위원회 (NKFD)' 창립위원이었다.

독일공산당 (KPD) 소속으로 1920년부터 1933년까지 제국의회 의원을 지낸 클라라 쳇킨 (Clara Zetkin, 1857-1933)은 1933년 '제국의회방화사건' 직후 소련으로 망명했다. 1933년 6월 20일 소련 모스크바에서 사망했다.

독일공산당 (KPD) 소속으로 1924년부터 1928년까지 제국의회 의원을 지낸 룻 핏셔 (Ruth Fischer, 1895-1961)는 1933년 프라하를 경유하여 프랑스로 망명하여 1936년까지 트로츠키와 활동했다. 트로츠키주의자로 1936년 궐석 상태로 모스크바재판에서 사형언도를 받았다. 나치와 스탈린주의자들로부터 쫓기는 신세가 되어 남프랑스, 스페인, 포르투갈, 쿠바를 경유하여 1941년 뉴욕으로 망명했다. 1945년 케임브리지 대학교에서 공산당사 연구를 의뢰받아 1948년 결과물인 『스탈린과 독일 공산주의』를 발간했다. 룻 핏셔는 오스트리아 철학자 루돌프 아이슬러 (Rudolf Eisler)의 장녀로 작곡가 한스 아이슬러와 언론인이자 작곡가인 게르하르트 아이슬러의 누님이다.

독일공산당 (KPD) 소속으로 1924년부터 1930년까지 제국의회 의원을 지낸 마르타 아렌트제 (Martha Arendsee, 1885-1953)는 1933년 나치에 의해 6개월형을 언도받았다. 1934년 프라하, 파리를 경유하여 모스크바로 망명했다. 1941년부터 '모스크바 라디오 방송'에서 활동했고, 1943년 여성으로는 유일하게 '자유 독일 국가위원회 (NKFD) 창립 위원을 역임했다.

독일공산당 (KPD) 소속으로 1924년부터 1930년까지 제국의회 의원을 지낸 파울 베르츠 (Paul Bertz, 1886-1950)는 제국의회 의원 시절 혁명 노동야권조합 제국위원회 (RGO) 회원이었다. 1933년 네덜란드, 1934년 프랑스로 망명했다. 프랑스에서 '적대 외국인'으로 감금당했고, 1940년 스위스로 도주했다. 1940년부터 1943년까지 스위스 소재 독일공산당 (KPD) 내에서 지도적인 역할을 담당했고 '자유 독일' 운동을 지원했다.

독일공산당 (KPD) 소속으로 1924년부터 1930년까지 제국의회 의원을 지낸 빌리 뮌첸베르크 (Willi Münzenberg, 1889-1940)는 1933년 '제국의회방화사건' 직후 파리로 망명했다. 출판사 'Éditions du Carrefour'를 설립하여 1937년까지 독일어판 50편을 출간했다. 1938년 스탈린 학살정책을 비판했다는 이유로 독일공산당 중앙위원 출당 조치 당함과 동시에 모든 직위에서 해제당했다. 또한 출판사 'Éditions Sebastian Brant'를 설립했고, 망명문학 잡지 『미래』를 창간했다. 1940년 5월 '적대 외국인'으로 감금당했고, 1940년 6월 남프랑스로 도주했다. 1940년 10월 남프랑스 어느 숲에서 목매어 죽은 시체로 발견되었다.

독일공산당 (KPD) 소속으로 1924년부터 1933년까지 제국의회 의원을 지낸 빌헬름 프로리안 (Wilhelm Florin, 1894-1944)은 1933

년 파리를 경유하여 소련으로 망명했다. 1943년 '자유 독일 국가위원회 (NKFD)' 창립위원이었으며 1944년 소련 모스크바에서 사망했다. 유해는 1954년 베를린으로 이장되었다.

독일공산당 (KPD) 소속으로 1932년부터 1933년까지 프로이센 지방의회 의원을 지냈고, 동프로이센 정치단장이었던 헤르만 마테른 (Hermann Matern, 1893-1991)은 1933년 7월 체포당했고, 1934년 9월 탈출에 성공하여 프랑스로 망명했다. 1936년 노르웨이, 스웨덴으로 망명한 후 1941년 모스크바로 이전했다.

독일공산당 (KPD) 소속으로 '적기' 편집국장을 역임한 알렉산더 아부쉬 (Alexander Abusch, 1902-1982)는 1933년 프랑스 파리로 망명했다. 1934년부터 『우리시대. 반격』 편집주간을 역임했고, 1935/ 36년 '독일인민전선' 준비위원으로 일했다. 1939/40년 '적대 외국인'으로 감금당했다. 1941년 멕시코로 망명하여 1946년까지 월간지 『자유 독일』 주간을 역임했다.

독일공산당 (KPD) 소속인 안톤 아커만 (Anton Ackermann, 1905-1973)은 1933년부터 1935년 사이에 불법으로 '독일공산당 (KPD)' 활동을 전개하다가 1935년 프라하로 망명했다. 1937년 스페인 내전에 참전했고, 파리에 체류한 후 1940년 모스크바로 망명했다. 1941년부터 1945년까지 '자유 독일' 방송에서 근무했다.

독일 공산 청년단 소속이었던 페터 깅골트 (Peter Gingold, 1916-2006)는 1933년 프랑스로 망명했다. 1936년 '자유 독일 청소년단 (FDJ)을 조직했다.

독일공산당 (KPD) 소속으로 후일 '동독공산당 (SED)' 수석 이론가로 명성을 날린 쿠르트 하거 (Kurt Hager, 1912-1998)는 1933년 히틀러 '제1차 라디오 연설' 방해자로 체포되어 '호이베르크 집중수용소'에 수감되었다. 수용소에서 석방된 후 1936년 스위스, 체코, 프랑스로 망명했다. 1937년부터 1939년까지 스페인 내전 기자로 참가했다. 1939년 프랑스에서 '적대 외국인'으로 감금당했고, 영국으로 망명했다.

독일공산당 (KPD) 당원인 에른스트 랑구트 (Ernst Langguth, 1908- 1983)는 체포될 위험에 빠지자 1934년 독일공산당 (KPD)이 프라하로 피신시켰다. 1935년 독일공산당-망명객 정치 지도자로 활동했고, 1938년 영국으로 망명했다. 1941년 '적대 외국인'으로 감금당했다.

독일공산당 (KPD) 당원으로 '제국-선구자-지도 (단)' 제1서기였던 한스 말레 (Hans Mahle, 1911-1999)는 1935년 파리를 경유하여 프라하로 도주했다. 암스테르담에서 체포당했고, 1936년 체코슬로바키아를 경유하여 소련으로 망명했다. 1943년 '자유 독일국가위원회 (NKFD)' 창립위원이었다.

독일공산당 (KPD) 당원인 칼 마론 (Karl Maron, 1903-1975)은 1934년 코펜하겐으로 망명했다. '붉은 스포츠-인터내셔널 (RSI)' 보도부 편집인을 역임했고, 소련 모스크바로 건너가 1935년부터 '코민테른', 'RSI' 대표를 역임했다.

독일공산당 (KPD) 소속으로 베를린 독일공산당-지방정치단 단원, 혁명 노동야권조합 제국위원회 (RGO) 회원이었던 파울 메르커 (Paul Merker, 1884-1969)는 1931년부터 1933년까지 코민테른 위탁으로 미국에서 공산당 자문위원으로 근무했고, 1933년 여름 소련 레닌그라드로 이전했다. 1934년 초 독일로 잠입하여 불법 노동운동을 전개했다. 1935년부터 1939년까지 독일공산당 정치국원, 1937년 프랑스로 망명했다. 1941년 '적대 외국인'으로 감금당했고, 1942년 멕시코로 망명했다.

독일공산당 (KPD) 중앙위원회 위원이었던 헤르베르트 붸너 (Herbert Wehner, 1906-1990)는 1935년 프라하, 1937년 소련으로 망명했다. 1941년 공산당 나치 저항단체를 조직하기 위하여 스웨덴으로 건너갔다. 1942년 스톡홀름에서 간첩혐의로 체포되어 1년간 복역했다.

독일민주당 (DDP) 소속으로 1926년부터 1932년까지 프로이센 내무부 국가서기를 역임했던 빌헬름 아벡 (Wilhelm Abegg, 1876-1951)은 1933년 망명을 떠나기 직전 '현대 프로이센 경찰' 창시자 겸 경찰청장으로 재직하고 있었다. 1933년 스위스로 망명하여, 스위스에서 '자유 독일 국가위원회 (NKFD)'를 공동 창립했다. 1933년부터 국제인권변호사 (특히 난민 보호), 1935년부터 '독일인민전선' 창립준비, 1944년부터 '서양문화정책협회' 회장, 1944/45년 '자유 독일문화 친우 협회' 회원, '독일작가보호연맹 (SDS) 회원, 1944년 '자유 독일 운동 (BFD)' 창립회원 및 지역장을 역임했다.

독일사회노동자당 (SAPD) 소속으로 제국의회 의원과 부의장을 역임한 쿠르트 로젠펠트 (Kurt Rosenfeld, 1877-1943)는 1933년 '제국의회방화사건' 직후 파리로 망명, 미국으로 망명했다. 게르하르트 아이슬러 (Gerhart Eisler)와 공동으로 망명 잡지 『독일계 미국인 (The German-American)』을 편집했고, '독일계 미국인 구조위원회' 회장을 역임했다. 1943년 미국 뉴욕에서 사망했다.

독일사회노동자당 (SAPD) 소속으로 1924년부터 1931년까지 마지막 USPD의장을 역임한 테오도어 립크네히트 (Theodor Liebknecht, 1870-1948)는 1933년 스위스 바젤로 망명했다. 1936년부터 1939년까지 네덜란드 암스테르담 소재 '국제 사회사 연구소 (IISG)'에서 연구했다.

독일사회노동자당 (SAPD) 당의장단 위원이었던 야콥 발허 (Jacob Walcher, 1887-1970)는 1933년 파리로 망명했다. 해외 '독일사회노동자당 (SAPD)'을 조직했고, '적대 외국인'으로 감금당했다. 1940년 스페인, 포르투갈을 경유하여 미국으로 망명했다.

독일사회노동자당 (SAPD) 소속으로 1930년부터 1933년까지 제국의회 의원을 역임한 아우구스트 짐센 (August Siemsen, 1884-1958)은 1933년 스위스를 경유하여 1936년 아르헨티나로 망명했다. 부에노스아이레스에서 '페스탈로치 학교, Pestalozzi-Schule' 교사로 근무했고, 잡지 『다른 독일 (*Das Andere Deutschland*)』을 편집했다.

후일 독일연방공화국 (서독) 제4대 수상을 역임했으며 노벨평화상 수상자로 독일사회노동자당 (SAPD) 소속이었던 빌리 브란트 (Willy Brandt, 1913-1992)는 1933년 덴마크를 경유하여 노르웨이로 도주하여 학업 및 언론 활동에 종사했다. 1937년 스페인을 방문하여 스페인 내전을 보도했고, 1940년에는 스톡홀름에 잠적하며 언론활동을 하였다. 1945/46년 스칸디나비아 신문 특파원으로 독일에 머물며 뉘른베르크 재판을 보도하기도 했다.

독일중앙당 (Zentrum) 소속으로 1920년부터 1933년까지 제국의회 의원을 지냈고 1921년부터 1922년까지 바이마르 공화국 제국 수상을 역임한 요셉 뷔르트 (Joseph Wirth, 1879-1956)는 1933년 빈으로 망명했다. 1935년 파리로 이전했고, 독일 망명객들과는 거리를 두었다. 2차 대전이 발발하자 중립지역인 스위스로 이전했다.

급진민주당 (RDP) 당원으로 1927년 노벨평화상 수상자인 루트비히 크비데 (Ludwig Quidde, 1858-1941)는 1933년 스위스로 망명했다. 1935년 '망명 평화주의자 후원 위원회 (Comité de secours aux pacifistes exilés)'를 조직했다. 1941년 스위스 제네바에서 사망했다.

전직 독일무소속사민당 (USPD)[4] 당원인 후고 지몬 (Hugo Simon, 1880-1950)은 은행가로 1933년 스위스를 경유하여 파리로 망명했다. 은행을 설립하여 망명후원회를 후원했고, 평화주의 기구인 '신 조국 연맹 (Bund Neues Vaterland)' 창립위원이었다. 1940년 마르세이유로 도주, 1941년 스페인과 포르투갈을 경유하여 브라질로 망명했다.

전직 나치당 (NSDAP) 당원인 오토 슈트라써 (Otto Strasser, 1897-1974)는 1930년 7월 '국가사회주의 독일 노동자당 (나치당 NSDAP)'을 탈당하고 1933년 빈으로 망명했다. 잡지 『독일 혁명』 발행 및 저술 등을 통하여 히틀러 독재를 비난했다. 1938년 스위스로 이전, 1940년 포르투갈로 망명, 1940년 캐나다로 이주했다. 1948년 회고록 『히틀러와 나 (*Hitler und ich*)』를 발간했다. 1955년 과거 정치적 이력 때문에 서독 당국에 의해 귀환이주 허가가 거절당했으나, '연방행정재판소'의 판결에 따라 귀환이주했다.

오스트리아 사회민주노동자당 (SDAP) 소속으로 1918년부터 1934년까지 '사회민주노동자당 (SDAP)' 대표를 역임한 오토 바우어 (Otto Bauer, 1881-1938)는 1938년 벨기에 브뤼셀, 프랑스 파리로 망명했다. 1938년 파리에서 사망한 오토 바우어의 유해는 1948년 오스트리아 빈으로 이장했다.

오스트리아 혁명 사회자당 (RSÖ) 소속으로 후일 —1970년부터

4) '1918년 11월 혁명' 이후 '독일 무소속 사민당 (Unabhängige Sozialdemokratische Partei Deutschlands, USPD)' 소속으로 단기간 동안 프로이센 '인민연방 (Rat der Volksbeauftragten)' 재무장관으로 재직했던 기간이 알프레트 되블린 (Alfred Döblin)의 장편소설 『1918년 11월 (*November 1918*)』의 소재가 됨.

1983년까지— 오스트리아 총리를 역임한 브루노 크라이스키 (Bruno Kreisky, 1911–1990)는 나치가 오스트리아를 합병하자 1938년 스웨덴 스톡홀름으로 망명했다. 1940년 스웨덴에 망명하고 있던 빌리 브란트와 사귀게 되어 평생 우정을 나누었다. 1945년 이후 스웨덴 오스트리아-구호단체에서 활동하며 오스트리아 빈을 방문했다.

3. 망명 작가 및 언론출판인

프로인센 예술원 문학 분과 원장이었던 하인리히 만 (Heinrich Mann, 1871-1950)은 토마스 만의 형으로 1933년 2월 21일 슈트라스부르크를 통과하여 프랑스로 망명하여 니스에 거주했다. '독일인민전선' 운동의 대표적 지도자로 망명 중 왕성한 집필활동을 했다. 스페인 포르투갈을 경유하여 1940년 10월 13일 미국에 도착하여 할리우드 등지에서 망명생활을 했다. 1950년 캘리포니아 샌타모니카 (Santa Monica)에서 사망한 하인리히 만의 유해는 1961년 동베를린으로 이장되었다.

1929년 노벨문학상 수상자인 토마스 만 (Thomas Mann, 1875-1955)은 하인리히 만의 동생으로 1933년 2월부터 유럽 여행 중 나치가 집권하자 독일로 귀국하지 않았다. 1938년 미국으로 망명하여 프린스턴 대학교 객원교수를 역임하였고, 1941년 캘리포니아로 주거지를 이전했다.

알프레트 케르 (Alfred Kerr, 1867-1948)는 1933년 2월 15일 독일을 떠나 체코슬로바키아, 빈, 취리히를 경유하여 1933년 말부터 1935년 가을까지 파리로 망명한 다음 영국 런던으로 망명했다. 1941년부터 1948년까지 '해외 독일작가 펜—클럽' 회장을 역임했다.

루드뷔히 렌 (Ludwig Renn, 1889-1979)은 1933년 '제국의회방화사건'이 발생하던 날 밤 체포되어 2년 6개월 형을 언도받고 복역했다. 1935년 석방된 후 스위스로 도주했다. 최고위급 장교로 스페인 내전에 참전하였고, 1940/41년 영국과 미국을 경유하여 멕시코로 망명했다.

프리드리히 볼프 (Friedrich Wolf, 1888-1953)는 1933년 '제국의회방화사건' 전날 밤 체포위협을 느끼자 오스트리아, 스위스, 프랑스로 망명했다. 1933년 11월 소련 모스크바로 이주했고, 1938년 초까지 소련에 체류하다 프랑스로 출국했다. 프랑스에서 '적대 외국인'으로 감금당했고, 1941년 3월 소련 위조여권을 소지하고 소련으로 입국했다.

알프레트 되블린 (Alfred Döblin, 1878-1957)은 1933년 '제국의회방화사건' 후인 2월 28일 독일을 떠나 스위스, 1933년 9월 파리로 망명했다. 1940년 7월 프랑스에서 도주, 스페인과 포르투갈을 거쳐 미국으로 망명했다.

요하네스 R. 베혀 (Johannes R. Becher, 1891-1958)는 1933년 '제국의회방화사건' 후 오스트리아, 스위스, 체코슬로바키아, 프랑스를 거쳐 소련으로 망명 (1935년부터 1945년까지)했다. 망명 중 독일 공산당 (KPD) 중앙 위원, 『국제문학 (*Internationale Literatur*)』 편집 주간을 역임했다.

베르톨트 브레히트 (Bertolt Brecht, 1898-1956)는 1933년 '제국의회방화사건' 후인 2월 28일 독일을 떠나 프라하, 빈, 스위스를 거쳐 덴마크로 망명 (1933년 8월부터 1939년 5월까지)했다. 1939년 5월부터 1940년 4월까지 핀란드, 1941년 7월부터 1947년 10월까지 미국에서 망명생활을 했다.

막스 헤르만-나이쎄 (Max Herrmann-Neiße, 1886-1941)는 1933년 '제국의회방화사건' 후인 2월 28일 독일을 떠나 스위스 취리히, 프랑스 파리, 영국 런던으로 망명했다. 1941년 런던에서 사망했다.

브루노 프랑크 (Bruno Frank, 1887-1945)는 1933년 '제국의회방화사건' 후인 2월 28일 독일을 떠나 오스트리아, 스위스, 프랑스, 영국으로 망명했다. 1939년 미국으로 망명지를 옮겼다. 1945년 미국 캘리포니아 베벌리힐스 (Beverly Hills)에서 사망했다.

페르디난트 브루크너 (Ferdinand Bruckner, 1891-1958)는 1933년 '제국의회방화사건' 후인 2월 28일 오스트리아 빈으로 여행하며 독일을 떠났다. 1933년 5월부터 프랑스 거주, 1936년 미국으로 망명지를 옮겨 할리우드, 뉴욕에 거주했다.

칼 볼프스켈 (Karl Wolfskehl, 1869-1948)은 1933년 '제국의회방화사건' 후인 2월 28일 스위스로 망명했다. 1934년부터 1938년까지 이탈리아, 1938년 이후 뉴질랜드로 망명했고, 1948년 뉴질랜드 오클랜드 (Auckland)에서 사망했다.

체코 국적자인 에른스트 봐이스 (Ernst Weiß, 1882-1940)는 1933년 '제국의회방화사건' 후인 2월 28일 체코 프라하로 돌아가서 병든 어머니를 간호하며 임종까지 지키고 1934년 초 파리로 망명하여 1940년 파리에서 사망했다.

발터 메링 (Walter Mehring, 1896-1981)은 1933년 '제국의회방화사건' 후 파리, 빈으로 망명했다. 1938년 오스트리아에서 프랑스로 도주했고, '적대 외국인'으로 감금당했다. 1941년 마르세유를 경유하여 미국 뉴욕으로 망명했다.

에곤 에르윈 키쉬 (Egon Erwin Kisch, 1885-1948)는 1933년 '제국의회방화사건' 후인 2월 28일 체포당했으나 3월 체코슬로바키아의 중재로 석방되었다. 1937/38년 스페인 내전에 참전하였다. 1939년 12월 프랑스, 미국을 경유하여 멕시코로 망명했다.

율리우스 하이 (Julius Hay, 1900-1975)는 '제국의회방화사건' 후 오스트리아로 도주했다. 오스트리아에서 체포되어 추방당했고, 스위스 취리히에 거주했다. 1935년 소련에서 초청받아 방문했다.

오스카 마리아 그라프 (Oskar Maria Graf, 1894-1967)는 1933년 오스트리아 여행 중 '제국의회방화사건'이 발생하자 독일로 귀국하지 않았다. 1934년 초 체코슬로바키아의 브륀 (Brünn)으로 거처를 옮겼고, 제1차 '소련작가 전 연방 회의'에 참석했다. 1938년 체코에서 미국으로 도주했고, '독일 작가 협회 (German Writers' Assosiation)' 회장을 역임했다.

에른스트 톨러 (Ernst Toller, 1893-1939)는 '뮌헨 소비에트공화국'의 중심인물로 1933년 '제국의회방화사건' 발생 시 스위스 체류하고 있었다. 1933년 '(나치)독일 제국 제1차 국적 박탈자 명단'에 오르고 1933년 그의 책이 나치에 의해 분서되었음으로 에른스트 톨러를 망명 작가로 분류한다. 취리히, 파리, 런던 체류 후 1935년 거주지를 미국 캘리포니아로 옮겼다. 1934년 모스크바를 방문했고, 1938년 '스페인 민간인 구조위원회'를 창립했다. 1939년 뉴욕에서 자살로 생을 마감했다.

리온 포이히트방어 (Lion Feuchtwanger, 1884-1958)는 1933년 미국 강연여행 후 독일로 귀국하지 않고 프랑스에 거처를 정했다. 1940년 프랑스에서 '적대 외국인'으로 감금당한 후 1941년 스페인, 포르투갈을 거쳐 미국으로 도주했다.

안나 제거스 (Anna Seghers, 1900-1983)는 게슈타포에 체포 후 1933년 스위스를 경유하여 프랑스로 망명했다. 1940년 파리에서 마르세유로 도주했고, 1941년 3월 수송선을 타고 산 도밍고, 엘리스 (Elis) 섬을 거쳐 멕시코로 망명했다.

발터 벤야민 (Walter Benjamin, 1892-1940)은 1933년 파리로 망명했다. 때때로 스페인의 섬인 이비사 (Ibiza)와 덴마크에 망명하고 있던 브레히트를 찾아가 장기간 체류하기도 했다. 1940년 미국으로 망명할 계획으로 프랑스를 탈출하여 스페인으로 향하던 중 국경에서 자살로 생을 마감했다.

토마스 만의 첫째 딸인 에리카 만 (Erika Mann, 1905-1969)은 1933년 스위스로 망명했다. 1937년 미국으로 망명했고, 2차 대전 중 미국군 종군기자로 근무했다.

토마스 만의 첫째 아들인 클라우스 만 (Klaus Mann, 1906-1949)은 1933년 3월 13일 스위스, 네덜란드, 프랑스로 망명했다. 1936년 미국으로 망명했고, 1942년 12월부터 미군으로 복무하며 북 아프리카, 이탈리아, 독일, 오스트리아 등지에서 종군기자를 역임했다.

아르놀트 츠바이크 (Arnold Zweig, 1887-1968)는 1933년 3월 프라하, 빈, 프랑스 싸나리를 경유하여 팔레스타인으로 망명 (1933년 12월 도착)했다.

한스 요제 레피쉬 (Hans José Rehfisch, 1891-1960)는 1933년 4월 빈, 1936년 5월 영국, 1945년 뉴욕으로 망명했다.

한스 마르히비차 (Hans Marchwitza, 1890-1965)는 1933년 4월부터 1934년 11월까지 취리히로 추방당한 후 프랑스로 망명했다. 스페인 내전에 참전했다. 1938년 다시 프랑스로 이전하였고, 1941년 미국으로 망명했다.

에리히 아렌트 (Erich Arendt, 1903-1984)는 1933년 스위스로 망명했다. 1934년부터 1936년까지 스페인령 마요르카 섬에서 가정교사로 일했다. 1939년 스페인 내전 참전 후, 프랑스로 갔다가 '적대 외국인'으로 감금당했다. 1941년 프랑스에서 콜롬비아로 도주했다.

세르비아 출신으로 1929년 독일로 정치적 망명을 한 테오도르 발크 (Theodor Balk, 1900-1974)는 베를린에서 공산주의 작가로 활동하다가 1933년 프라하를 거쳐 파리로 망명했다. 1933년부터 1939년까지 스페인 내전에 참전했고, 프랑스에서 '적대 외국인'으로 감금당했다. 1941년 멕시코로 도주했다.

게오르크 베른하르트 (Georg Bernhard, 1875-1944)는 1933년 파리로 망명했다. 1933년 지인들과 공동으로 독일 저항지인 『파리 일간지 (*Pariser Tageblatt*)』를 창간하였고, 1936년에는 『파리 신문 (*Pariser Tageszeitung*)』을 창간했다. 이와 더불어 대표적인 망명 신문 창간자가 되었다.

게오르크 베른하르트 (Georg Bernhard, 1875-1944)는 1933년 코펜하겐을 경유하여 파리로 망명했다. 1933년부터 『파리 일간지』 주간, 1936년부터 『파리 신문』 주간을 역임했다. 1935년부터 '독일인 민전선 준비 임시위원회' 위원이었다. 1941년 미국으로 도주했고, 1944년 뉴욕에서 사망했다.

프릿츠 에르펜베크 (Fritz Erpenbeck, 1897-1975)는 1933년 프라하로 망명한 다음, 1935년 소련으로 망명했다.

레온하르트 프랑크 (Leonhard Frank, 1882-1961)는 1933년 스위스 취리히, 1937년 파리로 망명했다. 파리에서 '적대 외국인'으로 감금당했다. 1940년 포르투갈을 경유하여 미국으로 망명했다.

브루노 프라이 (Bruno Frei, 1897-1988)는 1933년 프라하로 망명했다. 1939년부터 1941년까지 '적대 외국인'으로 르 베르네 (Le Vernet) 강제수용소에 감금당했다. 1941년 멕시코로 도주했다.

뷔란트 헤르츠펠데 (Wieland Herzfelde, 1896-1988)는 1933년 프라하로 망명했다. 1933년부터 1935년까지 안나 제거스와 공동으로 망명 잡지 『새로운 독일지』를 편집했다. 1938년 영국으로 도주했고, 1939년 미국으로 망명했다.

슈테판 하임 (Stefan Heym, 1913-2001)은 1933년 체코로 도주했고, 1935년 미국으로 이주했다. 1937년부터 1939년까지 『독일 민족의 메아리』 편집주간을 역임했다. 1943년부터 미군 장교 (선전부대)로 근무했다.

헤르만 케스텐 (Hermann Kesten, 1900-1996)은 1933년 파리로 망명했다. 1939년 프랑스에서 '적대 외국인'으로 감금당했다. 1940년 미국으로 망명했다.

안네테 콜프 (Annette Kolb, 1870-1967)는 1933년 룩셈부르크, 파리로 망명했다. 1941년 71세의 나이로 스페인, 포르투갈을 경유하여 미국 뉴욕으로 망명했다.

지크프리트 크라카우어 (Siegfried Krakauer, 1889-1966)는 1933년 프랑스, 1941년 미국으로 망명했다. 1941년부터 1943년까지 뉴욕 '현대미술 박물관' 연구원으로 근무했다.

엘제 라스카-쉴러 (Else Lasker-Schüler, 1869-1945)는 1933년 스위스 취리히로 망명했다. 1934년과 1939년 팔레스타인을 방문했다. 1939년 제2차 대전 발발로 인해 스위스로 귀환 할 수 없게 되자 1939년부터 팔레스타인 거주했고, 1945년 예루살렘에서 사망했다.

하인츠 리프만 (Heinz Liepmann, 1905-1966)은 1933년 네덜란드로 망명했다. '네덜란드 우방국 최고지도자 모욕죄'로 기소당했다. 프랑스에 거주하다가, 1936년 영국, 1937년 미국으로 망명했다. 『타임지 (*Time*)』 편집인을 역임했다.

알프레트 노이만 (Alfred Neumann, 1895-1952)은 1933년 이탈리아 피에솔레 (Fiesole), 1938년 프랑스 니스로 망명했다. 1941년 리스본을 경유하여 미국 로스앤젤레스로 망명했다.

에른스트 에리히 노트 (Ernst Erich Noth, 1909-1983)는 1933년 프랑스로 망명했다. 프랑스의 여러 신문사 편집인을 역임했고, '적대 외국인'으로 감금당했다. 1941년 미국으로 망명했다.

발더 올덴 (Balder Olden, 1882-1949)은 1933년 초 프라하, 1935년 프랑스로 망명했다. 1941년 아르헨티나로 도주했고, 우루과이 몬테비데오에서 자살로 생을 마감했다.

칼 오텐 (Karl Otten, 1889-1963)은 1933년 파리, 1936년 스페인령 마요르카 섬으로 망명했다. 스페인 내전이 발발하자 프랑스를 거쳐 영국으로 이주했다.

테오도르 플리피어 (Theodor Plievier, 1892-1955)는 1933년 3월, 프라하, 빈, 프랑스를 거쳐 스웨덴으로 망명했다. 1934년 소련으로 망명했다.

구스타프 레글러 (Gustav Regler, 1898-1963)는 1933년 파리로 망명했다. 1934년 제1차 '소련작가 전 연방 회의'에 참석했고, 스페인 내전 중 '12 국제여단 정치위원'을 역임했으며 1939년 중상을 입고 프랑스에 체류했다. '적대 외국인'으로 감금당했다. 1941년 멕시코로 도주했고, 멕시코에서 독일공산당과 심한 갈등을 겪었다.

쿠르트 리쓰 (Curt Riess, 1902-1993)는 1933년 프랑스로 망명했다. 1934년 일간신문 'Paris-Soir' 미국 특파원으로 근무했다. 1941년부터 뉴욕 맨해튼에 거주했다.

한스 잘 (Hans Sahl, 1902-1993)은 1933년 프라하, 1934년 취리히, 파리로 망명했다. 1939/40년 '적대 외국인'으로 감금당했다.

1940년 마르세유로 도주, 1941년 포르투갈을 경유하여 미국으로 망명했다.

아담 샤르 (Adam Scharr, 1889-1948)는 1933년 여름 체코슬로바키아로 망명했고, 1934년 소련으로 이주하여 모스크바, 우크라이나, 모스크바 (1937년부터)에 거주했다.

발터 쇤스테트 (Walter Schönstedt, 1909-?)는 1933년 초 파리로 망명했다. 1934년 북미로 망명했고, 1935년부터 미국에 거주했다. 1941년 미군에 입대했고, 1950년 유럽여행을 했는데 1950년부터 행방불명이 되었다.

막시밀리안 쉐르 (Maximilian Scheer, 1896-1978)는 1933년 프랑스로 망명했다. '적대 외국인'으로 감금당했고, 1940년 포르투갈을 경유하여 미국으로 망명했다.

예쎄 토르 (Jesse Thoor, 1905-1952)는 1933년 오스트리아, 1938년 체코슬로바키아, 1939년 영국으로 망명했다.

보도 우제 (Bodo Uhse, 1904-1963)는 1933년 프랑스로 망명했다. 1936년 스페인 내전에 참전했고, 병을 앓게 되자 1938년 파리로 돌아왔다. 1938년 미국, 1940년 멕시코로 망명했다.

테오도르 볼프 (Theodor Wolff, 1868-1943)는 1933년 스위스, 이탈리아 니스로 망명했다. 1943년 5월 23일 이탈리아 점령군 민간 요원에게 체포된 후 게슈타포에게 넘겨져 미르세유 감옥, 작센하우젠 유대인 수용소에 수감되었다. '봉소직염 (Phlegmone)'에 걸려 '베를린 유대인 병원'으로 이송 후 3일 만에 사망했다.

파울 체히 (Paul Zech, 1881-1946)는 1933년 공직을 박탈당했고, 1933년 8월에 체포당했다. 1933년 프라하, 파리를 경유하여 아르헨티나 (1933년 12월)로 망명했다.

막스 침에링 (Max Zimmering, 1909-1973)은 1933년 파리, 1934년 팔레스타인으로 망명했다. 1935년부터 1939년까지 체코슬로바키아에 거주했고, 1939년 3월 폴란드, 영국으로 도주했다.

헤다 친어 (Hedda Zinner, 1907-1994)는 1933년 빈을 경유하여 프라하로 망명했다. 1935년 소련으로 이주했고, 소련에서 방송인으로 활동했다.

요셉 로트 (Joseph Roth, 1894-1939)는 히틀러가 총통으로 임명되기 전인 1933년 1월 30일 베를린을 떠나 파리로 갔다. 오스트리아 군주주의자들 등과 더불어 정치참여 운동을 전개했고, 1933년 5월 27일 프랑스 파리에서 사망했다.

쿠르트 투홀스키 (Kurt Tucholsky, 1890-1935)는 1929년 스웨덴으로 이주했다. 스웨덴에서 자살로 생을 마감했다.

빌리 브레델 (Willi Bredel, 1901-1964)은 1933/34년 13개월 동안 풀스뷔텔 (Fuhlsbüttel) 유대인 수용소에 감금당했다. 1934년 프라하로 도주한 다음 소련으로 망명했다. 1937년부터 1939년까지 스페인 내전 인민위원 (Commissar)을 역임했다. 1939년부터 소련에 체류했다.

쿠르트 힐러 (Kurt Hiller, 1885-1972)는 1933년 체포되어 1934년까지 '오라니엔부르크 집중수용소' 등지에 수감되어 심한 가혹행위를 당했다. 1934년 9월 프라하로 도주했고, 1938년 영국으로 망명했다. 망명 중 '독일사회주의자 자유 동맹' 및 '자유 독일작가 그룹'을 창립했다. 1939년부터 1946년까지 '자유 독일작가 그룹' 의장을 역임했다.

외된 폰 호르바트 (Ödön von Horváth, 1901-1938)는 나치집권 초기 헝가리 여권을 소지했기 때문에 독일에 체류할 수 있었다. 1934년 스위스 취리히, 오스트리아, 프랑스로 망명했다. 파리 샹젤리제를 지나던 중 벼락으로 꺾이며 떨어진 나뭇가지에 맞아 사망했다.

프릿츠 브뤼겔 (Fritz Brügel, 1897-1955)은 1934년 체코슬로바키아, 1936년 소련, 1938년 프랑스로 망명한 다음, 1941년부터 스페인, 포르투갈, 영국에 거주했다.

알프레트 쿠렐라 (Alfred Kurella, 1895-1975)는 1934년 모스크바로 망명했다. 1935년까지 디미트로프 (Georgi Dimitrow)의 비서, 소련의 여러 잡지 편집인을 역임했다.

로베르트 노이만 (Robert Neumann, 1897-1975)은 1934년 영국으로 일시적 망명했다. 1936년과 1937년 몇 달간씩 오스트리아에 거주했고, 1938년 런던에서 '자유 오스트리아 펜-클럽'을 조직했다.

에른스트 핏셔 (Ernst Fischer, 1899-1972)는 1934년 오스트리아 빈에 불법체류하고 있다가, 1934년 3월 체코슬로바키아로 도주하여, 모스크바에 체류했다. 1935년부터 코민테른 '오스트리아 공산당 (KPÖ)' 대표를 역임했다.

슈테판 헤름린 (Stephan Hermlin, 1915-1997)은 1933년부터 1936년까지 독일에서 불법으로 일했다. 1936년 팔레스타인, 프랑스, 스위스로 망명했다. 스페인 내전에 참전했고, 프랑스 군대 자원병, 레지스탕스 대원이었으며, 전쟁 말 레지스탕스의 도움을 받아 스위스로 도주했다.

이름가르트 코인 (Irmgard Keun, 1910-1982)은 수차례에 걸친 게슈타포의 심문을 받은 후 1936년 벨기에, 네덜란드로 망명 (1936-1940)했다. 1936년부터 1938년까지 소설가 요셉 로트와 연인관계였다. 1940년 독일로 귀환하여 가짜 증명서로 불법 체류하며 생존했다.

발터 하젠클레버 (Walter Hasenclever, 1890-1940)는 나치 권력

찬탈 당시 프랑스 니스에 체류 중이었다. 1935년 유고슬라비아, 1935/ 36년 영국 런던, 1937/38년 이탈리아 토스카나 등지를 전전하다 마침내 프랑스 까네 (Cagnes)에 체류했다. 적대 외국인으로 감금당했고, 독일군의 프랑스 진격에 공포를 느껴 Les Milles에서 자살했다.

에리히 마리아 레마르크 (Erich Maria Remarque, 1898-1970)는 1933년 나치가 집권하던 때 스위스 거주 중이었다. 1939년 미국 뉴욕으로 망명했다.

헤르만 브로흐 (Hermann Broch, 1886-1951)는 잠시 동안 체포 구금을 당한 후 1938년 영국으로 도주한 다음 미국으로 망명했다.

프란츠 테오도르 초코르 (Franz Theodor Csokor, 1885-1969)는 오스트리아 빈에서 1938년 폴란드, 1939년 루마니아, 1941년 유고슬라비아로 망명했다. 유고 코르출라 (Korčula) 섬에 구금당했다. 빨치산에 의해 풀려난 후, 연합군이 진주한 남이탈리아 지역으로 도주했다.

게오르크 카이저 (Georg Kaiser, 1878-1945)는 1933년 출판이나 공연이 금지되었음에도 불구하고 독일에 머물고 있었다. 게슈타포의 가택수색 위험에 처하자 1938년 네덜란드, 스위스로 망명했다.

페터 마르틴 람펠 (Peter Martin Lampel, 1894-1965)은 1933년 이후 '나치돌격대 (SA)' 대원으로 독일에 머물렀으나 작품이 '문화 볼셰비키' 경향을 지니고 있다는 이유로 재판에 회부되어 감옥생활을 했다. 1936년 스위스로 도주한 다음 유고슬라비아, 그리스, 동인도 (자바, 발리 1937), 오스트레일리아 (1938)를 경유하여 1939년 초 미국 뉴욕으로 망명했다.

루돌프 레온하르트 (Rudolf Leonhard, 1889-1953)는 1927년부터

파리에 거주하고 있었다. 1933년 10월 해외 '독일작가 보호 연맹'을 창립하고 프랑스 지부 의장이 되었다. 1939년 '적대 외국인'으로 감금당했다. 1943년 도주하여 레지스탕스 대원이 되었다.

에밀 루드뷔히 (Emil Ludwig, 1881-1948)는 1932년 스위스 국적을 취득했고, 1933년 독일에서 금서처분을 당했다. 1940년 미국으로 망명했다.

본명이 게르하르트 헤어만 (Gerhart Hermann)인 헤어만 모스타 (Herrmann Mostar, 1901-1973)는 1933년 '모스타 (Mostar)'라는 필명으로 스위스로 망명했다. 오스트리아로 추방당하자 불법 입국했다. 1938년 유고슬라비아, 불가리아, 루마니아로 도주했다. 1944년 퇴각하는 독일군대에 합류했다가 발각되어 잠시 수감 생활했다.

로베르트 무질 (Robert Musil, 1880-1942)은 1933년 베를린에서 빈으로 이주했고, 1938년 이탈리아를 경유하여 스위스로 이주했다. 스위스 제네바에서 빈궁하고 고독하게 사망했다.

얀 페터센 (Jan Petersen, 1906-1969)은 1933년부터 1935년까지 베를린 소재 불법 저항단체 지도자로 활약했고, 불법 신문 『찌르고 내려치기 (*Stich und Hieb*)』 편집인을 역임했다. 1935년 파리에서 개최된 '문화방어를 위한 국제 작가회의'에 '검은 마스크의 사나이'로 참여했다. 1936년 스위스, 1937년 영국으로 망명했다. 1938년부터 1947년까지 '자유 독일 문화연맹' 작가분과 위원장 (런던)을 역임했고, 1940/41년 캐나다에서 감금당했다.

에리히 봐인에르트 (Erich Weinert, 1890-1953)는 1933년 나치 돌격대에 의해 원고가 폐기당했고, 스위스로 망명했다. 파리로 추방당한 후, 1935년 모스크바로 망명했다. 1937년부터 1939년까지 스페인에 내전 참전했고, 참전 후 프랑스에 돌아왔다가 1939년 2월부터 가을까지 '적대 외국인'으로 감금당했다. 소련으로 다시 돌아와 '자유 독일 국가 위원회 (NFKD)' 공동 창립자로 의장을 역임했다.

하인츠 베르크그륀 (Heinz Berggruen, 1914-2007)은 1936년 미국으로 망명했다.

페터 봐이스 (Peter Weiss, 1916-1982)는 1936년 체코 프라하, 1938년 스위스를 경유하여, 1939년 스웨덴 스톡홀름으로 망명했다.

쿠르트 핀투스 (Kurt Pinthus, 1886-1975)는 1937년 미국으로 망명했다.

아드리네 해르타 토마스 (Adriene Hertha Thomas, 1897-1980)는 1932년 스위스, 1934년 프랑스, 1935년 오스트리아로 망명했다. 1938년 프랑스로 도주했고, '적대 외국인'으로 감금당했다. 1940년 미국으로 망명했다.

알프레트 폴가 (Alfred Polgar, 1873-1955)는 1938년 취리히를 경유하여 파리로 망명, 1940년 스페인과 리스본을 경유하여 미국으로 망명했다.

1966년 노벨문학상 수상자인 넬리 작스 (Nelly Sachs, 1891-1970)는 1939년 스웨덴으로 망명했다.

막스 타우 (Max Tau, 1897-1976)는 1938년 노르웨이 오슬로로 망명했다. 독일군이 오슬로를 점령하자 1942년 스웨덴으로 망명했다.

에드가 힐젠라트 (Edgar Hilsenrath, 1926-)는 1938년 어머니를 따라 동생과 함께 루마니아 시레트 (Siret)로 가는 도주의 길에 동행했다. 1941년 루마니아 점령지역인 우크라이나 'Mohyliw-Podilskyj' 게토로 강제 이송되어 감금당했다. 1944년 소련군대에 의해 게토에서 해방되었다. 우크라이나 '체르니우치 (Czernowitz)'로 왔다가, 소련 당국에 의해 체포당했고, 그곳에서 팔레스타인으로 도주했다. 1947년 프랑스, 1951년 미국 (뉴욕)으로 망명했다.

비키 바움 (Vicki Baum, 1888-1960)은 1931년 미국으로 이주했고, 1933년 분서사건 시 바움의 책들은 불살라졌다. 1938년 미국국적을 취득했다.

르네 쉬클레 (René Schickele, 1883-1940)는 1932년 나치집권 임박을 예감하고 남프랑스로 이주했다. 1940년 프랑스 방스 (Vence)에서 사망했다.

프리드리히 토어베르크 (Friedrich Torberg, 1908-1979)는 1938년 스위스로 망명했고, 프랑스 군대에 입대했다. 1940년 포르투갈로 도주하여 미국 (로스앤젤레스)으로 망명했다.

칼 추크마이어 (Carl Zuckmayer, 1896-1977)는 1933년부터 오스트리아 잘츠부르크 근교 헨도르프 (Henndorf)에 거주하고 있었다. 1938년 스위스, 1939년 미국으로 망명했다. 1940년부터 1946년까지 미국에서 농장을 운영했다.

슈테판 츠바이크 (Stefan Zweig, 1881-1942)는 1938년 영국, 1940년 뉴욕을 경유하여 브라질로 망명했다. 1942년 브라질 리오데자네이로 페트로폴리스 (Petrópolis)에서 자살로 생을 마감했다.

프란츠 붸르펠 (Franz Werfel, 1890-1945)은 1938년 독일이 오스트리아를 합병할 당시 이탈리아 카프리 (Capri)에 체류 중이었다. 그 후 파리, 암스테르담, 런던, 프랑스 싸나리 (Sanary)에 체류했다. 1940년 파리에서 도주하여, 피레네 산맥을 넘고, 포르투갈을 경유하여 미국으로 망명했다. 1945년 미국 캘리포니아 베벌리힐스 (Beverly Hills)에서 사망했다.

레오 페루츠 (Leo Perutz, 1882-1957)는 1938년 이탈리아 베니스를 경유하여 팔레스타인 텔아비브로 망명했다.

테오도르 크라머 (Theodor Kramer, 1897-1958)는 1939년 영국으로 망명했다. 1940년부터 1941년까지 '적대 외국인'으로 감금당했다.

쿠르트 바르텔 (Kurt Barthel, 1914-1967)은 1939년 영국으로 도주했다.

알베르트 쉐퍼 (Albrecht Schaeffer, 1885-1950)는 1939년 미국으로 망명했다.

수잔네 바흐 (Susanne Bach, 1909-1997)는 1941년 브라질로 도주했다. 전 후 리오데자네이로에서 서점을 운영하며 브라질에서 발간된 망명문학 작품들을 최초로 연구하기 시작했다.

4. 망명 연극인 및 영화인

4.1. 연극인

볼프강 랑호프 (Wolfgang Langhoff, 1901-1966)는 1933년 게슈타포에 체포되어 나치돌격대에게 심한 고문을 받고 13개월 동안 투옥되었다. 1934년 스위스로 도주하여, 취리히 극장 (취리히 샤우스필하우스)에서 감독과 배우로 활동했다.

배우인 에르윈 게숀네크 (Erwin Geschonneck, 1906-2008)는 1933년 폴란드를 경유하여 소련으로 망명했다. 1938년 소련 '내무성 (NKWD)'으로부터 출국을 강요받아 체코슬로바키아로 이주했다. 1939년 3월 프라하에서 체포되어 게슈타포에게 넘겨졌다. '작센하우젠', '다하우', '노이엔감메' 유대인 수용소에서 수감 생활을 했다. 나치 패전으로 수용소에서 살아남았다.

배우인 알렉산더 그라나흐 (Alexander Granach, 1890-1945)는

1933년 스위스를 경유하여 폴란드 바르샤바로 망명했다. 1935년 소련 키예프로 이주했다. 1937년 11월 12일 '스탈린 대숙청'으로 인해 체포당했다. 리온 포이히트방어 (Lion Feuchtwanger)의 중재로 풀려나 스위스로 출국 허가를 받았고, 1938년 미국으로 망명했다.

배우이자 극장장 그리고 영화감독이자 작가인 구스타프 폰 방겐하임 (Gustav Wangenheim, 1895-1975)은 1933년 3월 프랑스, 1933년 8월 소련으로 망명했다. '자유 독일 국가위원회 (NFKD)' 위원을 역임했다.

배우이자 연극평론가이고 연출가인 P. 발터 야콥 (P. Walter Jacob, 1905-1977)은 1933년 4월 네덜란드 암스테르담, 파리로 망명했다. 1938년 남아프리카, 1939년 아르헨티나 부에노스아이레스로 망명했다.

감독으로, 후에 '취리히 샤우슈필하우스' 극장장을 역임한 레오폴트 린드트베르크 (Leopold Lindtberg, 1902-1984)는 1933년 파리, 바르샤바, 텔아비브를 경유하여 스위스로 망명했다. 1933년부터 1948년까지 '취리히 샤우슈필하우스 (Schauspielhaus Zürich)' 감독을 역임했다.

감독이자 연출장인 막스 라인하르트 (Max Reinhardt, 1873-1943)는 1933년 출생국인 오스트리아로 이전했다. 1937년 미국으로 망명했다. 1938년 '연극, 영화 아카데미'류의 '막스 라인하르트 워크숍 (Max Reinhardt Workshop)'을 설립했다.

배우이자 감독으로 후에 베를린 '도이치 테아터' 극장장을 역임한 볼프강 하인츠 (Wolfgang Heinz, 1900-1984)는 1933년 오스트리아로 도주했다. 1934년 '취리히 샤우슈필하우스'로 옮겨 1946년까지 감독과 배우로 활동했다. 1943년 '독일공산당 (KPD)'을 탈퇴했으나, 공산주의자로 머물렀다.

감독인 레오폴트 예쓰너 (Leopold Jessner, 1878-1945)는 1934년 영국, 1935년 팔레스타인, 1937년 미국으로 망명했다.

배우인 안톤 월부룩 (Anton Walbrook, 1896-1967)은 1937년까지의 이름이 아돌프 볼브뤼크 (Adolf Wohlbrück)로 영국 망명 중 안톤 월부룩으로 개명했다. 1936년 프랑스, 할리우드를 경유하여 영국으로 망명했다.

배우인 알베르트 바써만 (Albert Bassermann, 1867-1952)은 1934년 오스트리아로 망명했다. 나치 독일이 오스트리아를 합병하자 1938년 3월 미국으로 망명했다. 할리우드에서 영화에 출연했다.

감독인 에른스트 로타르 (Ernst Lothar, 1890-1974)는 나치 독일이 오스트리아를 합병하자 1938년 프랑스, 1939년 미국으로 망명했다. 뉴욕에서 '오스트리아 연극 (Austrian Theatre)'을 창립했다.

감독인 에르윈 피스카토르 (Erwin Piscator, 1893-1966)는 1931년 모스크바에 체류했고, 1936년 파리로 망명했다. 1938년 미국 뉴욕으로 망명했다. 1940년부터 뉴욕 'New School for Social Research'의 연극-워크숍을 이끌었다.

배우이자 후에 극장장을 역임한 에른스트 하오이써만 (Ernst Haeusserman, 1916-1984)은 나치 독일이 오스트리아를 합병하자 1939년 미국으로 망명했다.

4.2. 영화인

무성영화와 유성영화시기에 새로운 미적 기술적 척도를 도입한 영화사적 인물이자, 세계영화사에 이정표로 기록되는 〈M〉 (1931), 〈메트로폴리스 (Metropolis)〉 (1925/26)와 같은 작품을 세상에 선보인 프릿츠 랑 (Fritz Lang, 1890-1976) 감독은 1933년 나치 선전상인 요젭 괴벨스 (Joseph Goebbels)가 '제국 (나치 정권)-영화 관장 (Reichs- Filmintendant)' 직을 제의하자 '생각할 시간을 달라'고 자리를 피한 당일 파리로 망명했다. 1934년 할리우드의 계약권유를 받아들여 미국 할리우드에서 활동했다 (1934년부터 할리우드에서 영화 22편 제작). 1936년 사회비판영화 〈격분 (Fury)〉이 독일에서 성공을 거뒀다. 1936년 '반 나치 연맹 (Anti-Nazi League)'을 창립했다. 1942/43년 베르톨트 브레히트와 함께 반 나치 영화 〈사형집행인들 역시 죽는다〉를 제작했다.

무성영화 〈메트로폴리스 (Metropolis)〉와 말레네 디트리히가 출연한 유성영화 〈푸른 천사 (Der blaue Engel)〉 제작자로 영화사적 인물인 제작자 에리히 폼머 (Erich Pommer, 1889-1966)는 1933년 이후 파리와 할리우드 '20세기 폭스 (20th Century Fox)'사에서 일했다.

독일영화 선구자 중의 한 사람으로 감독인 예 마이 (Joe May, 1880-1954)는 1933년 런던으로 망명했다. 1934년 할리우드 'UFA-프로덕션'의 제의를 받고 미국으로 건너갔다.

할리우드 황금시대에 활동한 총명하고 다재다능한 영화제작자의 한 사람으로 50년 이상 영화계에 종사하며 60편 이상의 작품을 남긴 감독 빌리 빌더 (빌리 와일더) (Billy Wilder, 1906-2002)는 1933년 '제국의회방화사건' 직후 파리로 망명했다. 1934년 미국으로 망명하여 '컬럼비아 (Columbia)'에 채용되었다. 1936년 'Paramount Studios'에 채용되었고, 이후 할리우드에서 최고의 고료를 받는 시나리오 작가가 되었다.

제작자인 자이모어 네벤찰 (Seymour Nebenzahl, 1897-1961)은 1933년 파리, 1938년 할리우드로 망명했다. 1942년 루돌프 요젭

(Rudolf Joseph), 에르윈 브레타우워 (Erwin O. Brettauer)와 공동으로 영화사 '앤젤러스 픽쳐스 (Angelus Pictures)'를 설립했다. 1944년 브레타우워와 결별하고 단독으로 영화사 '네로 필름스 사 (Nero Films Inc.)'를 설립했다.

배우인 지크프리트 아르노 (Siegfried Arno, 1895-1975)는 1933년 네덜란드, 벨기에, 스위스, 이탈리아, 스페인 포르투갈로 망명했다. 1939년 미국으로 망명했다.

영화사 최초의 아역스타 배우인 쿠르트 보이스 (Curt Bois, 1901-1991)는 히틀러가 정권을 잡은 1주일 후인 1933년 2월 7일 독일을 떠나 빈으로 갔다. 1934년까지 오스트리아에서 활동한 후 런던, 취리히, 파리, 미국 뉴욕으로 망명지를 옮겨 다녔다.

감독인 막스 오퓔스 (Max Ophüls, 1902-1957)는 1933년 '제국의회방화사건' 직후 파리로 망명했다. 1942년 미국으로 망명했다.

배우인 레온 아스킨 (Leon Askin, 1907-2005)은 1933년 4월 대로변에서 체포되어 경찰서에 구금되었다. 1933년 파리로 도주했다가 1935년 빈으로 되돌아와 연극 활동을 했다. 1938년 다시 파리로 도주했고, '적대 외국인'으로 감금당했다. 1940년 미국으로 망명했고, 미군 초급 장교로 영국에 주둔했다.

감독인 막스 노이펠트 (Max Neufeld, 1887-1967)는 1933년 오스트리아 빈, 파리, 로마, 마드리드로 망명했다. 나치가 오스트리아를 병합한 후 로마 (1941년까지 활동), 스페인으로 망명했다.

감독인 에른스트 도이취 (Ernst Deutsch, 1890-1969)는 1933년 독일을 떠나 빈, 프라하, 취리히, 브뤼셀 등지에서 활동한 후 1936년 런던으로 망명했다. 1938년 미국 뉴욕으로 망명했다.

영화비평가인 한스 펠트 (Hans Feld, 1902-1992)는 1933년 프라

하로 망명했다. 월간지 『비평 (*Die Kritik*)』을 창간 (1935년 7월호까지 발간)했다. 1935년 영국으로 망명했다. 1937년부터 영화비평을 하지 않고 식료품 수입업에 종사했다.

배우 페터 로레 (Peter Lorre, 1904-1964)는 1933년 오스트리아 빈, 파리로 망명했고, 1935년 미국으로 망명했다. 1944년 베르톨트 브레히트, 리온 포이히트방어, 하인리히 만 등 저명한 독일 망명객들과 공동으로 '민주 독일 협회 (Council for a Democratic Germany)'를 창립했다.

감독인 오토 프레밍어 (오토 프레민저) (Otto Preminger, 1905-1986)는 1933년 영국, 1935년 미국으로 망명했다. 1944년 '20세기 폭스 (20th Century Fox)'사에서 공포영화 〈라우라 (Laura)〉를 감독했다.

배우이자 감독인 막스 노섹 (Max Nosseck, 1902-1972)은 1933년 프랑스, 1934년 스페인, 포르투갈, 네덜란드로 망명했다. 1939년 미국으로 망명했다.

감독인 리하르트 오스발트 (Richard Oswald, 1880-1963)는 1933년 오스트리아, 프랑스, 네덜란드, 영국을 경유하여 1938년 미국으로 망명했다.

〈일요일의 사람들 (Menschen am Sonntag)〉 (1929)로 '신즉물주의'의 중요한 대표자가 된 감독 로베르트 지오드막 (Robert Siodmak, 1900-1973)은 1933년 파리로 망명했고, 1939년 미국으로 망명했다.

배우인 콘라트 파이트 (Conrad Veidt, 1893-1943)는 1933년 영국으로 망명했고, 1940년 미국으로 망명했다.

배우인 최케 좌칼 (Szöke Szakall, 1884-1955)은 헝가리 부다페스

트 출신으로 1933년 나치가 집권하자 오스트리아 빈으로 이전했다. 1936년까지 빈과 부다페스트에서 활동했다. 1937년 감독 프리드리히 첼닉 (Friedrich Zelnik)이 영화제작을 위해 런던으로 데리고 갔다.

배우인 오스카 칼봐이스 (Oskar Karlweis, 1894-1956)는 나치가 집권하자 1933년 출신국인 오스트리아로 주거를 이전했다. 나치가 오스트리아를 합병하자 1938년 스위스를 경유하여 파리로 망명했다. 1940년 스페인과 포르투갈을 경유하여 미국으로 망명했다.

카메라맨인 프란츠 프라너 (Franz Planer, 1894-1963)는 오스트리아-헝가리 출신으로 1933년 오스트리아 빈으로 거주지를 옮겼다. 1937년 미국으로 망명했다. '컬럼비아 픽처스 (Columbia Pictures)'에서 일한 후 1945년부터 자이모어 네벤찰 (제작자), 에드가 G. 울머, 로베르트 지오드막, 막스 오퓔스 감독 등 망명객들과 작업했다.

감독이자 시나리오작가인 발터 라이쉬 (Walter Reisch, 1903-1983)는 1933년 나치가 집권하자 출생지인 빈으로 이전했다. 1937년 미국 할리우드로 망명하여 'MGM', 'Universal', 'Paramount', '20th Century Fox' 등에서 활동했다.

배우인 틸라 두리외 (Tilla Durieux, 1880-1971)는 1933년 스위스로 이주하여 유럽의 여러 나라에서 활동 (특히 스칸디나비아)했다. 1934년 유고슬라비아 자그레브로 망명했다. 독일군이 진격 한 후 유대인 혈통인 그녀의 남편이 체포당했고 2년 후 베를린에서 사망했다. 이를 계기로 저항단체를 돕기 시작했다.

감독인 프릿츠 코르트너 (Fritz Kortner, 1892-1970)는 바이마르 공화국이 불안정해지고 나치세력이 부상하자 1932년 초 스위스 아스코나로 거주지를 이전했다. 1934년 체코슬로바키아, 빈, 파리를 경유하여 영국으로 망명했다. 1937년 미국 뉴욕으로 망명했다. 1941년 할리우드로 이주했다.

감독인 슬라탄 두도우 (Slátan Dudow, 1903-1963)는 1934년 프랑스로 망명했다. 프랑스에서 추방당한 후 스위스로 이주했다.

배우인 릴리 팔머 (Lilli Palmer, 1914-1986)는 1934년 파리, 런던으로 망명했다. 할리우드-계약서를 가지고 영국에서 미국으로 건너가 '게리 쿠퍼 (Gary Cooper)' 등의 배우와 연기활동을 했다.

감독인 로베르트 뷔네 (Robert Wiene, 1873-1938)는 1934년 부다페스트, 런던을 경유하여 파리로 망명했다. 1938년 프랑스 파리에서 사망했다.

제작자인 에릭 샤렐 (Erik Charell, 1894-1974)은 1936년 미국으로 망명했다.

감독이자 배우인 라인홀트 쉰첼 (Reinhold Schünzel, 1888-1954)은 혈통상 '반 (1/2) 유대인'이었기 때문에 1933년 이후는 나치의 특별 허가를 받아야만 감독으로서 작업을 할 수 있었다. 1937년 그가 증오했던 나라 미국으로 망명했다.

본명은 한스 데트레프 지륵 (Hans Detlef Sierck)으로 감독인 더글라스 지륵 (Douglas Sirk, 1897-1987)은 나치 반대파로 유명했음에도 1934년 UFA에서 계약하고 작업할 수 있었다. 1934년 유대인 혈통의 여인과 재혼함에 따라 1937년 파리, 미국으로 망명했다. 할리우드에서 예명인 'Douglas Sirk'을 사용하기 시작했다. 1943년 MGM에서 반 나치영화 〈히틀러의 미치광이 (Hitler's Madman)〉를 제작했다.

제작자인 아르놀트 프레스부르거 (Arnold Pressburger, 1885-1951)는 1937년 영국을 경유하여 프랑스로 망명했다. 1941년 미국 할리우드로 망명하여 영화 제작사 '아르놀트 프레스부르거 필름'을 설립했다.

러시아 키예프 출신으로 1920년대 러시아에서 프랑스 파리로 망명한 제작자 그레고르 라비노뷔치 (Gregor Rabinowitsch, 1889-1953)는 1926년 노에 블로흐 (Noë Bloch)와 공동으로 '씨네-알리앙스'를 설립했다. 1928년 베를린으로 건너가 'UFA (Universum Film AG)'에서 제작 활동을 했다. 1932년 '유니온 유성필름 (Union-Tonfilm)'을 설립하고 다음해에 '씨네-알리안츠 유성영화사 (Cine-Allianz Tonfilm GmbH)'로 개명했다. 1937년 독일을 떠나 파리에서 활동했다.

배우인 레오폴디네 콘스탄틴 (Leopoldine Konstantin, 1886-1965)은 1938년 영국을 경유하여 미국으로 망명했다.

배우이자 가수이고 무희였던 릴리안 하르파이 (Lilian Harvey, 1906-1968)는 독일인 아버지와 영국인 어머니 사이에서 런던에서 출생했다. 1차 대전 당시에도 독일에 머물렀고 독일에서 교육을 받았다. 1933년 나치가 정권을 장악할 당시·런던, 할리우드 등 해외에 거주하고 있다가 1935년 독일로 귀국했다. 유대계 출신 애인을 위해 항의하고 유대인 편에 서자 게슈타포에게 감시를 당했다. 1939년 프랑스 주엉레펑 (Juan-les-Pins)으로 망명했다. 독일군이 프랑스를 점령하자 1942년 미국 할리우드로 망명했다.

1910년 안톤 콜름 (Anton Kolm) 부부와 공동으로 '제1 오스트리아 영화 산업'을 창립한 감독 야콥 플렉 (Jakob Fleck, 1881-1953)은 나치 독일이 오스트리아를 합병한 후 1938년 체포되어 '부헨발트 유대인 수용소'와 '다하우 유대인 수용소'에 16개월 동안 수감되었다. 1940년 부인 루이제 플렉 (Luise Fleck)과 중국 상하이로 망명했다.

프랑스 알리스 귀이 (Alice Guy-Blaché)에 이어 세계 두 번째 여자 영화감독인 루이제 플엑 (Luise Fleck, 1873-1950)은 1910년 첫 번째 남편 안톤 콜름 (Anton Kolm), 후에 두 번째 남편이 된 야콥 플엑 (Jakob Fleck)과 공동으로 '제1 오스트리아 영화 산업'과 1919년 뷔타필름 (Vita-Film)을 창립했다. 1922년 남편 안톤 콜름이 사망하자 1924년 그녀의 조감독이었던 야콥 플엑과 결혼했다. 1940년 남편 야콥 플엑과 중국 상하이로 망명했다.

독일이 배출한 20세기 전반기 할리우드 최고의 여배우인 말레네 디트리히 (Marlene Dietrich, 1901-1992)는 1920년대부터 독일에서 명성을 날린 후 1930년부터 미국 할리우드에서 활동 중이었다. 1936년 나치 선전상인 요젭 괴벨스가 좋은 조건을 제시하며 독일에서 활동할 것을 제의했지만 거절했다. 1943/44년 북아프리카, 이탈리아, 프랑스 등지에서 미군 위문공연을 했다.

5. 망명 예술가

5.1. 음악가

20세기 초반 가장 영향력 있는 작곡가 중 한 사람이자 음악이론가인 아르놀트 쇤베르크 (Arnold Schönberg, 1874-1951)는 1933년 유대인 혈통이란 이유로 '공무원 신분 원상회복법'에 의거 '프로이센 예술아카데미' 교수직을 박탈당하고 파리를 경유하여 미국 보스턴으로 망명했다. 쇤베르크는 '무조 (無調, Aufgabe der Dur-Moll-Tonalität, Atonale Musik)'를 발전시킨 중심인물로 '12음 주의 (Zwölftontechnik)'의 창시자였다. '12음 주의'는 후에 '음렬주의 (音列主義, Serielle Musik)'로 발전되며 '신 음악 (Neue Musik, new music, nouvelle musique)' 작곡의 기초를 놓아 주었다. 1934년 로스앤젤레스로 이전했고, 1936년부터 1944년까지 '캘리포니아 대학교 로스앤젤레스(UCLA)' 교수를 역임했다. 망명지 미국에서 중요한 작품들을 완성했다. 퇴직 후 경제적인 어려움 때문에 1945년에 다시 개인교습을 시작했다.

20세기 최고 지휘자 중의 한사람인 오토 클렘페러 (Otto Klemperer, 1885-1973)는 1933년 '문화 볼셰비키주의자'로 지목되며 공연금지 조치를 당하였다. 1933년 미국으로 망명하여 1933년부터 1939년까지 '로스앤젤레스 필하모닉 오케스트라' 지휘자 (1933-1939)를 역임하였다. 당시 미국 망명지에서 베토벤, 브람스, 말러 등 독일의 고전파와 낭만파 작곡자들의 작품을 집중적으로 지휘했다.

지휘자인 프릿츠 부쉬 (Fritz Busch, 1890-1951)는 1933년 3월 7일 드레스덴 '젬퍼오퍼 (Semperoper)' 음악 총 감독직에서 물러나 영국, 아르헨티나 부에노스아이레스, 스톡홀름, 코펜하겐, 영국 에든버러로 망명했다.

알반 베르크, 안톤 붸버른과 더불어 아르놀트 쉔베르크의 후기 수제자로 '제2 빈 학파'에 속하는 작곡가 한스 아이슬러 (Hanns Eisler, 1898-1962)는 1933년 체코슬로바키아, 파리, 런던, 빈으로 망명했다. 아이슬러는 오스트리아 출신 철학교수인 아버지 루돌프 아이슬러 (Rudolf Eisler)와 어머니 이다 마리아 (Ida Maria) 사이에서 독일 라이프치히에서 출생했다. 1901년 빈으로 이주하여 성장하고 오스트리아-헝가리 군대에 복무했다. 독일 라이프치히에서 태어나고, 독일에서 활동했고, 후일 동독 국가를 작사하고, 독일 베를린에서 사망했지만 평생 오스트리아 국적을 보유했다. 아이슬러는 정치적 · 예술적으로 작가 베르톨트 브레히트와 동반자 길을 걸었다. 아이슬러는

1936/37년 스페인으로 망명하여 스페인 내전을 위해 투쟁가를 작곡했다. 1938년 미국으로 망명했고, 1940년대 테오도르 아도르노와 영화음악에 관한 저작 『영화를 위한 작곡 (*Komposition für den Film*)』을 공동 저술했다. 1942년부터 캘리포니아에서 영화음악을 작곡했고, 대학교수를 역임했다. 1943년 아카데미 영화음악상 (할리우드), 1944년 올해의 최고 악보상을 수상했다.

성악가이자 배우이고 감독인 에른스트 부쉬 (Ernst Busch, 1900-1980)는 1933년 성악가인 부인 에바 부쉬 (Eva Busch)와 네덜란드, 벨기에, 취리히, 파리, 빈을 경유하여 소련으로 망명했다. 1937년 스페인 내전지를 방문하여 반파쇼 가곡을 공연했다. 1938년 전장을 떠나 벨기에에서 활동했다. 1940년 벨기에 앤트워프에서 체포되어 남프랑스 수용소에 수감되었다. 1942년 소련으로 도주하던 중 프랑스 국경수비대에 체포되어 게슈타포에게 넘겨진 후 1943년 3월 모아비트 형무소에 수감되었고, 1943년 11월 연합군의 형무소 공습 시 중상을 입었다. 1944년 4년형을 언도받고 복역 중 소련 적군에 의해 해방되어 1945년 5월 1933년 이전에 살던 집으로 귀환했다.

작곡가인 에른스트 토흐 (Ernst Toch, 1887-1964)는 1933년 파리, 런던으로 망명했다. 1935년 미국으로 망명했다.

작곡가인 카롤 라트하우스 (Karol Rathaus, 1895-1954)는 1933년 파리, 런던 (1934-1938)으로 망명했다. 1938년 미국으로 망명하여 뉴욕 '퀸스 칼리지' 작곡과 교수를 역임했다.

작곡가이자 카바레티스트인 프리드리히 홀랜더 (Friedrich Hollaender, 1896-1976)는 1933년 파리, 1934년 미국 할리우드로 망명했다. 할리우드에서 미국판 '팅겔-탕겔-극장 (카바레)'을 개관했다. 홀랜더는 이미 1931년 독일 베를린에서 '팅겔-탕겔- (지하)극장 Tingel-Tangel-

Theater'을 설립한 바가 있었다.

첼로연주가인 에마누엘 포이어만 (Emanuel Feuermann, 1902-1942)은 1933년 런던으로 망명했다. 일본과 뉴욕 순회공연을 마치고 유럽으로 돌아왔다. 1938년 스위스 체류 중 미국 시민권을 신청하여 미국 시민권을 취득했다. 1942년 미국 뉴욕에서 사망했다.

작곡가인 쿠르트 봐일 (쿠르트 바일) (Kurt Weill, 1900-1950)은 1933년 파리, 1935년 미국으로 망명했다. 1947년 잡지 『라이프(Life)』지가 '독일 출신 작곡가'라고 표기하자 "나는 독일에서 태어나긴 했지만, 〔…〕 나치는 나를 〔독일 작곡가〕라고 표기하지 않고, 나는 그들의 나라를 떠났다. 〔…〕 나는 미국 시민권 자다"라고 공개서한에서 밝혔다.

후일 음악에서 동독 사회주의-리얼리즘의 대표자로 작곡가이자 음악학자인 에른스트 헤르만 마이어 (Ernst Hermann Meyer, 1905-1988)는 1933년 영국 케임브리지로 망명했다. 1945년 케임브리지 대학교 '킹스 칼리지' 객원교수를 역임했다.

바이올린연주가인 아돌프 부쉬 (Adolf Busch, 1891-1952)는 1927년 스위스 바젤로 거주지를 옮겨 1939년까지 활동했고, 실내악단도 창단했다. 1936년 영국에서는 'Busch Players'를 창단했다. 나치 반대파로 1933년부터 1949년까지 독일 땅을 밟지 않았고, 미국 버몬트에서 사망했다.

바이올린연주가인 막스 로즈탈 (Max Rostal, 1905-1991)은 1933년 베를린 음악대학 교수직을 사임하고 1934년 영국으로 망명했다. 1944년부터 1957년까지 런던 '길드홀 음악 연극 학교 (Guildhall School of Music and Drama)'에서 강의했다.

오페라 〈죽은 도시〉 (1920)의 작곡가로 유명하며 빈의 신동으로 불렸던 작곡가 에리히 볼프강 코른골트 (Erich Wolfgang Korngold, 1897-1957)는 1934년 막스 라인하르트 (Max Reinhardt)의 초청으로 할리우드로 건너가 영화사 '워너브라더스 엔터테인먼트' 등에서 영화음악을 작곡하며 영화음악의 새로운 장을 개척했다. 오스카상 수상자다. 나치가 오스트리아를 합병할 당시 할리우드에 있었으므로 '워너브라더스'의 도움으로 가족과 부모를 미국으로 모시고 올 수 있었다. 1946년을 기점으로 영화음악에서 손을 떼고 고전 오케스트라 음악에 집중했다.

작곡가이자 지휘자인 알렉산더 폰 쳄린스키 (Alexander von Zemlinsky, 1871-1942)는 1933년 베를린을 떠나 빈으로 이전했다. 나치가 오스트리아를 합병하자 1938년 미국으로 망명했고, 1942년 미국 뉴욕에서 사망했다.

1930년 독일에서 가장 유명한 성악가 중의 한 사람인 요셉 슈미트 (Joseph Schmidt, 1904-1942)는 1933년 5월 빈으로 도주, 1934년 팔레스타인, 1937년 3월 뉴욕 카네기 홀에 데뷔했다. 1938년 오스트리아에서 벨기에로, 1940년 프랑스로 망명했다. '적대 외국인'으로 감금당했다. 1942년 스위스로 도주했고, 불법체류자로 체포되어 '기렌바트 (Girenbad)' 수용소에 감금당한 후 수용소에서 사망했다.

에리히 크라이버 (Erich Kleiber, 1890-1956)는 1935년 베를린 '국립 오페라' 수석 지휘자를 사임하고 쿠바, 아르헨티나 부에노스아이레스로 망명했다.

20세기 저명한 지휘자 중의 한 사람인 브르노 발터 (Bruno Walter, 1876-1962)는 1933년 오스트리아로 망명했다. 나치가 오스트리아를 합병하자 1938년 이탈리아 루가노, 1939년 미국으로 망명했다.

작곡가이자 지휘자인 로베르트 슈톨츠 (Robert Stolz, 1880-1975)

는 1933년 오스트리아로 이전했다. 나치가 오스트리아를 합병하자 1938년 취리히를 경유하여 파리로 망명했다. '적대 외국인'으로 감금당했다. 1940년 미국 뉴욕으로 망명했다.

작곡가인 베르톨트 골드쉬미트 (Berthold Goldschmidt, 1903-1966)는 1935년 영국으로 망명했다. 한스 페르디난트 레드리히 (Hans Ferdinand Redlich)에 의해 "1933년 이전 독일음악의 커다란 희망"이라고 칭찬 받았지만 망명지에서는 빛을 보지 못했다.

에르나 베르거 (Erna Berger), 엘리자베트 그륌머 (Elisabeth Grümmer), 힐데 귀덴 (Hilde Güden), 마르타 뫼들 (Martha Mödl), 엘리자베트 쉬바르츠코프 (Elisabeth Schwarzkopf)와 더불어 20세기 독일의 뛰어난 소프라노인 로테 레만 (Lotte Lehmann, 1888-1976)은 나치돌격대 창설자인 헤르만 괴링의 요구를 따르지 않자 세계적인 소프라노였지만 1933년 이후 무대에 오르는 것이 불가능해졌다. 나치가 오스트리아를 합병하자 1938년 미국으로 망명했다. 1938년부터 1951년까지 뉴욕 '메트로폴리탄 오페라'에서 활동했다.

작곡가이자 바이올리니스트인 파울 힌데미트 (Paul Hindemith, 1895-1963)는 1935년 학생들의 간청에도 불구하고 '베를린 음악대학' 교수직을 휴직하고 터키 앙카라에 장기간 체류했다. 1937년 '베를린 음악대학' 교수직을 사임했다. 1938년 스위스, 앙카라를 경유하여 1940년 미국으로 망명했다. 1940년부터 1953년까지 예일 대학교 교수를 역임했다.

작곡가인 에른스트 크레넥 (Ernst Krenek, 1900-1991)은 나치가 오스트리아를 합병하자 1938년 미국으로 망명했다. 1939년 이후 '배사 칼리지 (Vassar College)', 1942년부터 1947년까지 '햄린 대학교 (Hamline University)' 교수를 역임했다.

20세기 전반기 미술, 음악, 문학 분야의 팜 파탈 (femme fatale)로 회자된 작곡가로 작곡가 구스타프 말러 (Gustav Mahler), 건축가 발터 그로피우스 (Walter Gropius), 시인 프란츠 붸르펠 (Franz Werfel)의 부인이었으며 그 이외에도 오스카 코코슈카 (Oskar Kokoschka) 등 당대의 수많은 명사들과 염문을 퍼트린 알마 말러-붸르펠 (Alma Mahler-Werfel, 1879-1964)은 나치가 오스트리아를 합병하자 1938년 프라하, 부다페스트를 거쳐 남편 프란츠 붸르펠이 기다리는 이탈리아 밀라노로 망명했다. 그 후 붸르펠 부부는 파리로 망명했고, 1940년 파리에서 도주하여 포르투갈을 경유하여 미국으로 망명했다.

성악가이자 배우인 마르타 에게르트 (Marta Eggerth, 1912-2013)는 부모님 중 한 분이 유대인이란 이유로 1935년 이후 무대에 설 수 없게 되자 빈에 거주했다. 나치가 오스트리아를 합병하자 1938년 프랑스를 경유하여 뉴욕으로 망명했다.

음악사회학 창시자로 오늘날의 루마니아와 우크라이나에 속하는 중앙유럽에 위치한 부코비나에서 출생했고, 부모와 함께 오스트리아 빈으로 이주하여 교육을 받은 쿠르트 블라우코프 (Kurt Blaukopf, 1914-1999)는 1938년 파리, 1940년 예루살렘으로 망명했다. 예루살렘에서 나치로부터 오스트리아 해방을 위해 투쟁했다.

리하르트 타우버 (Richard Tauber), 요젭 슈미트 (Joseph Schmidt)와 더불어 1930년대 유명 '3대 테너'였고, 당시 성공적인 유럽 영화 배우가수였던 얀 키푸라 (Jan Kiepura, 1902-1966)는 파리 거주 중 1939년 미국으로 망명했다. 미국에서 오페라 가수로 성공했고 미국에 정착했다.

체코 프라하 출생으로 피아노연주가인 헤르만 그랍 (Hermann

Grab, 1903-1949)은 나치 독일군이 체코슬로바키아로 진격하자 1939년 프라하를 떠나 파리, 뉴욕으로 망명했다.

작곡가이자 카바레티스트인 게오르크 크라이슬러 (Georg Kreisler, 1922-2011)는 나치가 오스트리아를 합병하자 가족은 제네바와 마르세유를 경유하여 미국으로 망명했다. 할리우드에서 아버지는 아들이 영화계에 진입할 수 있도록 재정적인 지원과 유대-독일인 망명객들과 인간관계를 맺어주는 데 전력을 기울였다. 1943년 미국 시민권을 취득하고 미군에 입대하여 2차 대전에 참전했다.

5.2. 화가 및 조각가

화가이자 그래픽작가인 게오르게 그로스츠 (George Grosz, 1893-1959)는 나치가 정권을 장악하자마자 가택과 아틀리에로 나치가 들이닥쳤다. 1933년 1월 12일 뉴욕으로 망명했다.

헬무트 헤르츠펠트 (Helmut Herzfeld)가 본명으로 화가이자 그래픽 예술가인 존 하트필드 (John Heartfield, 1891-1968)는 1933년 4월 프라하로 도주했다. 1938년 파리를 경유하여 런던으로 망명했다.

스위스 출생으로 1898년 독일로 이주했으며, 표현주의, 구성주의, 입체파, 초현실주의 등 여러 다양한 예술 형태를 바탕으로 한 20세기의 전형적인 모더니스트 화가인 파울 클레 (Paul Klee, 1879-1940)는 1933년 '뒤셀도르프 예술아카데미' 교수직을 박탈당하고 스위스 베른으로 이전했다. 1937년 나치는 그의 작품을 '변종예술'로 지목했고, 작품 102점은 독일 박물관에 압류당했다. 1940년 스위스에서 사망했다.

화가이자 작가인 라울 하우스만 (Raoul Hausmann, 1886-1971)

은 변종예술가로 지목되며 1933년 취리히 프라하를 경유하여 파리로 망명했다. 전쟁 중에는 남프랑스로 도주했다.

화가인 요셉 알버스 (Josef Albers, 1888-1976)는 1933년 미국으로 망명하여 1933년부터 1949년까지 노스캐롤라이나 '블랙 마운틴 칼리지 (Black Mountain College)' 교수를 역임했다.

화가이자 그래픽아티스트이고 전위예술가인 한스 리히터 (Hans Richter, 1888-1976)는 1933년 네덜란드, 스위스를 경유하여 1940년 미국으로 망명했다. 1941년 뉴욕 'College of the City' 교수를 역임했고, 영화사를 인수했다. 영화 '돈으로 살 수 있는 꿈 (Dreams that money can buy)' (1947)과 '8x8' (1957)을 제작했다.

화가이자 조각가인 오토 프로인트리히 (Otto Freundlich, 1878-1943)는 1933년 이후 변종예술가로 지목되며 작품이 독일의 박물관에서 철거되었다. 1934년 프랑스로 망명했다. '적대 외국인'으로 감금당했다. 1943년 밀고당해 체포된 후 약 1,000명의 유대인과 더불어 프랑스 점령 독일군에 의해 독일 동부 유대인 수용소로 이송되어 도착한 날 죽임을 당했다.

화가인 오스카 코코쉬카 (Oskar Kokoschka, 1886-1980)는 1934년 빈에서 파리로 망명했다. 1937년 나치는 그의 작품을 '변종예술'로 지목했고, 작품 417점은 독일 박물관에 압류당했다. 1938년 영국 런던으로 도주했다. 1943년 '자유 독일 문화연맹 (Free German League of Culture)' 의장을 역임했다.

화가인 하인리히 캄펜동크 (Heinrich Campendonk, 1889-1957)는 1933년 유대인 혈통이란 이유로 '공무원 신분 원상회복법'에 의거 '뒤셀도르프 예술아카데미' 교수직을 박탈당하고 1934년 벨기에로 망명했다. 1935년 '(벨기에) 미술 제국아카데미 (Rijksakademie van beeldende kunsten)' 교수가 되었다.

화가이자 사진작가이고 무대디자이너인 라스츨로 모올리-나기 (László Moholy-Nagy, 1895-1946)는 1934년 네덜란드 암스테르담, 영국 (1935-1937)을 거쳐 미국으로 망명했다. 그는 1923년부터 1928년까지 바이마르와 데싸우 바우하우스 교사를 역임했고, 발터 그로피우스의 조교였다. 시카고에서 '뉴 바우하우스 (New Bauhaus)', 1938년 '디자인 스쿨 (School of Design)'을 설립했다.

1933년 괼리츠 (Görlitz) '독일공산당 (KPD)-저항단체' 장으로 화가이자 작가인 요하네스 뷔스텐 (Johannes Wüsten, 1896-1943)은 1934년 프라하, 1938년 파리로 망명했다. 1939년 10월 감금당했고, 1940년 6월 감금상태에서 파리로 도주했다. 1940년 겨울 결핵에 걸린 것을 알자 프랑스에서는 독일인이 입원할 수 없었음으로 할 수 없이 독일군 병원에 입원했다. 치료 후 게슈타포에 넘겨져 독일로 이송된 후 '민족재판소 (VGH)'에서 15년형을 언도받고 복역 중 1943년 감옥병원에서 결핵으로 사망했다.

화가인 펠릭스 누쓰바움 (Felix Nussbaum, 1904-1944)은 1933년 나치 집권 시 '프로이센 예술아카데미' 장학생으로 이탈리아 로마에 체류 중이었다. 1935년 이탈리아에서 파리를 경유하여 벨기에 브뤼셀로 망명했다. 1940년 '적대 외국인'으로 벨기에 당국자에게 체포되어 남프랑스 수용소로 이송 중, 도주하여 다시 브뤼셀로 돌아왔다. 1944년 밀고로 부인과 함께 독일군에 체포되어 아우슈비츠 유대인 수용소에서 죽임을 당했다.

화가인 막스 베크만 (Max Beckmann, 1884-1950)은 1933년 'Städelschule (오늘날 프랑크푸르트 국립 미술 대학)'에서 해직당했다. 1939년 미국 비자를 신청하여 미국으로 망명하려던 계획이 수포로 돌아가자 네덜란드 암스테르담에 체류하다가 1947년 여름 미국 비자를 받고 미국으로 건너갔다.

그래픽예술가로 현대 '픽토그램 (Pictogram, Pictogramm, Pictograph)'의 선구자인 게르트 아른츠 (Gerd Arntz, 1900-1988)는 1932/33년 모스크바에 근무 중이었다. 1934년 네덜란드로 망명하여 1940년 네덜란드 통계재단의 재단이사장이 되었다.

화가이자 커리커쳐화가인 리오넬 파이닝거 (Lyonel Feininger, 1871-1956)는 독일계 이주민 부모 사이에서 뉴욕에서 태어난 미국 국적 소유자로 6세 때 독일 함부르크로 이주했다. 나치가 그의 작품을 '변종예술'로 지목하여 작품 400점이 독일 박물관에 압류당하자 1937년 미국으로 이주했다.

화가인 쿠르트 쉬뷔터스 (Kurt Schwitters, 1887-1948)는 1933년부터 1936년까지 수차례 외국 —특히 노르웨이—에 체류 중이었다. 1937년 1월 노르웨이 오슬로 근방 Lysaker로 망명했다. 독일군대 점령전인 1940년 4월 도주하여 1940년 6월부터 스코틀랜드에 체류했다.

화가인 루드뷔히 마이드너 (Ludwig Meidner, 1884-1966)는 1939년 영국으로 망명했다. 1940년부터 1941년 '적대 외국인'으로 감금당했다.

초현실주의의 지도적 화가이자 조각가인 막스 에른스트 (Max Ernst, 1891-1976)는 이미 1922년 프랑스로 이주했다. 2차 세계대전이 발발하자 1939년 '적대 외국인'으로 수차례에 걸쳐 감금당했다. 1941년 스페인과 포르투갈을 경유하여 미국으로 망명했다.

5.3. 건축가

1920년대 저명한 건축가인 에리히 멘델스존 (Erich Mendelsohn, 1887-1953)은 1933년 네덜란드를 경유하여 런던으로 망명했다. 1933년 런던, 1934년 예루살렘에 건축사무소를 개설했다. 1939년 파리로 이주했고, 1941년 미국으로 망명했다. 1942년 미 행정부 고문을 역임했다.

오스카 슈트란트 (Oskar Strnad)와 더불어 '건축 빈 학파' 창설자로 건축가이자 디자이너인 요젭 프랑크 (Josef Frank, 1885-1967)는 1933년 스웨덴으로 망명했다. 스웨덴 디자인 회사 'Svenskt Tenn (스웨덴 주석)'의 저명 디자이너가 되었다.

베를린 '거대 주거' 건축으로 유명한 '근대 건축 (Neues Bauen)'의 대표자로 건축가이자 도시계획자인 브루노 타우트 (Bruno Taut, 1880-1938)는 1933년 스위스를 경유하여 일본으로 망명했다. 1936년 터키로 이주했고, 터키 교육부 건축국 국장을 역임했다. 1938년 터키 이스탄불에서 사망했다.

'바우하우스' 설립자로 루트비히 미스 반 데어 로에 (Ludwig Mies van der Rohe), 르 코르뷔지에 (Le Corbusier)와 더불어 현대 건축의 선구자로 불리는 발터 그로피우스 (Walter Gropius, 1883-1969)는 나치가 '고리 (Ring)'를 '유대-볼셰비키 건축가들', '바우하우스'를 '마르크스주의 교회'로 규정하며 개인적으로 협박하자 1934년 영국으로 망명했다. 그로피우스는 1919년 바이마르에 국립 바우하우스를 설립했고, 1923/24년 루트비히 미스 반 데어 로에와 아방가르드 건축 집단인 '고리 (Ring)'를 공동으로 창립한 바 있다. 1937년 미국으로 망명하여 하버드대학교 디자인대학원 건축학 교수가 되었다.

도시계획자이자 건축가인 마르틴 봐그너 (Martin Wagner, 1885-1957)는 1933년 2월 '베를린 예술 아카데미'를 탈퇴했다. 1935년 터키 이스탄불 시 도시 건축 고문으로 초빙되었다. 1938년 미국으로 망명했다, 1950년까지 하버드대학교 '도시건축 및 지방 계획' 교수를 역임했다.

'현대 건축 국제회의 (Congrès Internationaux d'Architecture Moderne, CIAM)' (1926) 공동 설립자인 건축가 막스 케토 (Max Cetto, 1903-1980)는 1938년 미국, 1939년 멕시코로 망명했다. 미국, 멕시코 대학교에서 객원교수를 역임했다.

1933년 나치 집권 시 '프로이센 예술아카데미 로마상' 장학생으로 이탈리아 로마에 체류 중이었던 건축가 콘라트 봐하스만 (Konrad Wachsmann, 1901-1980)은 1938년까지 로마에 체류하다가 1938년 파리로 망명했다. 프랑스군에 자원입대했다. 1941년 물리학자 아인슈타인의 도움을 받아 미국으로 망명한 후 발터 그로티우스와 공동 작업을 시작했다. 1949년부터 시카고 '디자인 연구소', 1964년부터 서던 캘리포니아대학교 (University of Southern California)에서 연구 및 교육에 종사했다.

5.4. 사진작가

1930년대 대공황 당시 도시 생활을 기록으로 남긴 사진작가로 유명한 욘 구트만 (John Gutmann, 1905-1998)은 1933년 미국 샌프란시스코로 망명했다. 1936년까지 『Foto-Presse』, 1937년 『Pix Inc.』, 그 후 『Time』, 『Life』 등 잡지사 사진기자로 활동했다. 1938년부터 1976년까지 '샌프란시스코 주립 대학' 교수를 역임했다. 2차 대전 중에는 미군 전쟁정보처에서 근무했다.

로테 야코비 (Lotte Jacobi)와 더불어 20세기 저명한 여류 사진작가인 기젤레 프로인트 (Gisèle Freund, 1908-2000)는 1933년 파리로 망명했다. 1940년 파리에서 도주하여 프랑스 자유구역 농가에 은둔한 다음, 1942년 아르헨티나 부에노스아이레스로 망명했다.

20세기 저명한 사진작가인 알프레트 아이젠슈테트 (Alfred Eisenstaedt, 1898-1995)는 1935년 미국으로 망명하여 곧바로 'AP' 통신의 스타 사진작가가 되었다. 패션잡지 『하퍼드 바자 (*Harper's Bazaar*)』와 『보그 (*Vogue*)』, 『라이프 (*Life*)』지에서 활동했다.

1937년 뮌헨 전시회에서 나치는 사진작가 헤르베르트 바이어 (Herbert Bayer, 1900-1985)의 작품을 대표적인 '변종예술'로 규정했다. 바이어는 1937년 미국여행을 했고, 1938년 미국으로 망명했다.

사진작가 발터 페터한스 (Walter Peterhans, 1897-1960)는 1938년 미국으로 망명했다. 1945년부터 1947년까지 시카고대학교 교수를 역임했다.

사진작가이자 작가인 한스 벨머 (Hans Bellmer, 1902-1975)는 1938년 파리로 망명했다. '인형'을 주제로 작업했고, '적대 외국인'으로 감금당했다.

6. 망명 학자

6.1. 자연과학자

6.1.1. 수학자

20세기 초반 현대 수학의 대표자인 헤르만 봐일 (Hermann Weyl, 1885-1955)은 1933년 미국으로 망명했다. 봐일은 괴팅겐대학교 재학시절 수학, 물리학 이외에도 현상학자 에드문트 훗설 (Edmund Husserl) 교수의 철학 강의를 수강했다. 1908년 괴팅겐대학교 다비드 힐베르트 (David Hilbert) 교수에게서 박사학위를 취득했다. 1910년 교수자격논문 통과 후 1910년부터 1913년까지 괴팅겐대학교 전임강사[5]를 거쳐 1913년 '취리히 연방 공과대학교 (ETH Zürich)' 기하학 정교수[6]가 되었다. 1916년부터 1918년까지 일반상대성원리를 발견한 물리학자 앨버트 아인슈타인과 교분을 나누었다. 1928년부터 1929년까지 미국 프린스턴대학교 객원교수를 역임했고, 1930년 괴팅겐대학교 정교수가 되었다. 1933년 미국으로 망명한 후 물리학자 앨버트 아인슈타인의 주선으로 프린스턴 고등연구소 (The Institute for Advanced Study)에서 1951년 정년할 때까지 교수를 역임했다.

수리학, 함수해석학, 양자역학, 게임이론 분야에 뛰어난 업적을 남긴 수학자로 컴퓨터과학의 아버지로 불리는 욘 폰 노이만 (John von

---

5) 독일의 대학 교원 직책 중의 하나인 'Privatdozent'를 '전임강사'로 번역한다. 'Privatdozent'란 '사 (privat) 강사 (Dozent)'라는 어원적 의미로 통상 교수자격논문 (Habilitation)을 통과하고 아직 교수로 초빙 (Ruf)되지 못한 상태로 대학에서 교원의 직책을 수행하는 자들을 말한다. 이는 우리의 학제상 '전임강사'에 해당된다고 볼 수 있다.

6) 독일의 교수 직책인 'Ordentlicher Professor'는 'ordentlicher'라는 독일어가 '정식의', '정규의'라는 뜻을 지녔듯이 어원상이나 독일의 학제로 보았을 때 명실상부하게 '정교수'로 번역할 수 있다고 생각된다.

Neumann, 1903-1957)은 1933년 프린스턴 고등연구소 (The Institute for Advanced Study)에 초청받아 수학 교수가 되었다. 오스트리아-헝가리 출신인 욘 폰 노이만은 17세의 고등학교 학생으로 이미 수학 논문을 발표했다. 1926년 헝가리 부다페스트대학교 레오폴트 페예르 (Leopold Fejér) 교수에게서 박사학위를 취득한 후, 1926년부터 1929년까지 최연소자로 베를린대학교 전임강사를 거쳐 1929/30년 함부르크대학교 전임강사를 역임했다. 2차 대전 중 영국과 캐나다가 참여하고 미국이 주도했던 핵폭탄 제조를 위한 '맨해튼 프로젝트 (Manhattan-Projekt)'의 일원이 되어 '로스알라모스 연구소'에서 한스 베테, 빅터 바이스코프와 공동 연구했다.

추상대수학에 토대를 마련한 수학자 에미 뇌터 (Emmy Noether, 1882-1935)는 1933년 유대인 혈통이란 이유로 '공무원 신분원상회복법'에 의거 교수직을 박탈당하고 미국으로 망명했다. 에미 뇌터는 에어랑겐대학교의 수학교수였던 막스 뇌터의 딸로 1907년 에어랑겐대학교 파울 고르단 (Paul Gordan) 교수에게서 박사학위를 취득했다. 1915년 괴팅겐대학교에 교수자격 논문을 제출했으나 여성이라는 이유로 심사위원회의 장기간에 걸친 논란을 거듭한 후 1919년이 되어서야 논문이 통과되었다. 1922년이 되어서야 비정년 교수[7], 1923년 봉급 수령 비정년 교수가 되었다. 1928/29년 모스크바 소재 대학

---

7) 독일의 교수 직책인 'Außerordentlicher Professor'와 'Außerplanmäßiger Professor'를 '비정년 교수'로 번역한다. 'außerordentlich'란 '정규가 아닌'이라는 독일어 단어 뜻으로 'Außerordentlicher Professor'란 곧 '비정규 교수'라고 번역될 수 있다. 'außerplanmäßig'라는 독일어 단어는 어휘상 '계획에 없는', '임시의', '추가의' 등의 뜻으로 'Außerplanmäßiger Professor'는 '계획에 없는 교수', '임시의 교수', '추가의 교수'직을 의미한다. 이러한 어원과 독일의 학제를 한국의 현재 상황과 비교해 본다면 이러한 독일 교수들의 직책은 우리의 학제상 '비정년 교수'라는 칭호가 가장 가깝다고 생각된다.

과 1930년 프랑크푸르트대학교 객원교수가 되었다. 미국으로 망명한 후 1933년 브린모어 (Bryn Mawr) 여자대학 객원교수, 1934년 프린스턴 고등연구소에서 강의했다.

저명한 수학자 에미 뇌터의 남동생인 수학자 프릿츠 뇌터 (Fritz Noether, 1884-1941)는 1933년 유대인 혈통이란 이유로 '공무원 신분 원상회복법'에 의거 교수직을 박탈당하고 소련으로 망명하여 톰스크대학교 수학 교수가 되었다. 프릿츠 뇌터는 1909년 뮌헨대학교에서 최우수 점수 (summa cum laude)로 박사학위를 취득했다. 1911년 카를스루에대학교에서 교수자격논문 통과 후 전임강사를 거쳐 1918년 비정년 교수, 1922년부터 1933년까지 브로츠와프공대 고등수학 정교수를 역임했다. 소련 망명 후 대학살 당시 독일 스파이 죄명으로 체포되어 25년형을 언도받고, 1941년 총살당했다.

리하르트 폰 미제스 (Richard von Mises, 1883-1953)는 1933년 터키로 망명하여 이스탄불대학교 응용수학 교수를 역임했다. 폰 미제스는 오스트리아-헝가리 출신으로 1907년 오스트리아 빈 공과대학 게오르크 하멜 (Georg Hamel) 교수에게서 박사학위를 취득했다. 1908년 교수자격 논문이 통과된 후 강사를 거쳐 1909년 슈트라스부르 (Strasbourg)대학교 응용수학 교수가 되었다. 1차 세계대전 후 드레스덴공대 교수를 거쳐 1919년 베를린대학교 교수 및 '응용수학 연구소' 소장을 역임했다. 1939년 미국 하버드대학교의 초청을 받아 1945년 풀 교수 (Fool Professor)가 되었다.

독일-유대인 혈통 출신으로 스위스 취리히 시민인 수학자이자 논리학자인 파울 베르나이스 (Paul Bernays, 1888-1977)는 1933년 유대인이란 이유로 교수직을 박탈당하자 스위스 취리히로 되돌아갔다. 파울 베르나이스는 1912년 괴팅겐대학교 에드문트 란다우 (Edmund

Landau) 교수에게서 박사학위를 취득했다. 1912년부터 1917년까지 취리히대학교 전임강사, 1922년 괴팅겐대학교 비정년 교수가 되었다.

수학자 리하르트 브라우어 (Richard Brauer, 1901-1977)는 1933년 미국으로 망명했고, 1935년 캐나다 토론토대학교 조교수가 되었다. 리하르트 브라우어는 1926년 베를린대학교 이싸이 슈르 (Issai Schur) 교수에게서 박사학위를 취득한 후 쾨니히스베르크대학교, 튀빙겐대학교에서 조교로 근무했다. 1948년 캐나다에서 다시 미국으로 이주하여 미시간대학교 교수, 1952년부터 1971년 정년퇴직할 때까지 하버드대학교 교수를 역임했다.

그레테 헤르만 (Grete Hermann, 1901-1984)은 1936년 덴마크로 망명했다. 헤르만은 1925년 괴팅겐대학교 에미 뇌터 (Emmy Noether) 교수에게서 박사학위를 취득한 후 1927년까지 괴팅겐대학교 철학과 레오나르트 넬손 (Leonard Nelson) 교수의 개인 조교로 근무했다. 1930년대 초반 잡지 편집 및 기고를 통해 나치와 투쟁했다. 1937년 덴마크에서 또 다시 영국으로 망명했고, 영국국적을 취득했다.

20세기의 주도적인 대수학자 (代數學者)인 에밀 아르틴 (Emil Artin, 1898-1962)은 1937년 부인이 유대인 혈통이란 이유로 교수직을 박탈당하자 미국으로 망명했다. 아르틴은 1921년 라이프치히대학교 구스타프 헤르크로츠 (Gustav Herglotz) 교수에게서 박사학위를 취득했다. 1923년 함부르크대학교에서 교수자격논문 통과와 더불어 전임강사가 되었고, 1925년 비정년 교수가 되었다. 1926년 뮌스터대학교에 초빙받았으나 거절하고 동년 함부르크 대학교 정교수가 되었다. 미국 망명 후 노트르담 대학교 (1937-1938), 인디애나대학교 (1938-1946), 프린스턴대학교 (1946-1958) 교수를 역임했다.

대수학 군론 (群論)의 레막 분해이론으로 유명하며, 그 이외에도 정수론, 조화함수의 페텐셜이론으로도 유명한 수학자 로베르트 레막 (Robert Remak, 1888-1942)은 1933년 유대인 혈통이란 이유로 '공무원 신분 원상회복법'에 의거 교수직을 박탈당했다. 레막은 1911년 베를린대학교 페르디난트 게오르크 프로베니우스 (Ferdinand Georg Frobenius) 교수에게서 박사학위를 취득했다. 교수자격논문 통과 후 1929년부터 1933년까지 베를린대학교 전임강사를 역임했다. 1938년 '수정의 밤' 후 체포되어 작센하우젠 유대인수용소에 수감되었다. 석방 후 네덜란드로 망명했으나 독일군대가 네덜란드를 점령하자 1942년 또 다시 체포되어 아우슈비츠 유대인수용소에서 죽임을 당했다.

필립 프랑크 (Philipp Frank, 1884-1966)는 1938년 미국으로 망명하여 하버드대학교에서 수학 및 물리학 강사를 지냈다. 프랑크는 1907년 통계역학과 통계열역학으로 유명한 오스트리아 빈 대학교 물리학자 루트비히 에두아르트 볼츠만 (Ludwig Eduard Boltzmann) 교수에게서 이론물리학으로 박사학위를 취득했다. 1910년 빈 대학교에서 교수자격 논문 통과 후 강사, 1912년 물리학자 아인슈타인의 추천으로 프라하대학교 교수가 되어 1938년까지 재직했다.

선형대수학의 '슈르분해 (Schurzerlegung) 이론'으로 유명한 수학자 이싸이 슈르 (Issai Schur, 1875-1941)는 1933년 유대인 혈통이란 이유로 '공무원 신분 원상회복법'에 의거 교수직을 박탈당했고, 얼마 후 프로이센 학술원 회원직도 박탈당했다. 1939년 스위스를 거쳐 팔레스타인으로 망명했다. 슈르는 1901년 베를린대학교 페르디난트 게오르크 프로베니우스 (Ferdinand Georg Frobenius) 교수와 라자루스 임마누엘 훅스 (Lazarus Immanuel Fuchs) 교수에게서 최우수 점수 (summa cum laude)로 박사학위를 취득했다. 1903년 교수자격논문 통과 후 1903년부터 1913년까지 베를린대학교 전임강사를 거쳐 1913년 본 대학교 비정년 교수가 되었다. 1916년 베를린대학교 비정년 교수를 거쳐 1921년 정교수가 되었고, 1922년 프로이센 학술원 회원이 되었다. 팔레스타인으로 망명하고 얼마 후인 1941년 팔레스타인 텔아비브에서 사망했다.

알프레트 테오도르 브라우어 (Alfred Theodor Brauer, 1894-1985)는 1938년 교원직을 박탈당하고 1939년 미국으로 망명했다. 브라우어는 1928년 베를린대학교 이싸이 슈르 (Issai Schur) 교수와 에어하르트 슈미트 (Erhard Schmidt) 교수에게서 최우수 점수 (summa cum laude)로 박사학위를 취득한 후 이싸이 슈르 교수의 조교가 되었다. 1932년 교수자격논문 통과와 동시에 전임강사가 되었다. 미국으로 망명한 후 1939년부터 1942년까지 프린스턴대학교 조교로 근무했다. 1942년 노스캐롤라이나대학교 조교수를 거쳐 1943년부터 1947년까지 부교수, 1947년부터 1959년까지 수학 풀 교수를 역임했다.

오토 퇴플릿츠 (Otto Toeplitz, 1881-1940)는 1933년 유대인 혈통이란 이유로 '공무원 신분 원상회복법'에 의거 교수직을 박탈당하던 시절에도 2년간 더 강의 하다가 1935년 퇴직당했다. 1939년 팔레스타인으로 망명했다. 퇴플릿츠는 1905년 브레스라우대학교에서 박사학위를 취득했다. 괴팅겐대학교에서 연구한 후 1913년 킬 대학교 비정년 교수를 거쳐 1920년 정교수가 되었다. 1928년 본대학교 정교수가 되었다. 1939년에 팔레스타인으로 망명했고, 1940년 팔레스타인 예루살렘에서 사망했다.

정수론 전공으로 20세기의 뛰어난 수학자로 간주되는 칼 루드뷔히 지겔 (Carl Ludwig Siegel, 1896-1981)은 1940년 덴마크와 노르웨이에 객원으로 머물던 중 독일로 돌아가지 않기로 결심하고 미국으로 망명했다. 지겔은 1920년 괴팅겐대학교 에드문트 란다우 (Edmund Landau) 교수에게서 박사학위를 취득했다. 1922년 프랑크푸르트대학교 교수가 되었다. 나치 체제에 대한 반감을 지녔고, 동료학자인 유대인 혈통의 강사 에른스트 헬링거 (Ernst Hellinger)와 막스 덴 (Max Dehn)과 개인적인 우정관계와 학문적 유대를 유지했다. 1938년 괴팅겐대학교로 이직했다. 미국으로 망명한 후 1940년부터 1951년까지 프린스턴 고등연구소에서 강의 및 연구를 수행했다.

불완전성의 정리로 유명한 수학자이자 논리학자인 쿠르트 괴델 (Kurt Gödel, 1906-1978)은 1940년 시베리아 횡단열차를 타고 소련과 —추측컨대 한국을 거쳐— 일본을 거쳐 미국으로 망명한 후 '프린스턴 고등연구소'에서 연구했다. 괴델은 오스트리아-헝가리 출신으로 1923년 오스트리아국적을 취득하고 1930년 오스트리아 빈 대학교 한스 한 (Hans Hahn)교수에게서 박사학위를 취득했다. 1933-34년 미국 학자들의 초청으로 미국을 방문한 적도 있다. 1955년 아인슈타인이 사망하기까지 절친한 우정관계를 유지했다.

아돌프 아브라함 할레비 프렝켈 (Adolf Abraham Halevi Fraenkel, 1891-1965)은 독실한 유대교 신자로 이미 1929년 팔레스타인으로 이주했다. 프렝켈은 1914년 브로츠와프 (Wrocław)대학교에서 최우수 점수 (summa cum laude)로 박사학위를 취득했고, 1916년 마르부르크대학교에서 교수자격논문이 통과되었다. 다년간 마르부르크대학교에서 연구 및 강의 후 1928년부터 킬 대학교에서 강의했다. 팔레스타인으로 이주 후 히브리 대학교 교수, 학장, 총장을 역임했다.

6.1.2. 물리학자

세기를 초월한 최고의 물리학자 중의 한 사람으로 꼽히는 이론물리학자 알베르트 (앨버트) 아인슈타인 (Albert Einstein, 1879-1955)은 1933년 히틀러 일당의 인권침해에 항의하고 미국으로 이주하여 프린스턴 고등연구소 교수가 되었다. 아인슈타인은 평생을 살며 다양한 국가의 국적을 소지했다. 1879년 뷔르템베르크 왕국에서 태어나 (1879-1896; 독일 제국 소속이었음으로 독일국적 소유자에 해당) 1896년부터 1901년까지 무국적자 신분을 거친 다음 스위스 국적자가 되었다. 1911년부터 1912년까지 오스트리아-헝가리 국적, 1914년부터 1918년까지 프로이센 왕국 국적을 거쳐 1918년부터 1933년까지 프로이센 자유국가 국적을 소유 (즉 1914-1933까지 독일국적)했다. 1933년 히틀러체제 등장으로 인해 스위스 국적을 소지한 다음, 1940년 미국 국적을 취득했다. 아인슈타인은 1900년 스위스 취리히 공과대학 수학, 물리학 디플롬 (Diplom) 학위를 취득했고, 1907년 스위스 베른대학교에서 교수자격논문이 통과되었다. 1909년 스위스 취리히대학교 이론물리학 비정년 교수를 거쳐 1911년 체코 프라하대학교 정교수가 되었다. 1914년 프로이센 과학 아카데미 회원이 되었고, 1921년 노벨물리학상을 수상했다. 미국 망명 후 1938년 작가 토마스 만, 헤르만 브로흐와 공동으로 미국으로 망명하는 사람들을 도왔다. 1939년 8월 2일 개인적으로는 평화주의자임에도 불구하고 원자폭탄 제조에 관한 프랭클린 D. 루즈벨트 미국대통령의 요구에 서명했다. 1940년 미국 시민권을 취득했지만, 스위스 시민권은 평생 간직했다. 1945년 8월 미군이 일본 히로시마와 나가사키에 원자폭탄을 투하하자 1946년 '핵 과학자 긴급 위원회 (Emergency Committee of Atomic Scientists)'[8]를 결성하고 핵에너지의 평화적인 사용 운동을 벌였다.

미국의 핵폭탄 개발 프로그램인 맨해튼 프로젝트에 참여한 학자로 유명한 물리학자 레오 실라르드 (Leó Szilárd, 1898-1964)는 1933년 오스트리아 빈을 거쳐 영국 런던으로 망명한 다음, 1938년 미국으로 망명했다. 레오 실라르드는 오스트리아-헝가리 (부다페스트) 출신이다. 1922년 베를린대학교에서 박사학위를 취득한 후 (아인슈타인에게서 최고의 칭찬을 받음) 막스 폰 라우에 (Max von Laue) 교수의 조교로 근무했고, 1927년 베를린대학교 전임강사를 역임했다. 1939년 아인슈타인 등의 학자들과 함께 원자폭탄 제조에 관한 프랭클린 D. 루즈벨트 미국대통령의 요구에 서명하고 맨해튼 프로젝트에 참여했다. 1939년부터 1942년까지 컬럼비아대학교 교수를 역임했다. 1942년 이탈리아 출신 학자 엔리코 페르미 (Enrico Fermi)와 공동으로 원자폭탄의 재료가 되는 플루토늄을 생산하기 위해 이용되는 원자핵 분열 연쇄 반응을 성공시켰다. 1945년 8월 미군이 일본 히로시마와 나가사키에 원자폭탄을 투하하자 아인슈타인 등의 학자들과 더불어 1946년 '핵 과학자 긴급 위원회'를 결성하고 핵에너지의 평화적 사용 운동을 벌였다.

노벨물리학상 수상자로 '프랑크-헤르츠 실험 (Franck-Hertz-Versuch)'과 '프랑크보고서 (Franck-Report)'로 유명한 제임스 프랑크 (James Franck, 1882-1964)는 1933년 유대인 혈통이란 이유로 '공무원 신

8) 1946년 앨버트 아인슈타인과 레오 실라르드에 의해 창립된 '핵 과학자 긴급 위원회'는 위원장 앨버트 아인슈타인 (Albert Einstein), 부위원장 해럴드 어레이 (Harold C. Urey)를 위시하여 한스 베테 (Hans Bethe), T. R. 홍네스 (T. R. Hongness), 필립 모르스 (Philip M. Morse), 리너스 파울링 (Linus Pauling), 레오 실라르드 (Leo Szilard), 뷕토르 바이스코프 (Victor Weisskopf) 등 총 8명의 학자로 구성되어 있었다.

분 원상회복법'에 의거 교수직을 박탈당하고, 1933년 미국으로 망명하여 1933년 존스 홉킨스 대학교 교수가 되었다. 1906년 베를린대학교 에밀 바르부르크 (Emil Warburg) 교수에게서 박사학위를 취득했다. 베를린대학교 하인리히 루벤스 (Heinrich Rubens) 교수의 조교를 거쳐 1911년 전임강사, 1916년 비정년 교수가 되었다. 1926년 '프랑크-헤르츠 실험 (Franck-Hertz-Versuch)'으로 구스타프 헤르츠 (Gustav Hertz)와 공동으로 노벨물리학상을 수상했다. 1918년부터 베를린 '빌헬름 황제 물리 화학연구소 (Kaiser-Wilhelm-Institut für Physikalische Chemie)' 물리학 실장을 역임했고, 1920년 괴팅겐대학교 실험물리학 정교수가 되었다. 미국으로 망명한 후 1938년부터 1947년 정년까지 시카고대학교 물리화학 교수를 역임했다. 미국국적을 취득했고, '맨해튼 프로젝트'에 참여했으며. 원자폭탄 제조를 위한 플루토늄 제조에 참여했다.

오토 슈테른 (Otto Stern, 1888-1969)은 1933년 미국으로 망명했다. 슈테른은 1912년 브레스라우대학교에서 박사학위를 취득하자마자 동년 아인슈타인이 연구하고 있던 프라하대학교로 옮겼고, 1913년에는 아인슈타인을 따라 스위스 취리히 연방 공과대학교 (ETH Zürich)로 옮겼다. 1914년 프랑크푸르트대학교로 옮겨 1915년 막스 보른 (Max Born) 교수에게서 물리화학과 이론물리학으로 교수자격 논문이 통과되었다. 1923년 함부르크대학교 정교수가 되었다. 미국으로 망명한 후 1939년 미국 시민권을 취득했고, 1943년 노벨물리학상을 수상했다. 1945년까지 피츠버그 카네기 연구소 물리학 연구교수를 역임했다. 나치에 의해 박탈당한 박사타이틀을 오스트리아 빈 대학교가 후일 회복시켰다.

1967년 노벨물리학상 수상자인 한스 베테 (Hans Bethe, 1906-

2005)는 1933년 영국으로 망명하여 맨체스터대학교 강사를 역임했다. 1928년 뮌헨대학교 아르놀트 좀머펠트 (Arnold Sommerfeld) 교수에게서 '전자 회절 (electron diffraction, Elektronenbeugung)' 이론에 관한 연구로 박사학위를 취득했다. 프랑크푸르트, 슈투트가르트대학교에서 강의한 후 1930년부터 뮌헨 대학교의 전임강사가 되었다. 1935년 미국 코넬대학교의 초빙을 받아 1935년 조교수, 1937년 교수가 되었다. 2차 대전 중에는 MIT에서 레이더를 연구했다. 오펜하이머에 의해 초빙되어 맨해튼 프로젝트로 세계 최초로 핵폭탄을 개발한 '로스앨러모스 국립 연구소 (Los Alamos National Laboratory)'에서 연구했다.

천체물리학자로 화학자 헤르베르트 프로인트리히의 동생인 에르윈 프로인트리히 (Erwin Freundlich, 1885-1964)는 1933년 할머니가 유대인이라는 이유로 공직을 박탈당하고, 1933년부터 1937년까지 터키 이스탄불대학교에서 강의 후 1939년까지 체코 프라하대학교 교수, 영국 세인트앤드루스대학교 교수를 역임했다. 1910년 괴팅겐대학교 펠릭스 클라인 (Felix Klein) 교수에게서 박사학위를 취득했다. 1차 세계대전 후 포츠담 '아인슈타인 탑 (Einsteinturm)' 태양관측소 설치 및 소장을 역임했다.

오토 프리쉬 (Otto Frisch, 1904-1979)는 1933년 영국 런던으로 망명한 다음 1934년부터는 1922년도 노벨물리학상 수상자인 닐스 보어 (Niels Bohr) 교수 곁에서 핵물리학을 연구했다. 1926년 오스트리아 빈 대학교에서 박사학위를 취득했다. 함부르크대학교 물리 화학 오토 슈테른 (Otto Stern) 교수의 조교를 역임했다. 1939년 덴마크에서 영국을 방문하던 중 2차 대전이 발발하여 덴마크로 돌아오지 못하고, 1943년 영국 시민권을 취득한 다음 영국 대표의 일원으로

'맨해튼 프로젝트'에 참여했다.

1933년 나치 체제가 등장하자 최초로 해직된 대학 교수 중의 한 사람인 한스 라이헨바흐 (Hans Reichenbach, 1891-1953)는 터키로 망명하여 이스탄불대학교 교수가 되었고, 1938년 미국으로 망명하여 임종까지 캘리포니아 대학교 로스앤젤레스 (UCLA) 교수를 역임했다. 1915년 에어랑겐대학교 막스 뇌터 (Max Noether) (수학) 교수와 파울 헨젤 (Paul Hensel) (철학) 교수에게서 박사학위를 취득했다. 1920년 슈투트가르트 공대에서 교수자격논문이 통과된 후 전임강사가 되었다. 1926년 아인슈타인의 천거로 베를린대학교 물리철학 비정년 교수가 되었다.

발터 하이틀러 (Walter Heitler, 1904-1981)는 1933년 영국으로 망명하여, 1934년 한스 베테 (Hans Bethe)와 공동으로 제동 복사 (Bremsstrahlung)를 발견 ('베테-하이틀러-공식 Bethe-Heitler-Formel') 했다. 1926년 뮌헨대학교 칼 페르디난트 헤르츠펠트 (Karl Ferdinand Herzfeld) 교수에게서 박사학위를 취득했다. 1941년 영국 더블린대학교 교수가 되었다.

1963년 노벨물리학상 수상자인 유진 파울 뷔그너 (유진 폴 위그너) (Eugene Paul Wigner, 1902-1995)는 1933년 유대인 혈통이란 이유로 교수직을 박탈당하자 미국으로 망명하여 1938년부터 1971년 정년퇴직할 때까지 프린스턴대학교 수학 교수를 역임했다. 오스트리아-헝가리 (부다페스트) 출신으로 1925년 베를린공대 미하엘 (마이클) 폴라니 (Michael Polanyi) 교수에게서 박사학위를 취득했다. 1926년 베를린공대 리하르트 베커 (Richard Becker) 교수의 조교를 역임했고, 1928년 베를린공대에서 교수자격논문이 통과되었다. 1930년 베를린공대 비정년 교수가 되었다.

수소폭탄의 아버지로 불리는 에드워드 텔러 (Edward Teller, 1908-2003)는 1934년 영국을 거쳐 1935년 미국으로 망명했다. 오스트리아-헝가리 (부다페스트) 출신으로 1930년 라이프치히대학교 베르너 하이젠베르크 (Werner Heisenberg) 교수에게서 박사학위를 취득했다. 미국으로 망명한 후 1941년까지 조지 워싱턴대학교 강사를 역임했고, 1941년 미국 시민권을 취득했다. 1942년 로버트 오펜하임어의 요청으로 브릭스 위원회 (Briggs committee)에 근무하면서 맨해튼 프로젝트에 참가했다. 1949년 소련이 핵폭탄 개발에 성공하자 1950년 2차 대전 중 맨해튼 프로젝트를 진행했던 '로스 앨러모스 국립연구소'로 돌아와 수소폭탄 계획에 참여했다.

한스 로젠베르크 (Hans Rosenberg, 1879-1940)는 1933년 유대인 혈통이란 이유로 한 때 강제 퇴직당할 위기에 처했으나 1차 대전 참전 용사인 점을 감안하여 강의는 계속할 수 있었다. 1934년 해외여행이 허락되자 미국에 입국하여 귀국하지 않고, 1934년부터 1937년까지 시카고대학교에서 강의했다. 1905년 슈트라스부르크대학교 에른스트 베커 (Ernst Becker) 교수에게서 박사학위를 취득했다. 1910년 튀빙겐대학교에서 물리학자로는 천문학 분야에서 최초의 교수자격논문 통과자가 되었다. 1926년 킬 대학교 정교수가 되었고, 1927년과 1929년 북스웨덴과 동남아시아 시암 (Siam)에서 일식 (日蝕) 탐험을 했다. 1938년 터키로 망명하여 임종까지 이스탄불대학교 교수를 역임했다.

빅토르 봐이스코프 (Victor Weisskopf, 1908-2002)는 1937년 미국으로 망명했다. 2차 대전 중 로버트 오펜하임어의 요청으로 맨해튼 프로젝트에 참가했다. 1944년 '미국 과학자 연맹 (Federation of American Scientists, FAS)' 창립 회원으로 핵에너지 민간이용을 역설했다. 2차 대전 중 MIT 교수를 역임했다 (임종까지 MIT에서 연구).

1939년 오토 프리쉬 (Otto Frisch)와 공동으로 '핵분열'을 발견한 리제 마이트너 (Lise Meitner, 1878-1968)는 1933년 나치 체제 등장으로 교수직을 박탈당하고, 1938년 네덜란드를 경유하여 스웨덴으로 망명했다. 1906년 오스트리아 빈대학교 루트비히 볼츠만 (Ludwig Boltzmann) 교수와 프란츠-제라핀 엑스너 (Franz-Serafin Exner) 교수에게서 박사학위를 취득한 후 베를린에서 오토 한 (Otto Hahn)과 공동으로 방사능 연구를 수행했다. 1912년 여성최초로 베를린에서 대학 조교 (막스 플랑크)가 되었으며, 1913년 베를린 '빌헬름 황제 화학연구소 (Kaiser-Wilhelm-Institut für Chemie)' 연구원이 되었다. 1918년 오토 한과 공동으로 '원소 91 (Protactinium)'을 발견했다. 바이마르 공화국의 여권신장 정책에 따라 1922년 여성 최초로 물리학 교수자격 논문이 통과되었고, 1926년 베를린대학교 비정년 교수가 되었다. 1944년 공동작업인 '핵분열 발견'으로 오토 한 만 노벨화학상을 수상했다.

포지트로늄 (Positronium) 발견자인 마르틴 도이취 (Martin Deutsch, 1917-2002)는 1934년 가족을 따라 스위스를 거쳐, 1935년 미국으로 망명했다. 1941년 MIT 로블리 D. 에번스 (Robley D. Evans) 교수에게서 박사학위를 취득했다. 어머니 헬레네 도이취 (Helene Deutsch ,1884-1982)는 지그문트 프로이트의 마지막 제자로 오스트리아 빈 대학교 정신병리학 교수를 역임했다.

6.1.3. 생물학자 및 화학자

생물학자인 리하르트 골드쉬미트 (Richard Goldschmidt, 1878-1958)는 1935년 유대인 혈통이란 이유로 독일국적을 박탈당하고 미국으로 망명하여 캘리포니아 대학교 버클리대학교 유전학, 세포학 교수를 역임했다. 1902년 하이델베르크대학교 오토 뷔쉴리 (Otto Bütschli) 교수에게서 박사학위를 취득한 다음, 뮌헨대학교에서 박사논문을 지도 받은 리하르트 헤르트뷔히 (Richard Hertwig) 교수의 조교를 역임했다. 1904년 교수자격논문이 통과된 다음 1909년 뮌헨대학교 비정년 교수가 되었다. 1914년 베를린 '빌헬름 황제 생물연구소 (Kaiser-Wilhelm-Institut für Biologie)' 동물유전학 실장을 거쳐 1919년 동 연구소 부소장을 역임했다.

생물리학자이자 유전학자로 1969년 노벨 생리학 · 의학상 수상자인 막스 델브뤽 (Max Delbrück, 1906-1981)은 1937년 미국으로 망명하여 캘리포니아 공과대학교 (California Institute of Technology)에서 연구했고, 1939년 밴더빌트 대학교 물리학 교수가 되었다. 1929년 괴팅겐대학교에서 양자역학에 관한 연구로 박사학위를 취득했다. 1932년 '빌헬름 황제 화학연구소'의 리제 마이트너 (Lise Meitner)와 오토 한 (Otto Hahn)의 조교를 역임했다.

1922년 영국 심리학자 아치볼트 비비안 힐 (Archibald Vivian Hill)과 공동으로 노벨의학상을 수상한 생화학자 오토 프릿츠 마이어호프 (Otto Fritz Meyerhof, 1884-1951)는 1935년 유대인 혈통이란 이유로 직책을 박탈당하고 1938년 스위스를 거쳐 프랑스로 망명한 다음 1940년 미국으로 망명하여 펜실베이니아대학교 연구교수를 역임했다. 1909년 하이델베르크대학교 프란츠 니슬 (Franz Nissl) 교수에게서 박사학위를 취득했다. 1913년 킬 대학교에서 교수자격논문이 통과된 후 1918년 교수가 되었다. 1924년 베를린 '자연과학 후원 빌헬름 황제 협회 (KWG)' 생물학 실장, 1929년 하이델베르크 '자연과학 후원 빌헬름 황제 협회 (KWG)' 의학 실장을 거쳐 1930년 심리학 실장을 역임했다.

생화학자인 칼 노이베르크 (Carl Neuberg, 1877-1956)는 망명 후 팔레스타인 예루살렘대학교, 미국 뉴욕대학교 교수를 역임했다. 1900년 베를린대학교 알프레트 볼 (Alfred Wohl) 교수에게서 박사학위를 취득했다. 1916년 베를린대학교 비정년 교수, 1919년 정교수가 되었다. 1913년부터 '자연과학 후원 빌헬름 황제 협회 (KWG)' 생화학실에서 1934년 퇴직당할 때까지 부서장, 실장을 역임했다.

독가스 개발로 '화학무기의 아버지'로 불리며 1919년 노벨화학상 수상자인 화학자 프릿츠 하버 (Fritz Haber, 1868-1934)는 1933년 유대인 혈통이란 이유로 강제 퇴직당하자 1934년 가을 미국으로 망명했다. 1891년 베를린대학교 칼 리버만 (Carl Liebermann) 교수에게서 박사학위를 취득했다. 1894년 카를스루에 공대 물리화학 조교를 거쳐 1896년 교수자격논문이 통과되었다. 1898년 카를스루에대학교 기계화학 비정년 교수를 거쳐 1906년 물리화학, 전기화학 정교수가 되었다. 1912년 베를린 '자연과학 후원 빌헬름 황제 협회 (KWG)' 물리화학, 전기화학 실장이 되었다. 1912년 베를린대학교 물리화학 명예정교수가 되었다. '포스젠 (Phosgene, CG)'과 '클로닌 (Chlorum, Cl)'의 화학합성 결과로 생산된 독가스가 1차 세계대전에 사용됨으로써 화학무기의 아버지란 호칭을 얻었다. 1차 대전 후 연합군에 의해 전범으로 수배당하자 잠시 동안 스위스에 은둔했다. 1919년 '독일 해충퇴치 협회 (Deutsche Gesellschaft für Schädlingsbekämpfung, Degesch) 초대 회장이 되었다. 1934년 미국에서 스위스 방문 중 스위스 바젤에서 사망했다.

화학자인 막스 베르크만 (Max Bergmann, 1886-1944)은 1933년 미국으로 망명하여 '록펠러 의과대학'에서 근무했다. 고전 유기화학의 창시자로 1902년 노벨화학상을 수상한 헤르만 에밀 핏셔 (Hermann Emil Fischer)의 제자이다. 1921년 창립되고 후에 막스플랑크협회 (Max-Planck- Gesellschaft, MPG)로 발전한 '빌헬름 황제 가죽연구소 (Kaiser- Wilhelm-Instituts für Lederforschung)' 소장을 역임했다. 록펠러 의과대학 막스 베르크만 연구실에서 후일 두 명의 노벨상 수상자가 배출되었다.

화학자인 헤르베르트 프로인트리히 (Herbert Freundlich, 1880-1941)는 1933년 할머니가 유대인이라는 이유로 교수직을 박탈당하자 1933년 영국으로 망명한 다음, 미국으로 망명하여 1938년 미네소타대학교 교수가 되었다. 1906년 뮌헨대학교에서 물리 무기화학으로 교수자격논문이 통과되었고, 1911년 브라운슈바이크 공대 교수가 되었다. 1916년 베를린 '빌헬름 황제 물리 화학 연구소' 연구원을 거쳐 1919년 소장이 되었다. 1923년 베를린대학교에서 명예교수로 강의했다.

화학자인 미하엘 (마이클) 폴라니 (Michael Polanyi, 1891-1976)는 1933년 영국으로 망명하여 1933년부터 1948년까지 맨체스터대학교 물리화학 교수를 역임했다. 오스트리아-헝가리 (부다페스트) 출신으로 1919년 부다페스트대학교에서 박사학위를 취득했다. 1920년 '자연과학 후원 빌헬름 황제 협회 (KWG)' 섬유화학실 연구를 거쳐 실장이 되었다. 1923년 동 협회 물리화학, 전기화학실로 옮겼다.

6.1.4. 의학자

'신경심리학 (Neuropsychology)'과 '정신신체 의학 (Psychosomatic medicine)'의 선구자로 신경학자이자 심리학자인 쿠르트 골드슈타인 (Kurt Goldstein, 1878-1965)은 1933년 '나치돌격대 SA'에 체포되어 망명을 강요당했다. 1903년 브레스라우대학교에서 박사학위를 취득했다. 1906년부터 1914년까지 쾨니히스베르크 신경정신 병원에 근무했다. 1914년 프랑크푸르트 '젱켄베르크 (Senckenberg) 신경과 연구소' 소장이 되었고, 1923년 프랑크푸르트대학교 신경과 정교수가 되었다. 스위스와 네덜란드를 거쳐 1935년 미국으로 망명했다. 1936년 컬럼비아대학교 무보수 신경과 교수를 거쳐, 1940년부터 1945년까지 보스턴 터프츠대학교 신경과 교수를 역임했다.

신경병리학자인 필립 슈바르츠 (Philipp Schwartz, 1894-1977)는 1933년 4월 유대인 혈통이란 이유로 '공무원 신분 원상회복법'에 의거 교수직을 박탈당했고, 1933년 4월 스위스 취리히에서 위기에 처한 과학자들을 돕기 위한 ('비상대책협회'에 상당하는) '독일 과학자 상담소'를 설립했다. 1919년부터 프랑크푸르트대학교 병리학 연구소에서 연구했고, 1926년 프랑크푸르트대학교에서 교수자격논문이 통과된 후 1927년 비정년 교수가 되었다.

피부과전문의인 오스카 간스 (Oscar Gans, 1888-1983)는 1934년 유대인 혈통이란 이유로 강제 퇴직당하자, 영국 여권을 소지하고 인도로 망명하여 뭄바이에서 개인병원을 개업했다. 1912년 프라이부르크대학교에서 박사학위를 취득했다. 1919년 함부르크대학교에서 교수자격논문이 통과된 후 1924년 하이델베르크대학교 비정년 교수, 1930년 프랑크푸르트대학교 정교수가 되었다.

의학자인 젤마 아쉬하임 (Selmar Aschheim, 1878-1965)은 1935년 유대인 혈통이라는 이유로 교수직을 잃고 1937년 프랑스 파리로 망명하여 1957년까지 '프랑스 국립 과학연구센터 (Centre national de la recherche scientifique)'에서 근무했다. 1901년 프라이부르크대학교에서 박사학위를 취득했다. 1908년 베를린 소재 샤리테 (Charité)

대학병원 실험실 실장이 되었고, 1931년 베를린대학교 명예교수가 되었다.

약학자이자 독물학자인 파울 풀렙카 (Paul Pulewka, 1896-1989)는 1935년 터키로 망명하여 1946년 앙카라대학교 교수가 되었다. 터키어를 구사할 수 있었으나 독일어로 강의했고, 1953년 터키 국적 취득 제의를 거절했다. 1927년 쾨니히스베르크대학교에서 박사학위를 취득했고, 1929년부터 튀빙겐대학교 강사를 거쳐 1933년 약물학, 독극물학 비정년 교수가 되었다.

바이러스학자인 베르너 헨레 (Werner Henle, 1910-1987)는 1936년 하이델베르크대학교 의학박사 동창이자 역시 바이러스학자인 게르투루데 치핑기어 (Gertrude Szpingier)와 미국으로 망명한 다음 결혼했다. 하이델베르크대학교에서 박사학위를 취득했다. 1936년부터 펜실베이니아대학교, 1939년부터 필라델피아 병원에서 부인과 공동으로 바이러스 연구하여 1960년대 'Epstein-Barr-Virus (EBV)'와 'Burkitt's lymphoma (BL)'를 제시했다.

6.2. 정신과학자

6.2.1. 문헌학자

20세기 독보적인 고전문헌학자로 부인이 유대인 혈통인 베르너 예거 (Werner Jaeger, 1888-1961)는 1936년 미국으로 이주했다. 1911년 베를린대학교 헤르만 딜스 (Hermann Diels) 교수에게서 베를린대학교 '고전어문학과'에서 40년 만에 최초로 수여한 최우수 점수 (summa cum laude)로 박사학위를 취득했다. 1914년 교수자격논문이 통과된 후 평생 한 번도 조교나 전임강사도 거치지 않고 26세의 나이로 한

때 프리드리히 니체의 후임 자리인 바젤대학교 정교수가 되었다. 1915년 킬 대학교 정교수, 1921년 베를린대학교 정교수가 되었고, 1924년에는 프로이센 학술원 회원이 되었다. 나치 시절에는 비정치적 입장을 취하다가 나치 교육학자 에른스트 크릭 (Ernst Krieck)과 나치 교육정책에 대한 격렬한 논쟁을 벌였다. 미국으로 이주 후 시카고대학교를 거쳐 1939년부터 하버드대학교 교수를 역임했다.

고전문헌학자인 파울 마스 (Paul Maas, 1880-1964)는 1934년 유대인 혈통이란 이유로 '공무원 신분 원상회복법'에 의거 교수직을 박탈당한 후 1939년 영국 옥스퍼드로 망명했다. 1902년 박사학위를 취득한 후, 1910년 베를린대학교 전임강사, 1920년 베를린대학교 비정년 교수, 1930년 쾨니히스베르크대학교 정교수가 되었다. 망명 중 궁핍한 생활을 영유했다.

플라톤 및 그리스 비극 전공자인 고전문헌학자 파울 프리트랜더 (Paul Friedländer, 1882-1968)는 1935년 비 아리아인종이란 이유로 교수직을 박탈당했고, 1939년 미국으로 망명하여 존 홉킨스대학교 및 UCLA에서 강의한 후 1945년부터 UCLA 교수를 역임했다. 1905년 본대학교에서 박사학위를 취득하였고, 1911년 베를린대학교에서 교수자격논문이 통과되었다. 1914년부터 베를린대학교 비정년 교수를 거쳐 1920년 마르부르크대학교 정교수, 1932년 할레대학교 정교수가 되었다.

고전문헌학자인 쿠르트 폰 프릿츠 (Kurt von Fritz, 1900-1985)는 1935년 강제 퇴직당한 후 1936년 영국을 거쳐 1936년 미국으로 망명했다. 1923년 뮌헨대학교 에두아르트 슈바르츠 (Eduard Schwartz) 교수에게서 박사학위를 취득했다. 1927년 교수자격논문이 통과된 후 1933년 로스토크대학교 비정년 교수가 되었다. 미국으로 망명한 후

1937년부터 컬럼비아대학교에서 강의했다.

고전문헌학자인 에른스트 캅 (Ernst Kapp, 1888-1978)은 부인이 유대인 혈통이란 이유로 '공무원 신분 원상회복법'에 의거 1937년 교수직을 박탈당한 후 1939년 미국으로 망명했다. 1912년 프라이부르크대학교 에두아르트 슈바르츠 (Eduard Schwartz) 교수에게서 박사학위를 취득했다. 1920년 뮌헨대학교에서 교수자격논문이 통과된 후 1927년 함부르크대학교 정교수가 되었다. 미국으로 망명한 후 1941년부터 컬럼비아대학교 강사를 거쳐 1948년부터 교수를 역임했다.

고전문헌학자이자 철학자이고 오리엔트학자인 리하르트 루돌프 발처 (Richard Rudolf Walzer, 1900-1975)는 1933년 유대인혈통이란 이유로 교수직을 박탈당한 후 이탈리아 출신인 부인과 함께 이탈리아로 가서 로마대학교에서 그리스 철학을 강의했다. 1927년 베를린대학교에서 박사학위를 취득했다. 1932년 교수자격논문이 통과된 후 베를린대학교 서양고전어문학과 전임 강사를 역임했다. 이탈리아에서도 유대인은 안전하지 않자 영국으로 망명했다. 1942년 옥스퍼드대학교 강사로 시작하여 1950년 그리스 철학 교수가 되었다.

불문학자이자 문학이론가인 레오 슈핏쳐 (Leo Spitzer, 1887-1960)는 1933년 유대인 혈통이란 이유로 '공무원 신분 원상회복법'에 의거 교수직을 박탈당한 후 1933년 터키로 망명했다. 1910년 오스트리아 빈 대학교에서 박사학위를 취득했다. 1913년 빈 대학교 전임강사, 1925년 마르부르크대학교 프랑스 어학 정교수, 1930년 쾰른대학교 정교수가 되었다. 터키로 망명한 후 이스탄불대학교에 유럽어문학과를 창설한 후 학과장이 되었다. 1936년 미국으로 이주하여 1956년 정년퇴직할 때까지 존 홉킨스대학교 불문과 교수를 역임했다.

문예학자 (독문학자)인 한스 마이어 (Hans Mayer, 1907-2001)는

1933년 프랑스, 1934년 스위스 제네바로 망명했다. 1930년 베를린대학교에서 박사학위를 취득했다.

6.2.2. 역사학자

고대사 전공 역사학자인 아르투르 로젠베르크 (Arthur Rosenberg, 1889-1943)는 1933년 유대인 혈통이란 이유로 '공무원 신분 원상회복법'에 의거 교수직을 박탈당하고 1933년 스위스, 1934년 영국, 1937년 미국으로 망명했다. 1911년 베를린대학교에서 로마사 연구로 박사학위 취득, 1913년 교수자격논문이 통과되었다. 1930년부터 1933년까지 베를린대학교 비정년 교수를 역임했다. 망명 후 영국 리버풀대학교, 미국 브루클린대학교에서 강의했다.

작가이자 역사학자인 알프레트 박츠 (Alfred Vagts, 1892-1986)는 1932-33년 영국을 거쳐 미국으로 망명했다. 1919년 뮌헨 소비에트공화국 참여 후 극좌파로 활동했고, 1923년부터 1932년까지 함부르크대학교 '대외정책 연구소' 연구원을 지냈다. 미국으로 망명한 후 1933년 미국 시민권을 취득했다. 1938/39년 하버드대학교 객원교수, 1939년부터 1942년까지 프린스턴대학교 고등연구소 연구원을 역임했다.

역사철학자이자 문화사학자이고 사회학자인 프란츠 보르케나우 (Franz Borkenau, 1900-1957)는 1933년 오스트리아로 망명했다가, 프랑스로, 그러한 다음 파나마로 망명했다.

에른스트 콘-브람슈테트 (Ernst Kohn-Bramstedt, 1901-1978)는 1933년 영국으로 망명했다. 1940년 영국국적을 취득했고, BBC방송에서 근무했다. 1943년부터 1947년까지 영국외무성에서 근무했다.

헬무트 히르쉬 (Helmut Hirsch, 1907-2009)는 1933년 당시의

자르지역으로 망명한 다음, 1935년 프랑스, 1941년 미국으로 망명했다.

노벨문학상 수상자 토마스 만의 아들인 골로 만 (Golo Mann, 1909-1994)은 1933년 가족을 따라 스위스를 거쳐 프랑스로 망명했다. 1932년 하이델베르크대학교 칼 야스퍼스 (Karl Jaspers) 교수에게서 박사학위를 취득했다. 1940년 프랑스에서 그의 큰 아버지인 작가 하인리히 만과 함께 스페인을 경유하여 미국으로 망명했다. 1942년부터 1958년까지 미국의 여러 대학교에서 역사학을 강의했다.

하요 홀보른 (Hajo Holborn, 1902-1969)은 1934년 영국을 거쳐 미국으로 망명했다. 1926년부터 하이델베르크대학교 전임강사를 거쳐 베를린 '독일 정치대학' 역사학 교수를 역임했다. 미국으로 망명한 후 1936년부터 1942년까지 매사추세츠 터프츠 대학교 (Tufts University)에서 강의했다. 2차 대전 중에는 미국 시민권자로 미국 첩보기관인 OSS에서 근무했다. 하이델베르크에서 태어나 아버지와 함께 망명의 길에 올랐던 그녀의 딸 한나 홀보른 그레이 (Hanna Holborn Gray, 1930-)는 후일 예일대학교 교수를 거쳐 예일대학교 총장과 시카고대학교 총장을 역임했다.

한스 로젠베르크 (Hans Rosenberg, 1904-1988)는 1934년 캐나다, 쿠바를 거쳐 1935년 미국으로 망명했다. 1928년 베를린대학교 프리드리히 마이네케 (Friedrich Meinecke) 교수에게서 박사학위를 취득했고, 1934년 교수자격논문이 통과되었다. 미국으로 망명한 후 1938년부터 1959년까지 브루클린대학교, 1959년부터 1972년까지 캘리포니아 대학교 (UCB) 역사학 교수를 역임했다.

프란치스 L. 카르스텐 (Francis L. Carsten, 1911-1998)은 1936년 프랑스로 망명한 다음, 1939년 영국으로 망명했다.

한스 로트펠스 (Hans Rothfels, 1891-1976)는 1934년 유대인 혈

통이란 이유로 교수직을 박탈당한 후 1939년 영국을 경유하여 미국으로 망명했다. 하이델베르크대학교에서 역사학을 전공한 후 1926년부터 쾨니히스베르크대학교 교수를 역임했다.

에른스트 엥겔베르크 (Ernst Engelberg, 1909-2010)는 1934년 베를린대학교 헤르만 온켄 (Hermann Oncken) 교수에게서 『독일 사회민주주의와 비스마르크식 사회정책』이란 주제로 박사학위를 취득했는데, 박사학위 시험 며칠 후 체포당하여 복역했다. 복역 후 스위스를 거쳐 1940년 터키로 망명했다.

6.2.3. 철학자

프리드리히 빌헬름 푀르스터 (Friedrich Wilhelm Foerster, 1869-1966)는 1933년 프랑스를 거쳐 1940년 미국으로 망명했다. 1893년 베를린대학교에서 박사학위를 취득했다. 1898년 취리히대학교에서 교수자격논문이 통과된 후 1898년부터 1912년까지 취리히대학교 철학, 교육학 전임강사를 역임했다. 1913/14년 빈 대학교 비정년 교수를 거쳐 1914년부터 뮌헨대학교 철학, 교육학 정교수를 역임했다.

테오도르 레씽 (Theodor Lessing, 1872-1933)은 1933년 3월 1일 체코로 도주했으나, 그해 8월 30일 나치 자객들에게 저격당하여 목숨을 잃었다. 1907년부터 하노버 공대 전임강사를 역임했다.

철학자이자 예술사학자인 에른스트 카시러 (Ernst Cassirer, 1874-1945)는 1933년 유대인 혈통이란 이유로 '공무원 신분 원상회복법'에 의거 교수직을 박탈당한 후 영국으로 망명하여 옥스퍼드대학교 객원교수가 되었다. 1899년 마르부르크대학교 헤르만 코엔 (Hermann Cohen) 교수와 파울 나토릅 (Paul Natorp) 교수에게서 박사학위를 취득했다. 1906년 베를린대학교에서 교수자격논문이 통과된 후 베를린대학교 전임 강사, 1919년 함부르크대학교 철학 정교수가 되었다. 1935년 영국에서 또 다시 스웨덴으로 망명하여 괴테보르크대학교 교수를 역임했고, 1939년 스웨덴 시민권을 취득했다. 1941년 미국으로 이주하여 예일대학교와 컬럼비아대학교에서 강의했다.

마르부르크학파의 대표자인 아르투르 리베르트 (Arthur Liebert, 1878-1946)는 1933년 강제 퇴직당한 후 세르비아 베오그라드로 망명했다. 1907년 베를린대학교 프리드리히 파울젠 (Friedrich Paulsen) 교수와 알로이스 릴 (Alois Riehl) 교수에게서 박사학위를 취득했다. 1904년 '칸트학회 (Kant-Gesellschaft)'를 창립했고, 1919년부터 1933년까지 베를린 상과대학에서 철학을 강의했다. 1939년 세르비아에서 영국으로 이주했다.

에른스트 블로흐 (Ernst Bloch, 1885-1977)는 1933년 독일 국적을 박탈당했고, 스위스로 망명했다. 블로흐는 1차 세계 대전 중인 1917년부터 1919년까지에도 스위스에 망명했었다. 1939년 스위스에서 또 다시 미국으로 망명했다. 1944년 뉴욕에서 알프레트 되블린, 리온 포이히트방어, 존 하트필드, 하인리히 만과 더불어 아우로라 출판사를 창립했다.

철학자이자 사회이론가인 발터 벤야민 (Walter Benjamin, 1892-1940)은 1933년 프랑스 파리로 망명했다. 1940년 미국으로 망명할 목적으로 스페인 국경을 넘어가던 중 자살로 생을 마감했다.

칼 바르트 (Karl Barth), 디트리히 본회퍼 (Dietrich Bonhoeffer), 루돌프 불트만 (Rudolf Bultmann), 칼 라너 (Karl Rahner)와 함께 20세기 전반기를 대표하는 신학자 중의 한 사람으로 조직신학자인 파울 틸리히 (Paul Tillich, 1886-1965)는 1933년 유대인 혈통이란 이유로 '공무원 신분 원상회복법'에 의거 교수직을 박탈당한 후 미국으로 망명하여 '유니온 신학교 (UTS)' 교수를 역임했다. 1910년 오이겐 퀴네만 (Eugen Kühnemann) 교수에게서 쉘링 (Schelling)에 관한 연구로 박사학위를 취득했다. 1차 세계대전 참전 후 베를린대학교 전임강사, 1924년부터 마르부르크 대학교, 1925년부터 드레스덴 공대, 1929년부터 1933년까지 프랑크푸르트대학교 전임강사를 역임했다. 미국으로 망명한 후 1944년 망명단체 '민주 독일 평의회 (Council for a Democratic Germany)'를 창립하고 의장을 역임했다.

루드뷔히 마르쿠제 (Ludwig Marcuse, 1894-1971)는 1933년 프랑스로 망명한 다음, 1939년 소련을 경유, 미국으로 망명하여 남캘리포니아 대학교 (USC) 교수를 역임했다. 1917년 베를린대학교 에른스트 트뢸취 (Ernst Troeltsch) 교수에게서 프리드리히 니체에 관한 연구로 박사학위를 취득했다.

프릿츠 하이네만 (Fritz Heinemann, 1889-1970)은 1933년 네덜란드, 프랑스, 터키를 경유하여 1937년 영국으로 망명했다. 1930년부터 1933년까지 프랑크푸르트대학교 비정년 교수를 역임했다. 영국으로 망명한 후 1939년부터 1956년까지 맨체스터대학 교수를 역임했다.

'철학적 인간학 (Philosophical anthropology)' 대표자로 철학자이자 사회학자인 헬무트 프레스너 (Helmuth Plessner, 1892-1985)는 1933년 아버지가 유대인 혈통이란 이유로 '공무원 신분 원상회복법'에 의거 교수직을 박탈당하자 1933년 터키로 망명한 다음, 1934년 네덜란드로 망명했다. 1926년부터 쾰른대학교 비정년 교수를 역임했다. 네덜란드로 망명지를 옮긴 후 독일군이 네덜란드를 점령하자 지하(단체)로 은신했다. 1946년 네덜란드 그로닝겐대학교 (Rijksuniversiteit Groningen) 철학 정교수가 되었다.

하인리히 브뤼혀 (Heinrich Blücher, 1899-1970)는 1933년 체코 프라하로 망명한 다음, 1934년 프랑스로 망명했다. 1941년 프랑스의 수용소에서 탈출하여, 스페인과 포르투갈을 거쳐 미국으로 망명했다.

『책임의 원리 (*Das Prinzip Verantwortung*)』 저자인 한스 요나스 (Hans Jonas, 1903-1993)는 1933년 영국을 거쳐 1935년 팔레스타인 예루살렘으로 망명했다. 1930년 마르부르크대학교 마르틴 하이데거 교수에게서 박사학위를 취득했다.

정치사상가인 한나 아렌트 (Hannah Arendt, 1906-1975)는 1933년 프랑스로 망명한 다음, 1941년 미국으로 망명했다. 1937년 독일 국적을 박탈당했다. 1937년 망명지에서 귄터 안더스와 이혼하고 1940년 하인리히 블뤼허 (Heinrich Blücher)와 재혼했다. 1951년 미국 시민권을 취득했다.

귄터 안더스 (Günther Anders, 1902-1992)는 1933년 프랑스 파리로 망명한 후 1936년 미국으로 망명했다. 1923년 프라이부르크대학교 에드문트 훗설 (Edmund Husserl) 교수에게서 현상학에 관한 연구로 박사학위를 취득했다. 1929년 프랑크푸르트대학교 파울 틸리히 (Paul Tillich) 교수에게 교수 자격논문을 제출했으나 Th. W. 아도르노의 반대로 통과되지 못했다. 1929년부터 1937년까지 정치사상가 한나 아렌트와 결혼생활을 했다. 한나 아렌트와 이혼 후 1945년부터 1955년까지 작가 엘리자베트 프로인트리히 (Elisabeth Freundlich)와 결혼 생활을 했다.

라이몬트 클리반스키 (Raymond Klibansky, 1905-2005)는 1933년 교수직을 박탈당한 후 1933년 영국으로 망명하여 옥스퍼드대학교 교수, 캐나다 몬트리올대학교 교수를 역임했다. 1929년 하이델베르크대학교에서 박사학위를 취득했고, 1931년 교수자격논문이 통과된 후 하이델베르크대학교 전임강사를 역임했다.

칼 뢰비트 (Karl Löwith, 1897-1973)는 1933년 유대인 혈통이란 이유로 교수직 박탈당했고, 출판금지를 당했다. 1923년 뮌헨대학교 모리츠 가이거 (Moritz Geiger) 교수에게서 박사학위를 취득했다. 1928년 마르부르크대학교 마르틴 하이데거 교수에게서 교수자격논문이 통과되었고 1934년 마르부르크대학교 역사철학 비정년 교수가 되었다. 1934년 이탈리아로 망명한 후, 일본으로 망명하여 1936년부터 1937년까지 일본의 도호쿠대학 (東北大学)에서 강의했다. 1941년 미국으로 이주하여 1949년부터 1952년까지 'New School for Social Research' 교수를 역임했다.

철학자이자 사회학자인 테오도르 W. 아도르노 (Theodor W. Adorno, 1903-1969)는 1934년 영국으로 망명한 다음, 1938년 미국으로 망명했다. 1938년 프랑크푸르트에서 미국 뉴욕으로 이전한 '사회연구소' 정회원이 되었다. 1942년 막스 호르크하이머와 『계몽의 변증법』 공동 작업을 위해 캘리포니아로 거주지를 옮겼다.

의학자이자 철학자인 베르너 곳프리트 브록 (Werner Gottfried Brock, 1901-1974)은 1933년 유대인 혈통이란 이유로 교원자격을 박탈당했다. 1928년 괴팅겐대학교 게오르크 미쉬 교수에게서 프리드리히 니체에 관한 연구로 박사학위를 취득했다. 1931년 철학적 생물학에 관한 주제로 교수자격논문이 통과되었다. 1930년부터 마르틴 하이데거의 조교 겸 전임강사를 역임했다. 1934년 하이데거의 도움으로 영국 캠브리지로 건너가 독일철학을 강의했다.

레오 슈트라우스 (Leo Strauss, 1899-1973)는 나치 체제가 집권하기 직전 록펠러 장학금을 받아 프랑스 파리로 갔다. 1921년 함부르크대학교 에른스트 카시러 교수에게서 박사학위를 취득한 다음 마르부르크대학교 에드문트 훗설 교수와 마르틴 하이데거 교수 문하에서 수학했다. 1925년부터 1932년까지 베를린 '유대교학 대학' 강사를 역임했다. 1931년 신학자 파울 틸리히 (Paul Tillich)에게 제출한 교수자격논문이 거절당했다. 1934년부터 1938년까지 역시 록펠러 장학금을 받아 영국에서 토마스 홉스를 연구했다. 1938년 미국으로 건너가 'New School for Social Research'에서 강의했다. 1944년 미국 시민권을 취득했다.

게오르크 미쉬 (Georg Misch, 1878-1965)는 1935년 유대인 혈통이란 이유로 교수직을 박탈당한 다음 영국으로 망명했다. 1900년 베를린대학교에서 박사학위를 취득했다. 1905년 베를린대학교 빌헬름 딜타이 (Wilhelm Dilthey) 교수에게서 교수자격논문이 통과되었다. 1911년 마르부르크대학교 비정년 교수, 1916년 괴팅겐대학교 비정년 교수, 1919년 괴팅겐대학교 철학 정교수가 되었다.

논리실증주의 대표자인 루돌프 카르납 (Rudolf Carnap, 1891-1970)은 1936년 미국으로 망명하여 시카고대학교에서 강의했다. 1921년 예나대학교 브루노 바우흐 (Bruno Bauch) 교수에게서 박사학위를 취득했다. 1926년 빈 대학교에서 교수자격논문이 통과된 후 1931년까지 빈 대학교 전임강사, 1931년부터 1935년까지 프라하대학교 비정년 교수를 역임했다. 1941년 미국 시민권을 취득했다.

나치 정치가로 파시즘 이론가인 헤르만 라우쉬닝 (Hermann Rauschning, 1887-1982)은 1936년 스위스로 망명했다. 1932년부터 1934년까지 나치 상황을 기록으로 전하는 『히틀러와의 대화 (*Gespräche mit Hitler*)』 저자이다. 1932년부터 나치 당원이었으나 강령을 거부하고 1934년에 당을 탈퇴하여 나치 체제의 비판자가 되었다. 1933년부터 1934년까지 단치히 자유도시 의회 의장을 역임했다.

1938년 스위스에서 프랑스, 1939년 영국을 거쳐 1941년 미국으로 망명했다.

헬무트 쿤 (Helmut Kuhn, 1899-1991)은 1937년 미국으로 망명하여 노스캐롤라이나 대학교 (채플힐) 교수를 거쳐 1947년 에모리대학교 교수가 되었다. 1923년 브레스라우대학교에서 박사학위를 취득했다. 1930년 베를린대학교에서 교수자격 논문이 통과된 후 1937년까지 베를린대학교 전임강사를 역임했다.

철학자이자 과학이론가인 칼 포퍼 (Karl Popper, 1902-1994)는 1937년 뉴질랜드로 망명하여 캔터베리 대학교 강사를 역임했다. 1928년 빈 대학교 칼 빌러 (Karl Bühler) 교수에게서 박사학위를 취득했다. 1946년 영국으로 이주하여 런던 정치경제대학교 (LSE) 비정년 교수, 1949년 런던대학교 논리학 교수 (1969년 정년퇴직)를 역임했다.

곳하르트 귄터 (Gotthard Günther, 1900-1984)는 1937년 이탈리아를 거쳐 남아프리카로 망명한 다음, 1940년 미국으로 망명했다.

철학자이자 신학자인 리하르트 크로너 (Richard Kroner, 1884-1974)는 1938년 영국을 경유하여 1940년 미국으로 망명했다. 1908년 프라이부르크대학교 하인리히 리커르트 (Heinrich Rickert) 교수에게서 박사학위를 취득했다. 1912년 교수자격 논문이 통과된 후 하이델베르크대학교 철학 전임강사를 역임했다. 1924년 드레스덴 공대, 1928년 킬 대학교 철학 정교수가 되었다. 미국으로 망명한 후 1941년부터 1952년 정년퇴직까지 뉴욕 유니온 신학교 종교철학 교수를 역임했다.

마르틴 부버 (Martin Buber, 1878-1965)는 유대인 혈통이란 이유로 교수직을 박탈당했고, 1938년 팔레스타인 예루살렘으로 망명하여 예루살렘 히브리대학교 교수를 역임했다. 1924년부터 1933년까지 프랑크푸르트대학교 강사, 유대종교학 및 윤리학 명예교수를 역임했다.

철학자이자 물리학자이고 수학자인 필립 프랑크 (Philipp Frank, 1884-1966)는 1938년 미국으로 망명하여 하버드대학교 수학, 물리학 강사를 역임했다. 1907년 빈 대학교에서 이론물리학으로 박사학위를 취득했다. 1910년 빈 대학교에서 교수자격 논문이 통과된 후 아인슈타인의 추천으로 프라하대학교에서 아인슈타인 후임으로 근무했다.

철학자이자 작가인 디트리히 폰 힐데브란트 (Dietrich von Hildebrand, 1889-1977)는 나치 체제가 집권하자 오스트리아로 도주한 후 1938년 스위스를 거쳐 프랑스로 망명한 후 브라질을 거쳐 미국으로 망명했다. 괴팅겐대학교 에드문트 훗설 교수에게서 박사학위를 취득했다. 1918년부터 1933년까지 뮌헨대학교 철학 교수를 역임했다.

철학자로 실증주의자인 구스타프 베르크만 (Gustav Bergmann, 1906-1987)은 1938년 아인슈타인의 도움을 받아 미국으로 망명했다. 1928년 빈 대학교에서 수학 박사학위를 취득했다. 베를린에서 앨버트 아인슈타인의 조교로 근무했다. 미국으로 망명한 후 1940년 아이오와대학교 철학 조교수, 1950년 교수가 되었다. '미국 철학회' 회장을 역임했다.

리하르트 회니히스발트 (Richard Hönigswald, 1875-1947)는 1933년 유대인 혈통이란 이유로 교수직을 박탈당하고 1938년에는 박사 칭호도 박탈당했다. 1902년 오스트리아 빈 대학교에서 의학박사학위를 취득한 후 1904년 오스트리아 그라츠대학교에서 철학박사학위를 취득했다. 브레스라우대학교에서 교수자격논문이 통과된 후

1910년 비정규직 교수, 1916년 교수, 1919년 정교수가 되었다. 1924년 사회학자 노르베르트 엘리아스의 논문을 지도하여 박사학위를 수여했다. 1930년 뮌헨대학교 교수가 되었고 1939년 미국으로 망명했다. 1941년 독일국적을 박탈당했고, 1944년 미국 시민권을 취득했다. 미국의 대학에서 자리를 구하지 못하고 출판사도 구하지 못했고, 1947년 미국 코네티컷 뉴헤이번에서 사망했다.

유대인 출신 가톨릭 수녀 철학자인 에디트 슈타인 (Edith Stein, 1891-1942)은 1938년 네덜란드로 이주했고, 1942년 8월 2일 게슈타포에 체포되어 1942년 8월 9일 유대인수용소 독가스실에서 죽임을 당했다. 1916년 프라이부르크대학교 에드문트 훗설 교수에게서 박사학위를 취득했다. 괴팅겐대학교, 브레스라우대학교, 프라이부르크대학교에 교수자격 논문을 제출했지만 통과되지 못했다.

칼 구스타프 헴펠 (Carl Gustav Hempel, 1905-1997)은 1939년 미국으로 망명하여 1940년부터 1948년까지 퀸스 칼리지에서 강의했다. 1934년 베를린대학교에서 박사학위를 취득했다. 예일대학교 교수, 프린스턴대학교 교수, 미국 철학회 회장을 역임했다.

울리히 존네만 (Ulrich Sonnemann, 1912-1993)은 1933년 스위스로 망명하여 1934년 바젤대학교에 박사논문을 제출하여 박사학위를 취득했다. 1940년 브뤼셀에서 체포되어 프랑스에 수감되었다가 1941년 수용소 탈출에 성공하여 미국으로 도주했다. 'New School for Social Research' 심리학 부교수를 역임했다.

요셉 슐라이프슈타인 (Josef Schleifstein, 1915-1992)은 1933년부터 나치 저항 운동을 하다가 체포되어 투옥되었다. 1935년 석방된 다음 무국적자가 되어 폴란드로 추방되었다. 폴란드에서 체코슬로바키아로 망명한 다음, 1939년 영국 런던으로 망명했다.

6.3. 사회과학자

6.3.1. 법학자

20세기 저명한 법학자인 —특히 헌법, 국제법 분야— 한스 켈젠 (Hans Kelsen, 1881-1973)은 1933년 유대인 혈통이란 이유로 '공무원 신분 원상회복법'에 의거 대학교에서 안식년 처리를 당한 후 1934년 퇴직당했다. 1906년 빈 대학교에서 박사학위를 취득했다. 1911년 빈 대학교에서 헌법과 법철학으로 교수자격 논문 통과 후 1917년 빈 대학교 비정년 교수, 1919년 빈 대학교 법학 정교수, 1930년 쾰른대학교 국제법 정교수가 되었다. 1933년부터 1940년까지 스위스 제네바 '국제연구 대학원 (Institut universitaire de hautes études internationales)' 국제법 교수 겸 1936년부터 1938년까지 체코 프라하의 칼 페르디난트 대학교 국제법 정교수를 역임했다. 독일 국적과 오스트리아국적을 박탈당하자 1936년 체코국적을 취득했다. 1940년 미국으로 망명했다. 하버드대학교에서 명예박사를 수여받았으나 교수직을 받지는 못했다. 1942년 캘리포니아 대학교 버클리 (UC Berkeley)로 옮겨 1945년 동 대학교에서 풀 교수로 임명되었고 1957년까지 정치학을 강의했다.

1930년 출간된 『법치국가인가 혹은 독재인가?』라는 저서에서 사용한 "사회적 법치국가 (sozialer Rechtsstaat)"라는 개념으로 유명한 법학자 헤르만 헬러 (Hermann Heller, 1891-1933)는 1933년 강연차 영국으로 갔다가 독일로 돌아오지 않고 스페인 마드리드대학교 객원교수로 강의하기 위해 마드리드로 망명했다. 1915년 오스트리아 그라츠대학교에서 법학박사 학위를 취득했다. 1920년 킬 대학교에서 교수자격 논문이 통과되었다. 1928년 베를린대학교 비정년 교수를 거쳐 1932년 프랑크푸르트대학교 공법 정교수가 되었다. 1933년 9월 1일 유대인 혈통이란 이유로 '공무원 신분 원상회복법'에 의거 교수직을 박탈당하고 1933년 11월 5일 마드리드에서 심장마비로 사망했다.

세법학자인 알베르트 헨젤 (Albert Hensel, 1895-1933)은 1933년 4월 '아리안 조항 (Arierparagraph)'에 의거 학교 당국으로부터 '안식년' 조치를 당하여 이탈리아 파비아에 갔다가 1933년 10월 18일 이탈리아 파비아에서 사망했다. 본 대학교에서 교수자격 논문이 통과된 후 1923년 본 대학교 비정년 교수를 거쳐 1929년부터 1933년까지 쾨니히스베르크대학교 공법 정교수를 역임했다.

헤르만 칸토르뷔치 (Hermann Kantorowicz, 1877-1940)는 유대인 혈통이란 이유로 '공무원 신분 원상회복법'에 의거 교수자격을 박탈당했다. 1933년 미국으로 망명한 다음, 1934년 영국으로 망명했다. 1900년 하이델베르크대학교에서 박사학위를 취득했다. 1907년 프라이부르크대학교에서 교수자격 논문이 통과된 후 1913년부터 1929년까지 프라이부르크대학교 전임강사, 비정년 교수를 역임했다. 1929년부터 1933년까지 킬 대학교 법학 정교수를 역임했다. 미국으로 망명한 후 1933년부터 1934년까지 뉴욕의 씨티칼리지에서 강의했고, 영국으로 망명한 후 1934년부터 1937년까지 런던의 'School of Economics', 옥스퍼드의 'All Souls College', 케임브리지 대학교에서 강의했다. 1940년 영국의 케임브리지에서 사망했다.

법학자이자 언론인이고 마르크스이론가로 안토니오 그람시, 게오르크 루카치와 더불어 저명한 마르크스 철학 복구자에 속하는 칼 코르쉬 (Karl Korsch, 1886-1961)는 1933년 덴마크로 망명한 다음 영국을 거쳐 1936년 미국으로 망명했다. 1910년 예나대학교에서 박사학위를 취득했다. 1919년 예나대학교에서 교수자격 논문이 통과된 후 전임강사를 거쳐 1923년 민법, 소송법, 노동법 교수가 되었다. 미국으로 망명한 후 워싱턴 주립대학교, 툴레인대학교 등에서 객원교수를 지냈지만 개인적인 정치적 색채 때문에 교수 직위는 거부당했다.

행정학자이자 헌법학자로 저명한 헌법이론가인 오토 키르히하임머(Otto Kirchheimer, 1905–1965)는 1933년 프랑스로 망명한 다음, 1937년 미국으로 건너갔다. 1928년 본 대학교에서 박사학위를 취득했다. 1930년부터 1933년까지 상과대학 정치학 강사, 1932년부터 1933년까지 베를린에서 검사로 근무했다. 미국으로 망명한 후 1937년부터 1942년까지 컬럼비아대학교 강사, 1944년부터 1952년까지 미국 첩보기관 OSS에서 근무했다.

법학자이자 정치학자인 아르놀트 브레히트(Arnold Brecht, 1884–1974)는 1933년 미국으로 망명하여 뉴욕 'New School for Social Research'에서 강의했다. 1906년 박사학위를 취득했고, 1918년부터 1933년까지 바이마르 공화국 고급 공무원을 지냈다. 미국으로 망명한 후 2차 대전이 종전되기 전에 미국 대외정책 고문을 지냈다.

정치학자이자 법학자인 프란츠 노이만(Franz Neumann, 1900-1954)은 1933년 영국으로 망명했다. 1923년 프랑크푸르트대학교에서 박사학위를 취득했다. 1928년부터 1933년까지 베를린에서 변호사, 1928년부터 베를린 '독일 정치대학'에서 강의했다. 영국으로 망명한 후 1935년 '런던 정치경제대학교(London School of Economics and Political Science)' 해럴드 라스키(Harold Laski) 교수와 칼 만하임(Karl Mannheim) 교수에게서 두 번째 박사학위를 취득했다. 1936년 미국으로 이주하여 컬럼비아대학교 사회연구소에서 근무했다. 1942년부터 OSS에서 2차 대전 후 미래 독일에서의 미군정 정책 작업 부서에서 근무한 다음, 미국국무부에서 근무했다.

법학자이자 정치학자인 한스 지몬스 (Hans Simons, 1893-1972)는 1933년 유대인 혈통이란 이유로 '공무원 신분 원상회복법'에 의거 공무원직을 박탈당했고, 1934년 미국으로 망명하여 'New School for Social Research' 교수를 역임했다. 바이마르 공화국 시절 헌법 내무 등 분야의 관리로 활동했다. 1920년 쾨니히스베르크대학교에서 박사학위를 취득했다. 1925년부터 1930년까지 독일정치대학 교수로 국제법, 헌법, 행정법 등을 강의했다. 미국으로 망명한 후 1940년 미국 시민권을 취득했고, 1950년부터 1960년까지 'New School for Social Research' 총장을 역임했다.

프리드리히 케슬러 (Friedrich Kessler, 1901-1998)는 1934년 미국으로 망명했다. 1928년 베를린대학교에서 박사학위를 취득했다. 1931년부터 1933년까지 베를린상과대학 전임강사를 역임했다. 미국으로 망명한 후 1942년 미국 시민권을 취득했다. 1935년부터 1938년까지 예일대학교 로스쿨 조교수, 1938년부터 1947년까지 시카고대학교 로스쿨 부교수, 1947년부터 1970년까지 예일 대학교 로스쿨 교수를 역임했다.

뉘른베르크 전범재판 당시 미국 검사장 로버트 H. 잭슨 (Robert H. Jackson)의 대리인으로 근무한 법률가 로베르트 켐프너 (Robert Kempner, 1899-1993)는 1933년 공직을 박탈당했고, 1935년 이탈리아를 거쳐 미국으로 망명했다. 프라이부르크대학교에서 학업을 마친 후 베를린에서 검사로 일한 다음, 1928년 프로이센 내무부에서 근무했다. 미국으로 망명한 후 1939년부터 프랭클린 D. 루즈벨트 대통령 행정부의 고문, 1943년 '유엔 전쟁범죄 위원회 (United Nations War Crimes Commission, UNWCC)' 위원을 역임했다.

법학자이자 정치학자로 독일 '미래학 (Futurologie)' 창시자인 오씨프 K. 프레히트하임 (Ossip K. Flechtheim, 1909-1998)은 1935년 스위스로 망명한 다음 1939년 미국으로 망명했다. 1934년 쾰른대학교에서 법학박사 학위를 취득했다.

법학자이자 사회학자인 베르너 S. 란데커 (Werner S. Landecker, 1911-2002)는 1936년 베를린대학교에서 박사학위를 취득한 후 1936년 미국으로 망명했다. 인디애나대학교 교수를 거쳐 시카고대학교 교수를 역임했다.

제임스 골드쉬미트 (James Goldschmidt, 1874-1940)는 1934년 강제 퇴직당했고, 1938년 영국을 거쳐 우루과이로 망명했다. 1895년 베를린대학교에서 박사학위를 취득했다. 1901년 베를린대학교 요셉 콜러 (Josef Kohler) 교수와 프란츠 폰 리스트 (Franz von Liszt) 교수에게서 교수자격 논문이 통과되었다. 비정년 교수를 거쳐 1919년부터 베를린대학교 법학 정교수를 역임했다. 1940년 우루과이 몬테비데오에서 사망했다.

바이마르 공화국과 초창기 서독의 중요한 헌법 및 국제법학자인 에리히 카우프만 (Erich Kaufmann, 1880-1972)은 1934년 유대인 혈통이란 이유로 '공무원 신분 원상회복법'에 의거 교수직을 박탈당한 후 1938년 네덜란드로 도주했다. 1906년 할레대학교에서 박사학위를 취득했다. 1908년 킬 대학교에서 교수자격 논문이 통과된 후 1912년 킬 대학교 비정년 교수, 1913년 쾨니히스베르크대학교 정교수, 1917년 베를린대학교 정교수, 1920년 본 대학교 정교수가 되었다. 1927년 베를린대학교 명예교수로 이직했다가 1933년 베를린대학교 정교수가 되었다.

법학자이자 언론인인 오토 라이히터 (Otto Leichter, 1897-1973)

는 1938년 벨기에를 거쳐 프랑스로 망명한 다음, 1940년 미국으로 망명했다. 1920년 빈 대학교에서 박사학위를 취득했다. 1919년부터 1934년까지 오스트리아 잡지 『투쟁』에서 근무했다. 1925년부터 1934년까지 빈 소재 사민당 중앙기관지인 "노동자 신문"에 근무했다.

에른스트 라벨 (Ernst Rabel, 1874-1955)은 1937년 유대인혈통이란 이유로 교수직을 박탈당한 후 1939년 벨기에를 경유하여 미국으로 망명했다. 1895년 빈 대학교에서 박사학위를 취득했다. 1906년 바젤대학교 정교수, 1911년 괴팅겐대학교 정교수가 되었고, 1920년부터 1925년까지 뮌헨고등법원에서 근무했다. 1926년 베를린대학교 정교수가 되었다.

법학자이자 통계학자인 한스 차이셀 (Hans Zeisel, 1905-1992)은 1938년 오스트리아에서 미국으로 망명했다. 미국으로 망명한 후 시카고대학교 통계학, 법학 교수를 역임했다.

로마법 권위자인 프릿츠 슐츠 (Fritz Schulz, 1879-1957)는 1934년 프랑크푸르트대학교로 강제 이직 후 1935년 강제 퇴직당했다. 1939년 네덜란드를 경유하여 영국 옥스퍼드로 망명했다. 1905년 브레스라우대학교에서 박사학위를 취득했다. 1910년 인스부르크대학교 정교수, 1912년 킬 대학교, 1916년 괴팅겐 대학교, 1923년 본대학교, 1931년 베를린대학교 정교수가 되었다.

요한 모크르 (Johann Mokre, 1901-1981)는 1939년 대학교로부터 강제 퇴직당했고, 1939년 스위스, 이탈리아를 거쳐 미국으로 망명했다. 1924년 오스트리아 그라츠대학교에서 박사학위를 취득했다. 1932년부터 1938년까지 그라츠대학교 전임강사로 재직했다.

6.3.2. 경제학자

경제학자이자 사회학자인 에밀 레더러 (Emil Lederer, 1882-1939)는 1933년 유대인 혈통이란 이유로 '공무원 신분 원상회복법'에 의거 대학교에서 휴직당하자 1933년 일본으로 망명한 다음, 1933년 미국으로 망명했다. 1905년 빈 대학교에서 박사학위를 취득했고, 1911년 뮌헨대학교에서 박사학위를 취득했다. 1912년 하이델베르크대학교에서 교수자격 논문이 통과되었다. 1920년 하이델베르크대학교 사회정책 비정년 교수를 거쳐 1920년 정교수가 되었다. 1923년부터 1925년까지 일본 동경대학교 객원교수, 1923년부터 1931년까지 알프레트 베버와 공동으로 하이델베르크 대학교 사회과학 및 행정학 연구소 공동 소장을 역임했다. 1931년 베를린대학교 경제학, 재정학 교수가 되었다. 미국으로 망명한 후 1933년 망명대학교인 'New School for Social Research' 설립자 중의 한 사람이 되었다.

마르크스주의에서 '도산이론 (Zusammenbruchstheorie)'의 대표자로 경제학자이자 통계학자인 헨릭 그로쓰만 (Henryk Grossmann, 1881-1950)은 1933년 프랑스 파리, 1936년 영국, 1938년 미국으로 망명하여 1948년까지 '사회연구소' 연구원을 지냈다. 1908년 오스트리아-헝가리 령 크라카우 (현 폴란드) 야기엘론스키 대학교에서 박사학위를 취득했다. 1922년 바르샤바 자유 대학교 경제학, 통계학 정교수, 1925년 프랑크푸르트로 이주하여 '사회연구소' 연구원, 1930년 프랑크푸르트대학교 비정년 교수가 되었다.

사회학자이자 경제학자이고 문화역사학자인 프레데릭 헤르츠 (Frederick Hertz, 1878-1964)는 1933년 나치가 정권을 이양하고 얼마 후인 그해 5월 교수직에서 쫓겨나 오스트리아 빈으로 도주한 후 재야학자 생활을 했다. 1903년 뮌헨대학교에서 박사학위를 취득했다. 1930년부터 1933년까지 할레대학교 경제학, 사회학 교수를 역임했다. 오스트리아에서 1938년 영국으로 망명했다. 1939년 대독일제국 국적을 박탈당했고 1940년 뮌헨대학교 박사학위 칭호도 박탈당했다. 1946년 영국 시민권을 취득했고, 2차 대전 당시와 전후 망명 조직에서 주도적인 역할을 담당했다.

재정학자이자 재정사회학자인 프릿츠 칼 만 (Fritz Karl Mann, 1883-1978)은 1933년 미국으로 망명했다. 1906년 쾨팅겐대학교에서 박사학위를 취득했다. 1922년 쾨니히스베르크대학교 재정학 교수가 되었고, 1927년부터 1933년까지 쾰른대학교 재정학 교수를 역임했다. 미국으로 망명한 후 1935년부터 1944년까지 '미 전쟁성 (United States Department of War)'에서 독일 전시경제 분석가로 근무했다.

경제학자이자 사회과학자로 1938년 신자유주의 (Neoliberalism) 개념 창시자인 알렉산더 뤼스톱 (Alexander Rüstow, 1885-1963)은 1933년 터키로 망명하여 이스탄불대학교 경제학교수가 되었다. 1908년 에어랑겐대학교 파울 헨젤 (Paul Hensel) 교수에게서 박사학위를 취득했다. 1911년부터 파르메니데스 (Παρμενίδης)에 관한 주제로 교수자격논문을 준비하던 중 1914년 1차 세계대전의 발발로 논문을 중단하고 참전했다. 전후 독일 내에 학자가 부족하자 1918년부터 1924년까지 '제국경제부' 관리로 근무한 후 '독일 기계 장비제작 조합 (VDMA)'에서 근무했다.

전통적인 경제 사조에 반대하여 서구의 시장체계를 분석한『거대한 전환 (*The Great Transformation*)』 저자로 유명한 경제학자이자 사회학자인 칼 폴라니 (Karl Polanyi, 1886-1964)는 1933년 오스트리아에서 영국으로 망명한 다음, 1940년 미국으로 망명했다.

현대경영학의 개척자로 불리는 경제학자 페터 드룩커 (피터 드러커) (Peter Drucker, 1909-2005)는 1933년 영국으로 망명한 다음, 1937년 미국으로 망명했다. 프랑크푸르트대학교에서 박사학위를 취득했다. 미국으로 망명한 후 버몬트 벤닝턴칼리지 (Bennington College)의 역사학, 정치학 교수를 거쳐 1950년부터 뉴욕 대학교 교수로 재직했다. 1940년대 이래로 경영의 이론과 실제에 대한 중요저서를 발표했다. 1943년 미국 시민권을 취득했다.

1922년 24세의 나이로 최연소 독일인 예나대학교 교수가 된 경제학자 빌헬름 뢰프케 (Wilhelm Röpke, 1899-1966)는 1933년 터키로 망명한 다음 이스탄불대학교에서 강의했다. 1929년부터 1933년까지는 마르부르크대학교 정치경제학 정교수를 역임했다. 1937년 터키에서 스위스로 이주하여 '제네바 국제연구 대학원 (IUHEI)' 국제경제 교수를 역임했다. '몽페를랭학회 (Mont Pelerin Society)' 창립회원이다.

경제학자이자 작가인 헤르만 레뷔 (Hermann Levy, 1881-1949)는 1933년 유대인 혈통이란 이유로 '공무원 신분 원상회복법'에 의거 교수직을 박탈당한 다음 영국으로 망명했다. 1902년 뮌헨대학교에서 박사학위를 취득했다. 1905년 할레대학교에서 교수자격 논문이 통과되었다. 1910년 하이델베르크대학교 비정년 교수, 1921년 베를린공대 교수가 되었다.

게르하르트 케슬러 (Gerhard Kessler, 1883-1963)는 1933년 터키로 망명하여 이스탄불대학교 경제학 교수를 역임했다. 1905년 박사학위를 취득했다. 1912년 예나대학교 경제학 비정년 교수, 1919년 예나대학교 경제학 정교수, 1927년 라이프치히대학교 정교수가 되었다.

신학자 파울 틸리히 그룹의 저명한 종교사회주의자로 경제학자이자 사회학자인 에두아르트 하이만 (Eduard Heimann, 1889-1967)은 1933년 네덜란드를 거쳐 미국으로 망명했다. 1912년 하이델베르크대학교 알프레트 베버 (Alfred Weber) 교수에게서 박사학위를 취득했다. 1922년 쾰른대학교에서 교수자격논문이 통과되었고, 1925년부터 1933년까지 함부르크 대학교 교수를 역임했다.

사회학자이자 경제학자인 아돌프 뢰베 (Adolf Löwe, 1893-1995)는 1933년 영국으로 망명한 다음, 미국으로 망명했다. 1926년 킬 대학교에서 교수자격 논문이 통과되었고, 1926년부터 1933년까지 킬 대학교 경제이론 및 사회학 교수, 프랑크푸르트대학교 정치경제학 교수를 역임했다. 미국으로 망명한 후 1941년부터 1963년까지 'New School for Social Research' 경제학 교수를 역임했다.

경제학자이자 재정학자인 게르하르트 콜름 (Gerhard Colm, 1897-1968)은 1933년 미국으로 망명했다. 1927년 킬 대학교에서 교수자격 논문이 통과되었고, 1929년부터 킬 대학교 재정학 비정년 교수를 역임했다. 미국으로 망명한 후 뉴욕에서 망명대학교 'New School for Social Research' 창립자 중의 한 사람이 되었고, 동 대학교의 경제학 교수를 역임했다. 1940년 백악관 재정 담당관으로 이직했고, 1946년 해리 투르먼 대통령 경제자문의원이 되었다.

야콥 마르샥 (Jacob Marschak, 1898-1977)은 1933년 오스트리아로 피신한 다음, 영국으로 망명하여 1933년 옥스퍼드대학교 통계학 교수가 되었다. 우크라이나 키예프 출신으로 1916년 사회주의 운동을 펼쳤고, 평화운동으로 투옥 중 니콜라이 2세 황제 체제가 붕괴되자 석방되었다. 1919년 독일 베를린으로 망명했다. 1929년에 취득한 독일국적을 1935년에 박탈당했다. 1939년 영국을 떠나 미국으로 이주했다. 이로 하여 미국이 세 번째 조국이 되었다. 1939년 뉴욕의

'New School for Social Research' 교수를 시작으로 1943년 시카고 대학교, 1955년 예일대학교, 1960년 캘리포니아 대학교 로스앤젤레스 (UCLA) 교수를 끝으로 1965년 정년퇴직했다.

한스 나이써 Hans Neisser (1895-1975)는 1933년 미국으로 망명했다. 1919년 브레스라우대학교에서 박사학위를 취득했고, 1927년부터 킬 대학교 경제학 강사를 역임했다. 미국으로 망명한 후 펜실베이니아대학교 '금전이론 (Geldtheorie, Monetary economics)' 교수가 되었다. 미국의 교수 중에서 최초로 케인즈 이론을 강의하고 발전시킨 학자이다. 1942년부터 1943년까지 워싱턴 D.C.에서 '물가조정' 관리로 근무고, 1943년부터 1965년까지 뉴욕의 'New School for Social Research' 교수를 역임했다.

한스 슈타우딩거 (Hans Staudinger, 1889-1980)는 1933년 벨기에, 프랑스, 영국을 거쳐 미국으로 망명했다. 1913년 하이델베르크대학교 알프레트 붸버 (Alfred Weber) 교수에게서 박사학위를 취득했다. 바이마르 공화국 시절 사민당 소속 정치가로 활동했다. 미국으로 망명한 후 1934년 'New School for Social Research' 경제학 교수가 되었고, 1940년 미국 시민권을 취득했다. 1944년 파울 틸리히, 파울 헤르츠, 칼 추크마이어와 공동으로 '민주독일협회 (Council for a Democratic Germany)'를 결성했다.

재정학자인 프릿츠 노이마르크 (Fritz Neumark, 1900-1991)는 1933년 유대인 혈통이란 이유로 '공무원 신분 원상회복법'에 의거 대학교에서 직위해직당하고 1933년 터키로 망명하여 이스탄불대학교 교수가 되었다. 1921년 예나대학교에서 박사학위를 취득했다. 1927년 프랑크푸르트대학교에서 교수자격 논문이 통과되었고, 1931년 프랑크푸르트대학교 비정년 교수가 되었다.

사회과학자인 존 로렌츠 슈미트 (Johann Lorenz Schmidt, 1900-1978)는 1933년 프랑스로 망명했다. 원래 이름은 라슬로 라드봔이 (Laszlo Radvanyi)로 헝가리 부다페스트 출신이다. 1919년 헝가리 소비에트공화국이 붕괴되자 독일로 도주하여 하이델베르크대학교 칼 야스퍼스 교수 지도로 철학박사학위를 취득했다. 프랑스 망명 중 프랑스의 수용소생활 후 1941년 멕시코로 망명했다.

경제학자로 마르크스 이론가이자 정치가인 프릿츠 슈테른베르크 (Fritz Sternberg, 1895-1963)는 1933년 체코슬로바키아를 거쳐 스위스로 망명한 후, 1939년 미국으로 망명했다. 프랑크푸르트대학교에서 교수자격 논문 통과가 실패로 돌아가자 대학에서의 학문 활동을 포기하고 1923년부터 제국주의 연구 및 반제국주의 운동에 심혈을 기울였다.

오토 노이라트 (Otto Neurath, 1882-1945)는 1934년 네덜란드로 망명한 후, 1940년 영국으로 망명했다. 1906년 베를린대학교에서 박사학위를 취득했고, 1917년 하이델베르크대학교에서 교수자격논문이 통과되었다. 1918년부터 독일 '전시 (전쟁)경제 박물관' 소장을 역임했다. 1919년 뮌헨 소비에트공화국 시절 중앙경제부 설립을 제안하고 수장을 맡았다. 5일 천하 뮌헨 소비에트공화국 몰락 후 국가배신자로 몰려 프로이센군에 체포되어 18개월형을 언도받았으나 오스트리아 정부의 외교 노력으로 곧 석방되었다. 1945년 영국 옥스퍼드에서 사망했다.

알프레트 캘러 (Alfred Kähler, 1900-1981)는 1934년 미국으로 망명하여 뉴욕의 'New School for Social Research' 교수를 역임했다. 1932년 킬 대학교에서 박사학위를 취득했다.

위르겐 쿠친스키 (Jürgen Kuczynski, 1904-1997)는 1934년 영국

으로 망명했다. 영국주재 미국 첩보기관 OSS 통계전문가, 미군 통계관으로 근무했다.

사회학자이자 경제학자인 괴츠 브리프스 (Götz Briefs, 1889-1974)는 1934년 미국으로 망명했다. 1911년 프라이부르크대학교에서 박사학위를 취득했고, 1913년 프라이부르크대학교에서 교수자격 논문이 통과되었다. 1919년 프라이부르크 대학교 경제학 교수, 1921년 뷔르츠부르크 대학교 정교수, 1926년 베를린 공대 교수가 되었다. 미국으로 망명한 후 '아메리카 가톨릭 대학교 (Catholic University of America)' 객원교수를 거쳐 1937년 워싱턴 조지타운 대학교 교수가 되었다.

게오르게 니콜라우스 할름 (George Nikolaus Halm, 1901-1984)은 1936년 미국으로 망명했다. 1937년부터 보스턴 근교 '터프츠 대학교 (Tufts University)' 경제학 교수를 거쳐 1944년부터 역시 보스턴 근교 '법과 외교 플레처 스쿨 (The Fletcher School of Law and Diplomacy)' 국제경제학 교수를 역임했다.

경제학자이자 사회과학자인 파울 헤름베르크 (Paul Hermberg, (1888-1969)는 1936년 콜롬비아로 망명한 다음 1940년 미국으로 망명했다. 1913년 킬 대학교에서 박사학위를 취득했다. 1925년 라이프치히대학교 비정년 사회학, 경제학 교수, 1929년 예나 대학교 정교수가 되었다.

프란츠 굿만 (Franz Gutmann, 1879-1967)은 1935년 유대인혈통이란 이유로 잠정적인 휴직상태였다가 1936년 퇴직당했고, 1939년 미국으로 망명했다. 1904년 슈트라스부르크대학교에서 박사학위를 취득했고, 1912년 튀빙겐대학교에서 교수자격 논문이 통과되었다. 1921년 예나대학교 정교수, 1929년 브레스라우대학교, 1931년 괴팅겐 대학교 정교수가 되었다. 1941년 독일국적을 박탈당하고 후에 미국 시민권을 취득했다. 1939년부터 정년퇴직하는 1949년까지 노스캐롤라이나 대학교 경제학 교수를 역임했다. 노스캐롤라이나대학교 정년퇴직 후 경제적인 이유로 밀워키대학교에서 강사 생활을 했고 65세 넘은 부인은 간호사로 일했다. 한 번도 독일을 방문하지 못했다.

20세기 경제학 오스트리아학파의 대표자인 루드뷔히 폰 미제스 (Ludwig von Mises, 1881-1973)는 1940년 미국으로 망명했다. 1906년 빈 대학교에서 박사학위를 취득했다. 1913년 빈 대학교 전임강사, 1918년 빈 대학교 비정년 교수, 1934년 제네바 국제연구 대학원 (HEI) 비정년 교수가 되었다. 1946년 미국 시민권을 취득했다.

6.3.3. 정치학자

물리학자 루트뷔히 홀보른의 딸이자 역사학자 하요 홀보른의 누이로 난민정책 전문 정치학자인 루이제 홀보른 (Louise Holborn, 1898-1975)은 1933년 미국으로 망명했다. 2차 대전 중 미국 첩보기관인 OSS에서 근무했다.

마르크스 초기 저작물 발굴과 마르크스 저작물 편집자로 유명한 정치학자이자 사회학자인 지크프리트 란츠훗 (Siegfried Landshut, 1897-1968)은 1933년 이집트로 망명한 다음, 1936년 팔레스타인으로 망명했다. 1945년부터 1948년까지 이집트에 체류했다.

프란츠 노이만 (Franz Neumann, 1900-1954)은 1933년 영국으로 망명한 다음, 1936년 미국으로 망명했다. 1942년부터 미국 첩보기관 OSS 내 독일전문가로 근무하며 장차 전쟁이 끝난 후 미군정이 펼쳐야 할 업무를 준비했다.

아르카디우스 루돌프 랑 구르란트 (Arcadius Rudolf Lang Gurland,

1904-1979)는 1933년 벨기에, 프랑스에 망명한 다음 1940년 미국으로 망명했다. 1945년까지 뉴욕의 '사회연구소'에서 연구했다.

보리스 골덴베르크 (Boris Goldenberg, 1905-1980)는 1933년 프랑스로 망명한 다음, 1935년 팔레스타인으로 망명했다. 1937년 다시 프랑스로 거주지를 이전했다가 1941년 쿠바로 망명했다. 하바나 대학교 객원교수 및 언론인으로 활동했다.

지그문트 노이만 (Sigmund Neumann, 1904-1962)은 1933년 영국으로 망명한 다음, 1934년 미국으로 망명했다. 1944년 웨슬리언 대학교 사회과학 교수, 예일, 하버드. 컬럼비아, 미시간 대학교 객원교수를 역임했다.

국가 간의 '안보 딜레마 (security dilemma) 이론'으로 유명한 정치학자 욘 H. 헤르츠 (John H. Herz, 1908-2005)는 1935년 스위스로 망명한 다음, 1938년 미국으로 망명했다. 워싱턴 대학교, 뉴욕대학교 정치학 교수를 역임했다.

하인츠 오이라우 (Heinz Eulau, 1915-2004)는 1934년 독일을 떠나 1935년 미국으로 망명했다. 1941년 캘리포니아대학교 버클리에서 박사학위를 취득했다. 2차 대전 중 미국 법무부 소속 선전-분석가로 활동했다.

한스 모르겐타우 (한스 모건소, Hans Morgenthau, 1904-1980)는 1929년 프랑크푸르트 노동재판소 판사, 1932년부터 스위스 제네바 대학교 공법 전임강사로 재직했다. 나치 집권으로 인해 독일로 돌아갈 수 없게 되자 스페인, 이탈리아, 프랑스를 거쳐 1937년 미국으로 망명했다. 1943년 미국 시민권을 취득했다. 1949년 시카고대학교 정치학 정교수, 1949년부터 1977년까지 하버드, 예일, 컬럼비아, 프린스턴, 버클리 대학교 객원교수를 역임했다.

아르놀트 베르크슈트레쓰너 (Arnold Bergstraesser, 1896-1964)는 1937년 미국으로 망명했다. FBI에 의해 나치 스파이 혐의로 체포되었다 풀려났다. 시카고 대학교를 비롯한 미국의 여러 대학교에서 독일문학 및 역사학 교수를 지냈다.

에른스트 프렝켈 (Ernst Fraenkel, 1898-1975)은 1938년 영국을 경유하여 미국으로 망명했다. 1944년부터 1950년까지 미행정부 법률, 군사 고문을 역임했다.

에릭 페겔린 (Eric Voegelin, 1901-1985)은 1938년 스위스를 거쳐 미국으로 망명했다. 1928년부터 오스트리아 빈 대학교에서 사회학과 국가학을 강의했다. 미국으로 망명한 후 1944년 미국 시민권을 취득했다.

하인츠 랑거한스 (Heinz Langerhans, 1904-1976)는 1933년부터 1939년까지 유대인 포로수용소에 수감되었다. 1939년 벨기에, 1940년 프랑스로 망명한 다음 1941년 미국으로 망명했다. 게츠버그 칼리지 교수를 역임했다.

6.3.4. 사회학자

게오르크 루카치 (Georg Lukács, 1885-1971)는 1933년 베를린에서 소련으로 망명했다.

막스 호르크하임어 (Max Horkheimer, 1895-1973)는 1933년 스위스를 거쳐 프랑스로 망명한 다음, 1934년 미국으로 망명했다. 1926년 프랑크푸르트대학교 전임강사, 1930년부터 프랑크푸르트대학교 사회철학 정교수를 역임했다. 미국으로 망명한 후 1934년 뉴욕 컬럼비아 대학교에 재차로 사회연구소를 설치했다. 1940년 미국 시민권을 취득했다.

헤르베르트 마르쿠제 (Herbert Marcuse, 1898-1979)는 1933년 스위스를 거쳐 프랑스로 망명한 다음, 1934년 미국으로 망명했다. 컬럼비아대학교 사회연구소에서 연구했다. 1940년 미국 시민권을 취득했고, 1942년부터 1950년까지 워싱턴 주재 미국 첩보기관 OSS 부서장, 유럽담당 국장으로 근무했다.

프리드리히 폴락 (Friedrich Pollock, 1894-1970)은 1933년 호르크하이머와 함께 스위스, 프랑스를 거쳐 미국으로 망명했다. 1923년 프랑크푸르트대학교 사회연구소 창립에 참여했다. 1924년 펠릭스 바일 (Felix Weil)과 공동으로 마르크스-엥겔스 전집 (MEGA)을 편집했다. 1928년부터 프랑크푸르트대학교 전임강사를 역임했다. 미국으로 망명한 후 뉴욕에서 재창립한 사회연구소 세미나 장 및 총무를 역임했다.

파울 호니히스하임 (Paul Honigsheim, 1885-1963)은 1933년 프랑스로 망명한 다음, 파나마로 망명했다. 1927년부터 쾰른대학교 사회학 교수를 역임했다. 파나마로 망명한 후 1936년부터 1938년까지 파나마 국립 대학교에서 강의했다. 1938년 미국 대학교의 교수초빙으로 미국으로 이주했다. 1938년부터 1950년까지 미시간 주립 대학교 사회학 교수를 역임했다.

에리히 폰 칼러 (Erich von Kahler, 1885-1970)는 1933년 체코슬로바키아로 망명했다. 1935년부터 1938년까지 스위스에 머문 다음, 1938년 미국으로 망명했다. 뉴욕의 'New School for Social Research'와 노스캐롤라이나 블랙 마운틴 칼리지 역사와 역사철학 교수를 역임했다.

칼 만하임 (Karl Mannheim, 1893-1947)은 1933년 네덜란드로 망명한 다음, 영국으로 망명했다. 헝가리 부다페스트 출신으로 헝가리 소비에트공화국이 붕괴되자 1919년 오스트리아 빈으로 망명한 다음 1920년 독일로 망명했다. 1926년부터 하이델베르크대학교 전임강사, 1930년부터 1933년까지 프랑크푸르트대학교 사회학 정교수를 역임했다. 영국으로 망명한 다음 1940년 영국 시민권을 취득했고, 런던 '정치경제대학교 (London School of Economics and Political Science)' 경제학 전임강사를 거쳐 1945년부터 1947년까지 런던대학교 교수를 역임했다.

오이겐 로젠슈톡-휘씨 (Eugen Rosenstock-Huessy, 1888-1973)는 1933년 미국으로 망명했다. 1910년 하이델베르크대학교에서 박사학위를 취득했다. 1912년 라이프치히대학교에서 교수자격논문이 통과된 후 당대 독일 최연소 전임강사가 되었다. 1923년부터 1933년까지 브레스라우대학교 교수를 역임했다. 미국으로 망명한 후 1935년부터 1957년까지 다트머스 칼리지 교수를 역임했다.

브루노 프라이 (Bruno Frei, 1897-1988)는 오스트리아 출신으로 1933년 초 베를린에서 체코 프라하로 망명한 다음, 1939년 프랑스로 망명했다. 프랑스에서 수용소 생활을 한 다음 1941년 멕시코로 망명했다.

곳프리트 살로몬 (Gottfried Salomon, 1892-1964)은 1933년 프랑스로 망명한 다음, 1941년 미국으로 망명했다. 1921년부터 1931년까지 프랑크푸르트대학교 사회학 비정년 교수를 역임했다. 미국으로 망명한 후 1941년부터 1943년까지 'New School for Social Research' 교수를 역임했고, 2차 대전 중에는 워싱턴 미국 전쟁성에 근무했다.

테오도르 가이거 (Theodor Geiger, 1891-1952)는 1933년 덴마크로 망명했다. 1928년 브라운슈바이크 공대 사회학 비정년 교수를 거쳐 1929년 정교수가 되었다. 덴마크로 망명한 후 1938년부터 1940년까지 아르후스 대학교 사회학 교수를 역임했다. 1943년부터 1945년 중립지역인 스웨덴으로 망명지를 옮겼다. 1943년부터 1945년까지 스톡홀름, 웁살라, 룬트 대학교에서 강의했다.

노르베르트 엘리아스 (Norbert Elias, 1897-1990)는 1933년 프랑스로 망명한 다음, 1935년 영국으로 망명했다. 후일 영국 시민권을 취득했다.

헤르타 크라우스 (Hertha Kraus, 1897-1968)는 1933년 미국으로 망명했다.

율리우스 크라프트 (Julius Kraft, 1898-1960)는 1933년 네덜란드로 망명한 다음, 미국으로 망명했다. 미국의 몇몇 대학교 강사를 거쳐 제퍼슨 대학 철학 교수를 역임했다.

로제 라웁 코저 (Rose Laub Coser, 1916-1994)는 1933년 벨기에로 망명한 다음, 1939년 미국으로 망명했다. 노스이스턴 대학교와 뉴욕 주립 대학교 교수를 역임했다.

레뷔스 A. 코저 (Lewis A. Coser, 1913-2003)는 20세의 나이로 1933년 프랑스로 망명한 다음, 1939년 포르투갈을 거쳐 미국으로 망명했다. 1944년 컬럼비아 대학교에서 박사학위를 취득했고, 1951년부터 1968년까지 브렌다이스 대학교 교수, 뉴욕 주립대학교 교수를 역임했다.

파울 펠릭스 라차르스펠트 (Paul Felix Lazarsfeld, 1901-1976)는 1933년부터 1935년까지 록펠러 재단 장학생으로 미국에 체류했고, 1933년 이후 미국에 체류하기로 결정했다. 1925년부터 1929년까지 빈의 인문계 고등학교 수학, 물리학 교사로 재직했다. 미국 체류 후 1939년부터 1971년까지 컬럼비아대학교 사회과학 교수를 역임했다.

어네스트 만하임 (Ernest Manheim, 1900-2002)은 1933년 헝가

리를 거쳐 영국으로 망명한 다음, 1936년 미국으로 망명했다. 미국으로 망명한 후 1940년부터 캔자스시티 미주리대학교 사회학 교수를 역임했다.

작가이자 사회심리학자이고 철학자인 마네 슈페르버 (Manès Sperber, 1905-1984)는 1933년 독일에서 '보호감호수용' 후 오스트리아를 거쳐 유고슬라비아, 프랑스로 망명했다. 오스트리아-헝가리 출신인 마네 슈페르버의 가족은 1차 세계 대전 전장의 혼돈을 피해 헝가리에서 오스트리아 빈으로 도주했었다. 프랑스로 망명한 후 1939년 프랑스 외인부대 (Légion étrangère) 자원병으로 복무했다. 1942년 프랑스에서 스위스로 도주했다가, 1945년 프랑스로 귀환했다.

사회학자 칼 만하임에게서 박사학위를 취득한 최초의 제자인 한스 슈파이어 (Hans Speier, 1905-1990)는 1933년 미국으로 망명했다. 1929년부터 베를린 '울슈타인 출판사' 사회과학 편집부에서 일한 다음 1931년부터 독일정치대학 강사를 역임했다. 미국으로 망명한 후 1933년부터 1942년, 1947년부터 1948년까지 'New School for Social Research' 교수를 역임했다. 2차 대전 기간부터 종전 후 얼마간 미행정부에서 선전전문가, 독일전문가로 근무했다.

베르너 슈타르크 (Werner Stark, 1909-1985)는 1933년 체코슬로바키아로 망명한 다음, 1939년 영국으로 망명했다.

테오도르 아도르노, 막스 호르크하이머, 헤르베르트 마르쿠제와 더불어 프랑크푸르트학파 비판이론 창시자에 속하는 레오 뢰벤탈 (Leo Löwenthal, 1900-1993)은 1934년 미국으로 망명했다.

알프레트 모이젤 (Alfred Meusel, 1896-1960)은 1933년 유대인 혈통이란 이유로 '공무원 신분 원상회복법'에 의거 교수직을 박탈당한 다음 1934년 덴마크를 거쳐 영국으로 망명했다. 1925년 아헨공과대학교 비정년 교수를 거쳐, 1930년부터 경제학, 사회학 정교수를 역임했다. 영국으로 망명한 후 런던 주재 '자유 독일 문화연대 (Freier Deutsche Kulturbund)', '자유 독일 대학 (Freie Deutsche Hochschule)' 등 망명조직 단체에서 활동했다.

알렉산더 폰 쉘팅 (Alexander von Schelting, 1894-1963)은 1934년 미국으로 망명했다. 1936년부터 1938년까지 컬럼비아대학교에서 강의했다. 2차 대전 중 스위스에 체류했다.

프릿츠 크로너 (Fritz Croner, 1896-1979)는 1934년 스웨덴으로 망명했다. 1929년부터 1933년까지 베를린 소재 '독일 정치대학' 사회학, 사회정치 강사를 역임했다. 스웨덴으로 망명한 후 1935년 Lund 대학교에 사회연구소를 창립했고, 1939년까지 동 연구소를 이끌었다. 1944년 스웨덴 시민권을 취득했고, 스톡홀름 대학교 교수를 역임했다.

에른스트 핏셔 (Ernst Fischer, 1899-1972)는 1934년 오스트리아에서 소련으로 망명했다.

아돌프 슈트름탈 (Adolf Sturmthal, 1903-1986)은 1934년 오스트리아로부터 국적을 박탈당한 후 스위스로 갔다. 그 후 벨기에와 영국을 거쳐 미국으로 망명했다.

리하르트 프릿츠 베렌트 (Richard Fritz Behrendt, 1908-1973)는 1934년 파나마로 망명한 다음 남미의 여러 국가에서 망명 생활을 했다. 1935년부터 1940년까지 파나마대학교의 사회학 및 경제학 정교수를 역임했다.

알베르트 살로몬 (Albert Salomon, 1891-1961)은 1933년 유대인 혈통이란 이유로 '공무원 신분 원상회복법'에 의거 교수직을 박탈당했고, 1935년 스위스를 거쳐 미국으로 망명했다. 1926년 베를린 정치대학 강사, 1931년부터 쾰른 직업교육 연구소 명예교수를 역임했다.

게오르크 야코비 (Georg Jacoby, 1904-1978)는 1936년 뉴질랜드로 망명했다. 1930년 킬 대학교 발터 옐리네크 (Walter Jellinek) 교수에게서 박사학위를 취득했다.

발터 슐츠바흐 (Walter Sulzbach, 1889-1969)는 1937년 미국으로 망명하여 1937년부터 1945년까지 캘리포니아 클레어몬트 소재한 대학에서 교수를 역임했다. 1921년 프랑크푸르트대학교 사회학 전임강사, 1930년부터 1933년까지 비정년 교수를 역임했다.

알프레트 존-레텔 (Alfred Sohn-Rethel, 1899-1990)은 1937년 스위스와 프랑스를 거쳐 영국으로 망명했다. 2차 세계대전 후 영국 공산당에 입당했다.

르네 쾨니히 (René König, 1906-1992)는 1937년 스위스로 망명했다. 1938년 스위스 취리히대학교 사회학 교수자격 논문이 통과되었고, 취리히 대학교 강사, 비정년 교수를 역임했다.

칼 만하임의 제자로 산업사회학자인 빌헬름 발다무스 (Wilhelm Baldamus, 1908-1991)는 1937년 영국으로 망명했다. 버밍햄 대학교 사회학 교수를 역임했다.

현상학적 사회학 창시자인 알프레트 쉬츠 (Alfred Schütz, 1899-1959)는 1938년 프랑스로 망명한 다음, 1939년 미국으로 망명했다. 1943년부터 'New School for Social Research'에서 강의하기 시작하여 1952년 동 대학교 풀 교수를 역임했다.

에른스트 칼 빈터 (Ernst Karl Winter, 1895-1959)는 1938년 오스트리아에서 스위스를 거쳐 미국으로 망명했다. 1939년 뉴욕의 "오스트리아-미국-센터"와 공동으로 국가위원회를 설립하여 시위, 행진, 주보발행을 주도했다. 뉴욕에서 대학교 교수를 역임했다.

루돌프 헤베를레 (Rudolf Heberle, 1896-1991)는 1938년 미국으로 망명했다. 1929년부터 1938년까지 킬 대학교 전임강사를 역임했다. 미국으로 망명한 후 1938년부터 1963년까지 루이지애나 주립대학교 사회학 교수를 역임했다.

구스타프 이히하이저 (Gustav Ichheiser, 1897-1969)는 1938년 오스트리아에서 스위스로 망명한 다음, 1940년 영국을 거쳐 미국으로 망명했다. 어머니, 형제, 조카는 유대인 수용소에서 학살당했다.

에른스트 후고 핏셔 (Ernst Hugo Fischer, 1897-1975)는 1938년 노르웨이로 망명한 다음, 영국으로 망명했다. 1925년부터 1938년까지 라이프치히대학교 철학 전임강사를 거쳐 비정년 교수를 역임했다. 영국으로 망명한 후 영국에서 재야학자로 활동하며 여러 번에 걸쳐 인도여행을 했다.

레오 코플러 (Leo Kofler, 1907-1995)는 1938년 오스트리아에서 스위스로 망명했다.

한스 하인리히 게르트 (Hans Heinrich Gerth, 1908-1978)는 1938년 영국을 거쳐 미국으로 망명했다. 1940년부터 일리노이 대학교와 위스콘신 대학교 사회학 조교수를 거쳐, 1947년부터 위스콘신 대학교 교수를 역임했다.

프란츠 아들러 (Franz Adler, 1908-1983)는 오스트리아 출신으로 1938년 오스트리아에서 미국으로 망명했다.

헤르베르트 술탄 (Herbert Sultan, 1894-1954)은 1939년 영국으로 망명했다. 1931년 이후 하이델베르크대학교 조교를 거쳐 비정년 교수를 역임했다.

케테 바우어-멩엘베르크 (Käthe Bauer-Mengelberg, 1894-1968)는 1939년 미국으로 망명했다. 뉴욕 럿거스 대학교와 뉴저지 웁살라

칼리지 사회학 교수를 역임했다.

베르너 J. 칸만 (Werner J. Cahnman, 1902-1980)은 1938년 다하우 유대인 수용소에 수용되었다. 지리학자이자 저명한 지정학자인 은사 칼 하우스호퍼 (Karl Haushofer)의 도움으로 석방되었다. 1939년 영국으로 망명한 다음, 미국으로 망명했다. 피스크 대학교를 비롯한 여러 대학에서 사회학을 강의한 다음 1960년부터는 럿거스 대학교에서 강의했다.

에메리히 K. 프란치스 (Emerich K. Francis, 1906-1994)는 1939년 영국으로 망명한 다음, 1940년 캐나다로 퇴거당했다.

쿠르트 하인리히 볼프 (Kurt Heinrich Wolff, 1912-2003)는 1939년 영국을 거쳐 미국으로 망명했다.

6.4. 심리학자

정신분석학의 창시자이자 20세기 가장 영향력 있는 사상가 중의 한 사람인 지그문트 프로이트 (Sigmund Freud, 1856-1939)는 1938년 나치들에 의해 망명을 강요당하여, 영국으로 망명했다. 1881년 빈 대학교에서 의학박사학위를 취득했다. 1885년 빈 대학교에서 '신경병리학'으로 교수자격 논문이 통과되었다. 1885년부터 1902년까지 빈 대학교 신경병리학 강사, 1902년부터 신경병리학 교수를 역임했다. 1916/17년에 빈 대학교에서 "정신분석학 입문"이라는 주제로 마지막 강의를 했다. 1919년 "국제 정신분석학 출판사"를 설립했다. 1930년 프랑크푸르트 시 괴테상을 수상했고, 1933년 앨버트 아인슈타인과 공동으로 『왜 전쟁을?』을 발간했다. 1933년 5월 10일 프로이트 저서는 분서당했다.

'동성애 (homosexuality)' 운동 창시자 중의 한사람으로 성과학 (性科學, Sexology) 선구자인 마그누스 히르쉬펠트 (Magnus Hirschfeld, 1868-1935)는 1933년 프랑스로 망명하여 1935년 프랑스 니스에서 사망했다. 1892년 베를린대학교에서 의학박사학위를 취득했다. 1897년 베를린에서 '반-동성애 형법'에 반대하는 단체인 '과학적-인도주의 위원회 (WhK)를 창립했다. 1902년부터 1908년까지 WhK-뮌헨지부는 존속했다. 1906년 WhK-빈 (Wien)지부, 1921년 WhK-프랑크푸르트 지부를 설립했다. 1919년 베를린에 '성과학 (性科學) 연구소'를 창립했다.

'차별 (개성) 심리학 (differential psychology)과 인격심리학 (Personality psychology)' 창시자로 '지능지수 (IQ)' 발견자인 윌리암 슈테른 (William Stern, 1871-1938)은 1933년 나치에 의해 퇴직당하고 1933년 네덜란드로 망명한 후 미국으로 망명하여 듀크대학교 교수를 역임했다. 1893년 베를린대학교 헤르만 엡빙하우스 (Hermann Ebbinghaus) 교수에게서 박사학위를 취득했다. 1900년부터 1918년까지 부인과 공동으로 본인의 세 자녀를 키우며 '일기 (쓰기) 방법'을 통해 '발달심리'를 개척했다. 1904년 '독일심리학회' 창립멤버이다. 1906년 오토 리프만 (Otto Lipmann)과 공동으로 '응용심리 및 심리수집 연구 연구소'를 창립했다. 1911년 '차별 (개성) 심리학 (Differentielle Psychologie)'을 정립했다. 1912년 지능에 관한 연구를 발표하자 다음해부터 'IQ' 개념으로 고정되어 통용되기 시작했다. 고향 베를린대학교에서 기독교 개종을 전제로 교수초빙을 하자 교수직을 거절했다. 1916년부터 함부르크대학교 교수를 역임했다.

'형태심리학 (게슈탈트심리학)' 창시자인 막스 붸르트하임어 (Max Wertheimer, 1880-1943)는 1933년 체코슬로바키아를 거쳐 미국으로 망명했다. 1905년 뷔르츠부르크대학교 오스발트 퀼페 (Oswald Külpe) 교수에게서 박사학위를 취득했다. 1910년부터 1914년까지 '형태심리학' 토대 연구를 수행했다. 1916년부터 1922년까지 프랑크푸르트대학교 전임강사를 거쳐 1922년부터 1929년까지 베를린대학교 심리학 비정년 교수를 역임했고, 1929년부터 1933년까지 프랑크푸르트대학교 심리학 정교수를 역임했다. 미국으로 망명한 후 1933년부터 1943년까지 뉴욕 'New School for Social Research'에서 강의했다.

사회심리학, 산업조직심리학, 응용심리학 등 경험 사회심리학 창시자인 쿠르트 레빈 (Kurt Lewin, 1890-1947)은 1933년 미국으로 망명했다. 막스 붸르트하임어, 볼프강 쾰러, 쿠르트 코프카와 더불어 '형태심리학' 베를린학파의 4대가 (大家)로 손꼽히고, 사회학 '장(場) 이론 (Feldtheorie, Field theory)'가로 유명하다. 1920년대 초반부터 베를린대학교에서 강의했다. 미국으로 망명한 후 1933년 코넬대학교 교수, 1935년부터 1944년까지 아이오와대학교 교수, 1944년부터 MIT 교수를 역임했다.

테오도르 라익 (Theodor Reik, 1888-1969)은 1933년 네덜란드로 망명한 다음, 1938년 미국으로 망명했다. 1912년 빈 대학교에서 박사학위를 취득한 후 1928년까지 '빈 심리 분석협회 (WPV)' 비서로 근무했다. 1928년부터 1933년까지 '베를린 심리 분석 연구소 (BPI)' 연구원을 지냈다. 1948년 '국립 심리분석 심리학회'를 창립했다.

'신체심리치료 (Body psychotherapy)' 창시자인 빌헬름 라이히 (Wilhelm Reich, 1897-1957)는 1933년 오스트리아와 덴마크를 거쳐 1934년 노르웨이로 망명한 다음, 1939년 미국으로 망명했다. 1920년 학생신분으로 '빈 심리분석협회 (WPV)' 회원에 가입되었다.

1924년부터 1930년까지 '빈 심리분석 치료 세미나'를 이끌었다. 미국으로 망명한 다음 뉴욕의 'New School for Social Research'에서 강의했다.

에리히 프롬 (Erich Fromm, 1900-1980)은 1933년 스위스로 망명한 다음, 1934년 미국으로 망명했다. 1922년 하이델베르크대학교에서 박사학위를 취득했다. 1930년부터 프랑크푸르트 사회연구소에서 헤르베르트 마르쿠제, 테오도르 아도르노와 공동으로 연구했다. 미국으로 망명한 후 1934년부터 1939년까지 뉴욕 컬럼비아 대학교에서 강의했고, 1941년부터 1950년 버몬트 대학교 심리학 교수를 역임했다.

미디어학자이자 예술심리학자인 루돌프 아른하임 (Rudolf Arnheim, 1904-2007)은 1933년 이탈리아 로마로 이주했고, 1939년 영국으로 망명한 다음 1940년 미국으로 망명했다. 1928년부터 1933년까지 주간지『세계무대』편집자로 문화면 편집과 영화비평을 했다. 1928년 베를린대학교 막스 붸르트하이머, 볼프강 쾰러, 쿠르트 레뷘 교수에게서 박사학위를 취득했다. 미국으로 망명한 후 1942년부터 1949년까지 'New School for Social Research'에서 예술심리학을 강의했다.

현대 '청소년 연구 (Youth studies)' 창시자 중의 한 학자인 지크프리트 베른펠트 (Siegfried Bernfeld, 1892-1953)는 1934년 프랑스를 경유하여 미국으로 망명했다. 당시 오스트리아-헝가리에 속했던 우크라이나 갈리치아 렘베르크에서 출생하여 오스트리아 빈에서 성장했다. 1915년 빈 대학교에서 '청소년 개념에 대하여'란 주제로 박사학위를 취득했다. 1917년부터 1921년까지 서오스트리아 지역 시온주의자 중앙위원회에 근무했다. 1920년대 지그문트 프로이트 정신분석학 운동에 참여했다.

오토 페니첼 (Otto Fenichel, 1897-1946)은 1934년 오슬로, 1935년 프라하로 망명한 다음 1938년 미국으로 망명했다. 1920년 23세의 나이로 '빈 심리분석협회 (WPV)' 회원이 되었다. 1922년 베를린으로 거처를 옮겨 신경과와 심리분석 전문의 교육을 받았다. 1924년 하랄트 슐츠-헹케 (Harald Schultz-Hencke)와 공동으로 소위 '어린이 세미나 (Kinderseminar)'로 불리는 '베를린 심리분석 연구소'를 창립했다.

'여성의 심리'와 '여성의 성'을 전문화시킨 최초의 심리분석학자인 헬레네 도이취 (Helene Deutsch, 1884-1982)는 1935년 미국으로 망명했다. '포지트로늄 (positronium)'을 발견한 저명한 물리학자인 마르틴 도이취 (Martin Deutsch)의 어머니이다. 1912년 빈 대학교 의과대학에서 박사학위를 취득했다. 지그문트 프로이트의 제자로 1918년부터 '빈 심리분석협회 (WPV)'에서 회원으로 심도 깊게 여성심리를 연구한 최초의 여성심리학자이다. 미국으로 망명한 후 매사추세츠 케임브리지에서 사망할 때까지 저명한 여성심리학자로 활동했다.

막스 붸르트하임어, 쿠르트 코프카와 더불어 '형태심리학 (게슈탈트심리학)' 및 '형태이론 (게슈탈트 이론)'의 창시자로 불리는 볼프강 쾰러 (Wolfgang Köhler, 1887-1967)는 1933년 유대인혈통 교수들에 대한 나치들의 교수직 박탈에 대해 신문 기고를 통해 공개적으로 항의함과 더불어 교수직을 자진반납했고, 1935년 미국으로 망명했다. 1909년 베를린대학교 칼 슈툼푸 (Carl Stumpf) 교수에게서 박사학위를 취득한 후 프랑크푸르트 심리연구소에서 연구하며 후일 형태심리학을 정립하는 막스 붸르트하이머, 쿠르트 코프카와 교유했다. 1914년부터 1920년까지 프로이센학술원 '유인원연구소 (Anthropoidenstation)'

에서 연구했다. 1922년부터 1935년까지 베를린대학교 교수 및 심리 연구소 소장을 역임했다. 미국으로 망명한 후 펜실베이니아 스와스모어 칼리지 교수, 미국심리학회 회장을 역임했다.

아르투르 크론펠트 (Arthur Kronfeld, 1886-1941)는 1935년 망명 목적으로 스위스로 이주한 후 1936년 소련으로 망명했다. 1909년 하이델베르크대학교에서 박사학위를 취득했다. 1919년 베를린에 위치한 '성과학 (性科學) 연구소' 창립 회원 중 한 사람이다. 1927년 샤리테 (Charité, 베를린대학교 의과대학 병원) 칼 본회퍼 (Karl Bonhoeffer) 교수에게서 '정신의학 (Psychiatry)' 및 '신경치료'에 관한 주제로 교수자격 논문이 통과된 후 1929년 베를린 의과대학 비정년 교수가 되었다. 1927년 '일반 심리치료 의사 협회'를 창립하고 1930년부터 동 협회 회장단이 되었다. 소련으로 망명한 후 1937년 소련 시민권을 획득했다. 1941년 독일군의 모스크바 진격에 위협을 느껴 부인과 함께 음독자살했다.

마리 야호다 (Marie Jahoda, 1907-2001)는 1936년 지하단체 운동 혐의로 체포당한 후 오스트리아 국적박탈과 동시에 24시간 이내 출국명령을 당하며 영국으로 망명했다. 1932년 빈 대학교에서 박사학위를 취득했다. 1933년부터 1936년까지 '경제 심리학 연구소'에서 연구했다. 영국으로 망명한 후 2차 대전 중 대 오스트리아 선전 방송에 근무했다. 1945년 미국으로 이주하여 1958년까지 망명대학교인 'New School for Social Research' 사회심리학 교수를 역임했다.

뷔르츠부르크 학파 '사고심리학 (Denkpsychologie)'의 대표자인 칼 빌러 (Karl Bühler, 1879-1963)는 1938년 나치에게 잠시 체포되었다가 1940년 오슬로, 런던을 경유하여 미국으로 망명했다. 1903년 프라이부르크대학교에서 의학 박사학위를 취득했고, 1904년 슈트라스부르크대학교에서 심리학 박사학위를 취득했다. 1907년 뷔르츠부르크대학교에서 교수자격 논문이 통과되었다. 1913년부터 1918년까지 뮌헨대학교 비정년 교수를 역임했고, 1918년 드레스덴 공대 철학, 교육학 정교수, 1922년 비인대학교 심리학 정교수와 심리연구소 소장, 1928년부터 1931년까지 '독일심리학회' 회장을 역임했다. 미국으로 망명한 후 1940년부터 미네소타대학교 교수, 1945년부터 1955년까지 남캘리포니아 대학교 (USC) 교수를 역임했다.

'사고심리학'의 대표자 칼 빌러의 부인으로 20세기 '발달심리학(Developmental psychology)' 분야의 권위자인 샬롯테 빌러 (Charlotte Bühler, 1893-1974)는 1940년 남편과 함께 미국으로 망명했다. 1918년 뮌헨대학교에서 최우수 점수 (summa cum laude)로 박사학위를 취득했다. 1920년 드레스덴 공대에서 교수자격 논문이 통과되었다. 1923년 빈 대학교 강사, 1929년부터 비정년 교수를 역임했다. 미국으로 망명한 후 1942년부터 미니애폴리스 중앙병원 심리치료과장이 되었다. 1945년 미국 시민권을 취득했고, 1945년 로스앤젤레스 지역병원 심리치료과장이 되었다.

6.5. 예술사학자

도상학 (圖像學, Ikonologie, iconography)을 발전시킨 20세기의 저명한 예술사학자인 에르윈 판오프스키 (Erwin Panofsky, 1892-1968)는 1933년 유대인 혈통이란 이유로 '공무원 신분 원상회복법'에 의거 교수직을 박탈당한 후 미국으로 망명했다. 프라이부르크, 뮌헨, 베를린대학교 등에서 예술사를 전공한 후 1914년 빌헬름 페게(Wilhelm Vöge) 교수에게서 박사학위를 취득했다. 1921년부터 함부르크대학교 전임강사, 1927년부터 함부르크대학교 교수를 역임했다. 미국으로 망명한 후 1933년부터 1935년까지 뉴욕대학교에서 강의한 후 프린스턴 고등과학연구소에서 강의했다.

발터 프리트랜더 (Walter Friedlaender, 1873-1966)는 1933년 유대인 혈통이란 이유로 '공무원 신분 원상회복법'에 의거 교수직을 박탈당한 후 미국으로 망명했다. 베를린대학교에서 산스크리트를 전공한 후 1898년 박사학위를 취득했다. '대영 박물관'에서 박사후 과정 (Post-Doctor)을 하며 예술사에 흥미를 느끼자 독일로 귀국한 후 베를린대학교 하인리히 뵐플린 (Heinrich Wölfflin) 교수에게서 예술사 공부를 시작했다. 1907년부터 1911년까지 로마 '프로이센 역사 연구소'에서 연구했다. 1914년부터 프라이부르크대학교 전임강사를 역임했다. 미국으로 망명한 후 에르윈 판오프스키의 도움으로 펜실베이니아 대학교에서 비정규직으로 일한 후 뉴욕대학교의 '미술연구소' 정규직 직원이 되었다.

파울 웨스트하임 (Paul Westheim, 1886-1963)은 1933년 프랑스로 망명했다. 베를린대학교 하인리히 뵐플린 교수, 빌헬름 보링거 (Wilhelm Worringer) 교수의 제자이다. 1917년부터 1933년까지 『예술신문』을 편집했다. 프랑스로 망명한 후 '적대 외국인'으로 감금당했다. 1938/39년 『자유예술과 문학』을 편집했다. 1940년 프랑스에서 멕시코로 도주했다.

니콜라우스 페브스너 (Nikolaus Pevsner, 1902-1983)는 1934년 영국으로 망명했다. 1924년 라이프치히대학교 빌헬름 핀더 (Wilhelm Pinder) 교수에게서 박사학위를 취득했다. 1924년부터 1928년까지 드레스덴 회화갤러리에서 근무한 후 괴팅겐대학교 게오르크 뷔츠툼 폰 에크슈테트 (Georg Vitzthum von Eckstädt) 교수에게서 교수자격 논문이 통과되었다. 1929년부터 1933년까지 괴팅겐대학교 전임 강사를 역임했다.

게로르크 슈바르첸스키 (Georg Swarzenski, 1876-1957)는 1933년 유대인 혈통이란 이유로 '공무원 신분 원상회복법'에 의거 공직을 박탈당한 후 1938년 미국으로 망명했다. 베를린대학교 아돌프 골드슈미트 (Adolph Goldschmidt) 교수와 하이델베르크대학교 헨리 토데 (Henry Thode) 교수에게서 예술사를 전공한 후 1901년 박사학위를 취득했다. 1903년 교수자격 논문이 통과되었다. 1906년부터 프랑크푸르트 '슈테델 미술관' 관장을 역임했다. 미국으로 망명한 후 1938년부터 1949년까지 프린스턴 고등과학연구소에서 강의했다.

예술사학자이자 정신분석학자로 정신분석학적 '자아심리학 (Ego psychology)'의 대표자인 에른스트 크리스 (Ernst Kris, 1900-1957)는 1938년 영국으로 망명했다. 1922년 빈 대학교 율리우스 폰 슈로써 (Julius von Schlosser) 교수에게서 예술사로 박사학위를 취득한 후 예술사박물관 관리인으로 근무했다. 1928년 '빈 심리분석협회 (WPV)' 회원에 가입되었다. 영국으로 망명한 후 BBC방송국 나치 선전 학문적 분석 부서에서 근무했다. 영국에서 캐나다를 거쳐 미국으로 망명했다. 1940년부터 'New School for Social Research' 교수를 역임했다.

로자 샤피레 (Rosa Schapire, 1874-1954)는 1939년 영국으로 망명했다. 1904년 하이델베르크대학교에서 박사학위를 취득한 후 다수의 프랑스어 및 폴란드어로 된 예술사 관련 서적을 독일어로 번역했다. 독일 최초의 예술사 박사학위 취득 여성이다. 1916년 이다 데멜 (Ida Dehmel)과 공동으로 '독일미술후원 여성동맹'을 창립했다. 1933년부터 1939년까지 '함부르크 유대인 예술동맹'에서 활약했다.

6.6. 그 밖의 학자들

교육학자이자 정치가인 안나 짐센 (Anna Siemsen, 1882-1951)은 1933년 스위스로 망명했다. 뮌헨, 뮌스터, 본 대학교에서 수학한 후 1909년 박사학위를 취득했고, 1923년부터 예나대학교 명예교수를 역임했다. 1932년 나치 민족교육부장관 프릿츠 뷔히틀러 (Fritz Wächtler)에 의해 명예교수직을 박탈당했다.

언론인이자 사회학자인 레오폴트 슈바르츠쉴트 (Leopold Schwarzschild, 1891-1950)는 1933년 독일국적을 박탈당했고, 1933년 파리로 망명했다. 바이마르 공화국 시절 베를린에서 빈 (Wien) 출신 슈테판 그로스만 (Stefan Großmann)과 공동으로 잡지 『일지』를 발간했다. 파리로 망명한 후 『신 일지』를 발간했다. 1940년 프랑스에서 미국으로 망명했다.

인류학자인 헤르베르트 발두스 (Herbert Baldus, 1899-1970)는 1933년 연구목적으로 브라질에 갔다가 독일로 귀환하지 않았다. 1937년부터 포르투갈어로 출판하기 시작했다. 1939년 상파울루에서 인류학 교수가 되었다.

사회교육학자인 발터 A. 프리트랜더 (Walter A. Friedländer, 1891-1984)는 1933년 파리로 망명한 다음, 1937년 미국으로 망명했다. 1920년 베를린대학교에서 박사학위를 취득한 다음 변호사 개업을 했다. '청소년 법'에 관한 저서를 발표했다. 미국으로 망명한 후 1943년까지 시카고대학교 강사, 1949년부터 1959년까지 버클리대학교 사회복지학 교수를 역임했다.

법학자이자 범죄학자인 파울 라이발트 (Paul Reiwald, 1895-1951)는 1933년 벨기에로 망명한 다음, 1939년 스위스로 망명했다. 망명

전 베를린대학교 범죄심리학 강사, 스위스로 망명한 후 제네바대학교 범죄심리학 강사를 역임했다.

범죄학자인 헤르만 만하임 (Hermann Mannheim, 1889-1974)은 1934년 영국으로 망명했다. 1924년부터 1934년까지 본 대학교에서 강의했다. 영국으로 망명한 후 '런던 정치경제대학교' 범죄학 정교수를 역임했다.

중국학자이자 사회학자인 칼 아우구스트 뷔트포겔 (Karl August Wittfogel, 1896-1988)은 1933년 에스터붸게/파펜부르크 집중수용소에 수감된 후 1934년 영국을 거쳐 미국으로 망명했다. 1930년 프랑크푸르트대학교에서 '중국의 경제와 사회'라는 주제로 박사학위를 취득했다. 미국으로 망명한 후 '극동과 러시아 연구소 (Far Eastern and Russian Institute)' 연구소 교수 및 워싱턴대학교 교수를 역임했다

농학자이자 정치고문인 한스 빌브란트 (Hans Wilbrandt, 1903-1989)는 1933년 유대인 혈통이란 이유로 '공무원 신분 원상회복법'에 의거 강사직을 박탈당했고, 1934년 터키로 망명하여 터키정부 농업 자문위원을 역임했다. 1930년부터 베를린농대 강사 및 전임강사를 역임했다. 터키로 망명한 후 1940년부터 1952년까지 터키에서 자영업을 했다.

법학자이자 범죄학자인 한스 폰 헨티히 (Hans von Hentig, 1887-1974)는 1935년 9월 본 대학교로부터 퇴직당하자 1935년 미국으로 망명했다. 1931년부터 1934년까지 킬 대학교 형법, 형사소송, 범죄학 정교수를 역임했다. 1934년 본 대학교 형사학 교수로 초빙되었다. 미국으로 망명한 후 예일대학교 로스쿨 조교수를 거쳐 1937년부터 워싱턴 고등검찰청 전문 감정인을 역임했다. 콜로라도, 오리건, 아이

오와, 캔자스 대학교에서 강의했다. 푸에르토리코 대학교에서 초빙했으나 비자 문제로 갈 수 없었다. 망명 중 경제적 빈궁으로 인해 끊임없는 괴로움을 당하고 볼셰비키 노선 전력으로 FBI에 의해 지속적인 감시를 받았다.

종교학자이자 사회학자인 요아힘 바흐 (Joachim Wach, 1898-1955)는 1935년 미국으로 망명했다. 1929년부터 라이프치히대학교 종교학 교수를 역임했고, 1935년 혈통 문제로 교수직을 박탈당했다. 미국으로 망명한 후 1935년부터 1939년까지 브라운대학교 교환교수를 거쳐 1939년부터 1946년까지 부교수, 1945년부터 시카고대학교 종교학 교수를 역임했다.

사회학자이자 인류학자인 에밀리오 빌렘스 (Emilio Willems, 1905-1997)는 1931년 브라질로 이주하여 1936년 상파울로대학교 사회학 강의를 시작으로 1937년부터 교수로 재직했다.

7. 망명 법조인

바이마르 공화국 시절 저명한 형사사건 변호사이자 작가인 막스 알스베르크 (Max Alsberg, 1877-1933)는 1933년 3월 말 스위스로 망명했다. 바이마르 공화국 시절 형사사건에 관한 다수의 저작물을 발표했다. 1931년 베를린대학교 명예교수가 되어 주로 '형 집행의 심리와 사회학'에 대한 강의를 했다. 1931년 베를린대학교로부터 정교수의 자질을 갖추었다고 인정받았다. 스위스로 망명한 후 소르본대학교의 비정년 교수직, 런던에서의 변호사직을 제의를 받았으나 1933년 9월 스위스 자메단에서 권총 자살로 생을 마감했다.

언론인이자 변호사인 루돌프 올덴 (Rudolf Olden, 1885-1940)은

1933년 체코슬로바키아, 프랑스, 자르구역을 거쳐 영국으로 망명했다. 1926년부터 '베를린어 타게블라트 (Berliner Tageblatt)' 신문사 편집부 기자로 문예와 정치기사를 쓰며 편집장까지 승진했다. 1926년 베를린에서 변호사 개업을 했다. 영국으로 망명한 후 1940년 미국으로 건너가던 중 독일 잠수함의 공격으로 여객선이 침몰되어 대서양에서 사망했다.

변호사인 알프레트 아펠 (Alfred Apfel, 1882-1941)은 1933년 영국으로 망명했다. 1918년부터 베를린에서 변호사, 공증인으로 정치적인 형사사건을 주로 담당했다. 작가 칼 폰 오씨츠키 (Carl von Ossietzky) 변호도 담당했다. 1941년 프랑스 마르세유에서 사망했다.

법조인이자 나치 저항운동가인 오토 칸-프로인트 (Otto Kahn-Freund, 1900-1979)는 1933년 '공무원 신분 원상회복법'에 의거 법관직을 박탈당하자 1933년 영국으로 망명했다. 1차 대전 참전 후 프랑크푸르트, 하이델베르크, 라이프치대학교에서 법학을 전공한 후 1925년 법학박사 학위를 취득했다. 1928년부터 베를린 노동재판소 판사로 재직했다. 영국으로 망명한 후 1936년부터 영국 법률분야에서 활동했다.

판사이자 검사인 프릿츠 바우어 (Fritz Bauer, 1903-1968)는 1936년 덴마크로 망명한 다음, 1943년 스웨덴으로 망명했다.

제4장

귀환이주 현실

제 4 장 귀환이주 현실

1. 나치 체제 붕괴와 분할점령된 독일

1.1. 나치 체제 붕괴

1945년 5월 8일, 12년에 걸친 히틀러 나치 제3제국은 연합군에 대한 무조건 항복으로 막을 내린다. 그해 2월 4일에서 11일까지 크림반도 얄타에서 개최된 '얄타회담 (Yalta Conference)'에서 미국의 프랭클린 루스벨트 대통령, 영국의 윈스턴 처칠 수상, 소련의 요시프 스탈린 최고인민위원 등 연합국의 지도자들은 패전 후의 독일은 미국, 소련, 영국, 프랑스 4개국이 분할 점령한다는 사실에 이미 원칙적인 합의를 보았다. 그뿐만 아니라 이들 연합국들은 독일의 군수산업을 폐쇄 또는 몰수한다고 선언했다. 주요 나치전범들은 독일의 뉘른베르크에서 열릴 국제재판에 회부하기로 합의했고, 일반 독일인에 대해서는 최저 생계를 마련해주는 것 외에는 일체의 의무를 지지 않는다는 사항에도 합의하였다.

그 후의 나치 체제 붕괴과정을 보면 다음과 같다. 1945년 1월 30일 나치 정권 쟁취 12주년을 기념하여 히틀러의 마지막 라디오 방송이 있었다. 4월 21일에는 나치 선전장관 괴벨스의 마지막 독려 라디오 방송이 있었다. 1945년 4월 7일에서 13일 사이 오스트리아의 수도 빈은 소련의 '붉은 군대'에 의해 점령당했다. 4월 25일 엘베강변의 토르가우 (Torgau)에서 미군 병사들과 소련군 병사들은 서로 만나 승리의 악수를 나누었다. 두 나라의 군대는 더 이상 진격할 곳이 없는 상황이었고, 이로 인해 전쟁은 사실상 종말을 고한 것이나 다름없는 상태였다. 4월 27일 오스트리아 빈에는 사회민주주의자인 (SDAP/SPÖ) 칼 렌너 (Karl Renner)가 이끄는 오스트리아 임시정부가 탄생했다. 4월 30일 히틀러가 베를린에서 자살했고, 히틀러의 유언에 따라 해군제독 칼 되니츠 (Karl Dönitz)가 나치 제국대통령이 되었다.

5월 2일 베를린은 항복했다. 5월 7일 프랑스 랭스 (Reims) 소재 미군사령부에서 '무조건 항복' 조인식이 이루어졌고, 항복은 다음날인 5월 8일 23시 01분을 기해 발효되었다. 기록적인 의미에서 5월 8/9일 베를린 소재 소련군사령부에서 항복조인식은 반복되었다. 이로써 히틀러 독일 제3제국 지도부와 군 수뇌부는 정치, 군사, 사회적인 전권을 연합군에게 이양했다. 이로써 나치 체제는 완전히 붕괴되었다.

1.2. 분할점령 속의 정치적 발전

2차 대전 이후 망명객들의 귀환이주 현실을 파악하기 위해 1945년 5월부터 1946년까지의 정치 발전상황을 정리해 보면 다음과 같다.

1945년 5월 14일 소련군 사령관은 '대 (大)-베를린 (Groß-Berlin)'의 '시 당국 (Magistrat)'을 임명한다. '대 (大)-베를린'이란 1920년대 제정된 베를린 시 행정구역을 말하고, '베를린 시 당국 (Magistrat von Berlin)'이란 1808년부터 1935년까지 그리고 1945년부터 1948년까지 베를린의 최고 행정기관을 일컫는다. 1920년대 제정된 베를린 시 행정구역은 오늘날까지도 커다란 변동 없이 그대로 유지되고 있다. '베를린 시 당국'에는 베를린의 행정관청, 시 공무원, 시 의회, 정부가 포함된다. '베를린 시 당국'의 장은 시장이 맡는다.

1945년 5월 23일에는 히틀러 사후 나치 정권의 최고 수장을 맡았던 칼 되니츠가 플렌스부르크 (Flensburg)에서 체포되었다. 5월 28일 서독 바이에른에서는 바이에른 인민당 (BVP)의 프릿츠 쉐퍼 (Fritz Schäffer, 1888-1967)가 이끄는 바이에른 임시 주정부가 탄생했다. 프릿츠 쉐퍼는 2차 대전 후 초대 바이에른 주지사를 지냈고, 1949년부터 1957년까지는 서독 연방정부의 재무장관, 1957년부터 1961년까지 서독 연방정부의 법무장관을 역임했다.

1945년 6월 5일 미국 · 소련 · 영국 · 프랑스 4대 연합국 점령군은 독일의 최고 통수권을 이양받는다. 그와 함께 4대 연합국 점령군은 독일에 대한 분할 통치를 결정했다. 6월 9일 주독일 소련 군정청 (SMAD)이 베를린 칼스호르스트에 설치되었다. 6월 11일 독일공산당 중앙위원회 대회가 있었고, 6월 15일에는 베를린 사민당 중앙위원회 대회가 있었다. 6월 17일에는 베를린 사민당이 결성되었고, 소련군점령지역 내에 '자유 독일 노동조합 연맹 (FDGB)'이 결성되었다. 이 '자유 독일 노동조합 연맹'은 베를린에서 최초로 결성된 것이 아니라 이미 종전 몇 주 전인 1945년 3월 18일 사회민주주의자이자 노조운동가인 마티아스 빌름스 (Mathias Wilms, 1893-1978)에 의해 종전 후의 서독구역인 아헨에서 결성된 바 있다. 6월 26일에는 소련군 점령지역 내 '기독교-민주연합 (CDU, 기민당)'이 결성되었다. 또한 6월 26일 국제연합 (UN)이 창립되었다.

1945년 7월 1일에서 4일 사이 미군은 작센과 튀링겐 주에서 철수했고, 서방 연합군은 베를린의 서부지역으로 진주했다. 7월 3일 주독일 소련 군정청은 민주 신흥 독일 문화연맹을 창립했다. 7월 4일 오스트리아는 1937년의 국경을 원상복귀시켰고, 국토는 4대 점령군에 의해 분할되었으며 동독지역인 브란덴부르크, 메클렌부르크, 작센 주에 행정관청이 작동되었다. 7월 5일에는 소련 군정지역 내 독일 자유민주당 (LDPD)이 창립되었고, 7월 7일에는 '4대강국 행정' 협정이 베를린에서 조인되었다. 7월 9일에는 소련군정의 포고령 5호 발동으로 소련 군정지역 내에 5개의 주가 성립되었다.

7월 17일에서 8월 2일까지 스탈린, 트루먼, 처칠 '3거두'가 포츠담회의에서 '(연합국) 관리위원회', '점령구역', '무장해제', '동부 오데르-나이세 지역의 폴란드 행정', '체코 폴란드 헝가리 주재 독일인들의 추방', '탈나치화' 등의 제반문제를 협의했다. 7월 25일 소련군정청 포고에 의해 소련군 점령지역 내에 11개의 중앙행정부가 설치되었고 7월 26일에는 프랑스 점령군의 최종적 경계가 확정되었다.

1945년 8월 6일 일본 히로시마에 원자폭탄이 투하되었다. 8월 8일 소련은 일본에 대해 전쟁을 선포했다. 8월 8일 전범재판에 대한 4대강국의 런던협정이 있었다. 8월 9일 일본 나가사키에 원자폭탄이 투하되었다. 8월 15일 일본이 무조건 항복했다. 8월 30일 연합군 포고령 1호가 발표되었고, '연합국 관리위원회'가 설치되었다.

1945년 9월부터 소련군정 지역 내에 '토지개혁'이 실시되기 시작하였다. 9월 2일 일본의 항복조인식이 있었다. 9월 10일에서 27일 사이 5대 강대국 외무장관회의가 런던에서 개최되었다. 9월 19일 서독지역의 바이에른, 바덴-뷔템베르크, 헤센 주의 공식 선언이 있었다. 9월 20일 '점령조례'와 '나치 금지'를 골자로 하는 연합군 포고령

2호가 발령되었다. 9월 20일 미군정 구역 내에 정당 활동이 허가되었다.

1945년 10월 5일에서 7일 사이 서독지역 소재 하노버 근처의 붸닉젠 (Wennigsen)에서 제1차 사민당 중앙 전당대회가 개최되었다. 10월 10일에는 '기독교 사회 연합 (CSU, 기사당)'이 창당되었고 11월 20일 뉘른베르크 전범재판이 시작되었다. 11월 25일에는 오스트리아 선거가 있었다. 11월 28일 오스트리아에서는 칼 렌너 임시정부 정권이 '오스트리아 인민당 (ÖVP)' 소속 레오폴트 피글 (Leopold Figl, 1902-1965)에게 정권을 이양한다.

12월 16일에서 22일 사이 모스크바 외무장관회의가 개최되었다. 이 회의에 프랑스는 불참하였다. 기민당 의장단인 안드레아스 헤르메스 (Andreas Hermes, 1878- 1964)와 발터 슈라이버 (Walter Schreiber, 1884-1958)는 소련군정의 토지개혁을 반대하자 소련 군정청은 명령을 발동하여 12월 19일 야콥 카이저 (Jakob Kaiser, 1888-1961)와 에른스트 렘머 (Ernst Lemmer, 1898-1970)로 의장단을 교체하였다. 12월 20일 칼 렌너는 오스트리아의 연방대통령에 취임하고 레오폴트 피글은 오스트리아 연방수상이 된다. 12월 20일에서 21일 사이 베를린 사민당 통합전당대회가 개최되었다. 이때 사민당 중앙위원회에 대한 폭동이 있었다.

1946년 1월 6일 쿠르트 슈마허 주재로 프랑크푸르트에서 개최된 미군 점령지역 사민당 전당대회에서 사민당은 독일공산당과의 합당을 거부했다. 1월 8일 하노버에서 개최된 영국군 점령지역 사민당 전당대회에서도 사민당은 독일공산당과의 합당을 거부했다. 1월 20일에는 서독지역 헤센주 지방선거가 있었고, 1월 26일 브레멘에서는 영국군 점령지역과 미군 점령지역 주 대표들의 1차 회합이 있었다.

1946년 2월 5일 영국군 점령구역에서 기민당은 회합을 갖고 콘라트 아데나워를 당수로 선출했고, 2월 25일 함부르크에 영국군 점령지역 '지역고문단'이 설치되었다. 3월 15일 '나치와 군국주의로부터 해방법'이 미군정 지역에서 공포되었다. 3월 6일에는 윈스턴 처칠 영국수상이 미국 펄튼 (Fulton)에서 행한 연설 중 '철의 장막 (Iron Curtain)'이라는 용어를 사용했으며 관리위원회가 '피해보상' 계획을 인가했다. 3월 7일 소련군 점령지역에 '자유 독일 소년단 (FDJ)'이 조직되었고, 3월 31일 서베를린 사민당 비밀투표에서 사민당당원의 82%가 사민당이 독일공산당 (KPD)과 합당하는 것에 대하여 반대했다.

1946년 4월 21/22일 소련군정 지역에서는 사민당과 독일공산당이 합당하여 '독일사회통일당 (SED, 동독공산당)'을 창당했다. 4월 25일에서 5월 16일까지 미래 독일의 '자유조약'을 논의하기 위한 제1차 파리 외무장관 회담이 개최되었다. 4월 28일에는 미군정지역에서 지방자치 선거가 치러졌고, 4월 29일에는 미 국무장관 제임스 번즈 (James F. Byrnes, 1882-1972)가 파리에서 독일의 무장해제와 점령에 대해 공표했다. 5월 9일에서 11일 사이 하노버에서 개최된 사민당 전당대회 (소련 군정지역 사민당원 불참)에서 사민당은 쿠르트 슈마허를 사민당 제1당수로 에리히 올렌하우어를 제2당수로 선출했다. 5월 26일에는 미군정지역 내 도시들에서 지방선거가 치러졌고, 5월 30일에는 미군정지역 내 제1차 주 의회 선거가 치러졌다. 6월 15일에서 7월 12일 사이에는 제2차 파리 외무부장관 회담이 개최되었는데 성과 없이 막을 내렸다.

1946년 7월 11일 영국은 독일에 대한 일관된 경제정책을 제안했다. 이에 대해 7월 20일에 미국은 찬성했고, 프랑스는 8월 10일에 거절했다. 7월 29일부터 10월 15일 사이 파리에서 평화조약에 관한 '파리 평화회의 (Paris Peace Conference)'가 개최되었다. 8월 1일에서 9월 15일 사이 소련군정 지역 소재 작센, 튀링겐, 브란덴부르크, 메클렌부르크 주 지방선거가 있었다. 9월 5일 미국 루시어스 클레이 (Lucius D. Clay, 1897-1978) 장군과 영국 브리언 로버트슨 (Brian H. Robertson, 1896-1974) 경은 미군점령지역과 영국군 점령지역 간의 공동 경제 동맹 조약을 체결했다. 9월 15일 영국군정지역과 프랑스군정지역에 지방선거가 실시되었다. 9월 19일 영국 수상 처칠은 스위스 취리히에서 행한 한 연설에서 '유럽 연합 국가'를 요구했다.

1946년 10월 1일 뉘른베르크 전범재판에서 주요 전범에 대한 판결이 있었다. 10월 13일 영국군 점령지역에서 지방자치 선거가 치러졌다. 10월 20일 '대 (大)-베를린' 시 시의회 의원 선거가 치러졌다. 선거는 사민당 48.6%, 기민당 22.1%, 동독공산당 19.7%, 자민당 (LDP) 9.4%의 결과로 나타났다. 10월 20일 소련군정지역 내 주 의회 선거와 지방선거가 실시되었다. 11월 4일에서 12월 12일까지 뉴욕에서 외무장관 회담이 있었다. 11월 24일 바덴-뷔템베르크 주에서는 헌법에 대한 주민투표가 실시되었다. 11월 26일 베를린 시의회 의원 선거에서 당선된 의원들의 첫 의회가 개원되었다. 12월 1일 바이에른 주와 헤센 주에서는 헌법에 대한 주민투표가 실시되었다.

2. 예정된 귀환이주

2.1. 귀환의 희망과 귀환이주의 현실 사이에서

1945년 5월 8일을 기해 히틀러 나치 체제가 완전히 붕괴되자 그동안 독일을 떠났던 망명객들은 누구나 고향으로 되돌아가도 되는 것이 현실이었다. 망명객들의 귀환에 걸림돌은 없어 보였다. 그러나 귀환의 희망과 종전의 현실 사이에 놓인 장벽은 엄연히 존재했고, 넘어야 할 장애물은 한두 가지가 아니었다. 꿈은 꿈이었고, 현실은 현실이었다. 어제는 어제였고, 오늘은 오늘이었다. 그들에게 꿈은 현실로 돌아왔지만, 현실은 꿈과 달랐다.

1933년 나치가 정권을 장악하자 망명을 떠나야 했던 자들은 다수였지만 자기가 태어난 땅인 독일이나 오스트리아로 돌아온 자들은 소수였다. 출신 성분이나 망명의 동기가 달랐고 개인적인 경험과 정치 사회 문화적인 현실이 동일하지 않았기 때문이다. 나치 체제 등장으로 인해 1933년 이후 약 50만 명 정도가 망명을 떠났는데, 그중에서 약 3만 정도가 1945년 이후 귀환했다.[1] 직업별 수치로 보면 각각의 분야에서 대략 떠난 자들의 10% 내지 25% 정도의 망명객들이 조국으로 귀환했다.

망명의 원인 내지 망명객들을 분야별로 볼 때 정치적 박해로 인해 조국을 떠났던 자들은 여타의 분야보다 가장 많이 귀환했다. 정치적 박해로 인해 조국을 떠났던 자들은 대략 50% 정도가 귀환했다. 통계로 보면 약 4,000명의 사회민주주의자와 3,000명의 공산주의자들이 귀환했다. 망명의 원인이 정치적이면 정치적일수록 귀환의지도 그만큼 비례했다. 특히 망명기간 중 망명지에서 정치적 활동을 한 망명객들은 거의 전원이 귀환했다고 보아도 무방하다. 그들의 귀환 목적은 새로운 국가 건설에 있었다. 그에 대한 의지가 강하면 강할수록 귀환의 시기도 그만큼 빨랐다. 보수적인 정당 소속의 정치인들은 사회주의자나 공산주의자들에 비해 떠난 숫자도 소수였지만, 돌아온 자들도 소수였다.

1) 귀환이주자의 수치에 대해서는 Marita Krauss: Heimkehr in ein fremdes Land. Geschichte der Remigration nach 1945, 2001 München, 9쪽 이하.

정치인들 이외에 서둘러 귀환한 망명객들은 직업이나 경제적 목적을 지닌 자들이었다. 여기에 속하는 자들로는 독일어와 관련된 직업을 가진 작가, 언론인, 연극인 등과, 잃어버린 재산을 되찾으려는 경영인, 강탈당한 직책으로 복직하려는 공무원들이었다.

종족규정으로 인해 망명을 떠났던 자들은 단지 4-5% 정도만 귀환이주했다. 대부분의 유대인들은 그들이 태어난 독일이나 오스트리아로 귀환하지 않고, 망명지 (특히 미국)에 새로운 삶의 뿌리를 내렸다. 수치로 볼 때 12,000에서 15,000명 정도의 유대인만이 다시 독일의 유대인 교구에 등록을 신청했다. 등록신청을 한 유대인 이외에 얼마만큼의 유대인들이 귀환이주했는지는 가늠하기 어렵다.

제2차 세계대전이 막을 내리자마자 수많은 망명객들 누구에게나 곧바로 떠오른 생각은 고국인 독일로 귀환하는 문제였다. 하지만 연합군과 주둔군이 지배하고 있는 파괴된 독일로 귀환하는 일은 결코 쉬운 문제가 아니었다. 우선 기거할 주택이 문제였다. 그리고 어떻게 연명해 나가야 할지에 대한 대책마련도 막연했다. 만약 주택이나 연명에 대한 막연한 생각이 떠올랐다고 해도, 주둔군 군정청에 허가를 받아야 했다. 미국이나 남미 등지에서 독일로 가는 교통비 마련도 어려웠다. 당시 독일에 거주하는 일반인들에게도 주택난과 생필품 부족은 일상사였다. 입국허가와 대도시 이주허가 등 전권은 점령군이 장악하고 있었다. 점령군정청 아래에서 소수의 저명망명객들만이 독일의 경제, 문화, 학문의 재건에 참여할 기회가 주어졌을 뿐이었다.

점령군은 독일 전역에 대한 최고 통수권을 이양하고 군정청을 설치하자 망명객들에 대한 입국허가를 주저했다. 점령군은 망명객들의 대거 입국을 꺼려했다. 이러한 상황에서 망명객들의 귀환에 대한 독일 단체위주의 청원이나 초청장 발부가 고작이었다. 그것도 빈번한

일이 아니었다. 점령군 정책만이 걸림돌이 아니었다. 일반 독일인들도 귀환이주 망명객들에 대해 싸늘하고 소극적으로 대하는 분위기가 지배적이었다. 뿐만 아니라 망명객들의 귀환이주 문제에 대해 거부적이고 적대적인 의견을 표출하였다. 이때 작가 토마스 만에 대한 논쟁이 언론매체에 첨예하게 등장했다.

미국에 망명 중이었던 20세기 독일문학의 거장이자 노벨문학상 수상자인 토마스 만이 독일로 귀환하지 않겠다는 발언이 논쟁의 도화선이었다. 일간신문, 문예지, 라디오를 통해 격앙된 논쟁이 여기저기서 불꽃을 튀기었다. 이 논쟁은 후에 토마스 만과 발터 폰 몰로 사이에 벌어진 '대 논쟁'으로 문학사에 기술되었다. 1928년부터 1930년까지 프로이센 예술원 시분과 의장이었던 발터 폰 몰로가 1945년 8월 유명한 망명객에게 보낸 서한에서 토마스 만은 귀환해야 한다고 요구했다. 그는 망명을 하지 않고 히틀러 나치 체제 독일에 머물며 은둔생활을 했던 작가였다. 곧 이어 프랑크 티스도 논쟁에 가담하며 몰로와 같은 입장을 취했다. 1945년 10월 12일 토마스 만은 드디어 〈아욱스부르거 안차이거〉 신문을 통해 "내가 왜 독일로 돌아가지 않는가"라는 본인의 입장을 밝혔다. 그는 서한에서 자기의 행동을 정당화한 다음 작가 몰로의 요구가 "불안하고 짓눌렸다"는 의견과 함께 히틀러 제3제국 시절의 문학에 대해 혹평을 했다.

> 내 눈에는 1933년부터 1945년까지 독일에서 인쇄될 수 있었던 책들은 〔…〕 적어도 값어치 없거나 좋지 않은 책들이다. 거기에는 피와 창피의 냄새가 붙어 있다. 그 모든 것들은 폐기처분되어야 한다.2)

---

2) Hans-Ulrich Wagner: Rückkehr in die Fremde? Remigranten und Rundfunk in Deutschland 1945 bis 1955, Berlin, Bonn, Frankfurt/M 2000, 53쪽.

곧 이어 12월에 토마스 만은 영국의 BBC 방송을 통해 망명과 귀환이주에 대한 본인의 의견을 피력했다.

> 망명은 이전의 시기보다 완전히 아주 다르게 변했다. 그것은 귀향에 맞추는 기다림의 상태가 아니라, 국가의 해결과 세계의 단일화를 넌지시 암시한다. 모든 국가는 오래전에 촌이 되어 버렸다.3)

토마스 만의 이러한 의견 피력에 대해 고트프리트 슈타인, 헤르베르트 게쓰너 등이 강하게 토마스 만을 공격했다. 더구나 1947년 여름 토마스 만이 독일을 방문하지 않고 유럽을 여행했을 때, 토마스 만의 귀환이주에 대한 논쟁은 다시 불붙었다. 이 논쟁은 2차 세계대전 이후 망명객들의 귀환이주에 대한 극명한 입장 차이를 보여준 대표적인 사건이었다. 화해할 수 없는 쌍방은 서로서로 오해와 실망감을 토로했다. 이때 쌍방이란 본인들 스스로 소위 '내적망명'이라고 명명한 자들의 대표들과 외국에 거주하는 망명객들이었다. 이 사건을 계기로 미국 주둔군은 재건과 재교육에 참여하기 위해 "토마스 만과 다른 망명객들이 귀환해야 되는지 아닌지"에 대한 여론조사를 실시했다. 이에 대해 각계각층의 인사들이 의견을 제시했다.4)

---

3) Thomas Mann: Rundfunkbotschaft nach Deutschland, 30. Dezember 1945, Hans-Ulrich Wagner: Rückkehr in die Fremde? Remigranten und Rundfunk in Deutschland 1945 bis 1955, Berlin, Bonn, Frankfurt/M 2000, 55쪽.

4) 자세한 내용은 Jost Hermand & Wigand Lange: "Wollt ihr Thomas Mann wiederhaben?" Deutschland und die Emigranten, Hamburg 1999. 참조

2.2. 점령군 복장으로의 귀환이주

1945년 5월 나치 체제가 붕괴하자마자, 혹은 나치 군대가 항복하던 바로 그 순간에도 귀환한 다수의 망명객들이 있었다. 그들 중 대부분은 망명 국가에 귀화해서 시민권을 획득한 독일출신 망명객들로 전승국 군인 복장을 걸치고 패전한 독일 땅으로 귀환했다. 그들은 대부분 미군과 영국군이었고, 개중에는 프랑스군과 소련군도 있었다. 그들은 전쟁 중에는 독일어 어학능력 때문에 심리전에 투입되었고, 연합군이 독일로 진주한 후에는 점령지 독일의 방송, 출판, 검열 분야 업무를 담당했다. 그들을 통해 점령지 독일의 신생 언론이나 방송은 검열받았고 또한 재건되었다. 그들 중 대부분은 점령군 계급장을 달고 있었으나 문관 혹은 민간인 신분도 있었다.

어찌되었든 귀환이주자들의 첫 번째 다수자 집단은 점령군 복장을 걸친 망명객들이었다. 점령군 복장으로 귀환이주한 망명객들 중에서 또 다시 다수자 현상을 보인 곳은 방송분야였다. 1945년 당시 점령군 복장으로 귀환해 독일의 방송 재건에 영향력을 미쳤던, 눈에 띄는 방송인들의 면면과 그들의 행적을 정리해 보면 다음과 같다.[5)]

1945년 5월부터 1946년 5월까지 미군의 신분으로 '프랑크푸르트 라디오방송국' 제작부장을 지낸 다비드 베르거는 1939년 미국으로 망명했던 유대인 혈통의 소유자였다. 베르거는 독일에서 '미국의 소리 (Voice of America)' 해설자로 근무한 다음 미국으로 돌아갔다. 미국으로 돌아간 다음 'Music from Germany' 방송으로 유명세를

5) 점령군 복장으로 귀환이주했던 방송인들에 대해서는 Hans-Ulrich Wagner: Rückkehr in die Fremde? Remigranten und Rundfunk in Deutschland 1945 bis 1955, Berlin, Bonn, Frankfurt/M 2000, 64-67쪽 참조.

탄 그는 30년 넘게 미국에 유럽음악을 전달 소개하는 데 기여했다. 1980년 그는 다음과 같이 토로했다.

> 나는 베를린 토박이다. 1939년 초 —물론 자유의지가 아니다— 미국으로 왔다. 6년 후 나는 —이번에는 미국 군인으로— 독일로 귀환했다. 물론 자유의지가 아니었다. 1945년 5월에 제2차 세계대전은 끝이 났고, 자유로운 독일 방송의 재건은 시작될 수 있었다. 나는 처음부터 그 자리에 있었다.[6)]

1945년 6월부터 1948년 10월까지 미군 소위로 '뮌헨 라디오방송국' 프로그램을 이끌었던 클라우스 브릴은 방송국 프로그램 부장으로 인사정책에 관여했고 특히 문화언어 창달에 지대한 영향을 미쳤다. 당시 다른 감독 장교들은 감독인제 폐지 차원에서 방송국을 떠났거나 냉전체제로 인해 미국의 정보정치가 기본적으로 바뀜에 따라 1946년과 1947년 사이에 다수가 해고되었음에도 불구하고, 그는 미군정 지역에서 계속 근무했다. 그는 어떤 방송국 장교보다도 장기간 과제를 수행한 몇 안 되는 인물 중의 하나였다. 이들이 해고된 이유는 이제 더 이상 공산주의적 사고를 조금이라도 지녔거나 사회주의 경도적인 인물은 방송국에 더 이상 필요하지 않았기 때문이었다.

1945년 5월부터 감독 장교로 함부르크에 있는 '독일서북방송(NWDR)' 재건에 참여했던 발터 에베리트는 1936년 가족과 함께 미국으로 망명했다가 1940년 영국군대에 입대하여 보병장교가 된 인물이다. 1944년에는 영국군 심리전술 부대에서 복무하기도 했었다. 에베리트는 1946년 전역한 다음 영국으로 건너가 영국 국적을 취득

6) Jost Hermand & Wigand Lange, 위의 책, 64쪽.

했다. 1951년 미국으로 건너가 은행전문가로서 경력을 쌓고 미국에 거주하다 1997년 미국 시민권자가 되었다.

1945년과 1946년 사이 뉘른베르크 전범재판소에서 통역을 담당한 하리 M. 프로만은1927년 세계적으로 유명한 'Comedian Harmonists' 앙상블을 창립한 인물 중 한 사람이었다. 프로만은 1935년 오스트리아로 망명한 다음, 1940년 미국으로 망명했다. 그는 1943년 미군에 입대하고 1944년에 미국 시민권자가 되었다. 1946년 4월 25일부터 베를린 미군구역의 방송국 재건에 참여했고, 1948년 1월까지는 감독 장교직책을 수행했다. 그러한 다음 독일에서 수출입회사를 창업하려는 시도도 해보고 가수 기획도 해보았지만 모두 수포로 돌아갔다. 그러자 1951년 뉴욕으로 되돌아갔다. 그러한 다음 1963년 독일로 귀환이주했다.

1945년 12월부터 1946년 6월까지 '뮌헨 라디오방송국'의 감독 장교로 근무했던 발터 코너는 유대인과 독일-체코 혈통 가정에서 태어난 '카바레와 오락' 프로그램 전문가였다. 특이하게도 그는 1945년 10월 24일 아우슈비츠와 마우타우젠 유대인수용소에서 살아남은 첫사랑의 연인 한나 블로흐와 재회하여 결혼했다.[7] 발터 코너와 한나 블로흐는 첫사랑 연인과 극적으로 해후해 결혼한 자신들의 사랑이야기를 『한나와 월터. 한 사랑이야기』라는 제목으로 1984년 뉴욕에서 영어판으로 발간했다.

1945년 영국주둔군의 위탁으로 독일에 귀환하여 ―문관 장교 신분으로― '함부르크 라디오방송국'에 근무한 알렉산더 마스는 망명전인 1927년부터 이미 쾰른의 '서독일 라디오방송국'에서 근무하며 바

7) Jost Hermand & Wigand Lange, 위의 책, 65쪽 참조.

이마르 공화국 시절 라디오 방송의 선구자로 이름을 떨쳤던 사람이다. 마스는 공산당원으로 1933년 3월 망명을 떠나 프랑스, 스페인, 영국령 버뮤다, 캐나다, 영국 등지를 떠돌며 여러 곳의 방송국에서 일했다. 마스는 문관 장교 신분으로 근무하며 감독관의 처우조건에 대해 불만이 쌓이자 1947년 1월 1일 영국군 문관 직책을 퇴직해 버렸다. 그러한 다음 '독일서북방송 (NWDR)'의 직원으로 '방송학교'를 세워 대성공을 거두었다. 1955년까지 학교장으로 재직했고, 동시에 '독일서북방송 (NWDR)' 방송국장의 프로그램 발표자 직을 수행하기도 했다.

제2차 세계대전이 막을 내리자 미군의 인사담당 영관급 장교 신분으로 '프랑크푸르트 라디오방송국' 재건에 결정적인 역할을 담당한 골로 만은 1933년 가족과 함께 미국으로 망명한 노벨문학상 수상자 토마스 만의 아들이었다. 골로 만은 1943년 미국시민권자가 된 후 미군에 입대했다. 그는 프랑크푸르트에서 근무하기 전인 1945년 2월까지는 런던과 룩셈부르크에서 유럽 주재 미국방송국 독일어 분과장으로 있었다. 골로 만은 1946년 초 역사학자로서 학문에 전념하기 위해 방송국을 사임했다.

1945년 말 베를린 미군지역의 유선방송 재건에 참여했고, 1946년부터 1948년까지는 미군지역 방송국의 프로그램과 편성 책임자로 일한 구스타붸 보딩 마티유는 유대인 혈통의 변호사였던 아버지와 가톨릭신자인 어머니 사이에서 태어났다. 그는 1934년 가족과 함께 프랑스로 망명한 다음, 그 자신은 계속해서 1937년 미국으로 망명했다. 제2차 세계대전이 발발하자 마티유는 미군들에게 독일역사와 지리를 가르쳤고, 1944년에는 '미국 시민'으로 '미국 전쟁정보기관 (OWI)'에 근무했다. 마티유는 영국에서는 '선전분석가'로, —이때 선전이란 특히 나치의 선전을 말한다— 방송 '미국의 소리'에서는 편집인과 작가로 일했다. 마티유는 독일에서의 근무를 마치고 1948년 미국으로 돌아갔다.

1945년 12월부터 베를린 미군지역 방송국 감독 장교로 근무했고, 1946년 5월부터 1947년 12월 31일까지는 방송국의 책임자로 근무한 루트 노르덴은 런던에서 독일유대계 가족의 딸로 태어났다. 제1차 세계대전이 발발하자 그들 가족은 독일로 이주했다. 1934년 미국으로 망명한 노르덴은 1940년 미국 시민권자가 된 후 1942년부터 '미국 전쟁정보기관 (OWI)'의 독일과 오스트리아 '라디오 감독 분과'의 편집국장으로 근무했다. 1944년부터 1945년까지는 유럽에 대한 '미국무부'의 특정 방송자료를 편성하는 책임자로 일하기도 했다. 노르덴은 독일에서 근무를 마친 후 미국으로 돌아갔다.

1946년부터 1950년까지 '방송 감독 기구' 창립 멤버 중의 한 사람이었고, '독일서북방송 (NWDR)' 감독 장교로 근무했던 에드봐르트 로테는 유대인 혈통의 배우이자 감독이었다. 로테는 1933년 체코로 망명한 다음, 1938년 스위스를 거쳐 영국으로 망명했고, 1940년부터 1946년까지 BBC방송국 직원으로 근무했다. 그는 독일에 남아 'ARD 방송국'의 라디오 방송과 TV방송의 감독으로 일했고, 함부르크 극장의 연극 감독을 지내기도 했다. 그는 귀환이주한 방송인이었다.

1944년부터 1946년까지 유럽 주재 미국방송국에서 편집국장을 역임했고, 베를린 미군지역의 방송국 재건에 참여한 에드문트 쉐히터는 유대인 상인가정에서 태어나 대학생시절 시온주의 학생단체를 통해 활발히 정치활동을 했던 인물로 1938년 오스트리아에서 프랑스, 모로코를 거쳐 미국으로 망명했다. 1947년 초부터는 '정보감독국'에서 '라디오 감독 지국'의 지국장을 역임했고, 동시에 '뮌헨 라디오방송국' 방송국장을 역임했다. 1951년부터 1953년까지는 본 주재 '라디오 분과 미국 고위 위원회'를 이끌었다. 그러한 다음 미국으로 돌아가 미국의 외교 분야에서 직책을 수행했다.

1946년부터 1947년까지 '베를린 방송국'의 '러시아 편집부'에서 '비서'로 근무했던, 마리안네 E. 봐인에르트는 공산주의 작가 에리히 봐인에르트의 딸로 독일주재 소련 군정청 감독으로 파견된 몇 안 되는 독일 정치 망명객에 속했던 인물이다. 소련 시민권자인 마리안네 E. 봐인에르트는 소련군의 문관과 통역관으로 점령군 복장을 걸치고 베를린에 진주했다. 1947년 여름 대 인사이동 시 '소련 문화의 집'으로 인사이동되었다. 독일에서 근무를 마친 마리안네 E. 봐인에르트는 1949년 소련으로 돌아갔다. 그 후 1950년대 동독으로 귀환이주했다.

1945년 소련점령지역으로 귀환한 마르쿠스 볼프는 공산주의 작가인 프리드리히 볼프의 아들로 부모를 따라 1933년 스위스와 프랑스를 거쳐 소련으로 망명했다. 모스크바와 알마-아타에서 망명학교를 다닌 후, 코민테른 학교를 다녔고, 비행기제작을 공부했다. 1943년부터는 모스크바에 소재하는 『독일 인민전파』의 편집자, 대변인, 해설자로 일했다. 후에 동독 '간첩 우두머리'가 된 마르쿠스 볼프는 귀환 후 '베를린 방송국'을 독일과 소련이 공조하는 이중기능을 하도록 하는 역할을 담당했다. 소련 시민권자인 마르쿠스 볼프는 '주독일 소련군정청 (SMAD)'의 감독인으로도 근무했다. 소련 군정청에서의 직책은 번역가였는데 1947년부터는 문학-공동작업인, 1947년 2월부터 1949년 9월까지는 소련 군정청 '중앙방송 편집' 부서장으로 『소련으로부터』 편집에 대한 감독을 하였다.

이상에서 살펴본 점령군 복장으로 귀환한 방송분야 망명객들의 특징은 '미국시민권' 내지 '소련시민권'을 지닌 '현역 군인', '감독 장교' 내지 '문관'으로 '고국에 귀환'하여 '검열' 내지 '방송재건' 업무에 종사하다 조국 독일에 귀환이주하지 않고 '미국'으로, 혹은 '소련으로' 되돌아가는 것 등으로 그들의 신분 내지 행적이 정리된다. 구성원으로 볼 때 미국과 영국군의 복장으로 귀환한 방송인들의 경우 유대인 혈통을 지닌 망명객들이 현저히 눈에 띄는 것 특징이다. 나치 체제 패망과 함께 독일어를 모국어로 하고, 독일 사회 및 문화에 정통한 독일출신 망명객들을 미군의 신분으로 대거 점령지 독일에 파견한 실상은 점령지에 대한 미국의 문화정책을 엿볼 수 있는 한 부분이고, 동시에 히틀러 나치 체제 등장과 더불어 체제선전과 체제의 안정을 위해 초반부터 문화정책에 치중했던 사실을 연상시키는 맥락이다. 더구나 점령군 복장으로 귀환한 '감독 장교'들의 대부분이 유대인 혈통을 지녔으며, 이들이 근무가 끝나자 독일에 잔류하지 않고 곧 바로 미국으로 복귀했다는 사실은 어느 정도 이러한 가설을 뒷받침해 줄 수 있다고 생각한다. 소련군 복장으로 소련군점령지역에 귀환한 방송인들의 경우 부모와 마찬가지로 인종적인 문제보다는 이념상 공산주의자들이라는 것이 또한 특징이다.

그렇다면 당시 독일로 귀환이주하지 않고 미국으로 복귀한 망명객들은 무엇을 경험하며, 무엇을 느꼈을까? 1988년 게오르크 슈테판 트롤러는 당시의 심정을 다음과 같이 토로했다.

> 반년 동안 나는 뮌헨에 있었다. 잘 대접받았고, 근무했고, 친구들에게 둘러싸이기도 했다. 〔…〕 나에게 무엇이 멀어졌나? 〔…〕 나에게 아쉬웠던 것은 귀향에 대한 싫증난 감정이었다. 되돌아 온 것에 대한, 새로운 시작에 대한, 그래 새로 태어난 것에 대한 싫증난 감정이었다. 〔…〕 이 쾌적하고 좋아서 지원한 점령자존재가 나를 충족시킬 수 있는

것보다도 더, 그리움에 대한 너무 많은 것이 쌓여 있었다. 부러움을 받는 것이 아니라, 나는 필요로 하는 사람이 되려고 했다.[8)]

오스트리아 유대인 혈통 출신의 작가이자, TV언론인, 시나리오 작가, 감독, 도큐먼트 영화제작자인 게오르크 슈테판 트롤러는 16세의 나이로 나치를 피해 유럽의 여러 나라를 거쳐 미국으로 망명했다. 1943년 미군에 입대하여 포로취조관을 지냈다. 전후 그의 고국인 오스트리아로 귀환하려고 했지만, 돌아온 고국에서 이방인 감정을 느끼자 미국으로 되돌아갔다. 1946년부터 1949년까지 캘리포니아 대학교에서 영문학을, 뉴욕의 컬럼비아 대학교에서 연극학을 전공했다. 그러한 다음 1949년 풀브라이트 장학금을 얻어 파리의 소르본느 대학에서 공부하게 되자 유럽으로 귀환했다. 하지만 베를린에 소재한 '미군지역 방송국 (RIAS)'에 입사하게 되자 파리에서의 학업은 계속하지 않았다. 1950년대 후반부터는 WDR, ZDF 등 독일의 각 방송국에서 일했고, 특히 저명인사 인터뷰 리포터로 이름을 날렸다.

이처럼 점령군 복장으로 귀환한 망명객들은 그들이 귀환이주하는 데 문제점을 내포하고 있었다. 게오르크 슈테판 트롤러에서 보듯이 독일 출신 지식인들이 망명국가의 점령군 자격으로 귀환이주한 만큼이나 그들에게 놓인 땅은 이미 옛날 자신들이 살았던 고향이 아니었다. 그리고 그들이 만난 지인들도 이미 옛 친구들이 아니었다. 더구나 망명 중 그토록 강렬했던 귀환의 꿈을 현실은 채워줄 수 없었다. 어느 시대, 어느 곳을 망라하고 귀환이주에 나타날 수 있는 대표적인 현상인 '잃어버린 고향으로의 귀환이주'는 1945년에서 1950년 전

8) Jost Hermand & Wigand Lange, 위의 책, 62쪽.

후에 나타난 대표적인 현상이다.

그러면 문제의 원인은 어디에 있을까? 클라우스 만의 예를 보기로 하자.

> 나는 군대에 갈 것이다. 나는 다른 사람처럼 군복을 착용할 것이다. 나는 더 이상 아웃사이더도, 제외도 안 될 것이다. 마침내 나는 다수자들과 함께 연대감을 느낄 것이다. 오늘날 모든 미국사람들은 'Let's like that damned son-of-a-bitch over there, in Berlin (저 넘어 베를린에 있는 저 저주받을 개새끼 같은 곳으로)'라고 말한다. 나도 똑같은 바람이다.[9)]

저명한 작가이자 20세기 독일문학을 대표하는 토마스 만의 첫째 아들인 클라우스 만은 그의 자서전에서 밝히고 있듯이 유럽에서 전쟁이 한창 진행 중이던 1942년 망명 중 미국인과 함께 연대감을 느끼며 나치에 대한 증오심을 불태웠다. 하지만 히틀러와 그의 체제가 이미 과거로 사라진 1945년 전후의 독일인들에게 클라우스 만 같은 귀환 망명객들은 단지 점령군의 한 사람일 뿐이었다. 이러한 그를 바라보는 독일인들 시선 또한 차갑고 냉소적일 수밖에 없었다. 클라우스 만은 귀환한 고국의 동족들 사이에서 또 다른 아웃사이더가 되었고, 그들에게는 제외된 사람이었다. 클라우스 만은 돌아온 고국에서 독일인으로서의 연대감을 느낄 수 없었고, 다수인에 속하지 못하는 점령국 군인의 한 사람이었다. 이러한 상황은 귀환이주한 망명객들과 나치 체제기간 중 독일 국내에 머물렀던 사람들 사이에 넘을 수 없는 벽이었다. 당시 점령군 복장으로 귀환한 대부분의 망명객들이 독일에

9) Klaus Mann: Der Wendepunkt. Ein Lebensbericht.

남지 않고 다시 미국으로 돌아간 이유 중의 하나였다.

2.3. 점령군 문화정책

제2차 세계대전 직후 연합군의 문화정책은 동·서독의 정부수립뿐만 아니라 귀환이주자들의 실상에 중요한 영향을 미친다. 점령군의 문화정책은 점령 연합군의 기본 정책인 '탈나치화'와 '재교육'의 일환이었다.

'탈나치화'는 미국, 소련, 영국, 프랑스 등 4대 강국 연합군이 전쟁에서 승리함에 따라 패전한 나치독일을 변화시키기 위해 1945년 7월부터 적용된 조치이다. 이 조치는 포츠담 선언에 따라 독일과 오스트리아의 나치 영향권에 있던 '사회', '문화', '언론', '경제', '재판권', '정치' 등 전 분야는 해방되어야 한다는 것을 골자로 하고 있다. 이 조처는 이 지역의 포괄적인 '민주화'와 '군의 무장해제' 차원에서 시행된 정책이다. '탈나치화'되어야 할 대상은 인물 위주로 볼 때 '주범들 (전범자들)', '하수인들 (적극 가담자들, 주전론자들, 부당이득 취득자들)', '경미한 하수인들', '동조자들', '협의자들'로 구분되었다.[10] '탈나치화'는 포츠담선언에 따라 기초된 것이기는 하지만 연합군 각각의 군정청은 그들 나름대로의 기준에 따라 정책을 시행했다.

1946년 1월부터 시행된 이 조치에 따라 미국, 영국, 프랑스 등 서방

---

10) '탈나치화'에 대한 일반적인 내용은 Clemens Vollnhals (hrsg.): Entnazifizierung. Politische Säuberung und Rehabilitierung in den vier Besatzungszonen 1945-1949, München 1991. / Klaus-Dietmar Henke & Hans Woller (hrsg.): Politische Säuberung in Europa. Die Abrechnung mit Faschismus und Kollaboration nach dem Zweiten Weltkrieg, München 1991. / Norbert Frei: Vergangenheitspolitik. Die Anfänge der Bundesrepublik und die NS-Vergangenheit, München 1996. 참조

3개 연합군 점령지역에서는 18만 2,000명 정도가 체포되었다. 1년 후인 1947년 1월까지 그들 중 약 8만 6,000명 정도가 석방되었다. 소련군 점령지역을 포함한 전체의 구체적인 구금자 숫자와 석방자 수, 그리고 구금자 숫자에 대한 석방자의 비율을 보면 다음과 같다.

– 영국군 점령지역: 64,500명 구금 (34,000명 석방, 53%)
– 미국군 점령지역: 95,250명 구금 (44,244명 석방, 46%)
– 프랑스군 점령지역: 18,963명 구금 (8,040명 석방, 42%)
– 소련군 점령지역: 67,179명 구금 (8,214명 석방, 12%)[11]

서방 연합군 지역에서 '동조자들'이나 '협의자들'로 지목되었던 자들 중 다수는 1949년 서독 정부가 수립되며 정계에 복귀하여 전후 서독 정치의 중추적인 역할을 담당하였다. 이들은 미국의 냉전체제 정책을 바탕으로 서독의 경제개발과 새로운 유럽 질서를 확립하는 데 주력하였다. 이러한 맥락에서 과거의 독일적인 문화보다는 새로운 미국문화와의 접촉 혹은 문화 수입에 주력하였다.

'탈나치화'를 구체적으로 실현시킨 정책은 '재교육'이었다. '재교육'은 미군정에서 시작되었지만 독일에 주둔한 다른 연합군 점령군 정부들도 이를 시행했다. 미군정이 '재교육 (Reeducation)'이라는 표제어로 이를 시행한 반면, 영국 군정은 '재구성', 프랑스 군정은 '문명전도', 소련 군정은 '반파쇼-민주 개조'라는 개념으로 정책을 실행했다. 하지만 표제어에 대한 약간의 차이에도 불구하고 '재교육'이라는 이념 아래 군대를 통한 무력적인 승리를 뛰어넘어 독일이 평화적

11) Dieter Schenk: Auf dem rechten Auge blind, Köln 2001. 참조

이고도 민주적인 사회로 변모하기를 바라는 것이 연합군 정책의 근본 목표였다.

'재교육'은 기성세대를 위한 단기간의 교육뿐만 아니라 청소년 재교육에 대한 교육정책을 통해 차세대까지 이어지도록 정책을 마련했다. 특히 미국과 영국은 전쟁이 끝나자마자 즉시 정치교육을 통해 나치 이데올로기를 제거하려고 노력했다. 초창기 재교육은 단상토론, 대화, 영화상연, 라디오방송, 잡지 기사 등의 방법으로 행해졌다. 하지만 장기간을 요하는 민주교육과, 정치교육을 위해 언론매체, 교육, 문화가 이용되었다.

'대중매체'는 '교육정책'과 더불어 '재교육'을 시키는 가장 중요한 도구였다. 이러한 의미에서 군정이 역점을 둔 도구가 바로 '대중매체'와 '교육정책'이었다. 전쟁이 끝나자 군정의 감독하에 재건된 것이 방송국이었다. 점령군 중에서 독일인을 방송 프로그램 구성에 참여시키고 검열을 완화시킨 것은 영국 군정이 최초였다. 영국군은 BBC방송의 모델을 도입했다.

방송은 미국, 소련, 영국, 프랑스 각각의 점령군 군정에 의해 재건되었기 때문에, 방송의 중앙집권화는 불가능했다. 이에 따라 오늘날까지도 독일 방송 체계는 지방 분권화되었다.

미국과 소련 군정은 전쟁이 끝나고 몇 달 후, 독일 신문에 대한 허가를 시작했다. 모든 허가는 물론 집중적인 검사과정을 전제로 했다. 그러한 다음 연합군의 검열을 통해서 신문이 발행되었다. 신문에 대해서도 영국은 자유허가 정책을 펼쳤다. 소련군정은 검열을 언론에 대한 신 이데올로기 강요의 도구로 사용했다. 당시 서방연합군의 허가를 받아 오늘날에도 중요한 일간지로 자리매김되고 있는 신문으로는 〈프랑크푸르트 룬트샤우〉, 〈쥐드도이체 차이퉁〉이 있다. 당시 신

미디어 정책의 정신 아래 창간된 잡지인 『슈피겔』(1947년 1월 허가)과 주간신문인 〈디 차이트〉(1946년 2월 허가)는 지금까지 언론 매체의 중요한 도구로 자리 잡고 있다.

대중매체는 단기간 위주이지만, 장기간의 재교육을 위해서는 교육정책이 무엇보다도 중요했다. 교육정책에 대해서는 이미 전쟁 기간 중에도 연합국 사이에 다소간의 의견교환이 있었다. 하지만 전쟁이 끝난 후 교육체계에 대한 구체적인 계획은 각각의 점령군 군정마다 차이가 있었다.

미군정은 전쟁 후 최우선적으로 독일에 있는 모든 학교의 문을 닫으려고 했다. '정당학교'와 '나치돌격대 학교'는 당연히 완전 폐쇄될 대상이었다. 교원, 학습계획, 모든 수업자료 등이 '탈나치화'된 후 초등학교, 중등학교, 실업학교는 가능하면 빨리 개교하는 것이 계획이었다. 대학교와 전문대학은 군정의 감독을 받고, 그러한 다음 프로그램을 발전시킨다는 것이었다. 기타의 학교정책은 영국 군정청과 비슷했다. 그 이외에도 미군정은 '존 듀이'의 영향을 받은 미국식 교육을 도입하였다.

영국 군정은 '탈나치화' 이후 독일 교육체계 '재구성'에 '신뢰할 수 있는' 독일인을 참여시킨다는 것이 계획이었다. 그 이외에 구체적인 계획은 별로 없었다. 교사는 과거 정치성향의 범주를 '흑색 (당간부들)', '회색 (의심 가는 자들)', '백색 (우려할 필요가 없는 자들)'으로 분류한 다음 그에 따라 임용을 결정했다. '흑색'분자들은 영원히 해고하고, '백색'인사들만 학교에서 수업을 할 수 있도록 했다. 하지만 교사가 부족하자 1947년부터 '회색'분자들도 학교에서 수업할 권리를 부여했다.

초창기에 교과서는 바이마르 공화국 시절의 교과서를 새로 인쇄해서 사용하고, 별로 '우려되지 않는' 나치시절 교과서도 부분적으로 사용했다. 그러다 점차로 독일 저자들에 의한 새로운 교과서로 대체해 나갔다. 학습계획은 나치 이데올로기와 군국주의에서 해방되는 것을 목표로 삼았다. 그러나 나치 이데올로기와 군국주의는 근본적으로 독일에 책임이 있다는 것을 명기했다.

프랑스 군정은 장기적으로 프랑스의 교육체계를 프랑스 군정지역에 도입하는 것이 계획이었다. 그러나 구체적인 계획은 별로 없었다. 교사임용에 관한 문제는 서방 연합군 군정과 비슷했다. 나치 시대의 교과서는 금지시켰고, 스위스, 룩셈부르크, 프랑스의 교과서를 번역해서 대치시켰다. 프랑스문화를 모범으로 삼을 것을 분명히 명시했다. 제1외국어는 프랑스어가 되도록 못을 박았다. 학교 운영은 바이마르 공화국 시절을 전범으로 따르도록 했다.

연합군 중 가장 광범위하게 '재교육' 정책을 적용한 것은 소련 군정이었다. 소련 군정은 '탈나치화'나 '민주화'보다도 자기들 나름대로의 전범으로 삼는 사회주의를 독일인들에게 주입시키는 것이 더 시급했기 때문이다. 그들이 중점을 둔 정책은 '산업의 국유화', '토지개혁', '정치적으로 혐의가 짙은 인사들의 공직퇴출', '퇴출된 자리에 공산당원 교육을 받은 자들로 대체', '단일학제 학교 도입' 등이었다. 소련은 전쟁 중에 학교행정, 교과서, 수업개혁은 이미 준비하고 있었다. 소련 군정은 독일 망명객 출신들을 학교교사로 임용했다. 이들은 망명 공산주의자들이었다. 소련 군정은 나치 교과서와 바이마르 공화국 시절의 교과서를 폐기처분하고, 전쟁 중 미리 준비한 교과서와 독일에 진주한 이후 짧은 시간에 준비한 교과서를 학교교육에 도입했다. 사립학교와 특정 종교교단의 학교는 폐지했고, 종교수업은 자유에 맡겼다.

나치가 제국문화청이나 괴벨스 장관의 '제국선전부'를 통해 바이마르 공화국 시대의 문화를 부정하고 그들의 이데올로기를 관철시켰듯이 2차 세계대전 종전 이후 점령군들은 '탈나치화'와 '재교육'을 통해 나치 이데올로기를 청산하고 새로운 민주교육 (서방 연합군 군정)과 사회주의 (소련 군정)를 건설하려고 했다. 하지만 '탈나치화'의 기치아래 서방 연합군이 단행한 민주화나, 소련 군정이 강요한 사회주의가 어느 정도 독일인들의 호응을 얻었는지는 의문으로 남는다. 이를 반영하는 것이 서독인들을 대상으로 1951년에 실시된 "당신은 이 세기 중 어느 때에 독일이 가장 잘 나갔다고 생각하십니까?"라는 물음에 대해 주민의 45%가 황제가 지배하던 독일제국 시대를, 40%가 나치시대를 꼽았다.[12] 반대의 질문인 가장 나빴던 시기에 대해서는 주민의 70%가 1945년부터 1948년까지를 꼽았고, 8%만이 1939년부터 1945년까지를 꼽았다. 이는 1945년부터 1948년까지 사이의 '경제적 빈곤', '탈나치화', '새로운 가능성'보다도 '전쟁 수행' 시기가 더 좋았다는 반응이다.

3. 조국으로의 귀환이주

3.1. 두 공화국 두 국가 (國歌)

1945년 5월 히틀러 제3제국의 패망을 계기로 독일이라는 국가는 더 이상 대외적으로 존재하지 않았다. 1945년부터 1949년까지, 즉 히틀러 제3제국 패망 후 새로운 국가가 수립되기 이전까지 땅은 독일 땅이었고 주민은 독일인이었지만 그들을 실효적으로 지배하고 있

12) Peter Mertz: Und das wurde nicht ihr Staat, München 1985, 97쪽 참조

었던 것은 승전국인 미국, 영국, 소련, 프랑스의 군정이었다. 이제 1949년을 기해 점령군 통치 기간은 지나가고 독일인들에 의한 독일인들을 위한 신생 자주 주권국가가 드디어 수립된 것이다.

그러므로 1949년 이후 독일로 귀환한 망명객들은 시기적으로 볼 때 그들의 조국인 '도이칠란트 (Deutschland)'로 귀환이주했다고 볼 수 있다. 1949년을 기해 그간 4년에 걸친 점령군 분할 통치기간은 지나가고 이제 독일인에 의한 자주 주권국가가 탄생했기 때문이다.

그러나 자주 주권국가는 하나가 아니라 둘이었다. 지금까지 미국, 영국, 프랑스군이 점령하고 있던 독일의 서부지역에는 '독일연방공화국 (BRD)' 정부가, 소련군이 점령하고 있던 동부구역에는 '독일민주공화국 (DDR)' 정부가 제각각 수립되었다. 그동안 황제치하 독일제국을 붕괴시키고 탄생한 바이마르 공화국은 히틀러 제3제국에 의해 붕괴되었고, 연합군에 의해 붕괴되었던 히틀러 제3제국이 있던 자리에 군정을 거쳐 독일에 또 다시 공화국이 성립된 것이다.

1949년 8월 14일 서방 연합군 점령구역에서는 국회의원 선거가 실시되었고, 콘라트 아데나워가 '독일연방공화국 (서독)'의 수상으로 피선되었다. 1949년 9월 12일에는 테오도르 호이스를 대통령으로 옹립하고 콘라트 아데나워가 수상으로 집권하는 '독일연방공화국 (서독)' 정부가 공식 수립되었다. 10월 7일에는 빌헬름 피크를 대통령으로 하고 오토 그로테볼이 수상으로 내각을 대표하는 '독일민주공화국 (동독)' 정부가 정식으로 수립되었다.

새로운 국가가 양분되어 수립됨에 따라 그들의 정치체제나 대내외적으로 표방하는 바도 각각 달랐다. 서독 지역에서는 각각의 '연방 (Bund)'이 연합된 공화국 정치체제라는 의미에서 국호를 '독일연방공화국 (Bundesrepublik Deutschland)'이라고 명명했고, 동독 지역에서는 민주를 표방하는 공화국이라는 의미에서 '독일민주공화국(Deutsche Demokratische Republik)'이라고 정했다.

서독지역에서의 연방이란 곧 각각의 '연방주 (Bundesland)'가 연합된 '연방주들 (Bundesländer)'을 의미한다. 서독을 구성하는 연방주로는 '바이에른', '바덴-뷔템베르크', '헤센', '라인란트-팔츠', '잘란트', '노르트라인-붸스트팔렌', '니더작센', '슐레스비히-홀슈타인' 주와 '베를린', '자유 한자도시 함부르크', '자유 한자도시 브레멘'시가 있었다. 독일은 이미 역사적으로 볼 때 연방 국가였다. 이러한 의미에서 서독은 전통을 고려한 공화국체제였다. 동독에 속한 연방주는 '작센', '튀링겐', '작센-안할트', '브란덴부르크', '메클렌부르크-포어폼머른'과 '베를린'시가 있었다. '독일연방공화국'과 '독일민주공화국' 정부가 각각 수립되던 시기의 상황과 그 이후의 정치 사회적 발전과정을 조망하기 위해 당시 중요한 역할을 담당했던 정치인물에 대해 간단히 살펴보기로 한다.

독일연방공화국의 초대 수상이었던 콘라트 아데나워 (1876-1967)는 1917년부터 1933년까지 쾰른 시장을 역임했고 1945년에도 몇 달 동안 쾰른 시장을 지냈다. 아데나워는 이러한 이력만큼이나 독일인들의 뇌리에 쾰른 시장으로 각인되어 있던 인물이었다. 1917년 쾰른 시장에 처음 임명되었을 당시에는 독일 대도시 시장들 중에서 최연소 시장이었다. 1920년부터 1933년까지 아데나워는 사민당 (SPD) 중심부와 프로이센 국가평의회의 독일민주당 (DDP) 의장에게서 지원을 받고 있었다. 바이마르 공화국 시절에는 수차례에 걸쳐 (1921년, 1926년, 1928년) 제국수상 후보로 거론되기도 했다.

히틀러와 나치주의자들이 권력을 이양한 후 치러진 1933년 3월 12일 지방 선거에서 쾰른 중앙당[13]은 선거에 패했다. 선거결과를 이유로 나치당은 아데나워를 시장에서 해임시켰고 곧이어 프로이센 국가평의회 의장직도 박탈했다. 시장에서 해임된 아데나워는 현실적으로 매월 1,000마르크로 삭감된 연금을 수령했다. 1934년 이후는 거주지를 자주 옮겨 다녔고 때에 따라서는 은둔생활을 하기도 했다. 1937년에는 관청과의 끈질긴 싸움 끝에 미수령된 연금을 되돌려 받았고 쾰른 개인 소유 가옥에 대한 보상도 받아냈다.

1944년 7월 20일에 발생한 히틀러암살 의혹사건에 연루되어 8월 23일 체포되었으나 구체적인 물증이 들어나지 않자 석방되었다. '중앙당'의 전직 당원이 히틀러 정권에 대해 연합해서 투쟁할 것을 계속해서 요구했지만 성공확률이 없다는 이유를 들어 참여를 거부했다. 아데나워는 게슈타포가 운영하는 임시포로수용소에 감금되기도 했다.

1945년 미군정은 아데나워를 다시 쾰른시장에 복귀시켰다. 하지만 몇 개월 후 영국의 브리가디어 바락로 장군은 아데나워가 무능하다는 이유를 들어 시장에서 해임시켰다. 또한 1945년 10월 6일부터 12월 4일까지 정당정치 참여금지 포고령을 발동했다. 쾰른 시장 직을 잃은 후 아데나워는 정당 활동에만 전념했다. 1946년 2월 5일에는 기민당 라인지구 의장, 3월에는 전 영국 군정지역 기민당 당수, 10월에는 노르트라인-붸스트팔렌 연방주의회 기민당 원내대표로 선출되었다.

하지만 당시 기민당 수뇌부의 핵심 정치인이었던 아데나워는 영국군정 지역만 벗어나면 그의 경쟁자였던 사민당의 쿠르트 슈마허나 무소속의 루트비히 에어하르트에 비해 별로 인지도가 없었다. 그럼에도

---

13) 1870년에 창당된 '독일중앙당 (Deutsche Zentrumpartei, 약어 ZENTRUM)'은 1933년까지 독일가톨릭 단체 정당으로 독일제국시절 중요한 정당 중의 하나였다. 제2차 세계대전이후 기민당 (CDU)의 창당으로 인해 가톨릭 종파 정당이었던 '독일중앙당'은 유권자와 당원을 잃었고 1950년대 중반을 기해 오늘날까지 군소정당으로 전락했다.

불구하고 개인적인 정치적 수완을 발휘하여 독일 내에 새로운 정부가 수립되기 이전에 이미 서독 정치계에 제1인자의 자리를 서서히 굳혀 나갔다.

1950년 기민당이 독일연방공화국 내의 전국적인 정당이 되었을 때 아데나워는 이미 당수가 되어있었다. 아데나워는 1950년부터 1966년까지 당수직을 유지했다. 정치사적으로 볼 때 아데나워는 누가 무엇이라고 해도 기민당을 창당한 인물 중의 한 사람이고 초대 독일연방공화국의 수상이다. 아데나워가 초대 독일연방공화국의 수상이 되었을 때 그의 나이는 이미 73세였다.

콘라트 아데나워는 독일-미국 간 협력, 독일-프랑스 간 우호, 서유럽 연합, 북대서양조약기구 (NATO) 내에서의 능동적인 역할 —특히 군사적인 면에서— 정책을 펼쳤다. 대내외적으로는 반공정책을 채택하여 소련을 위시한 공산권국가들에 대한 적대정책을 수립하였고, 이스라엘 재건에 실질적인 공헌을 했다. 경제적으로는 사회 시장경제 제도 정책을 채택하여 '라인강의 기적'으로 불리는 경제부흥을 이룩해냈다.

아데나워 정권에서 실질적으로 경제정책을 수립하고 주도한 인물은 당시 경제장관이었던 루트비히 에어하르트였다. 에어하르트는 기민당 소속으로 1949년부터 1963년까지 독일연방정부 경제장관이었고, 1963년부터 1966년까지는 독일연방공화국 제2대 수상을 역임했다. 그는 원래 학자출신으로 뮌헨 대학교와 본 대학교 교수였다. 에어하르트는 '사회 시장경제의 아버지', 제2차 대전 이후 '독일 경제기적의 아버지'로 불렸던 인물이다. 1966/67년 기민당 당수를 지냈고 1967년 이후에는 기민당 명예당수를 지냈다.

아데나워의 경쟁자였던 쿠르트 슈마허 (1895-1952)는 아데나워에 비해 분명히 다른 성향과 다른 이력의 소유자였다. 슈마허는 1946년부터 1952년까지 사민당 당수였고 1949년부터 1952년까지는 야당 대표 및 사민당 원내대표를 역임했다. 슈마허는 그의 전 생애를 통해 오로지 사민당 활동에 온 정렬을 쏟아 부었던 인물이다. 제1차 세계대전에 참전했던 슈마허는 세계대전이 막을 내리던 1918년 11월 무렵 사민당에 입당했다. 그는 슈투트가르트 당 기관지 편집인을 역임한 다음, 뷔르템베르크 지방의회의원, 제국의회 의원을 지냈다. 1932년 8월 뷔르템베르크 사민당 지구당 위원장으로 선출되었을 때 그의 나이는 약관 38세로 당시 최연소 지구당 위원장이었다.

슈마허는 근본적으로 의회민주주의 발판위에 사회주의를 실현하려는 정치가였다. 그는 바이마르 공화국 시절 당시의 집권여당인 "사민당이 공화국을 지속적이고도 효과적으로 보호하지 못한다면 극우나 극좌가 독일의 민주주의를 파괴시킬 수 있을 것"이라는 점에 대해 대단히 우려했다. 이때 극우란 나치주의자들을, 극좌란 공산주의자들을 의미한다. 슈마허는 그 스스로가 의회민주주의 신봉자임에도 불구하고 나치들과는 "거리에서 싸워야" 하고 "공산당은 파괴주의자이므로 어떠한 수단을 동원해서라도 저지해야 한다"며 극우나 극좌에 대한 대항세력 결성의 필요성을 강조했다.

1933년 히틀러 나치 체제가 정권을 장악하자 '폭력으로 집권한 정권은 오래가지 못할 것'이라는 믿음 때문에 슈마허는 망명의 길을 떠나지 않았다. 하지만 그는 그의 판단에 대해 스스로 혹독한 대가를 치러야만 했다. 사민당 제국의회 의원이었고 열렬한 나치 반대자였던 슈마허는 1933년 7월 나치에게 체포되어 '오버러 쿠베르크 (Oberer Kuhberg)' 집중수용소를 거쳐 뮌헨 근방의 '다하우' 집중수용소에 수감되었다. 1933년에 수감된 수감생활은 1943년 3월까지 지속되었다. 하지만 1944년 8월 또 다시 체포되어 그해 9월까지 '노이엔감메(Neuengamme)' 집중수용소에 수감되었다. 이로 인해 슈마허는 히틀러 나치가 집권하던 거의 전 기간을 집중수용소에서 보냈다. 그는 수용소에서 모든 고난과 핍박, 생명의 위협을 받더라도 독재 폭력배들보다는 오랫동안 살아남아 새로운 독일을 건설하려는 일념에 암흑의 시절을 견뎌냈다. 슈마허는 수용소 생활을 하며 끊임없이 믿을 만한 사회민주주의자들을 규합하여 새로운 독일건설을 꿈꿔왔다.

1945년 이후 쿠르트 슈마허는 서독 지역의 사민당 당수가 되었다. 사민당 지도자로서의 위상이나 그의 직책은 당시 어느 누구도 부인하지 않는 당연한 결과였다. 1946년에는 연합군 점령군에 의해 바덴-뷔템베르크 연방주 주지사직을 제안받았으나 거절했다. 주지사가 되면 정치적 활동무대가 중앙이 아닌 지방으로 국한될 것이라는 계산 때문이었다. 그 대신 1945년부터 1949년 사이 서독의 사민당 재건에 혼연을 기울였고, 종국에는 사민당의 지도자가 되었다. 이러한 활동으로 인해 슈마허는 초창기 독일연방공화국의 걸출한 인물로 부상하였다.

독일연방공화국 건국을 전후해서 슈마허는 아데나워 수상의 최대 적수였다. 슈마허의 정치적 이상은 기민당의 아데나워 정권에 의해 대부분 좌절되었지만 슈마허는 아데나워와는 또 다른 의미에서 독일연방공화국 건국의 아버지에 속한다. 이러한 사실을 대부분의 독일인들은 수긍한다. 슈마허가 독일연방공화국 건국의 아버지로 추앙받는 대표적인 이유 중의 하나는 독일연방공화국은 사회주의 노선으로 가야 하지만 동독공산당 (SED)은 엄격히 거부해야 된다는 그의 엄격한 전제조건 때문이었다. 이러한 그의 행동은 서독 사민당 간판에 강하게 각인되었고 후속 사민당 정당정책의 초석을 이루었다.

고전적 의미의 정치 사상가 마키아벨리에 의하면 아데나워는 '여우', 슈마허는 '사자'에 비유된다. 슈마허가 대중들 앞에서 강한 의지로, 논쟁적으로, 동요되지 않는 내용과 음성으로 연설을 하면 당시 독일인들은 아데나워보다는 슈마허에게 강한 카리스마를 느꼈다. 이러한 사실이 말해주듯 프로이센 출신의 사회주의자 슈마허는 전후 서독에서 누구보다도 압도적인 지지를 받는 정치가였다. 하지만 현실적으로 가톨릭을 지지기반으로 하는 아데나워가 수상이 되었고 슈마허는 야당의 지도자로 밀려났다. 더구나 개인적으로 육체가 완전히 망가지자 이 지도자는 전후 독일 초창기 정치사에서 서서히 자취를 감추고 말았다. 지역적으로 슈마허는 오늘날 폴란드 단치히 남부에 있는 서프로이센 쿨름에서 태어난 독일 동북부 출신이고, 아데나워는 로마제국시절부터 독일의 유서 깊은 도시 주의 하나인 중서부 라인강변에 위치한 쾰른출신이었다.

슈마허는 제1차 세계대전에 참전하여 오른쪽 팔을 잃었고, 1948년 9월에는 왼쪽 다리까지 절단했다. 나치 시절 수용소 감금생활에서 왼쪽 다리에 병이 들었기 때문이었다. 오른쪽 팔은 없고 왼쪽 다리는 절단된 채 불굴의 투지로 대중 앞에 선 슈마허의 육체는 제1차 세계대전과 히틀러 나치 체제를 처절하게 겪은 20세기 독일 전반기의 비극적인 독일 역사 그 자체였다. 이제는 육체적으로 쇠약해졌고 불구이지만 고집이 세며 굽히지 않는 의지를 지니고 쉬지 않고 줄담배를 피워대는 쿠르트 슈마허는 그의 동시대인들이나 대화 상대자들에게 도덕적인 올곧음과 자유 사회주의를 위한 굽히지 않는 투쟁의 살아있는 상징이었다.

슈마허는 "나치 때문에 패망한 나라를 왜 미국, 소련, 영국, 프랑스가 분할 점령하여 통치를 하느냐"며 전승국 점령 정책을 날카롭게 비판했다. 더 나아가 독일은 더 많은 자결권을 행사해야 한다고 강력히 주장했다. 독일연방공화국 헌법인 기본법 제정 과정에서도 독일의 권익이 충분히 보장되지 않으면 기본법을 거부하겠다는 입장을 밝혔다. 이러한 그의 정치적 소신 때문에 서방 연합군과 소련 군정은 그를 기피했다. 소련은 슈마허가 반공주의자란 이유로, 프랑스는 그가 너무 오만하고 지나치게 독일적이란 이유로, 미국은 사회주의자란 이유로 슈마허를 꺼려했다. 영국의 노동당 정권 수상인 애틀리만 그에게 다소 우호적이었다.

슈마허는 소련군정 지역 공산주의자들이 서방 연합군 군정 지역까지 세력을 확장하려 하자 이를 강력히 저지했다. 오토 그로테볼을 비롯한 당시 소련군정지역 공산주의자들은 신생 독일정부 수립을 위해 독일 사회주의 통일당 (SED, 동독 공산당)을 창당한 다음, 그들의 세력 확장을 위해 옛 바이마르 공화국 시절 사민당 소속 인사들에게 접근하여 그들을 포섭하려 하였다. 이에 대해 슈마허의 방어는 단호했다. 신생 독일이 극좌파에 의해 좌지우지되는 것을 원치 않았기 때문이다.

1949년 8월 14일 마침내 서독 내에서 연방 국회의원 선거가 실시되었다. 아데나워는 사회 시장경제를, 슈마허는 중공업 국유화를 골자로 하는 계획 경제체제를 선거공약으로 내세웠다. 아데나워가 대미 협력관계를 표방한 반면, 슈마허는 유럽의 재건을 위한 미국의 마셜 플랜은 “미 제국주의 정책에 불과하다”라며 강한 비판을 했다. 선거 유세에서 슈마허는 아데나워의 배후세력인 가톨릭 단체와 기민당 보수주의자들을 ‘4개 점령국’에 이은 ‘제5의 점령단체’라고까지 비난했다.

선거결과는 기민당 31%, 사민당 29.2%, 자민당 11.9%로 집계되었다. 바이마르 공화국 시절 집권당이었던 사민당은 재집권에 실패했고, 신생 기민당은 여당이 되었다. 선거결과에 따라 아데나워는 독일연방공화국 초대 수상이 되었고, 슈마허는 제1야당 당수로 자리매김했다. 나치의 부당함을 지적하며 망명의 길도 떠나지 않고 나치수용소에서 가까스로 살아남아 전국적인 인지도를 유지했던 슈마허가 근소한 차이로 선거에 패배한 이유는 크게 두 가지로 요약된다. 첫째는 슈마허의 급진적인 사회민주주의 정책에 위기감을 느낀 보수와 가톨릭 신자들이 결집하여 기민당을 전폭적으로 지지했다. 둘째는 당시의 연합군 군정과 슈마허는 아데나워에 비해 별로 우호적인 관계가 아니었다. 선거 결과가 이렇게 귀결되어 신생정부가 탄생하자 슈마허는 "야당은 정부를 비판하는 데 우선할 것이 아니라, 야당이 여당의 자리에 있다고 생각하고 좀 더 좋은, 적어도 동등한 입장에서 독일을 위해 매진할 것"을 역설했다. 이러한 그의 의회정치관은 독일연방공화국의 올바른 정치체계 발전을 위해 중요한 유산을 남겼다. 결과적으로 아데나워는 '여우'였고, 슈마허는 '사자'였다.[14)]

---

14) 니콜로 마키아벨리 (Niccolò di Bernardo dei Machiavelli, 1469-1527)는 현명한 지배자는 여우의 꾀와 사자의 힘을 갖추어야 한다며 그의 『군주론 (Il Principe)』에서 '여우와 사자의 특성', 그리고 '여우의 꾀와 사자의 힘을 갖춘 지도자'가 나가야 할 길을 다음과 같이 서술했다.
"(55)
여우는 함정을 빨리 알아채지만 늑대들로부터 자신을 방어할 수 없다. 사자는 함정을 알아챌 수 없지만 늑대들을 물리칠 수가 있다. 따라서 현명한 지배자는 함정을 알아채는 여우의 꾀와 늑대들을 물리치는 사자의 힘을 동시에 갖추어야 한다.
(56)
신의를 지킬 필요가 없어졌거나 신의를 지키면 자기에게 해가 미치게 되었을 경우, 지배자는 신의를 지켜서는 안 된다. 사람들이 모두 선량하다면 이러한 원칙은 올바르지 못하다. 그러나 사람들이 모두 악한데다가 지배자에게 신의를 지키지 않으려고 한다면, 지배자도 더 이상 신의를 지킬 의무가 없다.
(57)
신의를 무시하는 지배자들은 약속을 지키지 않기 위해 얼마든지 구실을 만들어 낼 수 있다. 그들은 평화조약을 식은 죽 먹기로 깨고 각종 약속도 헌신짝처럼 저

독일연방공화국 정치 발달사를 눈여겨 살펴보면 마키아벨리적 '여우 성향'과 '사자 성향'은 아데나워나 슈마허의 개인적인 기질에만 국한된 것이 아니라 기민당과 사민당의 대내외 정책에도 드러난다. 독일은 1945년 5월 완전히 패망한 '0점 (Nullpunkt, Zeropoint)'의 상태에서 라인강의 경제기적을 이루어 낸 다음 다시금 세계강대국으로 부상하여 독일의 재통일을 이루어냈다. 이러한 과정에는 국내적인 문제는 물론 미국을 위시한 서방세계, 소련 및 동구권, 그리고 동독과의 국제적인 난제가 수많이 쌓여 있었다. 이러한 난제가 성공적으로 해결될 수 있었던 이면에는 기민당과 사민당의 정책이 있었다.

초대 수상인 아데나워는 영광의 독일도 좋지만 패망한 나라를 부흥시키는 것이 급선무라고 보고 이러한 난제를 타개하기 위해서는 무엇보다도 미국을 위시한 서방 국가와 우호 및 협력관계를 유지하는 것이 우선이라고 생각했다. 이러한 정책을 마키아벨리식으로 본다면 '여우적 기질'에 해당된다. 하지만 사민당의 생각은 달랐다. 사민당의 기본노선은 국가부흥이나 안정보다는 인간의 자유와 분배에 초점을 맞추었다. 인간 개개인의 존엄과 자유보장을 위한 '68혁명' 지지, 과감한 복지정책, 민족자존을 위한 빌리 브란트의 '동방정책 (Ostpolitik)' 등은 기민당의 정책과 비교해 볼 때 '사자적 기질'에서 기인한다고 볼 수 있다. 특히 망명에서 귀환이주했고 독일은 물론 유럽 정치사에 거대한 족적을 남긴 사회주의자 빌리 브란트는 쿠르트 슈마허와 마찬

버렸다. 여우를 빼 닮은 지배자들이 가장 큰 성공을 거둔다. 그러나 이 교활한 기질을 감추고 절대로 그렇지 않은 것처럼 위장할 줄 알아야 한다. 사람이란 너무나도 단순해서 눈앞의 이익 때문에 그 이익을 주는 사람에게 복종하는 법이다. 따라서 남을 속일 작정을 하고 있는 사람은 자기에게 속아 넘어갈 사람들을 얼마든지 발견한다."

니콜로 마키아벨리: 군주론 (이동진역), 서울 2005. 66-67쪽.

가지로 대표적인 '사자적 기질'의 소유자였다.

빌리 브란트는 경제부흥이나 사회 안정보다는 동·서독 긴장완화를 우선시했고 이를 발판 삼아 통일의 길로 나아가려는 정책을 펼쳤다. 이를 위해 냉전 상태를 조장하고 전쟁발발 요인으로 작용할 수 있는 미군 주둔이나 미국의 대독일 군사원조도 달가워하지 않았다. 미군이 독일 영토 내에 주둔해서 소련의 위협으로부터 독일의 안보를 책임진다는 명분은 곧 독일을 위한 것이 아니라 미국과 소련 간에 무력대결이 벌어질 경우 결국 전쟁터를 제공하는 것은 독일이고 피해자는 독일인이라고 브란트는 간파했다. 이러한 상황에서 브란트는 통일만이 평화를 담보할 수 있는 길이라고 생각했다.

하지만 빌리 브란트에서 시작된 긴장완화 정책은 사민당이 아닌 기민당의 헬무트 콜 수상에 의해 독일 재통일로 실현되었다. 독일 재통일은 미국, 소련과의 복잡한 손익관계를 현실적으로 인정하며 민족의 이익을 위해 완수된 대업이라고 볼 수 있다. 이때 발휘된 것이 헬무트 콜 수상을 수반으로 하는 기민당의 '여우적 기질' 정책이라고 볼 수 있다. 어찌 보면 기민당의 '여우적 기질'과 사민당의 '사자적 기질'이 하나의 힘으로 나타나 다시금 강대국의 대열에 합류한 다음, 재통일을 이룬 상황이라고 볼 수 있다. 어찌 되었든 독일의 양당 정치 발달사는 여우와 사자의 기질이 첨예하게 대립하다가도 국익을 위해서라면 언제든 적절히 조화되는 일면을 보여주고 있다.

참고로 독일연방공화국의 역대 수상과 소속정당 그리고 재임기간은 다음과 같다.

독일연방공화국 역대 수상

	수상 이름	소속정당	재임기간
1	콘라트 아데나워 (1876 - 1967)	기민당	1949.09.15 - 1963.10.16
2	루트비히 에어하르트 (1897 - 1977)	기민당	1963.10.16 - 1966.12.01
3	쿠르트 게오르크 키징거 (1904 - 1988)	기민당	1966.12.01 - 1969.10.21
4	빌리 브란트 (1913 - 1992)	사민당	1969.10.21 - 1974.05.07
	발터 쉘 (1919-)	자민당	1974.05.07 - 1974.05.16
5	헬무트 슈미트 (1918-)	사민당	1974.05.16 - 1982.10.01
6	헬무트 콜 (1930-)	기민당	1982.10.01 - 1998.10.27
7	게르하르트 슈뢰더 (1944-)	사민당	1998.10.27 - 2005.11.22
8	앙겔라 메르켈 (1954-)	기민당	2005.11.22 -

초대 독일연방공화국 대통령인 테오도르 호이스 (1884-1964)는 정치학자 겸 언론인 출신이었다. 정치적으로는 진보적 인민당인 '독일 민주당 (DDP)' 당원이었고, 2차 대전 이후에는 '독일 인민당 (DVP)' 소속이었다. 1948년 '자유민주당 (FDP)' 창당과 더불어 당수가 되었다. 호이스는 1924년부터 1928년, 그리고 1930년부터 1933년까지 제국의회의 의원을 지냈다.

호이스는 자기 당 소속의원인 헤르만 디트리히, 하인리히 란달, 에른스트 렘머, 라인홀트 마이어와 함께 히틀러에게 전권을 위임하는 1933년 3월 23일 제국의회에서 통과된 '전권 위임법'에 찬성한 이력을 지니고 있었다. 호이스는 애초 당정회의에서 '전권 위임법'에 반대하는 의견을 피력하였으나 당 방침에 따라 찬성표를 던졌다. 호이스는 나치가 지배하던 시절 언론인으로서 간간히 활동도 하고 때에 따라서는 출판 금지를 당하기도 했다. 하지만 개인적인 활동은 크게 제지를 받지 않았다.

2차 대전 이후인 1945년 9월 24일 테오도르 호이스는 미 군정청에 의해 '바덴-뷔템베르크' 주 초대 '문화부장관'에 임명되었다. 1946년부터 1949년에는 그의 부인과 함께 자유 '독일 인민당' 소속으로 주 의회 의원을 지냈다. 그는 '독일 민주당' 창당 주역이었다. 1947년 초에는 '바덴-뷔템베르크' 주 의회 '심의 위원회'에 출석하여 '1933년 히틀러에게 전권을 위임하는 전권 위임법에 찬성하게 된 동기가 무엇인가'라는 질문에 대해 증언하기도 했다. 1946년부터 1947년까지는 슈투트가르트 공대 역사학 교수를 역임했고, 1948년에는 객원교수가 되었다. 1948년 12월에는 '자유민주당 (FDP)' 창당과 더불어 베를린을 포함한 서독 지역의 당수가 되었다. '자민당'은 전직 '독일민주당'과 '독일인민당' 당원들에 의해 창당되었다. 그리고 마침내 1949년 9월 12일 초대 독일연방공화국 대통령으로 선출되었다.

테오도르 호이스의 이력에서 보듯이 호이스 개인이나 '자민당'은 아데나워나 슈마허, 그리고 그들로 대변되는 기민당과 사민당과는 또 다른 성향을 보여준다. '자민당'은 1949년부터 1956년, 1961년부터 1966년, 1969년부터 1998년, 그리고 2009년 10월부터 끊임없이 집권여당과 연립내각을 구성해왔다. 자민당은 이러한 연립내각을 통해 기민당이나 사민당보다도 사실상 더 장기간 독일연방공화국의 여당 역할을 해온 셈이다. 자민당은 하층민의 권리와 국가통일을 위해 19세기 초에 전개된 '자유주의' 운동 정신에 사상적 뿌리를 두고 있다. 하지만 2차 대전 이후 당원들의 이력과 성향 때문에 나치 잔재를 청산하지 못한 인물들이 모여 있다는 의심을 받기도 했다.

참고로 독일연방공화국의 역대 대통령과 소속정당 그리고 재임기간은 다음과 같다.

독일연방공화국 역대 대통령

	대통령 이름	소속정당	재임기간
1	테오도르 호이스 (1884 - 1963)	자민당	1949.09.12 - 1959.09.12
2	하인리히 뤼브케 (1894 - 1972)	기민당	1959.09.13 - 1969.06.30
3	구스타프 하이네만 (1899 - 1976)	사민당	1969.07.01 - 1974.06.30
4	발터 쉘 (1919 -)	자민당	1974.07.01 - 1979.06.30
5	칼 카스텐스 (1914 - 1992)	기민당	1979.07.01 - 1984.06.30
6	리하르트 폰 봐이체커 (1920 - 2015)	기민당	1984.07.01 - 1994.06.30
7	로만 헤어초크 (1934 -)	기민당	1994.07.01 - 1999.06.30
8	요하네스 라우 (1931 - 2006)	사민당	1999.07.01 - 2004.06.30
9	호르스트 쾰러 (1943 -)	기민당	2004.07.01 - 2010.05.31
10	크리스티안 불프 (1959 -)	기민당	2010.06.30 - 2012.02.17
11	요아힘 가우크 (1940 -)	무소속	2012.03.18 -

독일민주공화국 초대 수상이었던 오토 그로테볼 (1894-1964)[15]은 1933년 나치에 의해 그의 직을 박탈당하고 브라운슈바이크 시를 떠나야만 했다. 처음에는 함부르크로 이사했고, 1938년부터는 베를린에서 식료품 장사와 산업체 대표로 일했다. 당시 브라운슈바이크에서 안면이 있던 사민당 당원 에리히 그니프케[16]가 주도하는 히틀러 반

15) 오토 그로테볼은 바이마르 공화국 시절 약관 26세의 나이인 1920년부터 1930년까지 사민당소속 브라운슈바이크 시의회 의원이었다. 당시 브라운슈바이크 시 교육부장관, 내무·법무장관을 역임했고, 31세 때인 1925년에는 제국의회 의원이 되었다. 그로테볼은 14세부터 18세까지 서적인쇄술을 배운 후 어린 나이에 사민당에 입당했다.

16) 에리히 그니프케 (Erich Gniffke 1895-1964)는 2차 대전 이후 베를린 소련 군정지역 사민당 재건에 참여했고, 후에는 '독일공산당 (KPD)'과 '동독공산당 (SED)' 합당에 참여한 인물이었다. 독일공산당이 동독공산당에 합당되자 그니프케는 동독공산당 중앙위원회 서기가 되었다. 그는 동독공산당이 소련으로부터 독립하자는 노선을 택했으나 여의치 않았다. 이로 인해 동독공산당 내의 야당이 되었고 결국에는 당내에서 직을 잃었다. 그러자 1948년 10월 동독을 떠나 서독으로 이주했고, 서독에서 재차 사민당에 입당하여 아이펠 지방의 지역 구역인 다운 (Daun)읍의 사민당 위원장이 되었다.

대 저항단체에서 일했다. 1938년 8월 내란죄로 체포되었고, 소송은 7개월이 걸렸다. 1939년 11월 히틀러 암살음모(계획)에 연루되어 또 다시 체포되었다가 1940년 2월에 석방되었다. 석방 후에는 상업에 종사하였고, 여가 시간에는 그림 그리기로 소일을 했다.

그로테볼은 1948년 동독 '[최고]인민회의 (Volkskammer)' 전신인 '독일 인민위원회 (Deutscher Volksrat)' 헌법위원회 의장으로 선출되었고 1949년에는 동독 수상 자리에 올랐다. 하지만 당시 소련 군정청 치하에서 그로테볼보다 정치적으로 더 큰 실권을 지닌 자는 빌헬름 피크였다.

그로테볼은 수상에 취임하고 1년이 지난 후인 1950년 괼릿쳐(Görlitzer)에서 독일과 폴란드 정부 간에 '오데르-나이세-경계'를 국경으로 인정하는 '괼릿쳐 협정'[17]을 맺었다. 이 조인은 독일인들에게 민감한 사안[18]이었고 뒤이어 국가와 영토에 대한 역사적 논쟁거리를 제공했다.

---

17) 두 정부 간에 '오데르-나이세-경계'를 국경으로 인정한다 함은 소련이 오데르강과 나이세강 두 강을 경계로 2차 대전 때 점령한 폴란드의 동쪽 땅 18만 ㎢를 편입하고, 그 대신 폴란드의 서쪽에 위치한 독일 영토 10만 ㎢를 폴란드에 넘겨주는 것을 의미한다. 이로 인해 소련은 영토를 확장했고, 폴란드는 영토의 일정 부분을 잃었지만 동시에 일정 부분을 획득했고, 독일은 영토를 잃었다. 이에 대한 독일인들의 불만은 끊임없이 지속되어 서독과 소련 간의 장기간에 걸친 외교적 분쟁의 불씨를 제공했다. 하지만 1969년 브란트 정권 이후 과거 침략에 대한 반성 차원에서 이 국경을 다시금 인정하였고, 1989년 통독 논의 과정에서도 통독의 조건으로 이 국경선을 영구히 인정하기로 합의하였다.

18) 독일인들은 이 조약 체결로 인해 그동안 조상 대대로 살아오던 슐레지엔 지방을 폴란드에게 송두리째 빼앗기는 격이 되었다. 실제로 1945년 이후 슐레지엔 지방에 거주하던 수많은 독일인들은 소련군이나 폴란드 정부에 의해 추방되거나 강제 이주를 당했다. 이때 많은 난민이 동독을 거쳐 서독으로 이주했다. 당시 독일로 이주하지 못했던 이 지역 독일인들의 수많은 후손들은 독일이 재통일을 이루자 통일된 조국으로 귀환이주했다. 이때의 귀환이주는 개개인의 자발적인 노력보다도 독일정부의 이주정책의 일환이었다.

독일민주공화국 초대 대통령이었던 빌헬름 피크 (1876-1960)[19]는 1933년 5월 파리로 망명했고, 그해 8월에는 독일국적 박탈자 명단 제1번에 있던 인물이다. 당시 독일공산당 (KPD)은 지하로 잠적하거나 해외에서만 활동할 수 있었다. 1935년 독일공산당 브뤼셀 회의에서 빌헬름 피크는 에른스트 퇼만[20]이 체포된 기간에 한정해 독일공산당 당수가 되었다. 그러한 다음 망명지를 모스크바로 옮긴다. 모스

---

19) 빌헬름 피크는 마부의 아들로 태어났다. 초등학교를 졸업하고 14세의 나이로 목수 가구제조 직업교육을 받은 후 이곳저곳을 떠돌아다니던 중 엄격한 가톨릭 집안 출신의 젊은이를 통해 처음으로 노동운동에 눈뜨게 된다. 1894년 18세의 나이로 '독일 목수노조' 회원이 되고, 19세에는 사민당에 입당한다. 20세부터는 브레멘에서 목수로 일했다. 23세에는 사민당의 지역구 위원장이 되고 24세가 되던 1900년에는 브레멘 목수노조의 의장단에서 일한다. 이처럼 사민당의 열혈 당원이었던 피크는 30세에 브레멘 시 사민당 제1서기가 되고, 31세인 1907년부터 이듬해까지 사민당 중앙 당 학교를 다닌다.

제1차 세계대전 때인 1915년에 징집된 피크는 군인의 신분으로 반전운동을 펼쳐 군법회의에 회부되었다. 하지만 1917년 판결이 나기 전에 피크는 베를린의 지하단체로 도피했다가 '스파르타쿠스단 (Spartakusbund)' 회원으로 네덜란드의 암스테르담으로 망명한다. '스파르타쿠스단'이란 제1차 세계대전 시 전 세계에 널려 있는 '자본주의', '제국주의', '군국주의'를 붕괴시키기 위해 국제적인 프롤레타리아 혁명을 목적으로 독일에서 조직된 마르크스-사회주의자들의 단체를 말한다. 이 단체는 사민당 내의 극좌 성향 당원들에 의해 결성되었다. 이 단체의 주도적인 인물로는 칼 립크네히트, 로자 룩셈부르크, 클라라 체트킨, 프란츠 메링 등이 있다.

1차 대전이 끝난 후 피크는 1918년 베를린으로 돌아와 '독일공산당 (KPD)' 창당에 참여한다. 1919년 '스파르타쿠스 봉기 (Spartakusaufstand)'에 참여한 피크는 1월 15일 로자 룩셈부르크, 칼 립크네히트와 더불어 체포된다. 룩셈부르크와 립크네히트가 처형된 반면, 피크는 도주에 성공한다. 1921년 레닌을 개인적으로 알게 되고, 이 시기 프로이센 주 의회 의원이 된다. 1922년 '국제 적색 구조대 (Internationale Rote Hilfe, IRH)' 창립단원이 되고 1925년에는 독일지부 의장이 된다. '국제 적색 구조대'란 '적십자'에 정치적으로 대항하여 세계 각국의 공산주의자들이 연합하여 모스크바에서 창립한 국제 구호단체를 말한다.

20) 에른스트 퇼만 (1886-1944)은 1924년부터 1933년까지 바이마르 공화국 제국의회 의원이었고, 1925년부터 1933년까지는 독일공산당 당수를 지낸 인물이었다. 1933년 게슈타포에 체포되어 11년 동안 격리 수용된 후 1944년 아돌프 히틀러의 직접적인 명령에 의해 총살당했다.

크바로 망명한 대다수의 독일 공산주의자들이 1930년대의 '대학살'에서 희생되었는데 빌헬름 피크는 다행히도 이를 피해 목숨을 유지했다.

'대학살'이란 '대숙청'이라고도 하는데, 1936년 가을부터 1938년 말까지 소비에트 연방에서 스탈린체제에 반대하는 인사들을 주 대상으로 하고 —특히 정적과 엘리트 집단— 농민과 소수민족 혹은 주변에 연고가 없는 사람들 등을 대상으로 저지른 정치적 탄압과 박해사건을 말한다. 실제로 '대학살'은 1937년 7월부터 1938년 11월 중순까지 벌어졌는데, 이 기간 중 150만 명이 체포되었고, 그중 절반이 총살당했다. 그 나머지 사람들은 투옥, 박해, 탄압을 받았다. 소련의 '대학살'은 히틀러의 만행과 함께 20세기 전체주의 폭력집단이 저지른 인간 인종 말살정책이었다. 피크는 1943년 소련에 거주하는 '전쟁포로 독일군인' 내지 '공산주의 독일 망명객'들의 연합 조직체인 '자유 독일 국가위원회 (NFKD)'에 소속된다.

빌헬름 피크는 1945년 7월 1일 스탈린의 지령을 받고 '울브리히트 집단' 및 다른 공산당 간부들과 함께 베를린으로 귀환이주했다. 귀환해서 제일 먼저 실행에 옮긴 작업은 사민당 (SPD)과 독일공산당 (KPD)을 독일사회통일당 (SED, 동독공산당)으로 강제 합당시킨 일이었다. 이를 위해 그는 이를 따르지 않는 사민당원과 독일공산당원들에게 합당을 강요했다. 1946년 4월 그는 오토 그로테볼과 공동으로 독일사회통일당 당수 자리에 올랐고, 1949년에는 독일민주공화국 초대 대통령이 된다. 그는 1960년 세상을 떠날 때까지 대통령직에 머물렀다. 하지만 동독의 유일한 실권자는 당시 동독공산당 중앙위원회 총서기장 겸 제1서기장인 발터 울브리히트였다. 피크가 사망하자 동독정부는 대통령직을 폐지해 버렸다.

발터 울브리히트 (1893-1973)[21]는 1933년 나치가 집권하자 독일 국내에서 비합법적으로 공산당 운동을 전개하던 중, 지명수배를 받자 파리로 망명했다. 파리와 프라하에 머문 다음 1938년 모스크바로 망명지를 옮겼다. 1941년부터는 모스크바 라디오 방송국의 독일어 방송 프로그램에서 일했다. 당시 전쟁포로수용소와 소련 전선에서 독일 병사들을 보살피고 지도하며, 독일공산당 입장에서 볼 때 독일국가 재건을 위해 그들을 어떻게 이용할까를 구상했다. 또한 이러한 연장 선상에서 스탈린그라드에 있는 독일병사들에게 확성기로 항복하고 투항할 것을 요구하기도 했다.

1943년에는 소련주재 '자유 독일 국가위원회 (NFKD)' 창립회원이 되었다. '자유 독일 국가위원회'란 소련에 거주하는 독일군 전쟁포로와 독일 공산주의 망명객간 연맹을 말한다. '붉은 군대 (혹은 적군, 赤軍, Red Army, Rote Armee)'[22] 정치부 강령에 따르면 인민

---

21) 발터 울브리히트는 목수 가구제조 직업교육을 받은 자로 11살이던 1908년에 이미 라이프치히 '노동자 청소년 교육 단체'에 가입했고, 15세 때인 1912년에는 사민당 당원이 되었다. 제1차 세계대전 시에는 군인으로 동부전선과 서부전선에서 복무했다. 1918년 '11월 혁명' 때 울브리히트는 자기 군단내의 '병사 평의회 (Soldatenrat)' 회원이었다.

'노동자-병사 평의회들 (Arbeiter- und Soldatenräte)'이란 1918년 독일 11월 혁명 당시 막 수립된 의회정부를 옹호하고 제1차 세계대전을 마감시키기 위해 각 도시에서 노동자와 병사들이 들고 일어나 세운 자치 기구를 말한다. '평의회들'은 러시아 10월 혁명의 '소비에트 (Sowjets)' (독일어로는 평의회에 해당하는 'Rat'의 복수형인 평의회들 'Räte')를 모범으로 삼았는데 실상 그 회원의 대다수는 사민당 추종자들이었다. '평의회'들로 이루어진 정부 혹은 공화국이란 이론적으로 볼 때 각계각층의 대표들이 그들의 권익을 주장하고 정책을 수립하기 위해 참여하는 것을 원칙으로 한다. 평의회들 기구는 '평의회민주주의 (Rätedemokratie)' 내지 '평의회공산주의'의 중요한 요소이다.

1919년 군에서 제대하고 고향인 라이프치히로 돌아온 다음 울브리히트는 독일공산당 (KPD) 창당에 참여한다. 1926년부터 1929년까지 독일공산당원으로 작센주 의회 의원이 된다. 1928년부터는 선거구를 베스트팔렌으로 옮겨 제국의회 의원이 되고, 곧 이어 독일공산당 중앙위원, 1929년부터는 베를린-브란덴부르크 독일공산당의 정치 지도원이 된다.

전선전술 (Volksfronttaktik)을 위해 공산주의자 망명객과 독일군 전쟁포로는 공동으로 일해야 된다는 것이었다.

1945년 4월 30일 발터 울브리히트는 '울브리히트 집단'[23]의 수장 자격으로 귀환했다. 귀환이주 후 '독일공산당 (KPD)'을 재건하고 1946년에는 '소련 군정지역'에서 사민당을 '독일사회통일당 (SED 동독공산당)'에 강제 합당시키는 데 중추적인 역할을 담당했다. 1949년 10월 7일 동독정부가 수립되자 오토 그로테볼 수상 내각의 '장관위원회' 대표의장이 되었다. 1950년에는 독일사회통일당 중앙위원회 총서기장에 임명되었고 1953년에는 이 직책의 명칭을 동독공산당 중앙위원회 제1서기로 변경시켰다. 1945년부터 동독정부가 수립되는 초기까지 울브리히트를 비롯하여 소련으로부터 귀환이주한 망명객들의 정치적 활동과 역할은 '울브리히트 집단'의 행동에 집약적으로 드러난다. 이들의 활동은 망명과 귀환이주와 관련된 초기 동독정부 수립 상황, 동독정부의 정책 방향, 소련과의 관계들을 포괄적으로 포함

22) '적군 (赤軍, Rote Armee)'이란 '적색 노동자 - 농민의 적군 (Workers' and Peasants' Red Army, Rote Arbeiter- und Bauernarmee)'의 줄인 말로 1922년이래로 소련의 육군과 공군을 지칭하는 말이다. '적군'은 10월 혁명 직후 볼세비키주의자들에 의해 창설되었다. 1946년 2월부터 '적군'은 소련 해군을 통합했고 공식명칭도 '소련군'으로 개명했다.

23) '울브리히트 집단 (Gruppe Ulbricht)'이란 1945년 4월 30일 소련 망명에서 독일로 귀환이주한 일군의 독일공산당 간부들을 일컫는다. 집단에 소속된 사람들로는 발터 울브리히트, 프릿츠 에르펜벡 (1897-1975), 칼 마론 (1903-1975), 한스 말레 (1911-1999), 발터 쾨페, 리하르트 귑트너 (1901-1972), 볼프강 레온하르트 (1921-), 오토 뷘처 (1902-1975), 구스타프 군데라흐 (1888-1962), 오토 핏셔가 있다. '울브리히트 집단'은 그들 집단의 우두머리인 발터 울브리히트의 이름에서 따온 것으로 제1 백러시아 전선의 정치 중앙본부와 베를린 소재 행정관청을 공공생활의 신 조직을 통해 후원하고 독일에서의 창당, 노조와 조직체 창립을 준비하기 위해 조직된 단체였다. 당시 '울브리히트 집단' 이외에도 비슷한 두 단체가 있었는데, '악커만 집단 (Gruppe Ackermann)'은 작센에 투입되기 위해 귀환했고 '조보트카 집단 (Gruppe Sobottka)'은 메클렌부르크에 투입되었다.

하고 있다.

'울브리히트 집단'과 여타 공산당 간부들의 독일 귀환에 관한 내용은 1945년 4월 25일 소련공산당 (KPdSU) 중앙위원회 국제정보국 대표 국장인 게오르기 디미트로프 (1882-1949)와 빌헬름 피크 사이의 모스크바 면담에서 결정되었다. 면담의 주요 내용은 소련군이 독일에 주둔하게 되면 독일민족이 소련 군정의 지시에 따라야 되는데 이에 대한 사전 작업과 영향력을 귀환이주 공산당 간부들이 떠맡아 발휘해 줘야 된다는 것이었다. 이들은 '붉은 군대'가 독일을 파괴하지 않고 노예화시키지 않을 것이라는 점을 주지시키고 안심시키는 일이 첫 번째 임무였다.

그러한 다음 '히틀러 국가'를 섬멸시켜야 한다는 점부터 시작하여 독일민족은 생존해야 하고, 이러한 일은 평화적으로 그리고 쓸데없는 대가를 치르지 않고 완수되어야 한다는 것이었다. 이를 위해 독일 주민은 소련 점령군정에게 모든 '히틀러 악당'을 양도해야 된다는 것이었다. 그리고 대재앙은 '히틀러 정치에 의해 촉발'되었지 그 책임을 독일민족이 떠넘겨 받을 필요가 없다는 것이었다. 이러한 상황에서 공산당 간부들이 곤경에 빠진 독일민족을 돕고 독일공산당의 미래를 위해 기초를 닦아야 한다는 것이었다. 이러한 논리는 "민주적인 것처럼 보여야 한다, 그러나 우리는 모든 것을 손아귀에 집어넣어야만 한다 (Es muß demokratisch aussehen, aber wir müssen alles in der Hand haben.)"[24]라는 울브리히트의 발언에 잘 나타나 있다. 즉 '울브리히트 집단'의 궁극적인 목표인 독일 공산주의국가 건설과 그들에 의한 정권장악을 위해 민주적인 것처럼 위장해서 정치, 사회, 문화

24) Wagner, Hans-Ulrich: Rückkehr in die Fremde? Frankfurt 2000, 74쪽.

등 모든 조직을 장악해야 된다는 것이었다.

'울브리히트 집단'이 귀환하자마자 제일 먼저 행동으로 옮긴 것은 방송장악이었다. 히틀러 나치군이 항복하기 며칠 전인 1945년 5월 2일에 '제국 방송국'[25)]은 소련군에 의해 이미 접수되었다. 접수하자마자 새로운 방송은 단기간 내에 준비되었고, 며칠 후인 1945년 5월 13일 새로운 방송은 전파를 탔다. 이 전파는 히틀러 정권이 무너진 후 독일 지역 내에서의 첫 번째 방송이라는 점과 소련군 점령지역에서 전파를 보냈다는 의미를 지니고 있다.

방송 장악과 복구가 이렇게 단기간 내에 가능할 수 있었던 배경에는 전쟁이 막을 내리기 전에 이미 귀환이주한 '울브리히트 집단'의 프릿츠 에르펜벡, 한스 말레, 볼프강 레온하르트와 같은 방송 전문가들이 있었기 때문이었다.[26)] 그들은 이미 모스크바의 방송국에서 경험을 쌓았고 그들이 독일로 귀환한 후에 해야 할 일들을 철저히 미리 준비했었다. 준비에는 기술과 조직적인 구성요소뿐만 아니라 독일공산당의 정보 및 미디어 정책을 어떻게 방송으로 전환시켜야 하는지도 포함되어 있었다.

다른 망명객 집단들과는 다르게 소련에 망명해 있던 독일공산당은 1944년 중반부터 히틀러 집권 시대에 독일 국내에 거주해 있던 독일 민족의 재교육 실시를 위해 언론 매체 기구로서의 방송 역할에 대한

---

25) 1945년 5월 1일 '제국 방송 주식회사 (Reichs-Rundfunk- Gesellschaft mbH (RRG))'는 마지막까지 남은 40여 명의 직원과 함께 마지막 방송을 했다. 1925년에 개국된 '제국 방송'은 뮌헨, 프랑크푸르트, 라이프치히를 넘어 브레스라우 (오늘날의 폴란드 소재), 동프로이센의 수도였던 쾨니히스베르크 (오늘날의 리투아니아 소재)까지 방송 영역을 확보하고 있었는데 1933년 이후 나치 정권이 방송국을 이양 운영해 오다가 2차 대전 종전과 함께 자취를 감추게 되었다.

26) 당시의 방송 상황과 귀환이주 망명객들의 역할에 대해서는 Wagner, Hans-Ulrich: Rückkehr in die Fremde? Frankfurt 2000, 75쪽. 참조.

정확한 생각을 다듬어 왔다. 독일의 모든 사회정치적인 재건과 마찬가지로 방송 프로그램의 직접성도 공공연히 공동의 반 파쇼원칙을 적용해야 된다는 것이 그들의 생각이었다. 그리고 소비에트 체제를 독일과 연관시키지 않기로 했다. 소비에트 체제를 독일과 연관시키지 않기로 결정한 이면에는 "민주적인 것처럼 보여야 한다, 그러나 우리는 모든 것을 손아귀에 집어넣어야만 한다"라는 정치적 전략이 숨어 있었다. 즉 내적으로는 소련 정부의 간섭을 받더라도 겉으로는 독일 민족을 위한 정권이라는 것을 보여주어야 했기 때문이었다.

1960년 빌헬름 피크가 세상을 떠나자 발터 울브리히트는 대통령직을 폐지하고 '국가 국방 및 국가평의회' 의장이 되며 국가와 당을 통합한 위에 군림하며 명실상부한 동독 최고 통치자의 자리에 올랐다. 1961년 울브리히트는 모스크바의 소련 국가지도자들에게 베를린 장벽 설치의 필요성을 설명하고 협상한 후 그의 정치적 책임하에 베를린 장벽을 쌓았다. 이로써 동독과 서독은 공공연한 분단국가가 되었다.

1949년부터 테오도르 호이스, 콘라트 아데나워, 쿠르트 슈마허, 오토 그로테볼, 빌헬름 피크, 발터 울브리히트 등과 같은 인물들과 이러한 상황들 속에서 독일 내에는 두 개의 공화국이 수립되었다. 그리고 1961년 베를린 장벽 설치로 인해 독일은 공식적인 분단국가가 되었다.

두 개의 공화국은 서로 다른 명칭만큼이나 가사와 멜로디를 통해 국민을 하나 되게 하며 동시에 대내외적으로 한 나라를 대표하는 국가 (國歌)[27]도 달랐다. 1949년 12월 5일, 동독정부는 정부가 수립되

27) '국가찬가 (Nationalhymne)'라는 의미의 '국가'는 국가에 관련된 특별한 행사가 있을 때 한 나라를 나타내 보이기 위해 연주되는 혹은 불리는 노래나 음악을 말

자마자 1920년대 표현주의 문학의 저명한 시인이며, 소련에서 귀환이주한 망명객인 요하네스 R. 베혀가 작사하고, 오스트리아 출신의 저명한 작곡가로 미국에서 귀환이주한 망명객인 한스 아이슬러가 작사한 노래를 국가 (國歌)로 결정했다.

> 폐허에서 부활하여 미래를 향해
> 우리가 너에게 선행을 베풀게 하라
> 독일이여, 통일 독일이여
> 옛 고난은 극복의 대상이니
> 우리는 하나 되어 극복하리라
> 우리에게 그것은 분명코 굴복되리라
> 그리하여 태양은 전에 없이 아름답게
> 독일위에 빛나리라!
> 독일위에 빛나리라![28]

동독에 반해 서독은 정부가 수립된 후에도 한 동안 국가 (國歌)가

한다. 예를 들면 국빈을 영접할 때나 운동경기, 혹은 국가의 행사나 이에 준하는 일이 발생했을 때 불리는 노래다. 이러한 의미에서 국가란 한 나라의 얼굴일 뿐만 아니라, 소속된 사람들을 한마음으로 묶는 매개체 역할을 한다.

28) "Auferstanden aus Ruinen,
Und der Zukunft zugewandt
Laß uns dir zum Guten dienen,
Deutschland, einig Vaterland.
Alte Not gilt es zu zwingen,
Und wir zwingen sie vereint,
Denn es muß uns doch gelingen,
Daß die Sonne schön wie nie
Über Deutschland scheint
Über Deutschland scheint."

없었다. 하지만 국기 (國旗)는 '검정-빨강-금색'으로 정했다. 신생 국가가 수립된 후 몇 년 동안의 논의를 거쳐 1952년에 그동안 오랫동안 전승되어 내려왔던 독일의 애국시인 호프만 폰 팔러스레벤의 '독일노래 (Deutschlandlied)' 제3구절을 국가로 제정했다.

> 일치단결, 권리, 자유
> 나의 조국 독일을 위하여!
> 몸과 마음을 합쳐서
> 우리 모두 형제처럼 힘쓰세
> 일치단결, 권리, 자유
> 이는 행복의 보증
> 이 행복의 광채 속에 꽃피어라,
> 꽃피어라 나의 조국 독일이여![29]

'독일노래'는 1841년 8월 26일 독일의 애국 시인 아우구스트 하인리히 호프만 폰 팔러스레벤에 의해 당시 영국령이었던 '헬고란트'에서 창작되었는데, 후에 프란츠 요젭 하이든의 "신이여, 프란츠 황제를 보존하소서!" 선율에 가사를 붙여 만든 것이 '독일국가 (國歌)'의 시초였다. 이 노래는 바이마르 공화국 제헌절인 1922년 8월 11일

---

29) "Einigkeit und Recht und Freiheit
Für das deutsche Vaterland!
Danach laßt uns alle streben
Brüderlich mit Herz und Hand!
Einigkeit und Recht und Freiheit
Sind des Glückes Unterpfand; -
|:Blüh im Glanze dieses Glückes,
blühe, deutsches Vaterland!:|"

당시 바이마르 공화국 프리드리히 에버트 대통령에 의해 국가로 지정되었다. 1933년부터 1945년까지 나치가 지배하던 시절에는 '호르스트 뷔셀 노래'에 이어 '독일노래'의 제1절만 '국가 (國歌)'로 불려졌다.

독일, 모든 것 위의 독일
세상 모든 것 위의 독일
끊임없이 수비와 방어를 위해
형제애로 결속하면
마스에서 메멜까지
에취에서 발트해까지
독일, 모든 것 위의 독일
세상 모든 것 위의 독일이여![30]

"깃발을 높이 올려라!"라는 제목의 '호르스트 뷔셀 노래'[31]는 정치가요로 1929년부터 '나치 돌격대 (SA)'의 전투가요였는데, 후에 나

30) "Deutschland, Deutschland über alles,
Über alles in der Welt,
Wenn es stets zu Schutz und Trutze
Brüderlich zusammenhält,
Von der Maas bis an die Memel,
Von der Etsch bis an den Belt -
|:Deutschland, Deutschland über alles,
Über alles in der Welt!:|"

31) "Die Fahne hoch!
Die Reihen fest (dicht/sind)geschlossen!
SA marschiert
Mit ruhig (mutig) festen Schritt
|:Kam'raden, die Rotfront und Reaktion erschossen,
Marschieren im Geist
In unser'n Reihen mit:|"

치당의 '당 찬가'로 승격되었다. 이 노래는 나치 돌격대원이었던 호르스트 붹셀의 이름에서 따온 것이다. 이 노래는 1945년 히틀러 패전 이후 연합군에 의해 금지되었고, 오늘날 독일에서도 금지곡으로 지정되었다.

독일 재통일 후인 1991년 통일된 독일 국가는 독일연방공화국과 마찬가지로 '독일노래' 3절을 국가로 채택하였다.

이렇듯 1949년부터 1990년 사이 동·서독이 재통일되기 전까지는 동독과 서독은 정치체제는 물론 이념적으로 양분된 상태였다.

3.2. 신생공화국 수립과 귀환이주 정치인

망명의 원인이 정치적이면 정치적일수록 귀환에 대한 열망이나 준비는 더욱더 강렬하고 철저하기 마련이다.[32] 이 원리는 1933년 이후의 독일에만 국한된 것이 아니라 망명과 귀환이주에 나타나는 당연하고도 일반적인 현상이다. 이러한 현상은 군정 시절과 한 지역 내에 두 개의 공화국이 수립되는 과정에서 귀환이주한 망명객들이 보여준 그들의 정치적 행보와 그들의 역할에서 뚜렷하게 나타난다.

1933년 이후 정치적인 이유로 망명을 떠난 자들은 대략 사회민주주의자, 공산주의자, 좌파 소집단, 노조, 기독교도, 보수주의자, 자유주의자, 평화주의자 등으로 분류된다.[33] 이들 중 공산주의자는 80%가 귀환이주했고, 사회민주주의자는 절반, 그리고 인종적인 이유로

32) 정치인들의 귀환이주 상황에 대해서는 Marita Krauss: Heimkehr in ein fremdes Land, Geschichte der Remigration nach 1945. 94-110쪽 참조

33) 정치적 성향의 망명객 분류와 그들의 망명현실에 대해서는 Claus-Dieter Krohn, Patrik von zur Mühlen, Gerhard Paul, Lutz Winkler (Hrsg.): Handbuch der deutschsprachigen Emigration 1933-1945, 469-678쪽 참조

떠난 자들은 4%가 1945년 이후 귀환했다.[34] 이러한 통계에서 보듯이 공산주의자들과 사회주의자들은 정치적인 성향이 강했고 그중에서도 공산주의자들의 정치적 성향은 더욱 더 강했다. 수치로 보듯이 공산주의자와 사회민주주의자들의 귀환이주는 당시의 정치 사회적 현실에서 중요한 역할을 담당했다.

우선 서독 지역에서 성공적인 귀환이주 사례로 손꼽히는 것은 사회민주주의자들이었다. 빌헬름 회그너는 귀환이주 후 바이에른 주 주지사가 되었고 (재임기간: 1945-1946, 1954-1957), 하인츠 퀸은 노르트라인-웨스트팔렌 주 주지사 (재임기간: 1966-1978), 막스 브라우어 (재임기간: 1946-1953, 1957-1960)와 헤르베르트 봐이히만 (재임기간: 1965-1971)은 함부르크시 시장, 로베르트 괼링어는 쾰른 시장 (재임기간: 1948/49, 1950/51), 에른스트 로이터 (재임기간: 1949-1953)와 빌리 브란트 (재임기간: 1957-1966)는 베를린 시장을 역임했다. 더구나 브란트는 후일 독일연방공화국 수상 (재임기간: 1969-1974)까지도 지냈다. 헤르베르트 붸너, 에리히 올렌하우어, 빌리 아힐러, 프릿츠 하이네, 발데마르 폰 크뇌링겐은 사민당 내 중앙 정치무대의 정치가로 활약하였다. 이처럼 귀환이주한 사회민주주의자들은 1940년대와 50년대에 사민당 내에서 수적으로는 많지 않았지만 우수한 자질의 소유자들로 중앙당 의장단의 절반을 독차지했다. 더 나아가 사민당 역사에 새로운 전기를 마련하는 '고데스베르크 강령'[35]을 채택하는 과정에는 귀환이주자의 망명경험이 강하게 반영되

34) Marita Krauss: Heimkehr in ein fremdes Land, Geschichte der Remigration nach 1945. 94쪽 참조.

35) '고데스베르크 강령 (Godesberger Programm)'이란 1959년 11월 15일 서독의 수도였던 본 근방에 위치한 소도시 고데스베르크에서 개최된 사민당 전당대회에서 사민당의 기본노선을 사회주의 노동자당 (Sozialistische Arbeiterpartei)에서 인

었다.

귀환이주한 공산주의자들은 동독지역은 물론 초창기 서독 지역에서도 영향력을 발휘했다. 그들은 지방 주 정부의 장관이 되기도 했고, 주 의회 의원으로 선출되기도 했다. 하지만 냉전시대의 도래와 더불어 그들의 존재는 서서히 서독 내에서 자취를 감추게 된다. 더구나 서독 내에서 독일공산당 (KPD) 활동을 금지하자 그들의 활동은 곧 범죄시되었다.

이와는 반대로 동독에서는 모스크바에서 귀환이주한 공산주의자들과 소련에서 재교육을 받은 후 귀환이주한 전쟁포로들이 우파 정당, 나치 수용소에서 살아남은 공산주의자들, 그리고 서방세계로 망명했다가 귀환이주한 자들을 제거했다. 이 활동의 중심에는 소위 '정치국원 망명객들'이라고 불리는 엘리트들이 있었는데 그들의 숫자는 약 250명에 달했다.[36] 이들은 종전이 되기 전에 모스크바에서 투입 정책의 일환으로 미리 준비된 자들로 귀환하자마자 당과 기관의 적재적소에 배치되어 그들이 맡은 임무를 수행했다.

다른 분야보다도 정치가들에게 귀환이주 시기는 중요한 역할을 했다. 예를 들면 귀환이주 1기에서부터 두 개의 공화국이 수립되기까지

민당 (Volkspartei)으로 전환하자는 내용을 절대 다수의 지지로 채택한 강령을 말한다. 이 강령을 통해 사민당은 종래의 계급투쟁, 주요산업의 사회화나 계획경제 등과 결별했다. 강령이 효력을 발생하기까지에는 귀환이주자들의 망명경험이 크게 반영되었다. 이 강령은 1959년부터 1989년까지 효력을 유지했다. 주도적으로 강령을 준비한 사람들은 망명에서 귀환이주한 빌리 아힐러, 발데마르 폰 크뇌링겐, 프리츠 엘러 등이었다. 더구나 헤르베르트 베너가 자유민주주의 기본입장을 강령에 포함하기로 입장을 밝힌 것은 강령 채택의 결정적인 요인으로 작용했다. '고데스베르크 강령'은 오늘날까지도 사민당의 기본노선이다. '고데스베르크 강령'은 1989년의 '베를린 강령 (Berliner Programm)'으로 대체되었다.

36) Marita Krauss: Heimkehr in ein fremdes Land, Geschichte der Remigration nach 1945. 94쪽 참조.

귀환이주하지 못한 자들은 빠른 속도로 재정비된 정당단체에 그들의 위치를 확보할 기회가 거의 없었다. 특히 소련 군정지역이 그랬다. 전쟁이 끝나자마자 군정은 그들에게 부담가지 않는 독일인들을 일정한 직위에 임명했는데, 이들이 전후 독일의 새로운 엘리트그룹을 형성했다. 종전이 된 다음해에는 최초의 지방자치단체 선거가 실시되었는데, 시기적으로 볼 때 아직 많은 망명객들이 귀환이주하지 않은 상태였다. 특히 서독지역이 그랬다. 선거에 당선된 자들은 이제 유권자들과 점령군들이 인정하는 당연한 대표자라고 느끼고 있었다. 귀환이주자들이 정치단체 위원회를 보았을 때에는 이미 다른 사람들에 의해 자리는 채워져 있었다. 이로 인해 두 개의 공화국이 수립된 이후에 귀환이주한 정치가 망명객들은 아주 소수의 숫자만이 직위를 차지할 수 있었다.

그렇다면 서둘러 귀환이주한 자들이 재기에 성공한 결정적인 요인은 무엇이었을까? 서독지역에서는 1933년 이전의 바이마르 공화국 전통을 계승하자는 귀환이주 정치인들의 외침이 중요한 역할을 했다. 1946년 함부르크 시장에 당선된 막스 브라우어와 터키 망명에서 귀환이주해 1947년 서베를린 시장에 당선된 에른스트 로이터가 귀환이주자들 중 두드러지게 바이마르 공화국의 전통을 계승하자고 소리를 높였다. 막스 브라우어는 바이마르 공화국 시절 사회민주주의자로 이미 1924년부터 망명을 떠나기 전까지 함부르크-알토나의 시장을 역임했고 사회민주주의자인 에른스트 로이터 역시 1931년부터 마그데부르크 시장으로 재임했었다.

이와는 반대로 동독지역에서는 전통과의 단절을 내세우며 공산주의 귀환이주자들이 후일 그들의 영향력 발휘 가능성을 확보할 수 있는 반파쇼 국가건설의 정당성을 주장했다. 전통과의 단절은 근본적인 인재채용 정책으로 이어졌다. 그들은 공산주의 도덕성에 따라 나치 수용소에서 살아남은 자들이거나 서방세계로 망명했던 사람이거나 혹은 소련으로 망명했던가를 굳이 차별하지 않고 동종으로 취급했다. 하지만 모스크바 망명객들은 —그중에서도 특히 울브리히트 집단— 이 사항을 교묘히 이용하여 공산당 간부진들을 중요 요직에 배치했고, 이들은 곧 새로운 엘리트그룹을 형성했다. 이에 따라 나치 수용소 경험을 한 공산주의자들이나 서방세계로 망명했던 공산주의자들은 소련파들에 의해 동종 취급을 받을 수 없었다.

모스크바 망명객들에게는 스탈린 대숙청과 1930년대 소련에서 행해진 공개재판이 머릿속에 또렷이 박혀 있었고 그것을 당연하게 받아들이는 사람들이었다. 그들은 소련망명 당시 후일 독일에서 모방해야 할 모범을 확실히 체득한 것이다. 그들은 소련에서 그들의 귀환이주를 간부정책의 관점과 소비에트 군사행정 방식에 따라 계획했다. 때가 되자 그들은 미리 계획했던 대로 '울브리히트 집단'은 베를린, '조보트카 집단'은 메클렌부르크, '악커만 집단'은 작센에 투입하여 전권을 장악하며 공산주의 국가 건설을 실행에 옮겼다. 이들의 중심에는 베를린으로 귀환이주한 발터 울브리히트가 있었다. 그는 귀환이주에 관한 사항을 조정했다.

프란츠 달렘[37]은 소련에서 귀환하지 않고 나치 수용소에서 살아남은 자로 정치국 내 공산당 간부 문제를 담당했는데 모스크바에서 귀

37) 프란츠 달렘 (1892-1981)은 1933년 파리로 망명했고 1934년부터 1943년까지 프랑스 시민권자로 살았다. 그동안 베를린과 프라하에서 불법체류하며 노동을 하기도 했다. 1936년 독일국적을 박탈당했다. 1933년부터 1943년까지 코민테른 집행위원회 후보, 1939년까지는 파리 독일공산당 지도부 위원이었고, 종국에는 발터 울브리히트의 대를 이어 중앙위원회 의장이 된다. 1939년부터 1942년까지 프랑스의 르 베흐네 (Le Vernet) 수용소에 수감되었다가 게슈타포에 넘겨졌다. 그 후 1945년까지 마우트하우젠 (Mauthausen) 수용소에 수감되었다가 종전을 맞았다.

환이주한 자들 중에는 당내 숙청대상으로 별로 떠오르지 않자 서방세계에서 귀환이주한 망명객들에게 눈을 돌렸다. 1946년 초 스칸디나비아에서는 독일공산당 임원진들이 집단을 지어 소련군 점령지역으로 귀환했고, 1946년 5월에는 멕시코에서 55명이, 그리고 그해 여름에는 영국 망명객들이 그들의 뒤를 이어 귀환이주했다.[38] 이들 중 그들이 신뢰할 만한 공산주의자들을 선별해 내는 것이 업무였다. 당시 사회민주주의자들은 요청에 의해서면 소련군점령지역으로 입국할 수 있었기 때문에 공산주의자들과는 또 다른 문제였다. 귀환이주자들은 당 본부에 신고를 해야 했고, 신고된 자들은 검증을 거쳐 중앙당 기구, 경제와 행정관청의 요직, 각 주의 선전조직 등 적재적소에 배치되었다.

소련 망명시절 스탈린 대숙청 대상에 올랐던 인물들은 대부분 곧바로 귀환하지 못했고, 1960년대가 되어서야 일부가 귀환이주할 수 있었다. 그들은 이미 대숙청에 대해 발설하지 않겠다는 서명을 한 상태였고, 이와 더불어 끊임없이 감시를 받아왔다. 그들 중 빠른 시간 내에 명예가 회복된 자들 중에는 당 기구 임원까지 오른 사람도 있었다.

1950년대 행해진 숙청의 바람 때문에 서방세계에서 귀환이주한 자들의 영향력은 동독 내에서 크게 감소했다. 숙청을 당한 자들은 주로 스위스, 프랑스, 멕시코 등지에서 귀환이주한 자들로 그 숫자는 300여 명에 달했다. 어찌되었든 1949년 이후 '〔최고〕인민회의'와 동독의 주 의회에는 84명, 국가 평의회 의원과 내각 평의회 의원 그리고 주정부 의원은 68명, 독일통일사회당 (동독공산당) 위원은 461명이 공산주의 귀환이주자들이었다. 84명 중 1/4, 68명 중 10%,

---

38) 이어지는 공산주의 귀환이주자들에 대한 수치는 Marita Krauss: Heimkehr in ein fremdes Land, Geschichte der Remigration nach 1945. 100쪽 이하 참조

461명 중 약 20%는 유대인 출신이었다.

서독 정치계에서 귀환이주자들의 위상이나 역할은 동독과 비교해 볼 때 어느 정도 다른 면모를 보이고 있다. 서독 정부가 수립되기까지 전 서독지역 내의 연방주정부에는 총 16명의 귀환이주자들이 장관이었고, 정부가 수립된 1949년부터 1953년 사이에는 13명, 그 이후는 8명으로 줄었다. 그들은 대부분이 사회민주당원들이었다. 독일 연방하원 (Deutscher Bundestag) 내의 국회의원들은 1953년까지는 총 하원 620명 중 36명, 1957년까지는 29명, 1961년까지는 24명이 귀환이주자들이었다. 이들 역시 대부분 사회민주당원들이었고, 제헌 의회에는 독일공산당 소속도 있었다. 이들은 숫자로는 소수였지만 '경제 위원회', '의회 협의회'[39], 사민당 원내 교섭단체 등에서 주요 요직을 차지하고 그들 나름대로의 영향력을 발휘하고 있었다.

하지만 서독지역으로 귀환이주한 사회민주당원들은 동독의 공산주의자들과는 대조적으로 공동의 이익에 부합하는 집단정체성을 유지하지 않았다. 그들끼리 단합대회는 고사하고 비공식적인 모임도 갖지 않았다. 그들 모두는 제각각 '귀환이주 엘리트'라고 생각했기 때문에 그들의 힘은 응집력으로 표출되지 않았다. 그들이 정치적 영향력을 형성하기 어려웠던 것은 외부로부터 공격의 대상이 되었다는 점도 간과할 수 없다. 나치가 지배하던 시절 국내에 거주했던 독일인들이나 신생 공화국의 보수 진영에서 볼 때 망명객들은 어찌되었든 독일을 배반하고 도망친 자들이라고 생각했고, 더 나아가 사상적으로 위험한 인물 취급을 했다. 이러한 생각을 대표하는 정치인이 초대 수상인 기

39) '의회 협의회 (Paralmentarischer Rat)'는 미국, 영국, 프랑스 등 서방 3대 강국의 지시에 따라 서방 점령군 지역 11명의 연방주지사들에 의해 설치된 정치기관으로 그들의 대표는 각 연방주 의회에서 선출했다.

민당 (CDU)의 아데나워와 기사당 (CSU)의 프란츠 요셉 슈트라우스였다. 특히 바이에른 주민의 전폭적인 지지를 바탕으로 하는 슈트라우스는 서독 정치사에서 보수적인 성향을 지닌 대표적인 인사로 망명에서 귀환이주한 사회민주주의자 빌리 브란트를 '위험한 인물'이라고 지목하며 신랄하게 비판해댔다.

동독의 공산주의 귀환이주자들이 하나의 이념에 따라 일사분란하게 정권을 장악한 반면, 서독으로 귀환이주한 사회민주주의자들이 2차 대전 이후 서독에서 완벽하게 정권을 장악하지 못한 이유는 첫째, 사회민주주의가 공산주의처럼 절대적인 전체주의를 지향하는 정당이 아니고, 둘째, 사회민주주의자들은 공산주의자들처럼 일정한 장소로 망명을 한 것이 아니었을 뿐더러 그들이 각지에서 경험한 바가 서로 달랐기 때문이다. 서독 지역으로 귀환이주한 사회민주주의 망명객들은 미국을 위시한 서방세계로 망명한 자들로 그들이 체류한 망명지에서 독일과는 또 다른 정치적 전통과 현실을 경험했다. 이로 인해 나치가 패망한 이후의 독일 장래에 대한 정치적 견해가 약간은 서로 달라져 있었다. 이 견해 차이의 핵심은 바이마르 공화국 시절의 전통을 고수할 것이냐 아니면 수정할 것이냐에 있었다.

미국에서 귀환이주한 막스 브라우어, 터키에서 귀환이주한 에른스트 로이터, 스위스에서 귀환이주한 빌헬름 회그너 등은 전폭적으로 바이마르 전통을 계승하자는 반면에 일부 사회민주주의 귀환이주자들은 낡아빠진 바이마르 공화국 시절의 세계관을 버리고 시대가 요구하는 국제적이고 서방세계에 부합하는 방향으로 당의 정책노선이 변경되어야 한다고 주장했다. 어찌되었든 결론적으로 볼 때 서독의 귀환이주 사회민주주의자들은 동독의 귀환이주 공산주의자들에 비할 바는 못 되지만 그래도 전후 독일과 신생 공화국 수립 공간에서 일정한 역할을 담당했다. 이렇게 이제 동독과 서독은 이미 채워진 인물들 위주로 국가의 틀이 고정되기 시작했고, 정치, 사회, 문화 등 각 분야에서 그들 위주의 세계가 서서히 그리고 확고하게 작동되고 있었다.

3.3. 귀환이주 엘리트 유대인

1945년부터 독일 내에 두 개의 공화국이 수립되던 1949년까지는 정치색이 농후한 인사들 —주로 정치인들—이 귀환이주의 주류를 형성한 반면, 1950년대와 1960년대는 다수의 예술가, 작가, 학자들이 귀환이주했다. 이들 중 다수는 유대인이거나 나치에 의해 유대인 혈통으로 규정된 예술가 내지 지식인들이었다. 유대인 혈통의 망명객들이 이처럼 일정한 시기가 지난 후에야 귀환한 이유는 1945년 이후 점령군 군정통치 시기와 신생독립국가가 수립되는 혼란스러운 국내 상황을 예의 주시하며 그들이 과연 귀환을 해야 되는지 —혹은 해도 되는지— 아니면 계속해서 망명지에 남아야 되는지를 미처 결정하지 못했었기 때문이다.

당시 대다수의 유대인들은 나치의 박해로 인해 그들의 재산은 물론 가족과 친지의 목숨마저도 잃고 망명의 길을 떠나야만 했던 핍박의 나라인 게르만족 독일로 또 다시 되돌아간다는 것은 상상할 수도 없는 일이었다. 이러한 연유로 유대인들 사이에서는 독일이라는 나라로 귀환이주한다는 말 자체도 금기시되던 때였다. 특히 그들의 선조 땅이었던 팔레스타인으로 망명했던 사람들은 그러한 감정이 더욱 더 컸다. 독일로 귀환은커녕 오히려 나치치하 유대인 수용소에서 가까스로 살아남은 수많은 유대인들이 전쟁이 끝나고 유대인 수용소에서 자유의 몸이 되자마자 독일을 떠나던 것이 당연시되던 때였다. 당시 독

일을 떠난 유대인 숫자는 12,000 내지 15,000명으로 추산된다.[40]

1949년 이후, 그래도 그들이 태어나서 자랐고 살았던 나라인 독일로 되돌아가야 되겠다고 결정한 유대인 혈통의 독일인들은 망설이고 주저하며 귀환하기는 했지만 꺼림칙한 마음은 씻을 수가 없었다. 그렇기 때문에 그들의 귀환이주는 만족한 것도, 희망에 부푼 것도 아니었다. 통계상으로 볼 때 1945년부터 1951년까지 약 2,500명 정도의 유대인 혈통 독일인들이 귀환이주했다. 그리고 1952년부터 1959년까지는 약 9,000명 정도가 독일로 돌아왔다. 이처럼 1950년대에 귀환이주자의 숫자가 갑자기 상승한 이유는 1950년대 중반 서독 정부가 피해보상과 연금 보장 등 재정적 지원을 해준 것이 하나의 요인으로 작용했기 때문이다. 서독에 비해 동독은 재정적인 지원이 없었다. 1950년대에 상승세를 타던 귀환이주자의 숫자는 1960년대가 되며 매년 250명 정도로 하향세를 보였다. 그러던 중 서독에서 유대인 묘지 파손을 비롯한 '유대인 배척주의'가 다시 성행하고 신나치주의가 부활하자 귀환이주 행렬은 더욱더 줄어들기 시작했다.

그렇다면 하나의 의문이 떠오른다. 2차 대전 이후 뒤늦게나마 독일을 탈출하듯 떠난 유대인과 다시 독일을 찾아온 귀환이주 유대인들은 과연 어떠한 차이가 있었을까? 왜 누구는 히틀러 체제가 붕괴되자마자 핍박의 나라를 도망치듯 떠나는데 또 다른 누구는 무엇이 좋다고 증오의 나라로 되돌아 왔을까? 이에 대한 대답은 개개인마다 상당히 복잡한 속내를 지니고 있는 것이 사실이긴 하지만 어찌 보면 간단할 수도 있다. 철저한 유대교 신자거나 단순히 종족적인 이유 때문에

---

40) 2차 대전 이후 독일을 떠난 유대인들의 숫자에 대해서는 Marita Krauss: Heimkehr in ein fremdes Land, Geschichte der Remigration nach 1945. 125쪽 참조

핍박을 받은 사람은 독일을 떠났고, 유대인 혈통이긴 하지만 그래도 독일에서 다시 인정을 받을 것이라고 여겼거나 망명 중 꿈꾸어 왔던 미래를 독일에서 실현하려고 했던 사람은 되돌아 왔다. 이러한 사실을 반증하듯 나치에 의해 정치, 사회, 문화 등의 이유보다는 유대인이라는 이유 때문에 망명을 떠난 자들은 거의 귀환이주하지 않았다. 대신에 그들은 점령군의 관리나 고문 혹은 교환교수 등의 자격으로 독일을 방문했다.

1945년 이후 유대인 혈통의 독일인들은 대부분 유대인이 아니라 오히려 사회민주주의자, 공산주의자, 학자, 예술가라는 의식으로 귀환이주했다. 물론 그들의 의식과는 상관없이 현실적으로 유대인이라는 꼬리표를 떼어낼 수는 없었다. 서독사회에서도 동독사회에서도 그러한 현실은 마찬가지였다. 더 나아가 동독사회에서는 이미 1940년대 말과 1950년대 초에 유대인 격리현상까지 나타나기 시작했다.

정치색이 농후했던 유대인 혈통의 서독 귀환이주 독일인으로는 미국에서 귀환 후 1965년부터 1971년까지 함부르크 시장을 지낸 헤르베르트 봐이히만 (1896-1983)과 그의 부인이자 여성 정치가로 소비자보호, 여권신장, 문화정책 분야에서 활동 한 엘스벳 봐이히만 (1900-1988), 이스라엘이 건국되고 독일 내에 두 공화국이 수립된 이후인 1950년 이스라엘에서 귀환이주한 후 1966년부터 1972년까지 노르트라인-붸스트팔렌 주의 법무장관을 지낸 요젭 노이베르거 (1902-1977), 영국 망명에서 귀환이주한 후 1962년부터 1969년까지 '독일 노조 연맹 (DGB)' 위원장을 지낸 루트비히 로젠베르크 (1903-1977) 등이 꼽힌다. 이들 모두는 사회민주주의자들이었다.

영국에서 귀환이주한 후 1961년부터 1974년까지 자유 베를린대학교의 정치학 교수를 지낸 리하르트 뢰벤탈 (1908-1991), 미국에서 귀환이주한 후 역시 자유 베를린대학교의 정치학 교수를 지낸 에른스트 프랭켈 (1898-1975), 프랑크푸르트학파의 거두로 프랑크푸르트 대학교의 사회학 교수를 지낸 막스 호르크하이머 (1895-1973)와 테오도르 W. 아도르노 (1903-1969)도 정치색이 강했던 유대인 혈통의 귀환이주 학자였다.

이들 중 정치학자 에른스트 프랭켈은 해방 후 미군정 시절 우리나라 역사와도 직접적인 관계가 있는 인물이다. 프랭켈은 1938년 영국으로 망명한 다음 망명지를 미국으로 옮겨 1941년 『이중국가 (*The Dual State*)』를 저술한 정치학자로 1946년부터 1950년까지 남한 주둔 미 군정청 미국 관리로 국제법 담당관과 고문으로 근무했다. 그는 미 군정청 산하 한국 법무부 법학분과에서 근무한 다음 미소공동위원회 미국 대표 법률고문을 지냈다. 미소공동위원회가 결렬된 후에는 '유엔한국임시위원단 (UN Temporary Commission on Korea)'의 관리로 1948년 대한민국 제헌국회를 구성하기 위해 실시한 5월 10일 초대 국회의원선거를 준비했고 또한 대한민국 정부수립에도 관여했다. 6 · 25 전쟁이 발발하기 전까지 프랭켈은 한국 내 마셜플랜 원조기구 법률 고문을 지냈다. 미 군정청의 관리로 미소공동위원회와 대한민국 초대 선거 및 정부수립에 관여했고 정부 수립 후에도 한국에서 근무한 프랭켈은 일본 식민지 시대와 미소 군정시기를 거친 다음 독자적인 정부수립을 한 한국이 과연 "'민족들 간의 법 (혹은 권리)'[41] (국제법)상 전환기를 맞이했는가? (Korea - Ein Wendepunkt

41) 독일어의 'Völkerrecht'는 일반적으로 '국제법'이라고 번역하지만, 단순히 이 단어를 '국제법'이라고만 표기할 경우 본 글의 문맥을 만족스럽게 전달할 수 없다. 이에 따라 'Völkerrecht'에 대한 보충 설명이 불가피하다. 'Völkerrecht'는 독일어 어원상 '민족들 (Völker)'과 '법 (혹은 권리) (Recht)'의 합성어로 '민족들 (간)의 법 (혹은 권리)'이다. 독일어의 'Völkerrecht'는 라틴어 개념인 '민족들 (간)의

im Völkerrecht?)"라고 반문하며 미국의 잘못된 점령정책이 한국의 독자적인 발전을 불가능하게 만들고 있다며 불만족스러워 했다.[42] 한국에서 근무한 후 프랭켈은 1951년 독일로 귀환하여 미국의 고위관리 존 맥클리의 자문역할을 한 다음 곧 바로 베를린 대학교의 강사, 그리고 정치학 교수가 되었다. 죽음을 앞둔 만년에는 68학생 운동의 편에 서서 민주주의를 훼손하는 독단주의를 강하게 비판했다.

동독으로 귀환이주한 정치색이 농후했던 유대인 혈통의 독일인 망명객들로는 미국에서 귀환이주 후 동-베를린대학교 (훔볼트대학교) 역사학 교수와 후일 동독공산당 (SED) 간부를 지낸 알베르트 노르덴 (1904-1982)과 미국 망명 중 미국의 감옥에서 구금생활을 하던 중 1949년 유럽으로 도주해 동 베를린으로 귀환한 다음에 후일 동독공산당 간부를 지낸 게르하르트 아이슬러 (1897-1968)를 꼽을 수 있다. 이들은 공산주의자들이었다. 작가인 아르놀트 츠바이크, 안나 제거스, 슈테판 하임, 독문학자인 한스 마이어, 알프레트 칸토르뷔치도 동독으로 귀환이주했다.

사회주의 신봉자인 아르놀트 츠바이크 (1887-1968)는 1948년 망명지 팔레스타인에서 동베를린으로 귀환이주한 후 소련군정지역과 동독에서 존경을 받았다. 특히 게오르크 루카치는 아르놀트 츠바이크를 전통적 19세기 리얼리즘 계열 소설작가들 반열에 자리매김하며

법 (ius gentium)'을 차용한 것으로 동등한 기반위에 '민족들 법 (혹은 권리)의 주체들' (대부분 국가들) 사이의 관계를 '초국가적 법 (혹은 권리)질서'를 통해 규율화한 것이라는 법학용어이다. 이 개념이 '국제법'과 동의어로 사용되기는 영어의 전문용어인 'international law'에 강한 영향을 받은 19세기부터이다. Stephan Hobe, Otto Kimminich: Einführung in das Völkerrecht, 9. Aufl., Tübingen 2008. 참조.

42) 에른스트 프랭켈: 한국은 민족들 간의 법 (국제법)상 전환기인가? Ernst Fraenkel: Korea: Ein Wendepunkt im Völkerrecht? Berlin 1951 참조.

그의 작품은 퇴폐적 모더니즘과는 다르다며 칭송했다. 하지만 츠바이크가 사회주의에 발을 들여 놓았고 동독으로 귀환이주했다는 이유로 서독에서는 오랫동안 인정을 받지 못했다. 아르놀트 츠바이크는 1949년부터 1967년까지 동독 〔최고〕인민회의 대의원을 지냈고 1950년에는 동독 1급 국가훈장을 받았다. 1950년부터 1953년까지 동독예술원 원장을 역임했고 그 이후에는 명예원장을 지냈다. 1957년에는 독일 펜클럽 회장에 임명되었다.

『제7의 십자가』, 『경유 (Transit)』 등 저명한 망명소설을 쓴 여류작가 안나 제거스 (1900-1983)는 1947년 망명지 멕시코를 떠나 서베를린으로 귀환이주했다. 나치 독재 시절 독일 남서부 지방의 한 유대인 수용소에 감금되어 있던 죄수 7명의 탈출기를 그린 그녀의 소설 『제7의 십자가』는 1942년 미국에서 영어로 출간되었다. 이 작품은 같은 해 멕시코에 소재해 있던 망명출판사 '엘 리브로 리브레 (El Libro Libre) (자유서적)'에서 독일어로 발간되었고 1944년에는 프레트 치네만 (1907-1997) 감독에 의해 할리우드에서 영화화되었다.

이 소설은 주인공 게오르크 하이슬러의 7일간에 걸친 수용소 탈출 과정을 7장에 나누어 그린 것으로 7명의 탈주자 중 6명은 체포되거나 죽었지만 주인공만이 살아남아 도주에 성공한다는 것을 작품의 내용으로 하고 있다.

> 아마 독일 땅에서 이 일곱 그루보다 더 이상한 나무를 찾아볼 수는 없으리라. 〔…〕 이 나무 하나하나의 사람 어깨쯤 되는 곳에는 널빤지가 하나씩 가로로 못 박혀 있어서, 멀리서 보면 흡사 일곱 개의 십자가 같았다. 〔…〕 여섯 그루의 나무가 모두 없어지고 일곱 번째의 나무만이 끝까지 남았을 때, 우리를 압도하던 그 감정, 〔…〕 우리가 느꼈던

작은 승리감, 그때까지 우리를 짓눌렀던 무력감이나 우리들의 죄수복에 기준하여 보자면 그것은 승리감에 틀림없었다.[43)]

이 작품은 어둠속을 헤매야만 했던 망명객들에게 영원한 희망의 등불을 밝힘과 동시에 영화를 통해 관객들에게 선보임으로써 안나 제거스에게는 세계적인 명성을 안겨주었다.

난로의 마지막 불꽃이 꺼졌다. 어떠한 밤들이 우리를 기다리고 있는지 우리는 예감하고 있었다. 젖은 가을의 냉기가 담요를 뚫고, 속옷을 뚫고, 살갗을 뚫고 들어 왔다. 우리는 모두 느끼고 있었다. 외부의 힘이 얼마나 깊이, 얼마나 무섭게 인간의 속으로, 그 가장 깊은 내면으로 들어올 수 있는지를. 그러나 또한 우리는 느끼고 있었다. 인간의 그 내면 속에는 절대로 공격당할 수도 절대로 상처입을 수도 없는 그 어떤 것이 존재한다는 사실을 우리는 느끼고 있었다.[44)]

그녀의 소설 『제7의 십자가』는 1938년, 망명지 남프랑스에서 집필하기 시작하였다. 작품의 내용을 보면 시대는 1937년, 장소는 작가의 출생지인 마인츠에서 멀지 않은 인근 도시 보름스 근교의 붸스트호펜에서부터 마인츠까지의 라인헤센 지방을 배경으로 하고 있다. 이 소설은 나치 독재가 한창이던 시절의 유대인 수용소 실상을 적나라하게 보여줌으로써 유대인들이 왜 망명의 길을 재촉하지 않으면 안 되었을까 하는 망명의 한 원인을 문학을 통해 증언하고 있다.

1941년과 1942년 사이 망명의 땅이었던 멕시코에서 집필되어

43) 안나 제거스 (김숙희 옮김): 제7의 십자가, 서울 중앙일보사 1990, (소련·동구 현대문학전집 21), 15-16쪽.
44) 위의 책, 363-364쪽.

1944년 영어와 스페인어로 초판이 간행되었고, 1947년에는 『베를린어 차이퉁 (*Berliner Zeitung*)』을 통해 독일어 원본으로 발표된 그녀의 또 다른 소설 『경유』는 『제7의 십자가』와 더불어 독일문학사에서 중요한 의미를 점유하는 망명문학 작품이다. 소설 『경유』가 『제7의 십자가』와는 또 다른 의미에서 망명문학 기술의 중요한 위치를 점유하고 있는 까닭은 다음과 같다.

첫째, 시대적으로 제2차 세계대전이 발발하자 지금까지 머물렀던 오스트리아, 스위스, 네덜란드, 프랑스 등 유럽의 망명지가 망명객들에게는 더 이상 은둔처 역할을 하지 못하게 되었다. 그러자 그들 중 대부분은 1940년대 초 유럽을 떠나 미지의 땅인 아메리카로 망명의 길을 재촉해야만 했다. 둘째로 당시 프랑스의 마르세이유와 포르투갈의 리스본은 유럽과 아메리카를 잇는 항구도시로 망명객들이 경유해야만 했던 유럽의 마지막 땅이었다. 셋째로 안나 제거스는 이러한 시대와 장소를 배경으로 한 망명객의 상황과 문제점을 고스란히 그녀의 소설 속에서 서술하고 있기 때문이다.

당시의 상황을 좀 더 구체적으로 살펴보면, 1939년 9월 3일 프랑스가 히틀러 독일제국에 전쟁을 선포하자 프랑스에 체류하고 있던 모든 독일인들은 '적국 (출신의) 외국인'이 되어 대부분 감금되었고 그렇지 않은 사람들 중 개중에는 진주한 독일군대에 의해 회유를 당했다. 결과적으로 종전에 프랑스인들에 의해 단순히 '독일인'으로 분류되었던 사람들은 어찌되었든 곤경에 처할 수밖에 없었다. 하지만 요행히도 이러한 두 부류에 속하지 않았던 독일인들은 독일군들에 의해 나치 반대파로 몰릴 것을 스스로 계산해야만 했다. 그러자 망명객들은 —특히 유대인들— 이제 더 이상 안전한 장소가 아닌 프랑스를 탈출해야만 했다. 그들은 우선 아직 독일군대가 점령하지 않고 잠시 동안 독일의 괴뢰국인 비시 정권 (Régime de Vichy) 지역인 남프랑스로 도피하거나 피레네산맥을 넘고 스페인을 거쳐 포르투갈의 리스본을 향해 도주해야만 했다. 이러한 상황에서 프랑스의 마르세이유나 포르투갈의 리스본은 목숨을 구하고 자유를 찾아 유럽을 떠날 수 있는 마지막 교두보였다. 안나 제거스 역시 마르세이유 소재 멕시코 영사관을 통해 마르세이유를 경유하여 멕시코로 망명했다. 실재상황 '경유'에서 가장 필요한 것은 목적지 국가의 비자발급을 받는 일과 도항할 배편의 확보였다.

멕시코 망명에서 서베를린으로 귀환한 안나 제거스는 소련군점령지역에서 독일공산당 (KPD)과 사민당 (SPD)을 강제로 통합해서 창당된 '독일사회통일당 (SED)'의 초창기 당원이었다. 그녀는 이미 1928년에 독일 공산당에 가입한 후 프롤레타리아혁명작가동맹의 회원이었다. '독일사회통일당'은 1946년 '독일공산당'과 '사민당'을 통합하여 공산주의 간부정당으로 발전해오다가 소련군정의 영향력을 배경으로 1949년 동독 국가 건설에 중추적인 역할을 담당하며 동독 내 1당 지배체제를 구축했다. 안나 제거스는 동독과 서독 정부가 수립된 후인 1950년 서베를린에서 동베를린으로 이주했다. 1951년에는 동독예술원 창립회원이 되었고 동독 국가표창도 받았다. 1952년에는 동독작가동맹 의장으로 선출되어 1978년까지 그 직을 유지했다. 세상을 떠나기 2년 전인 1981년에는 그녀가 태어나고 자란 고향인 서독 소재 마인츠 시로부터 명예 시민권을 수여받았다.

본명이 헬무트 프릭 (Helmut Flieg)인 슈테판 하임 (1913-2001)은 1953년 동독으로 귀환이주했다.45) 1933년 체코를 거쳐 1935년

45) 슈테판 하임의 망명과 귀환이주에 관해서는 Mario Keßler: Exil und Nach-Exil. Vertriebene Intellektuelle im 20. Jahrhundert, Hamburg 2002,의 "Denk doch

부터 미국에서 망명생활을 했던 슈테판 하임은 망명 중 미국시민권자가 되어 1944년에는 노르망디 상륙작전에 참전했다. 그는 당시 그와 마찬가지로 유대인 혈통으로 오스트리아 출신 망명 작가인 한스 하베(1911-1977)가 지휘관으로 있던 부대에 배속되어 삐라 작성, 군부대 신문 편집, 스피커 연설, 라디오방송 등을 통해 대독일 심리전을 담당했다. 전후에는 귀환이주자가 아니라 미국시민권자로 서독의 뮌헨에서 미군정의 중요 신문인 〈노이에 차이퉁 (Neue Zeitung)〉 편집자를 지냈다. 신문 편집에서 미국보다는 소련편향의 입장을 유지하자 그는 1945년 말 미국으로 전보되었다. 그러자 슈테판 하임은 군대를 떠나 자유문필가로 활약하던 중 '매카시즘'[46]이 기승을 부리던 1952년 미국을 떠나 체코를 경유하여 1953년 동독으로 귀환이주했다. 미국에서의 매카시즘 열풍은 1940년대 말부터 1950년대 초반에 발생한 귀환이주 연구에 중요한 의미를 지닌다.

당시 매카시즘 선풍으로 인해 미국을 떠난 인사들은 슈테판 하임만이 아니다. 20세기의 저명한 독일작가 토마스 만, 저명한 작곡가 한스 아이슬러, 저명한 극작가 베르톨트 브레히트를 비롯하여 다수의 망명객들이 매카시즘으로 인해 미국을 떠났다. 매카시즘으로 인해 미

---

endlich nach! Das Vermächtnis des Stefan Heym" (198-204쪽) 부분 참조

46) 매카시즘 (McCarthyism)이란 냉전시대였던 1940년대 말부터 1950년대 초반 사이 미국 사회에서 시작된 반소련, 반공산주의, 제2차 적색 공포 (Second Red Scare, Zweite Rote Angst)시대를 말한다. 이 용어는 J. R. 매카시 (Joseph Raymond McCarthy, 1908-1957) 미 공화당 소속 상원의원이 "미국 안에는 공산주의자들이 암약하고 있으며, 나는 그 명단을 갖고 있다"라는 주장에서 유래한 것으로 지나친 반공주의, 정적의 성격이나 애국심에 대해 비난을 선동하거나 무분별하고 근거 없는 고발을 비판하는 말로 쓰인다. John E. Haynes: Red Scare or Red Menace? American Communism and Anticommunism in the Cold War Era. Chicago 1996, / Albert Fried: McCarthyism - The Great American Red Scare - A Documentary History. New York 1997, 참조

국을 떠나야만 했던 현실의 사회적 배경과 실상은 영국 출신의 저명한 영화배우 찰리 채플린 (1889-1977)의 경우가 적절히 보여준다. 채플린은 평소 FBI에 의해 공산주의자로 의심받고 '미국적이지 않은 행동'의 소유자로 분류되어 당국의 감시를 받던 중 뜻하지 않게 매카시즘으로 인해 1952년 미국을 떠나야만 했다.

1952년 9월 18일 채플린은 그의 작품 〈라임라이트 (Limelight)〉 시사회를 위해 단기간 계획으로 영국 런던을 방문하고 미국으로 돌아오려던 중이었다. 이 틈을 이용하여 당시 미국 연방수사국 (FBI) 국장이었던 존 에드거 후버 (1895-1972)는 그의 미국 입국을 저지했다. 영국 출신의 채플린은 미국에 장기간 체류하며 미국 영화계에서 대성공을 거두었음에도 불구하고 법적으로 영국 국적을 포기하지 않고 미국에 체류하던 중이었다. 그런데 미국의 보수층이 평소 그의 사회비판적인 작품으로 인해 그의 사상과 행동을 달갑게 여기지 않던 중 1947년 〈무슈 베르두 (Monsieur Verdoux)〉가 출품되자 FBI는 결정적으로 채플린을 공산주의자로 몰았다.

찰리 채플린과 대조되는 인물로, 미국 출신의 애니메이션, 영화감독이자 제작자인 월트 디즈니 (1901-1966)는 당시 두드러지게 FBI와 긴밀하게 공조관계를 유지하고 있었다. 찰리 채플린과는 동업의 ―혹은 라이벌 관계― 문화계 인사인 월트 디즈니와 FBI가 이렇게 긴밀한 유대관계를 유지하고 있었고 실질적으로 FBI에 의해 재입국이 거절된 사실은 외견상 공산주의자 축출이라는 대의명분도 있었지만 또 다른 한편으로는 전통적이고도 비판적인 유럽 문화의 일면을 배격하고 이를 메울 만한 새롭고 독특한 미국식 문화를 정립하려는 의도가 있었지 않았을까 하는 추측을 해본다. 이후 찰리 채플린식 문화는 서서히 자취를 감추고 월트 디즈니식 문화가 미국은 물론 전 세계를 지배하고 있다는 사실이 이러한 추측을 가능하게 해준다.

1952년 12월 스위스로 이주한 채플린은 1977년 스위스에서 생을 마감했다. 1940년대 말 혹은 1950년대 초반 매카시즘이 기승을 부리던 시절에 미국에 거주하던 망명객들에게 미국은 더 이상 망명의 땅으로는 안전한 곳이 아니었다. 20세기 독일문학을 대표하던 토마스 만 역시 매카시즘으로 인해 미국을 떠났지만 그의 조국인 독일로 영구히 귀환하지 못하고 —혹은 귀환하지 않고— 조국의 바로 울타리 밖인 스위스의 취리히에서 1955년에 생을 마감했다.

다시 슈테판 하임으로 되돌아가 보자. 슈테판 하임은 귀환이주 초기 귀환이주한 반파쇼 망명객 내지 골수 사회주의자로 대접을 받으며 동독 정부의 환대를 받았다. 하지만 탈스탈린화 (스탈린 격하운동)에도 불구하고 1953년 6월 17일에 발생한 동독 민중봉기를 다룬 작품 『6월의 5일』이 정부 당국에 의해 출판을 거부당하자 1956년부터 동독 수뇌부와 갈등을 빚기 시작하였다. 1965년 당시 동독 공산당 지도부의 실력자이며 후일 동독 공산당 제1서기장으로 동독 내의 제1권력자였던 에리히 호네커 (1912-1994)가 동독공산당 중앙위원회 11차 전당대회에서 슈테판 하임을 공격하자 작가 슈테판 하임과 공산당 지도부 사이의 긴장은 최고조에 달했다. 그해 하임의 작품들은 출판금지 처분을 받았다. 1970년대 초부터 비록 소규모 출판사이기는 하지만 하임의 작품은 다시 동독에서 출판되기 시작했다.

1976년에는 작사가이자 시인인 볼프 비어만이 서독에 초청을 받아 공연을 하던 중 일정 부분 동독을 비판했다는 이유로 동독 국적을 박탈당하자 슈테판 하임은 동독의 작가들과 함께 동독정부의 처사에 항의하는 청원서에 서명했다. 항의는 서독 지식인과 문인들도 마찬가지였다. 1936년 서독의 함부르크에서 출생한 볼프 비어만은 1953년 고등학교를 졸업하자 17세의 나이에 동독으로 이주하여 동베를린에서 대학을 졸업한 다음 동독의 문학과 예술 분야에서 활동했었다. 비어만은 동독으로부터 국적을 박탈당하자 1977년 서독으로 망명했다. 슈테판 하임은 1980년대 이후에는 동독 시민운동을 지원함과 동시에 동·서독 통일운동에 참여했다. 동·서독이 통일된 후인 1994년에는 연방의회 의원선거에 무소속 후보로 출마해 당선되자 연장자 순서에 따라 제13대 독일연방의회 개회를 선언했다.

귀환이주 망명객들에 대한 평가는 시대와 장소, 그리고 체제와 인물에 따라 엇갈린다. 1994년 독일연방의회 개회선언 후 기민당의 헬무트 콜 수상은 슈테판 하임의 일생이야말로 바람이 부는 대로 깃발을 날렸다고 비판했다.

이러한 시대적 현실을 조망해 보면 귀환이주 엘리트 유대인에 대한 연구 대상은 크게 두 개로 압축된다. 첫째는 귀환이주 제1기에 해당하는 1945년에서 1949년 사이에 귀환하지 못하고 1949년 두 개의 정부가 수립된 이후에야 귀환한 예술가, 작가, 학자들 등 엘리트 망명객들이고, 둘째는 1950년대 이후 수적으로 두드러지게 상승한 유대인 혈통의 귀환이주자들이다. 그런데 이 두 부류의 귀환이주 망명객들을 연구의 대상으로 설정해 놓고 보면 이들을 분리해서 연구할 것인가 아니면 하나의 대상으로 볼 것인가 하는 문제가 제기된다.

1945년 이후 귀환이주한 유대인 혈통의 독일인에 대해서는 이미 유대인들이 지닐 수밖에 없었던 특수성 때문에 순수한 독일혈통 출신 귀환이주자들보다는 인종적인 문제를 고려해야 되는 복잡한 면이 있다. 이러한 면에서 인종적인 문제를 고려해야 되는 망명객들과 그 이외의 문제만으로 다루어도 되는 귀환이주자들에 대한 문제는 분리해서 연구하는 면이 훨씬 더 효과적이다. 더구나 본 연구의 제6장은

'분단국가로의 귀환이주'를 연구의 목표로 삼고 있기 때문에 유대인 혈통의 독일인을 굳이 포함시킬 필요는 없다. 그들은 이러한 정치적 발전상황과 밀접하게 연결되어 있지도 않다. 유대인 혈통의 망명객과 이에 상응하는 귀환이주자들에 대해서는 독일인들과는 또 다른 귀환이주의 단면을 보여주고 있다. 이에 대해서는 제7장 '구역 밖으로의 귀환이주'에서 약간 다루기로 한다.

4. 귀환이주 망명객 현황

1945년 이후 귀환이주한 자들 중에는 알려진 사람들도 있고 별로 알려지지 않은 사람들도 있다. 이들 중에는 일부 연구된 사례도 있고, 전혀 연구가 되지 않은 인물들도 있다. 이들 모두에 대한 개별적인 연구가 필수는 아니지만 이들에 대해 밝혀지지 않은 사실은 필수적인 연구의 대상이다. 왜냐하면 이들에 대한 연구는 이들 자체에 대한 연구의 의미도 있지만, 연구 결과를 바탕으로 이들에게도 속하지 못하는 일반인들의 망명과 귀환이주의 의미와 문제점을 되짚어 볼 수 있기 때문이다.

1945년 이후 독일 귀환이주에 대한 전반적인 조망 및 구체적인 사례를 살펴보기 위해 이미 제3장에서 선별하여 제시한 '저명 망명객'들만을 국한시켜 그들 중 귀환이주한 저명 망명객들을 연도와 분야별로 분리해서 추적해 보기로 한다.

4.1. 연도별로 본 귀환이주 현황

2차 세계대전 이후 귀환이주 유명 망명객 현황을 개괄해 보면 귀환이주 제1기에 해당하는 1945년부터 1949년 사이에 귀환이주자들이 몰려 있다. 그 다음으로 한 나라에 동독과 서독이라는 두 공화국이 건국된 1949년 이후부터 1950년대 초반까지 유명한 망명객들의 이주자들이 눈에 띈다. 군정시절이었던 1945년부터 1949년 사이의 현황을 보면 나치가 패망한 1945년과 그 다음해인 1946년에 귀환이주가 주로 몰려 있고 그 이후로는 뜸한 상황을 보여주고 있다.

귀환이주 물결에서 가장 먼저 눈에 띄는 것은 나치가 패망하자마자 독일로 귀환한 독일공산당 계열 망명객들이다. 나치 체제가 붕괴된 것은 공식적으로 1945년 5월 8일이었지만 그 전에 이미 그들은 베를린 등지로 귀환했다. 이들은 귀환이주라기보다는 나치가 패망한 옛 조국으로의 진격이었다.

1945년 4월 30일 발터 울브리히트가 귀환했다. 발터 울브리히트는 혼자가 아니라 집단을 거느리고 귀국했다. 정치사에서는 이들을 '울브리히트 집단'이라 부른다. 한스 말레와 칼 마론이 당시 이 집단 소속이었다. 안톤 아커만을 위시하여 헤르만 마테른 등 '안톤 아커만 집단'도 5월 1일 소련군 점령지역으로 귀환했다. 이 집단에 속한 마르타 아렌트제는 6월에 귀환했다. 7월 1일에는 빌헬름 피크가 귀환했다. 그해에 파울 베르츠가 동독 구역의 켐니츠로, 쿠르트 하거가 동베를린으로 귀환했다. 이들은 모두 공산주의자 저명 정치인들로 소련, 특히 모스크바에서 동독구역으로 귀환한 자들이다.

그해 서독지역으로 귀환한 정치인으로는 공산주의자인 페터 깅골트와 사회민주주의자인 베르너 한센이 있다.

1945년 나치가 붕괴되는 순간에 귀환한 독일공산당 계열의 망명객들을 귀환이라기보다는 진격이라고 표현하는 이유는 귀환이주 후 그들의 행동이나 역할을 보면 쉽게 이해할 수 있다. 발터 울브리히트는 1949년부터 1960년까지 동독 수상을 역임했고, 1960년부터 1973년까지는 동독 최고의 권력자로 동독 평의회 의장을 지냈다. 빌헬름 피크는 1949년부터 1960년까지 동독 대통령을 지냈다. 한스 말레는 귀환하자마자 소련군점령지역 방송재건에 참여하여 1949년부터는 '동독 (국영)방송국' 총국장을 지냈다. 칼 마론은 1946년까지 베를린 시장 제1대표를, 1955년부터 1963년까지는 동독 내무장관 및 경찰청장을 지냈다. 이처럼 초창기에 귀환이주한 독일공산당 계열의 망명객들은 동독의 중요한 요직을 독점했다.

1945년에 독일공산당 계열의 망명객들이 서둘러서 대거 귀환했다면 독일사민당 계열의 망명객들은 1946년 이후 대규모로 귀환한다. 군정시절 저명 망명객들의 귀환이주 실태를 도표로 그려보면 다음과 같다.

군정시절 연도별 귀환이주 저명 정치인 현황

	서독으로의 귀환	동독으로의 귀환
1945년	페터 깅골트 (독일 공산 청년단), 베르너 한센 (독일사민당)	안톤 아커만 (독일공산당), 마르타 아렌트제 (독일공산당), 파울 베르츠 (독일공산당), 쿠르트 하거 (독일공산당), 한스 말레 (독일공산당), 칼 마론 (독일공산당), 헤르만 마테른 (독일공산당), 빌헬름 피크 (독일공산당), 발터 울브리히트 (독일공산당)
1946년	막스 브라우어 (독일사민당), 발터 아우어바흐 (독일사민당), 에리히 올렌하우어 (독일사민당), 에른스트 로이터 (독일사민당), 헤르베르트 붸너 (독일공산당)	알렉산더 아부쉬 (독일공산당), 에른스트 랑구트 (독일공산당), 파울 메르커 (독일공산당), 야콥 발허 (독일사회노동자당)
1948년	프릿츠 바데 (독일사민당), 빌리 브란트 (독일사회노동자당), 프리드리히 슈탐퍼 (독일사민당), 요셉 뷔르트 (독일중앙당)	
1949년	파울 헤르츠 (독일사민당)	

위의 도표를 보면 몇 가지 가시적인 특징이 나타난다. 첫째, 동독으로 귀환한 망명객들은 1945년부터 1946년에 몰려 있다. 둘째, 서독으로 귀환한 망명객들은 1946년과 1948년에 몰려있다. 셋째 '독일공산당 (KPD)' 계열의 망명객들은 동독으로, '독일사민당 (SPD)' 계열의 망명객들은 서독으로 귀환이주했다. 독일공산당 계열의 저명 망명객에 속하는 헤르베르트 붸너는 1946년 서독으로 귀환했지만 사회민주주의자로 변모하여 후일 서독 정치발전사에 중요한 역할을 담당한 정치가로 손꼽힌다.

초기 서독으로 귀환이주한 사회민주주의자들은 동독으로 귀환한 망명객들처럼 초반부터 최고위직을 독점하지는 못했지만 나름대로 서독 정치 발전에 중요한 역할을 담당한다. 막스 브라우어는 1946년부터 1953년까지 전후 제1대 함부르크 시장을, 1957년부터 1960년까지는 제3대 시장을 역임한다. 에른스트 로이터는 1948년부터

1951년까지 서베를린 시장을 지낸다. 에리히 올렌하우어는 1952년부터 1963년까지 사민당 당수를 지냈고, 빌리 브란트는 1957년부터 1966년까지 베를린 시장, 1966년부터 1969년까지 서독 외무부장관, 1969년부터 1974년까지 서독 제4대 수상을 역임했고, 1971년에는 '동방정책'으로 노벨 평화상을 수상한다.

정치인들 다음으로 저명 망명 작가들의 귀환이주 현상을 살펴보기로 한다. 이들의 귀환이주 실태를 가시적으로 파악하기 위해 우선 도표를 작성해 보기로 한다.

군정시절 연도별 귀환이주 저명 망명 작가 현황

	서독으로의 귀환	동독으로의 귀환	기타 지역으로의 귀환
1945년	알프레트 되블린, 슈테판 헤름린, 클라우스 만	요하네스 R. 베혀, 빌리 브레델, 프릿츠 에르펜베크, 테오도르 플리피어, 아담 샤르, 프리드리히 볼프, 헤다 친어	테오도르 발크 (유고슬라비아), 에른스트 핏셔 (오스트리아), 율리우스 하이 (헝가리), 에밀 루드뷔히 (스위스), 막스 침에링 (체코슬로바키아)
1946년	안네테 콜프, 한스 마르히비차, 칼 추크마이어	쿠르트 바르텔, 얀 페터센, 에리히 봐인에르트	키쉬 (체코슬로바키아)
1947년	하인츠 리프만	루드뷔히 렌, 막시밀리안 쉐르, 안나 제거스	프란츠 테오도르 초코르 (오스트리아), 드리네 해르타 토마스 (오스트리아)
1948년		베르톨트 브레히트, 보도 우제, 아르놀트 츠바이크	에리히 마리아 레마르크 (스위스)
1949년	페터 마르틴 람펠	뷔란트 헤르츠펠데	알프레트 폴가 (스위스)

위 도표에 나타난 특징으로 첫째, 우선 20세기 독일 문학을 대표하는 하인리히 만, 토마스 만 형제가 눈에 띄지 않는다. 참고로 형 하인리히 만은 망명 전 '프로인센 예술원' 문학 분과 원장이었고, 동생 토마스 만은 1929년 노벨문학상 수상자였다. 하인리히 만은 1949년 '동독 예술원' 원장으로 피선되어 조국으로 초빙되었으나

1950년 캘리포니아 샌타모니카에서 사망함으로 귀환이주 자체가 무산되었다. 종전 후 토마스 만은 1949년 최초로 독일을 방문했고, 1952년 스위스 취리히로 귀환하여 그곳에서 생을 마감했다. 둘째, 그래도 1933년 망명을 떠나기 전 이미 확고한 명성을 획득한 소설가 알프레트 되블린과 저명한 시인 요하네스 R. 베혀가 각각 서독과 동독으로 귀환이주 했다. 셋째, 동독과 서독 혹은 기타의 지역으로 귀환이주한 자들의 숫자를 연도별로 나누어 보면 1945년부터 어느 한 해에 특별히 치우치지 않고 비슷한 분포를 보이고 있다. 넷째, 저명 작가인 알프레트 되블린과 요하네스 R. 베혀는 1945년, 칼 추크마이어는 1946년, 안나 제거스는 1947년, 베르톨트 브레히트와 아르놀트 츠바이크는 1948년에 귀환한 사실로 볼 때 동독으로 귀환한 독일공산당 계열의 정치가들이 1946년에 주축을 이루고 서독으로 귀환한 사민당 계열의 정치가들이 1946년과 1948년에 주로 몰려 있던 것과는 다른 양상으로 나타난다. 다섯째, 독일출신임에도 불구하고 독일이 아닌 스위스 등지로 귀환이주 (혹은 거주)하는 망명 작가들이 눈에 띄기 시작한다.

이러한 외적 양상을 염두에 두고 당시 귀환한 망명 작가들 중에서 최종적으로 귀환을 하지 못하고 계속해서 발걸음을 재촉한 작가들을 열거해 보자. 테오도르 플리피어는 1945년 동독지역 바이마르로 귀환했다가 1947년 서독으로 이주했다. 슈테판 헤름린은 1945년 서독 프랑크푸르트로 귀환했다가 1947년 동베를린으로 이주했다. 테오도르 발크는 1945년 유고슬라비아로 귀환한 후 티토 대통령 반대파가 되어 또 다시 체코슬로바키아로 망명했다. 토마스 만의 첫째 아들인 클라우스 만은 1945년 5월 초 귀환이주라기보다는 미군 신분으로 서독의 뮌헨에 진주했다. 막스 침에링은 1945년 체코슬로바키아로 귀환 후 동독 드레스덴으로 귀환이주했다. 율리우스 하이는 1945년 고국인 헝가리로 귀환이주한 후 헝가리 봉기의 대표적인 인물이 되어 1963년 서방세계로 출국했다. 한스 마르히비차는 1946년 서독 슈투트가르트로 귀환이주했다가 1947년 소련 점령군 지역인 바벨스베르크로 이주했다. 안네테 콜프는 1946년 뮌헨으로 귀환했다가 파리와 뮌헨을 번갈아 가며 거주하다가 1961년 뮌헨으로 영구 귀환이주했다. 에리히 마리아 레마르크는 1945년 이후 뉴욕과 스위스에 번갈아 가며 살다가 1948년부터는 주로 스위스에 거주했다. 망명 작가들의 이러한 복잡한 귀환이주 발길은 정치가들과는 또 다른 양상으로 나타나고 있다. 이러한 외적 양상을 살펴보기 위해 저명 망명 작가들을 중심으로 귀환이주 후의 모습을 추적해보기로 한다.

우선 동독구역으로 귀환한 작가들을 살펴보자. 요하네스 R. 베혀는 1945년 6월 베를린으로 귀환하여 1953년부터 1956년까지 동독 학술원 원장, 1954년부터 1958년까지 초대 동독 문화부 장관을 지냈다. 빌리 브레델은 1945년 동베를린으로 귀환하여 1962년부터 독일 예술원 원장을 지냈다. 프리드리히 볼프는 1945년 9월 동독으로 귀환하여 1949년부터 1951년까지 폴란드 주재 동독대사를 지냈다. 이들을 보면 1945년 동독으로 귀환한 독일공산당 계열의 정치인 망명객들과 비슷한 행보가 뚜렷이 나타난다. 이러한 현상은 1945년에 국한된 것이 아니다.

쿠르트 바르텔은 1946년 동독으로 귀환 후 독일작가동맹 (DSV) 제1서기가 되었다. 얀 페터센은 1946년 동베를린으로 귀환이주한 후 '베를린 폭스뷔네' 극장장이 되었고, 에리히 봐인에르트는 1946년 1월 동베를린으로 귀환 후 소련 군정청 '민족 교육부 중앙청' 차관을 역임했다. 안나 제거스는 1947년 동베를린으로 귀환이주 후 1952년부터 1978년까지 동독 '작가연맹 DSV' 회장을 지냈다. 베르톨트 브레히트는 1948년 10월 스위스 취리히를 거쳐 베를린으로 귀환 후 1949년 동베를린으로 이주하여 1949년 베를린 앙상블을 창단했다. 아르놀트 츠바이크는 1948년 10월 동베를린으로 귀환하여 1950년부터 1953년까지 동독예술원 원장을 역임했다. 겉으로 드러난 이들의 행적을 보면 소련 군정청, 새로운 동독 국가 건설, 동독의 주요 직책에 깊이 관여되어 있음을 알 수 있다. 이에 비해 서독으로 귀환한 저명 작가들은 어떠한 행보를 보였을까?

알프레트 되블린은 1945년 프랑스 점령군 문화담당 장교로 서독으로 귀환했다. 하지만 전후 독일 상황에 환멸을 느끼자 1953년 프랑스 파리로 이주했다. 칼 추크마이어는 1946/47년 독일주둔 미군 문화장교로 귀환했다. 귀환 후 그의 희곡은 전후 서독연극계에서 대성공을 거뒀지만 고국에 정착하지 않고 스위스로 이주했다. 1945년 5월 초 미군 신분으로 뮌헨에 진주했던 클라우스 만은 1949년 프랑스 칸에서 자살로 생을 마감했다.

1945년에서 1949년에 걸친 군정시절 동독과 서독으로 귀환이주한 저명 망명 작가들의 행보를 비교해 보면 동독으로 귀환한 작가들이 일정한 요직을 점령한 반면 서독으로 귀환한 작가들은 고국에서 뿌리를 내리지 못하고 인접국으로 이주하는 양상을 보였다. 동독으로 귀환한 작가들이 성공한 귀환이주의 모습을 보여주었다면 서독으로 귀환한 작가들은 '귀환 없는 귀환'의 모습으로 나타났다. 동독으로 귀환한 작가들이 망명생활을 끝마감했다면 서독으로 귀환한 작가들은 망명생활을 청산하지 못한 형태를 보여주었다. 동독으로 귀환한 저명 망명객들의 주요 인사가 사회적으로 '명령하는 자'의 위치를 확보했다면, 서독으로 귀환한 알프레트 되블린이나 칼 추크마이어는 또 다시 '떠도는 자'로 전락했다. 이러한 현상은 망명의 본질을 되새김해 볼 때 서독으로 귀환한 망명객들이 망명연구의 대상으로 떠오르는 중요한 단초를 제공한다. 이러한 의미에서 본 글의 사례연구는 칼 추크마이어와 같이 서독으로 귀환이주한 망명객들로 제한하는 정당성을 확보하게 된다.

다음으로 귀환이주 저명 망명 연극인 및 영화인을 살펴보기로 한다. 우선 연극인들을 살펴보면 볼프강 랑호프는 1945년 서독으로 귀환이주하여 '뒤셀도르프 샤우슈필하우스' 극장장을 거쳐 1946년부터 1963년까지 동베를린 '독일 극장 DT' 극장장을 역임했다. 구스타프 폰 방겐하임은 1945년 6월 동베를린으로 귀환하여 베를린 '도이췌 극장 DT' 극장장을 역임했다.

알베르트 바써만은 1946년 빈으로 귀환했고, 에르윈 게숀네크는 1946년부터 1948년까지 서독 함부르크에서 연극 및 영화 활동을 하던 중 1949년 브레히트에 의해 '베를린앙상블'로 옮겨졌다. 볼프강 하인츠는 1946년 오스트리아 '빈 폴크스 테아터'에서 활동했고, 1948년부터 1956년까지는 빈에서 배우, 감독, 극장장으로 활동했지만, 운영하던 극장이 공산주의 무대로 지목되어 폐쇄되자 동베를린으로 건너갔다. 에른스트 로타르는 1946년 미 국무성 (전쟁 정보과) '연극 및 음악' 담당 점령군 장교로 귀환했다.

에른스트 하오이써만은 2차 대전 후 미국점령군 문화장교로 오스트리아로 귀환하여 1948년부터 1953년까지 주오스트리아 미국대사관 '영화, 연극, 음악과' 과장을 역임했고, P. 발터 야콥은 1949년 서독으로 귀환하여 1950년 '도르트문트 국립극장' 극장장이 되었다.

영화인으로는 에릭 샤렐이 1945년 서독 뮌헨으로 귀환했고, 에리히 폼머는 1946년 미군정 영화장교로 독일에 귀환하여 1949년까지 머문 다음 다시 미국으로 돌아갔다. 에른스트 도이취는 1947년 파리, 스위스를 경유하여 빈으로 귀환한 후 1951년 서베를린으로 이주했다. 야콥, 루이제 플엑 부부는 1947년 오스트리아로 귀환했고, 프릿츠 코르트너는 1947년 서독으로 귀환이주했다. 슬라탄 두도우는 1948년 동독으로, 레오폴디네 콘스탄틴은 1948년 빈으로, 막스 노이펠트는 1948년 빈으로, 라인홀트 쉰첼은 1949년 서독으로 각각 귀환이주했다.

귀환이주 저명 음악가로는 에른스트 부쉬가 1945년 5월 1933년 이전에 살던 집으로 귀환했다가 1949년 동베를린으로 이주했고, 로베르트 슈톨츠가 1946년 빈으로 귀환이주했다. 오토 클렘페러는 1947년 유럽으로 귀환하여 1947년부터 1950년까지 '부다페스트 국립오페라' 음악단장을 역임했다. 한스 아이슬러는 1948년 미국에서 추방당하여 빈으로 귀환한 후 1950년 동베를린으로 이주하여 '국립음악대학' 작곡과 교수가 되었다. 에른스트 헤르만 마이어는 1948년 소련 군정지역으로 귀환하여 동년 베를린 (훔볼트)대학교 음악사회학 교수가 되었다.

그 이외에 귀환이주한 저명 학자들을 도표로 그려보면 다음과 같다.

군정시절 연도별 귀환이주 저명 망명 학자들 현황

	서독으로의 귀환	동독으로의 귀환	기타 지역으로의 귀환
1945년	한스 마이어 (독문학자), 로베르트 켐프너 (법학자)	위르겐 쿠친스키 (경제학자)	에른스트 핏셔 (사회학자, 오스트리아), 게오르크 루카치 (사회학자, 헝가리)
1946년	게오르크 미쉬 (철학자), 요셉 슐라이프슈타인 (철학자), 오씨프 K. 프레히트하임 (법학자), 에리히 카우프만 (법학자), 파울 헤름베르크 (경제학자), 헤르베르트 술탄 (사회학자), 안나 짐센 (기타)	아르투르 리베르트 (철학자), 알프레트 모이젤 (사회학자)	
1947년	프란츠 보르케나우 (역사학자)	레오 코플러 (사회학자)	브루노 프라이 (사회학자, 오스트리아)
1948년		에른스트 엥겔베르크 (역사학자), 에른스트 블로흐 (철학자)	요한 모르케 (법학자, 오스트리아)
1949년	테오도르 W. 아도르노 (철학자), 헬무트 쿤 (철학자), 알렉산더 뤼스톱 (경제학자), 지그문트 노이만 (정치학자), 막스 호르크하임어 (사회학자), 르네 쾨니히 (사회학자), 레오폴트 슈바르츠쉴트 (기타)	헨릭 그로쓰만 (경제학자)	
기타	아르놀트 브레히트 (법학자)		

이들 중 특이한 행보를 보인 학자들은 다음과 같다. 독문학자인 한스 마이어는 1945년 서독 프랑크푸르트로 귀환한 후 1948년 소련군정 지역으로 이주하여 라이프치히대학교 교수가 되었다. 그 후 1963년 서독을 방문했다가 동독으로 귀환하지 않고 서독에서 학문 활동을 하다가 생을 마감했다. 철학자인 요셉 슐라이프슈타인은 1946년 서독 쾰른으로 귀환하여 1949년 서독 독일공산당 의장단 서기가 되었으나 1951년부터 동독에서 연구를 했고, 1968년 서독으로 귀환하여 1968년부터 1981년까지 프랑크푸르트 '마르크스 연구소' 소장을 역임했다.

레오 코플러는 1947년 소련군 점령지역으로 귀환하여 동독 할레대학교 역사학 교수를 역임했으나 1950년 서독으로 이주하여 1969년 보훔대학교 철학교수를 지냈다. 에른스트 블로흐는 1948년 동독 구역 라이프치히 대학교 철학교수를 역임했고, 1949년에는 서독 구역 프랑크푸르트 대학교 교수직 초빙을 거절했으나 1961년 서독 강연여행 중 부인과 함께 동독으로 돌아가지 않고 서독에 정착하여 1961년부터 튀빙겐대학교 철학교수를 역임했다.

그 이외에 망명 법조인 프릿츠 바우어는 1949년 서독으로 귀환하여 브라운슈바이크 지방법원장, 1950년 브라운슈바이크 고등법원 검사장을 지냈다.

다음으로, 군정시절이 지나고 한 나라에 동독과 서독이라는 두 공화국이 건국된 1949년 이후의 귀환이주자 현황을 살펴보기로 한다.

망명 정치인으로는 1950년 말에 브루노 크라이스키가 오스트리아 빈으로 귀환이주하여 1959년부터 1966년까지 외무장관, 1970년부터 1983년까지 오스트리아 총리를 역임했다. 1951년에는 지크프리트 아우프호이저가 서베를린으로 귀환하여 1952년부터 1959년까지 베를린 지역 '독일 직원 노조 DAG' 위원장을 역임하였다. 하인츠 퀸은 서독 쾰른으로 귀환하여 1953년부터 1963년까지 연방의회 국회의원, 1966년부터 1978년까지 노르트라인-붸스트팔렌 주지사를 역임하였다. 1952년에는 아우구스트 짐센이 서독으로 귀환하였다가 아들의 요청으로 1955년 동독으로 이주했다. 1955년에는 오토 슈트라써가 과거 정치적 이력 때문에 서독 당국에서 귀환이주를 거절당했으나, '연방행정재판소'의 판결에 따라 귀환이주할 수 있었다.

망명 작가로는 1950년에 에리히 아렌트와 루돌프 레온하르트가 동베를린으로 귀환이주했다. 레온하르트 프랑크와 알베르트 쉐퍼는 서독 뮌헨으로 귀환이주했고, 한스 요제 레피쉬는 1950년 서독 함부르크, 뮌헨으로 귀환이주하여 1951년부터 1953년까지 '독일 극작가 및 작곡가 협회' 회장을 역임했다. 1951년에는 프리드리히 토어베르크가 오스트리아로 귀환이주했다. 1952년에는 토마스 만과 그의 딸 에리카 만이 스위스 취리히로 귀환이주했고, 쿠르트 리쓰가 스위스로 귀환이주했다. 레오 페루츠와 에쎄 토르는 오스트리아로 귀환이주했다. 1953년에는 발터 메링이 유럽으로 귀환이주하여 독일의 여러 도시를 전전하다 스위스 취리히에 정착했고, 슈테판 하임은 동독으로 이주했다.

그 이외의 망명 작가들로 알프레트 쿠렐라는 1954년 동독으로, 쿠르트 힐러는 1955년 서독 함부르크로, 테오도르 크라머는 1957년 오스트리아로, 칼 오텐은 1958년 스위스로 귀환이주했다. 1947년 『타임지 (*Time*)』 특파원으로 서독 함부르크로 귀환했던 하인츠 리프만은 1962년 함부르크에서 스위스 취리히로 이주했다. 쿠르트 핀투스는 1967년 서독으로 귀환이주했고, 에른스트 에리히 노트는 1963년 유럽으로 귀환하여 프랑스에서 교수로 재직한 후 1970년부터 서독 프랑크푸르트에 거주했다. 에드가 힐젠라트는 1975년 베를린으로, 수잔네 바흐는 1983년 고향 뮌헨으로, 한스 잘은 1989년 서독으로 귀환이주했다.

망명 연극인으로는 1949년 P. 발터 야콥이 서독으로 귀환이주하여 1950년 '도르트문트 국립극장' 극장장을 역임했고, 1951년 에르윈 피스카토르가 서독으로 귀환이주하여, 1962년 '(서)베를린 프라이에 폴크스뷔네' 극장장을 역임했다.

망명 영화인으로는 1950년 쿠르트 보이스와 그레고르 라비노뷔치가 귀환이주했다. 쿠르트 보이스는 동베를린으로 귀환이주했으나, 1920년대와 미국 망명시절에 쌓은 영화인으로서의 업적을 동독에서 발휘할 수 없음을 깨닫자 1954년 서베를린으로 이주했다. 그레고르 라비노뷔치는 서독으로 돌아와 1952년 뮌헨에서 제작사를 설립했다. 릴리 팔머는 1954년 서독으로 귀환이주하여 전후 서독은 물론 프랑스 미국 영화계 은막의 스타가 되었다. 막스 노섹은 1955년 서독으로 귀환이주했고, 프릿츠 랑은 1956년 유럽으로 귀환이주했다가 1960년 다시 미국으로 돌아갔다. 로베르트 지오드막은 1950년대 스위스로, 레온 아스킨은 1994년 오스트리아로 귀환이주했다.

망명 음악가로는 1950년 에리히 크라이버가 유럽으로 귀환했다. 동독 지도부로부터 환영받지 못하고 서베를린에서도, 빈에서도 뿌리를 내리지 못하자 스위스 취리히 호텔에서 기거했다. 파울 힌데미트는 1953년 예일 대학교 교수직을 사직하고 스위스 취리히 대학교 교수가 되었고, 프리드리히 홀랜더는 1955년 서독 뮌헨이로 귀환이주했다. 게오르크 크라이슬러는 2차 대전 후 통역관으로 독일에 와 고위 나치전범들을 심문했고, 이후 할리우드에서 활동한 후 1955년 빈으로 귀환이주했다. 막스 로즈탈은 1957년 서독으로 귀환이주하여 1957년부터 1982년까지 '쾰른 음악대학' 교수를 역임했고, 쿠르트 블라우코프는 1962년부터 1984년까지 '빈 음악 예술 아카데미 (빈 국립음악대학) 교수를 역임했다.

망명 조각가로는 1950년 존 하트필드가 동독 라이프치히로 귀환이주하여 1960년 '베를린 예술 아카데미' 교수가 되었다. 1953년에는 오스카 코코쉬카가 영국 국적 소유자로 스위스로 이주했고, 루드뷔히 마이드너는 서독으로 귀환이주했다. 1959년에는 게오르게 그로스츠가 독일로 귀환이주했다.

망명 사진작가로는 발터 페터한스가 독일로 귀환이주하여 1953년 울름 '조형 (예술)대학' 교수가 되었다.

망명 수학자로는 1951년 칼 루드뷔히 지겔이 서독으로 귀환이주하여 1951년부터 1959년 정년퇴직할 때까지 괴팅겐대학교 교수를 역임했고, 1958년에는 에밀 아르틴이 서독으로 귀환이주했다.

망명 문헌학자로는 1954년 쿠르트 폰 프릿츠가 독일로 귀환이주하여 자유 베를린대학교 교수를 거쳐 1958년부터 1968년 정년퇴직할 때까지 뮌헨대학교 교수를 역임했다. 에른스트 캅은 2차 대전 후 함부르크대학교 복직을 위해 오랫동안 투쟁했지만 법원이 퇴직 판결만을 내렸기 때문에 비정규직으로 강의할 수밖에 없었다.

망명 역사학자로는 1957년 헬무트 히르쉬가 서독으로 귀환하여 1958년부터 1971년까지 뒤셀도르프 정경아카데미 강사를 역임했고, 1958년 골로 만이 유럽으로 귀환하여 스위스 취리히에 정착하여 1960년부터 1964년까지 슈투트가르트대학교 정치학 교수를 역임했다. 1977년 한스 로젠베르크가 서독으로 귀환하여 프라이부르크대학교 명예교수를 역임했다.

망명 철학자로는 1950년 헬무트 프레스너가 서독으로 귀환하여 1952년부터 1962년까지 괴팅겐대학교 사회학 교수를 역임했고, 귄터 안더스는 동독이나 서독 당국이 귀환이주를 허락하지 않자 고향 오스트리아 빈으로 귀환이주했다. 1951년 베르너 곳프리트 브록은 서독으로 귀환하여 프라이부르크대학교 비정년 교수가 되었고, 칼 뢰비트는 가다머 교수의 주선으로 1952년 하이델베르크대학교 정교수 되어 1964년 정년퇴직했다. 울리히 존네만은 1955년 서독으로 귀환이주하여 1958년부터 1969년까지 뮌헨에 거주하며 자유문필 생활을 영위했고, 1969년부터 1974년까지 '뮌헨 영화학교' 강사를 거쳐 카셀대학교 철학 교수를 역임했다. 프리드리히 빌헬름 푀르스터는

1963년 스위스로 귀환이주했고, 곳하르트 귄터는 1972년 서독으로 귀환이주하여 함부르크 대학교에서 철학을 강의했다. 루드뷔히 마르쿠제는 2차 대전 후 종종 고국을 방문하다가 1960년대 서독 바이에른에 정착했다.

망명 법학자로는 1950년 서독으로 귀환이주한 에른스트 라벨이 눈에 띈다.

망명 경제학자로는 1951년 프릿츠 노이마르크가 서독으로 귀환하여 프랑크푸르트대학교 교수를 역임했고, 게르하르트 케슬러 역시 서독으로 귀환하여 명예교수로 1958년까지 괴팅겐대학교에서 강의했다. 1952년에는 존 로렌츠 슈미트가 동베를린으로 귀환하여 베를린(훔볼트)대학교 교수를 역임했다. 1954년에는 프릿츠 슈테른베르크가 서독으로, 1963년에는 에두아르트 하이만이 서독으로 귀환하여 퇴직교수로 함부르크 대학교에서 경제학과 사회학을 강의했고, 1983에는 아돌프 뢰베가 서독으로 귀환했다.

망명 정치학자로는 1950년에 아르카디우스 루돌프 랑 구르란트가 서베를린으로 귀환하여 1950년부터 1954년까지 자유 베를린 대학교 '정치학 연구소' 소장을, 그리고 1962년부터 1972년까지 다름슈타트 공과대학 정치학 교수를 역임했다. 1951년에는 지크프리트 란츠훗이 서독으로 귀환하여 1951년 함부르크대학교 정치사회학 교수가 되었고, 에른스트 프렝켈은 서베를린으로 귀환하여 1953년부터 1967년까지 자유 베를린 대학교 정치학 교수를 역임했다. 1954년에는 아르놀트 베르크슈트레써너가 서독으로 귀환하여 프라이부르크 대학교 사회학, 정치학 교수가 되었고, 1957년에는 하인츠 랑거한스가 서독으로 귀환하여 1960년에 프랑크푸르트대학교 비정년 정치학 교수가 되었다. 1964년에는 보리스 골덴베르크가 서독 쾰른으로 귀환했다.

망명 사회학자로는 1950년에 프리드리히 폴락이 서독으로 귀환하여 1951년 프랑크푸르트대학교 비정년 교수를 거쳐 교수가 되었고, 알렉산더 폰 쉘팅이 스위스로 귀환하여 1953년부터 1954년까지 스위스 취리히 대학교에서 강의했다. 에메리히 K. 프란치스는 1954년에 처음으로 유럽을 방문했고, 1955년부터 뮌헨과 오스트리아 인스부르크 대학교 객원교수를 거쳐 1958년부터 1974년까지 뮌헨 대학교 정교수를 역임했다. 에른스트 후고 핏셔는 서독으로 귀환이주 후 1956년부터 뮌헨 대학교 비정년 문명철학 교수가 되었고, 발터 숼츠바흐는 1956년 서독으로 귀환하여 프랑크푸르트대학교 사회학 정교수를 역임했다. 1957년에는 율리우스 크라프트가 서독으로 귀환하여 프랑크푸르트대학교 교수를 역임했고, 1958년에는 곳프리트 살로몬이 프랑크푸르트대학교 교수로 귀환했다.

리하르트 프릿츠 베렌트는 1960년대 서독으로 귀환하여 1965년부터 1972년까지 자유베를린 대학교 사회학 정교수를 역임했고, 베르너 슈타르크는 1964년 오스트리아 빈 대학교에서 법정대학 교수로 초빙하였으나 거절했다가 1975년 오스트리아로 귀환했다. 한스 하인리히 게르트는 1971년 서독으로 귀환하여 1975년까지 프랑크푸르트대학교 사회학 교수를 역임했고, 알프레트 존-레텔은 1972년 서독으로 귀환하여 1972년부터 1976년까지 브레멘대학교 객원교수를 거쳐 1978년부터 1980년대 중반까지 정교수를 역임했다.

망명 심리학자로는 샬롯테 빌러가 1963년 남편이 사망한 후 로스앤젤레스에 체류하던 중 1970년 병이 들자 자녀들과 함께 1971년 서독 슈투트가르트로 귀환하여 80세인 다음해에 사망했다.

그 밖에도 1950년 귄터 안더스가 오스트리아로 귀환했고, 한스 폰 헨티히가 서독으로 귀환이주하여 1951년 본 대학교 교수로 복직했다. 1953년 한스 빌브란트가 서독으로 귀환하여 킬 대학교 '세계경제연구소'와 유엔 '식량 농업 기구 (FAO)' 연구원을 거쳐 1962년 베를린 공대와 1963년 쾨팅겐대학교에 해외 농업학과를 설치했다. 에른스트 칼 뷘터는 1945년 오스트리아 그라츠대학교 교수직을 희망했으나 수포로 돌아갔고, 1955년 오스트리아로 귀환하여 빈 대학교 강사로 재직했다.

4.2. 분야별로 본 귀환이주 현황

분야별로 본 귀환이주자들을 파악하기 위해 떠난 자들의 숫자와 그들 중 귀환이주한 망명객들의 숫자를 도표로 정리해 본다. 도표는 본 연구를 위해 선별한 저명 망명 망명객 명단을 대상으로 한다. 그러므로 도표에 나타난 숫자는 객관적인 통계를 담보하기에는 다소 무리가 있지만 전체적인 맥락을 파악하기 위해서는 좋은 길잡이 혹은 중요한 단서가 될 수도 있다.

망명객 유형			망명을 떠난 숫자	귀환이주 숫자
망명 정치가			47	30
망명 작가 및 언론 출판인			99	59
망명 연극인 및 영화인	망명 연극인		14	9
	망명 영화인		37	17
망명 예술가	망명 음악가		29	11
	망명 화가 및 조각가		18	4
	망명 건축가		7	0
	망명 사진작가		6	1
망명학자	망명 자연과학자	망명 수학자	18	2
		망명 물리학자	15	1
		망명 생물학자 및 화학자	9	0
		망명 의학자	6	1
	망명 정신과학자	망명 문헌학자	8	3
		망명 역사학자	11	5
		망명 철학자	35	14
	망명 사회과학자	망명 법학자	20	6
		망명 경제학자	27	10
		망명 정치학자	13	7
		망명 사회학자	50	20
	망명 심리학자		17	1
	망명 예술사학자		7	0
	그 밖의 망명학자들		13	5
망명 경제인사 및 법조인			5	1

이미 언급한 '직업별 수치로 보면 각각의 분야에서 대략 떠난 자들의 10% 내지 25% 정도의 망명객들이 조국으로 귀환했다'는 사실을 염두에 두고 도표를 살펴보기로 한다. 위의 도표를 보면 다른 분야보다 정치가와 작가 및 언론 출판계에 귀환이주 현상이 뚜렷하다. 이는 분야별로 볼 때 '정치적 박해로 인해 조국을 떠났거나' '정치색이 농

후했던 망명객들'이 정치가, 작가 및 언론출판계 분야에 몰려 있다는 사실을 반영한다. 이러한 맥락에서 약 4,000명의 사회민주주의자와 3,000명의 공산주의자들이 귀환했다.

1945년 '독일공산당 (KPD)' 계열의 귀환이주는 ―그중에서도 '울브리히트 집단' 등― '망명의 원인이 정치적이면 정치적일수록 귀환의지도 그만큼 비례'하고, '망명기간 중 망명지에서 정치적 활동을 한 망명객들은 거의 전원이 귀환'했으며, '새로운 국가 건설에 대한 의지가 강할수록 귀환 시기도 그만큼 빨랐다'는 사실을 여실히 보여주고 있다. 서독으로 귀환이주한 '독일사민당 (SPD)' 계열의 귀환이주 물결을 보더라도 이러한 현상은 비슷하다. 다만 당의 성격이나 사회적 여건에 따라 귀환이주의 시기가 다르게 나타났을 뿐이다. 동독으로 귀환 한 '독일공산당 (KPD)' 계열의 귀환이 1945년에 집중되고 그 다음해인 1946년까지 이어진 다음 1947년, 1948년, 1949년에는 거의 한 사람도 보이지 않는 반면 서독으로 귀환한 '독일사민당 (SPD)' 계열의 귀환이주는 1946년과 1948년에 집중되어 있고 분단국가가 성립된 이후에도 쉬지 않고 나타나는 현상을 보이고 있다. 이는 '망명의 원인이 정치적이면 정치적일수록 귀환의지도 그만큼 비례'한다는 사실을 반증해 주는 대목이다.

참고로 정치적 망명객들의 집단으로는 '사회민주주의자'[47], '공산주의자'[48], '좌파 군소집단'[49], '오스트리아 정치 망명 조직들'[50],

47) 사회주의자들의 망명에 관해서는 Hartmut Mehringer: Politisches Exil und Widerstand aus dem Exil. Sozialdemokraten, in: Claus-Dieter Krohn, Patrik von zur Mühlen, Gerhard Paul und Lutz Winckler (Hrsg.), Handbuch der deutschsprachigen Emigration 1933-1945, Darmstadt 1988, Sp. 475-493 참조

48) 공산주의자들의 망명에 관해서는 Klaus-Michael Mallmann: Politisches Exil und Widerstand aus dem Exil. Kommunisten, 위의 책 Sp. 493-506 참조

49) 좌파 군소집단들의 망명에 관해서는 Jan Foitzik: Politisches Exil und

'노조원들'[51], '기독교인 및 보수주의자들'[52], '자유주의자들'[53], '평화주의자들'[54], '정치성향 교육자 망명객들'[55], '독일인민전선'[56], '스페인 내전 참여 독일어계인 망명객들'[57], '유럽 레지스탕스 및 연합군 측 독일어계통 망명객들'[58], '자유 독일 국가위원회 소속 독일 망명객들'[59] 등이 있다. 지금까지 정치적 망명객 집단들의 망명이나

Widerstand aus dem Exil. Linke Kleingruppen. 위의 책 Sp. 506-518 참조

50) 오스트리아 정치 망명 조직들의 망명에 관해서는 Peter Schwarz: Politisches Exil und Widerstand aus dem Exil. Österreichische politische Exilorganisationen. 위의 책 Sp. 519-543 참조

51) 노조원들의 망명에 관해서는 Michael Schneider: Politisches Exil und Widerstand aus dem Exil. Gewerkschafter. 위의 책 Sp. 543-551 참조

52) 기독교인 및 보수주의자들의 망명에 관해서는 Heinz Hürten: Politisches Exil und Widerstand aus dem Exil. Christen und Konservative, 위의 책 Sp. 551-561 참조

53) 자유주의자들의 망명에 관해서는 Gerlinde Runge: Politisches Exil und Widerstand aus dem Exil. Liberale. 위의 책 Sp. 561-570 참조

54) 평화주의자들의 망명에 관해서는 Karl Holl: Politisches Exil und Widerstand aus dem Exil. Pazifisten. 위의 책 Sp. 570-584 참조

55) 정치성향 교육자 망명객들의 망명에 관해서는 Hildegard Feidel-Mertz, Hermann Schnorbach: Politisches Exil und Widerstand aus dem Exil. Die pädagogisch-politische Emigration. 위의 책 Sp. 584-597 참조

56) 독일인민전선의 망명에 관해서는 Ursula Langkau-Alex: Politisches Exil und Widerstand aus dem Exil. Volksfront für Deutschland. 위의 책 Sp. 597-608 참조

57) 스페인 내전 참여 독일어계인 망명객들의 망명에 관해서는 Klaus-Michael Mallmann: Politisches Exil und Widerstand aus dem Exil. Deutschsprachige Emigranten im Spanischen Bürgerkrieg. 위의 책 Sp. 608-621 참조

58) 유럽 레지스탕스 및 연합군 측 독일어계통 망명객들의 망명에 관해서는 Dieter Marc Schneider: Politisches Exil und Widerstand aus dem Exil. Deutschsprachige Emigranten in der europäischen Résistance und an der Seite der Allierten. 위의 책 Sp. 621-629 참조

59) 자유 독일 국가위원회 소속 독일 망명객들의 망명에 관해서는 Hartmut Mehringer: Politisches Exil und Widerstand aus dem Exil. Deutsche Emigranten im Nationalkomitee "Freies Deutschland". 위의 책 Sp. 629-638 참조

귀환이주 사실, 그리고 귀환 후 그들의 행보에 대해서는 어느 정도 알려져 있는 것이 사실이기는 하지만 정치적 집단이 지니는 본질적인 특성 및 한계 때문에 객관적인 연구를 위해서는 세심한 주의와 검토를 요하는 부분이기도 하다.

정치인 다음으로 눈에 띄는 집단은 작가 및 언론 출판 분야 망명객들이다. 이미 연도별로 본 저명 망명 작가들의 귀환이주 현황에서 보았듯이 동독으로 귀환하는 작가들은 1945년을 주축으로 1949년까지 매년 몇 명씩 줄을 잇고 있다. 동독에 비해서 많지는 않지만 서독으로 귀환하는 작가들도 수명씩 보이고, 그 다음으로 오스트리아, 스위스, 체코슬로바키아, 헝가리 등 독일 인접국으로 귀환하는 작가들이 다양하게 보인다. 이들은 왜 다른 분야에 비해 적지 않은 숫자의 귀환이주 현상을 보일까?

여기에는 크게 두 가지 혹은 세 가지 이유가 있다. 첫째 혹은 첫 번째 무리는 초창기 동독으로 귀환이주한 유명 작가들의 행보에서 나타나듯이 이들은 정치색이 뚜렷했고 또한 그에 따라 돌아온 고국에서 그들의 이상을 실현하려는 목적이 있었다. 둘째 혹은 두 번째 무리는 요하네스 R. 베혀, 안나 제거스, 베르톨트 브레히트, 아르놀트 츠바이크 등 동독으로 귀환한 유명 망명 작가를 포함하여 알프레트 되블린, 칼 추크마이어 등 이미 바이마르 공화국 시절 저명했던 작가들은 잃어버린 (혹은 강탈당한) 명성을 회복하려는 목적 (혹은 심리)이 있었다. 셋째로 작가라는 직업은 언어를 도구로 하기 때문에 당연히 그들의 독자가 있고 동시에 그들의 작품이 탄생한 독일어 구역으로 돌아오는 것은 당연한 사실이었기 때문이다. 위에 열거한 세 가지 이유 중 '왜 다른 분야에 비해 작가 및 언론 출판 분야의 망명객들이 적지 않게 귀환했는가?'에 대한 가장 적절한 답은 무엇보다도 세 번째 이유에서 찾을 수 있다. 왜냐하면 정치색이 농후한 작가들을 제외한다면 이들이 서둘러 귀환한 이유는 독일어 때문이었고 또한 이를 통해 경제적 목적을 달성할 수 있었기 때문이다.

경제적 목적, 즉 삶을 영유하는 기반을 마련하는 것과 관련된 사항은 귀환이주의 중요한 원인으로 작용한다. 독일어와 관련된 직업을 가진 작가, 언론인, 연극인 등의 귀환이 여기에 속한다. 직접적으로 잃어버린 재산을 되찾으려는 경영인이나 강탈당한 직책으로 복직하려는 공무원들의 귀환이주도 경제적 목적으로 설명할 수 있다.

실제로 귀환이주 연극인인 볼프강 랑호프는 1945년 서독으로 귀환이주하여 '뒤셀도르프 샤우슈필하우스' 극장장을, 1946년부터 1963년까지 동베를린 '독일 극장 (DT)' 극장장을 역임했다. 구스타프 폰 방겐하임은 1945년 6월 동베를린으로 귀환하여 베를린 '도이치 극장 (DT)' 극장장을 역임했다. 볼프강 하인츠는 1946년 '빈 폴크스 테아터'에서 활동하였고, 1948년부터 1956년 까지는 빈에서 배우, 감독, 극장장으로 활동하다가 운영하던 극장이 공산주의 무대로 지목되어 폐쇄되자 동베를린으로 건너갔다. 발터 야콥은 1949년 서독으로 귀환하여 1950년 '도르트문트 국립극장' 극장장을 역임했다.

망명 영화인 중 망명 연구에서 자주 거론되는 인물은 독일이 배출한 20세기 할리우드 최고의 여배우로 손꼽히는 말레네 디트리히다. 그녀는 1960년 60세의 나이로 고국인 독일을 방문했지만 독일인들에게 '민족 배신자'로 낙인찍히며 거절당했다. 1976년부터 프랑스 파리에서 은둔생활을 하다가 1992년 프랑스 파리에서 고독하게 생을 마감했다.

감독인 프릿츠 코르트너는 돌아왔지만 세계영화사에 이정표를 기록한 프릿츠 랑 감독은 돌아오지 않았다. 제작자 에리히 폼머, 카메라맨 프란츠 프라너, 감독 빌리 빌더 (빌리 와일더)도 돌아오지 않았다. 막스 오필스 감독은 1949년 프랑스 파리로 귀환했고, 독일 함부르크에서 사망했지만 프랑스 파리에 묻혔다.

음악의 경우 작곡가 한스 아이슬러는 돌아왔다. 20세기 최고 지휘자 중의 한사람인 오토 클렘페러도 유럽으로 돌아왔다. 하지만 작곡가 아르놀트 쇤베르크, 성악가 로테 레만, 지휘자 브르노 발터, 작곡가 쿠르트 바일은 돌아오지 않았다. 귀환하기는 했지만 비참하게 생을 마감한 경우도 있다. 지휘자인 에리히 크라이버는 1950년 유럽으로 귀환하여 1951년 동베를린 구역에 위치한 '베를린 국립 오페라'에서 지휘봉을 잡았지만, 동독 지도부로부터 환영받지 못하고 서베를린에서도, 빈에서도 뿌리를 내리지 못하자 스위스 취리히 호텔을 전전하다 호텔에서 사망했다. 음악을 제외하면 화가 및 조각가, 건축가, 사진작가 등 예술분야의 망명객들은 거의 귀환하지 않았다.

망명 중 네덜란드 암스테르담에 체류했던 화가 막스 베크만은 1947년 여름, 미국 비자를 받고 미국으로 건너가 뉴욕에서 생을 마감했고, 화가 하인리히 캄펜동크는 역시 독일로 귀환이주하지 않고 네덜란드 국적자로 네덜란드 암스테르담에서 사망했다. 초현실주의의 지도적 인물인 막스 에른스트는 1953년 미국에서 파리로 귀환하여 파리에서 생을 마감했다. 캐리커처 화가인 리오넬 파이닝거, 미국에서 '디자인 스쿨'을 설립한 라스츨로 모올리-나기 등도 미국에서 생을 마감했다.

저명한 망명 건축가는 한 명도 귀환하지 않았다. 발터 그로피우스, 에리히 멘델스존, 건축가 콘라트 봐하스만은 미국에서 생을 마감했다. 막스 케토는 멕시코에서, 요젭 프랑크는 스웨덴에서, 브루노 타우트는 독일로 귀환하지 않고 터키에서 생을 마감했다.

사진작가들도 거의 귀환하지 않았다. 알프레트 아이젠슈테트, 욘 구트만, 헤르베르트 바이어는 미국에서 생을 마감했다. 기젤레 프로인트와 한스 벨머는 프랑스에서 생을 마감했다. 사진작가들 중 발터 페터한스만이 2차 대전 후 독일로 귀환하여 '함부르크 미술대학 교수를 역임했다.

저명 망명 학자들 중 자연과학자는 거의 한 명도 돌아오지 않았다. 그래도 귀환한 학자들을 보면 다음과 같다. 칼 루드뷔히 지겔은 1951년 서독으로 귀환하여 1951년부터 1959년 정년 때까지 망명 전 봉직했던 괴팅겐대학교 교수를 역임했다. 수학자 그레테 헤르만은 1946년 영국에서 독일로 귀환하여 1947년 브레멘 교육대학 설립에 참여했고 1956년부터 1966년까지 동 대학 철학, 물리학 교수를 역임했다. 에밀 아르틴은 1958년 서독으로 귀환하여 1962년에 세상을 떠났다. 칼 루드뷔히 지겔과 그레테 헤르만은 귀환했다. 하지만 에밀 아르틴은 독일 학계로 귀환했다고 볼 수 없다. 수학자 에밀 율리우스 굼벨은 2차 대전 후 하이델베르크대학교 교수 복직의 꿈이 좌절되자, 미국에 남아 미국시민권자가 되고 1953년 컬럼비아대학교 교수가 되었고 미국 뉴욕에서 사망했다.

에미 뇌터는 1933년 망명을 떠나 1935년 미국 펜실베이니아에서 사망했다. 에미 뇌터의 남동생인 수학자 프릿츠 뇌터는 '대학살' 당시 소련에서 총살당했다. 로베르트 레막은 네덜란드 망명 중 체포되어 1942년 아우슈비츠 유대인수용소에서 죽임을 당했다. 이싸이 슈르는 팔레스타인으로 망명해 1941년 팔레스타인 텔아비브에서 사망했다. 오토 퇴플릿츠는 1940년 팔레스타인 예루살렘에서 사망했다. 이들은 돌아올 수 없는 수학자들이었다.

헤르만 봐일은 1951년 프린스턴 고등연구소에서 정년할 때까지 봉직하고 만년을 스위스에서 보내다 스위스 취리히에서 사망했다. 욘 폰 노이만, 쿠르트 괴델, 리하르트 브라우어, 알프레트 테오도르 브라우어, 리하르트 폰 미제스, 필립 프랑크, 파울 베르나이스는 귀환하지 않았다.

분야별로 볼 때 물리학자들은 어느 분야보다도 가장 많이 연구된 분야이다. 제2차 세계대전 중 미국 측에서 원자폭탄 제조에 관여한 학자들이 대부분 독일계 망명객들이었기 때문이었다. 그 당시 물리학의 발달이야말로 힘의 척도 바로 그 자체이기도 했기 때문이다. 망명 물리학자들은 거의 한 명도 돌아오지 않았다.

아인슈타인은 귀환하지 않았다. 1940년 미국 시민권을 취득했고 미국에서 생을 마감했지만, 평생 스위스 시민권을 간직했다. 에드워드 텔러는 소련이 핵폭탄 개발에 성공하자 1950년 2차 대전 중 맨해튼 프로젝트를 진행했던 '로스 앨러모스 국립연구소'로 돌아와 수소폭탄 계획에 참여했다. 한스 베테도 1952년 '로스앨러모스 국립 연구소'에서 수소폭탄 제조에 참여했다. 레오 실라르드, 유진 파울 뷔그너 (유진 폴 위그너), 오토 슈테른, 한스 라이헨바흐, 빅토르 봐이스코프, 마르틴 도이취는 귀환하지 않고 미국에서 생을 마감했다. 이들 모두는 미국 시민권 자였다.

제임스 프랑크는 독일 방문 중 1964년 독일 괴팅겐에서 사망했다. 리제 마이트너, 오토 프리쉬는 영국에서 생을 마감했다. 발터 하이틀러는 스위스에서 생을 마감했다. 한스 로젠베르크는 이스탄불에서 생을 마감했다.

망명 생물학자 및 화학자도 한 명도 돌아오지 않았다.

프릿츠 하버는 1934년 스위스 바젤에서, 헤르베르트 프로인트리히는 1941년 미국에서, 막스 베르크만은 1944년 미국에서 사망했다.

이들은 돌아 올 수 없는 화학자들이었다.

오토 프릿츠 마이어호프, 리하르트 골드슈미트, 칼 노이베르크는, 막스 델브뤽은 미국에서 생을 마감했다. 막스 델브뤽은 1961년부터 1963년까지 쾰른대학교에서 연구하며, 쾰른대학교 유전분자연구소를 설립하기도 했다. 미하엘 (마이클) 폴라니는 1976년 87세의 나이로 영국에서 생을 마감했다.

참고로 생을 마감한 학자들의 나이에서 이미 그들의 나이가 고령인 점을 감안할 때 본 연구는 저명한 학자들만 연구 대상으로 선정한 한계성을 지니고 있다.

망명 의학자들도 다른 자연과학 분야처럼 돌아오지 않은 것은 비슷하다. 눈에 띄는 귀환이주한 인물로는 오스카 간스가 있다. 간스는 1946년 서독으로 귀환하여 1949년 프랑크푸르트대학교 의과대학 병원장, 1950년부터 1951년까지 프랑크푸르트 대학교 의과대학 학장, 1953년부터 1954년까지 프랑크푸르트대학교 총장을 역임하고 영국 림프스필드에서 생을 마감했다. 오스카 간스는 독일로 귀환한 의학자이다.

1933년 프랑크푸르트대학교 교수직을 박탈당하고 스위스로 망명을 떠났던 신경병리학자 필립 슈바르츠는 1951년 '(독일의) 보상정책'에 의거 프랑크푸르트대학교 정교수 복직이 승인되었지만 실현되지 않자 1953년부터 미국 펜실베이니아 워렌국립병원 병리학과에 근무했다. 그는 1957년 프랑크푸르트대학교에 복직을 희망했지만 대학에 의해 받아들여지지 않자 미국에 거주하다 미국에서 생을 마감했다. 그 이외의 의학자들은 귀환하지 않았다. 쿠르트 골드슈타인, 베르너 헨레는 미국에서, 젤마 아쉬하임은 프랑스 파리에서 생을 마감했다.

망명 학자들 중 정신과학자나 사회과학자는 자연과학자에 비해 귀환한 숫자가 그래도 눈에 띈다. 그러나 망명 심리학자와 예술사학자는 자연과학자와 마찬가지로 거의 돌아오지 않았다.

우선 정신과학자 중 문헌학자를 살펴보기로 한다. 문헌학이라고 하면 독어독문학 같은 현대적 의미의 문헌학도 있겠지만 서양고전어문학인 그리스 로마어문학을 떠올리는 것이 일반적이다. 문헌학자들을 대상으로 삼을 때 과연 어느 정도 숫자의 독어독문학자들이 망명을 떠났는지 혹은 떠났다면 그들 중 어떤 성향의 학자가 망명을 떠났는지에 대한 의문도 풀어봄직하다. 하지만 어느 분야보다도 독어독문학자는 거의 망명을 떠나지 않았다. 떠났다면 그들은 인종적인 문제 때문에 떠났을 것이라는 가설은 쉽게 추측할 수 있다.

고전문헌학자인 쿠르트 폰 프릿츠는 1954년 서독으로 귀환하여 자유 베를린대학교 교수를 거쳐 1958년부터 1968년 정년퇴직할 때까지 뮌헨대학교 교수를 역임했다. 독문학자인 한스 마이어는 1945년 스위스에서 서독 프랑크푸르트로 귀환한 후 1948년 소련군정 지역으로 이주하여 동독 라이프치히대학교 교수를 역임했고, 1963년 서독을 방문했다가 동독으로 귀환하지 않고, 하노버공대 독문학 교수를 거쳐 튀빙겐대학교 명예교수를 역임했다. 고전문헌학자인 에른스트 캅은 2차 대전 후 함부르크대학교 복직을 위해 오랫동안 투쟁했지만 법원은 퇴직 판결만을 내림으로써 비정규직으로 강의하고 1978년 90세의 나이로 서독 뮌헨에서 생을 마감했다.

고전문헌학자 베르너 예거, 파울 프리트랜더는 미국에서 생을 마감했다. 파울 마스, 리하르트 루돌프 발처는 영국 옥스퍼드에서 생을 마감했다.

망명 역사학자를 살펴보면 프란츠 보르케나우는 1947년 서독으로 귀환하여 마르부르크 대학교 역사학 교수를, 에른스트 엥겔베르크는

1948년 소련군정 지역으로 귀환하여 동독 라이프치히대학교 교수를 역임했다. 분단 뒤에는 헬무트 히르쉬가 1957년 서독으로 귀환했고, 골로 만은 1958년 유럽으로 귀환하여 스위스 취리히에 정착하여 1960년부터 1964년까지 슈투트가르트대학교 정치학 교수를 역임했고, 한스 로젠베르크는 1977년 서독으로 귀환하여 프라이부르크대학교 명예교수를 역임했다. 한스 로트펠스는 1951년 귀환하여 튀빙겐대학교 교수를 역임했으나 1969년까지 미국 국적을 유지하며 미국 시카고대학교에서 강의를 병행했고, 독일 튀빙겐에서 생을 마감했다.

미국으로 망명한 역사학자 하요 홀보른은 2차 대전 중 미국 시민권자로 미국 첩보기관인 OSS에서 근무했고, 2차 대전 후 예일 대학교 교수, 1955년 비인대학교 객원교수를 역임했고 서독 본에서 생을 마감했다. 독일 하이델베르크에서 출생하고 아버지와 함께 망명의 길에 올랐던 그녀의 딸 한나 홀보른 그레이는 미국 예일대학교 교수를 거쳐 예일대학교 총장, 시카고대학교 총장을 역임했다.

역사학자 아르투르 로젠베르크, 알프레트 박츠는 미국에서 생을 마감했다. 프란치스 L. 카르스텐은 영국에서 생을 마감했다.

망명 정신과학자들 중 철학분야 학자들은 다수는 아니더라도 어느 정도는 돌아온 편이다. 1946년 아르투르 리베르트, 게오르크 미쉬, 요셉 슐라이프슈타인이 귀환했고, 1948년 에른스트 블로흐, 1949년 테오도르 W. 아도르노, 헬무트 쿤이 귀환했다. 그리고 분단국가가 성립된 후에도 귀환이주 철학자는 있었다. 그렇다면 귀환하지 못한 저명 철학자는 누구일까?

철학자 테오도르 레씽은 1933년 체코로 도주했으나, 그해 8월 30일 나치 자객들에 저격당하여 목숨을 잃었다. 철학자이자 사회이론가인 발터 벤야민은 1933년 프랑스 파리로 망명한 다음, 1940년 미국으로 망명할 목적으로 스페인 국경을 넘어가던 중 자살로 생을 마감했다. 가톨릭 수녀 철학자인 에디트 슈타인은 1942년 8월 2일 망명지 네덜란드에서 게슈타포에게 체포되어 1942년 8월 9일 유대인수용소 독가스실에서 죽임을 당하였다. 이들은 돌아올 수 없는 철학자들이었다.

에른스트 카시러, 파울 틸리히, 루돌프 카르납, 한나 아렌트, 리하르트 회니히스발트, 하인리히 브뤼혀, 칼 구스타프 헴펠, 헤르만 라우쉉, 레오 슈트라우스는 미국에서 생을 마감했다. 칼 포퍼는 영국 런던에서 생을 마감했다. 라이몬트 클리반스키는 캐나다 몬트리올에서, 리하르트 크로너와 빌헬름 푀르스터는 스위스에서 생을 마감했다. 마르틴 부버는 예루살렘에서 생을 마감했다.

망명 사회과학자들은 많은 숫자는 아니지만 그래도 돌아온 편이다.

우선 망명 법학자들을 보면 아르놀트 브레히트는 2차 대전 종전 후 서독으로 귀환하여 정치학 재건 및 서독 헌법 제정에 관여했다. 로베르트 켐프너는 2차 세계대전 종전 후 1945/46 뉘른베르크 전범재판에서 미국 측 검사를 역임했고, 뉘른베르크 전범재판 후에는 서독에 정착하여 1951년 프랑크푸르트에서 변호사 개업을 했다. 이들의 면면에서 보듯이 망명 법학자란 꼭 법학을 학문으로만 다룬 사람들이 아니라 법률가들도 포함되어 있다.

오씨프 K. 프레히트하임은 1946년 미국 육군중령으로 서독에 귀환하여 뉘른베르크 전범재판 미국 주임검사실장을 역임했고, 1951년 서베를린으로 귀환하여 객원교수를 거쳐 1958년부터 자유 베를린대학교 교수를 역임했다. 에리히 카우프만은 1946년 서독으로 귀환하여 1947년부터 1950년까지 뮌헨대학교 정교수를 역임했고, 1950년부터 1958년까지 서독 수상 및 외무성 고문을 담당했다. 요한 모르케는 1948년 오스트리아로 귀환하여 그라츠대학교 객원교수를 거쳐 1949년부터 1971년까지 그라츠대학교 법학, 행정학 정교수를 역임했다. 그러면 귀환하지 못한 저명 망명 법학자는 누구인가?

헤르만 헬러는 마드리드로 망명하여 1933년 11월 5일 마드리드에서 심장마비로 사망했다. 알베르트 헨젤은 1933년 4월 '아리안 조항'에 의거 쾨니히스베르크대학교 당국으로부터 '안식년' 조치를 당하여 이탈리아에 갔다가 1933년 10월 18일 이탈리아 파비아에서 사망했다. 제임스 골드슈미트는 1940년 66세의 나이로 우루과이 몬테비데오에서 생을 마감했다. 법학자인 헤르만 칸토르비치는 1940년 영국 케임브리지에서 생을 마감했다. 이들은 돌아올 수 없는 망명 법학자들이었다.

한스 켈젠은 1945년 이후 오스트리아 학술원 회원으로 추대되어 공적으로 경의를 받았지만 오스트리아로 귀환이주하지 않고 1973년 미국 버클리에서 92세의 나이로 생을 마감했다. 오토 키르히하임머, 프리드리히 케슬러, 한스 지몬스, 칼 코르쉬는 미국에서 생을 마감했다. 프릿츠 슐츠는 영국 옥스퍼드에서 생을 마감했다.

저명 망명 법학자들의 망명행보를 추적하다 보면 귀환이주한 망명 법학자도 거의 없다는 것을 알 수 있다.

군정시절이었던 1945년부터 1949년 사이에 귀환한 망명 경제학자들은 다음과 같다. 1945년 위르겐 쿠친스키는 소련군 점령지역으로 귀환하여 소련 군정청 재정부 중앙행정청 청장을 지냈고, 1946년에 베를린대학교 경제사 교수로 부임했다. 1946년에는 파울 헤름베르크가 미군정청 상공회의 분과 관리로 서독으로 귀환했고, 1956년 자유 베를린 대학교 강사를 거쳐 명예 교수가 되었다. 1969년 81세의 나이로 미국 버클리에서 생을 마감했다. 헨릭 그로쓰만은 1949년 소련

군정지역으로 귀환이주하여 라이프치히대학교 경제학 교수가 되었고, 알렉산더 뤼스톱은 1949년 서독으로 귀환하여 1950년부터 1955년까지 하이델베르크 대학교 경제학 교수를 역임했다. 그러면 귀환하지 못한 저명 망명 경제학자는 누구인가?

에밀 레더러, 프란츠 굿만, 루드뷔히 폰 미제스, 야콥 마르샥, 한스 나이써, 프릿츠 칼 만, 게르하르트 콜음, 페터 드룩커 (피터 드러커)는 미국에서 생을 마감했다. 프레데릭 헤르츠는 런던에서 생을 마감했다.

칼 폴라니는 캐나다 온타리오에서, 워싱턴 조지타운 대학교 교수를 역임한 괴츠 브리프스는 이탈리아 로마에서 생을 마감했다.

군정시절이었던 1945년부터 1949년 사이에 귀환한 망명 정치학자들은 1949년 서독으로 귀환 후 뮌헨대학교와 베를린대학교에서 객원교수를 지낸 지그문트 노이만을 제외하고는 거의 눈에 띄지 않는다.

1946년 '뉘른베르크 재판' 미국 측 인사로 참여했던 프란츠 노이만은 1942년부터는 미국 첩보기관 OSS 내 독일전문가로 근무하며 장차 전쟁이 끝난 후 미군정이 펼쳐야 할 업무를 준비한 인물로 1948년부터 1950년까지 컬럼비아대학교 정치학 교수를 역임했다. '자유 베를린대학교' 창립에 관여했고, 자동차 사고로 스위스에서 사망했다.

루이제 홀보른, 한스 모르겐타우 (한스 모겐소), 하인츠 오이라우, 욘 H. 헤르츠는 미국에서 생을 마감했다.

군정시절이었던 1945년부터 1949년 사이에 귀환한 망명 사회학자들은 다음과 같다. 1945년 에른스트 핏셔는 오스트리아 빈으로 귀환했고, 게오르크 루카치는 헝가리 부다페스트로 귀환하여, 1946년 헝가리 국회 국회의원, 문화부 장관, 1948년 부다페스트대학교 미학,

문화철학 교수를 역임했다. 에른스트 칼 뷘터는 1945년 오스트리아 그라츠대학교 교수직을 희망했으나 수포로 돌아가자, 1955년 오스트리아로 귀환하여 빈 대학교 강사를 역임했다.

1946년에는 알프레트 모이젤이 동베를린으로 귀환하여 1947년 베를린 (훔볼트)대학교 근대사 정교수, 1952년 '독일민족사연구소' 소장 및 '독일역사박물관' 관장을 역임했다. 헤르베르트 술탄은 영국군 점령구역으로 귀환하여 1947년부터 1954년까지 하이델베르크대학교 사회학 비정년 교수를 역임했다.

1947년에는 브루노 프라이가 오스트리아의 빈으로 귀환했고, 레오 코플러는 소련군 점령지역으로 귀환하여 동독 할레대학교 역사학 교수를 역임했다. 하지만 그는 동독에 정착하지 않고 1950년 서독으로 이주하여 1969년 보훔대학교 철학교수를 역임했다.

1949년에는 막스 호르크하임어가 서독으로 귀환하여, 귀환과 함께 프랑크푸르트 대학교 사회철학과 정교수로 복직했고, 1951년부터 1953년까지 프랑크푸르트대학교 총장을 역임했다. 르네 쾨니히는 서독으로 귀환하여 1949년 쾰른대학교 사회학 정교수를 역임했다. 그러면 귀환하지 못한 저명 망명 사회학자는 누구인가?

칼 만하임은 영국 런던에서 사망했다. 만하임은 한 번 떠난 망명의 길에서 한 번도 발길을 되돌리지 못하고 망명의 길에서 학문과 더불어 생을 마감한 경우이다. 그의 제자들도 비슷한 길을 걷기는 마찬가지였다. 노르베르트 엘리아스, 빌헬름 발다무스가 그러한 경우의 제자들이다. 칼 만하임에게서 박사학위를 취득한 최초의 제자인 한스 슈파이어는 2차 대전 기간부터 종전 후 얼마간 미행정부에서 선전전문가와 독일전문가로 근무했다. 슈파이어는 1945년부터 약 15년 동안 미국의 대표적인 싱크탱크 중의 하나인 '랜드연구소 (RAND

Corporation)' 사회학 분야 제1 소장으로 근무했고, 1969년부터 1973년까지 매사추세츠 대학교 교수를 역임했다.

1938년부터 1963년까지 루이지애나 주립 대학교 사회학 교수를 역임한 루돌프 헤베를레는 2차 대전 후 서독 마르부르크 대학교 교수로 초빙되었으나 거절하고 미국에서 생을 마감했다. 칼 아우구스트 뷔트포겔, 알프레트 쉬츠, 레오 뢰뷘탈도 미국에서 생을 마감했다.

한스 지몬스는 1947년부터 1949년까지 '독일 미군정청' 국장으로 초창기 정부구조나 행정구조 등 서독 정부 수립 정책에 미국인으로 관여했고, 독일 근무 후 미국으로 돌아갔다가 1951년 미국 외무성의 위임으로 다시 독일에 파견되어 대학교육 정책에 관여했다. 헤르타 크라우스는 2차 대전 후 미국 '퀘이커 봉사 위원회 (AFSC)' 특별 대표 자격으로 독일에 귀환하여 파괴된 독일에 미국식 교육제도를 적용시켰고, 미국에서 사망했다.

그 이외에 파울 호니히스하임, 오이겐 로젠슈톡-휘씨, 베르너 J. 칸만, 프란츠 아들러, 파울 펠릭스 라차르스펠트, 어네스트 만하임, 아돌프 슈트름탈, 레뷔스 A. 코저, 쿠르트 하인리히 볼프, 로제 라웁 코저 등의 학자들 역시 미국에서 활동한 후 미국에서 생을 마감했고, 게오르크 야코비는 오세아니아에 위치한 섬나라 피지에서, 영국 최초의 여성 사회심리학 교수였던 마리 야호다는 영국에서 생을 마감했다. 그리고 1933년 덴마크로 망명한 테오도르 가이거는 1943년부터 1945년 중립지역인 스웨덴으로 망명지를 옮겼다가 1945년 종전이 되자마자 덴마크로 귀환하여 아르후스 대학교 정교수를 역임했다. 1934년 스웨덴으로 망명한 프릿츠 크로너는 스웨덴에서 생을 마감했다.

망명 심리학자들은 거의 한 명도 귀환이주하지 않았다.

지그문트 프로이트는 나치들에게 망명을 강요당해 82세의 나이에 영국으로 망명하여 1939년 83세로 영국 런던에서 생을 마감했다. 칼 빌러는 미국 로스앤젤레스에서 생을 마감했다. 마그누스 히르쉬펠트는 프랑스 니스에서 생을 마감했다. 아르투르 크론펠트는 소련으로 망명하여 1937년 소련 시민권을 획득했으나 1941년 독일군의 모스크바 진격에 위협을 느껴 부인과 함께 음독자살로 생을 마감했다. 윌리암 슈테른은 1938년 67세의 나이로 미국에서 생을 마감했다. 막스 붸르트하임어는 1943년 63세의 나이로 미국에서 생을 마감했다. 1945년 이전에 세상을 떠난 이들 심리학자들은 돌아올 수 없는 망명객들이었다.

쿠르트 레빈, 오토 페니첼, 볼프강 쾰러, 지크프리트 베른펠트, 빌헬름 라이히, 테오도르 라익, 헬레네 도이취, 루돌프 아른하임은 미국에서 생을 마감했다. 마리 야호다는 영국에서, 에리히 프롬은 스위스에서 생을 마감했다.

망명 예술사학자는 거의 한 명도 귀환이주하지 않았다. 에르윈 판오프스키, 발터 프리트랜더, 게로르크 슈바르첸스키, 에른스트 크리스는 미국에서, 로자 샤피레는 영국에서 생을 마감했다. 파울 붸스트하임은 1963년 멕시코 국적자로 서베를린에 초청되어 서베를린 방문 중 사망했다.

제5장

군정지역으로의 귀환이주

제 5 장 군정지역으로의 귀환이주

1. 망명과 귀환의 서글픈 노래

1.1. 바이마르 공화국 시절의 민중작가

칼 추크마이어는 1946년 미국 시민권을 소지한 미 국방부의 문관 자격으로 미군의 공적인 임무를 띠고 독일로 귀환했다. 2차 세계대전이 끝난 지 1년 후였다. 추크마이어는 망명을 떠나기 전인 바이마르 공화국 시절 『즐거운 포도농원』, 『쉰더한네스』, 『카타리나 크니』, 『쾨페닉의 대위』 등의 작품으로 이미 유명세를 떨치던 독일작가 중 한 사람이었다. 그뿐만 아니라 당대 독일의 저명한 양대 문학상으로 손꼽히는 클라이스트 상 (1925년)과 뷔히너 상 (1929년)을 모두 수상한 인정받는 문인이었다. 그리고 독일인들의 전형적인 성격과 시대상을 소재로 한 시대 비판 희곡 『쾨페닉의 대위』와 하인리히 만의 원작소설 『운라트 교수』를 영화대본으로 개작한 『푸른 천사』 (1928)를 통해 일반 독일 대중들 사이에도 널리 알려진 인기 절정의 작가 겸 영화인이기도 했다. 그러나 1933년 히틀러 나치 체제가 집권하자 그동안 쌓아올린 유명세와 자산을 한 번에 모두 잃어야만 했다.

칼 추크마이어의 아버지는 독일인이었고, 어머니도 독일인이긴 했지만 유대인 혈통의 피가 섞여 있었다. 추크마이어도 나중에 깨달은 사실이다. 그래서 나치들은 추크마이어를 '반 (半) 유대인' 혹은 '1급 혼혈아'로 취급했다. 하지만 추크마이어 집안은 유대교와는 상관도 없는 전통적인 가톨릭 집안이었다. 이처럼 추크마이어는 일생 동안 유대 전통과는 아무 관계도 없었을 뿐더러 개인의 정체성 면에서도 유대교로부터 어떠한 영향도 받지 않은 전통적인 독일인이었다. 미국으로 망명한 후인 1943년 미국 시민권을 신청할 당시 "Are you of Jewish blood? (당신은 유대인 혈통입니까?)"라는 질문 항목에 추크마이어는 두말없이 "No (아니요)"라고 분명히 대답했다.

1896년 나켄하임에서 출생한 칼 추크마이어는 1900년부터 인근의 마인츠에서 성장했고, 그곳에서 학교를 다녔다. 고등학생 시절이던 1914년 제1차 세계대전이 발발하자 애국심에 불타는 추크마이어는 고등학교 졸업까지 기다리지 않고 마인츠에 소재한 인문계 고등학교에서 고졸 (대입자격) 검정고시를 치른 후 군대에 자원입대했다. 그는 독일 조국을 수호하려는 애국심에 불타는 독일 청년이었다. 1918년까지 서부전선 야전포병대에서 근무했고 마지막에는 초급 장교로 전역했다.

1차 세계대전 후 대학에 입학하여 프랑크푸르트대학교와 하이델베르크대학교에서 정신과학, 사회과학, 생물학 (1918-1920)을 전공했지만 대학 재학 중 학업을 포기하고 전적으로 작가의 길에 들어섰다. 1917년부터 표현주의 풍의 시를 표현주의 계열 잡지에 발표했다. 바이마르 공화국 시절인 1920년 표현주의 연극 『십자로』를 베를린의 국립극장에 올렸다. 하지만 초연 3회를 마지막으로 다시는 올리지 못했다. 문예사조의 흐름에서 표현주의는 이미 독일의 추세가 아니었다. 이후 추크마이어는 서서히 표현주의 문학을 벗어나기 시작했다.

1920년 베를린 국립극장 극장장인 레오폴트 예쓰너 (Leopold Jessner, 1878-1945)가 그의 작품 『십자로』 초연을 수락하자 당시 독일의 정치 · 경제 · 문화의 중심지인 대도시 베를린으로 활동 영역을 옮겼다. 1925년 초 추크마이어는 오스트리아 빈 출신의 알리스 폰 헤르단 (Alice von Herdan, 1901-1991)과 결혼했고, 작품 『즐거운 포도농원』으로 단번에 유명작가가 되었다. 이 작품은 당시 바이마르 공화국 시절 저명한 문학상인 클라이스트 상을 수상했다. 그리고 그해 12월 22일 베를린 '쉬프바우어담 극장 (Theater am Schiffbauerdamm, Berlin)에서 초연되었다.

『즐거운 포도농원』[1]은 추크마이어의 고향인 라인헤센 지방을 배경으로 그 지방 사람들과 그 지방 특유의 사투리를 통해 인간속세의 즐거움을 노골적으로 표현한 사회비판적인 신 민중극 (新民衆劇, Neues Volksstück)이다. 이 작품은 라인헤센 지방의 시골 출신인 추크마이어가 그의 고향 라인헤센 지방 민중들의 생활상을 직설적으로 묘사한 당시의 독일 민중들에 관한 연극으로 포도(주) 농가, 포도주 (포도원) 상인들, 뱃사람, 소시민들을 등장시킨다.

『즐거운 포도농원』은 관객들의 열렬한 환호를 받으며 1920년대 독일에서 가장 많이 공연되는 작품이 되었다. 1925년 초연이 성공리에 막을 내리자 100개 이상의 극단에서 공연권을 신청했다. 그동안 극장은 웃는 곳이 아니었는데 『즐거운 포도농원』을 보며 관객들은 극장에서 배꼽을 쥐고 웃어댔다. 작품은 그야말로 사람들을 웃게 만

---

1) Carl Zuckmayer: Der fröhliche Weinberg. Lustspiel in drei Akten, in: Zuckmayer Lesebuch, Frankfurt/M 1976, 7-64쪽. 참조

들었다. 추크마이어는 감정의 인간들에게 다시 무대에서 말을 건넸다. 가르치려만 들려는 연극과 정치적인 연극을 배격했다.

시골에서 올라온 보잘 것 없고 가난했던 추크마이어는 작품이 대성공을 거두자 그에 상당하는 공연 배당금을 받았다. 그 돈으로 그동안 진 빚을 모두 청산했고, 1926년 오스트리아 잘츠부르크 근교 헨도르프 (Henndorf)에 집도 구매했다. 집을 장만한 후로는 주로 헨도르프에 거주했고, 일이 있을 때만 베를린에 머물렀다. 1896년에 태어나 1977년에 세상을 떠난 추크마이어는 1926년부터 1934년의 시기를 그의 인생에서 가장 행복했던 시간이라고 회상했다. 행복했던 정도가 아니라 "한 순간, 낙원에서 살았노라"라고 회한에 차서 말한다. 오죽하면 당시에는 "고향은 어디인가? 태어난 곳인가 아니면 죽기를 원하는 곳인가?"라고 되뇌며 태어난 고향도 잠시 잊고 그곳을 낙원이라고 믿었다고 한다.

1926년 이후부터 발표한 작품들은 발표하는 대로 대성공이었다. 1927년 10월 『쉰더한네스』가 베를린 레싱극장에서 초연되었고, 1928년 영화화되었다. 『카타리나 크니』는 1928년 초연되었고, 1929년 영화화되었다. 희곡작가로 성공한 것뿐만 아니라 소설에서도 작가로서의 가능성을 보여주었다. 『타우누스 출신의 한 농부』와 단편들이 1927년 프로퓌라이엔 출판사에서 출간되었다. 1928년에는 하인리히 만의 원작소설 『운라트 교수』를 『푸른 천사』라는 제목으로 개작하여 영화대본을 썼다. 이 영화에서 전설적인 여배우 말레네 디트리히와 유명 남자배우 에밀 얀닝스 (Emil Jannings, 1884-1950)가 주연을 맡았는데, 당시 대단한 인기를 누렸다. 1929년에는 게오르크 뷔히너상을 수상했다.

『쉰더한네스』[2)]는 낭만적이고 서정적이며 익살스러운 패러디풍의 막간극을 가미한 질풍노도 (슈트룸 운트 드랑, Sturm und Drang) 류의 희곡작품이다. 쉰더한네스라고 불리는 무모하고 우쭐대는 의적 주인공 요하네스 뷔클러는 자기 자신의 개인적인 활력이 흘러넘쳐 당시를 지배하던 사회체제에 대해 폭동을 일으킨다. 그러나 결국에는 국가와 사회의 안녕과 질서를 유지하고 보전하는 경찰과 군대에 의해 구금을 당한다. 이 작품은 1800년 추크마이어의 고향 지방인 훈스뤽과 타우누스에서 활약한 도적단에 관한 이야기를 연극화한 것이다. 요하네스 뷔클러는 1803년 30세 정도의 나이로 19명의 동지들과 함께 마인츠에서 교수형을 당했다. 추크마이어의 작품이 성공한 이유는 주인공이 혈기왕성하고 고향을 배경으로 한 토속적인 작품이라는 이유뿐만 아니라 당시에 프랑스가 독일령 라인란트를 지배하고 있다는 사실이 드라마가 설정한 나폴레옹 시대와 유사했기 때문이다.

『카타리나 크니』[3]는 서커스단을 주제로 한 작품이다. 여자 서커스 단원인 주인공 카타리나 크니는 삶의 행복과 정착, 아버지의 서커스단을 상속해야 되는지를 결정해야 하는 문제 등에 대해 갈등을 느낀다. 그리고 서커스단 생활의 센티멘털하고 낭만적인 환경과 늙은 서커스단장 아버지의 이상적인 형상을 바라보며 괴로워한다.

1931년 3월에는 고향상실을 주제로 한 『쾨페닉의 대위』[4]가 베를

2) Carl Zuckmayer: Schinderhannes. Schauspiel in vier Akten, in: Carl Zuckmayer: Katharina Knie Theaterstücke 1927-1929, Frankfurt/M 1995, 9-100쪽. 참조

3) Carl Zuckmayer: Katharina Knie. Ein Seiltänzerstück in vier Akten, in: Carl Zuckmayer: Katharina Knie Theaterstücke 1927-1929, Frankfurt/M 1995, 101-197쪽. 참조

4) Carl Zuckmayer: Der Hauptmann von Köpenick. Ein deutsches Märchen in drei Akten, in: Carl Zuckmayer: Der Hauptmann von Köpenick, Des Teufels General, Zwei Theaterstücke, Frankfurt/M 1992, 7-132쪽. 참조

린 도이치 극장 (DT, Deutsches Theater Berlin)에서 초연된다. 추크마이어 최고의 작품으로 평가받는 이 희곡은 『즐거운 포도농원』에 이어 대성공을 거둔다. "하나의 독일 동화"라는 부제를 달고 있는 이 작품은 1906년 베를린에서 실제로 발생한 사건을 소재로 삼고 있는데, 실제 숨은 내용은 전과자인 구두 (수선)공 빌헬름 포익트를 등장시켜 프로이센 군국주의와 관료주의를 강하게 비꼬는 사회비판적인 작품이다. 참고로 쾨페닉 (Köpenick)은 베를린 시내 동남부에 위치한 한 구역이름이다.

실제인물 빌헬름 포익트 (Wilhelm Voigt, 1849-1922)는 동프로이센 틸지트 (Tilsit)[5] 출신으로 14세의 어린 나이에 가출하여 외지를 떠돌던 중 하찮은 범행으로 전과자가 된 후 밥 먹듯이 감방을 들락날락했던 수차례의 전과범이다. 15세가 되던 1864년부터 42세가 되던 1891년까지 4번에 걸쳐 절도범으로, 두 번에 걸쳐 공문서 위조범으로 교도소에 수감되었다. 그중 한 번은 17세의 나이로 베를린의 공장에서 일하던 중 우편환 액면금액을 위조하다 발각되어 12년 동안 교도소에 수감되었다. 출소 후 고향에 돌아왔으나 고향은 이미 그에게 고향이 아니었다. 또 다시 고향을 떠나 구두 (수선)공 기술자가 되어 유럽의 이 나라 저 나라를 떠돌다가 다시 독일로 돌아왔지만 또 다시 교도소에 수감되었다. 마지막에는 1890년에 법원의 금고를 털다 발각되어 15년형을 언도받고 교도소에서 복역한다. 포익트는 모두 합쳐 약 30년 정도를 교도소에서 보냈고, 1906년 2월 12일 출소했을

---

5) 네만강의 남쪽에 위치하고 있으며 오늘날 러시아 칼리닌그라드에 속한 도시로 리투아니아와 접경을 이루고 있다. 러시아어로는 소베츠크 (Советск)라고 한다. 2차 세계대전 이전까지는 독일 동프로이센의 도시였으나 1945년 1월 20일 소련군이 진주하였고, 독일 주민들은 추방당했다.

때에는 만으로 57세 생일 하루 전날이었다.

1906년 출소한 후 뷔스마르 (Wismar)[6]에서 목사의 주선으로 구두공장에 취업하였으나 몇 달 후 전과자라는 전력 때문에 경찰서로부터 메클렌부르크-슈베린 대공국 체류허가 금지령을 받게 된다. 그러자 큰 누님과 매형이 사는 베를린 릭스도르프 (Rixdorf)로 옮겨 구두공장에 일자리를 구했으나 1906년 8월 24일 이곳에서도 당국으로부터 체류허가 금지령을 받는다. 이번에는 그 대신 거주지를 신고하지 않고 베를린으로 잠행한다. 우선 일자리를 구하긴 했지만 불법으로 계속해서 근무할 수 없다는 것은 불을 보듯 뻔한 일이었다. 체류허가증은 인간존재와 생명의 담보였다. 1906년 10월 16일 포익트는 드디어 체류허가증을 발급받는 계획을 결행한다.

포익트는 쾨페닉의 현장을 답사한 후 대위 복장에 군검을 착용하고 점심때쯤 길거리에서 귀대하는 병졸들을 불러 모아 세워 군대 명령임을 하달한 후 자기 휘하가 된 군인들의 무리를 이끌고 오후 4시경 쾨페닉 시청으로 진격하여 시장을 체포한다. 시장을 체포하자 시청에서는 체류허가증을 발급하지 않고 경찰서에서 발급해 준다는 사실을 뒤늦게 깨닫게 된다. 노련한 범인인 포익트는 되지도 않게 체류허가증에만 집착한다는 것은 위험부담이 따른다는 판단이 들자 원래의 계획은 슬쩍 접어두고 재정담당관을 불러 그날 입금된 현금 4000마르크를 압수하고 영수증을 발급해 준다. 그러한 다음 병사들에게는 30분간 더 시청을 감시한 후 귀대하여 보고하라고 명령한 후 돈을 가지고 사라진다. 이 사건은 그날 당일 신문의 호외로 세상에 알려졌

---

6) 메클렌부르크-포어폼머른 (Mecklenburg-Vorpommern) 주의 동해변에 위치한 도시. 메클렌부르크-포어폼머른 주는 동해를 바라보며 베를린 북쪽에 위치한 행정구역이다.

고, 베를린 시민들에게 회자되었다. 포익트는 이 사건으로 일약 유명 인물이 되었다.

결행 10일 후인 1906년 10월 26일 포익트는 체포되었다. 베를린 지방지방법원은 12월 2일 그에게 4년형에 집행유예 9개월을 판결했다. 그러나 빌헬름 2세 독일제국 황제가 포익트를 특별히 사면하여 1908년 8월 16일 형기를 다 채우지 않고 자유의 몸이 되었다. 출소한 후에는 다시 범행을 저지르지 않고 유명세를 이용하여 돈벌이를 했다. 독일의 전 지역을 돌며 대위복장을 한 자신의 사진에 서명을 하여 팔기도 하고 외국 무대에 출연하기도 했다. 1909년에는 『나는 어떻게 하여 쾨페닉의 대위가 되었는가』라는 자서전도 출판했다. 그 후 미국과 캐나다 여행도 했다. 마침내 룩셈부르크에 정착하여 집도 사고 그곳에 살다 죽었다.

1930년 추크마이어가 이 작품을 구상하게 된 시기는 총선에서 나치당이 사민당에 뒤이어 제2당으로 부상하던 때였다.[7] 나치들은 프로이센 군국주의의 전통을 이어받고 제복으로 위압감을 조성하던 무리였다. 이때 추크마이어는 14세기부터 전해져 내려오는 익살꾼 오일렌슈피겔 (Eulenspiegel) 이야기를 쾨페닉의 대위 빌헬름 포익트에게 적용시켰다. 시골출신인 오일렌슈피겔은 바보처럼 보이면서도 기지를 발휘하여 도시의 수공업자들과 고위 성직자들 그리고 정치 권력자들의 오만과 가식을 우스갯거리로 만든 인물이다. 그 이외에도 추크마이어의 작품이 인기를 끈 이유는 전형적인 독일인들의 성격과 문제점이 관객들에게 깊은 공감을 자아냈기 때문이었다. 직장에서는 체

7) 1930년 선거에서 독일 사민당은 24.5%로 제1당, 국가사회주의 독일 노동자당 (나치당)은 18.3%로 제2당, 독일 공산당은 13.1%로 제3당이 되었다. 사민당은 종래보다 5.3%를 잃었고, 나치당은 15.7%, 공산당은 2.5% 증가세를 보였다.

류허가서가 있어야 일자리를 제공한다는 것이고, 경찰서에서는 일을 하고 있다는 증명서를 제출해야 체류허가서를 발부해 준다는 것이 바로 독일인들의 정확성 근성이자 딜레마였던 것이다.

『쾨페닉의 대위』는 순수혈통을 주장하는 민족주의 (즉 나치계열) 평자들로부터는 '반 (半) 유대인의 하수구문학'이라는 비방을 당했다. 1931년에는 쉬지 않고 다른 종류의 문학도 발표했고, 친구 외된 폰 호르바트를 클라이스트 문학상 수상자로 추천하여 수상의 영예를 안게 주선했다. 이에 대해 정치적으로 보수 우파 언론들은 격분하여 비판하는 기사를 내보냈다.

이렇게 연극이 쉬지 않고 대성공을 거두자 추크마이어는 바이마르 공화국 말엽 이미 문화계의 저명인사가 되었다. 정치 경제 문화계의 현역 저명인사들을 소개하는 『독일협회 제국편람 (Reichshandbuch der Deutschen Gesellschaft)』 (1930, 1931년도 판)에는 사진과 함께 추크마이어에 대한 인물 소개서가 실렸다.

1.2. 나치등장과 망명의 길

1933년 나치가 정권을 장악하자 '반 (半) 유대인에 의한 아스팔트 문학'은 단시일 내에 공연이 금지되었다. 이로 인해 재정적인 수입은 완전히 밑바닥으로 곤두박질쳤다. 제국의회방화사건이 발생한 후 추크마이어 가족은 잘츠부르크 근교 헨도르프에서 빈으로 거주지를 옮겼다. 오스트리아 망명이 시작된 것이다. 연극 『베르겐의 악한』은 1934년 11월 베를린에서 공연되지 못하고 빈에서 초연되었다. 연극 공연이 위기에 처하자 추크마이어는 소설에 집중했다. 독일에서 작품이 출판되기 위해서는 '독일작가 제국연맹' 회원등록이 필수였다.

1933년 7월 23일에 회원등록을 했고, 1934년 1월 1일에는 유명인사인 친구의 보증으로 등록을 성공적으로 마칠 수 있었지만 1935년 7월 1일에는 외국에 거주하고 있다는 이유로 등록이 말소되었다.

오스트리아 망명이 시작되고부터는 영화대본 작업에 중점을 두었다. 그 이외에도 1936년 5월 20일 작가 로베르트 무질, 심리학자 칼 빌러, 작곡가 에른스트 크레넥과 더불어 '오스트리아 영화친우 협회'를 결성했다. 협회의 창립목적은 '런던 영화 협회처럼 영화를 예술로 사랑하는 모든 사람들을 규합하여 양질의 영화작품들을 상연하자'는 것이었다. 이처럼 영화에 심혈을 기울이기 시작한 이유는 그의 희곡 작품들이 독일에서 공연 금지됨에 따라 수입이 없어졌고, 영화대본은 독일어 구역 시장을 뛰어넘어 국제적이 됨으로써 더 많은 부를 창출할 수 있었기 때문이었다.

추크마이어는 성품상 사람들을 좋아했고 그의 주변에는 항상 사람이 있었다. 여배우 엘리자베트 베르그너 (Elisabeth Bergner, 1897-1986)도 그중 하나였다. 베르그너는 '베를린 독일 국립극장'에서 드라마투르그로 일할 때 알게 된 여배우였다. 그녀는 추크마이어에게 마가렛 케네디의 소설 『영원한 님프』를 영화대본으로 만들면 어떻겠느냐고 제안했다. 그녀의 제안에 따라 추크마이어는 영화대본을 썼다. 영화는 〈내게서 결코 도망치지 못하리 (Escape me naver)〉라는 제목으로 엘리자베트 베르그너의 남편인 파울 지너 (Paul Czinner, 1890-1972)가 감독하고 베르그너가 젬마 존슨 역으로 출연하여 1935년 런던에서 개봉되었다.

1938년 독일군이 오스트리아를 점령하자 전 재산과 토지를 남겨둔 채 스위스로 도주했다. 안전을 위해 가족들과는 떨어져서 도주했다. 빈에서 초연될 예정이었던 작품은 독일군이 오스트리아로 진격하자 스위스 취리히에서 막을 올려야 했다. 나치를 강하게 비판하지만 독일에 대한 고백을 내용으로 하는 자서전적인 글 『고향을 위하여 (*Pro Domo*)』[8]는 스톡홀름 망명출판사에서 발간되었다. 1938년 칼 추크마이어의 작품들은 나치 독일에서 '해를 끼치고 원하지 않는 작품들 명단'에 올랐다. 이것들은 곧 전면 금지되는 작품들이 되었다.

1939년 5월 칼 추크마이어는 독일 국적을 박탈당했다. 추크마이어 가족은 일단 스위스 레만호 주변 샤도네에 거처를 마련했다. 하지만 스위스의 제한적인 이주허용정책 때문에 스위스에서 장기간 안전하게 체류한다는 것은 불가능했다. 그러자 추크마이어는 우선 암스테르담이나 런던 혹은 스톡홀름을 망명지로 생각했다. 그와는 반대로 미국으로 망명한다는 것에 대해서는 프란츠 붸르펠[9]이나 당시의 많은 다른 망명객들과 마찬가지로 강한 의구심을 품고 있었다. 프란츠 붸르펠도, 다른 여타의 망명객들도, 추크마이어도 미국이라는 나라가 마음에 들지 않았다.

---

8) Carl Zuckmayer: Pro domo, in: Carl Zuckmayer: Die langen Wege, Frankfurt/M 1996, 67-132쪽. 참조.

9) 추크마이어는 후일 본인은 그때까지 미국에 가 본적이 없었지만 프란츠 붸르펠은 그전에 잠시 동안 뉴욕에 머물러 본 경험이 있었다고 밝히고 있다. 『세상친구 (Weltfreunde)』, 『우리는 (Wir sind)』, 『심판의 날 (Gerichtstag)』 등의 시집을 통해 표현주의 시 문학의 대변자로 회자되는 프란츠 붸르펠은 당시 오스트리아-헝가리 왕국 령이었던 오늘날의 체코 프라하 출신 독일-보헤미안 작가로 1937/38년 외국에 머물고 있었던 관계로 독일의 오스트리아 합병 후 오스트리아로 돌아올 수 없게 되자 부인 알마 말러-붸르펠과 함께 다른 독일 망명객들이 살고 있던 남프랑스 프로방스 알프코트 다쥐르 (Sanary-sur-Mer)에 거주지를 정했다. 1940년 독일군이 프랑스의 대부분을 점령하자 프랑스 남서쪽 피레네 산맥에 있는 오트피레네 주의 남서쪽에 있는 마을 루르드 (Lorudes)로 도주했다. 그러한 다음 독일의 저명한 원로 작가인 하인리히 만, 토마의 만의 아들인 골로 만 등과 함께 부부는 걸어서 피레네 산맥을 넘어 스페인으로 도망친 후 포르투갈을 경유하여 미국으로 망명했다. 그들은 마지막까지 유럽을 떠나고 싶어 하지 않았다.

추크마이어는 후일 그의 자서전『장정 (長程) (*Die langen Wege*)』[10]에서 붸르펠과 본인은 미국에는 무엇이 있고, 무엇이 없는지를 정확히 알고 있었다고 밝히고 있다. 추크마이어가 아는 바로는 미국은 나쁜 먹을거리부터 영혼과 성적 (性的) 불감증까지 있는 나라였고, 별로 치지도 않는 유럽의 어느 산지 포도주를 좋다고 마셔대는 것이 미국이었다. 미국은 상상력 없는 규격화의 나라, 얄팍한 물질주의의 나라, 정신과는 동떨어진 기계 (공학)의 나라였다. 전통이 없는 나라, 문화가 없는 나라, 아름다움 혹은 형태에 대한 열망이 없는 나라, 형이상학이 없고 포도주집이 없는 나라였다. 미국은 인조비료와 깡통따개의 나라이고, 우아함이 없고, 퇴비더미가 없고, 클래식이 없고, 선율이 없고, 아폴로가 없고, 디오니소스가 없는 나라였다. 그런데 달러(美貨)의 폭정 아래로, 비즈니스의, 광고의, 모델 걸 (Model Girls)의 폭정 아래로 가기 위해 유럽 대량독재의 노예화를 벗어나야 한단 말인가라고 추크마이어는 자문한다. 게다가 미국에 가면 우리는 영어도 배워야 된다고 붸르펠이 말해 주었다는 말까지 추크마이어는 첨부하고 있다. 왜냐하면 작가가, 시인이 복잡한 상황을 묘사하지 못하고 이에 대해 단순한 문장만을 반복하고 결국에는 "나는 나 자신을 설명할 수 없다 (I am not able to express myself)"라는 결론에 도달하면 모욕적인 상태가 되어버리기 때문이다.[11]

이러한 생각에도 불구하고 유럽에서 망명지를 찾는다는 것은 결코 쉬운 일이 아니었다. 그래서 추크마이어는 1938년 12월 19일 미국

---

10) Carl Zuckmayer: Die langen Wege, in: Carl Zuckmayer: Die langen Wege, Frankfurt/M 1996, 255-330쪽. 참조

11) 추크마이어의 미국에 대한 위와 같은 생각은 『장정 (長程) (Die langen Wege)』 171-173(특히 173)쪽 참조

인 도로시 톰프슨 (Dorothy Thompson, 1894-1961)에게 유럽을 떠나 미국으로 건너가고 싶으니 도와달라는 편지를 썼다. 도로시 톰프슨은 1930년대 독일 특파원으로 미국에서 이름을 날린 미국인 언론인으로 추크마이어와는 베를린에서 〈즐거운 포도농원〉 공연을 계기로 1925년부터 알고 지내던 사이었다. 그녀는 베를린에서 추크마이어를 처음 보았을 때 우스울 정도의 모습을 한 독일 시골청년 모습이었고, 그의 연극을 보았을 때 너무 웃겨서 눈물이 날 정도로 배꼽을 잡고 웃었다고 회고했다. 그 후 추크마이어의 인품에 반해 평생 동안 우정을 간직했다. 하여튼 추크마이어는 그녀의 도움으로 미국 방문비자를 얻을 수 있었다. 스위스를 떠나 파리를 거쳐 신대륙으로 가던 길에 파리에서 마지막 밤을 보내며 추크마이어는 그의 자서전에서 "나는 세느강을 보고 있지 않았다, 불야성의 도시를 보고 있지 않았다. 나는 라인강을 보고 있었다"라고 적고 있다.

1939년 5월 25일 추크마이어는 방문비자를 들고 부인, 딸 비네투, 무키라는 이름을 지어준 개와 함께 암스테르담에서 미국행 네덜란드 대서양횡단 여객선에 올랐다. 아내가 전 남편과의 사이에서 낳은 딸 미하엘라는 영국에서 기숙사가 있는 학교에 다니고 있었기 때문에 같이 갈 수가 없었다. 하지만 1939년 8월 히틀러-스탈린 협약 (Hitler-Stalin-Pakt, 히틀러-스탈린 독소 불가침 조약) 공표 후 가족을 따라 미국에 왔다. 1939년 6월 5일 가족은 뉴욕항에 도착했다. 두서너 명의 망명 문인들이 그들을 기다리고 있었다. 그들의 안내를 받아 추크마이어 가족은 그들이 잠시 동안 머물 도로시 톰프슨 집으로 갔다. 도착 3일 후 추크마이어는 독일에 있는 그의 옛 연인 (동거녀) 안네마리 주어캄프에게 "우리는 뉴욕에 온 지 3일이 되었소. 뉴욕은 웅대하고 번쩍거리고 압도하고 홀리게 하고 있소! 어떤 묘사도 어떤 영화도 뉴욕에 대해 알지 못할 것이오. 나는 이 도시에 대해 술이 취한 것 같소. 이 도시의 풍경과 이 도시의 힘과 이 도시의 무자비한 밝음에 대해 취한 것 같소"라고 뉴욕의 첫 인상을 써서 보냈다.

뉴욕에 도착한 지 몇 주 후 추크마이어는 뉴욕에서 영화사 '워너 브라더스'와 영화시나리오 작가로 7년의 계약을 했다. 첫 번째 계약은 아르놀트 츠바이크의 소설을 시나리오로 쓰는 것이었다. '워너 브라더스' 말고도 또 다른 일자리와 새로운 계약을 맺는 것은 그리 오래 걸리지 않았다. 뉴욕에 소재하는 New School of Social Research는 1940년 추크마이어를 선생으로 영입했다. 학교에서 일임한 첫 번째 업무는 뉴욕의 '드라마 워크숍' 원장으로 학교에서 연극 세미나를 개설한 에르윈 피스카토르와 공동으로 수업을 하는 것이었다.

1940년 여름 버몬트에서 『고향을 위하여』를 출간한 이후 『작별과 귀환』이라는 제목의 두 번째 자서전적인 책을 썼다. 이 책에서 추크마이어는 미국 국민성의 시각을 가지고 지금까지 살아온 인생의 길을 그가 헤쳐 온 어려운 환경의 결과로 보고 미국에서의 망명이 새로운 시작을 위한 기회라고 특징지었다. 또 다른 소설에서는 인간들은 모든 일에 적응하고 유랑할 준비를 진실로 해야 한다고 서술하고, 그와 더불어 도움도 필요하다고 역설했다. 『작별과 귀환』은 1941년 『제2의 바람 (*Second Wind*)』이라는 제목으로 런던의 Harrap 출판사에서 발행되었다.

추크마이어의 모든 노력에도 불구하고 미국에서 작가로 성공하려던 시도는 깨졌다. 경제적인 문제가 가중되었고, 미국에서 작가라고 주장하려던 가능성은 의심스럽게 되었다. 그러자 그의 부인은 남편에게 생활을 근본적으로 바꾸자고 종용하였다. 추크마이어는 뉴욕에서 버몬트로 이사했다. 그리고 농부가 되어 새로운 존재감을 쌓았다.

당시 여배우 엘리자베트 베르그너, 작가 요아힘 마스 (Joachim Maass, 1901-1972), 요하네스 우르치딜 (Johannes Urzidil, 1896-1970), 베르톨트 브레히트 등 많은 망명객 친구들이 농장으로 놀러 오곤 했다. 그중에서 요하네스 우르치딜은 버몬트 농가의 추크마이어를 등장인물로 하여 1959년 소설 『위대한 할렐루야』를 발표하기도 하였다. 베르톨트 브레히트가 농장을 찾아왔을 때 그들은 만나자마자 서로의 얼굴을 응시했고 아주 오랫동안 웃을 수밖에 없었다. 그때 브레히트가 "웃을 일이 아무것도 없는데 웃을 수도 있네"라고 말했다. 그러고는 마치 어제 뮌헨의 이자르 강가를 둘이 산보한 것처럼 고향 이야기에 꽃을 피웠다.

칼 아인슈타인 (Carl Einstein, 1885-1940)[12], 발터 하젠클레버[13], 에른스트 톨러[14], 에른스트 봐이스 (Ernst Weiß, 1882-1940)[15]처럼

12) 예술사학자이자 작가인 칼 아인슈타인은 1936년 스페인내전에 참전하기 위하여 바르셀로나에 갔다. 내전에서 프랑코가 승리하자 1939년 프랑스 파리로 도주했다. 1940년 초 독일국적자로 보르도에 감금당했다. 그해 6월 석방되었고, 프랑스가 독일군에 의해 함락되자 7월 6일 스페인 국경 근처 포 (Pau)에서 자살했다.

13) 독일 표현주의 작가인 발터 하젠클레버는 히틀러 나치정권 이양 후 금지작가가 되었고, 분서 후 그의 책들은 도서관에서 철거되었다. 그러자 프랑스 니스로 망명했다. 2차 대전 중 '적대 외국인'으로 두 번에 걸쳐 감금되었다. 프랑스가 독일군에 함락된 후 독일군의 손에 넘어가지 않기 위하여 1940년 6월 21/22일 밤 수용소에서 음독자살했다.

14) '뮌헨 소비에트공화국' 사건으로 유명한 에른스트 톨러는 1933년 나치가 정권을 이양할 당시 이미 망명객이었다. 1933년 8월 제1차 독일국적 박탈자 명단에 올라있었고, 1939년 분서사건 당시 그의 책은 불살라졌다. 1934년 모스크바를 방문했고, 1939년 뉴욕 PEN 대회에 참가했다. PEN 대회 후 몇 명의 작가들과 함께 백악관에 초대되어 루즈벨트 미 대통령에 소개되었다. 1939년 5월 22일 뉴욕에서 자살했다.

15) 오스트리아 출신의 의사 겸 작가인 에른스트 봐이스는 1933년 제국의회방화사건 후 베를린을 떠나 프라하로 돌아가 1934년 1월 어머니가 돌아가시기 전까지 어머니를 돌봤다. 어머니 임종 4주 후 파리로 망명했다. 의사 허가가 나지 않아 일자리가 없자 다수의 망명 잡지에 글들을 기고했지만 연명하기 힘들자 작가 토마

슈테판 츠바이크 역시 망명의 상태에서 더 이상 목숨을 연명하고 싶지 않자 1942년 2월 23일 브라질의 리오데자네이로에서 부인과 함께 자살하는 사건이 발생했다. 츠바이크는 추크마이어가 오스트리아 헨도르프에 살 때 그를 자주 찾아온 손님이었다. 그의 죽음은 추크마이어에게 커다란 충격을 주었다. 많은 망명객들을 비통하게 만들었던 망명작가 츠바이크의 자살은 추크마이어에게 "우리는 최후까지 이 생명을 지켜야 한다, 왜냐하면 그것은 우리 혼자의 것이 아니기 때문이다. 〔…〕 계속해서 투쟁하자. 살자. 〔…〕 우리들 어느 한 사람도 죽어서는 안 된다, 히틀러가 살아 있는 한!" (1942년 3월 20일 자 망명신문 『재건』)이라는 내용의 '생명 호소'를 부르짖게 만들었다. 사실 추크마이어는 망명객 사회에서 벌어지는 이간질, 협잡, 비난, 비방과 되지도 않은 정치판에 휩쓸리지 않기 위하여 그동안 망명객 모임이나 행동에는 거리를 두고 있었다.

이러저러한 망명의 어두운 시기에 추크마이어는 문학적 '애도'16)

스 만과 슈테판 츠바이크가 생활비를 보조해 주었다. 1939년 그의 마지막 소설 『목격자』가 써졌다. 1940년 6월 14일 독일군이 파리로 진격하는 것을 목격하자 그가 묵던 호텔에서 음독했고, 다음날 근처 병원에서 숨을 거두었다. 그의 자살은 안나 제거스의 『경유지 (Transit)』에 소설화되었다.

16) 사람이 죽으면 살아 있는 주위의 사람들은 —특히 가족들— 그 사람이 죽은 사실에 대해 슬퍼하며 일정 기간 동안 일상생활과는 다른 금기적인 활동과 몸가짐으로 예를 표하는 것을 '상 (喪)'이라고 한다. 이는 동서고금을 막론하고 인간이 지녀야 하는 근본적인 도덕률에 속한다. 우리의 '상 (喪)'에 해당하는 개념을 영어에서는 'Mourning', 독일어에서는 'Trauer'라고 표기하여 사용한다. 이는 우리말에서 일반적으로 '애도'라고 번역되어 통용되고 있다. 유교에서 '상 (喪)'을 중요하게 여기듯이 서양 문화에서도 '애도'를 중요시 여긴다. 이러한 해설을 굳이 언급하는 이유는 '태어나고', '살아가고', '죽는 것'이 인간이 겪는 3대사 (3大事)로 기독교 문화에서는 의식을 통해 그리고 문학에서는 —독일 근대 문학의 초석을 놓은 17세기 독일 바로크 시학의 이론과 실제가 예시하듯이— 문학의 중요 3대 모티브로 작용했기 때문이다. 일반적으로 서양에서 '애도'란 '주위의 사람이나 존경하는 사람이 세상을 떠남으로 인해 발생한 슬픈 기분과 그에 대한 통고 (혹은

작업으로 『악마의 장군』[17]을 써내려가기 시작했다. 작품을 쓰게 된 동기는 1941년 12월 독일의 유명한 조종사로 독일 나치 공군 장성이었던 에른스트 우데트 (Ernst Udet, 1896-1941)가 비행기 추락사고로 사망했다는 짧은 신문기사를 망명지 미국에서 접하자 시대와 인간에 대해 만감이 교차했기 때문이었다. "신예기를 시험비행하던 중 사고로 목숨을 잃었고, 장례는 국장으로 치러졌다는 것"이 신문기사의 내용이었다. 추크마이어 역시 다른 망명객들처럼 나치의 전쟁소식 등은 신문기사를 통해 접하고 있었다.

추크마이어는 소식을 접한 후 계속해서 그 사건에 대해 생각했고, 베를린에서 마지막으로 우데트를 보았던 순간을 쉬지 않고 생각했다. 1936년 베를린에서 우데트를 마지막으로 만났을 때 나치 정권이 비인간적이라는 것을 아는 우데트는 친구 추크마이어에게 "이 나라의 먼지를 너의 구두에서 털어내라 〔…〕 세상으로 나가라, 그리고 다시는 돌아오지 말아라, 여기에 인권이라는 것은 더 이상 없다" (AS, 451)라고 말했다. 우데트에게 비행에 대한 열정은 망명을 떠나는 것보다 더 큰 비중을 차지하고 있었다. 한 친구는 망명의 길을 선택했고, 또 다른 친구는 자기 인생의 길을 선택한 것이다.

에른스트 우데트는 1896년생 동갑으로 추크마이어의 베를린 시절

기별)를 말한다. '통고'의 형태는 '죽은 이'에 대한 기억이 주된 내용이다. 이러한 과정을 통해 슬픔과 고통을 극복하려는 것이 '통고 (기별)'의 목적이고, 이를 문학화한 것을 '문학적 애도작업'이라고 할 수 있다. 이 분야의 바로크 문학에 대해 우리에게 잘 알려진 연구서로는 발터 벤야민이 망명을 떠나기 전 프랑크푸르트 대학교에 제출했던 교수자격 논문 "Ursprung des deutschen Trauerspiels (독일 애도극 (哀悼劇)의 원천)"이 있다.

17) Carl Zuckmayer: Des Teufels General. Drama in drei Akten, in: Carl Zuckmayer: Der Hauptmann von Köpenick, Des Teufels General, Zwei Theaterstücke, Frankfurt/M 1992, 7-132쪽.

친구였다. 다른 한편으로 보면 우데트는 히틀러의 조력자이고 히틀러의 장군들 중 한 명이었다. 우데트는 제1차 세계대전 당시 명성을 날린 전투종사였다. 전쟁이 끝난 후는 곡예비행사로 대중적인 인기를 한 몸에 받고 있었다. 그는 시험비행 조종사, 곡예비행사, 경주비행사, 경영자, 배우로 1920년대 독일은 물론 국내외의 항공 관련 모임에 출연했다. 2차 대전이 발발하기 전 우데트와 추크마이어는 친구관계였다.

검증받은 조종사 우데트는 히틀러 정권 이양 후 히틀러의 장군이 되었다. 1935년에는 독일 공군 대령이 되었고, 2차 세계대전 중에는 1차 대전 당시 전투기 조종사였던 헤르만 괴링에 의해 독일 공군 기계부 부장인 비행기마이스터 사령관에 임명되었다. 이와 함께 에른스트 우데트는 프리드리히 파울루스 (Friedrich Paulus, 1890-1957; 원수), 에르윈 롬멜 (Erwin Rommel, 1891-1944; 원수), 에리히 폰 만슈타인 (Erich von Manstein, 1887-1945; 원수), 빌헬름 카나리스 (Wilhelm Canaris, 1887-1973; 제독)와 더불어 히틀러 전사 (戰士) 중의 한 사람이 된다. 우데트는 1935년 『나의 조종사 인생』이란 책을 발표하였고 30만 부 이상 팔리는 베스트셀러가 되었다. 1차 대전 중 뛰어난 전투기 조종사였다는 점과 비행기 영화를 제작한 우데트의 명성은 히틀러 정권에게 히틀러 나치 공군을 선전하기에 그것보다 더 좋은 것은 없었다.

이 당시 우데트는 추락 전투기의 원인 및 개발에 관여하고 있었다. 영국 공군 '왕립 공군 (Royal Air Force)'을 맞이한 공중전에서 독일 전투기들이 추락하자 히틀러와 헤르만 괴링은 비행기마이스터 사령관인 에른스트 우데트에게 책임을 전가했다. 그러던 중 우데트는 1941년 11월 의문의 전투기 추락사고로 사망한다. 히틀러 정권은 항간에 떠도는 우데트의 의문사를 불식시키며 국장을 치러주었다. 추크마이어의 기억 속에 남아 있는 에른스트 우데트는 나치 체제의 '비인간성'을 이미 간파했던 한 선량한 독일인이었다. 그리고 추크마이어에게 에른스트 우데트는 단지 비행을 사랑한 군인일 뿐이었다. 그것이 비행을 사랑한 한 조종사로서의 숙명이었고 동시에 추크마이어가 파악한 독일의 비극이었다. 추크마이어에게 에른스트 우데트는 '나치 독일 공군의 고위직 군인'이자 동시에 '독일의 시민'이기도 했다. 우데트는 '전쟁에 관해서는 한마디 말도 꺼내지 않은' 친구였지만, 히틀러에게는 무엇보다도 무시할 수 없는 전쟁 조력자였다. 이러한 사실들을 종합해 볼 때 에른스트 우데트는 추크마이어에게 '악마의 장군'이었다.

3막으로 구성되어 있는 이 연극의 제1막과 나머지 내용에 대한 구상은 1942년 작품을 쓰기 시작한 지 3주 만에 완성되었다. 하지만 나머지 2-3장과 완성에는 2년 이상이 소요되었다. 전쟁이 끝나갈 기미가 보이자 추크마이어는 1944/45년 겨울 그의 농장에서 온 힘을 기울여 다시 『악마의 장군』 창작에 집중했다. 이 작품을 들고 가능하면 빨리 독일로 귀환하려는 생각 때문이었다. 그렇게 이 작품은 2차 대전 종전과 함께 완성되었다. 추크마이어는 1945년 7월 28일 이 작품이 완성되었다고 그의 일기에 적고 있다. 나치 독일이 연합군에 항복한 지 두 달 20일이 지난 후였다. 시기나 분위기로 볼 때 완성되었다기보다는 완성한 것이다. 『즐거운 포도농원』이나 『쾨페닉의 대위』에서 보듯이 추크마이어는 시대의 흐름 속에 문학이 어떠한 역할을 담당하는지를 누구보다 잘 아는 작가였다. 그는 그러한 경험을 이미 했고, 현실과 앞날을 예견할 수 있는 극작가였다.

『악마의 장군』 초판은 1946년 스위스에서 인쇄되어 스톡홀름의

'베어만 피셔' 망명출판사에서 발행되었고, 독일에서는 1947년 발간되었다. 1942년 '무명의 전사들에게' 헌정한다고 생각하며 작품을 쓰기 시작했는데, 1945년 "독일의 사형집행인들에 의해 교수형을 당한 나의 친구 테오도르 하우바흐 (Theodor Haubach, 1896-1945), 빌헬름 로이쉬너 (Wilhelm Leuschner, 1890-1944), 헬무트 폰 몰트케 백작 (Graf Hellmut von Moltke, 1907-1945)에게 이 작품을 헌정한다"고 보충해 써넣었다. 이들은 반 나치 저항운동가로 1944년 7월 20일 히틀러 암살계획이 실패로 돌아가며 게슈타포에 체포되어 독일 민족재판소에서 사형을 선고받고 로이쉬너는 1944년 9월 29일에, 하우바흐와 몰트케는 1945년 1월 23일에 베를린에서 교수형당했다. 하우바흐와 로이쉬너는 사민당소속 정치가들이었고, 몰트케 백작은 법률가로 반 나치 저항단체 '크라이스아우 파 (Kreisauer Kreis)'를 조직한 인물이다. 몰트케 백작은 크라이스아우 (Kreisau) 출신으로, 크라이스아우는 남 슐레지엔에 위치한 작은 마을로 오늘날에는 폴란드에 속한다.

독일이 패망하자 추크마이어의 망명생활도 서서히 끝을 맺어 가고 있었다. 그동안 추크마이어는 어떠한 마음으로 미국에서 망명생활을 했을까?

나는 알고 있다, 내가 모든 것들과 재회하게 되리라는 것을.
그리고 모든 것들이 완전히 변해 있을 것이라는 것을.
나는 퇴색된 도시들을 걸어 지나가게 될 것이다.
완전히 파괴된 그 도시 안을.
그리고 그 옛 돌들이 아직도 남아 있는 곳마저도
오래전부터 친숙했던 골목들은 더 이상 아닐 것이다.

나는 알고 있다. 내가 모든 것들과 재회하게 되리라는 것을.
그리고 더 이상 찾지 못하리라, 언젠가 한번 내가 떠나버린 것들을.
(AS, 455)

망명지에 도착하자마자 추크마이어에게 닥친 첫 번째 현실은 무엇보다도 고향 상실감과 고향에 대한 사무친 그리움이었다. 위의 시는 1939년 할리우드에 도착하자마자 쓴 〈작별과 귀환의 비가 (悲歌)〉라는 추크마이어의 시이다. 이 시는 추방당한 서러움과 망명지에서 고향을 바라보는 심정을 비가 (엘레지, Elegy)에 담고 있다. 비탄과 고향에 대한 그리움, 체념을 기본 톤으로 유지하는 이 비가 (悲歌)는 '망명중의 기다림'이나 '고향상실' 등을 표현함으로써 당시의 망명현실이나 작가로서의 문학적 의식을 잘 반영하고 있다.[18] 고향상실감이 체념이라면, 그래도 기다림은 희망에 속한다. 망명객들에게 고향상실감과 기다림은 항상 교차했었고 언제나 그들 곁을 떠나지 않는 현실이었다. '망명중의 기다림'은 망명현실에 나타나는 가장 원초적인 감정으로 망명연구에서 빼놓을 수 없는 중요한 한 영역이다.

추크마이어는 위의 시를 1966년에 발간된 그의 자서전『마치 나의 한 부분처럼』에는 물론, 종전 후 그가 독일로 귀환한 직후 뮌헨의『노이에 차이퉁』에도 기고했다. 추크마이어는 이 시를 그가 미국으로 망명한 해인 1939년 할리우드에서 썼다는 사실을 특히 강조했다. 1946년 미국 시민권을 소지한 미 국방부의 문관자격으로 미군의 공적인 임무를 띠고 독일로 귀환한 왕년의 유명작가가 부득이 이러한 사실을 특별히 강조한 이유는 망명현실과 고향에 대한 정체성을 밝힘

18) 추크마이어의 망명경험에 대해서는, 서장원: 칼 추크마이어의 자서전에 나타난 망명경험 서술방식,『독일문학』제109집 (한국독어독문학회, 2009.) 120-143쪽. 참조

과 동시에, 귀향에의 꿈이 무엇보다도 강렬했다는 사실을 밝히고 싶다는 의도로 받아들일 수 있다. 쉽게 말해 1939년 미국으로 망명하던 순간부터 고향으로 돌아가려는 꿈을 버린 적이 없었고, 2차 대전이 끝나자 고향에 돌아오기 위한 방법으로 '미군의 복장'을 걸쳤다는 것이었다.

망명의 이론과 실제에서 '(망명객의) 기다림과 (혹은) 기대 (期待)'[19]는 중요한 비중을 차지한다. 망명객들에게 '기다림'이란 이론적으로 볼 때 나치 체제 붕괴뿐만 아니라, 사회, 문화, 인류, 독일, 유럽 등의 미래나 그것들에 대한 개인적인 구상까지를 포함한다. 현실적으로는 고국으로의 귀환, 고향으로의 귀환, 잃어버린 위치 및 직책으로의 귀환, 독일인들 (가족, 친지, 지인, 지지자, 청중, 독자 등등)에게로의 귀환 등이 있을 것이다.[20] 실제로 망명 작가들은 망명하는 동안 '기다림'을 주제로 많은 작품을 썼다. 리온 포이히트방어의 『기다림의 대기실』, 3부작인 장편소설 『성공』, 『오펜하임 자매들』, 『망명』과, 클라우스 만의 『화산』, 안나 제거스의 『통과』, 한스 잘의 『소수와 다수』가 망명중의 기다림을 주제로 하고 있다. 이러한 작품들의 공통점은 망명을 '일시적으로 머무는 한시적인 시기'로 규정하며 '나치 체제의

19) 로타 피쿨릭은 '기다림'과 '기대 (期待)'를 '마지막 시기, 과도기의 삶의 형태'로 규정하며 기다림의 종류를 '기독교적 기대, 계몽적 전진 기대, 낭만적 기대, 세기말적 기대, 기다림과 지루함 1-죽음에 이르는 병, 기다림과 지루함 2-전쟁에 이르는 병, '마치 …와 같은' 기다림, 망명 중의 기다림, 기다림의 에토스, 카르페 디엠: 대비 상 속의 기다림과 기대'로 분류하고 있다. Lothar Pikulik: Warten, Erwartung. Eine Lebensform in End- und Übergangszeiten, Göttingen 1997. 참조

20) 망명객들의 성향은 기다림의 종류 혹은 어떠한 종류의 기다림에 비중을 부여하느냐에 따라 결정된다. 정치색이 강한 망명객은 재집권 (혹은 그들이 원하는 세상)을 위한 고국에로의 귀환을 강렬하게 기다렸을 것이고, 정치색이 농후하지 않은 망명객들은 그에 준하는 귀환을 기다렸을 것이다.

종말'을 기다림과 동시에 '귀향에의 꿈'을 의식적으로 담고 있다는 것이다.

추크마이어의 '귀향에의 꿈'이나 '애도작업'은 망명연구에서 '망명현실' 혹은 '망명경험'에 속한다. 망명연구에서 '망명현실' 혹은 '망명경험'은 중요한 연구 대상이다. '망명현실'은 일반적으로 '지역적 관점', '개인적인 망명경험 관점', '조직과 커뮤니케이션의 문제', '사회적인 적응문제' 등으로 분류해 볼 수 있는데[21], 이는 문제투성이의 망명현실과 망명지에서의 적응문제를 다루는 부분으로 망명문학 연구의 핵심을 이룬다. 하지만 추크마이어는 그의 자서전에서 망명현실의 어려움에 대한 서술보다는 '망명의 본질' 규명과 '귀향의 꿈'에 더 큰 비중을 두고 있다.

1.3. 미군의 임무와 독일작가로 귀환

1945년 5월 8일 나치 독일의 패망으로 제2차 세계대전이 종말을 고하자 망명객들에게 다가온 현실적인 문제는 귀환이주에 관한 문제였다. 귀환에 관한 문제는 단순히 감정으로만 해결될 사안이 아니었다. 그 안에는 현실적으로 해결해야 할 복잡한 문제들이 깔려 있었다. 칼 추크마이어 역시 토마스 만처럼 미국 시민권을 포기하지 않으려고 했다. 하지만 시민권을 포기하지 않는 것과 독일로 돌아가고 싶은 희

---

21) 서장원: 칼 추크마이어의 자서전에 나타난 망명경험 서술방식, 『독일문학』 제109집 (한국독어독문학회, 2009.) 120-143쪽. Wolfgang Frühwald und Wolfgang Schieder (Hrsg.): Leben im Exil. Probleme der Integration deutscher Flüchtlinge im Ausland 1933-1945, Hamburg 1981. / Claus-Dieter Krohn und Lutz Winckler (Hrsg.): Handbuch der deutschsprachigen Emigration 1933-1945, Darmstadt 1998. 참조

망은 별도의 문제였다. 추크마이어는 전쟁이 끝나자마자 곧바로 '어떻게 하면 빨리 독일로 돌아갈 수 있을까' 하는 방법을 찾는 데 심혈을 기울였다. 1945년 파괴된 도시 베를린으로부터 독일 현실상황에 대한 첫 소식을 접했을 때 추크마이어는 곧 바로 독일로 돌아가고 싶은 생각이 굴뚝같았다. 하지만 무엇보다도 경제적인 이유 때문에 독일로 돌아간다는 것은 현실적으로 불가능했다. 당시 독일에는 그의 부모님이 아직 생존해 계시며 그를 기다리고 있었다.

추크마이어와 그의 가족은 1946년 1월 30일, 1943년에 신청한 미국 국적을 취득했다. 그는 미국국적을 취득하자 '전쟁성 (War Department)' —미 국방부의 전신— 문화 담당관직에 지원하여 미국의 점령군 자격으로 독일로 돌아가는 길을 마련했다. 이러한 그의 행동에 대해 그는 배우이자 감독이었던 하인츠 힐퍼르트 (Heinz Hilpert)에게 "나는 점령군의 임무로보다는 하느님만이 알듯이 개인 자격으로 돌아가고 싶다, 그러나 전혀 다른 방법이 없다"22)라고 해명했다. 당시는 특별한 사람들을 제외하고는 개인자격으로 고국 독일로 돌아간다는 것은 엄두도 못 내던 시절이었다.

1946년 7월부터 추크마이어는 독일로 건너가기 위해 뉴욕에 위치한 전쟁성의 사무실에서 업무를 시작했다. 지금까지 독일의 미 군정지역에서 발생한 —혹은 발생하지 않은— 연극, 영화, 서적에 관한 일을 파악하고 그것들에 관한 전체적인 조망을 얻는 것이 그가 착수한 첫 번째 업무였다. 그와 함께 독일에서 혹은 미국에서 어떠한 영

22) 1946년 4월 7일 하인츠 힐퍼르트에게 보낸 편지 참조 "Ich wäre weißgott lieber als Privatmann wiederkommen als im Dienste einer Okkupations Armee. Aber es gibt garkeine Möglichkeit." Carl Zuckmayer 1896-1977: >>Ich wollte nur Theater machen<<, Marbach 1996, 313쪽.

화가 필요할까라는 계획에도 참여했다. 마침내 1946년 11월 4일 추크마이어에게 독일입국 군용 비자가 허가되었다. 추크마이어에게 하달된 공식 명칭은 '베를린행 마샬명령'으로 '"독일과 오스트리아 미군정 지역의 대도시를 방문하여 —다른 군정지역 포함— 점령지역의 정신적 생활 개선 및 활성화를 위한 독일 내 문화기관 및 문화시설 상태에 대한 정확한 보고서를 작성"하여 전쟁성에 보고하는 것이 그에게 주어진 업무였다. 추크마이어는 1946년 11월 독일로 귀환하여 다음해인 1947년 3월까지 미군으로서의 공적인 업무를 수행했다.

그러한 다음에는 개인적으로 강연이나 방송 등을 통해 미국의 독일점령에 대한 독일인들의 이해와 양국 간의 우호증진 작업에 참여했다. 일례로 1948년 11월 '미국의 소리' 방송에 출연하여 '미국은 다르다 (Amerika ist anders)'라는 제목으로 "미국의 국민성이야말로 독일재건을 위한 희망"이라고 칭송했다. 방송 '미국의 소리 (Voice of America, VOA)'는 미국 워싱턴 D.C.에 본부를 둔 미국 공영 해외방송으로 미국 정부가 전 세계의 청취자를 대상으로 미국의 '국제정세와 교육 프로그램'을 방송하기 위해 설립한 국제방송이었다. 1948년 당시 '미국의 소리' 방송은 전 세계적으로 84개국에 직원을 상주시키고 있었으며 서독의 뮌헨, 그리스의 살로니키, 영국의 우퍼턴, 모로코의 탕헤르, 필리핀의 마닐라, 하와이의 호놀룰루 등지에 지국을 두고 있었다. 이 방송국들은 매일 26개 언어로 70개 이상의 프로그램을 방송했다. 이 방송매체는 '냉전시대'에 소련을 위시한 공산국가에 대한 미국의 중요한 선전도구였다. 특히 당시 1,000개 이상의 방해전파를 구축했던 소련 영향권 내에 있는 청취자들이 그들이 청취대상으로 삼는 인물들이었다. 2차 세계 대전 중이던 1942년 2월 24일 독일어 방송을 시작으로 전파를 타기 시작한 방송 '미국의 소리'는 지금도 이탈리아어, 프랑스어, 영어, 한국어 방송 등 총 44개 언어로 전 세계를 향해 뉴스, 정보, 문화 등을 방송하고 있다.

추크마이어의 강연 "미국은 다르다"[23]는 1948년 11월 10일 스위스 취리히대학교 대강당에서 최초로 열렸다. 강연내용은 동년 12월 8일 자 '노이에 슈바이처 룬투샤우 (Neue Schweizer Rundschau) (신 스위스 동향)'를 통해 최초로 활자화되었다. 서베를린에서는 미군청의 위임으로 멜빈 J. 라스키가 편집하는 잡지 『데어 모나트 (*Der Monat*) '(달력의) 달'』에서 호외로 인쇄되어 독자들에게 보도되었다. 멜빈 J. 라스키 (Melvin Jonah Lasky)는 1920년 미국 뉴욕에서 출생하여 2004년 독일 베를린에서 사망한 미국 언론인으로 당시 독일의 반공잡지였던 『데어 모나트 (*Der Monat*) '(달력의) 달'』 편집인으로 유명한 인물이었다. 칼 추크마이어의 강연 "미국은 다르다"는 동일한 내용으로 1948년에서 1951년 사이 스위스 베른대학교, 스위스 바젤대학교, 서독 자유베를린대학교에서 반복해서 열렸다.

추크마이어는 이 강연에서 그가 미국의 망명생활에서 어떠한 경험을 했는지 설명한 다음, 미국 사람들은 '교육이 인생관과 세계관을 형성하는 수단이라고 믿고 있다'는 점을 강조했다. 이런 점에 비추어 (점령국) 미국이 독일의 재건을 가능하게 하는 독일의 희망이라고 특징지었다.

그런데 칼 추크마이어는 독일인들에게 어떠한 인물이었나? 칼 추크마이어는 망명을 떠나기 전 『즐거운 포도농원』과 『쾨페닉의 대위』 등을 통해 고유한 독일민속과 독일의 근본적 문제점을 다룬 작품으로

---

23) Carl Zuckmayer: Amerika ist anders. Ein Vortrag, gehalten am 10. November 1948 im Auditorium maximum der Züricher Universität, in: Carl Zuckmayer: Die langen Wege, Frankfurt/M 1996, 169-201쪽. 참조

독일인들에게 각인되어 있던 사람이었다. 즉 독일을 위한 그리고 독일인들을 위한 작가였다. 그런데 어떻게 하여 칼 추크마이어가 이러한 방송을 하게 되었는가? 그것을 듣는 독일인들은 어떠한 심정이었을까? 추크마이어 강연은 강연자와 청취자의 사적인 관계뿐만 아니라 당시 독일의 전반적인 상황을 다시 한 번 점검해 보게 하는 실마리를 제공한다.

첫째, 추크마이어의 위치는 미국 시민권을 소지한 미 국방부의 문관자격으로 미군의 공적인 임무를 띠고 독일로 귀환한 독일 출신 망명객이었다. 당시는 점령군 시절이었고, 독일은 4개의 연합군에 의해 분할 점령된 상태였다. 둘째, 독일이 4개국 연합군에 의해 분할 점령되어 정치적 상황이 복잡한 만큼 독일인들도 국내에 머물렀던 자들과 돌아온 망명객 등으로 구분되어 점령당한 사람들과 진주한 사람들 등으로 구별되는 복잡한 상황이었다. 셋째, 나라는 분할 점령되었고, 독일인들도 피지배자와 지배자의 입장으로 갈려 있는 상태에서 '과연 독일이 어느 누구에 의해 어떠한 방향으로 나가야 되는가?' 등의 복잡한 문제가 현실적으로 깔려 있었다.

2차 세계대전 직후 표면적으로는 합의를 본 것 같았던 연합군들 사이의 독일 점령정책은 시간이 지나면 지날수록 균열양상으로 나타났다. 나치 체제에 대한 공동의 반파쇼 확신을 바탕으로 형성되었던 점령군들 사이의 연합관계는 곧바로 막을 내렸다. 서방 연합군 지역과 소련 군정지역은 제각각 화폐개혁을 단행했다. 소련은 소련군 점령지역에 섬처럼 위치했던 서베를린을 봉쇄했다. 뒤이어 서방 연합군 지역과 소련군 점령지역에서는 각각의 단독정부가 수립되었다. 이로 인해 국제정치에서 독일은 서독과 동독이라는 표현으로 등장하기 시작했다. 그들은 단순한 분단이 아니라 서서히 동·서독 간의 냉전체제를 구축했다.

이러한 냉전체제 상황에서 방송은 서로를 견제하고 비방하는 ─어떠한 언론 매체보다도 강력한─ 무시할 수 없는 도구였다. 4개 전승국에 의해 분할 점령되던 도시 베를린은 독일의 어느 지역보다도 매일매일 그리고 매순간 방송전 (放送戰)으로 들끓었다. 망명에서 돌아온 정치가들이나 언론인들, 작가들은 그들의 정치적 입장에 따라 서방 연합군지역 혹은 소련 군정지역 방송으로 나뉘어져 ─혹은 편입되어─ 자기 나름대로의 입장 및 논리를 펼쳐나갔다. 소련 및 기타지역에서 귀환한 공산주의자들은 공산주의 논리를 펼쳐나갔고, 칼 추크마이어처럼 미군자격으로 귀환한 망명객들은 미국식 민주주의를 부르짖었다. 이러한 이면에는 개인적인 입장도 있었겠지만 당시의 정치현실이 그랬다.

연합군 점령지역과 소련군 점령지역, 서방과 소련 사이의 정치적 긴장감은 갈수록 고조되었다. 서방 연합국들 사이에서는 반공분위기가 고조되어 가는 반면 공산주의 국가에서는 반 서방분위기가 고조되었다. 미국에서 매카시즘 선풍이 불며 독일의 저명 망명객들을 공산주의 혐의를 씌워 반미주의자로 내몰아 칠 때 공산지역에서는 스탈린의 주도하에 수많은 지식인들을 숙청해댔다. 동독 구역에서 자행된 숙청 대상은 나치가 지배하던 시절 소련에 머물렀던 자들이 아니라 서방세계에서 망명생활을 보낸 사람들이었다. 이러한 분위기 속에서 추크마이어는 미국 시민권을 소지한 미 국방부의 문관자격으로 미군의 공적인 임무를 띠고 독일로 귀환한 망명객이었다.

당시의 상황을 더듬어보기 위해 귀환이주한 저명 망명객들의 귀향의 길을 잠깐 살펴보기로 하자. 1945년 2차 세계대전이 종말을 고하자마자 망명객들에게 현실적으로 급박하게 부상한 문제는 독일로 귀환을 해야 하는지, 아니면 좀 더 정세를 살펴보며 기다려야 하는지, 남아야 하는지 등의 귀환이주에 관한 것이었다.

안나 제거스와 아르놀트 츠바이크는 이것저것 따지지 않고 무조건 독일로 귀환하여 소련군 점령지역으로 들어갔다. 그들에게 독일은 무조건 돌아가야 할 그들의 조국이었다. 이에 비해 베르톨트 브레히트는 우선 스위스로 귀환하여 상황을 신중히 타진한 다음 1948년 오스트리아 시민권자로 동베를린으로 들어갔다. 베르톨트 브레히트는 그의 '반고전 (反古典) 연극관 (演劇觀)' 때문에 동베를린에서는 어려운 위치에 서야 했고, 서독에서는 마르크스주의자로 적대시되었다. 브레히트는 결국 동독으로 귀환이주했지만 1953년 6월 17일 봉기 이후 그의 작품들은 동독의 극장에서 배척당했다.

추크마이어는 미군의 공적인 임무를 띠고 독일 내 미군정지역으로 돌아와 미군의 공적인 임무를 수행했지만 원래 그의 목적은 조국 독일로 귀환하여 그를 기다리는 조국과 조국의 관객들에게 돌아가는 것이었다. 『악마의 장군』을 하루 빨리 독일인들에게 소개하고 싶어 '미군으로 돌아온 것뿐'이라는 것이 그의 진심이었다. 그렇게 하여 그가 유럽으로 귀환한 지 약 한달 후인 1946년 12월 14일 『악마의 장군』은 하인츠 힐퍼르트가 감독을 맡아 스위스 '취리히 샤우슈필하우스'에서 초연되었다. 초연은 48회 공연되었다. 48회라는 공연 숫자는 1950년대 말까지 '취리히 샤우슈필하우스'에서 보유한 유일무이한 기록이었다. 보통의 작품들은 30회를 넘기지 못했다.

'취리히 샤우슈필하우스'는 추크마이어가 망명을 떠나기 전 그의 작품 『벨만』을 초연한 곳이기도 했다. 이곳에는 1933-1945년 사이 독일 반파쇼주의자들과 독일에서 추방당한 많은 배우 감독들이 모였었다. 이들 중에는 유명한 사람들도 있었고, 하루아침에 유명한 사람이 된 사람들도 있었다. 그만큼 추크마이어에게는 망명객으로서나 귀환이주자로서나 의미 있는 극장이었다. 망명을 떠날 당시 추크마이어는 이곳 취리히야말로 독일어 언어구역에서 유일하게 자유극장이 있다는 것을 실감했었다. 당시 그곳에서는 많은 그의 친구들이 활동하고 있었다. 이제는 유럽으로 귀환했고, 그의 작품도 이곳에서 초연되고 있었다.

하지만 전후 정치적인 상황 때문에 독일군정 지역에서 스위스 취리히를 방문한다는 것은 제약이 있었다. 우선 스위스 비자를 발급받아야 되었고, 왜 이 나라를 특별히 방문하려는지에 대한 이유를 밝혀야 했다. 더구나 추크마이어는 미군 문관 신분이었기 때문에 특별한 허가를 필요로 했다. 우연히 추크마이어는 옛 친구의 도움을 받아 스위스 여권을 발급받고 스위스 국경을 넘어 취리히에 발을 들여 놓을 수 있었다. 취리히는 전쟁 통에도 '변하지 않고', '유럽의 도시'로 남아 있었다. 그것은 그의 꿈이었고, 지금은 현실이었다. 『악마의 장군』을 연습 공연하는 것을 보고, 그의 친구 하인츠 힐퍼르트 감독에게 베를린 사투리로 말을 건넬 때 추크마이어는 고향에 돌아온 것을 실감할 수 있었다. 이 방문이 그에게는 큰 의미로 다가왔다. 배우, 감독, 극장 관계자 등 옛 친구들을 만났고, 새로운 친구들을 사귀었기 때문이었다. '취리히 샤우슈필하우스'와의 재회! 그리고 옛 친구들과의 재회! 이는 곧 고향에로의 귀환을 의미했다.

독일에서는 그로부터 1년 후인 1947년 11월 8일 '함부르크 샤우슈필하우스'에서 초연되었다. 스위스에서 초연이 된 후 1년이 지나서야 독일에서 『악마의 장군』이 초연이 된 사실에는 이유가 있다. 미 군정청 검열관은 작품이 독일에서 공연되는 것을 허가하지 않았다. 미 군정청은 새로운 '등 뒤에서 칼 찌르기 전설 (Dolchstoßlegende)'

이 대두되는 것을 두려워했기 때문이었다.

'등 뒤에서 칼 찌르기 전설'이란 1차 세계대전 직후 독일 군 수뇌부에 만연해 있던 모반 (謀反) 이론으로 1차 세계대전에서 독일제국이 패전한 이유는 독일 군대의 잘못이 아니라 내부의 배신자들, 특히 군주제를 전복한 사회민주주의자들과 다른 민주주의 정치가들이 국가를 배반했기 때문이라는 믿음을 말한다. 독일 군대는 '전선에서 패전의 상태가 아니었는데' 고향에 있는 '조국이 없는' 반대파 민간인들이 '등 뒤에서 칼 찌르기'를 자행했다는 것이다.

'조국이 없는' 자들이란 '내적인' 그리고 '외적인 독일제국의 적'으로 규정한 사람들에 대한 그들의 망상으로 곧 유대인들을 의미한다. 이 전설은 독일 국수주의, 민족주의, 극우파 집단 및 정당이 11월 혁명의 목적, 베르사유 조약 배상, 좌파 정당, 바이마르 공화국 제1 연정, 바이마르 공화국 헌법을 반대하기 위한 선전수단으로 사용되었다. 이 전설은 시대사에서 의도적인 역사왜곡인 동시에 황제 독일제국 군부 엘리트 및 국수주의 엘리트들의 정당화이데올로기로 평가받는다. 이 전설은 근본적으로 나치에게 전수되었으며 그들에 의해 일반화되고 결정적으로 옹호되었다.[24)]

1947년 가을이 되어서야 『악마의 장군』 공연금지는 규제가 풀렸다. 그리고 그해 11월 8일 '함부르크 샤우슈필하우스'에서 초연되었다. 결국 『악마의 장군』은 공연되었고, 대성공으로 막을 내렸다. 정

---

24) '등 뒤에서 칼 찌르기 전설 (Dolchstoßlegende)'에 대해서는 Boris Barth: Dolchstoßlegenden und politische Desintegration. Das Trauma der deutschen Niederlage im Ersten Weltkrieg 1914-1933. Droste, Düsseldorf 2003, / Wolfgang Benz (Hrsg.): Legenden, Lügen, Vorurteile. Ein Wörterbuch zur Zeitgeschichte. München 1992, / Joachim Petzold: Die Dolchstoßlegende. Eine Geschichtsfälschung im Dienst des deutschen Imperialismus und Militarismus. Berlin 1963. 참조

치가 아니라 당시의 문화계 분위기를 이해하기 위해 당시의 독일 연극상황을 잠시 되짚어 보기로 한다.

제국선전부 장관인 요셉 괴벨스는 1944년 9월 1일부터 독일의 모든 극장 문을 잠가버렸다. 전쟁이 끝난 지 몇 달 후인 1945년 9월부터 독일의 극장에서는 연극이 다시 공연되기 시작했다. 인도주의 정신과 관용을 촉구하기 위해 어떠한 작품보다도 독일 계몽주의 작가인 레싱의 『현자나탄』이나 독일 고전주의 작가인 괴테의 『타우리스섬의 이피게니』와 같은 독일고전이 연출되었다.

그 이외에 미국작가 손턴 와일더의 『우리 읍내』와 『위기일발』이, 그리고 프랑스 작가 장 아누이의 『안티고네』와 장 지로두의 『트로이 전쟁은 일어나지 않을 것이다』가 관객들에게 커다란 호응을 받고 있었다. 당시 문학적 가치로도 중요하고 동시에 많은 호응을 얻은 독일 작가들의 작품들로는 귄터 봐이젠보른의 『불법자들』, 볼프강 보르헤르트의 『문 밖에서』, 막스 프리쉬의 『그들은 다시 노래한다』, 프리드리히 볼프의 『맘록 교수』가 있었다.

이러한 공연시장 상황에서 추크마이어의 『악마의 장군』처럼 많은 관객을 동원하고 관객들에게 토론 거리를 제공한 작품은 드물었다. 이와 더불어 추크마이어는 다시 한 번 망명 이전의 유명세를 단숨에 회복했다. 1948년과 49년 사이에 『악마의 장군』은 서독의 전 지역에서 2,069회나 공연되는 획기적인 기록을 세웠다. 그의 명성은 전후 독일문학을 대표하는 작가군의 한 사람으로 문학사에 기록될 정도였다. 그는 이 작품을 통해 문단뿐만 아니라 일반인들에게 전후 독일 사회가 숙명적으로 풀어야 할 시대적 관심사를 일깨우는 데 중요한 동기를 마련해 주었다. 예상치 못했던 공연의 대성공에 추크마이어 본인도 놀랐다. 추크마이어가 이러한 성공을 거둔 이면에는 '문학적 애도작업'을 통해 시대와 사회를 정확하게 파악할 수 있는 한 작가와 인간으로서의 능력이 있었기 때문이었다.

그의 많은 친구들은 추크마이어가 망명지에서 작품을 창작했음에도 불구하고 마치 나치독일의 환경에서 거주했던 것처럼 어떻게 작품 속의 목소리나 분위기가 그렇게까지 똑같은가에 대해 놀라워했다. 어떤 친구는 지금까지 제3제국을 주제로 삼은 작품 중에서 『악마의 장군』이야말로 최고이고 또한 인간적인 문학이라며 감격스러워했다. 더 대단한 일은 『쾨페닉의 대위』가 빌헬름 황제 시대의 독일이라면, 『악마의 장군』은 나치 시대의 독일을 문학화했다는 사실이다. 그뿐만 아니라 전 독일을 1년 내내 독일의 전설적인 조종사 우데트에 대한 생각으로 가득 차게 만든 데 대해 감탄했다. 그들은 작품을 통해 독일과 독일인들의 숙명에 대해 논의했다.

소련군 점령지역에 거주하고 있던 한 평자인 리하르트 키른(Richard Kirn, 1905-1979)은 추크마이어의 작품을 기본적으로 전후 뛰어난 작품이자 반 나치 희곡으로 평가하지만, 또 다른 한편으로는 작품을 잘못 이해하는 관객들도 있다는 점을 잊어서는 안 된다는 비판을 가했다. 관객들 중에는 "많은 순진한 사람들과 많은 젊은이들"이 앉아있고, 그들은 별 생각 없이 나치시대의 군복(장)이나 괴링과 히틀러의 성난 재담이나 즐기고 있다는 것이었다. 실제로 그 젊은이들은 얼마 전까지 히틀러 나치군대에 복무하고 있던 사람들이었다. 이러한 그의 지적은 사실상 쉽게 듣고 간단히 잊어버릴 단순한 문제가 아니었다. 그 안에는 전후 독일사회가 안고 있는 복잡한 정신적·심리적 문제가 도사리고 있었기 때문이다.

『악마의 장군』은 공연에서의 대성공뿐만 아니라 전후 독일 사회에서 괄목할 만한 논의의 대상으로까지 떠올랐다. 우선 공연 자체부터 그러했다. 작가인 추크마이어는 추크마이어대로 독일의 관객들이 본인의 작품을 어떻게 받아들일까 긴장하고 있었고, 미 군정청은 미 군정청대로 공연을 허락했을 경우 공연의 여파가 어떠한 사태로까지 비화할 수 있을까에 대해 촉각을 곤두세우고 있었다. 마침내 1947년 11월 25일, 미 군정지역인 마인강변의 프랑크푸르트에서도 공연의 막이 올랐고, 그곳에서도 역시 공연은 대단한 박수갈채로 막을 내렸다. 이와 함께 『악마의 장군』은 나치 추종자이건, 동조자이건, 유혹당한 젊은이들이건 혹은 나치의 반대파들이건 간에 대단한 논란거리로 떠올랐다. 작품은 전 독일에서 화제가 되었다. 작가 자신도 문학적 애도작업이 독일에서의 초연 이후 이처럼 전후 독일사회의 정치적, 정신적, 인간적인 토론의 대상으로 떠오른 것에 대해 놀랐다.

사람들은 추크마이어가 그의 작품 『악마의 장군』을 통해 얼마나 분명히 그리고 얼마나 내부 속속들이까지 독일의 문제점들을 파헤치고 있다는 것을 확신했다. 그것은 어찌 보면 한 작가가 전후 독일사회에 베풀어준 선물인 동시에 독일인 자신들이 풀어나가야 할 과제였다. 관객의 호응은 대단했고, 젊은 독일인들은 열정적으로 감격해했다. 독일 젊은이들은 작품의 예술성뿐만 아니라, 아니 오히려 훨씬 더 전후 독일사회가 안고 있는 독일의 문제점에 관해 열띤 토론을 이어나갔다. 추크마이어 역시 그의 작품을 주제로 학생들이 —이들 중 대다수는 얼마 전까지 히틀러 나치군대에 복무 중이었다가 지금은 전역한 병사들— 모여 토론하는 자리에 여러 번에 걸쳐 초청되어 젊은이들과 허심탄회하게 토론하였다.

독일 젊은이들은 전쟁이 끝난 시대에 그들 자신이 어떠한 사람들이라는 것을 잘 알고 있었다. 추크마이어의 작품 공연을 보고 그것에 대해 열띤 토론을 벌이던 젊은이들은 얼마 전까지 '유대인 수용소'에 있었거나, '나치군 특수부대원'이었거나, '반 나치 성향 군인'이었거나, 그저 단순한 '나치군 병사'들이었다. 그들은 나치군이 패하자 연합군에 포로로 잡혔다가 포로수용소를 거쳐 지금 고향에 돌아온 젊은이들이었다. 이유야 어떻든 그들은 나치군이었다. 이러한 이유로 그들은 '매우 무기력해져 있었고', '정치적으로 부담감을 떠안고 있는' 젊은이들이었다. 당시의 나이로 보면 대략 18세부터 35세까지의 젊은이들이 제2차 세계대전에 독일군으로 참가한 것이다.

그들 중에는 전쟁 중 전사한 사람들도 있었고, 아직 연합군 포로수용소에 수감된 사람들도 있었다. 그런데 지금 전선에서 귀향한 25세부터 28세의 젊은이들을 굳이 연합군 기준의 통계로 계산해 본다면 사실상 그들은 '히틀러 유겐트 (청소년단) (HI)', '나치돌격대 (SA)', '나치친위대 (SS)'였던 사람들이었다. 그들이 지금 연합군 분할 점령 구역에서 『악마의 장군』을 보며 토론을 하고 있는 중이었다. 그들은 말 그대로 잃어버린 세대, 'Lost Generation'이었다. 그들에게는 그러한 분위기가 팽배해있었고, '과연 우리에게 나치는 어떠한 의미인지', '독일과 독일인의 문제점은 어디에 있는지', '독일의 앞날은 어떻게 되어야 하는지' 등의 문제점들을 토론하는 중이었다. 그중에서 대표적인 것이 독일의 '총체적 죄'와 '과거사 극복문제'였다.

2. 귀향 없는 귀환이주

2.1. 재회

망명의 길을 떠난다는 것은 조국을 떠나는 것이고, 망명에서 조국으로 귀환하려는 원초적인 목적 중 하나는 재회를 위함이다. 추크마이어의 경우 —이미 밝혔듯이— 독일과 재회하기 위해 망명지에서 '애도 문학'을 서둘러 완성했다. 게다가 가능한 한 빠른 시일 내에 독일로 귀환하기 위해 미국 전쟁성이 독일에 파견하는 문관채용에 지원하여 독일 점령군의 일원이 되었다. 그렇게 추크마이어는 국적변경자로 미군의 임무를 띠고 독일로 귀환하여 조국 독일과 재회했다. 재회의 대상과 분위기는 1966년에 발간된 자서전 『마치 나의 한 부분처럼』에 잘 나타나 있다.

추크마이어가 미 국방부의 명령에 의해 독일 땅에 도착해야 할 첫 목적지는 베를린이었다. 그러나 파리에서 출발하여 베를린으로 향하던 비행기는 기상상태가 좋지 않자 공교롭게도 프랑크푸르트 공항에 기착하게 되었다. 프랑크푸르트는 그의 고향이나 마찬가지인 곳이다.

프랑크푸르트 시내를 걸으니 지나가는 사람들이 독일어로 말하는 소리가 들렸다. 더욱 반가운 것은 지나가는 사람들이 그의 고향 사투리를 쓰고 있었다는 사실이었다. 프랑크푸르트는 어린 시절의 일부분을 회상할 수 있었던 곳이었고, 제1차 세계대전이 끝난 후 제대군인으로 대학에 첫 등록을 한 젊은 시절을 보냈던 곳이었다.

프랑크푸르트 시내와 독일말을 하는 사람들 다음으로 보인 것이 폐허로 변한 프랑크푸르트였다. 전쟁으로 인해 기간 산업시설, 공공건물, 신시가지, 구시가지, 유적은 물론 일반 주택까지, 거의 모두 것들이 파괴되어 있었다. 기록에 의하면 프랑크푸르트 일반 주택의 25%가 완전히 파괴되었고, 2만 3,000개의 건물은 거주 불가능하게 파괴되어 있었다.

폐허와 관련하여 참고로 살펴보면 독일 전체가 잿더미로 변하자 전후 독일에는 '폐허여성 (Trümmerfrau)들'이 있었다. 전쟁 직후의 독일은 전체 주거지의 1/4이 파괴되었고, 많은 도시에서는 50% 이상이 파괴된 상태였다. 전쟁 중 약 400만 개의 주거건물이 폭격으로 파고되었고, 수많은 공장이 잿더미로 변했다. 그러자 15세 이상 50세 미만의 모든 여성은 —베를린은 15세 이상 65세 미만— 독일과 오스트리아의 도시에 폐허가 된 주택이나 건물의 잔해를 치우고 청소와 정돈을 위해 의무적으로 신고하라는 점령군의 명령이 발동되면서부터 생겨난 것이 '폐허여성들'이다.

신고된 여성들 중 대다수는 자녀가 하나 내지 둘인 과부들이었다. 전문적인 청소부를 포함하여 전쟁포로들이나 전직 나치 여성들 (자의든 강요당했든)이 동원되었다. '폐허여성'은 무상으로 노동하는 것이 아니라 식량배급표를 받았다. 식량배급표가 생활에 도움은 되었지만 또 다른 한편으로는 작업에 참여함으로써 안전을 기할 수도 있었다. 독일 여인들이나 소녀들이 점령군들에게 성폭행당하는 사건이 발생했고, 이러한 사건은 갈수록 증가했다. 이로 인해 1945년 5월에만 약 1,000여 명이 자살하는 사태가 발생했다. 그와 더불어 전후 초기 독일 재건의 무거운 짐을 짊어졌던 독일의 여인들은 이 시기에 새로운 자각과 자의식을 갖게 되었다.

어찌되었던 '폐허여성들'은 그녀들의 남편, 아들, 오빠, 동생들이 전사했거나, 포로로 연합군들에게 잡혀 있거나, 부상해서 귀향했거나, 패잔병으로 귀향한 남성들이 부재한 폐허의 잿더미위에서 독일을 재건하는 데 커다란 공을 세웠다. 그녀들은 전후독일에 독일인들의 재건의지와 생존력의 상징이 되었다. 그녀들의 육체적인 중노동이 없었다면 독일의 도시들은 오랫동안 잿더미로 방치되어 있었을 것이었고, 그녀들의 지치지 않는 행동이 없었다면 가족의 생존은 보장하기 어려웠을 것이다. 당시 베를린에만 해도 약 6만 명의 '폐허여성들'이 있었고, 그녀들의 공식명칭은 '재건업 보조여성들'이었다.

추크마이어는 그날 밤 독일주둔 미군이 징발한 프랑크푸르트의 한 자그마한 호텔에서 숙박했는데, 그곳에서 고향에 돌아왔다는 사실을 실감한다. '늙고 굶주린 외모'의 호텔 문지기가 그를 보자마자 『즐거운 포도농원』 작가라는 것을 알아보았고, '당신이 고향에 돌아왔다는 것이 얼마나 기쁜가!'라며 환대를 한 것이다. 이 일화는 바이마르 공화국 시절 저명한 작가였던 추크마이어가 나치지배와 전쟁을 겪으면서도 독일인들에게 잊히지 않고 있었다는 사실을 극단적으로 말해주는 장면이었다. 다른 한편으로는 전후 독일사회에서 추크마이어가 독일 관객들에게 호의적으로 받아들여지고 있다는 사실을 반증하는 것이기도 했다. 추크마이어는 미국에서 유럽으로 귀환하기 이전에도 이미 자기의 작품들이 베를린, 뮌헨, 슈투트가르트, 함부르크 등 독일에서 공연되고 있다는 소식을 들은 바가 있었다.

추크마이어의 귀환은 당시 언론에서도 주목했다. 귀환 직후는 물론이고 귀환 후 한참 시간이 흘렀을 때까지도 추크마이어에 대한 언론의 관심은 쉬지 않고 계속되었다. 특히 뮌헨의 『노이에 차이퉁 (*Neue Zeitung*)』, 취리히의 『타게스안차이거 (*Tagesanzeiger*)』는 추크마이어에 대한 기사를 자주 보도했다. 참고로 1945년 10월 '미 점령군의 공식 기관지'인 『뮌헨 차이퉁 (*Münchener Zeitung*)』으로 출발한 『노이에 차이퉁』은 전후 초창기, 즉 미 군정시절에 독일의 영향력 있는 신문 중의 하나였다.

당시 언론에 비친 추크마이어를 살펴보면 1945년부터 1949년까지 『노이에 차이퉁』에는 추크마이어라는 이름이 74번 등장한다. 이는 본인 스스로 기고했거나 타인에 의해 거명된 것을 포함한 것이다. 이 숫자는 귀환과 관련된 망명 작가 중 157번 거명된 토마스 만에 이어 두 번째이다. 1945년부터 1949년까지 독일 주요 신문에 —중앙지급— 거명된 망명 작가들의 수치를 종합해 보면 토마스 만 777번, 요한네스 R. 베혀 387번, 베르톨트 브레히트 383번, 추크마이어 283번 순으로 나열된다.[25)]

이러한 사실은 토마스 만의 귀환이주에 전 독일인들의 관심이 집중되어 있었고, 다음으로 요한네스 R. 베혀, 베르톨트 브레히트, 추크마이어 순이라는 것을 의미한다. 이들 중 요한네스 R. 베혀는 모스크바에서 애초부터 공산주의자들과 동 베를린으로 방향을 정하여 귀국한 후 소련 군정지역에서 동독 건국에 전념한 작가이다. 베르톨트 브레히트는 미국에서 일단 유럽으로 —스위스로— 귀환한 다음 동베를린으로 방향을 정한 경우이고, 추크마이어는 미 전쟁성의 문관자격으로 미 군정지역으로 귀환한 경우이다. 미국에 머물렀던 토마스 만은 아예 독일로 귀환하지 않고 독일의 접경 도시인 스위스의 취리히에 정착했다.

추크마이어는 베를린과 재회한 1946년 11월의 시간을 "전쟁 후 가장 추운 가을과 겨울"이었고, 베를린 공간을 "결핍의 밑바닥"이었다고 서술했다. 추크마이어와 재회한 베를린은 마취당한 동족과 함께하고 있는, 말 그대로 '패전한 나라', '파괴된 땅', '잿더미 위에 놓여 있는 도시'였다. 독일제국의 수도였고, 대대로 전해 내려오던 독일문화의 중심지이자 찬란했던 수도 베를린은 전쟁이 끝나고 1년이 훨씬 지났음에도 폐허더미 위에 놓여 있었다. 그리고 그곳의 시민들은 그동안 무자비한 공습으로 인해 육체가 망가지고 넋이 나간 상태였다.

영국 공군이 베를린을 공격하기 시작한 것은 이미 1940년부터였

25) 위에 기술한 추크마이어와 언론의 관계에 대해서는 Jang-Weon Seo: Die Darstellung der Rückkehr. Remigration in ausgewählten Autobiographien deutscher Exilautoren, Würzburg 2004, 29쪽 참조.

다. 당시는 베를린 시내의 외곽을 공격했기 때문에 피해는 그리 크지 않았다. 소련 공군도 수차례에 걸쳐 베를린을 공격했지만 피해는 그리 크지 않았다. 하지만 미군이 참전하며 베를린이 파괴 상황은 많이 변했다. 24시간 내내 베를린을 폭격하기 위해 미군이 대낮에 공격했고, 영국 공군은 야간에 폭격해댔다. 1945년 3월 18일 하루만 해도 1,250대의 전투기가 베를린을 공격했다.

그 결과 약 2만 명의 베를린 시민이 목숨을 잃었고, 150만 명 이상이 먹고 자고 생활하는 가옥을 잃었다. 시내 중심가는 완전히 파괴되었다. 베를린 건물의 50%가 파괴되었고 교통기간 산업의 대부분이 파괴되었다. 전쟁이 끝났을 때 생필품 공급은 파국적이었다. 총 45만 톤의 폭탄이 베를린에 투하되었다. 독일의 어떤 도시도 나치 제3 독일제국의 권력과 문화의 상징인 베를린처럼 폭격당하고 파괴된 곳은 없었다.[26] 소련군은 베를린에 진격하여 1945년 4월 21일부터 베를린을 점령했다. 1945년 5월 2일 아침, 나치 베를린 경비 사령관 헬무트 봐이딩 (Helmuth Otto Ludwig Weidling, 1891-1955) 장군은 항복했고, 행정부는 소련 붉은 군대에 접수되었다. 망명에서 돌아온 자들에게 보이는 실상은 패전한 독일이라는 사실과 연합군의 엄연한 군사점령이었다.

베를린을 조종하는 자는 독일을 지배한다. 정치, 경제, 사회뿐만 아니라 영화, 연극, 음악, 미술이 그랬고, 언론이 그랬다. 얼마 전까지 독일인들은 독일을 조종하는 자가 유럽을 지배한다고 믿었다. 하지만 전쟁이 끝난 지금 독일 힘의 상징이었고, 화려했던 베를린은 정치적인 이해관계에 의해 미국, 소련, 영국, 프랑스 연합군에 의해 분할 점

26) 1945년부터 1948년까지 도시 베를린 상태에 대해서는 Wolfgang Schivelbusch: Vor dem Vorhang. Das geistige Berlin 1945-1948, München 1995. 참조

령된 상태에 있었다. 한때 도시와 같이하며 베를린의 역사를 지켜보았고, 여름이면 푸르름을 자랑하던 고목들은 도시의 땔감용으로 전락한 지 오래였다. 나무는 고사하고 나무의 밑둥치마저도 뽑혀 없어진 상태였다. 한때 사람들과 활기로 넘쳐났던 도시 베를린은 죽음의 도시로 변해 있었다. 늙은 사람들이나 어린애들은 병이 들면 그대로 죽어나갔다. 추크마이어는 미국인으로 고국에 돌아와 베를린과 그렇게 첫 재회를 했다.

그의 고향 도시 마인츠도 마찬가지였다. 부모님과 함께 살던 집은 다 파괴되어 돌덩이와 쓰레기로 변해 있었고, 어릴 적 학교 다니던 길은 찾을 수도 없었다. 마인츠 역에는 '헤어진 가족을 찾는 가슴 찢어지는 사연의 쪽지들이 벽을 메우고' 있었다. 사람들은 '학수고대하며, 희망을 품고 혹은 낙심하며' '도망쳐 고향을 떠나간 자를, 상이군인을, 연합군 포로수용소에 감금되었다가 돌아오는 전쟁포로를, 그동안 소식이 끊겼던 형제자매를' 마인츠 역에서 기다리고 있었다. 그들 중에는 돌아온 사람도 있었고, 돌아오지 못한 사람들도 있었다.

2차 대전 중 마인츠는 영국과 미국 공군의 폭격으로 전 도시의 80%가 파괴되었다. 1945년 2월 27일 하루만 해도 영국 왕실 공군 전투기 435대가 마인츠를 폭격했다. 그날 오후 4시 29분부터 4시 45분까지 1,500톤의 폭탄을 투하했다. 통계에 의하면 폭격으로 인해 1,200명 이상이 목숨을 잃었다. 그래도 다른 도시에 비하면 적은 숫자였다. 마인츠는 1945년 3월 22일 미군에 점령되었다.

추크마이어는 11월 춥고 습한 날씨의 뮌헨에서는 빳빳하게 다린 바지에 곤봉을 들고 거리를 활보하는 미군 헌병들을 보았다. 허름한 옷에 폭격으로 다리를 잃은 어린 아이가 초콜릿이나 껌을 얻을 수 있지 않을까 하는 바람에 미군 호텔주위를 맴도는 것을 보았다. 그러한 아이들을 미군들이 —그중에는 눈에 띄게 자주 흑인병사들이— 번쩍 들어올리고, 먹을 것을 주고, 키스하는 것을 보았다. 불구가 된 독일 아이들에게 담배를 휙 던지고는 집어오게 하는 경주를 시키며 장난하는 것을 보았다. 그러한 참혹한 꼴을 보며 추크마이어는 '이러한 날에 검은 비는 항상 내린다'며 홍분을 느꼈다. 그 당시 독일에는 전후 독일 최초의 '폐허영화' 『살인자들은 우리들 안에 있다』가 상영 중이었다.

추크마이어는 귀환하여 망명 중 그토록 그리워했던 사람들과 재회했다. 재회한 사람들은 크게 부모, 친구들, 그리고 그 이외의 사람들로 구분된다. 그 밖에도 새로 알게 된 사람들이 있다. 사람들과의 재회에 관해서는 추크마이어가 그의 자서전에서 특별히 언급한 사람들 위주로 살펴보기로 한다.

추크마이어는 자서전에서 페터 주어캄프와 주어캄프의 부인 안네마리 자이델과의 재회에 많은 지면을 할애하고 있다. 안네마리 자이델은 젊은 시절 베를린에서 함께 동거를 했던 연인이었고, 그녀의 현재 남편 주어캄프는 독일의 '주어캄프 (Suhrkamp) 출판사'를 창립한 저명한 출판인으로 나치에게 박해를 당했던 인물이다. 추크마이어는 주어캄프를 1919년 다름슈타트에서 드라마투르그로 일할 때 알게 되었고, 주어캄프가 자이델과 결혼한 이후에도 줄곧 우정을 유지해왔다. 주어캄프는 유대인 수용소에서 출소하고 어느 정도 몸을 회복한 후인 1945년 8월 2일, 수감당한 이후 다시 최초로 미국에 있는 추크마이어에게 편지를 보냈고, 자이델도 8월 10일 편지를 보냈었다.

주어캄프는 나치시절인 1936년 '핏셔 (S. Fischer) 출판사'[27]의 일

---

27) 1934년 창업자인 사무엘 핏셔가 사망하고 그 출판사에서 장기간 직원으로 근무했던 그의 사위 곳트프리트 베어만 핏셔 (Gottfried Bermann Fischer, 1897-

부를 인수하여 1944년 4월 게슈타포에 의해 대역죄와 국가배반죄로 체포될 때까지 '주어캄프' 이름으로 출판사를 운영했다. 사무엘 핏셔(Samuel Fischer, 1859-1934)에 의해 1886년 베를린에서 창업된 '핏셔 출판사'는 자연주의와 고전적 모던 시기에 성업한 출판사였다. 하지만 유대인이 운영하는 '핏셔 (S. Fischer) 출판사'는 나치시절에 살아남을 수가 없었다. 더구나 135종의 흑색목록 중 15종이 핏셔 출판사에서 발간된 문학서였다.

주어캄프는 게슈타포에 체포되어 작센하우젠 유대인수용소에 수감되었다가 1945년 2월 중병으로 출소했다. 나치 패망 후 1945년 10월 8일 영국 군정지역에서 최초로 출판업 허가를 받아 출판사 재건을 시작했다. 처음에는 베어만 핏셔와 동업을 하다가 1950년 정식으로 '주어캄프 출판사'를 창업했다. 추크마이어가 주어캄프를 재회했을 때 그는 거의 죽어가는 사람 모습이었지만 침대 옆에는 작업 중인 원고지가 수북이 쌓여 있는 것을 보고 그의 대단한 정신력에 놀라움을 금할 수가 없었다. 주어캄프는 그동안 나치치하에 머물며 고생했던 경험을 이야기 해주며 나치의 폭압도 참혹했지만 그보다 더 가혹했던 것은 인간들의 무의식 속에 잠재해 있는 악의 충동이 발견되었을 때였다고 설명했다. 이를 듣자 추크마이어는 과거사청산문제가 얼마나 심각한지 다시 한 번 실감하였다.

부엌이 추워 두꺼운 양말에 코트를 걸치고 주어캄프 부인이 끓여

1995) —원명은 곳트프리트 베어만이었는데 후일 장인의 성인 핏셔로 개명—가대를 이었지만 이들 유대인 가족이 망명을 떠나야만 되는 상황이 되자 직원이었던 주어캄프에게 출판사의 일부를 팔아넘긴 것이다. 베어만 핏셔는 망명 후 빈, 스톡홀름 (1938), 뉴욕 (1940) 등지에서 망명출판사를 창업하여 유대인 및 망명작가들의 저서를 출판했다. 핏셔 출판사는 오늘날 마인강변 프랑크푸르트에 위치해 있다.

내온 음식은 영양가도 없는 희멀건 감자죽이었다. 전쟁이 끝난 지 일 년이 훨씬 넘었는데도 당시 대부분의 독일 사람들이 그렇게 먹고 살고 있었다. 추크마이어는 먹을 것을 좀 가지고 올 것을 그냥 왔구나 하고 후회를 하며 미국에서 가지고 온 위스키와 코냑을 내놓았다. 주어캄프는 병든 몸에도 음식보다는 추크마이어와 양주를 기울이며 몸을 데우고 에너지를 충전했다.

추크마이어는 단지 며칠만 베를린에 머무른 후 다른 도시로 떠났다. 베를린뿐만 아니라 다른 대도시의 극장 및 연극상태를 살핀 후 전후 독일의 문화재건에 대한 건의를 올리는 것이 임무였기 때문이었다. 이러한 업무를 수행하면서 추크마이어는 극장과 연극 영화계를 비롯한 문화계의 많은 옛 동료들과 재회했다.28)

슈투트가르트에서는 테오도르 호이스를 알게 되었다. 호이스는 1949년부터 1959년까지 '독일연방공화국 (서독)' 초대 대통령을 역임했다. 작가이자 정치가였던 호이스는 대통령으로 재임하던 시절 추크마이어 부부가 서독의 수도인 본을 방문했을 때, 대통령궁에 머물며 가족처럼 자유롭게 숙박하는 편의를 제공했다.

추크마이어가 귀환 후 새로 사귄 인물들 중 두드러진 인사로는 스위스 출신 작가인 막스 프리쉬 (Max Frisch, 1911-1991)와 신학자 칼 야콥 부르크하르트 (Carl Jacob Burckhardt, 1891-1974)가 있다. 추크마이어는 신예작가 막스 프리쉬를 차세대 독문학을 이어 나갈 유

---

28) 카스파 네어 (Caspar Neher, 1897-1962), 하인리히 그레틀러 (Heinrich Gretler, 1897-1977), 엘리자베트 렌아르츠 (Elisabeth Lennartz, 1902-2001), 알렉산더 레르넷-홀에니아 (Alexander Lernet-Holenia, 1897-1976), 프란츠 테오도르 초코르, 헨리 고베르트스 (Henry Goverts, 1892-1988), 쿠르트 괴츠 (Curt Goetz, 1888-1960), 에리히 케스트너, 에리히 엥겔 (Erich Engel, 1891-1966) 등과 재회했다. 극장과 이들 문화계 옛 친구들과의 재회는 추크마이어에게 곧 귀향을 의미했다.

망한 작가로 일찌감치 예언했고, 부르크하르트는 추크마이어의 『악마의 장군』은 나치 제3제국의 실태를 증명해준 작품이라는 평가를 내려준 최초의 인사였다. 칼 야콥 부르크하르트는 저명한 예술사학자 야콥 부르크하르트 (Jacob Christoph Burckhardt, 1818-1897) 조카의 아들로 만년에 추크마이어와 깊은 우정을 나눈 것으로 유명하다.[29)]

프리쉬는 날카로운 신세대 작가로 기성세대인 추크마이어 작품의 문제점을 지적했다. 추크마이어는 이에 대해 한편으로는 인정하면서도 선배 문인으로서 본인의 문학관을 피력했다. 프리쉬가 취리히에서 추크마이어의 『즐거운 포도농원』 초연을 관람했을 때는 15세의 김나지움 (인문계 고등학교) 학생이었다. 2차 대전 종전과 더불어 프리쉬의 작품인 『그들은 다시 노래한다』가 1945년 3월 29일에, 『산타 크루츠 (Santa Cruz)』가 1946년 3월 7일에, 『만리장성』이 1946년 10월 10일에 취리히에서 초연되었다. 그로부터 2개월 후인 1946년 12월 14일 추크마이어의 『악마의 장군』이 취리히에서 초연되었다. 그들은 그렇게 취리히에서 맞붙은 격이 되었다. 추크마이어와 프리쉬는 어떻게 보면 거장과 신예였다. 또 다른 한편으로 보면 지나간/지나가는 시대와 떠오르는 시대의 극작가를 대변하는 인물들이었다. 그런 만큼 그들의 연극에 대한 생각과 현실을 희곡화하는 방법은 차이를 드러내고 있었다.[30)]

---

29) 1956년부터 1974년까지 칼 추크마이어와 칼 야콥 부르크하르트 간에 주고받은 편지 내용과 이에 대한 Claudia Mertz-Rychner의 해설 및 주석에 대해서는 Carl Zuckmayer - Carl Jacob Burckhardt: Briefwechsel (Zuckmayer-Jahrbuch, Bd. 3.), St. Ingbert 2000, 11-243쪽 참조.

30) 추크마이어와 프리쉬의 문학관 차이 및 그에 대한 그들의 논의, 주고받은 서신, 그리고 Walter Obschlager의 해설 및 주석은 Zuckmayer-Jahrbuch, Bd. 3, St. Ingbert 2000, 247-271쪽 참조.

추크마이어는 전통적인 연극형식에 머물렀던 극작가로 자연주의적 스타일에 얽매여 있었다. 언어의 작용을 신봉했고, 환경, 성격, 사건에 대한 사실적인 모사의 작용을 신봉했다. 주인공의 변모를 통해 관객의 변화를 일깨울 수 있기를 노력했고 또한 그러한 점을 확신했다. 이에 반해 프리쉬는 현실서술에 대한 모든 방법을 불신했다. 그래서 연극에서의 언어를 불신했다. 프리쉬는 공연은 공연으로서, 무대는 무대로서 보여지기를 노력했다. 인간과 세계의 가변성을 가능성들의 유희적 실험을 통해 탐지하고 그때 발생하는 문제점들을 허락하려고 노력했다.

울름에서는 —1947년 3월— 뮌헨의 '백장미 단' 단원으로 나치에 저항하다 젊은 나이에 목숨을 잃은 대학생 '(한스와 소피) 숄 남매'의 가족과 공식석상에서 알게 되었다. 추크마이어는 이미 미국에서 '나치에 목숨을 잃은 칼로 미렌도르프 (Carlo Mierendorff, 1897-1943), 테오 하우바흐 (Theo Haubach), 헬무트 폰 몰트케 (Hellmuth von Moltke)등을 등장인물로 나치저항운동에 관한 영화제작을 계획한 바 있었다. 이러한 맥락에서 숄 남매도 등장인물로 생각하고 있었다.[31]

추크마이어는 베를린에 처음 도착한 날 오전에 부모님과 통화를 했다. 부모님과의 재회는 시간이 좀 걸렸다. 우선 미군 직책으로 공적인 임무를 수행해야 했고, 부모님이 거주하고 있는 곳은 서독의 바이에른 주에 소속되어 있는 알고이 지방 오버스트도르프로 베를린에

31) 칼 추크마이어의 시나리오 대본『백장미 (Die Weisse Rose)』(1947) 초안은 Carl Zuckmayer und die Medien. Beiträge zu einem internationalen Symposion (Hrsg. Gunther Nickel) (Zuckmayer-Jahrbuch. Bd. 4.1), St. Ingbert 2001, 57-108쪽 참조. 추크마이어 시나리오 초안에 대한 해설 및 주석은 Texte und Dokumente. Die Weisse Rose. Ein Filmskript von Carl Zuckmayer. Ediert, eingeleitet und kommentiert von Barbara Schüler, 위의 책 19-55쪽 참조.

서는 육로로 700km 이상, 마인강변의 프랑크푸르트로부터는 400km 이상이 떨어진 독일의 최남단에 위치해 있었기 때문이었다. 아버지는 미국에서 돌아오는 아들에게 샴페인을 사가지고 오라고 특별히 부탁했다. 포도주병 코르크마개 공장을 운영했던 아버지는 평생을 하루도 거르지 않고 포도주를 마셔왔는데 전쟁 후 식량과 물자가 부족한 군정시절에 평범한 독일인으로는 포도주를 구할 수 없었기 때문이었다. 아버지는 포도주를 마실 수 없는 것이 다른 음식을 못 먹는 것보다 육체적으로 더 큰 고통이었다. 첫 재회 이후 추크마이어는 시간이 되는 대로 아버지께 포도주를 구해다 주었다. 이 포도주들은 독일에서 생산되었지만 군정시대였음으로 군정청에 압류당했거나 공출된 것들이었다. 아버지는 귀환한 다음해인 1947년에 세상을 떠났고, 어머니는 1954년에 세상을 떠났다.

추크마이어는 독일로 귀환한 후 많은 사람들과 재회했다. 옛 극장과 재회했고, 연극과 재회했다. 그리고 새로 알게 된 사람들과 친교관계를 맺었다. 『악마의 장군』이 많은 조명을 받았고, 그로 인한 유명세 덕분에 수많은 젊은이들과 토론할 기회를 가졌다. 이어지는 토론회 참가로 인해 1948년에는 심장병으로 쓰러져 몇 달 동안 치료를 받고 휴식을 취해야 했다.

2.2. 돌아올 수 없는 여행

추크마이어는 1946년 독일로 귀환하여 많은 사람들과 재회했다. 하지만 귀환은 그가 그동안 그리워했던 사람들 및 고향과의 재회로만 끝을 맺었다. 추크마이어에게 진정한 의미의 귀환이주는 이루어지지 않았다. 추크마이어 부부는 미국에서 귀환한 이후 독일에 정착하지 않았다. 그 대신 1947년부터 미국과 유럽을 번갈아가며 살기 시작했다. 1946년 미국 국적을 취득한 추크마이어 부부는 사실상 미국 국적과 미국의 거주지를 1957년까지 소유하고 있었다. 추크마이어는 미국에 거주지를 소유하고 있었지만 주로 유럽에서 많은 시간을 보냈다. 그가 유럽에서 많은 시간을 보낸 이유는 집중적으로 그의 희곡작품을 무대에 올리기 위해서는 미국보다는 독일어권에 머무르는 것이 훨씬 더 유리했기 때문이었다.

추크마이어는 조국으로 귀환이주하지 않았다. 조국 독일이 그의 이주를 허락하지 않은 것이 아니라, 본인 스스로 독일국적 회복 신청을 거절했다. 1957년이었다. 그러한 다음 스위스 국적을 취득했고 동시에 스위스에 거주지를 정했다. 1946년 11월을 시작으로 5개월에 걸친 미 전쟁성의 임무를 수행한 다음 스위스에 정착하기 이전까지의 시기인 1947년부터 1957년까지 추크마이어와 독일과의 —외적으로 혹은 공적으로 나타난— 관계를 살펴보면 국가 독일은 추크마이어에게 정중한 예를 갖춘 것으로 나타난다.[32) 그럼에도 불구하고 추크마이어 부부는 1958년 7월 스위스 발리스[33)]의 사스-페 (Saas-Fee)에

32) 1952년 마인강변의 프랑크푸르트 시는 그의 전 작품을 기려 괴테상을 수여했고, 그가 태어난 소재지인 나켄하임에서는 명예 시민권을 수여했다. '괴팅겐 시 예술-학술원'에서는 1953년 작가에게 은 (銀) 휘장을 수여했고, 1955년에는 서독 정부가 '은성 연방 대 십자 공로훈장'을 수여했다. 1957년에는 서독의 본 대학교 명예박사 수여를 비롯하여 '라인란트-팔츠 주 예술원상'과 영화 『쾨페닉의 대위』 시나리오로 '국립 영화상'을 수상했다. 그 이외에도 미국의 '다트머스 칼리지 (Dartmouth College)'도 1956년에 추크마이어에게 명예박사를 수여했다.

33) 발리스 (Wallis, 프랑스어로는 발레 Valais)는 스위스의 남서쪽에 위치하는 칸톤 (Canton, 스위스의 주州)으로 서부는 프랑스, 남부는 이탈리아와 국경을 접하고 있다. 험한 산이 많아 인구밀도가 낮고 관광지로 유명하다. 시옹 (Sion)을 주정부 도시로 하고 프랑스어와 독일어를 공용하는 구역이다. 주민의 다수는 프랑스어를 사용하며, 동부 일부 지역에는 독일어 사용자가 많은 편이다.

최종적으로 둥지를 틀었다. 이로 인해 한번 조국을 떠난 —혹은 조국에서 추방된— 추크마이어에게 망명은 결국 돌아올 수 없는 여행이 되어버렸다.

> 망명의 길은 '돌아올 수 없는 여행 (the journey of no return)'이다. 망명의 길에 접어든 사람은, 그리고 귀향을 꿈꾸는 사람은 헛수고를 한다. 그는 다시 돌아갈 수 있을지도 모른다. 그러나 그러한 다음 그가 발견한 장소는 더 이상 그가 떠나온 그곳과 동일한 곳이 아니다. 그는 그와 같이 지낼 수 없었던 사람들에게로, 그가 사랑했고 잊지 못했던 나라들로, 그 자신의 것이었던 언어의 영역으로 돌아갈 수 있을지도 모른다. 그러나 그는 결코 고향으로 돌아가지 못한다. (AS 389)

한번 망명의 길을 떠난 자는 '그가 떠났던 장소', '그동안 같이 지낼 수 없었던 사람들', '그가 사랑했고 잊지 못했던 나라', '그 자신과 마찬가지인 언어의 영역'으로 돌아가고 싶지만 절대로 돌아갈 수 없다. 이것이 추크마이어에게 귀결된 망명과 귀환의 현실이었다. 이러한 귀결은 물론 추크마이어 한 사람에게만 해당된 것이 아니라 당시의 대다수 귀환이주 망명객들이라면 누구나 일반적으로 겪어야만 했던 현실이었다. 그들이 당면한 현실은 2차 대전 이후 독일의 귀환이주 망명객들에게만 국한된 것도 물론 아니었다. '돌아올 수 없는 여행' 명제는 이렇듯 시간과 장소를 초월하여 언제나 발생 가능한 부인할 수 없는 현실이었다.

추크마이어는 미국의 토마스 울프 (Thomas Wolfe, 1900-1938)의 작품 『그대 다시는 고향에 돌아갈 수 없으리 (*You can't go home again*)』를 보며 본인이 떠난 망명의 길이 '돌아올 수 없는 여행'임을 뼈저리게 실감했다.[34] 독일 망명 작가 알프레드 되블린 (Alfred Döblin, 1878-1957)의 경우도 예외는 아니었다. 오히려 추크마이어보다 이전인 1946년에 이미 토마스 울프의 테제를 바탕으로 되블린은 "그리고 내가 다시 돌아왔을 때, 그곳에 (그때에) 나는 다시 돌아온 것이 아니었다"라고 자서전적 회고에서 토로한 바가 있다. 이러한 사실들은 '한 번 망명의 길에 접어든 사람은 다시는 돌아올 수 없다'는 뼈저린 현실이 어느 특정한 사람에게만 국한된 것이 아니라 언제 어디에서 누구에게나 일반적으로 발생할 수 있다는 것을 강력히 시사해 주고 있다. '망명과 귀환이주'에 관한 이 명제를 굳이 강조하는 이유는 귀환이주 망명객들에게 절박하게 다가온 '고향', '재회한 인간들과의 새로운 갈등', '조국의 또 다른 모습', '모국어'와의 문제 등이 곧바로 귀환이주 연구의 핵심 주제들이기 때문이다.

추크마이어의 경우 그의 자서전을 면밀히 검토해 보면 망명현실에 대한 세세한 관심보다는 '귀환이주' 서술에 더 큰 비중을 두고 있다. 이러한 사실은 망명현실에 대한 참기 어려운 기억보다도 그가 제시한 '한번 망명의 길을 떠난 자'의 "그가 떠났던 장소", "그동안 같이 지

---

34) 토마스 울프는 1932년 『Look Homeward, Angel』이 『Schau Heimwärts, Engel』이라는 제목과 그 내용으로 번역 출판됨으로써 독일 독자들에게 유명해진 미국 출신 작가로 프랑스로 망명했다. 1900년 북 캐롤라인의 작은 도시에서 펜실베이니아 독일혈통의 아들로 태어난 토마스 울프는 하버드대학에서 석사를 마친 다음 교편생활을 했고 그후 집필에 전념했다. 『Of Time and the River (시간과 강에 대하여)』, 『From Death to Morning (죽음에서 아침까지)』, 『You can't go Home again (그대 다시는 고향에 돌아갈 수 없으리)』 등 그의 전 작품은 자서전적인 틀을 견지하고 있다. 『You can't go Home again』은 그의 마지막 작품이고 작가는 37세의 나이로 세상을 떠났다. Vgl. Thomas Wolfe: Es führt kein Weg zurück. Roman, Hamburg 1953. 칼 추크마이어나 알프레트 되블린과 토마스 울프의 '돌아올 수 없는 여행' 테제에 관해서는 서장원: 칼 추크마이어의 자서전에 나타난 망명 경험 서술 방식, 독일문학 109집 (한국독어독문학회, 2009, 50권 1호), 132쪽 이하 참조.

낼 수 없었던 사람들”, “그가 사랑했고 잊지 못했던 나라”, “그 자신과 마찬가지인 언어의 영역”으로 ‘돌아갈 수 없다는 사실들’이 더 큰 어려움으로 닥쳐왔기 때문이었다. 이러한 의미에서 본 연구 역시 추크마이어 본인이 밝힌 귀환이주의 문제점을 추적해 나가는 것이 우선시되어야 한다고 생각한다.

그중 첫 번째로 떠오르는 문제가 바로 왜 그가 그토록 좋아했던 고향에 정착하지 않고 이웃나라인 스위스에 국적까지 변경해가며 정착했는가 하는 문제이다. 그 다음으로 떠오르는 것들, ‘사람들’과의 문제, ‘국가’와의 문제, 모국어인 ‘독일어’와의 문제점 등이 밝혀져야 할 것이다. 하지만 이 모든 것을 분리시켜 연구하기보다는 왜 그가 스위스에 정착했는가를 추적하다 보면 자연히 위에 언급한 문제들이 드러난다.

1958년까지 추크마이어 부부가 미국 국적을 소지하고 미국에 거주지를 소유하고 있었던 것은 나름대로 이유가 있었다. 추크마이어는 2차 대전 이후 미국에서 작가로서의 위치를 확보하고 싶어 했지만 뜻대로 되지 않았다. 그 대신 서독에서 —미국, 영국, 프랑스 점령구역에서— 지난날 바이마르 공화국 시절에 버금가는 최고의 문제작가로 부상하며 누구나 인정하는 전후 독일문학의 도덕적인 권위를 쌓아올렸다. 하지만 1946년을 시발로 1940년대 말 독일을 달구었던 추크마이어의 문학적 명성과 한 개별적인 인간 추크마이어에 대한 일반인들의 관심은 1950년대 초반을 기점으로 서서히 시들어가기 시작했다. 이와 더불어 추크마이어는 학문적인 연구대상으로서도 별다른 주목을 받지 못하게 되었다. 일부 학계에서는 시대에 영합하는 인기몰이 작가라는 낙인까지 찍으며 그를 폄하하는 현상까지 나타났다. 결과적으로 추크마이어는 독일로 귀환한 후 유명작가로 재기했음에도 불구하고 결코 고향에 돌아온 것이 아니라는 사실을 본인 스스로도 깨달았다.

1946년 귀환 직후부터 한동안 유명세를 떨치던 시기에 추크마이어는 독일 내에서도 그가 태어나고 자라난 고향 근처에 정착하려는 생각을 해보기도 했었다. 오스트리아로 귀환하는 것도 생각해 보았다. 오스트리아는 망명을 떠나기 전 추크마이어 부부가 집을 구입해서 거주하던 곳이자 그의 아내가 태어난 나라이기도 했다. 그의 아내 앨리스 헤르단-추크마이어는 오스트리아 빈 출신이다. 미국 국적을 반납하고 오스트리아에 국적 신청을 하자 그해에 국적취득 승인이 났지만 오스트리아에 정착하겠는 결심은 결행할 수 없었다. 결국 독일도 오스트리아도 아닌 스위스에 정착하는 것으로 결말이 났다. 무엇이 문제였을까? 왜 그랬을까?

> 내가 독일 땅을 밟았던 첫 순간부터, 독일어로 말하는 사람들과 재회를 한 첫 순간부터, 폭격당한 독일의 도시를 걸었던 첫 시간부터, 나는 미국인이 아님을 알았다. 〔…〕 그러나 역시 독일도 우리에게는 정말 고향이 아니었다. 그것은 넘어설 수 없는 그림자였다. 〔…〕 나는 '전승자세력들'에 속하지 않았고, 그렇다고 패전세력들에 속하는 것도 아니었다. 귀환한 이후의 지금, 나는 정말로 고향을 잃었고 어떻게 내가 다시 고향을 찾아야 할지 몰랐다. (AS 472)

추크마이어가 망명지에서 귀환하여 독일과 재회한 첫 순간의 상황을 보면 외적 (공적)으로는 미국 국적자였으나 내적으로는 독일인이었고 동시에 독일 (인)과의 동질감을 지니고 있었다. 이 상황은, 혹은 추크마이어의 이러한 자서전적 회고는 추크마이어에게 발생한 귀환이주 문제점을 풀기 위한 단초를 제공한다. 이어지는 그의 회고를 경청해 보면 첫 순간에 '미국인'이 아님을 느꼈지만 '독일'도 역시 정말 '고향'이 아니라는 것을 실감했고, 이것은 감정만으로 치부할 문제가 아니라 '넘어설 수 없는' 현실이었다는 것이다. 이에 대한 결과는 '전승자 세력'과 '패전 세력'의 어느 쪽에도 '소속'되지 못했고 마침내는 고향을 잃었다는 것이 그가 말하고자 하는 요지였다.

이를 개념별로 집약해 보면 '동질감', '정체성', '소속'에 관한 문제로 도출된다. 추크마이어의 귀환이주에 관한 문제가 곧 '동질감', '정체성', '소속'에 관한 문제로 구체화된다는 말이다. 그렇다면 이러한 문제들이 발생한 원인 및 배경은 무엇일까? 단순히 심적으로만 느낀 고향상실감과 소외감일까? 아니면 외적인 그 어떤 문제가 있었을까?

이에 대한 궁금증을 어느 정도 풀어주는 저서가 1999년 『"그대들은 토마스 만을 다시 곁에 두고 싶어 하는가?" 독일과 망명객들』[35]이라는 제목으로 독일에서 발간되었다. 이 책을 이해하기 위해서는 1999년이라는 해와 토마스 만과 관련된 1945년 전후 상황에 대한

---

35) Jost Hermand / Wigand Lange: "Wollt ihr Thomas Mann wiederhaben?" Deutschland und die Emigranten. Hamburg 1999 참조. 앞으로 인용 시 쪽수와 더불어 ThoWie로 표기함. 따옴표와 같이 사용한 "그대들은 토마스 만을 다시 곁에 두고 싶어 하는가? (Wollt ihr Thomas Mann wiederhaben?)"라는 독일어 표현은 은연 중 (당시 나치를 경험한 독일인들이라면 누구나 기억할) 나치시절 괴벨스 연설의 "그대들은 총력전을 하려고 하는가 (Wollt ihr den totalen Krieg)?" 구호를 상기시킨다. 스탈린그라드 전투에서 프리드리히 파울루스(Friedrich Wilhelm Ernst Paulus, 1890-1957) 사령관이 이끄는 6군단이 처참하게 항복하자 괴벨스 선전장관은 1943년 2월 18일 베를린 체육궁전에서 "나는 그대들에게 묻는다: 그대들은 총력전을 하려고 하는가 (Ich frage euch: Wollt ihr den totalen Krieg)?"라며 총력전을 독려하는 유명한 연설을 했고 청중들은 괴벨스의 수사적 질문에 "그래~애! (Jaaa!)"라는 환호로 힘을 실어주며 열광했다. 파울루스 사령관은 포로가 되어 1943년부터 1953년까지 소련군 포로생활을 했고, 그 후 죽을 때까지 동독에서 살았다.

간단한 기초지식을 상기할 필요가 있다. 우선 1999년은 히틀러 패망 후 독일 내에 두 개의 공화국이 수립된 1949년을 기점으로 볼 때 50년이 지난 해이고, 1949년은 두 개의 공화국이 수립됨에 따라 1945년부터 시작된 미국과 소련 등 연합군의 군정이 막을 내린 해이다. 이 저서는 독일 '바이에른 주둔 미 군정청'이 당시 '독일 망명객들의 귀환이주'에 대해 독일인들이 어떠한 생각을 지니고 있는지 알아보기 위해 각계각층의 인사들을 대상으로 설문조사한 것을 펴낸 책이다. 그동안 기밀문서였던 것이 50년이 지나며 해제되자 이를 내용으로 한 것이다.

2차 대전이 끝나자 토마스 만은 그 어떤 망명객보다도 '왜 독일로 돌아오지 않느냐'며 독일 국내에서 집중공격을 당했다. 국내에서는 피비린내 나는 살육의 광장이 펼쳐졌을 때 당신은 호의호식하며 구경꾼처럼 해외에 머물러 있지 않았느냐는 것이었다. 1945년 작가 발터 폰 몰로는 공개서한을 통해 토마스 만에게 독일로 돌아올 것을 공개적으로 요구했다. 토마스 만은 이를 거절했다. 내적 망명객들은 머리 끝까지 화가 치밀어 올랐다. 그로부터 2년 후인 1947년 토마스 만이 조국 독일은 방문하지 않고 유럽을 방문하자 이 논쟁은 또 다시 불붙어 올랐다. 그러자 미 군정청은 토마스 만과 여타의 망명객들이 '독일의 재건과 독일인들에 대한 재교육에 참여'하기 위해 독일로 귀환해야 된다고 생각하느냐는 내용의 설문조사를 1947년 6월과 7월 사이 실시했다.

이 조사는 미 군정청 바이에른 주의 뮌헨, 아욱스부르크, 뉘른베르크, 뷔르츠부르크, 레겐스부르크 주재 정보통제국이 주도했다. '정보통제국 (ICD)'은 독일 내 '재민주화'를 목적으로 설치된 독일 주둔 미 군정청 '선전과 검열' 부서로 군 점령지역 내 문화전반에 관한 업무를 담당하고 있었다. 설문에는 "토마스 만, 칼 추크마이어, 헬레네 티미히[36]와 다른 저명인사들" (ThoWie 59)로 명시되어 있다. 중요 대상 인물은 토마스 만이 확실하지만 칼 추크마이어가 부수적으로 두 번째의 대상인물로 등장한다는 의미에서 본 연구의 관심이 저절로 쏠리지 않을 수 없는 맥락이다.

설문조사서는 문서를 작성한 날짜를 포함하여 총 7개 항목으로 구성되어 있다. (ThoWie 58-59) 우선 제1항에서는 '(미 군정청) 교육 담당관이 뮌헨 문화주간에 참석하여 1933년 이래로 독일을 떠난 학문과 문화계의 독일인들에게 귀환할 것을 호소'하며 '그들의 동참 없이는 독일의 문화계가 절대로 재건될 수 없을 것이고, 절대로 다시 더 좋은 정점에 도달하지 못할 것이다'라는 것을 밝히고 있다. 제2항은 '우리의 한정된 방법으로는 광범위한 대중들에게 끼치는 (망명객들에 대한 귀환이주요구라는) 막중한 사안의 영향을 검열할 길이 없어, 선별적인 설문조사를 통해 일반여론을 수렴'하겠다는 것인데 그 방법으로 유명세를 고려하여 토마스 만을 선정했다는 것이다. 제3항에서는 "뮌헨 토박이인 토마스 만[37]은 1933년 뮌헨을 떠났고, 미합중국에서 잘 알려진 작가가 되었다. 그는 히틀러-독일에 대해 격렬히 투쟁했다. 얼마 전 그는 독일민족에 대해 아주 마음에 들지 않고 어느 정도 반감을 불러일으킬 수 있는 한두 가지의 견해를 밝혔다."라는 전문에 토마스 만의 현황을 설명하고 있다. 제4항에서는 부연 설

---

36) 헬레네 티미히 (Helene Thimig, 1889-1974)는 여배우로 1913년부터 베를린 도이치 테아터 (Deutsches Theater Berlin)에서 막스 라인하르트가 연출하는 작품에 출연했고, 후에는 빈에서 출연했으며, 영화배우로도 활약했다. 1933년 오스트리아로 망명하여 빈과 프라하에서 연극과 영화에 출연했다. 1935년 막스 라인하르트와 결혼했고, 1937년 미국으로 거주지를 옮겨 할리우드에서 활동했다. 1946년 오스트리아로 귀환하여 부르크 테아터 (Burgtheater)에서 활동했다.

37) 실제로 토마스 만은 북독 뤼벡 출신이고, 망명 전 뮌헨에 거주했었다.

명과 함께 "토마스 만, 칼 추크마이어, 헬레네 티미히와 다른 저명인 사들"이 설문 대상이라는 것을 밝히고, 제5항은 이 설문서의 골격으로 다음과 같은 6개의 구체적인 물음들을 열거하고 있다.

a) 당신은 위에 언급한 인물들을 아십니까? 독일 혹은 다른 곳의 현대적, 문화적 생활에서 그들의 중요성을 알고 계십니까? (토마스 만, 칼 추크마이어, 헬레네 티미히 등)
b) 당신은 (그들이) 귀환하는 것과 (귀환하여) 독일의 재교육과 복구에 참여하는 것이 바람직하다고 생각하십니까?
c) 그들이 귀환해야 한다면, 그들에게 특별한 특권을 부여해야 할까요?
d) 해외 이주자들이 한 사람의 개인자격으로 귀환해야 된다고 생각하십니까? 혹은 다른 방법으로?
e) 혹은 오늘날 독일과 그들 사이에 화해시키기 어려운 극복 불가능한 거리가 있어 더 이상 (그들이) 귀환해서는 안 된다고 믿습니까?
f) 혹은 이 분들이 우리를 위해 해외에서 굉장한 이용가치가 있을 것이라고 믿습니까? (ThoWie 59)

뷔르츠부르크 설문에 참여한 사람들의 면면을 보면 다음과 같다: 학업 상담사 겸 뷔르츠부르크 대학교 영어강사로 무당파인 35세의 박사, 1933년 이전에는 사회주의 학생연맹에서 활동했으나 1937년 이후에는 나치당원으로 전후 미국 전쟁포로였던 35세의 지방법원 판사, 1946년 잠시 동안 기사당 당원이었다가 오늘날 사민당 당원으로 뷔르츠부르크 대학교 사회주의 학생회 공동 설립자인 32세의 박사과정 학생, 회사에 가톨릭 행사를 개최함으로써 나치들에게 미움을 산 것으로 유명한 44세의 뷔르츠부르크 대학교 구내서점 주인 겸 출판사 대표, 나치 시대에 게슈타포에게 박해를 당한 확고한 반파쇼주의자로 특허소유자이자 신문사의 편집주간인 59세의 박사, 42세의 신문사 편집주간이자 특허소유자, 1933년까지 가톨릭신문 편집자였으며 65세의 현재 기사당 당원, 학교가 폐교를 당하고 저서가 금서가 되었고 다수에 걸쳐 구금을 당하며 나치시대에 심한 박해를 받은 확고한 가톨릭주의자인 58세의 박사, 무당파이고 종교는 가톨릭 신자로 뷔르츠부르크 대학교 총장인 61세의 서양고전어문학 교수, 뷔르츠부르크 시의원인 42세의 변호사, 무당파로 신문사 편집인인 41세의 박사, 무당파 자유문필가로 42세의 영화사와 방송국 직원, 무당파로 뷔르츠부르크 대학교 독문학 교수인 54세의 박사, 1933년 이전에는 국가 공무원이었고 사민당에 적극적이었으며 1933년 이후에는 자르지방, 프랑스, 포르투갈, 영국으로 도주했다가 1946년 독일로 귀환한 60세의 신문사 특허소유자 (ThoWie 71-72).

위에 열거한 설문 대상자들에 나타난 첫 번째 특징은 보통 평범한 일반인들이 아니라 지방법원 판사, 출판사 대표, 신문사 편집 주간, 방송국 직원, 자유문필가, 시의회 의원, 교수, 대학교 총장 등 각계각층에서 어느 정도 영향력을 지녔거나 고위직에 있는 사람들이다. 둘째로 나치시절 나치에 박해를 당한 경험이 있거나 망명을 한 적이 있는 등 최근의 역사와 관련이 있는 사람들이다. 전직 나치 당원이 포함되어 있다는 사실이 이러한 사실을 두드러지게 보이게 한다. 셋째로 기사당, 사민당, 무당파, 사회주의 학생연맹, 나치 당원 등 정치색이 뚜렷하다는 점이다. 이러한 일반적인 특징들은 주석에서 보여주듯이 아욱스부르크[38], 뮌헨[39], 뉘른베르크[40], 레겐스부르크[41]의 경우

38) 이들 면면을 보면 바이에른 노동조합연맹 슈바벤 지역서기 (사민당), 공산당 서기, 아욱스부르크 시 경찰청장 (무당파), 가톨릭 보좌주교, 전 시장 (사민당), 자민당 (FDP) 당수, 아욱스부르크 지역 장학사 (무당파), (과거 나치 당원으로 활약한 적

에도 거의 유사하게 나타난다.

이러한 특징들을 당시의 사회분위기 속에서 살펴보면 설문 조사를

이 있는지를 심사하는) 특별재판소 검찰관 (공산당원), 극장의 드라마투르그 겸 무대감독, 도서출판인, 극장장, 청년 연합 의장, 지역의회 의원 (슈바벤 기사당 당수), 회계사 겸 세무사 (무당파), 철강 산업노조 의장 (사민당), 아욱스부르크 시 인사담당관 겸 시의회 의원 (사민당), 자유 노조 직원 (무당파), 치과의사, 아욱스부르크 시 경제담당관 (기사당 당원), 일반인 (바이에른-당 당원) 등 20명으로 되어 있다. (ThoWie 98-99) 참조. 이들 20인 모두는 아욱스부르크에 거주하고 있었으며 차량을 사용할 수 없어 유감스럽게도 시골에서는 설문조사를 할 수 없었다고 밝히고 있다. (ThoWie 100) 참조.

39) 이들의 면면을 보면 1933년 이후 외국에서만 작품이 공연된 작곡가 (1905-1963), 뮌헨 '융에스 테아터 (Jünges Theater)' 배우 (1900-1988), 언론인 (1902-1960), 뮌헨의 드라마투르그 (1952년 사망), 내적 망명 작가 (1899-1974), 1935년 최고 배반자로 체포된 이력의 사민당 당원 언론인 (1900-1968), 미술대학 교수 (1877-1966), 시의회 의원 (1887-1967), 문화부 직원, 1933년 이후 유럽 각국에서 망명생활을 하고 1946년 뮌헨으로 귀환한 언론인 (1899-1978), 언론인 (1914-), 연극비평가 겸 드라마투르그, 출판사 대표 및 뮌헨 시의회 의원 (1883-1958), 비평가 겸 방송극 감독 (1913-), 영화사 프로듀서, 언론인 (1909-1969), 작곡가, 지휘자 겸 피아니스트 (1895-1962), 미술사학자 (1890-1965)의 19명과 일반 여론 보고로 되어 있다. 책을 펴낸이의 연구에 따라 태어난 해와 사망한 해가 명확히 밝혀진 사람들도 있고, 그렇지 않은 경우도 있다. (ThoWie 132-166) 참조.

40) 이들의 면면을 보면 주 의회 의장 (1880-1959), 주 의회 의원, 심리학자로 뉘른베르크 직업상담소 소장 (1911-1983), 서점주인, 출판사 사장, 자유문필가 (1881-1969), MAN SE (Maschinenfabrik Augsburg-Nürnberg SE) 사장, 배우, 대학병원 산부인과 의사, 1933년 임용과 동시에 면직되었다가 1946년 재임용된 교회사 교수, 사회학자, 출판사 편집인, 지방 체신청 청장 등 13명으로 되어 있다. 책을 펴낸이의 연구에 따라 태어난 해와 사망한 해가 명확히 밝혀진 사람들도 있고, 그렇지 않은 경우도 있다. (ThoWie 169-186) 참조.

41) 이들의 면면을 보면 청년 연합 지역장, 문인협회 회장 (기사당 당원), 신문사의 특허소유자 (사민당 지역 의장), 오버팔츠 기사당 의장단, 회사의 신탁관리인, 27세의 여류 언론인, 사민당 오버팔츠 지역 제1서기, 란츠홋 (Landshut) 제2부시장, 란츠홋 청년의회 창립자, 봐이덴 (Weiden) 공산당 의장, 27세로 봐이덴 청년회의 의장 (기사당 당원), 봐이덴 기사당 의장, 무당파의 상인, 봐이덴 제2부시장 (사민당 명예의장), 오버팔츠 공산당 지역의장, 조립회사 사장 등 16명으로 되어있다. (ThoWie 188-199) 참조.

하는 미 군정청 사람들은 점령군이라는 말 그대로 당시의 지배자이고 설문을 요청받은 사람들은 점령당한 독일인들 사이에서는 사회 지도층 혹은 기득권 세력에 속하는 사람들로 이해할 수 있다. 당시 일반 독일인들이 폐허 위에서 생존과 재건에 참여하고 있었다면, 설문을 요청받은 사람들은 곧 막을 내리게 될 군정시절 이후에 ―미군이 떠나고 남게 될 자리에― 곧 바로 독일의 집권 (혹은 기득권) 세력이 된다는 것은 누구나 쉽게 예측 가능한 일이다. 환언하면 그들은 이미 독일이라는 울타리 안에 있는 사람들이고 ―혹은 독일 사회를 선점한 사람들이고― 귀환하는 사람들은 아직 울타리 밖에 있는 사람들 ―혹은 과거의 명성을 내세우며 독일 사회에 복귀해야 할 사람들―이다. 이러한 의미에서 어떤 직위 혹은 어떤 성향의 인사들이 설문에 참여했는가는 귀환하는 망명객들의 이력과 성향만큼이나 중요하다.

설문조사 응답서를 살펴보면 독일인 입장에서 망명객을 바라보는 시선은 일정치 않았다. 한두 명의 응답자들은 망명객들의 귀환과 귀환이주 망명객들의 독일에서의 정신적인 동참을 반긴다고는 했지만 거의 모든 답변자들이 귀환이주자들에게 특권과 공적인 임무를 부여하는 것에 대해서는 완전히 반대했다. 특권과 공적 임무를 통해 주민의 대다수로부터 귀환이주 망명객들이 믿음을 상실하게 될 것이라는 것이 겉으로 내세운 이유였다. 그리고 거의 모든 답변자들은 귀환하려고 하는 자들은 그들 스스로 독일을 도우려는 자세가 되어 있어야 한다는 사실을 강조했다. 눈에 띄는 것은 1933년 이전에 이미 토마스 만이나 추크마이어를 아는 사람들보다 젊은 응답자일수록 망명객들의 귀환을 거부했다. 응답서에 나타난 눈에 띄는 반응을 구체적으로 살펴보기로 한다.

35세 뷔르츠부르크 대학교 영어강사의 답변서를 보기로 하자.

1947년에 35세라면 1933년 나치가 집권할 당시 21세로 20대 젊은 시절과 30대 초반을 나치 독일에서 보낸 셈이다. 기민당, 사민당, 공산당 등 아무 정당과도 상관없는 무당파로 대학의 영어강사라면 특별한 정치적 색깔을 드러내지 않은 독일의 젊은 지식인이다. 그는 '의심할 여지없이 토마스 만, 하인리히 만, 칼 추크마이어, E. M. 레마르크, 슈테판 츠바이크 등은 초기작품을 통해 잘 알고 있고, (예)전에는 독일의 정신적 문화적 생활에서 그들을 떼어놓고 생각한다는 것은 어려웠다'고 전제한 다음 '슈테판 츠바이크는 고향에서 뿌리가 뽑혀졌다고 느끼자 (타국에서) 스스로 목숨을 끊었지만, 그와 반대로 실상은 고향을 절대로 포기하지 않고 고향을 떠난 토마스 만과 같은 인사들이 1933년 이후 그들의 고향에 대해 어떠한 봉사를 했고 다른 나라들에 대해 가시적으로 독일을 유익하게 했는지 모르겠다' (ThoWie 73-74)며 의심의 눈초리를 보내고 있다. 그러한 다음 '토마스 만이 적개심에 불타 발터 폰 몰로에게 보낸 편지를 혐오스럽게 기억하고 있다'며 '다른 망명객들도 그렇게 불손한 의견들을 지니고 있다' (ThoWie 74)라는 응답을 하고 있다. 이러한 연유로 토마스 만은 '그렇게 오래 있던 곳에 머무는 것이 더 좋을 것 같고 〔…〕 그가 관대하게 민족의 품안에 안기기 위해 우리가 이렇게 했으면 좋고 그렇게 해야 된다는 등의 말을 하려고 한다면 우리는 그를 필요로 하지 않는다'며 거부의사를 밝혔다 (ThoWie 74).

1933년 이전에는 사회주의 학생연맹에서 활동했으나 1937년 이후에는 나치당원으로 전후 미국 전쟁포로였던 35세의 지방법원 판사는 토마스 만을 완전히 거부했지만 다른 망명객들은 받아들여야 된다는 입장을 밝혔다. '토마스 만이 독일문학과 세계문학에서 높은 위치를 점하고 있다는 것은 이론의 여지가 없지만, 오늘날 조국에 대한 그의 태도는 대단히 의심스럽다'며 '1933년까지 독일 민주주의를 위해 (과연) 긍정적으로 행동했는지 본인 스스로 한번 반문해 보아야 할 것이다'라고 비판했다 (ThoWie 75). 귀환이주자들에게 특권과 공적인 임무를 부여하는 것에 대해서는 다른 응답자들처럼 완전히 반대하는 견해를 밝혔다. 그에 대해 32세의 박사과정 학생은 '그들이 공적인 임무를 띠고 돌아온다면 조국에 부담을 줄 것이다'라고 좀 더 구체적으로 밝혔다 (ThoWie 75).

대단히 비판적인 입장에서 거부하는 젊은이들에 비해 나이 든 응답자들은 젊은이들과는 다른 이유로 망명객들을 거부했다. 그들은 망명객들 자체에 대한 비판보다도 독일의 상태가 좋지 않다는 것이 표면상 내세운 이유였다. 당시의 상황을 가늠하기 위해 기존의 연구결과를 다시 한 번 참고해 보면[42] 1951년 서독에서 "당신의 생각에 언제 독일이 이번 세기에 가장 잘 나갔다고 생각하는가?"라는 질문에 대해 45%가 황제 독일제국 시대라고 답했고 40%가 나치 시절, 즉 제2차 세계대전이 아직 발발하지 않았던 1933년부터 1938년을 꼽았다. 그리고 그와 반대되는 질문인 "언제가 가장 안 좋은 시기였는가?"에 대해서는 70%가 1945년부터 1948년 사이를 꼽았다. 이 시기는 연합군 군정시기로 경제적으로는 빈궁했고, 군정청이 주도하는 '탈나치화'와 '재교육'을 통한 사회정화의 시기였다. 하지만 또 다른 한편으로는 새로운 가능성의 시기이기도 했다. 가장 안 좋은 시기와 관련하여 전체의 8%는 전쟁시기였던 1939년부터 1945년까지를 꼽았다.

이러한 수치들은 1945년부터 1948년까지의 시기가 일반 독일인들

42) Peter Mertz, 위의 책 97쪽 참조.

에게는 황제 독일제국이나 히틀러 제3제국 (나치)보다 훨씬 못하다는 불만의 시기이기도 했다는 결론이 나온다. 이러한 사실 뒤에는 승전 세력에 대한 반감이 자리 잡고 있었고 전후 정치발전 상황에 대해 의심스러운 눈길을 지우지 못하고 있었다. 여기에서 주목해야 할 사실은 총체적 죄와 과거사 극복문제를 전면에 내세우며 탈나치화와 재교육을 담당해야 할 사람들로 군정청이 귀환이주 망명객들을 지목하고 있었다는 점을 간과할 수 없다. 이러한 분위기 파악 속에 다시 나이 든 사람들의 응답서를 보기로 하자.

나치 시대에 게슈타포에게 박해를 당한 확고한 반파쇼주의자로 특허소유자이자 신문사 편집주간인 59세의 박사는 "망명국에서 경제적 발판을 마련한 망명객들이 아주 가난해진 오늘날의 독일을 이해하지 못하기 때문에 토마스 만의 반응에서 보듯이 오늘날 독일에 사는 동족들에 대해 삐뚤어진 판단을 하게 될 것"이라며 "국가와 경제적인 측면에서 독일과 확고한 관계가 수립되어 있지 않았으면 아직도 혼란스러운 독일로 귀환하려는 고집을 굳이 부릴 필요가 없다"며 거부의사를 밝혔다 (ThoWie 79-80). 그리고 "토마스 만은 일반 시민 독자층에서, 칼 추크마이어는 좌파 독자층에서 독자를 확보하고 있다는 점에서 비중이 있기는 하지만 현대 (지금 이 시대) 문학에서 접점을 찾기가 쉽지 않고 (독일인들이 그들에 대해) 별로 관심도 없다"며 평가절하했다.

게다가 '토마스 만은 전쟁 중 대독방송[43]을 통해 히틀러 독재를

43) 토마스 만은 1940년 10월부터 1945년 5월까지 영국 BBC 방송을 통해 "독일 청취자들에게! (Deutsche Hörer!)"라는 프로그램으로 거의 매달 정규적으로 대독방송을 했다. 이 방송연설은 당시 시대적인 문제점에 대한 토마스 만의 결정적이고도 타협할 용의가 전혀 없는 발언들로 가득 채워져 있다. 이에 대한 자세한 사항은 Martina Hoffschulte; "Deutsche Hörer!" Thomas Manns Rundfunkreden

비판한 계기로 그의 작품들이 유명했을 뿐이지, 전쟁이 끝난 지금에는 대중들 속에서 그에 대한 흥미는 사라졌다'고 덧붙였다 (ThoWie 80). 토마스 만에 대한 이러한 반응은 약간의 차이가 있지만 대동소이하게 나타난다 (ThoWie 79-88). 예를 들면 아욱스부르크 시장을 지내고 현재는 사민당 지역 교육 분과 위원장은 "토마스 만의 태도는 내가 생각하기에 독일민족에 대해 완전히 명확하지 않다" (ThoWie 109)고 말하고, 자민당 당수는 "어찌되었든 그들 (토마스 만, 칼 추크마이어 등)의 귀환으로 인해 문화생활의 본질적인 영향을 기대하지 않고, 그들 없이도 과거의 영광에 도달할 수 있다" (ThoWie 110)고 단정 짓는다.

이러한 일련의 맥락은 '공적인 임무를 띠고 귀환하는 것에 대해서는 적극적인 반대의사'를, 귀환이주 망명 작가들에 대해서는 문학 자체에 대한 논의보다도 '그들의 독일에 대한 태도를 문제 삼고 있다'라는 것으로 결론지어진다. 어찌되었든 그들의 귀환에 대해 별로 환영하고 싶지 않고 그들에 대한 의심을 버리지 않고 있는 것이 당시의 분위기였다.

위의 두 그룹 이외에 제3의 그룹은 "전제조건 없이", "제한 없이", "우려할 것 없이" 망명객들의 귀환을 반겨야 한다는 입장이었다. 작가이자 뷔르츠부르크 시의원으로 1946년 '뷔르츠부르크 재건 선거공동체'를 창립한 42세의 변호사는 '망명객들은 나치에 얽매어 있는 고국의 동족들을 보며 나치는 오래가지 못할 것이라고 예언한 바가 있었는데, 이 예언이 적중하지 못하자 믿음이 깨졌고, (결과적으로는 오히려) 독일인들의 태도를 이해하지 못한다'는 것이다. 그는 '왜 이

(1940 bis 1945) im Werkkontext, Münster 2002, 참조.

런 일이 벌어졌을까? 모두가 겁쟁이가 되었는가? 혹은 나치 체제에 정말로 열광하고 있었던 것이 아닌가?'라고 반문하며 망명객들이 독일에 거주했던 동족들을 친 나치 성향이 아닌가라고 의심할 만하기도 하다는 것이었다. 이러한 의미에서 그는 "독일인이라는 것을 부끄러워해야 하며", "그러한 눈으로 망명객의 귀환이주 문제를 다루어야 한다"고 전제하며 "망명객들이 구두에 묻은 조국의 먼지를 털어내는 행동을 국내에 머물렀던 어느 누구도 나쁘게 받아 들여서는 안 된다"고 경종을 울리고 있다. 그리고 "우리가 단절된 생활을 하던 기간에 그들은 세계의 정신적 발전을 경험했고, 이렇게 쌓아올린 그들의 지식은 우리에게는 불가피하고, 그것을 통해 우리는 세계와 더불어 말할 수 있다"는 긍정적인 이유를 들어 망명객들의 귀환을 환영한다는 의견을 제시했다. (ThoWie 89-90)

그 이외에도 "추크마이어는 돌아와야 할 사람으로 나는 원했고" (ThoWie 91), "토마스 만은 외국에서 독일의 대표자로 중요하고" (ThoWie 91), "아무도 추크마이어의 『즐거운 포도농원』과 토마스 만의 『마의 산』의 문화적 의미를 인정하지 않는 사람은 없다" (ThoWie 92)라는 개인에 한정된 이유뿐만 아니라 '독일과 외국의 중개자'로서 혹은 '독일의 정신적 재건뿐만 아니라 타국과의 문화접촉 회복을 위하여' 대국적인 관점에서 망명객들의 귀환이주를 반겨야 한다는 주장들도 있었다. 반기는 자 중에는 "추크마이어는 아주 자유로운 '연극-작곡가'와 좌파 민주주의자로 유명"하고 "토마스 만은 이미 항상 사회주의자이지만 어떠한 정파와도 관련이 없다"는 전제하에 "그들의 귀환이나 그들과 비슷한 인사들의 귀환은 추진해야만 할 가치가 있다"라는 의견을 내 놓은 사람도 있다. (ThoWie 92)

이러한 견해에 대해서는 한편으로는 그럴 듯도 하지만 완전히 수

긍하기에는 너무 많은 부담이 따른다. 추크마이어의를 좌파 민주주의자라고 규정 한다면 그렇게 생각할 수도 있겠구나라고도 할 수 있지만 토마스 만을 사회주의자로 규정하는 것은 일반적인 상식으로 도저히 이해하기 어려운 부분이다. 그런데 이 설문 응답자가 공산당원이라는 사실을 알게 되면 응답의 의도는 어느 정도 이해된다. 즉 그들의 입장에서는 추크마이어나 토마스 만은 귀환이주해야 된다는 의견으로 이해해 볼 수 있다.

이러한 사회적 분위기가 말해주듯이 '미국 시민권을 소지하고 미국방부의 문관자격으로 공적인 임무를 띠고 독일에 귀환하여' '미국은 다르다'라고 가르치는 듯한 태도로 미 군정청의 '재교육'과 '탈나치화' 프로그램에 앞장선 돌아온 망명작가 추크마이어를 독일인들은 독일인들에 '소속'시키기 어려웠고, 이미 사상적으로는 (망명지에서 터득한) 다른 생각을 지녔을 뿐더러 동시에 점령군의 편에 서 있으며 그저 돌아온 고향에 푹 안기고 싶어 하는 순수한 한 인간 추크마이어가 독일인들에게 '소속'되기는 가능한 일이 아니었다. 그리고 평생 '독일과 독일인을 위한 문학을 창작'했고 내심으로는 아무리 '독일의 미래를 위한 조언'을 하고 싶다고 할지라도 이미 의구심을 가지고 대하는 그들과의 사이에서 '동질감'을 확보한다는 것은 있을 수 없는 일이었다.

추크마이어는 망명 이전에 자기가 보았던 독일인들의 정신적인, 영적인, 관습적인 가치를 더 이상 발견하지 못했다. 그에 못지않게 독일인들 역시 점령군의 새로운 정신적인, 영적인, 관습적인 가치를 도저히 받아들일 수 없었다. 이러한 배경에서 한 평생 당연했을 것 같은 '정체성'을 회복하지 못하고, 절대로 그럴 리가 없을 것 같은 '고향을 잃음'은 현실로 나타났다. 추크마이어는 동족들이 그를 의심하고 반감을 지니고 있다는 것을 느꼈지만, 그렇다고 정말로 미국인이 아니었다. 게다가 연합군 점령군 관리들이 추크마이어와 같은 부류의 망명객들 중에 '공산주의 첩자'가 있을 것으로 의심하는 일은 일반적인 상황이었다.44)

추크마이어가 독일에 뿌리를 내리지 못한 이유는 이러한 분위기 이외에도 독일인들의 '승자에 대한 반감', '의심스러운 정치발전 상황', '총체적 죄와 과거사 극복문제', '애도할 수 없는 능력' 등이 복합적으로 작용했다. 이러한 난제들은 1950년대 초반을 기점으로 아데나워 기민당 정권이 미국 및 여타의 서방세력들과 강한 연대를 맺음과 동시에 반공과 경제부흥 주도의 정책을 펼침에 따라 서서히 빛을 잃어가기 시작했다. 그와 동시에 추크마이어와 같은 귀환이주 망명객은 존재감이 상실되었고, 논의에서도 제외되었다. 이에 대한 논의가 공개적으로 진행되기는 그로부터 68세대가 등장하는 시기까지 기다려야만 했다.

추크마이어는 결국 고향에 정착하지 못하고 스위스로 이주하여, 스위스 시민권자가 되었다. 스위스에서 여생을 보냈고, 스위스에서 영면했다. 1961년 마지막으로 정착한 스위스의 한 마을 자스-페의 명예시민증을 받으며 "단지 한번 고향을 잃은 사람은, 한번 고향에서 쫓겨난 사람은, 태어난 나라에서 부당하게 쫓겨나 귀환의 큰 희망이 없는 바로 그 사람은, 진실로 숙소가, 집이, 고향이, 조국이 무엇이라는 것을 안다"라고 추크마이어는 증언했다.

---

44) Peter Mertz, 위의 책 106쪽 참조

2.3. 귀환이주 후의 재망명

추크마이어처럼 1945년 이후 고향을 찾아온 대다수의 망명객들에게 고향은 이미 고향이 아니었다. 희망찬 미래를 꿈꾸며 찾아온 독일은, 그들이 생각했던 옛날의 독일이 아니었다. 꿈과 현실은 달랐다. 현실은 현실대로만 머무르지 않고, 환멸로 다가왔다. 환멸이라면 그래도 개인적인 문제로 치부할 수 있었다. 압박으로 다가왔다. 이러한 상황에서 대다수의 귀환이주 망명객들은 재망명의 길을 떠났다. 이들 중 대표적인 사례인 알프레트 되블린의 경우를 요약 정리해 보기로 한다.

모더니즘 대도시소설 『베를린 알렉산더 광장』의 작가로 유명한 알프레트 되블린은 제2차 세계대전이 종말을 고하자 제일 먼저 유럽으로 귀환한 망명 작가 중의 한 사람이다. 1945년 10월 8일 뉴욕을 출발하여 10월 16일 파리에 도착했고, 11월 9일에 이미 서독의 남서부에 위치한 도시 바덴-바덴에서 프랑스 군정청의 문화장교로 —고위 계급장을 단 문학 감독관 직책— 업무를 시작했다. 바덴-바덴뿐만 아니라 마인츠도 근무지였다. 마인츠에서는 '마인츠 학술원'에 문학 부서를 설치하며 '마인츠학술원' 회원이 되었다. 군정청에서 되블린에게 부여한 주 과제는 프랑스군 점령지역 내에서 발간되는 간행물의 원고검열이었다. 다음으로는 문학잡지를 창간하는 일이었다. 그렇게 문학 월간지 『금문교』가 되블린에 의해 창간되었다. 문학잡지 창간으로 주변에 젊은 작가들이 모여들었다. 그중에는 후일 노벨문학상 수상자인 귄터 그라스도 있었다. 귄터 그라스는 후일 알프레트 되블린을 '나의 스승'이라고 불렀다.

알프레트 되블린은 20세기 전반부 독일문학사에서 최고의 생산성과 최고의 개혁적인 작품을 발표한 작가 중 한 사람이다. 표현주의 문학을 주도했고 모더니즘 문학의 선구자였다. 그의 작품들은 다차원의 세계를 압도하고 있다. 되블린은 작가였고, 의사였고, 유대인이었고, 가톨릭신자였다. 비유적으로 볼 때 어느 의자에든 앉는 것을 가장 좋아하던 한 사나이였다. 1920년 표현주의 소설 『발렌슈타인』을 발표했고, 『소설작가들과 그의 비평가들에게. 베를린 프로그램』 (1913)을 통해 아방가르드 소설이론을 제시함으로써 작가들에게 소설작법의 방향을 제시하기도 했다. 수많은 에세이와 단편들을 발표했다. 철학책도 저술했다. 무엇보다도 그의 소설 『베를린 알렉산더 광장』을 통해 20세기 독문학의 거장으로 떠올랐으며 수많은 후대 작가들에게 지대한 영향을 미쳤다.

되블린의 최고의 라이벌이자 대척점에 서 있고, 되블린에게 은밀한 시금석은 토마스 만이다. 토마스 만에게서 발견되는 생전의 고전적인 우아미와 전체 작품의 조화로운 건축은 되블린에게서는 발견되지 않는다. 되블린은 그 대신 사람들 입에 오르내리는 소란스러운 작품들을 생산해 냈다. 그는 즉석의 그리고 즉흥적인 정신의 틀에 살았다. 가끔은 바람에 휘기도 했고, 쉽게 동요하기도 했다. 그는 그 자신을 스스로 땅바닥에 끌어내리는 것을 사랑했다. 토마스 만은 망명에서 돌아오지 않았고, 알프레트 되블린은 돌아왔다. 토마스 만은 독일과 인접해 있는 스위스 취리히에 정착했고, 되블린은 인접국 프랑스로 재망명의 길을 떠났다. 되블린은 해답을 찾기보다는 실험자였다. 의식적인 불확실에 대한 실험자였다. 의식적인 불확실은 그를 쉬지 않게 했다. 그의 인생과 작품은 끊임없는 불확실에 대한 실험이었다. 이로 인해 그의 인생은 숙명의 여행길이었다.

알프레트 되블린 (1878-1957)은 시민계층 유대인 가정에서 다섯 자녀 중 넷째로 태어났다. 아버지는 기성복 공장을 운영했다. 어릴 때 아버지는 젊은 여자와 함께 미국으로 이주했다. 1888년 열 살이 되었을 때 어머니는 자식 다섯을 데리고 베를린으로 이사했다. 베를린에서 학교를 다니고 고등학교와 대학교를 졸업했다. 어려서부터 대도시 생활과 기계발전에 열광했다. 문학, 철학, 음악을 좋아했고 그 분야의 소양을 쌓았다. 의학박사 학위를 취득한 후 1905년부터 1930년까지 의사로 일했다.

1910년 20세기 초반 독일 아방가르드 운동의 중요한 후원자인 헤어봐르트 발덴 (Herwarth Walden, 1878-1941)이 창간한 표현주의 잡지 『폭풍』 편집진으로 일하기 시작했다. 1915년까지 편집진 중에서 가장 중요한 인물로 활약했다. 이 시기 하인리히 폰 클라이스트 (Heinrich von Kleist, 1777-1811), 프리드리히 횔덜린 (Friedrich Hölderlin, 1770-1843), 프리드리히 니체 (Friedrich Nietzsche, 1844-1900)가 그의 문학적 철학적 우상이었다. 되블린은 방송 영화 등 당시 최첨단 기술로 떠오른 미디어매체를 이용한 최초의 작가군에 속한다.

1912년 의과대 여학생 에르나 라이스 (Erna Reiss)와 결혼했다. 같은 해 유대교회를 탈퇴했다. 에르나 라이스와의 사이에서 네 자녀를 두었다. 결혼 전 간호사와의 사이에 혼외 아들을 하나 두었다. 1차 세계대전이 발발하자 1915년부터 1918년까지 군의관으로 근무했다. 1915년 중국을 소재로 한 『왕룬의 세 번의 도약』을 발표했다. 그의 데뷔작으로 최초의 표현주의 소설기법을 사용하고 있다. 한 가난한 어부의 아들 왕룬에 관한 이야기인데 국가권력에 짓밟힌 왕룬이 평화주의 패거리들의 우두머리가 되어 비폭력적인 정신이 야만적인 폭력을 이길 수 있다는 가능성을 제시한 작품이다.

전쟁 중 소설 『발렌슈타인』을 쓰기 시작하여 1920년에 발표했다. 전투와 포위, 피 흘리는 군인들과 피난민 행렬, 영주와 장군들의 영광과 비참함, 권력을 에워싼 위대한 자들의 결탁과 민족들의 이름 모를 고통이 가공할 만한 30년 전쟁의 파노라마 속에 펼쳐진다. 등장인물들과 사건들이 폭포수처럼 독자들에게 흘러내리는 시대적 비극을 내용으로 하고 있다. 기념비적인 역사소설로 독일문학사에서 '현대소설'로 손꼽히는 작품이다. 되블린은 이 작품을 통해 역사적 비전을 제시하고 있다.

1918년 11월 제대 후 베를린으로 귀향하여 집중적으로 정치적인 글을 언론에 기고한다. 11월 혁명이 있었고, 혁명으로 인해 독일제국의 왕정이 무너지고, 의회 민주주의 공화국으로 전환되던 시기였다. 혁명에 공감했다. 1919년 '베를린 3월 투쟁'을 현장에서 목격한다. '베를린 3월 투쟁'은 제1차 세계대전 후인 1919년 3월 3일부터 16일까지 1,200명 이상의 사상자를 낸 유혈혁명이다. '베를린 3월 투쟁'과 평행선을 그으며 루르공업지구와 중부독일 산업지역인 할레에서도 총파업이 일어났다. '기간산업의 공공화'와 '인민 위원회 체제 도입'에 대한 노동자들의 극단적인 요구가 투쟁의 원인이었다. 이 두 요구는 11월 혁명의 핵심 사항이기도 했다. 특히 공공화는 1918년 12월에 이미 전 독일의 노동자 위원회와 군장병위원회의 초대 '제국인민위원회 회의'에서 결정된 사항이기도 했다.

베를린 시절 희곡, 영화 시나리오, 수도 베를린 거리의 삶 등 수많은 글을 발표했다. 1919년부터 1921년까지는 1890년에 창간된 잡지 『노이에 룬트샤우』에 수많은 에세이를 발표했다. 이 시절 정치색이 농후한 글들을 발표함으로써 좌파 비평가로 각인된다. 1924년 과학으로 자연계를 무참히 짓밟은 인간을 자연이 복수한다는 내용의 미래소설『산, 바다 그리고 거인』을 발표한다.

1924년 '독일 작가 보호연맹 (SDS)' 제1의장이 된다. '독일 작가 보호연맹'은 1909년 결성된 단체로 문인들의 국가적 (공공의) 침해에 대해 권익을 보호하기 위해 만들어졌다. 나치가 정권을 장악하자 이 단체는 1933년 7월 31일 '독일 작가 제국연맹'으로 변경된다. 그러자 독일 망명객들은 나치의 분서에 대한 대답으로 1933년 10월 30일 파리에서 '망명 독일작가 보호연맹'을 결성한다. '망명 작가 보호연맹'은 나치 독재에 대항하여 인민전선-정책을 추구한다. 망명객들이 머무는 유럽 각국과 남아프리카 공화국, 멕시코에 지부가 설립되었다. 미국은 뉴욕에서 1939년 지부를 설립하고 명예의장에 토마스 만, 의장에 오스카 마리아 그라프를 선출한다.

1925년에는 '1925 그룹'에 적극 가담한다. '1925 그룹'은 1925년 11월 말 39명의 독일 좌파성향 작가들과 예술가들이 결성한 작가연합 단체이다. 단체의 목적은 회원들의 예술 프로젝트 수행을 회원들 상호 간에 후원하고 끊임없이 억압 일변도로 치닫는 바이마르 공화국 예술법률에 대한 공동 투쟁에 두었다. 나치가 정권을 장악하자 이들 39명 중 32명이 망명했다.

알프레트 되블린 이외에 요한네스 R. 베혀, 에른스트 블로흐, 베르톨트 브레히트, 레온하르트 프랑크, 빌리 하스, 발터 하젠클레버, 에곤 에르윈 키쉬, 루드뷔히 마르쿠제, 발터 뫼링, 로베르트 무질, 에르윈 피스카토르, 요셉 로트, 에른스트 톨러, 쿠르트 투홀스키 등이 회원이었다. 이들 면면이 말해주듯 구성원들은 좌파자유주의자들이거나 공산주의자들이었다. 주동 및 그룹의 리더는 작가이자 공산주의자인 루돌프 레온하르트 (Rudolf Leonhard, 1889-1953)였다.

1926년 소위 '저질과 오물법'이 발효되자 바이마르 공화국의 여당이었던 사민당과는 거리를 두었다. 이 법은 만화나 통속문학 등 저질 쓰레기 문학으로부터 어린이와 18세 이하의 청소년을 보호하기 위해 제정된 법이었다. 이 법은 1926년부터 1935년까지 존속했다.

1928년 프로이센 예술원 문학 분과 위원회 위원장에 피선되었다. 1929년 『베를린 알렉산더 광장』을 발표했다. 이 작품은 독일문학사에서 최초로 고귀한 대도시 소설로 평가받는다. 『베를린 알렉산더 광장』은 1931년, 1980년 등 다수에 걸쳐 영화화되었다.

1933년 2월 제국의회방화사건 이후 유대인이자 사회주의자이며 프로이센 예술원 문학분과 위원장인 되블린은 스위스 취리히로 도주한다. 이와 함께 12년에 걸친 그의 망명생활이 시작되었다. 그가 도주했음에도 불구하고 그의 철학서 『우리의 현존재』는 베를린에서 출판되었다. 가족들도 곧바로 뒤이어 그를 따라온다. 되블린은 외국에서 개업을 할 수 없었다. 그해 9월 가족과 함께 망명지를 취리히에서 파리로 옮긴다. 되블린의 첫 번째 망명소설 『바빌론의 방랑』이 1934년 암스테르담에 있는 퀘리도 (Querido) 망명출판사에서 출판되었다.

1935년 첫째 아들 페터는 미국 뉴욕으로 이주한다. 되블린은 1936년 프랑스 국적을 취득한다. 1939년 프랑스 선전부 직원이 되어 다른 독일 망명객들과 더불어 대독일 선전전단지를 작성한다. 볼프강과 크라우스, 두 아들은 프랑스 군인이 되어 전선에 파병된다.

독일군이 프랑스로 진격하자 1940년 6월 선전부 다른 동료들, 부인과 함께 남프랑스로 도주한다. 부인과 막내아들 슈테판과 함께 기적적으로 마르세유, 바르셀로나, 마드리드를 거쳐 포르투갈 리스본에 도착한다. 리스본을 출발하여 9월 7일 미국 뉴욕에 도착한다. 부인, 아들과 함께 캘리포니아 할리우드에서 망명생활을 시작한다. 1940년 6월, 프랑스군으로 참전 중이었던 아들 볼프강이 독일 군대의 체포에 직면하자 프랑스의 후스라에서 자살한다. 부모는 아들의 죽음을 전쟁이 끝나갈 쯤 알게 되었다.

되블린은 같은 시기 망명지 미국에 도착한 알프레트 폴가, 발터 뫼링과 함께 '메트로 골든 메이어 (MGM)' 영화사에 1년 계약직 대본작가로 채용된다. 미국정부가 망명객들에 대한 인도적 차원에서 마련해준 자리였다. 급여는 매주 100달러였고, 근무 부서의 영화감독은 조지 프로스첼 (George Froeschel, 1891- 1979)이었다. 감독의 문의에 따라 작품 『미니버 부인 (*Mrs. Miniver*)』 (1942)과 『마음의 행로 (*Random Harvest*)』 (1942) 스크린 기획에 참여했다. 되블린의 제안은 영어로 번역되어 영화제작에 채택되었다. 『미니버 부인』은 아카데미 영화제 (제15회) 6개 부문을 수상했고, 『마음의 행로』는 오스카상을 수상했다.

영화의 성공과는 상관없이 되블린의 1년 계약직은 더 이상 연장되지 않았다. 계약이 만료된 후 실업자가 된 되블린은 5개월 동안 실업보조금을 받았다. 실업보조금이 끊긴 다음 미국에 머무는 그 나머지 기간은 작가 지원 기관이나 지인들을 찾아다니는 수밖에 없었다. 한 남자에게 해결책 없는 생활로 각인된 굴욕적인 처지였다. 1941년 당시 나이가 63세였다.

미국에 머무는 동안 소설 한두 장을 제외하고 5년 동안 인쇄된 작품은 하나도 없었다. 다른 수많은 망명객과 마찬가지로 되블린과 가족은 이방의 환경에서 어려움을 겪었고 문화적으로 단절되었다고 느꼈다. MGM 영화사의 조지 프로스첼 보조작업 역할도 제대로 되지 않았다. 그는 강등당했다고 느꼈다. 문학적 서열이 물구나무섰다고 느꼈다. 거꾸로 된 세상이었다. 그가 누구인가? 20세기 전반기 독일 문학사에서 최고봉의 작가 중의 한 사람이 아니었던가!

1941년 11월 30일, 되블린 부부와 아들 슈테판은 가톨릭으로 개종했다. 이러한 사실들은 당분간 비밀로 했다. 1943년 8월, 되블린이 65세 생일을 맞이하여 생일잔치를 하는 자리에서 개종사실이 알려지자 친구들과 동료들은 분노를 감추지 못했다. 망명교단은 격렬한 거부반응을 보였다. 베르톨트 브레히트는 되블린의 개종을 보며 '내 자신이 부끄럽다'며 「곤혹스러운 이탈」이라는 제목의 시를 썼다. 개종으로 인해 되블린은 망명객들 사이에서도 고립되었다.

1942/43년 심한 심장마비 증세를 겪은 다음, 오랜 기간 침대에서 안정을 취해야만 했다. 이 시절 소설 『1918년 11월 - 독일혁명』을 완성했다. 1945년 전쟁이 끝나자 소설 『햄릿 혹은 기나긴 밤은 끝났다』 집필을 시작했다. 성공적으로 비자를 발급받아 1945년 10월 '아메리카에서 유럽으로 - 신세계에서 구세계로' 가는 거대한 대서양 횡단 여객선에 세 식구가 몸을 실었다.

> 여섯이었다, 1933년 우리가 나치독일을 떠날 때는. 아들 하나는 지금 미국사람이 되어 거기에 있다. 1940년 우리가 미국에 갈 때, 또 한 아들은 우리를 따라올 수 없었다. 어린 나이에 결혼해 지금 (프랑스) 니스에 눌러앉아 있다. 또 한 아들은 - 항상 그를 생각했고 도대체 어디에 있는지 알지 못했던 그리고 왜 편지를 보내지 않았는지 몰랐던 그 아들은 우리를 따라올 수 없었다: 그는 1940년 6월 21일부터 (프랑스) 포게젠 군인묘지에 누워 있다. 적군 앞에서, 나치를 겨누고, 우리의 볼프강, 천부적인 수학자, 어머니의 커다란 기쁨인 사랑스런 아들.[45)]

---

45) Alfred Döblin: Autobiographische Schrriften und letzte Aufzeichnungen, hrsg. v. Edgar Pässler. Olten: Walter Verlag, 1978. 431-432쪽. 앞으로 인용시 쪽수와 더불어 DöA로 표기함.

되블린의 망명과 이주는 숙명의 여행, 운명의 여행이었다.

유럽으로 귀환은 했지만 가진 것은 아무것도 없었고 앞으로 어떻게 먹고 살아야 될지도 모르는 불투명한 상태였었다. 이때 프랑스 독문학자 에르네스트 톤느라 (Ernest Tonnelat, 1877-1948)의 주선으로 독일주둔 프랑스 군정청의 문화장교가 되었다. 경제적인 문제가 우선 해결되었다. 그것 말고도 커다란 희망을 가지고 독일의 재건에 참여할 기회가 주어진 것이었다. 국경을 넘어 11월 9일 서독의 바덴-바덴으로 귀환했다. 우선은 부인을 대동하지 않고 혼자 귀환하여 근무를 시작했다. 귀환하여 되블린은 국내에 머물렀던 동족들의 비참함을 보았다. 그들이 경험하지 못한 것과 경험한 것을 보고 있었다. "어렵다, 나는 돕고 싶다" (DöA 272)라는 것이 당시의 심정이었다.

프랑스 군정청에서 부여한 업무는 군정지역 내 원고검열과 문학잡지 창간이었다. 그 이외에도 라디오 방송에도 참여했다. 되블린은 이미 1920년대 열광적인 라디오 청취자이자 라디오 애호가였다. '남서방송 (SWR)' 프리드리히 비숍 (Friedrich Bischoff, 1896-1976) 방송국장의 초청을 받아 1946년 10월부터 2주에 한 번씩 '시대의 비판'이라는 제목으로 방송과 해설 연속 방송 시리즈를 시작했다.[46] 이 시리즈는 1949년까지 계속되었다. 주제는 예술, 문학, 정치, 시사 분야에서 임의로 선정한 사물과 사건에 대한 시사 평이었다. 점령군의 '재교육' 프로그램 일환으로 투입된 점령군 문화장교 직책을 지니고 수행하는 방송이었지만 되블린은 아주 겸손한 자세로 방송을 했다. 그는 점령군들의 '재교육'을 도덕성 회복의 기회로 보았다.

1950년부터 그의 방송시간은 단계적으로 15분에서 10분으로 줄어

46) SWR 방송국과 관계는 Hans-Ulrich Wagner: Rückkehr in die Fremde? Remigranten und Rundfunk in Deutschland 1945 bis 1955, 121쪽 참조.

드는 압력을 받았다. 1950년 11월 26일에는 정치부에서 이의를 제기하자 지체 없이 방송이 취소되기도 했다. 이 사실을 한때 되블린의 잡지 『금문교』 편집자였고 1950년부터 지금 당시 현재는 '남서방송(SWR)' 문화부 방송작가 안톤 베츠너 (Anton Betzner, 1895-1976)가 통고해 왔다.

되블린에게 특히 고통스러웠던 일은 똑같은 시기에 방송 저널리스트 프리드리히 지부르크 (Friedrich Sieburg, 1893-1964)와 함께 시사 평을 하는 일이었다. 독일군이 프랑스를 점령했을 때 파리에서 독일대사를 지냈고, 독일과 프랑스 사이에서 '조력 (콜라보레이션, Collaboration)'을 했던 자인 지부르크를 되블린은 정치적인 기회주의자라고 반복해서 공격해댔다. 지부르크는 나치시절 브뤼셀 독일 대사를 지냈고, 1940년부터 1942년까지는 점령당한 프랑스의 나치 독일 대사급으로 체류했다. 지부르크는 실제로 1937년에 발표한 『신 포르투갈』과 1939년에 발표한 『강철의 꽃』에서 포르투갈, 일본과 같은 독재국가를 옹호하는 말을 쓰기도 했다. 전쟁 후는 프랑스 점령군에 의해 출판금지 (1945-1948)를 받았다. 그의 『신 포르투갈』과 『붉은 북극지방』 (1932)은 소련군정지역과 동독에서 '폐기 대상 문학 목록'에 기재되었다. 1940년대 말부터 언론계에서 다시 활동을 재개했고 죽기 전까지 독일의 비중 있는 시사비평가와 문학비평가로 활동했다. 아데나워 정권은 그를 후원했고, 바덴-뷔템베르크 주는 1953년 그를 교수로 임명하기도 했다.

되블린은 귀환이주 후 주변과 전후의 정치적 전개상황에 대해 곧 환멸을 느꼈다. 그는 곧 '돌아온 것이 돌아온 것이 아니다'라는 사실을 깨달았다.[47] 1946년 2월 22일에 이미 '바디쉐 차이퉁 (Badische

47) 되블린의 귀환이주 후의 문제점에 대해서는 Klaus Müller-Salget: Verfehlte

Zeitung, 바덴 신문)'에 "내가 돌아왔을 때 나는 돌아온 것이 아니었다"라는 내용의 기사를 기고했다. 그는 이 내용을 그의 자서전에 다음과 같이 또 다시 써내려갔다.

> 내가 돌아왔을 때, 그곳에 - 나는 돌아온 것이 아니었다. 〔…〕 왜 돌아갈 수 없는가? 너는 더 이상 떠난 그 사람이 아니다, 그리고 너는 더 이상 네가 떠난 그 집을 발견하지 못한다. 떠나가면, 사람들은 알지 못한다; 귀로에 오르면 예감하게 된다, 접근할 때 그리고 집에 발을 들여놓을 때는 경험하게 된다. 그러면 모든 것을 알게 된다, 그리고 '아직 전부가 아니다'는 그곳을 보아라. (DöA 431)

서방 연합군 점령군 지역으로 귀환하는 망명객들을 국내에 머물던 독일인들이 두 손 벌려 환영하지 않는 것은 이미 추크마이어의 경우에서 보았다. 되블린은 추크마이어보다 독일인들이 반기지 않는 더 많은 태생적 요소를 지니고 있었다. 이러한 사실은 이미 위에서 정리한 그의 이력에 충분히 나타나있다. 되블린이 '귀로에 오를 때', '독일인들에게 접근할 때', '고향에 발을 들여놓을 때' '그가 고향에 돌아 올 수 없다는 사실을 깨닫게 된 이유'는 다음과 같다.

첫째, 혈통으로 볼 때 유대인이었다. 토마스 만이나 추크마이어는 유대인이 아니었음에도 불구하고[48] 독일인들이 별로 원하지 않는 귀환이주 망명객이었다. 이들에 비해 되블린은 자타가 공인하는 유대인

Heimkehr - Alfred Döblin im Deutschland der Nachkriegszeit, In: Thomas Koebner und Erwin Rotermund (hrsg.): Rückkehr aus dem Exil. Emigranten aus dem Dritten Reich in Deutschland nach 1945, Marburg 1990의 연구논문 55-65쪽 참조

48) 추크마이어의 경우 굳이 말하자면 1/4 유대인 혈통이었지만 일반인들이나 본인 스스로 유대인 혈통이라고 느낀 적이 없었다.

혈통이었다. 둘째, 프랑스 국적자에다 프랑스 점령군의 고위 계급장을 달고 점령군으로 귀환했다. 되블린에게는 고국으로의 귀환이겠지만 독일인들의 입장에서 볼 때는 '점령군으로의 진주'였다. 추크마이어의 귀환은 시간적으로 볼 때도 전쟁이 끝난 후 1년이 지났고, 거기에다 약간 눈에 띄지 않을 수 있는 '문관자격'으로의 귀환이었지만 되블린은 전쟁이 끝난 직후인데다 확연히 눈에 띄는 '프랑스군 고위장교' 복장을 걸친 진주군 신분이었다. 독일인들의 눈에는 되블린이 조국배신자는 아니었지만 분명히 프랑스와 내통하고 조력하는 콜라보[49)]였다. 셋째, 망명을 떠나기 전 사회주의 사상을 지닌 작가였다. 콜라보나 왕년의 사회주의자는 전후 재건하는 서독의 분위기에서 의심스러운 인물일 수밖에 없었다. 넷째로 유대인이 가톨릭신자로 개종한 것이었다. 이 사실은 옛 친구들이나 유대교인들 그리고 베르톨트 브레히트와 같은 귀환한 망명객들이 그를 내치는 계기가 되었다. 그렇다고 되블린이 가톨릭 신앙이 아주 깊은 것도 아니었다. 이러한 모든 사실들은 돌아온 고국에서 또 다시 고립되는 계기가 되었다.

개인적으로는 다음과 같은 사건들도 있었다.

1947년 7월, 되블린은 1933년 베를린에서 망명을 떠난 후 처음으로 그가 자라고 공부하고 그를 문필가로 대성하게 만든 고향과도 같은 도시 베를린을 방문했다. 샤를로텐부르크 성에서 '우리의 걱정 - 인간'이란 주제로 강연을 했다. 요하네스 R. 베혀와 파울 뷔글러 (Paul Wiegler, 1878-1949)가 초청한 '독일 저자 보호연맹'에서 '민주적인

49) 나치 선전장관 괴벨스는 독일이 프랑스로 진격하면 프랑스들은 독일에 저항하는 레지스탕스 (résistance), 독일과 조력하는 콜라보 (Collaborateur, Kollaborateur), 일반 대중 (Masse)으로 분류되는데, 일반 대중을 레지스탕스 편에 가담하게 하지 말고 콜라보가 되게 하여야 한다고 했다.

독일의 회복을 위한 문화동맹'에 대한 주제로 강연했다. 작가인 귄터 봐이스보른 (Günther Weisenborn, 1902-1969)은 당시의 방청기를 다음과 같이 전하고 있다.

> 우리 모두는 호기심에 차 문을 바라보았다, 되블린이 안내되어 들어올 때. 그랬다. 거기에 그가 있었다, 안경을 낀 작은 사나이가. 한두 사람들은 이미 박수를 치기 시작했다. 그러나 갑자기 조용해졌다. 그 사람은, 문에 나타난 그 사람은 얼굴은 되블린이었다, 그러나 그것은 군복을 걸친 프랑스군 소령이었다. 아연실색하여 손뼉을 치려던 손이 아래로 가라앉아 버렸다. 〔…〕 이것이 정말 우리의 되블린이란 말인가? 이것이 귀향이란 말인가, 혹은 한 연합군 장교의 행사참가하기식의 방문이란 말인가? 『베를린 알렉산더 광장』의 작가가 다시 우리에게 돌아왔다는 것에 대한 감사함은 올바른 표현을 찾지 못했다. 〔…〕 되블린은 낯선 손님으로 활동했고, 곧 바로 다시 떠났다.[50)]

독일문학의 자존이자 자랑거리인 되블린을 바라보는 독일인들의 심정은 이렇게 처참했다. 되블린이 이러한 모습으로 귀환한 데는 지엽적이긴 하지만 개인적으로 말 못할 어려운 사정도 있었다. 되블린은 당시 공식행사에 자주 장교복장을 착용했다. 한 연구자는 그 이유를 두 가지로 설명했다. 첫째는 외출복이 없었고, 둘째는 쫓겨났던 자이자 가난한 자인 되블린이 '승전국 고급장교'라는 것을 보여주고자 했을 것이라는 것이다.[51)] 하여간 점령군 장교복장 착용은 독일인

50) Günter Weiseborn, Alfred Döblins Rückkehr. In: Hinweise und Huldigungen. Freie Akademie der Künste in Hamburg. Jahrbuch 1964, S. 121-123: S. 121. 이에 대해서는 Klaus Müller-Salget: Verfehlte Heimkehr - Alfred Döblin im Deutschland der Nachkriegszeit, 59쪽 참조.

51) Klaus Müller-Salget: Verfehlte Heimkehr - Alfred Döblin im Deutschland der

들에게 적개심을 불러일으켰다.

1948년, 두 번째로 베를린을 방문했다. 당시 동베를린에 머물던 작가들과는 거리를 두었다. 그는 서독의 재건에만 심혈을 기울였고, 공산주의에 대해서는 분명히 반대 입장을 취했다. 1948년 70세가 되자 정년으로 군 복무에서 퇴직되는 것이 마땅했지만 민간인 신분으로 계속해서 『금문교』를 발간하여 1-2년은 더 봉급을 받았다. 1949년 마인츠학술원 창립 위원으로 활동했고, 부원장이 되었다. 같은 해 프랑스 문화부관리들과 함께 마인츠로 이사했다. 민간인 신분으로 계속해서 『금문교』를 발행하던 일은 오래 갈 수는 없었다. 점령군조례 검열은 1951년 3월 6일 자로 되블린의 직위를 해제했고 그와 함께 잡지도 폐간되었다. 되블린의 문화정책 참여는 이렇게 끝이 났다. 1949년부터 되블린의 병세는 악화되었고 파킨슨병 징후가 나타나기 시작했다. 1952년이 되며 건강은 더욱 나빠졌고, 심장마비를 일으켜 마인츠 병원에 입원하기도 했다.

발터 폰 몰로는 나치 집권으로 인해 그동안 금갔던 되블린과의 관계를 1946년 말 다시 재개한 인물이다. '내적 망명객' 몰로와 '귀환이주 망명객' 되블린 사이에는 서로 할 말이 많았다.[52] 활발한 편지 왕래가 잦았다. 편지 속에는 특히 1950년대 되블린의 건강악화와 경제적 빈궁이 눈에 띈다. 편지들 중에는 1954년 되블린의 부인이 파킨슨병을 앓고 있는 남편 되블린을 위해 발터 폰 몰로가 함부르크 '서북방송 (NWR)'과 '독일 구조단체'에 재정적 지원을 알선하려고

Nachkriegszeit, 59쪽 참조

52) 2차 대전 후 발터 폰 몰로와 되블린과의 관계는 Hans-Ulrich Wagner: Rückkehr in die Fremde? Remigranten und Rundfunk in Deutschland 1945 bis 1955, 122-123쪽 참조

한 시도에 대해 답변하는 편지도 보인다.[53] 1954년 8월 8일 되블린 부인이 몰로에게 보내는 편지에는 베를린에 있는 '피해보상청'에 서류를 제출했지만 일은 처리해 주지 않고 질질 끌고 있자 화가 치밀어 '(거지 취급하는 듯한) 적선'을 거절하는 내용이 나온다. 그렇지만 유력 정치가의 압력으로 '피해보상청'은 한두 번 보상금을 송금해 준 후, 1956년 7월부터 매달 500마르크씩 연금을 지급해 주기로 결정했다. 그 당시 중병에 시달리던 되블린은 매달 요양원에 약 1,500마르크를 병원비로 지불해야 했다. 인생 말년 되블린의 가난은 완전히 밑바닥 수준이었다.

되블린은 환멸을 느꼈다. 독일인들과 독일사회는 그에게 압박으로 다가왔다. 귀환한 지 7년 반 후인 1953년 4월 참담한 심정으로 당시 대통령인 테오도르 호이스에게 되블린은 다음과 같은 서신을 보냈다.

> 약 7년 전 나는 당신에게 편지를 보냈었습니다. 〔…〕 그리고 내가 독일로 귀환한다는 것을 알렸습니다. 그것은 너무 서두른 편지였습니다. 그것은 귀환이 아니라 대략 연장된 방문이었습니다. 7년이 지난 지금 독일에서 나의 거주지를 포기하는 곳에서 나는 나에게 정리해 볼 수 있습니다; 교훈적인 방문이었다, 그러나 이 나라에서, 내가 그리고 나의 부모가 태어난 이 나라에서 나는 불필요한 사람이다, 그리고 내가 생각해 낼 수 있는 모든 확실함을 가지고 나는 확신한다: '나의 가슴속에 사는 정신, 그 정신은 밖으로 움직일 수 없다.' (DöA 458)

되블린에게 태어난 독일은 고향이 되지 못했다. 그가 사랑했던 독일은 이미 그의 나라가 아니었다. 1949년부터 독일연방공화국 (서독)

53) 위의 책 123쪽 참조

대통령이었던 테오도르 호이스와 되블린은 30년 지기 친구였다. 나치가 집권한 1933년 이전에 호이스는 '독일 작가 보호연맹' 제2의장이었고, 되블린은 제1의장이었다. 호이스는 위에 언급한 편지에서 보듯이 되블린이 망명에서 독일로 귀환한다는 사실을 제일 먼저 알린 동료들 중 하나였다. 귀환 후 호이스는 되블린이 사는 곳을 여러 번 방문했다. 대통령직에 있을 때도 방문했고 마지막으로 되블린이 거주하는 마인츠의 주택을 방문한 것은 1953년 1월이었다.

되블린은 1953년 프랑스로 재망명을 떠났다. 재망명의 길을 떠나기 전 체념한 상태에서 당시 독일연방공화국 대통령인 테오도르 호이스에게 다음과 같은 서신을 보냈다.

> 이 나라에서 나의 출국은 점점 다가오고 있습니다. 그렇습니다. 우리는 다시 이 나라를 떠납니다. 그리고 모든 것은 귀향이 될 수 없었음에 틀림없습니다. 그것은 나에게 부여되지 않았습니다. 하나의 연장된 방문이 되어버렸습니다. 그랬던 것처럼, 그렇게 지속되었습니다. 나는 여기에서 숨 한번 제대로 쉴 수 없다는 것을 알았습니다. 이것은 망명은 아니지만, 망명을 기억나게 하는 대략 그러한 것이었습니다. 나뿐만 아니라, 나의 책들도 그것을 겪었습니다.[54)]

"숨 한번 제대로 쉴 수 없을" 정도로 되블린이 독일에 환멸을 느끼게 된 이유는 크게 두 가지를 꼽을 수 있다. 첫째는 전후 독일의

---

54) Alfred Döblin: Journal 1952/53, 1952년 4월호. Carl Zuckmayer; Als wär's ein Stück von mir. Horen der Freundschaft, Frankfurt/M 1966, 472쪽. 서신의 원문은 Hans-Ulrich Wagner: Rückkehr in die Fremde? Remigranten und Rundfunk in Deutschland 1945 bis 1955, Berlin, Bonn, Frankfurt/M 2000, 118쪽.

정치 사회적 발전 과정에서 나타난 전반적인 문제점이고, 둘째는 귀환이주 망명 작가의 '작품 출판'과 '수용'에 관한 문제점이다. 되블린과 관련하여 전후 독일의 정치 사회적 발전 과정에서 나타난 대표적인 문제점은 서독의 '마인츠학술원'과 '동독예술원' 사이의 접촉 교류 시도에서 발생했고, 작가와 작품에 관련된 작품은『1918년 11월 - 독일혁명』과『햄릿 혹은 기나긴 밤은 끝났다』였다.

1949년 되블린은 마인츠 학술원 회원이 되어 문학분과 위원장 겸 전체 학술원의 부원장 직책을 수행하고 있었다. 1950년 12월 아르놀트 츠바이크와 요하네스 R. 베혀는 동독 '독일예술원' 원장과 부원장 자격으로 되블린에게 '마인츠학술원'과 '독일예술원'과의 교류 가능성을 문의해 왔다. 당시는 냉전시대로 서독에서 동독의 공공기관과 접촉한다는 것은 범법행위로 간주될 만큼 살벌한 사회적 분위기였다. 그들의 문의에 대해 되블린은 마인츠 학술원 동료들과 이야기를 나누어봤고, 이 문의를 츠바이크나 베혀의 호의적인 개인적 사신 정도로 취급해 버리며 기관차원이 아니라 동서독 문인들 간에 '만남과 대화'를 한다는 것은 유익하다는 의견을 제시했다. 그러나 츠바이크와 베혀가 '쌍방 간 츠바이크와 되블린 연설자 교환', '쌍방 간에 각각 3명의 작가들이 상대방의 학 (예)술원에서 강연', '인쇄물의 상호 교환' 등 구체적인 제안을 재차 보내오자 마인츠학술원 원장은 너무나도 깜짝 놀라며 되블린에게 '정치적 의도가 다분히 있기 때문에 마인츠학술원은 동 베를린의 서한에 대해 답변을 해서도 안 된다'며 분명히 거절했다. 그러자 되블린은 펜-클럽 회원 자격으로 츠바이크와 편지를 교환하며 이 사건에 관한 것과 망명과 귀환이주 경험담을 서로 주고받았다.[55] 이 사건을 통해 되블린은 전후 독일 정치발전 상황의

55) '마인츠학술원'과 '동독예술원'의 교류 접촉 시도 및 문제점에 대한 연구는 Klaus

쓴맛을 직접 체험했다. 그와 더불어 견고한 나치주의가 뿌리 깊게 박혀 있고, 미국의 군비확장 정책이 이곳 독일의 군국주의를 강화시키고, 중요한 직책 요소요소에 나치들이 자리를 차지하고 있다는 사실을 실감 했다.

둘째로 작품 출판과 수용에 관한 문제점을 살펴보기로 하자.

귀환한 1945년부터 재망명을 떠나던 1953년까지 되블린은 작가보다는 점령군 문화장교로서의 활동이 두드러졌다. 이러한 외적인 상황은 되블린을 재망명의 길로 내모는 또 하나의 계기로 작용했다. 전후 독일 독서계에서 되블린이 작가로서 주목받지 못한 배후에는 나름대로 이유가 있었다. 되블린의 입장에서 당시 마땅히 주목받아야 할 것으로 예상했던 망명문학 작품은 『1918년 11월 - 독일혁명』과 『햄릿 혹은 기나긴 밤은 끝났다』였다. 『1918년 11월 - 독일혁명』은 「시민과 군인들」, 「배반하는 민족」, 「전방부대의 귀향」, 「카를과 로자」 4부로 구성되어 있다. 『햄릿 혹은 기나긴 밤은 끝났다』는 1944년 망명지 미국에서 집필을 시작하여 1946년 10월 서독 바덴바덴에서 완성했다.

우선 이 작품들은 출판부터 문제점을 안고 있었다. 1933년 이전에 되블린의 작품은 핏셔 출판사에서 출간되었는데 나치 집권 후 권리는 암스테르담 쿠레리도 망명 출판사로 넘어갔다. 1939년 쿠레리도 출판사는 『1918년 11월』 제1부 「시민과 군인들」을 출간했다. 하지만 후속 출간에는 관심이 없었다. 1945년 이후 되블린의 입장에서는 어디에서든 출간되는 것을 희망했지만 핏셔 출판사와 쿠레리도 출판사는 제휴나 합병을 이끌어내지 못했다. 본 연구의 추크마이어 부분에서도 드

Müller-Salget: Verfehlte Heimkehr - Alfred Döblin im Deutschland der Nachkriegszeit, 60쪽 참조.

러났듯이 사주들도 개인대로 문제점을 안고 있었다.

1945년 3월 프랑스군으로 참전하여 독일군과 총부리를 겨누던 아들 볼프강이 전쟁 중 사망했다는 소식을 듣고 집필하기 시작한 귀향 소설 『햄릿 혹은 기나긴 밤은 끝났다』가 당시에 출간되었더라면 센세이션을 일으켰을 것이다. 하지만 출간되지 않았다. 이 책이 출간되기에는 10년의 세월이 걸렸다. 1954년 9월 동독 라이프치히대학교 독문학 교수인 한스 마이어와 편집자인 페터 후첼 (Peter Huchel, 1903-1981)은 되블린이 머물고 있는 요양소를 찾아와 출판을 주선했다. 페터 후첼은 작품의 한 장 (章, 챕터)을 잡지 『의미와 형식』에 미리 발표하고 원고를 '뤼텐과 뢰닝 (Rütten & Loeing)' 출판사에 주선하여 출판하게 했다.

출판은 되었지만 서독이 아닌 동독에서 출판되었기 때문에 서독에서는 완전히 외면을 당했다. 이러한 결과가 되기까지에는 되블린에게도 문제가 없는 것은 아니었다. 1948년 서독의 카셀에 있는 한 출판사가 『햄릿 혹은 기나긴 밤은 끝났다』에 관심을 보여 출판을 제의했지만 되블린은 독자들의 이해를 위해 자기의 작품을 연대기 순으로 출간하는 것이 옳다는 생각에 우선 제의를 거절했다. 하지만 당시의 독일 출판계나 독자들은 되블린을 그 정도 높게 받아들일 아량이 없었다. 귀환이주 망명객으로 변화된 현실을 제대로 파악하지 못한 일면을 단적으로 보여주는 예였다.

『1918년 11월』 제1부가 출간된 후 제2부는 —후일 제2부 「배반하는 민족」과 제3부 「전방부대의 귀향」으로 세분— 1940년 파리를 탈출하기 전에 거의 완성을 보았다. 제3부 —제2부를 세분함에 따라 사실은 제4부가 된— 「카를과 로자」는 1942/43년 미국에서 가톨릭으로 개종한 후 집필되었다. 「카를과 로자」는 탁월한 공산주의자이자 반군국주의자인 칼 (카를) 리프크네히트 (Karl Liebknecht, 1871-1919)와 유럽 노동운동, 공산주의, 반군국주의의 대표자인 로자 룩셈부르크 (Rosa Luxemburg, 1871-1919)를 주제로 하고 있다.

1947년 되블린이 『1918년 11월』 제1부 「시민과 군인들」을 새로이 출간하려고 하자 되블린이 복무하고 있던 프랑스군정청은 출판을 금지시켰다. 내용 중 프랑스의 어느 지역과 프랑스인들을 비하했다는 것이 이유였다. 우여곡절 끝에 제2부 「배반하는 민족」이 1948년 가을에, 「전방부대의 귀향」이 1949년 초에 출판되었다. 하지만 시기적으로 적당하지 않았다. 그렇지 않아도 어려웠던 시절인데다 1948년 6월 화폐개혁으로 인해 독일인들이 서적 구입에 눈을 돌릴 여력이 없었다. 제3부 「카를과 로자」는 1950년 '알버 출판사'에서 출판되었다. 출판은 되었지만 수익성은 전혀 없었다. 1954년 2월 되블린이 인세를 받은 것은 「배반하는 민족」 9권, 「전방부대의 귀향」은 단지 반품, 「카를과 로자」 33권에 대한 것이었다. 1950년 '프랑크푸르트 도서전'에서 되블린의 책은 전시되지 않았다. 출판사는 그대로 뒤로 물러섰다. 이러한 상황이 되자 현실적으로는 그가 내심 베스트셀러가 될 것이라고 생각했던 『햄릿 혹은 기나긴 밤은 끝났다』를 출판하겠다는 출판사는 한 곳도 없었다. 작품의 실패를 면밀히 검토해 보면 되블린의 이 두 망명문학은 경제부흥과 재건을 앞장세운 당시 서독의 정치상황에 도저히 어울릴 수 없는 작품이었다. 당시에는 베르너 베르겐그륀 (Werner Bergengruen, 1892-1964), 한스 카로사 (Hans Carossa, 1878-1956), 에른스트 뷔혀르트 (Ernst Wiechert, 1887-1950) 등이 인기 작가였다.

한때 『베를린 알렉산더 광장』의 유명작가였지만 변화된 세상과 변화된 세계에 사는 사람들은 되블린을 받아들이지 않았다. 그의 귀환이주는 성공하지 못했다. 1953년 국경을 넘어 파리의 작은 집으로 이사했다. 단독주택이 아니라 건물 안에 방들이 있는 집이었다. 작가의 나이 75세였다. 프랑스로 재망명한 후 끊임없는 병마에 시달리던 중 1957년 6월 26일 프랑스에서 숨을 거두었다. 영면했을 때는 1933년에서 1945년까지 망명생활 12년, 1945년 유럽에 귀환하여 1957년까지 망명 아닌 망명생활 12년을 보낸 뒤였다. 알프레트 되블린이 슬픈 망명객의 자화상으로 역사에 기록되는 시간이었다.

그는 프랑스군으로 프랑스에서 목숨을 잃은 아들 '볼프강'이 누워 있는 옆에 묻혔다. 그해 9월 14일에 세상을 떠난 그의 부인은 그녀의 남편과 아들 사이에 묻혔다. 그는 독일에 묻히지 않고 프랑스에 묻히기를 바랐다. 왜냐하면 평소 그의 친구나 프랑스 독문학자 로베르트 민더 (Robert Minder, 1902-1980)에게 털어놓았듯이 독일에 있는 유대인들의 무덤이 곧 다시 훼손당할 것을 두려워했기 때문이었다.[56] 후일 실제로 독일에서 그러한 일들이 벌어졌다.

3. 남긴 과제들

군정지역으로 귀환이주한 망명객들과 그의 주변에서 벌어진 사건들은 아직도 논의되어야 할 많은 과제를 남겼다. 그중에서 추크마이어와 직접 관련된 과제들을 살펴보기로 한다.

56) Klaus Müller-Salget: Verfehlte Heimkehr - Alfred Döblin im Deutschland der Nachkriegszeit, 55쪽 참조

3.1. 총체적 죄와 과거사 극복문제

추크마이어의 작품 『악마의 장군』은 독일인들의 '집단적 죄'나 '과거사극복' 문제 등에 관한 토론을 제기하며 전후 독일사회의 시대적 관심사를 야기시키는 촉매제 역할을 했다. 독일인들은 추크마이어가 독일인들의 근본적인 성격이나 국가 독일이 안고 있는 문제점을 이미 망명기간 중에 분명히 그리고 심층적으로 파악하고 있었다는 사실에 놀라움을 금치 못했다. 특히 히틀러 나치 군대에서 귀향한 젊은 대학생들은 공연 『악마의 장군』이 던진 화두를 통해 전후 독일사회가 숙명적으로 안고 있는 세대 간의 갈등, 사회적인 문제, 독일의 미래에 대해 심도 높은 토론을 했다.

'집단적 죄'[57]란 어떤 행동에 대한 죄를 범행자 한 사람에게만 (혹은 범행자들에게만) 묻는 것이 아니라, 집단에게 또는 그 집단의 구성원들 모두에게 책임을 지우는 것을 말한다. 예를 들면 범행자의 가족, 범행자의 민족, 범행자의 조직이 집단 혹은 집단의 구성원들에 속한다. 그와는 반대로 현대 형법은 개인의 범행과 집단적 죄는 법적으로 관련이 없다고 보고, 개인의 범행은 기본적으로 개인의 책임이라는 데에서 출발한다. 일반적으로 '집단적 죄'란 '나치의 만행은 모든 독일인들의 집단적인 죄이다'라고 주장할 때 사용되는 일종의 정치적 관용구에 속하는 용어이다. '집단적 죄'는 분명히 법적 책임을 묻기는 어렵다. 하지만, 혹은 이러한 의미에서 '집단적 죄'는 법적 책임이라기보다는 윤리적 혹은 도덕적 책임에 관한 문제이다. 칼 추크마이어가 문학적 '애도작업'을 통해 독일인들의 '집단적 죄'를 담론

57) '집단적 죄'에 대한 정의 및 논의는 다음의 저작물 참조. Norbert Frei: 1945 und Wir. Das Dritte Reich im Bewusstsein der Deutschen, München 2005.

의 장으로 끌어들인 것은 나치 만행에 대한 법적인 책임공방보다는 독일인들의 윤리적 책임에 대한 물음을 제기한 것이다.

'집단적 죄'에 관한 논의는 근본적으로 상당히 복잡한 문제성을 지니고 있다. 독일인들이 '집단적 죄'를 인정한다는 것은 단순히 전쟁과 유대인 학살에 대한 책임만을 인정하는 것이 아니었다. 독일인들이 '집단적 죄'를 인정할 경우, 독일인들은 '히틀러 나치 체제 등장을 허락했다'라는 것과 '독일인들의 본성에는 범행자적 기질이 있다'는 전제를 어느 정도 인정하는 꼴이기 때문이다. 실제로 히틀러는 합법적인 선거를 통해 정권 획득의 기반을 마련했고, 게르만족의 공격적 기질 또한 타민족들 사이에서 가끔 화두로 오르고 있다. 하지만 공격적 기질에 대한 논의는 좀 더 신중한 연구를 요구한다.

뉘른베르크 전범재판을 통해 전쟁과 유대인 학살은 결국 법적인 '개인적 죄'로 판결남에 따라 '집단적 죄'는 윤리적 죄에 관한 문제로 넘어갈 수밖에 없었다. 독일인의 총체적 죄에 관한 본질적인 문제는 추크마이어 이외에도 철학자 칼 야스퍼스에 의해 1946년 하이델베르크 대학교의 강의에서 제기되었다.[58]

나치 체제가 붕괴된 지 16년 후, 그리고 서독 정부가 수립된 지 11년 후인 1961년 6월 "유대인학살에 대해 어떠한 방법이든 독일인으로서 공범임을 느끼십니까?"라는 질문에 대해 독일주민의 88%가 "아니요"라고 대답했다.[59] 이러한 분위기는 점령군 군정시대와는 상당히 다른 반응이었다. 1946년 뉘른베르크 전범재판이 진행되었을 때, 미군정은 전범재판의 정당성에 대한 여론조사를 했는데, 당시 독

58) Karl Jaspers: Die Schuldfrage. Für Völkermord gibt es keine Verjährung, München 1979. 참조

59) Peter Mertz: Und das wurde nicht ihr Staat, München 1985, 145쪽 참조

일인들의 78%가 정당하다고 대답했다. 그리고 1946년에서 4년이 흐른 후, 즉 서독 정부가 막 수립된 후에는 주민의 38%만이 정당하다고 답변했다. 이러한 여론 추이를 보았을 때 '집단적 죄'에 관한 화두는 어느 정도 군정에 의한 강요된 논의 혹은 분위기가 아니었겠나 하는 의구심을 남긴다. 칼 추크마이어는 1946년 미군의 문관으로 귀환했을 당시 미국의 민주주의와 문화는 독일이 본받아야 할 제도라고 역설한 바 있다. 이러한 맥락에서 귀환한 망명객과 잔류 독일인들 사이에서는 당연히 보이지 않는 벽이 존재하고 있었다.

일반적으로 '과거사극복'은 독일과 오스트리아에서 발생한 나치 시대 내지 나치 시대의 증후군에 관한 논의를 말한다. 나치시대의 증후군이란 '독재', '인종 학살', '홀로코스트', '전쟁책임', '인간성 파괴', '인종차별주의', '동조자', '밀고자' 등을 말한다.

'과거사극복'은 '범행자 처벌', '희생자 복권', '나치의 인종 법 수정'(소위 뉘른베르크 법) 등 법적 조치로 시작되었다. 하지만 '범행자 처벌'과 '희생자 복권'은 단순히 법적 조치로만 실행될 수 있는 사안이 아니었고, 장기간을 요구하는 과제였다. 왜냐하면 이러한 사안들은 법적인 조치의 문제를 떠나, 인간 경시사상, 민주적 가치, 윤리 도덕적 가치문제 등 정신과 세계관의 문제였기 때문이었다. 즉 법적 조치는 일시적일 수는 있지만 영원한 치료법이 아니었기 때문이었다.

나치시대에 대한 '과거사극복'과 그에 따른 문제점들은 1945년 이후 독일 작가들에게 문예창작의 중요한 주제를 제공했다. 권터 그라스의 『양철북』, 하인리히 뵐의 『어느 어릿광대의 견해』, 한스 베르너 리히터의 『타격 입은 사람들』, 알프레드 안더쉬의 『한 살인자의 아버지』, 마르틴 발저의 『우리의 아우슈비츠』, 볼프강 쾨펜의 『로마에서의 죽음』, 지그프리트 렌츠의 『독일어 시간』, 페터 바이스의 『색출』

등이 이러한 예에 속한다. 이 작품들은 나치시대와 나치시대의 증후군에 대해 심도 있게 논의하고 있다. 이러한 작품들은 특히 나치 시대에 대학생이었거나, 전장에 직접 참여한 젊은 작가들에 의해 창작되었다. 당시 젊은 작가들은 문단의 새로운 권력으로 부상했다. 1947년에 창립된 '47 그룹'이 대표적인 예이다.

1933년 이후의 독일문학이 나치들의 문화정책과 인종정책에 의해 2등분되었다면, 1945년 이후의 독일문학은 점령군의 문화정책과 이에 따른 정치적 발전상황에 의해 4등분되었다. '망명에서 귀환한 작가들', '나치작가들', '내적망명객 작가들', '젊은 세대 작가들'이 당시 문단의 4대 권력집단이었다.[60]

나치가 독일을 지배하던 12년 동안 금서 명령을 받았던 '망명에서 귀환한 작가들'의 작품은 다시 서점에 진열되었다. 그리고 그동안 목말라하던 독일의 독자를 다시 만날 수 있었다. 하지만 그것은 이론적으로 볼 때 그러했다.

'나치작가들'은 점령군 군정청에 의해 직업 자체가 금지되었다. 그들의 작품은 검열을 받았고, 침묵을 지키도록 판결을 받았다.

나치가 독일을 지배하던 시절 대다수의 작가들이 오랫동안 금지명령을 받았던 '내적망명객 작가들'은 복권이 단행되었다. 그들의 복권은 작품에 대한 해금은 물론, 창작, 문예활동 등 분야에 대한 활발한 활동을 의미했다.

'젊은 세대 작가들'은 어찌 되었든 '시작'이었다. 그들은 '신세대'로 '과거사'에 대한 부담도 없었다. 이러한 의미에서 젊은 작가들은 여타의 문단 집단들과 차별화를 시도했다. 그리고 그들과 관련이 없

---

60) Peter Mertz: Und das wurde nicht ihr Staat, München 1985, 116쪽 이하 참조

다는 것도 강조했다. 더 나아가 '아버지 세대'를 해방시켜야 된다고 하며 모든 것은 다시 시작되어야 한다고 강조했다.

이러한 상황에서 작가들 간의 소통은 어려울 수밖에 없었다. 문단 내의 소통부재와 소통의 어려움은 곧 '총체적 죄', '과거사 논의', '독일의 미래를 바라보는 눈' 등에 대한 정치, 문화, 사회 전반에 대한 소통의 어려움이었다. 게다가 '젊은 세대 작가들'은 아버지 세대의 문제점까지 지적했다. 아버지 세대는 곧 '망명에서 귀환한 작가들', '나치작가들', '내적망명객 작가들'이었다. 연령상으로 볼 때 '망명에서 귀환한 작가들'은 특히 아버지 세대의 작가들이었다. 예를 들면 1947년 귄터 그라스가 20세였을 때, 귄터 그라스가 작가로서 존경하던 알프레트 되블린은 69세였고, 칼 추크마이어는 51세였다.

'총체적 죄'와 '과거사 극복문제'는 망명문학 연구 분야뿐만 아니라 20세기 전반에 걸친 중요한 연구과제로 정치 사회적인 측면뿐만 아니라 심리적인 측면에서도 중요하게 다루어지고 있다. 1960년대 독일의 심리학계에서 중요한 연구대상으로 부상한 알렉산더 미철리히의 명저 『애도할 수 없는 능력』[61]이 대표적인 예이다.

'총체적 죄', '과거사 논의', '애도할 수 없는 능력' 등은 끊임없이 논의되어야 할 현재형 과제들이다. 그에 대한 진지한 논의를 통해 인간들의 우둔함을 다시 한 번 점검하고 인간들의 실존과 품위, 인간애와 세계평화를 회복해야 되기 때문이다.

61) Alexander und Margarete Mitscherlich: Die Unfähigkeit zu trauern. Grundlagen kollektiven Verhaltens, München 1967. 참조

3.2. 독일에 사는 이유와 살지 않는 이유

제2차 대전이 종말을 고하고 나치 체제가 붕괴된 상황에서 1933년 이후 독일을 떠난 망명객들에게 귀환이주는 당연하고 아무 문제가 없었던 것처럼 보였다. 하지만 실상은 달랐다. 많은 귀환이주자들이 어려움을 당했다. 귀환이주했던 소수의 망명객들은 재망명의 길에 올랐고, 아예 처음부터 귀환이주하지 않은 망명객들도 있었다. 나치 시절 독일에 머물렀던 사람들 중에 나치가 붕괴하자 독일을 떠난 사람들도 있었다. 그들은 독일에 살고 있지 않다고 느꼈다. 그들은 왜 재망명의 길에 올랐을까? 그들은 왜 처음부터 독일로 귀환이주하지 않았던 것이었을까? 그들은 히틀러 나치 시절도 아닌데 왜 이제야 독일을 떠났는가?

1964년 헤르만 케스텐은 그 당시 '독일에 살고 있지 않는 망명객', '재망명객', '1945년 이후 독일을 떠난 인사들'에게 왜 그들이 본인의 조국인 독일에 머무르지 않았는가라는 물음을 바탕으로, 그들이 증언한 『나는 연방공화국 (서독)에 살지 않는다』[62]라는 책을 편집했다.

헤르만 케스텐 자신은 1920년대 '신즉물주의'의 대표적인 작가로 1933년 프랑스로 망명한 다음, 1940년 미국으로 망명했다. 1949년 미국 시민권자가 된 후 그해 유럽으로 (귀환)여행을 했다. 1950년에는 서독의 '마인츠학술원' 회원이 되었다. 그 후 수차례에 걸쳐 장기간 스위스에 머물다가는 뉴욕으로 돌아가곤 했다. 1953년에는 이탈리아의 로마로 거주지를 이전하여 1977년까지 행정상의 거주지로 삼

62) Hermann Kesten (hrsg.): Ich lebe nicht in der Bundesrepublik, München 1964. 앞으로 인용시 쪽수와 더불어 HeKe로 표기함.

았다. 1977년 부인이 세상을 떠나자 스위스의 바젤로 옮겨 만년을 보냈다.

미국 망명에서 유럽으로 귀환했을 때, 그리고 그 후 유럽을 방문할 때면 언제나 헤르만 케스텐은 독일을 방문했었다. 하지만 독일에 정착하지 않았다. 그는 왜 그가 독일에 정착하지 않았는지를 정확히 밝히고 싶었다. 그와 비슷한 처지의 망명객들은 어떠한 생각을 지니고 '독일에 귀환이주하지 않는지', '왜 재망명을 했는지', '왜 독일을 떠났는지'에 대한 이유를 세상 사람들에게 증언하고 싶었다.

헤르만 케스텐은 망명객들이 독일로 귀환이주하지 않은 첫 번째 이유를 1945년 이후의 전후 독일이 망명객을 환영하지 않았기 때문이라고 꼽았다.[63] 두 번째로 아무도 귀환이주에 대한 용기를 주지 않았고, 아무도 그들을 초청하지 않았다는 것이다. 셋째로 망명 중에 겪은 아픔을 회복하려는 시도를 아무도 하지 않았기 때문이라고 했다.

> 정치적 신념에 따라 망명을 간 한 독일인인 빌리 브란트는 콘라트 아데나워와 그의 국방부 장관인 프란츠 요셉 슈트라우스에 의해 '사생아'라는 이유 때문에 '망명객'이라고 비방당했다. 독일연방공화국의 최근 국방부 장관인 카이 우베 폰 하쎌은 동시에 모든 지식인들을 비방했다. 교통부 장관인 한스 크리스토프 제봄은 히틀러인사 (하일 히틀러!)와 더불어 모든 세상에 거수경례를 한 나치 계관시인 콜벤하이어를 뉘른베르크에서 공공연히 칭송했다. (HeKe 13)

기민당 (CDU) 소속의 콘라트 아데나워는 서독 정부가 수립되자

---

63) 망명객들이 독일에 살지 않는 이유와 배경에 대해서는 HeKe 9-28쪽 참조

초대 수상이 되어 독일연방공화국의 기초를 다진 정치인이다. 그는 미국과의 우방을 공고히 하며 독일을 재건하는 데 주력했다. 재건을 위해 그는 미국의 반공정책을 수용했고, 이를 바탕으로 경제개발에 주력했다. 기사당 소속의 (CSU) 프란츠 요셉 슈트라우스는 대표적인 보수 정치인으로 독일연방공화국의 특임장관, 핵문제장관, 국방부장관, 재무부장관과 바이에른의 주지사를 오랫동안 역임했다. 그는 사민당 (SPD) 소속의 대표적인 사회주의자이자 후에 독일 수상을 역임하고, 노벨평화상을 수상한 빌리 브란트를 시시때때로 비방했다.

> 독일민족 대다수에게 옛 망명객들은 아직도 항상 이방인이었고, 의심스러운 사람이었다. (HeKe 14)

이러한 상황을 파악한 헤르만 케스텐은 독일에 살지 않는 망명객들에게 서면 질문을 요청했다. 칼 추크마이어를 비롯하여 막스 브로트, 에리히 프리트, 오스카 마리아 그라프, 한스 하베, 루드뷔히 마르쿠제, 발터 뫼링, 로베르트 노이만, 쿠르트 핀투스, 한스 잘, 마네 슈페르버, 막스 타우 등 총 34명이 증언에 참여했다. 왜 독일에 살지 않는지를 장황하게 증언한 경우도 있고, 짧게 보내온 사람도 있었다. 추크마이어는 짧게 보내왔다.

증언에서 (HeKe 163) 추크마이어는 독일에 살지 않는 이유가 "절대적으로 정치적인 문제가 아니다 (kein Politikum)"라는 점을 강조하고 있다. 망명하기 전에도 이미 오스트리아에 주거지를 지닌 상태에서 베를린에는 가끔 머물렀다는 것이다. 오늘날도 베를린이 옛날과 같다면 아마도 다시 베를린에 살 수도 있었을 것이라는 것이다. 베를린은 아직도 언제나처럼 독일어권 지역에서 유일한 대도시이고, 그에게는 추억이 앞서고 감정이 앞서는 매력을 지니고 있다는 것이다. 지금 스위스 자스-페에 살고 있는 것은 그저 단순히 망명시절과 전후시절의 결과일 뿐이라는 것이다. 자기는 시골에 살기를 좋아하고 지금 머무는 곳이 유럽의 수도들과 쉽게 연결될 수 있는 중앙에 위치하고 있다는 것이다. 추크마이어가 말하고 싶어 하는 요지는 '절대로 정치적 이유가 아니고, 베를린이 과거와 같다면 그곳에 머물렀을 것이다'라는 것이었다. 당시 서베를린은 냉전의 시대에 동독에 놓여 있는 섬이었다. 서독의 수도도 아니고 정치, 경제, 문화의 중심지도 아닌 그저 분단의 상징 도시였다. 하여간 추크마이어의 증언을 보면 그의 의견을 액면 그대로 받아들일 수도 있지만 문장 뒤에 숨어 있는 뜻을 다시 한 번 분석해 볼 필요가 있다.

추크마이어 이외에 다른 사람들의 증언을 일별해 보면 그들은 고국에 귀환하는 것보다는 '거리감을 두고 사랑' (막스 브로트, HeKe 33-36), '주관적 선언' (하인츠 폰 크라머, 1924-2009, HeKe 36-43), '본심을 드러내기 위한 시도' (에리히 프리트, HeKe 43-48), '유랑과 유랑' (리하르트 프리덴탈, HeKe 49-54), '사람은 지그재그로 살 수 없다' (만프레트 게오르게, HeKe 54-57), '지옥 건너의 다리' (쿠르트 R. 그로쓰만, 1897-1972, HeKe 63-68), '나는 유럽에 산다' (한스 하베, HeKe 68-73), '내가 왜 연방공화국에 살아야만 하는가?' (오씹 카렌터, HeKe 83), '나머지는 체념이다' (한스 퀴너, HeKe 91-97), '아웃사이더의 관점에서 명상' (야콥 린트, HeKe 98-101), '도의적 질문' (요아힘 마스, HeKe 101-197), '아무 곳이나 집이다' (발터 뫼링, HeKe 113), '뿌리내림은 끝나지 않는다' (리하르트 J. 노이트라, HeKe 128), '건강상 이유' (한스 푸르만, HeKe 138-139), '나는 돌아오지 않았다' (빌헬름 뢰프케,

HeKe 140-144), '이방 문화의 손님' (한스 잘, HeKe 144-146), '정치적인 문제가 아니다' (칼 추크마이어, HeKe 163) 등으로 나타난다.

증언들을 면밀히 살펴보면 1945년 이후의 정치적 발전 상황과 주민들의 망명객들에 대한 반감이 주를 이루고 있다. 망명객들은 그들의 귀환이 단지 그들이 태어난 땅으로의 방문임을 깨닫고 다시 재망명의 길에 올랐다. 나치시대에는 인종차별을 정책으로 수행했지만 1945년 이후는 인종차별이 주민들의 감정으로 나타났다. 유대인은 여전히 유대인이었고, 그들은 독일인 밖의 인종이었다. 사상도 이와 비슷했다. 공산주의자가 아니고 사회주의자라고 해도, 냉전체제 속에서의 사회주의자는 의심을 받는 망명객일 수밖에 없었다. 이러한 상황에서 그들은 독일에 살 수 없었다.

그와는 반대로 귀환이주 후 '독일에 사는 망명객'들이나 서독정부가 수립된 후에도 '독일에 거주하는 이유가 분명한 지식인들'은 떠난 자들보다 훨씬 많았다. 남아 있는 자들에 비하면 떠난 자들은 미미한 숫자였다. 떠난 자들의 대부분이 저명인사들이었기 때문에 돋보일 뿐이었다. 볼프강 봐이라우흐는 1960년 '나는 왜 독일에 사는가?'라는 질문에 대한 답변서를 수합하여 『나는 연방공화국 (서독)에 산다』[64)]라는 제목의 책을 펴냈다. 부제는 '독일에 대한 15인들'이라고 되어 있다. 15인들의 의견, 이유서 등으로 이해하면 될 것 같다. 이 책은 『나는 연방공화국 (서독)에 살지 않는다』보다 몇 년 전에 발간되었다. 『나는 연방공화국에 살지 않는다』가 『나는 연방공화국에 산다』에 대

64) Wolfgang Weyrauch (hrsg.): Ich lebe in der Bundesrepublik, Fünfzehn Deutsche über Deutschland, München 1964. 앞으로 인용시 쪽수와 더불어 WoWe로 표기함.

응해서 나온 시대 증언적이고도 울타리 밖에서 고향을 향해 외치는 목소리들이라는 것을 쉽게 알 수 있다.

우선 이 책의 편집자인 볼프강 봐이라우흐는 1904년생으로 1929년부터 문필활동을 시작한 작가다. 나치가 정권을 장악했을 때의 나이가 31세였다. 나치시대에는 독일에 머물며 독일의 여러 신문사에 근무했고, 방송극을 썼다. 1940년부터 1945년까지는 독일군으로 전쟁에 참여했다. 1945년 소련군에 의해 포로가 되었지만, 8월에 이미 석방되었다. 그러한 다음 언론매체와 잡지사에 근무하며 문필활동을 계속해 나갔다.

봐이라우흐는『나는 연방공화국에 산다』집필 동기를, "나는 나의 고향을 사랑한다. 나는 고향을 사랑하기 때문에, 고향에 대한 걱정을 한다. 고향걱정을 하기 때문에 이 작고 완전하지 못한 책을 편집하여 출판한다" (WoWe 7)고 밝히고 있다. 이러한 그의 설명은 당시 독일에 머무는 지식인들의 의견을 압축한 것이라고도 볼 수 있다. 독일의 지식인들은 고향을 사랑했다. 독일인들은 'Heimat (하이마트)'가 어떤 다른 나라 말로도 번역될 수 없다고 자주 말한다. 번역하고 싶어 하지도 않는다. 그래도 번역해 보면 독일어의 'Heimat (하이마트)'는 우리말로 '고향'이란 뜻이다.

'하이마트'를 사랑하기는 망명객들이나, 나치나, 국내에 거주한 일반 독일인들이거나를 막론하고 마찬가지였다. 하지만 서로 간에 사랑의 방식이 달랐다. 그것이 문제였다. 사랑의 방식을 놓고 귀환이주한 망명객들이나 국내에 머물렀던 일반 독일인들 간에는 커다란 틈새가 놓여 있었다. 이 틈새에서 귀환이주 망명객들은 어려움을 겪었고, 국내에 거주하고 있던 독일인들은 그들의 고향을 지키려고 했다. 그렇다면 '고향'이란 무엇인가?

'고향'이란 '일상생활', '법률분야', '정치', '자연과학', '종교', '문학' 등 여러 분야에서 다양한 의미로 사용되고 있다.[65] 일반적으로 고향이란 일상생활에서 사용하듯이 '공간'과 '사회'적 요소를 우선 생각나게 하고 그러한 범위를 전제로 사용하는 감정적인 개념이다. 하지만 구체적인 연구에서 보듯이 고향의 개념은 사용하는 사람들에 따라 다양하고, 사용하는 용도에 따라 '악의 개념'으로 변하기도 하며 '인간과 사회의 공동 공간 및 사회를 아늑하게 제공해주는 개념'이 되기도 한다. 이에 따라 '망명과 귀환이주 연구'를 위해 '고향개념'에 대한 연구도 일정한 부분을 차지한다.

『나는 연방공화국에 산다』에 참여한 사람들은 한스 마그누스 엔첸스베르거, 볼프강 쾨펜, 카지미르 에드슈미트, 한스 베르너 리히터, 발터 옌스, 마르틴 발저 등 당시 독일문단의 영향력 있는 작가들이었다. 이들은 망명객들처럼 증언형식이나 시대를 대변하려는 듯한 급박함을 호소하는 것이 아니라, 일기, 편지, 메모 등에서의 발췌 형식이나 묘사 및 서술을 통해 여유롭게 독일에 사는 이유를 은근하게 표현하고 있다. 이러한 의미에서 그들이 구사하는 내용을 굳이 분석하기보다는 그들이 어떠한 사람들인가를 간단히 요약하는 것이 본 연구를 위해서는 훨씬 더 효과적이라고 생각한다.

---

65) 'Heimat (하이마트, 고향)'의 다양한 의미에 대해서는 Andrea Bastian: Der Heimat-Begriff. Eine begriffsgeschichtliche Untersuchung in verschiedenen Funktionsbereichen der deutschen Sprache, Tübingen 1995. 참조. 안드레아 바스티안은 위에 열거한 항목을 목차로 열거하며 어원에서부터 각 분야에 걸친 고향개념의 다양함을 구체적으로 보여주고 있다. '문학' 분야를 대상으로 삼고 있는 (174-217쪽) 제7장의 6절은 소위 '고향문학'으로 '마을이야기에서 고향예술운동을 거쳐 피-대지-문학 (나치문학)으로' (189-197쪽)를 다루고 있고, 제7절은 '망명, 파괴, 추방'으로 인한 '고향을 잃음' (197-216쪽)을 다루고 있다. 이러한 연구에서 보듯이 나치는 고향을 고수한 자들이고, 망명객들은 고향을 잃은 사람들로 쉽게 이해해 볼 수 있다.

한스 마그누스 엔첸스베르거는 1929년생으로 나치 체제가 붕괴할 당시 16세였고, 1950년대 대학생활을 보낸 전형적인 전후세대에 속한다. 볼프강 쾨펜은 1906년생이기는 하지만 전후시대 작가에 속하는 사람이다. 그의 대표작들은 1950년대 초반에 창작되었다. 나치 체제의 등장으로 일자리를 잃자 1934년부터 네덜란드에 거주하다가 1939년 독일로 되돌아 왔다. 그 후 계속 독일에 살며 작가로서의 경력을 쌓았다.

1920년대 독일 표현주의 이론의 선구자였던 카지미르 에드슈미트(1890-1966)는 나치 시절의 한 때에 나치 정권이 여행금지 구역으로 설정해 놓은 지중해, 아프리카, 남미 등지에 머물다가, 1945년에 귀국했다. 그의 표현주의 이론은 문인들 사이에서 찬반이 엇갈렸는데, 특히 대표적인 망명 작가 중 한 사람인 쿠르트 투홀스키에 의해 강하게 거부된 바 있었다. 그는 1949년 서독 펜-클럽 총서기장이 되었고, 1960년에는 명예회장이 되었다.

한스 베르너 리히터 (1908-1993)는 1933년 그의 여자 친구와 파리로 망명했으나, 경제적인 어려움 때문에 1934년 독일로 되돌아 왔다. 25~26세의 나이였다. 밖으로는 서점원과 출판사의 교정원으로 일하고, 안으로는 정치적 지하단체와 연결을 지니고 있던 리히터는 1940년 게슈타포에 체포당한다. 그러나 지하조직이 발견되지 않자, 성공적인 군 입대와 더불어 1940년부터 1943년 사이에 히틀러 군인으로 전장에 참가한다. 1943년 포로가 된 그는 3년에 걸쳐 미국에서 전쟁포로수용소 생활을 한다. 1947년에는 독일 신세대 문학 집단인 '47그룹' 창립에 주도적인 역할을 담당하며, 문학 집단을 대표하는 작가 중의 한 사람으로 부상한다.

발터 옌스 (1923-2013)는 튀빙엔 대학교에 서양인문학의 전통을 계승하는 '수사학과'를 재건한 저명한 대학교수일 뿐만 아니라 고전 문헌학자, 문학사가, 작가, 비평가, 번역가이다. 독일연방공화국의 펜-클럽 회장과 베를린 학술원 원장을 역임했다. 은행장 아버지와 교사인 어머니를 둔 명문가정에서 태어난 옌스는 명문인 인문계 김나지움을 졸업하고 대학에서 독문학과 고전문헌학을 전공한 수재 학생이었다. 고전문헌학자 브루노 스넬과 철학자 마르틴 하이데거가 그의 은사이다. 그는 히틀러 소년단 (히틀러-유겐트) 단원이었고, 나치 당원이었다. 1944년에 박사학위를 취득했고, 1949년에는 26세의 나이에 이미 교수자격 논문이 통과되었다. 1950년에는 '47그룹' 회원이 되었다. 1956년 튀빙엔 대학교의 교수로 초빙되었다.

발터 옌스는 명실 공히 20세기 후반부 독일대학 내 최고의 교수 중 한 사람으로 독일 학문의 전통을 대변하는 석학이었다. 동시에 이미 열거했듯이 그는 나치전력자였다. 독일학계에서 발터 옌스만이 이러한 전력을 소지하고 있었던 것은 아니다. 바로 옌스의 스승인 마르틴 하이데거가 그랬고 그 밖에 수많은 석학들이 그러한 전력을 지니고 있다. 이러한 전력을 단적으로 말해주는 역사적 증거가 바로 교수들의 '히틀러 (충성)고백'66)이다. 여기에 참여했거나 서명한 교수들

---

66) 히틀러 (충성)고백은 1933년 11월 11일 소위 '나치혁명'을 기념하여 라이프치히에서 거행되었다. 표제는 "히틀러와 함께 독일민족의 명예, 자유, 권리를 위하여! (Mit Adolf Hitler für des deutschen Volkes Ehre, Freiheit und Recht!)"였다. '충성고백'의 정확한 명칭은 "독일 교수들의 아돌프 히틀러와 국가사회주의 국가에 대한 (충성)고백 (Bekenntnis der Professoren an den deutschen Universitäten und Hochschulen zu Adolf Hitler und dem nationalsozialistischen Staat)"이다. 행사에서는 라이프치히대학교 총장과 '식민지 농업'과 '동물사육' 전공 라이프치히 대학교 농과대 교수로 히틀러 정권쟁취 이전에 이미 나치 학생연맹 지도교수였던 아르투어 골프 (Arthur Golf, 1877-1941)가 번갈아가며 개회연설을 한 후 의학자이자 '종족위생학자'인 오이겐 핏셔 (Eugen Fischer, 1874-1967) 베를린대학교 총장, 철학자 마르틴 하이데거 프라이부르크대학교 총장 등이 연설했다. 그

중에는 마르틴 하이데거나 한스 게오르크 가다머 (Hans-Georg Gadamer, 1900-2002)처럼 각 분야에서 저명한 교수들이 수없이 많다. 오늘날 독일의 석학들 중에는 이들을 은사로 둔 사람들이 많다. 학문의 본질, 독일학문과 현실, 혹은 독일학문과 역사적 흐름 등을 다시 한 번 점검해 보고 진지하게 논의해 보아야 할 부분이다.

첫째로 본 연구와 관련해서 전후 망명에서 귀환한 학자들이 복직을 시도하는 과정에서 어려움을 겪거나 실패하는 경우가 있었는데 그 현장에 이러한 학자들이 있었다는 것을 부인할 수가 없다. 둘째로 학문성에 관한 문제다. 정신과학의 경우 '히틀러 충성고백' 전력의 학자들은 대부분 전통적인 학문성을 고수하고 있고, 독일의 학문사에서 그들의 비중을 무시할 수 없는 교수들이다. '망명과 귀환이주' 연구는 이들과 관련하여 학문의 본질 및 학문성, 이상과 현실, 학자와 정치성 등등 학자와 사회의 관계에 대한 논의를 조심스럽게 제안한다. 어느 한 편에 치우칠 문제가 아니라 인간의 본성 및 학문의 본질 정립을 위해 언젠가는 한 번 꼭 진지하게 논의해 보아야 할 필요성을 느끼기 때문이다.

이외에도 신학자 엠마누엘 히르쉬 (Emanuel Hirsch, 1888-1972), 예술사학자 빌헬름 핀더 (Wilhelm Pinder, 1878-1947), 의학자 에른스트 자우어브루흐 (Ernst Sauerbruch, 1875-1951), 법학자 에버하르트 슈미트 (Eberhard Schmidt, 1891-1977), 신학자 프리드리히 칼 슈만 (Friedrich Karl Schumann, 1886-1960), 독문학자 프리드리히 노이만 (Friedrich Neumann, 1889-1978) 등이 연설했다. 독일교수들의 히틀러 (충성)고백에 대해서는 Thomas Laugstien: Philosophieverhältnisse im deutschen Faschismus. Argument, Hamburg 1989 / Helmut Kuhn u. a. (Hrsg.): Die deutsche Universität im Dritten Reich. Vortragsreihe d. Universität. Piper, München 1966 / Leonore Siegele-Wenschkewitz, Carsten Nicolaisen (Hrsg.): Theologische Fakultäten im Nationalsozialismus. Göttingen 1993, / George Leaman: Heidegger im Kontext. Gesamtüberblick zum NS-Engagement der Universitätsphilosophen. Argument, Hamburg 1993 참조.

1998년 '발저-부비스 논쟁 (Walser-Bubis-Kontroverse)'으로 유명한 마르틴 발저는 전후 독일의 저명한 작가로 제2차 세계대전에 독일군으로 참전했다. '발저-부비스 논쟁'이란 1998년 마르틴 발저가 '독일 서적판매 평화상'을 수상하는 자리에서 '유대인 배척주의'로 의심받을 만한 연설을 하자 당시 '유대 중앙위원회' 의장이었던 이그나츠 부비스 (Ignatz Bubis, 1927-1999)가 이 연설을 공격하며 촉발된 나치 과거 홀로코스트 청산에 관한 첨예한 논쟁이다. 발저는 1953년부터 '47그룹'에 정규적으로 참여했다. 2007년 6월 30일자 독일 신문 〈디 벨트〉지는 1944년 1월 30일 마르틴 발저가 나치당에 입당했다는 사실을 폭로했다.

1920년대 신문사의 문화면에 문예기사를 주로 담당하던 언론인 겸 작가인 에른스트 크로이더 (Ernst Kreuder, 1903-1972)는 1934년부터 1940년까지 부인과 함께 사회에 거리를 두고 생활했고, 1940년부터 1945년까지는 군에 입대하여 전쟁에 참여했다.

헬무트 골뷔처 (Helmut Gollwitzer, 1908-1993)는 신학자 칼 바르트의 수제자로 나치시절 히틀러에 반대하는 '고백교회 (BK)'에, 1950년대에는 '핵 사망 투쟁'에, 1960년대에는 학생운동에 적극 참여했다. 베를린 자유대학 교수를 역임했다.

『나는 연방공화국에 산다』에 참여한 사람들의 특징은 나치시절 독일에 머물렀던 사람들이다. 두 번째로 알게 모르게 혹은 본인의 의사에 따라 혹은 본인의 의사와 상관없이 나치와 관계있던 사람들이다. 세 번째 전후에 나름대로 사회적 명망을 회복한 사람들이다.

3.3. OSS 비밀보고서

추크마이어가 스위스에서 영면하고, 독자들의 뇌리에서 서서히 잊혀져갈 즈음인 2000년대가 되며 독일 언론에서 대대적으로 발표한 미 정보부의 '비밀보고서'[67]는 독일인들이 잠시 잊고 지냈던 망명 작가 추크마이어를 다시 한 번 첨예한 논쟁의 중심으로 끌어들였다. 추크마이어는 미국 망명당시 CIA의 전신인 OSS를 위해 나치시대 독일 국내에 잔류했던 대다수의 독일 문화계 인사들에 대한 인물평을 작성했다. 향토적인 문학을 근간으로 하는 독일출신 망명 작가가 이러한 인물평을 했다는 사실은 독일인들에게 또 다른 충격으로 다가왔다. 이러한 사실들은 단순한 충격보다는 망명으로 인한 한 인간과 시대의 문제를 다시 한 번 주목하는 계기도[68] 만들었다.

1943/44년 추크마이어는 OSS-비밀보고서를 작성했다. 'OSS (Office of Strategic Services, 전략사무국)'는 미국 CIA의 전신으로 1942년부터 1945년까지 존속했던 미국의 정보기관이다. 이 기관은 1941년 12월 미국이 제2차 세계대전에 참전한 후 적국 독일에 대한 정보수집과 전달을 담당하기 위하여 프랭클린 D. 루즈벨트 대통령에 의해 미국 전쟁성 산하에 설치되었다. OSS의 주요 업무는 '정보, 거짓 정보 유포, 심리전, 빨치산 (partisan) 지원, 비대칭 전쟁수행 (Asymmetric warfare), 사보타주 (Sabotage), 방첩 (防諜, Counterintelligence) 작전업무 수행'이었다. OSS 국장은 일명 '와일드 빌 도너번 (Wild Bill Donovan)'으로 불리는 윌리엄 요셉 도너번 (William Joseph

67) Gunther Nickel / Johanna Schrön (Hrsg.): Carl Zuckmayer. Geheimreport, Göttingen 2002. 앞으로 인용시 쪽수와 더불어 ZuGe로 표기함.

68) Ulrike Weiß (Hrsg.): Zur Diskussion: Zuckmayers 'Geheimreport' und andere Beiträge zur Zuckmayer-Forschung, Göttingen 2002. 참조.

Donovan, 1883-1959)[69]이었다. 자료 수집을 위해서는 '조사 분석 부서'가 설치되었는데, 이 부서에는 '유럽/아프리카', '극동', '소련', '라틴아메리카'의 4개 지국을 두었고, 수시로 1,000명 이상의 직원이 업무를 담당했다.[70]

도너번 국장이 이끄는 OSS는 도서관에서의 조사연구부터 프랑스와 유고슬라비아 내의 전투력 투입까지 관장하였다. 그런데 OSS는 도서관에서의 조사담당 부서에는 반드시 독일 망명객들이 일을 하도록 했다. 이러한 방침 아래 뉴욕에서 망명객 역사학자 하요 홀보른, 역사학자 펠릭스 길버트 (Felix Gilbert, 1905-1991), 스위스 출신 여성 에미 C. 라도 (Emmy C. Rado, 1900-1961)의 주도하에 독일 제3제국 고위층 인사들에 대한 정보가 이 부서의 '중앙 정보 부서 (CID)'에서 수집되었다.

OSS목록 (나치 반대파 포함)은 에미 C. 라도의 주도아래 바이마르 공화국 시절 사민당 여류 정치가였던 토니 젠더 (Tony Sender, 1888-1964)[71]와 2차 대전 후 뉘른베르크 재판 대표 주임검사로 활약하였던 로베르트 켐프너[72]에 의해 작성되었다. 추크마이어 역시

---

69) 윌리엄 요셉 도너번은 미국 뉴욕 출신으로 컬럼비아 대학교에서 법학을 전공했다. 컬럼비아 대학교 로스쿨 시절 후일 미국 대통령이 된 프랭클린 D. 루즈벨트와 친구관계를 맺었고, 이를 연유로 하여 후일 OSS 국장 자리까지 오를 수 있었다.

70) OSS의 설치 배경, 구조, 그 이외의 자세한 내용에 대해서는 Gunther Nickel und Johanna Schrön (Hrsg.): Carl Zuckmayer. Geheimreport, Göttingen 2002, 409쪽 이하 참조.

71) 토니 젠더의 아버지와 어머니 두 사람 모두 정통적인 유대교 신자였다. 그녀의 아버지는 그녀가 태어난 비스바덴 비브리히 (Wiesbaden Biebrich) 지역 유대교 의장이었다. 1943년 이후 미국 국적자로 '유엔 구조 부흥 위원회 (UNRRA)' 경제 전문과와 '유엔 인권위원회 (UNCHR)'에서 적극적으로 활동했다.

72) 독일인 로베르트 켐프너는 1933년 나치가 정권을 이양하자 '계속해서 유대교와 상상적 경합 (想像的競合, Tateinheit, 형법에서 하나의 행위가 여러 개의 죄에 해당하는 경우) 속에 정치적으로 의심이 감'으로 인해 검사직에서 해고당했다. 후

1943년 이 작업에 참가하여 나치 독일 국내에 거주하는 150여 명의 작가, 배우, 감독, 음악가, 언론인, 출판인들을 '긍정적', '부정적', '특별한 경우 (부분적으로는 긍정적, 부분적으로는 부정적)', '무관심한 (중성의), 불투명한, 모호한'의 4부류로 나누어 신상정보와 함께 목록을 작성했다. 첫 번째 그룹은 '긍정적'인 인사들로 "나치의 영향을 받지 않고, 나치와 양립할 수 없고, 신뢰할 만한" 사람들이라는 해설을 병기했다 (ZuGe 18-55). '부정적인' 둘째 그룹에는 "나치, 아첨꾼, 이득을 보려는 자들 (해바라기들), 꼭두각시"들을 배열했다 (ZuGe 56-102). '특별한 경우'의 세 번째 그룹은 "부분적으로는 긍정적"이지만 "부분적으로는 부정적"으로 "계속해서 작업하지 않을 수 없는" 인간들을 나열했다 (ZuGe 102-156). 네 번째 그룹은 말 그대로 "무관심한 (중성의)", "불투명한", "모호한", "의문시되는" 인간들을 나열했다 (ZuGe 157-188). 이 비밀보고서의 성격과 간단한 내용은 1947년 10월 3일자 '뮌헨 노이에 차이퉁'에 "제3제국의 예술가들"이란 제목으로 기사화되었다. 대강의 내용은 1996년 독일 슈투트가르트 근교 마르바흐에 소재하는 '독일 문학 기록 보관소 (Deutsches Literaturarchiv, DLA)'의 전시회에서 소개[73]되었다. 완전한 내용은 추크마이어가 세상을 떠나고 한참 후인 2002년 군터 니켈과 요한나 쉬뢴에 의해 전체의 사항이 편집되고 주석을 붙여 세상에 알려졌다[74].

일 귀환이주한 독일에서 변호사로 기고와 저술을 통해 '민주와 인권'을 위해 적극적으로 활동했다.

73) 인사들의 명단 및 위에 나열한 명단 선별 조건에 대한 간단한 해설은 Carl Zuckmayer: >>Ich wollte nur Theater machen<<, 303-304쪽 참조.

74) Gunther Nickel und Johanna Schrön (Hrsg.): Carl Zuckmayer. Geheimreport, Göttingen 2002, 참조.

OSS '중앙 정보 부서 (CID)' 내에서 추크마이어의 업무 대화 상대는 에미 C. 라도였다. 라도는 정보기관 내에서 보수파에 속했고, 지크프리티 아우프호이저와 막스 브라우어의 사민당 우파 정치관에 매료되어 있던 스위스 출신 여성이었다. 그녀는 스위스 베른 주재 OSS 지국장인 앨런 덜레스 (Allen Welsh Dulles, 1893-1969)에게 가톨릭과 개신교 두 종교지도자가 독일의 재건을 위해 중심적인 역할을 담당하게 해 달라는 제안을 했다. 그러한 다음 덜레스를 대리해서 독일에서 공산주의 영향을 근절시키고 반공의 반 나치주의자들에게 전후 독일의 중요한 직책을 권고하자는 'Crown Jewels Project'를 수립했다.75)

앨런 덜레스는 1953년부터 1961년까지 영향력 있는 CIA 국장을 지냈고, 1953년부터 1959년까지 미국 국무장관을 지낸 존 포스터 덜레스 (John Foster Dulles, 1888-1959)의 동생이다. 라도는 제2차 세계대전 종전 후 뮌헨 OSS 지국에 근무했다. 추크마이어는 그의 자서전에서 OSS-비밀보고서 작업에 관한 사실을 일체 언급하지 않았다.

추크마이어가 작성한 첫 번째 그룹에 속하는 인사들은 다음과 같다. 우선 출판인으로 헨리 고붸르트스, 클라센 박사, 페터 주어캄프가 있다. 작가로 에른스트 뷔허르트, 쿠르트 호이저, 카롯사, 에른스트 발라흐가 있다. 극장장 및 감독으로 하인츠 힐퍼르트, 알프레트 이바흐, 아우그스테 (구스틀) 마이어, 에른스트 쉬데, 카스파 네어, 에리히 치겔, 오토 플라켄베르크, 한스 뉘히터른이 있다. 배우 및 예술가 등으로 도르쉬, 붸젤리, 호르나이, 마르다인, 그레테 뷔젠탈, 알마 자이들러, 마리아 크라머, 게르다 뮐러, 임페코벤, 오데마, 붸르니케, 뤼

75) 에미 C. 라도에 관 한 자세한 사항은 Gunther Nickel und Johanna Schrön (Hrsg.): Carl Zuckmayer. Geheimreport, Göttingen 411쪽 참조

만, 아틸라 회르비거, 안톤 에드토퍼, 뵌터슈타인, 붸게너, v. 마이링크, 알버스, 한스와 헤르만 티미히, 루돌프 포르스터 등이 있다. 특별한 경우로 카바레스트인 베르너 핑크, 발렌틴, 봐이스, 페르들 등이 있다.

두 번째 그룹에 속하는 인물들을 열거하기 이전에 요스트, 라이너 슈뢰써, 블룽크, E. W. 묄러 등 유명한 나치 지도층 인사 및 언론인들은 여기에서 거론할 필요조차 없다는 점을 추크마이어는 주지시킨다. 여기에 속하는 사람들로는 한스 라이만, 지그문트 그라프, 한스 레베르크, 브론넨, 빌링어, 야콥 샤프너, 고트프리트 벤, 에른스트 그뢰저, 브렌타노, 프리들 슈트린트베르크이다. 이들 중 특별한 경우는 프리드리히 지부르크, 브루니 브렘, 한스 슈라이포겔, H. H. 오르트너, 에릭 크류네스, 봐겔, 미르코 옐루시이다.

세 번째 그룹에는 에른스트 융어와 F. W. 융어 형제 작가를 포함하여 다음과 같은 인물들이 있다. 에리히 케스트너, 한스 팔라다, 에른스트 폰 잘로몬, 파울 페히터, 메리 뷔그만, 한스 니데켄-겝하르트, 에릅프린츠 로이스, 이에링, 틸리 와 파멜라 붸데킨트, 에리히 엥엘, 위르겐 펠링, 푸르트벵글러, 구스타프 그륀드겐스, 얀닝스, 크라우스, 빌리 포르스트, G. W. 팝스트가 그들이다.

네 번째 그룹 중 부정적인 인물들로는 폰텐, 한스 프랑크, 파울 알붸르데스, 앙에르마이어, 블뤼어, 브루에스, 미헬, 가이젠하이너, 이나 자이델, 아그네스 미겔, 빌헬름 쉐퍼, 에밀 슈트라우스, 칼 브뢰거, 한스 그림, 티트옌, 클레멘스 크라우스, 슐츠-도른부르크 형제, 그라프 졸름스-라우바흐를 꼽았다. 네 번째 그룹 중 긍정적 내지 긍정적으로 사료되는 인물들로는 에릭 레거, 하츠펠트, 디첸슈미트, 하우젠슈타인, 브란덴부르크, 오토 플라케, W. v. 숄츠, 카지미르 에드슈미트,

레온하르트 아델트, 슈미트본, 프릿츠 페터 부흐, 봐이헤르트, 테오 링엔, 아하츠, 레갈, 카이슬러, 발터 프랑크, 귈스트로프, 뢰벨링, 헤르테리히, 레나르츠, 호페, 케테 골트, 하인리히 말롭, 슈타니스라우스 푹스, 한네스 퀴퍼, 쿠르트 엘벤스포엑, 헤르베르트 마이쉬, 키펜베르크, 헤르만 슈테어를 적어 넣었다.

과거 미 정보부 비밀보고서 작성으로 인해 후일 추크마이어는 '미국시민권 획득', '미군 소속의 문화담당관으로 독일 귀환', '귀환이주 후 스위스 국적 취득 및 정착' 등에 대한 정당성 확보 노력에도 불구하고, 왜 그가 스위스 시민권자가 되어야 했고, 왜 미국의 정보부를 위해 비밀보고서를 작성해야 했는지는 등의 의문을 남겼다.

하지만 1945년 이후 독일의 정치, 사회, 문화에 대한 불안한 발전 상황과 망명객들에 대한 독일인들의 배타적 감정은 한 인간인 추크마이어로 하여금 '왜 그가 그토록 그리워했던 고향에 머무르지 않고 스위스에 정착했는지를' 설명해 주는 한 암시로 작용한다. 그와 더불어 또 다른 한편으로는 격동하는 역사의 소용돌이 속에서 외적인 힘에 의해 제각각 혼자가 되어버린 망명객들이, 그들의 실존을 보호하기 위해 그들 나름대로 살아가는 방법을 터득했을 것이라는 추측도 가능하게 한다. 이는 인간의 실존 방식도 마치 글쓰기처럼 '문학과 현실', '진실과 허구', '실재와 주관성'의 사이를 오고 갈 수 있기 때문이다.

누구나 쉽게 느낄 수 있는 추크마이어에 대한 소박하고 감상적인 감정 이외에도 비밀보고서는 분명히 긍정적인 가치도 지니고 있다. 추크마이어가 긍정적으로 평가한 문화계 인사들은 단순히 긍정적인 평가를 뛰어 넘어 나치에 잔류하고 있던 귀중한 문화계 인사들을 강하게 보호하려는 추크마이어의 의도가 진하게 깔려 있다. 하인츠 힐퍼르트 (ZuGe 24-28), 하인츠 뤼만 (ZuGe 44-46), 에리히 케스트너

(ZuGe 104-105) 등에 대한 평가가 대표적인 예이다. 예를 들면 케스트너는 "나치가 된 적이 절대로 없다, 겉으로 보기에도 그랬다. 그는 〔…〕 어머니 때문에 머물렀다" (ZuGe 104)고 적고 있다. 둘째로 부정적인 문화계 인사들 내지 흑색 인물들을 가려냄으로써 과거사 청산 대상인물을 예고한 셈이다. 추크마이어의 작업이 아무리 긍정적인 의미를 지니고 있다고 하더라도 이들에 관련된 후손들에 의해 추크마이어는 지탄의 대상이 될 수밖에 없었다. 이러하듯 귀환이주는 생전에는 물론, 사후에까지도 문제점을 남기고 있다. 앞으로 이 부분에 대해서도 연구가 진행되어야 할 것이다. 이에 대한 연구의 일환으로 칼 추크마이어 학회는 학술발표 결과물인 『문학적 정치적 독일개념 1938-1949』[76]을 2004년에 발간하기도 했다.

76) Gunther Nickel (Hrsg.): Literarische und politische Deutschlandkonzepte 1938-1949, Göttingen 2004 (Zuckmayer-Jahrbuch Band 7).

제6장

분단국가로의 귀환이주

제6장 분단국가로의 귀환이주

1. 심정적 사회주의자, 그리고 평화주의자

1.1. 군정지역 귀환이주자들과의 차이점

귀환이주 제1기인 1945년 직후 군정지역으로 귀환한 망명객들과 제2기인 1949년 이후 신생조국으로 귀환한 망명객들은 어떠한 차이점이 있을까? 뒤늦게 귀환이주한 자들은 신생조국에 대해 어떠한 기대감을 지니고 있었을까? 점령군에 의한 군정시절과 독일인에 의한 자주 독립국가 수립된 이후의 독일사회는 어떠한 분위기였을까? 돌아온 망명객들은 독일사회에서 어떠한 대접을 받았고 또한 그들은 어떠한 경험을 했을까? 당시의 분위기와 귀환이주 경험을 생생하게 전달해 줄 수 있는 귀환이주자들은 어떠한 부류의 사람들일까?

이미 언급했듯이 군정지역으로 귀환이주한 망명객들의 첫 번째 특징은 정치색이 농후한 인물들이었다. 그들은 귀환이주에 대한 분명한 목적을 지니고 있었다. 정치색이 농후하지 않다면 개인적인 재산, 직업 등으로 인한 이익과 관계가 있는 인물들이었다. 그들은 누구보다도 서둘러 귀환하여 그들이 목적으로 설정한 대상을 빠른 시일 내에 선점해야만 하는 사람들이었다. 이러한 목적 달성을 위해 그들의 대다수는 점령군 복장을 착용했거나 점령군의 문관신분으로 귀환했다. 신분상 점령군의 일원이라든가 문관이란 직책은 곧 귀환한 망명객이 점령군 국가의 시민권을 소지했다는 것을 의미한다. 그들은 국적으로 볼 때 독일인이 아니라, 독일출신 미국인, 영국인, 소련인, 프랑스인들이었다. 망명 현상에서 중요한 요인인 '소속'이 변경되어 (혹은 소속을 변경하고) 귀환한 사람들이다. 그들은 나치 체제가 등장하며 한 나라의 구성원으로서 기본적으로 지녔던 '독일국적'을 박탈당하고 망명을 떠났던 사람들이다.

참고로 '독일인 소속'이란 독일어, 출생, 문화 등의 특징을 통해 독일국가, 독일 땅, 독일민족 집단에 소속된 사람을 의미한다. 이에 반해 '독일출신 미국인'은 독일어, 독일 (혹은 독일인 부모) 출생, 독일 문화 등의 특징과 더불어 영어, 미국거주 (혹은 미국 본토를 제외한 미국행정 구역), 미국문화 등의 특징을 통해 미국국가, 미국 땅 (혹은 이에 준하는), 미국 시민 집단에 소속된 사람을 말한다.

그 이외에 1945년에서 1949년 사이에 점령군 복장을 착용하지 않고 귀환한 대다수의 망명객들은 정치적 성향으로 볼 때 사회주의자들이거나 공산주의자들이었다. 그들은 고향에 대한 단순한 그리움보다는 조국건설 내지 권력쟁취를 목적으로 귀환한 망명객들이다. 이러한 목적을 위해 그들은 점령군과 함께 (혹은 점령군의 일원으로) 혹은 개인자격으로 귀환했다. 공산주의자들이 소련 군정지역으로 귀환하여 동독 건설에 이바지했다면, 사회주의자들은 군정지역과 상관없이 귀환했다. 대다수의 사회주의자들은 서방 연합군 점령지역으로 귀환하여 오늘날의 사민당 (SPD)을 건설했다. 헤르베르트 붸너나 빌리 브란트 같은 정치인들이 여기에 속한다.

둘째로 군정지역으로 귀환이주한 망명객들의 다수는 독일에 머물지 않고, 다시 그들의 새로운 본국인 미국이나 영국, 소련, 프랑스로 되돌아가는 현상을 보였다. 그들이 귀환한 목적은 고향에 대한 향수도 있었지만 직책을 성실히 수행하는 면을 보였다. 점령군 복장으로 귀환하여 방송 등 문화계에서 독일의 재건에 앞장선 다음 그들의 새로운 본국으로 되돌아간 망명객들의 면면을 보면 유대인 출신이 현저하게 눈에 뜨였다.

셋째로 칼 추크마이어나 알프레트 되블린에서 보듯이 독일에 머무를 의도로 점령군 복장으로 귀환했지만, 조국의 정치발전상황에 실망하여 독일의 인접국으로 재망명한 부류도 있다.

군정지역으로 귀환이주한 망명객들의 현저한 두 가지 양상은 점령군의 일환이거나 정치적으로 사회민주주의자 내지 공산주의자들이었다. 즉, 이들은 '소속' 내지 '소속감'이 분명한 자들이었다. 그렇다면 '소속감이 분명한 사람들은 제1기에 모두 귀환하였는가?' '소속감이란 사회민주주의자들이나 공산주의자들처럼 정치적 집단에 소속된 사람들만을 일컫는 것인가?' '어찌 되었든 1949년 새로운 국가가 건설된 후 귀환이주한 망명객들은 어떠한 사람들일까?'라는 등등의 질문이 뒤를 잇게 된다.

1945년부터 1949년까지 망명지에 머물던 망명객들은 그들 나름대로 귀환하지 못한 이유들이 있었다. 우선, 가족이나 직장 등 개인적인 이유가 있었다. 두 번째는 독일의 사정을 관망하며 귀환해야 될지 아니면 계속해서 머물러야 될지를 아직 결정하지 못하고 있었다. 이 시기에 조국은 점령군 군정시대가 마감되며 한 나라에 두 개의 정부가 수립되었다. 예상하지 못했던 국내 정치 발전과정에서 그동안 귀환하지 못했던 —혹은 귀환을 미루고 있던— 망명객들은 알게 모르게 분단된 조국의 어느 한쪽인 서독이나 동독으로 귀환하느냐를 결정해야만 되는 상황에 이르렀다. 이제 그들의 귀환이주는 그동안 그리워했던 조국으로의 귀환이주라기보다는 정치적 성향에 따라 이주하는 꼴이 되어버렸다. 이러한 사람들 중에서 작가 레온하르트 프랑크도 망명지 미국에서 고국 독일로 귀환하는 길에 올랐다.

레온하르트 프랑크는 20세기 전반기의 소설가로 사회비판적이고 평화주의를 지향했다. 『도적단』(1914), 『시민』(1924), 『옥센프르트 남자 사중창단』(1927), 『형제와 자매』(1929), 『3백만 중 3인』(1932), 『마틸데』(1948), 『예수의 제자들』(1947), 『심장이 있는 왼쪽으로』(자전적 소설) (1952) 등의 장편소설을 쓴 작가이다. 단편소설로는 『원인』(1915), 『인간은 선하다』(단편소설집) (1917), 『카를과 안나』(1926), 『독일 단편소설』(1954), 『미하엘의 귀환』(1957) 등이 있다. 이 외에 희곡 작품들이 있고 연극 무대에 올랐거나 영화화된 작품들이 있다. 문학사에서 레온하르트 프랑크는 대체로 소설가로 평가되며 표현주의 작가로 기억된다.

프랑크는 소설들에서 작중인물들이 처한 사회적 예속과 심리적 속박을 강렬히 꾸밈없고 사실적인 문체로 구사한다. 작품들에서 그가 처한 사회의 문제점들을 그의 세계관과 인생관을 바탕으로 연대적이고도 인간적인 공동생활로 풀어내려는 노력을 보여주고 있다. 문학적 스타일은 '표현주의'와 '즉물주의' 사이에 위치한다. 그의 전 작품에 나타난 특이한 점은 등장인물들의 심리적 내면을 깊이 파고든다는 점이다.

'분단국가로의 귀환이주' 연구를 위해 레온하르트 프랑크를 연구대상으로 설정한 이유는 다음과 같다.

첫째, 1933년 망명길에 오른 레온하르트 프랑크는 독일 내에 두 개의 정부가 수립된 지 1년이 지난 후 독일로 귀환했다. 둘째로 프랑크는 종족 규정으로 볼 때 순수 독일인이었다. 셋째로 프랑크는 공산주의나 사회민주주의를 신봉하는 정치가나 이론가들처럼 정치색이 뚜렷하거나 정치성이 농후한 것이 아니라 소박한 '심정적 사회주의자'였다. 넷째로 그가 살아온 이력이나 개인적 성향으로 볼 때 동독으로의 귀환이 예상되었지만 서독으로 귀환이주했다. 예를 들면 칼 추크마이어나 알프레트 되블린은 당연히 서방 연합군 군정지역으로 귀환할 만한 성향이었고, 요하네스 R. 베혀나 아르놀트 츠바이크 등은 골수 공산주의자들로 두말할 나위 없이 소련군정 지역으로 돌아가야할 망명객들이었다.

프랑크의 귀환이주 결과는 분단국가로 귀환이주한 독일인 출신 망명객의 일반적인 상황을 연구하기 위해 가장 적합한 연구대상 인물 중의 하나이다. 이에 포함된 귀환이주 망명객들은 다수가 있을 것이라는 추측이 가능하지만 이에 대한 연구는 거의 이루어지지 않고 있다. 그 뒤에는 상극되는 두 정치 사회 문화 사상적 체제가 있었기 때문이다.

1949년 이후 귀환이주한 망명객들의 대체적인 상황은 다음과 같다. 동독과 서독이 분단되었기 때문에 귀환했다기보다는 독일이라는 국가가 수립되었기 때문에 귀환했다. 정치색이 농후한 인사들은 이미 군정시절에 자기 성향이 맞는 곳으로 귀환하여 나름대로 신생국가 수립에 일조를 했다. 프랑크처럼 동독이나 서독 중 선별하여 귀환한다는 이념적 문제 이전에 독일이라는 국가가 수립되었기 때문에 귀환 자체가 가능했다. 그렇긴 하지만 귀환이주자들이 어느 방향을 선택하느냐에 따라 그들의 성향도 어느 정도 드러났다. 예를 들면 동독의 국가를 작곡한 한스 아이슬러와 사회학자 테오도르 아도르노는 미국 망명시절 공조로 작업을 하기도 했지만 성향상 이질적인 요소를 보이기도 했었다.[1] 결국 아도르노는 1949년 서독으로, 아이슬러는 1948년 오스트리아로 귀환했다가 1949년 동독으로 귀환하는 외적인 차이를 나타냈다.

이러한 외형적 차이에 근거를 둔다면 프랑크는 동독으로 귀환하는 것이 예상되었지만 실상은 서독으로 귀환했다. 이러한 사실이 무엇보다도 연구의 호기심을 자극한다. 프랑크는 서독으로 귀환했지만 사고나 시각은 동독이나 서독 어느 한곳에 예속된 것이 아니었다. 오히려 분단된 독일이 아니라 하나의 독일 시각에서 독일문제 전체를 조망하려는 자세를 지니고 있었다. 이러한 전제를 수긍한다면 독일을 사랑한 한 독일인 작가가 분단된 독일을 어떠한 시각으로 바라보고 있고, 더 나아가 그러한 부류의 귀환이주 망명객들이 독일 사회에서 어떠한 대접을 받았으며, 또한 본인 스스로는 그들 속에서 어려움을 어떻게 극복하며 적응해 나갔을까 등에 대한 의문들이 떠오른다. 어찌되었던 그들의 귀환이주는 군정지역으로 귀환한 사람들과는 분명한 차이가 있었다.

1933년 망명길에 오른 레온하르트 프랑크는 미래에 대한 희망과 개인적인 자신감을 가지고 1950년 10월 4일 미국에서 장래 그의 세 번째 부인이 될 사람과 함께 귀환한다. 1933년 50세의 나이로 망명을 떠나 68세의 나이로 귀환한 것이다. 추크마이어가 1946년 귀환했을 때의 나이가 50세였다는 사실을 감안해 본다면 우선 프랑크와 연령 차이를 보이고 있다. 추크마이어는 독일과 오스트리아가 합병된

1) 아도르노와 아이슬러의 관계는 이경분: 망명음악, 나치음악 - 20세기 서구 음악의 어두운 역사, 66-69쪽 참조

1938년 오스트리아에서 망명을 떠났지만, 프랑크는 나치가 집권한 해인 1933년 망명을 떠났다. 추크마이어의 망명기간은 대략 6년이었는데 프랑크는 17년이었다. 추크마이어가 미군과 함께 미 군정지역으로 귀환한 반면, 프랑크는 군정 시절이 지나고 고국에 신생독립국가가 수립된 후였다. 귀환했을 때의 연령이 추크마이어는 왕성하게 사회활동을 할 수 있었던 50세였는데, 프랑크는 인생의 황혼기였던 68세였다. 쉽게 드러난 외형적 차이들이다.

프랑크가 미래에 대한 희망과 자신감에 부풀어 귀환한 개인적인 이유는 제1차 세계대전 당시 이미 망명과 귀환이주를 경험한 이력이 있었기 때문이다. 그는 1915년부터 1918년까지 스위스로 망명했었고, 당시의 귀환이주에 만족해했었다. 제1차 세계대전 후 독일은 바이마르 공화국이 지배하는 민주사회가 되었고, 개인적으로도 프랑크는 작가로서 성공을 거두며 성공한 삶의 길을 걸었었다. 이번에도 그러한 기대와 환상을 지니고 귀환했다. 그 이외에도 미국에서의 어려운 망명생활도 무난히 잘 극복했다고 스스로 평가하고 있었다.

프랑크는 2차 세계대전 후 독일로 영구 귀환이주한 첫 번째 망명객들 중 한 사람이다. 이에 반해 추크마이어나 되블린은 영구 귀환이주하지 않은 망명객이다. 그들은 돌아온 독일에 정착하지 않았다. 물론 프랑크보다 먼저 영구 귀환이주한 망명객들도 다수 있었다. 하지만 그들의 대부분은 특별한 개인적인 목적이 있는 사람들이었다. 정권욕, 개인적인 야욕, 재산환수 등이 그것이었다. 목적을 위해 그들은 점령군으로 혹은 점령군과 함께 고향을 찾은 것이다. 프랑크는 이들과는 다른 부류의 귀환이주 망명객이었다.

프랑크는 동독이나 서독, 혹은 어떤 공공 단체에 초청을 받고 귀환한 것이 아니었다. 순전히 개인 자격으로 귀환했다. 전승국 군대의 군복을 착용한 것도 아니었고, 미국인이 되어 귀환한 것도 아니었다. 무국적자 신분으로 귀환했다. 망명을 떠났던 장소인 베를린이 아니라, 서독에 위치한 고향 도시 뷔르츠부르크로 귀환했다. 프랑크는 돌아와야 할 사람이었다. 그는 평생을 두고 고향 뷔르츠부르크와 고국 독일을 떠날 수 없는 사람이었다. 문학적 배경도 항상 고향과 그가 살아온 독일사회였다. 프랑크는 1940년 프랑스를 도망쳐 피레네 산맥을 넘어 스페인을 거치고 포르투갈의 리스본항에서 대서양을 건너 미국으로 망명의 길을 떠날 때도 '나는 유럽으로 귀환할 것이다'를 이미 마음속에 결정했었다고 그의 자서전에서 분명히 밝히고 있다.

프랑크는 그가 태어난 고향 뷔르츠부르크로 귀환했다. 하지만 귀환이아니라 방문으로 끝을 맺었다. 오랫동안 그리워 찾아온 고향은 이미 고향이 아니었다. 뮌헨에 주거지를 정했다. 뷔르츠부르크는 바이에른에 소속된 도시였고, 뮌헨은 바이에른 주정부 수도였다. 그가 돌아왔을 때 뮌헨은 더 이상 미군정지역이 아니었다. 이러한 의미에서 어엿한 독일연방공화국 바이에른 주정부 수도로 귀환한 것이다. 태어난 곳은 아니지만 그래도 뮌헨은 그가 젊은 날을 보낸 추억의 도시였다. 그래도 지도상 고향에 정착한 셈이었다.

이제 질문이 하나 떠오른다. 질문이라기보다는 정리해 두고 넘어가야 할 문제가 있다. 프랑크는 그토록 그리워했던 고향으로 왜 이제야 돌아왔을까? 크게 두 가지 이유가 있었다. 귀환한 것이라기보다는 '귀환할 수 있었던 이유'라고 말하는 편이 더 적절하다. 첫째로 1949년 독일 내에 자주국가가 수립되었기 때문이다. 둘째로 프랑크는 개인적 이력이나 이념상 전승국의 군복을 착용하고 연합군에 점령당한 고국으로 돌아올 사람이 아니었다. 단지 고향에 돌아오는 방편으로 미국 시민권을 얻을 사람이 아니었다. 프랑크는 2차 세계대전이 끝났을 때 무국적자였다. 그가 무국적자였다는 것은 망명연구에서 설명되어야 할 많은 사실을 내포하고 있다.

무국적자 신분이란 행정적으로 여권이나 비자발급을 받을 수 있는 근거가 없는 사람들이다. 무국적자는 아직도 난민이고, 옛날의 독일 사람일 뿐이었다. 1945년부터 1949년까지 나치가 붕괴된 독일 땅에는 독일이란 국가는 존재하지 않았다. 그 대신 승전국 군이 패배당한 땅에 주둔하며 분할점령하고 있던 상태였다. 이러한 상황에서 무국적자가 독일 지역에 입국하려면 이론상 점령군 군정청의 허가를 받아야만 가능한 일이었다. 그런데 힘없는 무국적자가 어떻게 복잡하고 어려운 귀환이주 수속을 실행에 옮길 수 있었을까? 거의 불가능한 일이었다. 개인적인 복잡한 상황도 뒤따랐다. 그러한 이유 등으로 프랑크는 독일 정부가 수립된 이후에야 고국에 입국할 수 있었다. 프랑크가 무국적자 신분이었다는 것은 나치에 의해 독일국적을 박탈당한 후 망명국의 시민권을 획득하지 않았다는 사실을 말해준다. 프랑크는 1934년 11월 3일 독일국적을 박탈당하고 1950년까지 무국적자 신세였다. 그에 비해 토마스 만, 칼 추크마이어, 알프레트 되블린 등 대다수의 망명객들은 망명국의 시민권을 취득했다. 대부분 미국국적이었다. 영원히 귀환하지 않고 미국에 머물고 있던 망명객들은 당연히 미국국적 소유자들이었다.

프랑크는 마음속으로나 법적으로 언제나 순수 독일인이었다. 독일인임을 고수했다. 이러한 의지와 고집은 그를 결국 무국적자 신분으로 만들었다. 그는 또 다른 독일을 부르짖는 무법자들에 의해 '독일인 소속'을 박탈당했지만, 그 자신은 그 어려운 망명기간 중에도 독일인으로서의 어떠한 '소속 변경'도 하지 않았다. 이러한 연유로 하여 당연히 그의 귀환이주는 늦어질 수밖에 없었다. 망명 중 꿈꿔왔던 초창기 독일재건에도 참여할 수 없었다. 그럼에도 불구하고 그는 독일에 대한 한 점의 증오 없이 귀환했다. 독일인이었기 때문이었다. 유대인이 아니었다. 공산주의자도 아니었다. 그 이외에 사상적으로는 심정적 사회주의자였고 평화주의자였다.

프랑크는 미래에 대한 희망과 자신감에 부풀어 귀환했지만 그의 기대는 완전히 빗나갔다. 17년 만에 돌아온 고향은 그가 떠나야만 했던 1933년 이전과 동일하지 않았다. 그는 '자기의' 독일을 발견하지 못했다. 작가로서 더 이상 인정받지 못했다. 재기하지도 못했다. 국내에 머물렀던 대다수의 사람들에게 그는 이방인이었고, 의심스러운 인물이었다. 그래도 독일은 그의 조국이었다.

프랑크의 귀환이주에 나타난 문제점을 이해하기 위해 인간 프랑크의 개인적인 성향을 살펴보기로 한다. 개인적인 성향은 무엇보다도 자신이 보는 혹은 자신이 규정하는 본인과 본인이 바라보는 세계상을 통해 나타난다. 좀 더 구체적으로 보자면 프랑크의 '기질과 태도'로 설명할 수도 있다. 토마스 홉스의 『인간에 관하여 (*De homine*)』의 설명방식을 빌린다면 '기질 (dispositio)'이란 "인간 개개인 혹은 어떤 특정한 집단이 자기 나름대로 지니고 있는 사물에 대한 고유한 성향"을 말하고 이것은 "체질, 습관, 경험, 타고난 자산, 사람이 갖는 자신에 대한 의견, 권위" 6가지 요인에 의해 형성된다.[2)] 그렇다면 프랑크는 어떻게 하여 심정적 사회주의자가 되었고, 또한 평화주의자가 되었는가?

2) 토마스 홉스가 제시한 인간 기질에 대해서는; 서장원: 문학 기질과 상호 문화교류, 2010 만해축전 자료집 (상), 2010년 8월, 백담사 만해마을 발행, 525-538쪽. 참조

1.2. 심정적 사회주의자

레온하르트 프랑크는 1882년에 태어나 1961년에 세상을 떠났다. 프랑크가 살아온 1882년에서 1961년을 되돌아보면 독일은 영욕의 역사 그 자체였다. 독일은 프랑크가 태어난 독일 황제 제국 (1871-1918)을 거쳐 제1차 세계대전 (1914-1918), 바이마르 공화국 (1918/19-1933), 국가사회주의와 제2차 세계대전 (1933-1945), 점령군시절 (1945-1949), 동・서독 분단 (1949-1990) 등 세계사적인 대사건이 수레바퀴처럼 돌아가고 있었다. 1871년 독일 통일과 함께 황제제국이 건설되며 유럽의 강대제국으로 부상했고, 전운이 감돌고 폭풍우가 휘몰아친 제1차 세계대전을 겪었다. 그 기간에 권위주의적인 철혈재상 비스마르크 (Otto von Bismarck, 1815-1898)와 빌헬름 2세 황제가 있었다. 혁명과 민주공화국이 있었고 평화와 폭력이 나라를 지배하기도 했다. 민주공화국의 모델 바이마르 공화국과 인류 역사상 다시는 되풀이되어서는 안 될 나치 폭력정권과 제2차 세계대전이 있었다. 제2차 세계대전 항복으로 인해 나치정권이 붕괴되며 연합군에 점령을 당했고 수도와 나라가 분단을 당했다. 그야말로 독일 한 나라만의 문제라기보다는 세계의 이목이 집중되는 정치 역사적 사건의 연속이었다.

1882년에 태어난 프랑크가 1950년 미국 망명에서 귀환이주할 때까지의 살아온 시간과 공간은 다음과 같다.

—황제 제국시대 32년
—바이마르 공화국 15년
—망명 21년

여기에서 망명 21년의 기간을 독일역사의 흐름에 견주어 다시 한 번 계산해 보기로 한다. 우선 독일역사에서 제1차 세계대전은 1914년부터 1918년으로 4년, 나치가 등장한 1933년부터 패망한 1945년까지는 12년으로 도합 16년이다. 독일이 패망하여 군정지배를 받은 기간은 1945년부터 1949년으로 4년이다. 둘을 더하면 20년이다. 프랑크는 정부가 수립된 지 1년 후에 귀환했으니 총 21년이란 계산이 나온다. 이러한 계산을 보면 프랑크의 망명은 독일에 두 차례의 변고기간과 일치한다.

프랑크는 1950년 귀환 후 '독일연방공화국 (서독)'에서 11년을 더 산 다음 1961년 79세의 나이로 세상을 떠났다. 1961년은 베를린 장벽이 설치된 해로, 동·서독 분단이 공고해진 때이다. 베를린장벽이 설치되고 며칠 후인 1961년 서독의 뮌헨에서 세상을 떠났다는 사실은 독일역사와 프랑크의 개인사가 평행선으로 달려왔음을 실감나게 보여주고 있다. 프랑크의 80 평생은 독일적인 삶 그 자체를 살아온 것이다. 독일은 한 인간이 살아온 80 평생 사이에 4번의 정치체제(독일 황제 제국, 바이마르 공화국, 국가사회주의)와 두 번의 세계대전을 겪었고 연합군 점령시대를 거쳐 결국에는 두 개의 나라로 쪼개졌다. 흥하고 망하고 부침의 독일역사 소용돌이에서 프랑크의 인생은 흥한 역사나 영광된 역사 그 이면에 드리워진 그림자의 역사 혹은 침몰한 역사를 대변하고 있었다. 독일 역사 부침의 흐름 속에 프랑크의 개인사를 대입시켜 보면 한 심정적 사회주의자가 독일 역사의 전개과정에서 어떠한 역할을 담당하는지 혹은 어떠한 모습으로 비치는지 어느 정도 알 수 있다. 이러한 전제를 정립시키기 위해서는 무엇보다도 프랑크가 어떻게 하여 심정적 사회주의자가 되었는지 혹은 더 나아가 심정적 사회주의란 도대체 무엇인지에 대한 간략한 파악이 필요하다. 자서전적 소설에 나타난 프랑크의 직접적인 회상 및 증언을 통해 추적해 보기로 한다.

레온하르트 프랑크[3]는 1882년 9월 4일 독일 남부에 위치한 바이에른 주의 유서 깊은 도시 뷔르츠부르크에서 아버지 요한 프랑크(Johann Frank)와 어머니 마리 프랑크 (Marie Frank, 결혼 전 이름은 바흐 Bach) 사이에서 넷째 아이로 태어났다. 프랑크의 어린 시절은 가난하고 불우했다. 자서적적 소설 『심장이 있는 왼쪽으로』[4]의 첫 구절에서 프랑크는 "(가난한 부모님에게) 걱정만 더 늘게 하는 원하지도 않는 넷째 (로 태어났다)" (LiWo 439)고 술회한다. 프랑크의 유년시절 기억은 '가난함, 어머니의 사랑스러운 보살핌, 폭군 선생님의 괴롭힘'으로 요약된다.

아버지 요한 프랑크는 목수였다. 어머니는 어려서부터 음식점에서 일하던 가난한 집 처녀였다. 노동자 가족이었고 하층민 출신이었다. 아버지는 하루에 열 시간씩 이마가 마룻바닥에 닿을 정도로 딱딱한 너도밤나무 판때기를 밀어대는 대패질 대가로 18마르크의 주급을 받았다. 당시의 상황을 프랑크는 다음과 같이 기억하고 있다.

> 식탁에는 커다란 눈들과 조그만 씹을 것들이 있었다. 일 년에 8개월을 네 명의 어린애들은 —두 머슴애와 두 여자아이— 신발도 없이 뛰

3) 레온하르트 프랑크에 대해서는 국내에 거의 소개되지 않았다. 지금까지 본 연구자가 한 문예지에 소개한 것이 유일하지 않나 싶다. 서장원: 제1차 세계대전과 평화주의 - 레온하르트 프랑크와 반전문학, 창작21 창간호, 2004. 159-170쪽 참조.

4) Leonhard Frank: Links wo das Herz ist, in: Ausgewählte Werke in vier Bänden, Aufbau-Verlag Berlin und Weimar 1991, Bd. 3. Mathilde, Links wo das Herz ist. 앞으로 인용시 쪽수와 더불어 LiWo로 표기함. 레온하르트 프랑크의 인적 사항에 대해서는 그의 자사전적 소설 『심장이 있는 왼쪽으로』를 주로 참조하기로 한다.

어다녔다. 그러나 눈이 쌓이고 마인강이 얼어붙는 겨울이 오면 맨발로 학교를 갈 수가 없었다. (LiWo 439)

인생의 첫 기억은 '굶주림'이었다. 아버지의 목수 일로 여섯 식구가 살아가는 것은 기적과도 같은 일이었다. 어머니는 아버지가 벌어온 돈으로 가정을 꾸려나갔다. 어머니는 장작과 석탄에 쓸 돈을 떼어내어 중노동 하는 아버지에게 오후에 간식을 사 드시라고 매일 아침 용돈을 드렸고, 어른 두 명과 네 아이의 신발과 겨울옷을 장만했다. 아버지의 급여 18마르크 한도 내에서 집세를 냈고, 매일 두 번에 걸쳐 6인분의 음식을 식탁에 올렸다. 프랑크는 후일 어머니가 가족의 생계를 꾸려나가는 모습을 "빵 5조각과 생선 두 마리로 굶주린 5천 명을 먹인 예수의 기적" (LiWo 439)에 비유했다.

두 번째 유년의 기억은 '어머니의 사랑스러운 보살핌'이었다. 가난 속에서도 아들에 대한 어머니의 보살핌은 "매순간 순수한 행복" (LiWo 440) 그 자체였다. 어머니는 "아름다운 부인이었고, 〔…〕 그녀의 남편을 사랑했고, 평생 동안 한 번도 남편이 눈치 채지 못하게 하며 남편을 하늘처럼 떠받들었다" (LiWo 441). 그런 어머니를 프랑크는 존경했다.

프랑크에게 "아래로 짓누르고, 영혼에 상처를 입히는" (LiWo 441) 커다란 고난은 학교를 다니며 시작되었다. 유년 시절의 세 번째 기억은 바로 '폭군 선생님의 괴롭힘'이었다. "분노의 눈으로 (째려보며) 따귀를 때리고", "힘 있는 대로 대나무회초리로 내리 치 (는)" 선생님의 "극도의 분노는 (학생들에게) 불안이었다" (LiWo 441). "그의 교육방식은 아이들을 불안에 벌벌 떨게 둔갑시키는 것"이었다. "교실은 불안으로 뜨거워"졌고, "불안은 밤에 꿈으로 나타났다"

(LiWo 441). 종교시간에 "낙원의 아담과 이브와 영원한 천국이 주제가 되면 오답의 기대에 차 광신적으로 웃음을 흘리며 마치 40명의 어린애들을 생명의 길로 채비를 갖추게 하는 것이 아니라 야수를 길들이듯이 손에는 회초리를 들고 동물조련사처럼 이리저리 왔다갔다 했다" (LiWo 441-442). 선생님은 "군림하는 권위를 학생들의 인격을 뿌리 뽑는 데 사용했고, 철저히 영혼학살을 자행했다" (LiWo 442). 학교에 들어가기 전에는 말을 잘하던 프랑크는 반벙어리가 되었고, 말을 더듬으며 평생을 폭력과 불안에 시달리는 마음의 병을 얻었다. 초등학교를 졸업하고 정규적인 학교에는 진학하지 못한 채 자전거포 '철물 견습공 수련'[5] 과정을 거쳤다. 이 시절 자살하고 싶은 마음이 항상 무의식적으로 자리 잡고 있었다. 철물 견습공 수련 후 공장 직공을 시작으로 병원 사환, 운전사 등의 잡일을 전전했다.

이러한 경험들은 결과적으로 레온하르트 프랑크를 '심정적 사회주의자'로 만드는 계기가 되었다. 후일 그의 작품 『도적단』과 『시민』은 어린 시절 학교폭력에 시달린 경험이 직접적인 창작의 모티브가 되었다. 『원인』의 한두 장 (章)에도 학교폭력 경험은 작품 속에 녹아들어 있다. '심정적 사회주의자 (Gefühlssozialist)'란 일반적으로 "인간 사랑과 자비심 일체를 포괄하는 감정, 동정심과 형제자매애의 감정, 불

---

5) 독일에서는 '수공업 마이스터 (Handwerksmeister)', '산업 마이스터 (Industriemeister)', '전문 마이스터 (Fachmeister)', '농업 마이스터 (Landwirtschaftsmeister)', '가계 마이스터 (Hauswirtschaftsmeister)', '상인 마이스터 (Kaufmannsmeister)' 등 기술 직종 각 분야의 '장인 (마이스터 Meister)'이 되기 위해서는 '견습공 수련 (Lehre)' 과정을 거쳐야 된다. 이는 초등학교 (Grundschule)를 졸업한 다음 일반적으로 주요학교 (Hauptschule), 실업학교 (Realschule), 김나지움 (Gymnasium), 종합학교 (Gesamtschule) 등 일반 학교에 입학하는 학생들과는 달리 기술자가 되기 위해 직업 작업 현장에서 장인에게 기술을 배우는 과정이다. 위에 열거한 학교들 중 김나지움 (인문계 고등학교) 졸업생들이 대학에 진학한다.

의 · 비참 · 억압 등에 대해 분개하는 감정"을 느끼고 그에 대해 상응하는 태도를 취하는 자를 말한다.[6)] 하지만 '심정적 사회주의'라는 개념이 아직 학문적으로 정립되었다고 보기는 어렵다. 본 연구에서는 다만 레온하르트 프랑크가 본인 자신을 '심정적 사회주의자'라고 규정했기 때문에 이를 따르고 그의 인생사와 관련하여 위에 언급한 '가난과 굶주림', '노동자 계층 출생'을 경험하고 어린 시절 선생님에게 경험한 '사회적 폭력에 시달린 자'가 본능적으로 사회에 대해 품을 수 있는 '인간 사랑과 자비심의 감정', '동정심과 형제자매애의 감정', '불의 · 비참 · 억압 등에 대해 분개하는 감정'을 느끼고 '그에 대해 상응하는 태도를 취하는 자'를 '심정적 사회주의자'로 정의하기로 한다. 하여튼 가난하고 힘없는 사람을 위해, 폭력과 맞서 싸워야 된다는 '심정적 사회주의'는 프랑크의 세계관이 되었고 그와 함께 프랑크 문학의 기저를 이루게 되었다. 이로 인해 프랑크의 인생항로는 20세기 독일 역사의 흥망성쇠와 더불어 파란만장하게 부침을 거듭하게 된다. 이 과정에 나타난 대표적인 사건이 앞으로 기술하게 될 프랑크의 '망명과 귀환이주'이다.

17살이 되었고 철물 견습공 수련도 끝났을 때, 그리고 항상 무의식 속에 자리 잡고 있던 자살하겠다는 마음도 사라졌을 때, 프랑크의 마음속에는 "무엇인가 되고 싶다" (LiWo 443)는 동경이 싹트기 시작했다. "박사나 검사는 당연히 될 수 〔없는〕" 상태에서 "몇 년 동안 나사 바이스 (vice)를 돌리며" 골똘히 생각해 보았지만 자기는

6) Lexikon des Sozialismus, hrsg. von Thomas Meyer, Karl-Heinz Klar, Susanne Miller, Klaus Novy, Heinz Timmermann, Köln 1986, S. 197, 본 연구에서는 Ralph Grobmann: Gefühlssozialist im 20. Jahrhundert. Leonhard Frank 1882-1961, Frankfurt/M 2004, 20쪽 재인용.

"형편없는 철물공"이라는 결론에만 도달했다. 그러던 중 거울에 비친 자기의 얼굴을 한참 동안 뚫어지게 바라보다가 "아마도 화가가 될 수 있다"는 생각이 퍼뜩 떠오르자, 바로 그 주 금요일에 일자리를 그만두고 월요일에 집을 떠난다. 어머니에게 작별을 고하자 "어머니는 울었다". 집을 나와 마인강이 흐르는 위쪽으로 가야될지 아래쪽으로 가야될지 결정을 못하고 멍하니 서 있던 중 한 마부가 마차를 위쪽으로 몰고 가는 것을 보고 마인강이 흐르는 위쪽 방향으로 갔다. 무작정 가출한 후 프랑크푸르트와 드레스덴을 거쳐 뮌헨에 도착했다. (LiWo 443-445) 뮌헨에서 미술공부를 시작하기 전 얼마 동안 근처의 도시 로텐부르크에서 실내 페인트공으로 일해 학비를 마련했다. 당시 뮌헨은 중요한 독일 문화의 중심지였다.

1905년부터 1910년까지 뮌헨의 '아츠베 (Ažbe)' 미술학원에서 회화와 판화를 공부했다. 아츠베 미술학원은 슬로베니아 출신 화가 안톤 아츠베 (Anton Ažbe, 1862-1905)가 1891년 뮌헨에 설립한 사설 미술학원이다. 장학금도 받아보기는 했으나 여기저기 막노동으로 생계를 유지했다. 대도시 뮌헨에 와서 지금까지 듣고 보지 못한 수많은 경험을 했다. 고향에서와는 또 다른 가난의 쓴 맛을 보았다. 이 시절 학업보다는 슈바빙에 있는 '카페 슈테파니 (Café Stefanie)'[7)]에서 더 많은 것을 배웠다. 프랑크는 그곳을 '대학교'로 여길 정도였다. 슈바빙은 젊은이들의 터전이었고, 재능 있는 사람들이 끼를 마음껏 발휘

7) 당시 '카페 슈테파니'는 예술가들의 집합장소였다. 유명 예술가도 있었고 무명 예술가도 있었다. 국적도 다양했다. 유명 인사들로는 자연주의 대표적 작가인 막스 할베 (Max Halbe, 1865-1944), 오스트리아 출신 작가 (알렉산더) 로다 로다 ((Alexander) Roda Roda, 1872-1945), 오스트리아 출신 작가 구스타프 마이링크 (Gustav Meyrink, 1868-1932), 독일의 작가 겸 화가인 막스 다우텐다이 (Max Dauthendey, 1867-1918) 등이 주요 고객이었다. Judit Hetyei: Leonhard Frank und die "Deutsche Novelle", Berlin 2007, 11쪽 참조

하기 알맞은 장소였다. '카페 슈테파니'에서 프랑크는 오토 그로스 (Otto Gross, 1877-1920) 주위를 맴돌며 새로운 세상을 접했다. 그로스는 오스트리아 출신 정신병리학 및 정신분석자로 무정부주의자였다. 그는 슈바빙의 집시풍 생활을 즐겼다. 프랑크는 그로스와 그 주변 사람들로부터 심리분석과 인간의 성적 충동 개념을 깨우쳤다. 후일 동독 문화부장관이 된 표현주의 시인 요하네스 R. 베혀의 예술가 촌에 기거하기도 했다. 하지만 뮌헨에서 그가 그의 주변사람들로부터 보고 경험한 것은 심리적 병을 앓고 있는 사람들과 이로 인한 알코올 중독, 자살 등이었다. 충격적으로 다가왔다. 그가 있을 곳이 아니라는 생각이 들었다. 미술공부를 중단하고 작가가 되기로 결심했고, 1910년 가을 뮌헨을 떠나 베를린으로 향했다.

1910년의 베를린은 뮌헨과는 또 다른 도시였다. 세계적인 도시였다. 프로이센 왕국을 거쳐 지금은 독일 황제제국의 수도였다. 베를린은 당시 런던 파리와 더불어 유럽의 3대 대도시에 속했다. 대도시는 사회학적으로 모던의 시작을 알리는 곳이었다. 베를린 출신 사회학자 게오르크 짐멜 (Georg Simmel, 1858-1918)은 이미 1900년 『돈의 철학』, 1903년 「대도시들과 정신적 삶」, 1905년 『유행의 철학』을 통해 대도시 베를린에 나타난 특성과 문제점을 설명한 뒤였다. 대도시의 출현으로 인해 '돈이 어떻게 인간의 상호작용을 비인간화시키고', 대도시에서의 정신적 삶은 '모든 것이 새롭고, 급변하고, 단명하며 낯선 사람들로 둘러싸여 익명성을 띠고 있고', 이제 '고도로 계층화된 사회가 되어가며 실용이 아니라 문화적 욕구에 의해 유행이 탄생한다'는 것들이 주요 내용이었다.

프랑크가 처음 본 베를린에는 "전범이 되는 연극이 공연되고" 있었고, '자타공인으로 유명한 심포니콘체르트와 오페라가 있었고',

"(무모할 정도로) 도전적인 출판사, 미술품상, 극단장들"이 여기저기 즐비했다. "젊은 남자 배우, 젊은 여자 배우, 어느 남자 어느 여자, 그 누구든 간에 무엇인가 할 수 있으면 그들이 할 수 있는 것을 보여 줄 수 있는 기회가 주어〔지는 그야말로〕 세계적인 도시 베를린은 세계의 새롭고 미래지향적인 예술과 문학을 위해 열려있었다" (LiWo 497). 게다가 "도시의 신경과 정신은 전기화 (電氣化)되었고, 생활 자체도 전기화되어 있었다." (LiWo 498) 이러한 분위기 속에서 프랑크는 '카페 붸스텐 (Café des Westens)'에 처음으로 발을 들여놓기 시작했다. '카페 붸스텐'은 문인들이 모이는 카페로 예술가들과 언론인들도 즐겨 찾았다.

프랑크는 '카페 붸스텐'에서 문인들과 교류했다. '카페 붸스텐'에는 자연주의와 인상주의를 극복한 엘제 라스커-쉴러 (Else Lasker-Schüler, 1869-1945), 르네 쉬켈레, 로다 로다, 에리히 뮈잠, 프랑크 붸데킨트 (Frank Wedekind, 1864-1918), 칼 슈테른하임 (Carl Sternheim, 1878-1942), 야콥 반 호디스 (Jakob van Hoddis, 1887-1942) 등 아방가르드 문인들이 모여 문학을 논하고 있었다. 이 카페에서 중요한 문예지인 『폭풍 (*Der Sturm*)』과 『행동 (*Die Aktion*)』이 구상되어 창간되기도 했다. 프랑크는 쿠르트 힐러, 야콥 반 호디스, 게오르크 하임 (Georg Heym, 1887-1912), 에른스트 블라스 (Ernst Blass, 1890- 1939) 등 소위 '신격정파 (Neopathetiker)'라고 불리는 문인들과 밀접하게 교류했다.

1914년 첫 장편소설 『도적단』을 발표했다. 뮌헨과 베를린에서의 타지생활 "굶주림의 8년"이 지난 후 프랑크는 소설이라는 매체를 통해 "한 인간에게 목이 잘려나간다는 상상이 오랫동안 그를 괴롭히고 있던 (유년 시절의) 영혼학살자 뒤르 (Dürr) 선생을 묘사" (LiWo

699)하여 세상에 내놓은 것이다. 『도적단』[8]의 배경은 1899년 뷔르츠부르크로 14세의 소년들 12명이 의기투합하여 어른들에 대해 폭동을 일으키는 내용이다. 어른들 중에서도 특히 마거 (Mager) 씨와 같은 '학대 음란증에 빠진 (사디즘적인)' 선생님과 장인 (匠人, 마이스터) 트리트 (Tritt)와 같은 냉혹한 선생 장 (長)이 폭동의 대상이었다. 도적단원들은 뷔르츠부르크를 불태워 없애고 '황야의 서부 (Wilder Westen)'로 이주할 것을 계획한다. 직접적인 내용은 프랑크의 어린 시절 경험을 바탕으로 한 자전적 소설이었다. 『도적단』을 통해 프랑크는 화려하게 문단에 데뷔했다. 그동안의 가난에서 벗어나며 인생의 새로운 전환기를 맞이했다.

소설 『도적단』의 탄생배경을 살펴보기로 한다. 프랑크의 베를린 생활도 가난으로 시작되었다. 참고로 프랑크는 평생을 가난하게 살아왔으므로 살아온 날을 회고할 때 돈의 액수를 여과 없이 서술하고 있다. 가난했던 사람들은 추억 혹은 현실이 돈의 액수로 기억되고 계산되기 때문이다. 돈에 밝은 자본주의자들도 세상을 돈의 액수로 환산하기는 하지만 환산의 기억과 배경은 다르다. 뮌헨 생활을 접고 1910년 가을 베를린 역에 처음 도착하여 여관방을 정했을 때 하룻밤 숙박료가 8마르크였다. 이 돈은 지난 4년 동안 뮌헨에서 생활할 때의 한 달 치 월세보다도 비쌌다. 며칠 후 15마르크짜리 월세 방을 얻었다. 그런데 선불이라는 사실에 화가 치밀어 올랐다. '화가 도시 뮌헨'보다 대도시 베를린은 "그렇게 따듯하지 않고 가족적이지 않다"는 냉엄한 현실을 깨달아야만 했다. (LiWo 498)

1911년 5월 말이 되자 뮌헨에서 그림을 팔아 가지고 온 돈 500마

8) Leonhard Frank: Die Räuberbande, in: Ausgewählte Werke in vier Bänden, Berlin 1991, Bd. 1. 참조

르크가 바닥이 났다. 월세도 밀렸다. 6월 1일 뮌헨에서 130마르크에 구입한 가죽 가방을 주인 아주머니에게 밀린 월세를 대신하여 잡혀 놓고 집을 나왔다. 베를린은 휘황찬란한 부자 도시였지만 월세 방에서 쫓겨난 가난한 사람이 단돈 1마르크라도 구할 곳은 그 어디에도 없었다. 밤에 '티어가르텐'[9]의 공원 의자에서 잠을 잤다. 비가 쏟아졌다. 꿈속에서 뒤르 선생이 그를 불렀다. 불안에 떨며 말더듬이로 그에게 끌려가 수모를 당할 때 교실은 웃음바다가 되었다. 이상하게도 꿈속의 그는 어린아이가 아니라 지금의 나이인 28세였다. 아름다운 꿈도 꾸었다. 잠을 자며 비가 퍼부을 때는 무서운 꿈이, 비가 멎었을 때는 옷의 온기 때문에 아름다운 꿈이 된 것이다. (LiWo 501-502)

다음날 아침 비에 젖어 축축한 옷을 입은 채로 '카페 붸스텐'에 갔다. 한두 식탁 저 건너편에 "어깨까지 내려오는 짙은 갈색 머리에 〔…〕 창백하고, 상아이빨처럼 하얀 얼굴에 〔…〕 호리호리하고 〔…〕 얼굴표정이 모든 것보다 더 깊게 〔프랑크〕를 사로잡은" 젊은 여자가 앉아 있었다. 프랑크는 지금까지 알지 못했던 감정이 솟구쳤다. 행복도 아니고 괴로움도 아니었다. 그렇게 서로 눈길이 마주쳤다. 그녀가 카페 밖으로 나갈 때 그녀를 뒤따라 나갔다.

> "알고 지내야 되겠습니다, 동행해도 될까요?" 그녀는 고개를 끄덕였다, 그를 쳐다보지도 않은 채. 〔…〕 "저는 아파요, 그래서 천천히 걸어야 해요." 연약한 나머지 그녀는 갑자기 그의 팔을 끼었다. "당신의 옷이 아주 축축하네요." "예, 저는 어제 저녁 티어가르텐에서 잠을 잤습

---

9) 베를린 중심부에 위치한 시립공원. 정식명칭은 베를린 '대 동물원 (Großer Tiergarten)'. 1920년대 이래로 '티어가르텐 (Tiergarten)'은 베를린의 한 구역명칭으로도 사용되고 있다.

니다. 방이 없고 돈이 없습니다. 그러나 달라질 겁니다. 완전히 다르게! 병이 있으십니까? 어디가 잘못되었나요?" "부인병이에요." "아, 누가 당신을 간호해 주나요? 내가 간호해 줄 수 있는데. 그러면 근사하지 않겠어요, 안 그래요? 제 생각은 저를 위해서 말입니다." 그때 그는 다시 아주 짧은 그녀의 미소를 보았다, 금방 사라지기는 했지만. 그녀의 집은 [⋯]에 있었다. [⋯] 한 밤중에 잠 잘 곳 없는 침입자를 집에서 쫓아내고 싶지 않은 리자는 소파를 가리키고는 말했다 "여기에서 주무실 수 있습니다, 당신이 원하신다면." [프랑크]는 원했다. (LiWo 505)

그렇게 인연이 되어 프랑크는 리자 에어텔 (Lisa Ertel, 원명: 루이제 엘리자베트 에어델이 (Luise Elisabeth Erdelyi))에게 구혼을 했고, 만난 지 4주 만에 결혼했다.10) 결혼 증인으로 지인 부부를 대동하고 '혼인청 (정확히는 호적 상태 전반을 다루는 관청, Standesamt)'에서

10) '레온하르트 프랑크 학회 (Leonhard-Frank-Gesellschaft, www.leonhard-frank-gesellschaft.de)'는 프랑크와 루이제 엘리자베트 에어델이의 결혼식 날짜를 프랑크의 자서전적 소설 『심장이 있는 왼쪽으로』와는 다르게 1915년 2월 4일로 밝히고 있다. 기록상으로는 '레온하르트 프랑크 학회'의 자료가 정확할 수도 있지만 본 연구에서는 프랑크가 '심정적 사회주의자'가 된 배경과 '심정적 사회주의자'의 자의식 및 세계관을 파악하는 것이 주된 목적이라는 전제하에 프랑크의 인생 고백을 가장 잘 담고 있는 자서전적 소설을 우선은 기본 자료로 삼는다. 망명연구의 기본은 자서전연구와 마찬가지로 '문학과 진실 (Dichtung und Wahrheit)', '진실과 허구 (Wahrheit und Fiktion)', '현실과 주관 (Realität und Subjektivität)' 사이에 놓인 주관적이고도 객관적인 복잡한 자료를 객관화시키는 일이다. 그러한 방법론 적용은 연구의 문제점으로 드러나기도 하고 동시에 또한 해결책을 제시하는 양면성을 보이고 있다. 망명연구는 사회적 현상만을 연구하는 것이 아니라 인간 개개인이 지니고 있는 인간 존재의 보편적인 문제, 특히 인간 안보에 관한 연구라는 점을 직시한다면 해당된 망명객의 진지한 증언은 무엇보다도 중요한 자료로 취급되어야 한다. 본 연구는 사회적 현상뿐만 아니라 인간 실존의 문제도 중시하기 때문에 위에 제시한 자서전적 기본 틀을 동시에 사용한다. 망명연구와 자서전연구와의 관계에 대해서는 본 연구자의 저서, Jang-Weon Seo: Die Darstelung der Rückkehr, Remigration in ausgewählten Autobiographien deutscher Exilautoren, Würzburg 2004, 11쪽 참조.

결혼식을 마쳤다. 결혼식 후 증인 부부와 함께 넷이서 한 음식점에서 결혼식 피로연을 가졌다. 말이 피로연이지 그냥 식사였다. 일인당 식비가 1마르크 10페니히였다. 결혼식을 마치고 돌아오는 길에 결혼 증인을 서준 지인에게 빌린 돈 5마르크로 식비를 지불했다. (LiWo 506)

가난과 궁핍 속에서 소설을 쓰기 시작했다. 부인 리자는 용기를 북돋우어 주었다. 총명한 부인이었고 그녀는 남편 프랑크를 사랑했다. 1913년 가을, 어머니가 아들의 집을 방문했다. 집을 떠나온 지 8년 만에 타지에서 어머니와 아들과의 만남이었다. 만난 지 몇 분이 흐른 후 아들이 결혼한 사실을 알고는 "네가 결혼을 했구나!"라고 축하를 해주고는 "(색시가) 마음씨가 착한 것을 내가 금방 알아차렸다", 그런데 "심장이 약하구나", "삶이 그렇게도 힘들구나!"라고 했다. 어머니는 곤궁의 실상을 너무나 뼈저리게 알고 있는 사람이었다. 베를린을 다녀가고 나서 3주 후 고생하는 아들 내외에게 경제적 보탬이 되게 하기 위해 소설을 쓰시기로 결심했다는 편지를 보내왔다. (LiWo 501-502)

1914년 3월 초, 완성된 소설 『도적단』을 뮌헨에 있는 한 출판사에 보냈다. 3일 후 출판사로부터 출판 계약을 위해 뮌헨에 올 수 있느냐는 전보를 받았다. 아직도 5마르크를 빚지고 있는 결혼 증인을 서준 지인에게 또 다시 여비를 빌려 뮌헨에 갔다. 출판사 사장은 2년 기한으로 매달 200마르크 인세를 지불하겠다고 제안했다. 프랑크는 작가수습에 힘이 들었다고 생각하여 "220마르크를 필요로 합니다."라고 했다. 사장은 웃으며 "왜 하필 220마르크입니까?"라고 말했다. 곧이어 대답도 듣지 않고 프랑크가 아무 계산능력도 없는 순진한 예술가라는 것을 알아차린 듯 "좋습니다, 220마르크로 합시다"라며 쌍방 간 서명을 하고는 그 자리에서 220마르크 수표를 건네주었다.

> 새롭고 젊은 얼굴들과 신세대들이 보였다. 〔옛 친구에게 연락했더니〕 쏜살처럼 달려왔다. 〔이 친구를〕 저녁식사에 초대했다. 그러한 다음 처음으로 지난 9년 동안 도대체 어떻게 살아 왔는지 곰곰이 생각해 보았다. 9년 동안 음식은, 옷은, 거처는 등을. 9년 동안이나. 무엇으로 살았나? 오랫동안 생각해 보았다. 많은 것이 떠오르지 않았다. 결국에는 성경에 있는 아름다운 구절이 최고의 설명이라는 것을 발견하고는 "하늘의 새를 보아라, 그들은 씨를 뿌리지도 않고 거두어들이지도 않지만 하늘의 아버지께서 그들을 먹여주신다"라고 미소를 띠며 읊조렸다. 다음날 프랑크는 리자를 위해 그녀가 야회복이 없기는 하지만 겨드랑이까지 올라오는 두 쌍의 하얀 명품 가죽장갑과 빵 갈색이 나는 최고급 밀짚으로 만든 모자와 〔…〕을 구입했다. 화려한 물품이었고 150마르크의 가격이었다. 그래도 베를린으로 돌아가기에도 충분한 돈이 남았다. (LiWo 519-520)

1914년 6월 4일, 『도적단』이 출판되었다. 1주일 후부터 프랑크의 이름이 신문지상에 오르내렸다. 문예지에도 평이 실리기 시작했다. 평자들은 "자연주의적인지, 신 낭만주의적인지, 인상주의적인지, 표현주의적인지" 의심이 간다는 등의 논지도 펼쳤다. 이에 대해 프랑크는 당대의 시대사조를 벗어나 새로운 방향으로 가기 위해 비밀스러운 방법을 사용하고 있는 것을 간파하지 못하는 문외한들이라고 생각했다. 프랑크는 자연주의니, 인상주의니, 표현주의니 등등의 문학기법에만 사로잡히지 않고 독자가 보고 듣고 읽은 것을 있는 그대로 문학에 담는 것을 소설 창작의 목표로 삼고 있었다. 곧 이어 『도적단』은 '폰타네 상'[11]을 수상했다. 상금은 1,000마르크였다. 프랑크는 소위 하룻

밤 사이에 유명인사로 변신한 것이다.

며칠 후 고향 뷔르츠부르크에서 소포가 왔다. 소포는 15권의 공책 앞뒷면에 어머니가 연필로 쓴 소설이었다. 어머니의 어린 시절, 석유등 불빛, 울부짖으며 벌판을 사냥하는 폭풍, 출생 이전의 상황, 곤궁한 현실 생활이 창작되고 묘사되어 있었다. 그녀의 인생을 토로한 소설이었다. 15권 공책 중 1권의 표지에는 예명과 함께 『어느 인생행로. 그녀 스스로 쓰다』[12]라고 적혀 있었다.

프랑크는 아무것도 지니지 않고 정처 없이 고향을 떠나 외지를 떠돌아온 지난 9년을 되돌아보니 점심을 먹어본 것이 1년에 평균적으로 다섯 번이었고, 배고파 침대에 누운 것은 셀 수도 없었다. 프랑크는 "가난한 어린 시절"이 결국에는 "내적으로" "일종의 반항하는(폭동을 일으키는) 심정적 사회주의자"가 되게 만들었다고 밝히고 있다 (LiWo 523). 프랑크가 말하는 심정적 사회주의란 교과서적인 의

---

11) '폰타네 상 (Fontane-Preis)'은 '베를린 예술상 (Berliner Kunstpreis)' 문학부분 수상이다. 독일 소설가 테오도르 폰타네에서 유래한다. 공식 명칭은 '베를린 예술대상 (Großer Kunstpreis Berlin)'이다. 베를린 시의 의뢰를 받아 예술원이 수상한다. 현재 상금은 15,000유로이다. 1913년 안네테 콜브와 1914년 레온하르트 프랑크를 시작으로 알프레트 되블린, 칼 슈테른 하임, 우베 욘손, 발터 뫼링, 귄터 그라스, 볼프 비어만 등을 수상자로 배출한 독일의 저명한 문학상으로 발전했다.

12) 어머니는 64세였다. 그녀는 한 번도 읽어볼 만한 책을 읽어본 적이 없는 사람이었다. 하지만 있는 그대로 진솔하게 썼다. 아버지가 밖에서 일할 때 아버지 모르게 부엌에서 몰래 썼다. 여자가 소설을 쓴다는 것이 알려지면 이웃이나 아버지 친구들로부터 아버지가 창피를 당할 것이라고 여겼기 때문에 모든 것을 비밀로 했다. 어머니의 소설을 받고 생각해보니 자기가 먼저 소설을 쓰기 시작했고 어머니가 그 뒤에 쓰기 시작했다는 차이밖에 없었다. 그러나 공식을 생각해보니 정반대였다. 아들이 어머니에게 피를 물려받은 것이었다. 내용은 하나도 변경시키지 않고 15권의 공책을 어머니가 보내주신 그대로 출판사에 보냈다. 소설은 출판되었다. 인세로 어머니는 1,800마르크를 받았다. 어머니가 소설가가 되었다는 것을 아버지가 창피하게 여길 것 같아 어머니는 아버지가 눈치 채지 못하시게 조금씩 아주 조금씩 인세를 가계에 보태 썼다.

미의 사회주의가 아니라 순전히 가난의 결과로 폭동을 일으키고 싶은 마음속의 사회주의이다. 심정적 사회주의는 프랑크의 문학이나 인생을 설명해 주는 기본 바탕 개념이고 태생을 설명해 주는 기본 틀이다. 이러한 이유에서 장황한 설명을 붙였다.

1916년 소설 『원인』을 발표했다. 『도적단』에서 '영혼의 살인자'로 묘사되었던 초등학교 때의 선생님이 『원인』에서는 중요한 소설의 줄거리를 이룬다. 소설 속에서 프랑크는 포악한 선생을 법정에 세웠다. 포악한 선생은 병영의 근간이 되었고, 선생의 폭력성은 전쟁과 죽음의 근원이었기 때문이다. 이 작품을 통해 프랑크는 사형제도[13]를 분명히 반대하고 더 나아가 폐기를 주장했다.

1.3. 평화주의자

1914년 7월 28일 오스트리아-헝가리 제국이 세르비아에 전쟁을 선포함으로써 제1차 세계대전은 발발했다. 3일 후인 1914년 7월 31일 독일황제 빌헬름 2세는 '베를린 궁전'의 발코니에 등장하여 러시아가

---

13) 인류역사에서 오랫동안 내려오던 사형제도는 18세기가 되며 유럽의 인문학자들에 의해 권력자의 법에 대한 의문이 제기되었고, 1795년 프랑스에서 최초로 사형제도 폐지가 요구되었다. 20세기 전반부 소련에서는 1917년 10월 혁명부터 1953년 스탈린이 사망할 때까지, 그리고 나치가 지배하던 1933년부터 1945년까지 독일에서는 수많은 사람이 처형되었다. 나치시대와 제2차 세계대전 중 네덜란드, 오스트리아, 루마니아, 스위스 등의 국가에서는 그동안 폐지되었던 사형제도가 또 다시 자행되었다. 전쟁이 끝난 1945년 이후 다수의 국가에서 사형제도가 폐지되었다. 서독은 1949년, 동독은 1987년에 사형제도가 완전히 폐지되었다. 이탈리아는 1947년, 오스트리아는 1950년, 영국은 1973년, 프랑스는 1981년에 완전 폐지되었다. 2차 대전과 직접적으로 관련된 국가인 미국, 러시아, 일본은 아직도 사형제도가 존속하고 있다. 2014년 현재 98개 국가가 사형 제도를 완전히 폐지했고, 35개 국가에서 사형이 정지되고 있고, 58개 국가에서 사형제도가 시행되고 있다. 사형제도에 대한 찬반 논쟁은 아직도 계속되고 있다.

총동원령을 내려 독일민족이 위험에 처했다며 열변을 토해냈다. "곳곳에서 시기하는 자들이 우리가 정정당당히 방어하기를 강요[하고 있으니] 독일민족은 손에 검을 들고 마지막 순간까지 적이 우리를 넘보지 못하도록 방어해야만 한다"며 전쟁을 독려했다. 신하와 백성들을 향해서는 '교회에 가서 평화유지와 우리의 용감한 군대를 위해 기도할 것'을 명령했다. 그와 함께 '매력적인 독일'과 '독일제국에 대한 공격은 적에게 비싼 대가를 치르게 될 것이다'는 것을 만천하에 선포했다.

8월 1일 밤 두 번째 '발코니 연설'을 통해 독일황제는 러시아에 대해 전쟁을 선포했다. 8월 2일에는 룩셈부르크, 8월 3일에는 프랑스, 8월 4일에는 벨기에, 8월 9일에는 포르투갈, 8월 27일에는 루마니아를 향해 연쇄적으로 전쟁을 선포했다. 이로 인해 전 유럽은 그야말로 전쟁의 소용돌이 속에 휩싸였다. 두 번의 '발코니 연설'에 이어 8월 4일 황제는 제국의회 개회연설에서 의회 의원들을 향해 '전쟁을 선포했다'는 사실을 상기시키며 '자기는 더 이상 정당은 모르고 단지 독일인들만 안다'라며 전쟁 참여를 기정사실화했다. 이러한 말 속에는 여론뿐만 아니라 정파나 정당도 안중에 없다는 속셈이 그대로 들어 있었다. 작금의 독일에게는 적과 적군만 있고 위대한 독일인들에게는 명예로운 전쟁을 수행할 과제만이 남아 있다는 것이었다.

황제의 전쟁 선동은 대다수 국민들의 애국심을 자극했다. 충직한 독일의 신하와 백성들은 죽을 듯이 고요하던 정적을 일순간에 깨고 결전의 의지를 보이며 황제의 전쟁 명령을 환호로 답했다. 황제의 깃발 아래로 독일의 젊은이들은 모이고 모여들어 전쟁터로 향했다. 애국심에 불탔고 위대한 독일을 확신하는 독일의 젊은이들은 싸움터로 행군하는 것이 아니라 '파리로 가는 소풍' 정도로 여겼다.

황제의 '발코니 연설'을 듣고 프랑크의 아내는 "훌쩍훌쩍 울었다." "리자만이 울었을까?" "독일의 많은 여자들이 많은 어머니들이 울었을까?" (LiWo 526)라며 프랑크는 전쟁 앞에 선 처와 어머니, 그리고 수많은 무고한 사람들을 떠올렸다. 전쟁을 선동하는 자들은 누구인가? 누구를 위한, 무엇을 위한 전쟁이란 말인가? 제1차 세계대전이 발발하는 것을 목격한 첫 순간부터 프랑크는 전쟁 반대자였다.

상복을 입은 과부와 어머니, 젊은 부인들의 숫자는 늘어만 갔다. 영광스러운 전쟁터에서 전몰한 장병의 이름은 신문의 지면을 메웠다. 부상당한 군인들을 태운 기차의 행렬은 끊임없이 구르고 〔… 프랑크는〕 이미 그의 작품 『원인』의 마지막 부분을 〔카페 뷁스텐〕에서 쓰고 있었다. 〔…〕 그의 옆 테이블에는 네 명의 손님이 있었는데 그중에는 〔프랑크가 이미 알고 지내던〕 신문 기자도 있었다. 〔…〕 그들은 30분이 넘도록 열광적으로 전쟁에 대해 떠들어댔다. 〔프랑크〕의 얼굴 근육은 흥분과 참을 수 없는 억제된 냉소로 부르르 떨렸다. 그러나 그의 눈빛은 네 명의 전쟁 미치광이들을 방해하진 못했다. 〔… 신문기자〕는 열광적으로 말을 했다. '우리가 1,198명을 태운 루지태니아호를 격침시켰다. 루지태니아호의 격침은 인간 역사에서 최고의 영웅적인 행동이다. 〔… 프랑크〕는 일어섰다. 그리고 한마디 말도 하지 않고 신문기자의 따귀를 때렸다. 주위의 네 명이 의자를 집어던졌다. 〔프랑크〕는 적개심에 불타는 네 명을 뒤로하고 골목을 빠져 카페를 나왔다. 그는 집으로 서둘러 달려가 간단한 손가방을 챙기고는 스위스로 향했다. 그 다음 날 사복경찰 두 명이 그의 집에 나타났다. 그들은 〔아내에게 프랑크의 소재를 물으며〕 체포영장을 보여주었다. (LiWo 528-529)

전쟁이 발발한 다음 해인 1915년 프랑크는 스위스 망명길에 올랐다. 상상력이 풍부한 작가 프랑크는 칠흑처럼 어두운 깜깜한 밤바다에 목숨을 구하려고 마지막 순간까지 사투하다 침몰하는 승객들이 눈에 선할 뿐이었다.[14] 당시 따귀를 맞은 자는 오스트리아 기자이자 출판인인 펠릭스 슈테징어 (Felix Stössinger, 1889-1954)였다. 슈테징어는 1914년 오스트리아 빈에서 베를린으로 이사하여 사민당 당원이 되었고 정치저널 출판업에 종사하고 있었다.

베를린을 탈출한 프랑크는 우선 뮌헨의 출판사에 들러 돈을 변통한 다음 6월 국경을 넘어 스위스 취리히에 거주지를 정했다. 그렇게 망명생활이 시작되었다. 아내도 얼마 후 취리히 망명생활에 합류했다. 스위스 망명생활 중 프랑크는 알프레트 헤르만 프리트 (Alfred Hermann Fried, 1864-1921), 헤르만 페르나우 (Hermann Fernau) 등이 주도하는 평화주의 운동에 동참했다. 잡지 『무기를 버려라! (*Die Waffen nieder!*)』 창간자로 평화주의 운동가인 알프레트 헤르만 프리트는 1911년 노벨평화상을 수상했고, 헤르만 페르나우는 프랑스 문화를 숭배하는 번역가로 확고한 평화주의자였다.

'평화주의 (Pacifism, Pazifismus)'란 어원적으로 라틴어 명사 'pax (평화)'와 동사 'facere (만들다)'의 복합어에서 유래한다. 근본적으로 전쟁을 거부한다는 주의주장이다. 그러한 다음 무기 무장의 갈등을

---

14) 1915년 5월 7일, 영국 리버풀과 미국 뉴욕을 오가는 영국 여객선 '루지태니아 (정식 명칭은 왕립 우편 선 루지태니아, RMS Lusitania)'호는 독일 황제 해군 잠수함에 격침되어 아일랜드 남부 해안에서 침몰되었다. 약 1,200명이 목숨을 잃었다. 제1차 세계대전으로 인한 배의 침몰로는 최대의 사상자를 냈고, 전체 배의 침몰로는 1916년의 브리태닉 (HMS Britannic)호와 1918년의 유스티키아 (Justicia)호에 이어 세 번째로 많은 사상자를 냈다. 이 사건은 1917년 미국을 세계 제1차 대전에 참전시키는 직접적인 동기가 되었다. 미국은 미국인 128명이 사망한 데 대한 항의 표시로 대독 무제한 잠수함전을 선포했다. 미국은 1917년 4월 6일 독일 제국에, 1917년 12월 7일에 오스트리아-헝가리에 선전포고 했다.

피하려고 노력하는, 그리고 영원한 평화의 조건을 창출하려고 노력하는 도덕적 기본자세를 말한다. 평화주의의 단호한 입장은 어떠한 형태의 폭력도 거부하고 —인도의 간디처럼— 비폭력무저항운동을 전개하기도 한다. 평화주의는 서양 모던의 한 현상으로 20세기 초반 정치적 투쟁개념으로 자리를 잡았다.

제1차 세계대전은 가공할 만한 대량살상 무기가 전투에 투입된 최초의 현대전으로 역사에 기록된다. 종래의 전쟁이 인간과 인간이 적으로 마주보고 칼과 총 등 단순한 무기로 살상했다면, 제1차 세계대전은 최신예 무기를 동원하여 눈앞에 적을 보지 않고도 대량 살상하는 전투였다. 독일의 화학 산업, 프랑스의 자동차 산업, 철강, 전기회사들 등이 신예 무기 개발에 참여했다. 자연과학자들이 이론적 토대를 제공했다. 어찌 보면 과학자들 간의 전쟁이었고, 기술과 기술 간의 전쟁이었다. 독일의 산업가 발터 라테나우 (Walther Rathenau, 1867-1922)와 화학자 프릿츠 하버, 프랑스의 루이 르노 (Louis Renault, 1877-1944) 등이 전시경제 (戰時經濟), 군수산업의 중앙에 위치한 인물들이었다.

발터 라테나우는 세계적인 전기 콘체른 '아에게 (AEG)' 설립자인 에밀 라테나우 (Emil Rathenau, 1838-1915)의 장남이었다. 1899년 회장단이 되었고, 1902년부터 1907년까지는 베를린 상사 (商社) 소유주, 1915년에는 AEG 회장이 되었다. 제1차 세계대전 중 AEG는 독일 군수산업에 적극적으로 참여했고, 발터 라테나우는 군수산업 감독원장으로 전쟁계획에 관여했다. 당시 프로이센 전쟁성 '전쟁 원자재국 (戰爭原資材局)' 국장으로 독일 전시산업을 육성했다. 1914년 8월부터 1915년 3월까지 전쟁원자재국을 이끌었다. 1916년 9월 16일에는 프로이센 전쟁성 컨퍼런스에 참여하여 화학산업가 칼 두이스베르크 (Carl Duisberg, 1861-1935)와 독일의 주요 산업 지도자들에게 전쟁으로 인한 노동력 부족으로 벨기에 민간인들을 독일에서 강제노역시킬 것을 요구했다. 1918년 일반적인 민족고양 (民族高揚) 사상을 대표했다. 바이마르 공화국 시절 요셉 뷔르트 수상이 이끄는 정권의 국가재건 장관을 역임했고, 외무장관이었던 1922년 6월 24일 극우파들에 의해 암살당했다. 라테나우는 유대계 독일인이다.

제1차 세계대전이 발발하자 독일군 장성들은 '전격전 (電擊戰, 브릿츠크리크, Blitzkrieg)'을 계산하고 있었다. 하지만 현실은 막대한 물량전 (物量戰)과 거대한 탄약소모와 관련된 '진지전 (陣地戰)'을 펼치고 있었다. 군 장성들이 전격전을 계산하게 된 이유는 독일이 중요한 원자재를 —특히 탄약 생산에 필요한 '질산칼륨 (KNO3, Potassium Nitrate, Kaliumnitrat)'— 수입에 의존하고 있었기 때문이었다. 이로 인해 영국은 해상 봉쇄로 맞섰고, 독일과 연합군들은 해상에서 쌍방 간에 '칠레 초석 (NaNO3, Chile saltpeter)'등 원자재를 쟁탈하기 위해 날뛰고 있었다. 이미 1914년 9월에 탄약은 고갈되기 시작했다. 그동안 잘 버틴다고 해도 1915년이 되면 전쟁을 포기하는 상황이 올 것이라는 예감과 함께 군부는 고민에 빠지게 되었다. 그러자 독일은 대체 무기를 찾기 시작했다.

이때 국수주의자이자 군국주의자인 화학자 프릿츠 하버는 오토 한, 구스타프 헤르츠 (Gustav Hertz, 1887-1975), 에밀 핏셔 등 저명한 과학자들을 소집하여 종래의 무기에 비해 장점을 지니고 진지전을 끝낼 수 있는 새로운 무기를 찾기 시작했다. '화학무기 (CW, chemical weapon, Chemische Waffe)의 아버지', '독가스 전쟁 (가스-크릭, Gaskrieg)의 아버지'로 불리는 베를린대학교 물리화학 교수 프릿츠 하버는 1912년 베를린 '빌헬름 황제 협회 물리화학, 전기화학 (KWG)'15)

연구 소장이 되어 있었다. 하버는 질소와 수소 원소로부터 값싸게 암모니아를 생산해내는 '하버-보쉬-처리방식 (Haber–Bosch process, Haber-Bosch-Verfahren)'에 착안하여 '포스젠 (Phosgene, CG)'과 '클로린 (Chlorum, Cl)'의 화학합성 결과로 생산된 클로린-가스 (Chlorgas)를 무기화하였다. 자연과학 지식을 무기생산에 응용한 것이다.

1915년 4월 22일 벨기에의 이프르 (Ypern)에서 독일군은 연합군을 향해 최초로 클로린-가스를 전장에 투입했다. 가스 공격은 프릿츠 하버가 직접 감시했다. 하버는 프로이센 전쟁성 '화학국장'이었다. 이 날 저녁 6시 정각, 바람이 부는 방향을 이용하여 연합군 진지로 독가스 안개를 날려 보냈다. 5,730개의 철 압력 가스 용기에 든 150톤의 클로린이 사용되었고, 6km 간격의 적진지를 공격했다. 600에서 900m 높이의 누런 구름이 펼쳐져 나갔다. 독일군들은 두껍고 튼튼한 방독면으로 무장하고 가스-구름 뒤에서 움직였다. 적군들은 몸이 빨갛게 되어 뛰어 달렸다. 눈이 멀었고, 기침을 하며 비틀거렸다. 수분 내에 약 3,000명의 프랑스군과 영국군이 괴로워하며 숨이 막혀 죽어갔고, 약 7,000명의 가스 부상자가 났다. 어떤 사가들은 5,000명의 사상자가 났다고 전하기도 한다. 그야말로 죽음의 구름이 갑자기 몰려 들어와 아무것도 모르는 무방비의 군인들을 순식간에 덮친 것이다.

---

15) '빌헬름 황제 협회 (KWG)'는 1914년 제1차 세계대전이 발발할 때까지 세계적인 자연과학의 중심지였고, 후일 '막스 플랑크 (과학진흥) 협회 (MPG, Max-Planck-Gesellschaft zur Förderung der Wissenschaften e.V.)'로 변경되었다. 1911년 '빌헬름 황제 협회'는 협회 내에 '물리화학, 전기화학 협회'를 설치하기로 결정하고 1912년 프릿츠 하버를 소장으로 개소했다. 프릿츠 하버는 연구소를 창립한 사람이다. 이 협회는 후일 하버의 이름을 따서 '막스-프랑크-협회 프릿츠-하버-연구소 (FHI der MPG)'로 명명되었다.

독일은 계속해서 폐를 상하게 하고 피부를 상하게 하는 소위 '녹십자' 가스, 가죽과 직물류를 뚫는 '황십자' 가스, 호흡 필터기를 뚫고 들어가는 부유 (浮游)물질의 '청십자' 가스 등 신예 독가스 무기를 투입했다. 군인들은 의식이 있는 속에서 죽어갔다. 1차 대전 중 약 50회에 걸친 독일의 독가스 공격이 감행되었다. 독가스 공격은 1916년 1월에 최고조에 달했다. 한 번에 500톤의 클로린이 사용되었다. 1916년 6월에 감행된 가스 공격은 대략 5,000-8,000명의 사상자를 냈다. 독일의 공격 이후 독가스는 더 이상 비밀 병기가 아니었다. 연합군들은 독일의 가스를 분석해 냈고, 마침내 자력으로 생산해 냈다. 가면 갈수록 더 강력한 독가스가 쌍방에서 개발되었다. 화학자들 간의 전쟁이었다.

프릿츠 하버의 부인은 남편에게 독가스 개발 프로젝트를 중단할 것을 요구했다. 독가스 개발은 자연과학을 왜곡하는 것이고 독가스 투입은 야만적이라는 것이 부인의 주장이었다. 하버는 애국자로서 조국 독일을 돕기 위해 그에게 주어진 권한의 모든 것을 행사하는 것이 의무라며 부인의 요구를 거절했다. 하버는 1차 세계대전이 발발하자 자원입대한 사람이었다. 입대 직후 전쟁성의 고문으로 영입되었다. 하버의 목적은 교착상태에 빠진 서부전선을 돌파하기 위한 기구를 발견하는 것이었다. 남편이 동부전선으로 출발하기로 되어 있던 날 밤인 1915년 5월 2일, 부인은 남편의 집무용 권총으로 자살했다. 그래도 하버는 동부전선으로 출발했다. 부인 클라라 임머봐르 (Clara Immerwahr, 1870-1915)는 독일 최초의 여성 화학박사로 선구적인 자연과학자 중의 한사람이었다. 그녀는 인권과 여성권리옹호 운동을 했고, 평화주의자였다. 그들 사이에는 아들이 하나 있었다. 하버는 유대인이었고, 부인도 유대인이었다.

프릿츠 하버는 1차 대전 후 연합군에 의해 전범으로 수배당하자 잠시 동안 스위스에 은둔하기도 했고, 1918년 노벨화학상을 수상하기도 했다. 프릿츠 하버의 학문과 인생은 학문과 인간, 과학의 본질과 학자의 세계관, 보편적 인류평화와 개인의 조국애 등 인간과 사회 주변에 맴도는 근원적인 문제를 다시 한 번 생각해 보기를 강요한다. 하버는 공중 질소로부터 암모니아를 합성해 비료 만드는 방법을 고안하여 기아에서 허덕이는 수억 명의 인류를 아사 위기에서 구출해 냈고, 또 다른 한편으로는 독가스를 개발하여 수많은 인명을 살상했다. 나치가 집권 후 같은 혈통인 수많은 유대인들이 독일인들에 의해 독가스실에서 목숨을 잃기도 했다. 하버는 나치가 집권하자 유대인이라는 이유로 '빌헬름-황제-협회'에서 자리를 잃고 1933년 늦가을 영국 캠브리지로 망명했다. 캠브리지 대학교에서는 그를 교수로 초빙했고, 그는 그것을 받아들였다. 그 다음해인 1934년 스위스 방문 중 바젤에서 사망했다. 독가스 무기는 화학자가 조제하고 산업이 실용화하여 군부 및 정치가들이 인명 살상에 사용한 예이다. 산업에는 독일의 유명한 화학회사가 관여했다.

연합군도 신예무기를 투입했다. 1916년 2월 영국은 '탱크 (tanks)'라고 별명을 붙인 전차 (戰車) '마크 1 (Mark I)' 시리즈를 생산하기 시작했다. 도로가 없는 곳이라도 달릴 수 있는 탱크는 독일의 참호시설과 저지시설의 돌파구를 쳐부술 수 있도록 제작되어 있었다. 1차 세계대전은 참호전이라고 불릴 정도로 스위스에서 벨기에를 잇는 수백 킬로미터 전선 곳곳에 참호가 설치되어 있었다. '마크 1'은 승무원 7명, 중량 28톤, 최고속도 6km/h, 항속거리 약 40km에 57mm 함포와 기관총들을 탑재하고 있었다. 영국군은 1917년 11월 20일 최초로 프랑스 '캉브레 (Cambrai)'에 대규모의 탱크를 전장에 투입했다. 378대의 영국제 탱크는 96대의 소위 호위 전차와 400대의 비행기와 함께 독일 진지 위를 진격하며 굴러들어갔다. 8,000명의 독일군이 포로가 되었다. 전차는 참호전으로 교착상태에 빠지는 특수한 전략적 상황의 문제를 해결하기 위해서 고안된 특수 무기였다. 전차의 발달은 전통적으로 기마부대가 가지고 있던 역할을 대체하고 전장에서 기관총의 지배력을 약하게 만드는 역할을 수행했다.

독가스와 전차 이외에도 포탄과 폭탄이 대량제작되었다. 기관총과 화염방사기가 전장에 투입되었다. 각종 새로운 무기들이 개발되었고 잠수함은 바다 속을 누비며 적의 배를 침몰시켰다. 해군이 우세했던 영국은 해상봉쇄를 통해 독일로 들어가는 물자를 차단하고 있었고 이에 맞서 독일군은 중립국의 선박도 사전경고 없이 무조건 침몰시키는 무제한 잠수함 작전을 펼쳤다. 이는 중립을 지키던 미국도 연합군의 일원이 되어 전쟁에 참여하는 계기가 되었다. 초반에는 미비했던 비행기도 군용으로 탈바꿈하기 시작하여 결국에는 현대적 공중전의 기초를 마련하기 시작했다. 신예무기로 무장한 독일군과 연합군의 대량학살은 유럽을 지옥으로 변화시켰다.

위에서 보았듯이 전쟁과 살육은 군대의 조직과 속성일 뿐만 아니라 정부의 정책과도 깊이 연관되어 있다. 역사적으로 볼 때 살상무기는 일반사람이 생각하듯이 적국에만 사용되는 것은 아니다. 때에 따라서는 국내용으로 쓰이기도 한다. 위정자들은 국가가 살상무기를 적국을 향해 사용하면 당연히 대외정책이라고 하지만 자국민을 협박할 때는 부득이한 국내 정치 상황을 둘러댄다. 이때 국내 정치 상황이란 평화유지를 위한 만반의 준비물이라는 사실을 언급하다가 이에 대한 논지가 부족할 경우 군수물자 생산이야말로 곧 경제발전에 도움이 된다는 등의 논리를 편다. 대량 살상 최신예무기 개발 및 생산이야말로

1차 대전 이래로 현재까지 주어진 인류가 풀어야 할 급박한 과제가 되었다. 이러한 과제는 전쟁발발 만큼이나 진지하게 논의되어야 할 사항이다.

전쟁이 유럽을 휩쓰는 동안 살인은 공공연히 허락된 사실이었다.[16] 허락되었다기보다는 인간이 인간을 살육하는 것이 애국이고 승리였다. 그것은 군인에게 주어진 의무였다. 일반적인 병역의무로 인해 수많은 젊은이들이 죽음의 전쟁터로 출정해야만 했다. 그로 인해 인명피해를 당하지 않은 가족은 거의 없었다.

> 6천 명의 독일인이 전사했다 - 영광스러운 전쟁터에서. 무슨 말인가 - 영광스러운 전쟁터라는 말이? 총검으로 인간의 배를 찔러 죽이는 것이 영광이란 말인가? 영광의 터라는 것은 보리밭, 감자밭을 두고 하는 말이다. 조국의 제단은 무엇인가? 피로 더렵혀진 도살대다! 무엇이 우리의 가장 성스러운 자산인가? 은행 예금의 잔고다! 전쟁미망인에게 가장 성스러운 자산은 그녀를 사랑하는 아이들과 남편의 눈길이다. 수류탄이 전쟁미망인의 가장 성스러운 자산을 찢어버렸다. 백만 명의 목숨을 앗아간 이러한 저주받아야 마땅한 말들! 이러한 것들은 결국에는 밝혀지고 폭로되어야만 한다. (LiWo 533)

원수지간도 아니고 개인적인 감정도 없는 수십만의 프랑스 군인, 영국 군인, 독일 군인들이 전쟁터에서 무의미하게 서로를 살상하는 상황을 보며 레온하르트 프랑크는 문학과 작가가 과연 역사와 현실 앞에서 무엇을 해야 하는지 고민했다. 프랑크는 어떻게 하면 인간에

16) 이후 기술된 제1차 세계대전과 평화주의에 대해서는 본 연구의 맥락을 위해 본 연구자가 이미 기존에 발표한 글을 기본으로 보충 삽입했다. 서장원: 제 1차 세계대전과 평화주의 - 레온하르트 프랑크의 반전문학, 창작21, 159-170쪽 참조

의한 인간의 살육을 억제할 수 있을까를 자기 자신의 마음 속 깊이 묻고 있었다. 전쟁을 일으킨 위정자들이나 전쟁을 수행하는 군의 고위 지휘관들만이 전쟁을 종식시킬 수 있는 것은 아니었다. 오히려 전쟁을 부추기고 자라나는 세대에게 전쟁교육을 시키고 살인의 전쟁터로 내모는 그러한 인간들이 전쟁과 학살에 대한 책임이 더 큰 것이었다. 그들의 정신이 바뀌지 않는 한 전쟁의 역사는 계속될 수밖에 없고 그들만이 전쟁을 끝나게 할 수 있다는 사실은 자명하다. 프랑크는 무의미한 살육의 전쟁터에서 인간들을 구해내는 것이 그의 의무라고 생각했다.

> "나는 전쟁 반대 문학을 쓰고 있다. 나는 써야만 한다." "그래 너는 써야만 한다." (LiWo 534)

1915년 레온하르트 프랑크는 망명지 스위스에서 르네 쉬켈레가 편집하는 『백색의 지면들 (*Die weißen Blätter*)』에 반전문학이자 평화주의 문학인 『인간은 선하다 (*Der Mensch ist gut*)』를 발표했다. 『인간은 선하다』는 「아버지」, 「전쟁미망인」, 「어머니」, 「연인」, 「상이군인」의 5부작 단편소설을 하나로 묶은 소설 모음집이다. 이들 다섯 부류의 인간들은 단편소설의 제목일 뿐만 아니라 전쟁으로 인해 고통과 피해를 입던 대표적인 독일 사람들이었다. 이들은 전쟁에서 목숨을 잃은 군인들의 가족, 연인, 상이군인으로 일반 독자들에게 전쟁의 의미를 다시 한 번 되새겨 보게 하는 인물들이었다. 프랑크는 전쟁의 직접적인 피해 당사자들이 어떠한 상황에서 무슨 생각을 하고 있는지를 사실적으로 표현했다.

외아들을 전선에서 잃은 소설 속의 '아버지'는 당시로서는 천한 직업으로 여기던 음식점 종업원이었다. 갑작스러운 아들의 전사통지서는 아버지에게서 삶의 의미를 송두리째 빼앗아갔다. 아들의 전사에 대해 아버지는 국가로부터 '영광스러운 전쟁에서의 전몰'이라는 애국적인 상투어 선물을 받았다. 하지만 만족하라고 강요하는 '영광스러운 전쟁'이라는 것을 아버지는 받아들일 수 없었다. 상상 가능한 일도 아니었다. '영광스러운 전쟁'이라는 미사여구는 다만 '거짓'일 뿐이었다.

아버지는 아들이 가지고 놀던 장난감을 보며 마음의 위로를 찾으려 한다. 하지만 위로보다는 피할 수 없는 죄책감과 아픔이 엄습해오고 있었다. 어릴 때 아버지가 아들에게 사다준 장난감은 따지고 보면 장난감이 아니라 전쟁놀이용이었다. 아들은 어릴 때부터 아버지에게 전쟁놀이 정신을 배운 셈이었다.

> 여기 총이 있다. 내가, 내가 우리 아이에게 이 총을 사주었다. 그것을 가지고 우리 아이가 놀았다. 〔…〕 그것을 가지고 우리 아이가 총 쏘는 법을 배웠다. 내가 우리 아이에게 총 쏘는 것을 가르치고 사람 죽이는 것을 가르친 것이다. 나의 아들은 전사했다. 아들은 죽었다. 내가 아들을 죽인 살인자다... 아버지로서의 자존심, 공명심, 경솔함, 습관이 나로 하여금 살인자가 되도록 만들었다. 하지만 나는 단지 너희들이 하는 대로 따라했을 뿐이다. 그리고 너희들 역시 아들을 잃었다.[17)]

아버지는 아들을 죽인 것이 자기의 책임이라고 울부짖으며 평화를 위한 혁명에 앞장선다. 프랑크는 작품을 통해 죄 없는 어린이가 살인

17) Leonhard Frank: Der Vater, in: Ausgewählte Werke in vier Bänden, Bd. 4. Berlin 1991. 14쪽 이하.

자가 되도록 교육시킨 어른들이야말로 살인자가 아닌가라고 모든 사람들에게 되묻고 있다. 그러한 신념을 바탕으로 적의 개념은 혹은 모든 전쟁의 원인은 우리의 마음속에 사랑이 없기 때문이라는 결론을 내린다.

> 정말로 사랑만 할 필요가 있다. 그러면 더 이상 총성은 없을 것이다. 그러면 평화는 올 것이다. 그러면 우리는 이 세상의 어린이가 될 것이다.[18)]

'명예로운 전쟁', '조국의 영전에 바쳐진 전몰 영령들' 등 상투어에 오랫동안 위로를 강요받고 살아야만 했던 전쟁미망인도 프랑크의 작품 속에서는 결국에는 반전 정신을 일깨우는 선도자가 된다. 불안함 속에서도 아들의 건강한 귀향을 바랐던 어머니는 아들이 전사하자 평화와 사랑의 기치 아래 인간들 모두가 격렬한 시위에 참가를 것을 호소한다.

프랑크의 『인간은 선하다』는 전쟁을 부추기는 자들에 대한 분노와 문학을 통한 인간에 대한 희망과 사랑의 실현을 위해 쓰여진 작품이다. 프랑크는 그의 소설이 단순히 문학만으로 이해되지 않기를 바랐다. 그보다는 오히려 전쟁의 원인과 배후를 직접적으로 파헤치는 전쟁반대 선언문으로 생각했다. 그는 소설을 통해 전쟁의 참상과 피해를 인간들에게 알리고 또한 주위를 환기시키려는 목적으로 작품을 썼다. 전쟁을 억제하고 인간성 회복을 위해 문학이 적극적으로 정치와 현실에 참여하여 시대의 파수꾼 역할을 해야만 된다는 것이 프랑크 평화주의 문학의 핵심 과제이다. 전쟁은 프랑크 문학의 소재였고 고발과 비판의 대상이었다. 프랑크는 1차 대전 당시뿐만 아니라 한 평

---

18) Leonhard Frank: Der Vater, 위의 책 16쪽.

생을 전쟁과 폭력을 반대하는 평화주의자로 살았다.

『인간은 선하다』는 출간되자마자 조국 독일에서 곧바로 금지 명령이 내려졌다. 그러자 군인들 사이에서 수만 부가 복사되어 비밀리에 복사본으로 읽혀지는 기현상이 벌어졌다. 금지명령은 '11월 혁명'이 발생할 때까지 지속되었다. 1차 세계대전이 끝난 후인 1920년 프랑크는 이 작품으로 독일에서 클라이스트상을 수상했다. 하지만 전쟁과 폭력을 반대한 대가는 혹독했다. 두 번에 걸친 망명의 길을 떠나야만 했고 2차 대전 이후에는 동서독 어디에서도 옛날의 명성을 되찾지 못한 불우한 작가로 일생을 마감해야만 하는 원인을 제공했다. 1934년 『인간은 선하다』로 인해 나치로부터 독일국적을 박탈당했다. '독일제국'과 '독일민족'에 대해 '신의를 지켜야 할 의무를 배반'했고, 독일에 대해 해를 입혔다는 것이 이유였다. 그럼에도 불구하고 프랑크는 평생 동안 '독일인임'을 벗어난 적이 없었다. 마음속에서도 그랬고, 외적으로도 포기한 적이 없었다.

제1차 세계대전이 끝나자 프랑크는 곧 바로 조국 독일로 귀환했다. 공식적으로 제1차 세계대전은 1918년 11월 11일 '콩피에뉴 휴전협정 (1918)' 조인으로 끝났다. 프랑크는 그보다 이틀 전인 1918년 11월 9일에 이미 독일로 귀환했다. '11월 9일 취리히에서 아내와 함께 방에 깔 양탄자를 구입하려고 시내에 나갔는데 역전에서 독일에 혁명이 일어났다는 호외를 보자 곧장 집으로 달려갔다. 그때가 오후 세시였는데, 6시에 집을 팔고 8시에 이미 독일행 기차를 탔다' (LiWo 534)고 프랑크는 자서전에서 밝히고 있다. 1918년이라는 해는 독일 황제제국 역사에서 보면 커다란 전환기였다. 1918/19년 11월 혁명은 독일제국을 붕괴시키며 1차 세계대전을 끝나게 했고, 독일 황제제국을 의회민주주의 바이마르 공화국으로 탈바꿈시켰다. 빌헬름 황제는 폐위를 당하고 망명을 떠나야 했다. 프랑크 부부는 바이에른 뮌헨으로 귀환했다.

평화주의자이자 사회주의자인 프랑크에게 망명에서의 귀환은 희망 그 자체였다. 프랑크는 사회주의 실현을 꿈꾸었다. 그 바탕은 이미 마련되었다고 생각했다. 마르크스 엥겔스식의 사회주의가 아니라 아리스토텔레스 이상인 "justitia commutativa (평등한 정의)"와 "justitia distributiva (분배하는 정의)"를 실현하는 것이었다. 프랑크는 "지금부터 우리 모두는 평등하다"라고 생각했고, "그것을 확신했다" (LiWo 548). 이러한 정의실현 생각에 "모든 사람들은 형제가 된다 (Alle Menschen werden Brüder)"는 베토벤 교향곡 9번 〈환희의 송가 (Hymne an die Freude)〉가 저절로 콧노래가 되어 흘러 나왔다. 프랑크는 다른 사람이 소유하지 않으면 자기도 소유하지 않으려 했다. 취리히 망명시절 프랑크는 은행에 돈을 맡기지 않았다. 이자를 받는 것은 비도덕적이라고 여겼기 때문이다.

프랑크는 귀환 직후 쿠르트 아이스너 (Kurt Eisner, 1867-1919)와 구스타프 란다우어 (Gustav Landauer, 1870-1919)의 추종자가 되어 '뮌헨 소비에트공화국 (혹은 바이에른 소비에트공화국)'에 참여했다. '독일 무소속 사민당 (USPD)' 소속 아이스너는 1918년 11월 8일 700년 이상 이어진 비텔스바흐 왕가를 전복시키고 바이에른 왕국을 바이에른 '자유국가'로 선포하며 바이에른 총리가 되었다. 프랑크는 쿠르트 아이스너의 '바이에른 자유 사회주의 공화국'을 보며 "이제 모든 것은 달라질 거야, 이제 모든 것은 좋아질 거야" (LiWo 534)라는 확신에 표현주의 문학적 '인간파토스 (Menschheitspathos) 혹은 인간사랑'과 루소의 '평등사상'을 실행에 옮길 수 있는 시대가 도래했다고 생각했다. 그래서 잠시 소비에트공화국 노동자위원회와 장병

위원회 위원을 역임하기도 했다. 아이스너는 그가 이끄는 '독일 무소속 사민당 (USPD)'이 선거에서 패하자 의회에 총리직 사임을 밝히러 가는 도중 1919년 2월 21일 극우민족주의자인 아르코 안톤 백작 (Anton Graf von Arco auf Valley, 1897-1945)에게 암살당했다.

뮌헨 소비에트공화국은 1919년 4월 6일 공식 선포되었고, 극작가 에른스트 톨러, 구스타프 란다우어 등이 지도부를 구성했다. 에른스트 톨러는 사회혁명가의 비극을 다룬 『집단 인간 (*Masse Mensch*)』, 기계문명과 인간성의 대결을 그린 『기계파괴 노동자들』, 전쟁에서 부상 당한 불구자들을 등장시킨 『힌케만』의 표현주의 작가이다. 구스타프 란다우어는 19세기 말과 20세기 초 독일 '무정부주의 (아나키즘)'의 중요한 이론가이자 행동가로 공산주의식 무정부주의와 평화주의를 대표하는 인물이었다. 제1차 세계대전이 발발하는 시작부터 반전주의자였다. 에른스트 톨러는 정치가라기보다는 이상을 실현하려는 작가로 그가 이끄는 정부는 바이에른 질서회복에도 실패하며 1919년 4월 12일 오이겐 레비네 (Eugen Leviné, 1883-1919)가 이끄는 공산주의자들에게 정권을 빼앗겼다. 그야말로 5일 천하 정권이었다. 뮌헨 소비에트공화국은 1919년 5월 3일 바이마르 공화국 정부군과 민방위대에 의해 진압당하며 해체되었다. 구스타프 란다우어는 반 공화주의 군인들에게 체포되어 1919년 5월 2일 살해당했고, 오이겐 레비네는 6월 5일 처형당했다. 에른스트 톨러는 체포되어 5년간 수감생활을 했고 미국 망명 중 1939년 자살했다. 뮌헨 소비에트공화국이 붕괴된 후 프랑크는 1919년 5월 초 망명을 떠났던 장소인 베를린으로 돌아갔다. 그러한 다음 평범한 일생생활과 차분한 창작생활로 되돌아갔다.

1920년에서 1933년까지 프랑크는 성공한 작가로 베를린에서 왕성한 작품 활동을 전개했다. 1924년 사회주의 소설 『시민』과 실업자 소설 『삼백만 명 중의 세 사람』을 발표했다. 『삼백만 명 중의 세 사람』은 뷔르츠부르크 출신의 세 실업자가 일자리를 찾아 길을 떠나는 것을 내용으로 하고 있다. 경제공황의 위기상황과 실업자를 소설화한 업적으로 프랑크는 당대 최고의 작가 반열에 올랐다. 그 이외에도 『카를과 안나』, 『옥센프르트 남자 사중창단』, 『형제와 자매』 등의 작품이 탄생했다. 1918년에서 1933년 사이 문화를 즐기고 창조적인 활동을 하며 "성공한 사나이라는 자부심을 지니고 베를린에서 멋진 나날들을" (LiWo 699) 보냈다. 베를린은 "1925년부터 1930년 사이 세계적인 도시들 중 세계적인 도시" (LiWo 699)였다. 예술과 문학의 중심지였다. 1919년 『인간은 선하다』는 5만 부가 출간되었다. 『시민』 역시 비슷한 부수가 출간되었다. 빌리 뮌첸베르크가 주도하는 '국제노동자구조 (IAH)'의 예술가구조 위원회와 '1925 그룹'에 적극 가담했다.

프랑크의 책들은 외국어로 번역되어 국내외에서 명성을 획득했다. 스위스 망명에서 귀환한 후 독자층을 견고히 쌓아 올린 작가가 되었다. 1918년 『인간은 선하다』로 클라이스트 상 수상자로 선정되었고, 1920년 이 상을 수상했다. 저명한 소설가 하인리히 만이 수상자로 추천했다. 소설과 희곡으로 높은 인세를 거둬들였다. 1929년 『카를과 안나』, 『원인』이 무대에 올려졌다. 그의 작품들은 영화화되었고 프랑크 자신은 UFA 영화사 소속 시나리오 작가였다. 그의 단편소설 『마지막 마차』는 바이에른 김나지움 (인문계 고등학교) 교재에 실렸다.

1928년 프로이센 예술원 회원이 되었다. 독일 펜클럽 부회장도 되었다. 1928년부터는 소설뿐만 아니라 영화 시나리오도 썼다.[19)]

---

19) 레온하르트 프랑크와 영화에 관해서는 Elsabeth Lutz-Kopp: Nebenprodukt

1928년 『카를과 안나』가 〈귀향 (Heimkehr)〉이라는 제목으로 영화화되었다. 『도적단』도 영화화되었다. 1931년에는 빅토르 트리바스(Victor Trivas, 1896-1970) 감독의 반전영화 〈누구의 땅도 아닌(Niemandsland)〉에 참여했다. 이 영화는 나치들의 분노를 자아냈고 나치정권으로부터 금지당했다. 하여간 사회주의, 평화주의, 인간평등, 폭력거부, 사형제도 폐지 운동 등을 근간으로 하는 프랑크와 그의 문학세계는 바이마르 공화국 사회의 근간을 이루며 절대적인 영향력을 발휘했다. 그야말로 자타가 공인하고 개인적으로는 의식적, 무의식적으로 성공한 작가로서 만족한 삶을 영유해 갔다. 유명작가로 대접을 받았고 인세도 높았다. 그의 일생에서 최고의 시절이었다.

개인적인 불행도 있었다. 1923년 그의 부인 리자가 병으로 세상을 떠났다. 사랑하는 부인의 죽음으로 삶의 의미를 잃었고 모든 창작활동이 중단되었다. 그 어디에도 안주할 수가 없었다. 1년쯤 지나 다시 마음을 추스르고 베를린으로 돌아와 창작활동을 재개했다. 1929년 우크라이나 오데사 출신으로 키예프에서 태어난 번역가 엘레나 마퀴네 페브스너 (Elena Maquenne Pewsner)와 결혼했다. 그는 자서전에서 그녀를 "일로나 (Ilona)"라고 명명한다. 결혼한 그 해 아들 안드레아스 (Andreas)가 태어났다. 시작부터 성격차이를 직감했고, 별로 사랑을 느끼지 못하는 결혼생활이었다.

---

und Lebensretter: mitten entzwei-gebrochen. Der Film in Leben und Werk Leonhard Franks, Gerolzhofen 1995 참조

2. 유럽망명, 미국망명

2.1. 유럽망명

2.1.1. 스위스망명

1933년 히틀러가 정권을 쟁탈하자 프랑크는 다른 작가나 예술가들과 마찬가지로 독일에서 자유로이 머물거나 작품 활동을 할 수 없었다. 망명만이 살아남을 수 있는 방법이었다. 다른 정치적 망명객들처럼 직접적으로 생명에 위협을 받았다거나 체포령이 내려진 것은 아니었지만 이미 그들처럼 1933년 2월 말, 3월 초경에 뮌헨을 거쳐 스위스로 망명을 떠났다. 당시 그의 나이는 이미 50세였다.

> 50세인 지금 〔나는〕 사반세기 동안 베를린에서 살았다. 베를린은 〔나의〕 일자리였고, 감정이 충전된 작업장이었고, 〔나의〕 삶이었다. 여름에 시골에 갈 때마다, 얼마간 시간이 지나면 억제할 수 없이 베를린이 그리웠다. 매번 예정보다 일찍 돌아와 기차에서 기쁘게 정거장에 내렸다. 전기화된 독일의 중심지에 다시 있다는 것이 기뻤다. 〔…〕
>
> 지금 더 이상 귀환은 없다. 이 꼼짝 못하게 마비시키는 의식이 17년 동안 매일매일 〔나를〕 따라다녔다. 〔…〕 이제 더 이상 〔나의〕 작업장이 있는, 〔나의〕 삶이 있는, 마치 나의 일부분과도 같은 계곡, 나무, 여름밤의 강 경치가 있는 독일로 귀환은 없다. 〔나의〕 삶은 더 이상 〔나의〕 삶이 아니었다. 〔나는〕 가운데 두 조각으로 쪼개졌다. (LiWo 626-627)

프랑크는 이처럼 나치가 정권을 쟁탈하자마자 독일을 떠난 초기 정치적 망명객에 속한다. 망명을 떠난 자들 중에는 유대인이라는 인종적 이유이거나 사회주의자 혹은 공산주의자들과 같은 극단적인 정치적 성향을 공개적으로 드러내고 동시에 그에 합당한 지위를 유지함으로써 나치들이 노골적으로 제거해야만 되는 나치 반대파들이 대부분이었다. 하지만 레온하르트 프랑크의 경우는 순수 독일인이었다. 사회주의적 경향을 지니고 있기는 했지만 나치들이 정치적으로 꼭 제거해야만 할 공산주의자나 사회주의자가 아니라 한 순박한 심정적 사회주의자였다. 독일과 독일민족의 권위에 도전하는 반전주의자이긴 했지만 운동가라기보다는 작가였다. 프랑크 역시 의식적, 무의식적으로 독일인임을 지키려고 했고 ―끝까지 지켰고― 독일작가로서의 본분을 끝까지 유지했다. 이러한 의미에서 프랑크의 경우는 한 평범한 ―혹은 하나의 대표적인― 독일인 및 독일작가의 망명과 귀환이주로 볼 수 있다. 다른 망명객의 경우는 사상이나 인종 때문에 망명을 했지만 프랑크는 독일에 잔류한 동족 독일인들에 비해 다른 생각을 했기 때문에 떠나야만 했고 겪어야만 했던 길이었다.

1차 세계대전에 이은 프랑크의 두 번째 망명의 길은 스위스, 체코, 영국, 프랑스를 전전하던 유럽망명과 미국망명으로 대별된다. 제1차 세계대전 시 스위스 망명이 인간의 이상을 부르짖는 평화주의 반전주의 인간파토스 등을 대내외적으로 각인시켰다면 2차 망명은 프랑크에게 궁핍과 불법체류 등 인간생존과 인간권리 상실이 급박한 현안문제로 다가온 시기였다.

프랑크는 스위스를 적합한 난민국으로 신뢰하고 있었다. 실제로 1933년 초 정치적, 인종적 이유로 독일을 떠난 대다수의 망명객들은 스위스로 망명의 길을 떠났다. 독일에 인접하고 가까이 있다는 것이 표면적인 이유였다. 그것만이 아니었다. 스위스는 역사적으로도 이미 19세기 망명객들이 선호하는 고전적인 난민국이었다. 중립국인 스위스는 끊임없이 저명인사나 정치적으로 박해를 받는 인사들을 난민으로 받아들였다. 1830/31년 폴란드 '11월 봉기' 결과로 발생한 난민들과 1848/49년 '바덴혁명'으로 발생한 난민들을 받아들였다. 독일 문학사에서 '3월 전기 - 청년독일파' 시기 극작가로 『보이체크』의 저자인 게오르크 뷔히너는 스위스 망명 중 취리히에서 요절하기도 했다. 1864년 폴란드 봉기 후 스위스는 약 2,000명의 난민을 받아들였다.

이러한 배후에는 요한 하인리히 페스탈로치 (Johann Heinrich Pestalozzi, 1745-1827), 장 앙리 뒤낭 (Jean-Henri Dunant, 1828-1910), 기욤 앙리 뒤프르 (Guillaume Henri Dufour, 1787-1875) 같은 사람들의 인도주의 사고와 박애주의 행동이 있었다. 스위스의 난민법이나 난민정책은 이처럼 긍정적인 면도 있지만 1933년 이후 배타적인 면을 나타내기도 했다. 이에 대한 자세한 연구가 필요하다. 스위스뿐만 아니라 더 나아가 각국의 '난민법', '난민정책', '난민지위'에 관한 현황과 문제점은 세밀한 연구를 요하는 영역이다.

프랑크는 1933년 여름부터 몇 달간 체코 프라하에 불법으로 체류하며 망명 잡지 편집에도 참가했다. 1934년 6월에는 영국 에든버러와 글래스고우에서 개최된 제12차 국제 PEN대회에 참가하였다. 런던 등지에서 프릿츠 코르트너를 비롯한 망명객 친구들을 만나기도 했다. 코르트너는 프랑크와 베르톨트 브레히트가 생계유지를 위한 일자리 알선을 도와주기도 했다. 하지만 프랑크는 영어권 문화 차이를 극복하기 어려웠고, 영어 소통 능력 불능으로 영국에서 망명생활을 할 수는 없었다. 프랑크가 영국에서 만난 망명객들은 나치정권이 오래가지 못할 것이라는 데 의견을 같이했다. 그해 연말은 베를린에서 보낼 수 있을 것이라는 긍정적인 의견들을 교환했다. 그들은 희망을 버리지 않고 있었다. 그러나 해가 지나며 망명객들이 고향으로 돌아갈 수 있다는 희망은 사라져갔다.

프랑크는 다시 스위스로 돌아갔다. 스위스 내에서 독일어권 망명 작가들의 중심지는 취리히였다. '샤우슈필하우스', 출판사, 스위스 작가 언론인 지성인들의 개인 주택 등이 망명 작가들의 집합장소였다. 물론 카페나 공공도서관의 독서실도 그들의 모임장소였다. 스위스가 망명국으로 적합하기는 했지만 물가가 비싼 것이 문제였다. 하지만 물가보다도 더 어려운 문제가 도사리고 있었다. 망명객들에는 식생활 영위보다도 체류문제가 우선이었다. 우선이라기보다는 체류허가는 항상 전제조건이었다. 1936년 2월 파리의 어느 보고서에 의하면 '현재 스위스에는 독일과 오스트리아에서 온 난민이 160명인데 아무도 체류를 연장받지 못했다'[20]고 보고하고 있다. 다행히도 초창기 난민에게 체류연장은 그리 엄격하지 않았다. 더구나 프랑크는 아직 어느 정도 금전적인 여유가 있었기 때문에 체류연장에 큰 문제가 없었다. 아들 안드레아스도 어린이학교에 다닐 수 있었다.

1937년 8월 18일 스위스 법무부와 경찰청은 "스위스는 과도한 외국영향 때문에 난민들에게 단지 경유국일 수밖에 없고 체류는 한두 달 허가할 수 있다"[21]라는 공문을 각 칸톤에 하달했다. 장기간의 체류연장을 불허한다는 것이었다. 프랑크는 스위스를 떠나 프랑스로 향했다. 그동안, 1933년 5월 프랑크의 책들은 독일에서 분서당했다. 1934년 히틀러 정권으로부터 국적을 박탈당했다.

> 1934년 여름 〔프랑크〕는 반전 문학 『인간은 선하다』 때문에 국적

---

20) Ralph Grobmann: Gefühlssozialist im 20. Jahrhundert. Leonhard Frank 1882-1961, Frankfurt/M 2004, 95쪽 참조

21) "Die Schweiz könne aus Gründen der Überfremdung nur Durchgangsland für Flüchtlinge sein und 'Würdigen' den Aufenthalt für einige Monate gewähren." Ralph Grobmann, 95쪽.

을 박탈당했다는 기사를 〈취리히 차이퉁 (취리히 신문)〉에서 읽었다. 심장을 한 대 얻어맞았다. 신문을 들고 길거리에 우두커니 서있었다. 가슴이 공허했다. 지금부터 〔프랑크〕는 천년을 통해 끊임없이 다시 시작하는 파문당한 자들의 작은 집단에 소속된 것이다. (LiWo 627)

'국적박탈'이란 독일 국민으로서의 권리뿐만 아니라 말 그대로 '소속'을 박탈당한 것이다. 그들의 불은 꺼지지 않고 그들에게 반대한 대가를 치르며 이제 그들이 점령한 내 나라에서 나는 내 나라 사람이 아닌 것이 된 것이다. 천년을 내려오며 자행되어 온 파문의 역사에서 이제부터 나는 파문당한 자들의 작은 집단에 소속된 것이다. 이제 하늘을 나는 자유로운 새가 아니라 어느 국가권력으로부터 보호받을 수 없고 권리를 주장할 수 없는 무국적자가 된 것이다. 무국적자에겐 우선 외적인 제약이 따랐다. 심리적으로도 불안할 수밖에 없었다. 그럼에도 불구하고 프랑크는 '자신만의 일을 하려고 마음먹었다.' (LiWo 628)라고 회고하고 있다. 하지만 국적박탈과 함께 망명은 점점 더 현실로 다가오고 있었다.

2.1.2. 프랑스망명

정치적, 인종적으로 박해를 받고 망명을 떠난 나치 반대파들에게 프랑스라는 국가는 난민국 (망명국)으로 우선 선택의 대상이 아니었다. 왜냐하면 프랑스는 난민을 받아들이려고 하지 않았다. 프랑스어라는 언어도 문제였다. 1930년대 세계경제상황에서 프랑스는 경제적, 정치적으로 난민들에 반하는 정책을 펼치고 있었다. 스위스에서는 그래도 독일어가 통용되어 독일인 망명객들에게 적어도 언어문제는 없었다. 2000년대 통계를 보면 스위스인들의 약 73%가 독일어를, 약

23%가 프랑스어를, 약 6%가 이탈리아어를 모국어로 사용하고 있다.

프랑스에서는 독일에서 온 망명객들이 프랑스어를 모르고 망명생활을 한다는 것은 상상만 해도 소름끼치는 일이었다. 프랑스인들은 유럽의 어느 민족보다도 자기 나라 언어를 고집하는 경향이 있다. 언어는 그 밖에도 문화의 산물이기도 했다. 프랑스는 독일어권과는 또 다른 문화를 지니고 있었다. 나치가 집권한 후 나치 독일은 유럽 내에서 급속히 영역을 확장시켜 나갔다. 나치영역 팽창은 망명객들의 활동가능성을 그만큼 제한해 들어가는 것을 의미했다. 이러한 상황에서 프랑스가 적합한 경유국으로 떠올랐다. 수많은 망명객들이 프랑스로, 파리로 몰려들었다.

1937년 프랑크는 스위스에서 프랑스로 망명지를 옮겼다. 스위스에서는 체류가 문제였지만 프랑스에서는 또 다른 문제가 기다리고 있었다. 이번에는 연명해 나가야 할 생계비가 문제였다. 파리에 모인 망명객들 중 대다수는 의심할 여지없이 유대인들이었다. 유대인들은 자기들끼리 잘 조직된 단체를 바탕으로 그들 나름대로의 구호단체와 구호체계를 갖추고 있었다. 유대인들은 그렇게 그들의 도움으로 혹은 서로서로를 도우며 생활비를 변통해 나갔다. 유대인들은 그랬고, 정치적 색채가 강한 망명객들은 공공단체들의 도움을 받으며 개인적인 생활을 꾸려나갔다. 공공단체는 말 그대로 공공단체이기 때문에 혈연으로 돕는 유대인 단체들과는 다르게 한계가 있었다. 그러자 막바지에 정치적 망명객 단체들은 유대인 단체에 금전적인 도움을 요청했다. 도움의 체계가 그렇게 돌아가고 있었다.

이러한 맥락에서 프랑크는 유대인이 아니었다. 정치적 단체에 소속될 만큼 정치적 성향이 강한 망명객도 아니었다. '1925 그룹' 회원이었다는 것이 말해주듯 '좌파'로 분류되지만 프랑스 망명객들 사이에서 단지 어느 집단에도 소속되지 못한 '독일 망명작가'일 뿐이었다. 결론적으로 또한 현실적으로 볼 때 프랑크는 그냥 독일인이었다. 그리고 독일작가였다. 프랑크는 그들에 속한 사람이 아니었다. 그들에게 금전적 도움을 요청할 만한 조건을 갖추고 있지 못한 것이 현실이었다. 그들의 바깥사람이었다. '경제적 어려움', '아무것도 가진 것 없음과의 끊임없는 싸움'이 망명객의 이름표였다. 망명객들이 생존하기 위해서는 본인의 지적 자산을 상품화하거나 노동시장에 뛰어들어 개인적으로 일자리를 구하는 수밖에 없었다. 하지만 망명객들에게 노동은 허가되지 않았다. 불법노동이 발각될 경우 형사 처분이 뒤따랐다.

> 망명객들은 어디에도 속하지 않았다. 길을 잃고 여기저기를 배회하는 개처럼 발길질에 채였다. 체재국에서 벌거벗긴 삶에 필요한 돈을 벌려고 시도했다가는 특히 육중한 발길질을 당했다. 노동은 금지되었고 엄한 처벌을 받았다. 결국에는 노동이 금지되고 엄한 처벌이 내려진 나라에서 추방당했다. 망명객들은 많은 사람들에게 더 이상 살아가야 할 값어치가 없어보이던 그들의 삶을 구했다. 많은 이들이 자살했다. (LiWo 630)

프랑크는 어디에도 소속되지 못하고 '뿌리가 뽑힌' 상태였다. '뿌리를 뽑힌 (entwurzelt)'이라는 단어는 가장 무자비한 뜻이 되어 망명객들에게 위력을 발휘하며 현실로 다가왔다. 특히 망명 작가들에게는 망명현실이 직사포로 날아왔다. 먹고 사는 문제가 해결되지 않은 상황에서 작품 활동은 중단되었다. 그뿐만 아니라 망명 작가들에게 이제 독일어로 된 망명 작가들의 작품을 읽어줄 독자는 없었다.

〔프랑크〕는 망명 중 돌로 된 바이올린과 현(絃)이 없는 피아노를 치고 있었고, 망명 전에 써진 것들은 그의 언어의 나라에서 잊혀져갔다. (LiWo 630-631)

당시 파리에는 수만 명의 망명객들이 있었다.[22] 불빛 비치는 도시에서 그들의 삶은 어둠침침했고, 그들의 운명을 결정짓는 난민청과 경찰관들에 대한 불안이 그들을 동반했다. 그들이 체류를 허가해주면 얼마 동안 더 머물러 있을 수 있었고, 그들이 불법이라고 규정하면 불법이었고, 그들이 나가라면 나가야 되는 상황이었다. 죽음의 심판자 앞에 선 가련한 인간이었다. 프랑스 경찰들에게 망명객이란 단지 자기 나라에 흘러들어온 "오물덩어리" (LiWo631)에 불과했다. 이러한 상황에서도 프랑크는 작품을 썼다. 하지만 작품을 쓴다는 것이 곧 경제적 어려움을 해결해 주는 것은 아니었다.

프랑크는 'American Guild'에 도움을 요청했다. 'American Guild'의 정식명칭은 'American Guild for German Cultural Freedom Inc. (독일 자유 문화를 위한 미국 연맹)'으로 미국인들에 의한 것이 아니라 독일인들에 의한 단체로 망명 중에 있는 독일 예술원 회원을 돕기 위해 1935년 4월 뢰벤슈타인 폰 후베르투스 왕자 (von Hubertus Prinz zu Löwenstein)에 의해 설립되었다. 프린츠 뢰벤슈타인은 독일의 언론인이자 작가였고 정치가였다. 전후 독일 자민당 (FDP) 소속

22) 정확한 망명객 수는 밝혀지지 않고 있다. 1936년 2월 '난민 피보호권 컨퍼런스 (Asylrechtskonferenz)' 보고서는 독일에서 온 망명객 수를 대략 5-6만 명 정도로 추산하고 있다. 하지만 이 숫자 자체도 정확하지 않다. 왜냐하면 이들 중 대부분이 등록된 것도 아니고, 동시에 많은 이들이 다시 되돌아가기도 했기 때문이다. 이에 대해서는 Ralph Grobmann: Gefühlssozialist im 20. Jahrhundert, 105쪽 참조

정치가였다. 1958년부터는 기민당 (CDU) 소속이었다. 'American Guild'는 나치정권을 피해 도망쳐 나온 지식인들이 미국에서 육체적으로나 직업적으로 생존할 수 있도록 1940년 12월까지 구호사업을 펼쳤다. 시민권, 비자, 유럽에서 대서양을 횡단하여 아메리카로 가는 배편 등 어려움을 도와주고 알선해 주는 일들을 통해 망명객들의 생명을 구조해 주었다. 뢰벤슈타인 왕자 이외에도 오스트리아 출신의 언론인 리하르트 베어만 (Richard Bermann, 1883-1939), 노벨상 수상작가 토마스 만 등이 이 사업을 주도적으로 펼쳐나갔다. 'American Guild'에 금전적 도움을 요청할 당시 프랑크의 나이는 57세였다.

> 나는 가진 것이 아무것도 없습니다. 독일에서 가지고나온 돈은 지난 6년의 망명생활에서 모두 소진해 버렸습니다. 〔…〕 영화로 돈을 벌어 보려고 이루 말할 수 없이 애써 보았습니다. 아무 소득이 없었습니다! 두 편의 새 연극대본을 썼습니다. 명명백백히 아무 소득이 없었습니다. 나는 유대인이 아닙니다. 그래서 나를 아무도 돕지 않습니다. 사설 구호단체로부터 받을 수 있는 보조금 역시 한 푼도 없습니다.[23)]

프랑크는 시나리오로 돈을 벌어 보려고 했지만 허사였다. 프랑스에서 작품을 출판해줄 출판사를 찾아보았지만 역시 허사였다. 1936년 가을, '독일에서 금지당하고 불태워진' 프랑크의 작품들이 네덜란드 암스테르담 퀘리도 (Querido) 망명출판사에서 전집으로 출간된 적은

---

23) Klaus-Dieter Lehmann (hrsg.): Deutsche Intellektuelle im Exil. Ihre Akademie und die 'Amecan Guild for German Cultural Freedom'. Eine Ausstellung des Deutschen Exilarchivs 1933-1945 der Deutschen Bibliothek, Frankfurt am Main, Sonderveröffentlichungen; Nr. 18. München, London, New York, Paris 1993, 336쪽.

있었다. 1936년부터 1949년까지 쿼리도 출판사는 5번에 걸쳐 프랑크의 책을 출간했다. 1936년 5권의 전집을 시작으로 소설 『꿈 동반자』 (1936), 연극 『마리아』 (1939), 소설 『마틸데』 (1948), 『예수의 제자들』 (1949)이 출간되었다. 그 이외에도 스위스 바젤 '라이스(Reiß)' 출판사에서 희극 『아웃사이더 (Außenseiter)』가 출판된 적도 있었다. 망명지 파리에서 독일작가로 살아 갈 수 있는 길은 없었다. 경제적 도움을 받을 만한 단체도 없었다. 망명객들에게 도움을 줄 수 있는 단체라야 유대인 단체들이 대부분이었다.

망명현실에서 나타난 유대인들의 행태를 보며 프랑크는 유대인들에 대한 옛 원한이 다시 살아났다. 프랑크는 원래 유대인 인종차별주의자가 아니었다. 그의 첫 번째 부인도, 후일 세 번째 부인도 유대교를 믿는 사람들이었다. 망명의 어려운 상황에서 유대인들은 유대인끼리 뭉쳤고, 이도 저도 속하지 못한 프랑크는 혼자였다.

프랑크는 1939년 9월, 제2차 세계대전 발발과 더불어 프랑스 경찰에 체포되어 약 1,400명의 유대인들과 함께 파리에, 그 다음에는 블루아 근방에 구금되었다. 고통 속에서도 계속 글을 썼다. 6주 후 잠시 풀려났으나 '서방공세'가 시작되던 1940년 5월 또 다시 약 1,000명의 망명객들과 함께 구금당했다. 프랑스 정부는 독일에서 온 지식인 망명객들을 '프랑스의 적대적인 독일인'이라는 이름으로 체포 감금했다. 1940년 5월 10일에 시작된 독일의 '프랑스 침공'은 1940년 6월 25일 (나치)독일제국과 프랑스 사이에 체결된 '콩피에뉴 휴전협정 (1940)'으로 일단락되었는데, 이 조약에 의하면 프랑스 정부는 나치가 거명한 난민 (망명객)들을 나치에게 인도해야만 되었다. 그러자 프랑스인들에 의해 망명객들을 게슈타포에게 인계하는 일은 비일비재로 벌어졌다. 나치 '조력자 (Kollaborateur)'들도 활개를 쳤다.

2.1.3. 유럽작별

수감 중 프랑크는 두 명의 친구들과 함께 수용소를 탈출했다. 28일에 걸쳐 처음에는 도보로, 다음에는 자전거로, 마침내는 기차를 타고 다른 동료들과 함께 아직 독일군이 점령하지 못한 지역으로 도망쳤다. 그러한 다음 피레네 산맥을 넘어 스페인을 거치고 포르투갈의 리스본 항에 도착했다. 리스본에서 수입도 없고 증명서 (여권, 체류허가서 등)도 없이 프랑스 경찰과 게슈타포에 끌려가지 않을까 하는 불안함 속에 살았다. 당시 작가인 발터 뫼링과 가까이 지냈다. 그녀의 애인과 구조 단체의 도움을 받았다. 리스본에서 '긴급구조위원회 (ERC)'에 구조를 요청했다. 몇 주 후 '긴급구조위원회'의 주선으로 미국 비자를 받아들고 1940년 10월 9일 무거운 마음으로 미국행 배에 몸을 실었다. "독일 작가가 미국에서 무엇을 해야 하는가" (LiWo 648)라고 물으며.

'긴급구조위원회 (Emergency Rescue Committee)'란 독일과 프랑스 간의 정전협정이 발효되고 며칠이 지난 후인 1940년 6월 오스트리아 출신의 망명객 칼 프랑크와 요셉 부팅어가 토마스만과 에리카 만의 후원을 얻어 뉴욕에 설립한 구호단체이다. 이 단체는 나치치하에 놓이게 된 유럽의 저명한 학자들과 예술가들을 긴급히 구조하여 미국으로 탈출시키기 위해 설립되었다. 그들의 업무는 1940년에서 1942년까지 수행되었다. 1933년 이후 독일을 탈출하였던 망명객의 대부분은 1940년 이전까지 프랑스에 머물고 있었는데 제2차 세계대전의 발발과 더불어 프랑스가 독일군에 의해 점령되자 프랑스는 더 이상 망명객들에게 안전한 장소가 아니었다. 그들은 이제 유럽을 떠나 더 안전한 곳으로 망명지를 옮겨야만 했다. 이러한 상황에서 '긴급구조위원회'의 주 임무는 망명객들의 미국행을 긴급히 돕는 것이었다.

'긴급구조위원회'는 위험에 처한 망명객들을 긴급하게 구조해 내기 위해 언론인인 버라이언 프라이 (Varian Fry, 1907-1967)를 프랑스 마르세이유에 파견했다. 그의 임무는 자료수집부터 시작하여 망명객들이 실질적으로 미국행에 필요한 비자발급, 도항에 관한 모든 사항 등 일체의 업무를 공식 혹은 비공식적으로 주선하고 처리해 주는 것이었다. 프라이는 프랑크 본 (Frank Bohn)과 함께 일했고, '사민당 난민구조단' 단원들이 참여했다. 마르세이유 사민당 사무실에는 베드리히 하이네 및 사민당 의장단이 함께 일했다. 프라이는 '작가, 예술가, 각종 좌파 그룹의 젊은이들', 프랑크 본은 '노조원들과 나이든 사회주의자들'의 업무를 보살펴 주었다. 구조작업은 망명객들의 저명도와 절박함의 빈도에 따라 진행되었다.[24] 하지만 망명객들 모두에게 긴급한 구조의 손길이 닿은 것은 아니다. 발터 벤야민은 도주하던 중 체포되면 다시 프랑스로 이송될 것이라는 불안감에 스페인에서 자살했는데, 이 사건은 비극적인 예에 속한다.

프랑크는 시기와 밀고하는 자들에 휘말렸었다. 뢰벤슈타인 왕자가 승낙한 보조금 50달러가 중단된 적이 있었다. 뷔란트 헤르츠펠데가 프랑크는 경제적으로 어렵지 않다며 이의를 제기한 것이 발단이었다. 1939년 5월 뢰벤슈타인 왕자 부부가 유럽을 방문하여 망명객들을 만났을 때 발터 뫼링은 "신경질적"이었고, 한스 잘은 "망가졌고", 요셉 로트는 유럽과 함께 "침몰하려" 했고, 레온하르트 프랑크는 "아주 어려웠다"라는 것이 결론이었다.[25] 시기를 당했음에도 불구하고 프

24) "긴급구조위원회 (ERC)"와 그의 활동에 대해서는 Wolfgang D. Elfe: Das Emergency Rescue Committee, in: Deutsche Exilliteratur seit 1933, Bd. 1. Kalifornien, Bern u. München 1976, S. 214-219. 참조

25) Ralph Grobmann: Gefühlssozialist im 20. Jahrhundert, 138쪽 참조

랑스에서 두 번째 감금을 당하기 얼마 전인 1940년 4월 16일 보조금을 수령했다. 토마스 만의 부인 카티아 만 (Katia Mann, 1883-1980)의 주선 덕이었다. 토마스 만의 딸 에리카 만이 프랑크를 위해 ERC에 청원했고, 에밀 오프레히트 (Emil Oprecht, 1895-1952)가 토마스 만과 버라이언 프라이를 연결시켜 주었다. 에밀 오프레히트는 스위스 출신 출판업자로 취리히에 머물던 망명객들을 그의 집에 기거하게 했고, 부인과 함께 망명객들을 물심양면으로 도왔던 인물이다. 오프레히트는 수많은 망명 작가들의 작품을 출간해 주기도 했다. 프랑크는 리스본에서 미국 비자를 수령했다.

'긴급구조위원회'의 도움으로 유럽을 탈출한 망명객들은 레온하르트 프랑크 이외에도 한나 아렌트, 앙드레 브르통, 마르크 샤갈, 마르셀 뒤샹, 막스 에른스트, 알프레트 되블린, 리온 포이히트방어, 한스 하베, 지크프리트 크라카우어, 안네테 콜브, 봔다 란도브스까, 골로 만, 하인리히 만, 막스 오퓔스, 발터 메링, 알프레트 노이만, 알프레트 폴가, 한스 잘, 안나 제거스, 프리드리히 토어베르크, 프릿츠 폰 운루, 프란츠 붸르펠 등 독일과 프랑스 등지의 철학자, 화가, 조각가, 작가, 사회학자, 영화감독 등 각계각층의 저명 망명객들이 포함되어 있었다. 당시 '긴급구조위원회'에 의해 구조되어 유럽을 탈출한 저명 망명객은 2,000명 이상이 된다.

2.2. 미국망명

2.2.1. 할리우드망명

1940년 10월 18일, 프랑크는 시한부 비자를 들고 뉴욕에 도착했다. 13달러를 가지고 왔다. 완전히 너덜너덜한 옷에 완성하지 못한 소설 원고를 들고 미국에 도착했다. 뉴욕항 부두에서 '워너브라더스' 영화사 직원이 건네는 200달러를 선금으로 받았다. 프랑크가 '워너브라더스'로부터 200달러의 선금을 받게 된 동기는 ERC와 '유럽 영화 기금 (EFF)' 간의 협약에 따라 망명 영화인, 망명 작가, 망명 지식인들을 '생명구조협약'에 의거 특정지역에 근무하도록 규정한 것에 따른 것이었다. 미국 정부의 망명객 처우 정책의 일환이었다. 영화감독이자 배우인 에른스트 루비치 (Ernst Lubitsch, 1892-1947)와 역시 영화감독이자 배우인 윌리엄 디털레 (Wilhelm Dieterle, 1893-1972)가 '유럽영화기금' 측에서 프랑크가 '워너브라더스'에서 일할 수 있도록 이미 유럽에서 알선해 준 것이었다. 계약기간은 1년이었고 주급으로 100달러를 받는 조건이었다.

1939년 폴란드가 함락되고 나치 영역이 팽창하기 시작하자 유럽을 떠돌던 수많은 망명객들은 미국을 유일한 난민국으로 떠올렸다. 실제로 1939/40년을 기점으로 수많은 망명객들이 유럽을 떠나 미국으로 향했다. 미국비자를 얻기란 쉽지 않았다. 미국은 엄격한 이주정책을 바탕으로 이주민 숫자를 조율해 나가고 있었다. 1920년대부터 이주자 최고 비율을 이미 고정해 놓고 있었다.

1933년 나치 집권으로 나치 정적들이 조국을 등져야 했고 1938년 11월 '수정의 밤'으로 유대인들이 박해를 당해도 미국의 이주자 최고 비율 한정 체계는 변하지 않았다. 망명객들은 한정 제한 비율을 감수해야만 했다. 게다가 1941년 12월 일본의 진주만 기습공격으로 미국과 일본 간에 제2차 세계대전이 현실화되자 모든 일본인, 독일인, 이탈리아인들은 '적대 외국인 (enemy aliens)'으로 공포되었다. 이 시점에 아직 미국 시민권을 취득하지 못한 망명객들은 그 시간부터 감시 대상자였다. 이러한 사정들이 프랑크가 미국으로 망명할 당시와 초창기의 정치 사회적 분위기였다. 이러한 분위기 속에서 미국의 정보부나 이민청의 눈으로 볼 때 독일에서 온 사회주의자들은 공산주의자로 보였다. 골수 사회주의자와 심정적 시회주의자를 구별할 수 없는 —혹은 구별할 필요조차도 느끼지 못하는— 그들의 눈에 프랑크는 '적대 외국인' 중 특히 더 위험한 공산주의자 그리고 적대 반전주의자로 분류되어 감시를 당했다. 이 감시는 1950년 독일로 귀환 이주한 이후에도 계속되었다.

프랑크의 미국망명은 시기적으로 1940년부터 1950년까지 10년이고, 망명지는 할리우드와 뉴욕이었다. 1940년부터 1945년까지 할리우드에서 머물렀고, 1945년부터 1950년까지 뉴욕에 머물렀다. 할리우드와 뉴욕은 독일에서 온 대다수의 망명객들이 거주했던 장소이다. 망명지 연구에서 빼놓을 수 없는 장소들이다. 1941년 3월 프랑크는 미국 장기 체류허가를 얻기 위해 잠시 멕시코에 다녀왔다. 시한부 비자 기간이 끝나면 미국을 떠나야 했고, 미국에 머물기 위해서는 잠시 다른 나라를 다녀와 다시 미국에 처음 입국한 형식을 취해 또 다시 비자 신청을 해야 했기 때문이었다.

프랑크를 비롯하여 하인리히 만, 알프레트 되블린, 프란츠 붸르펠, 알프레트 노이만, 발터 뫼링, 프리드리히 토어베르크, 알프레트 폴가 등 저명 독일 망명 작가들이 할리우드에서 영화 대본작가로 일했다. 하지만 '메트로 골든 메이어'나 '워너브라더스'에 속했던 이들의 대본은 거의 영화화되지 않았다. 그러한 사실들과는 별개로 망명객들은 '안락한 의자와 여비서까지 붙여준 사무실'에서 매일 8시간씩 근무해야만 했다. 망명 작가들은 영화사 소속 할리우드 작가들 중 직업신분 위치로 볼 때 가장 밑바닥이었다. 그들에게는 좋은 작업을 배당해 주지도 않았다. 그들은 1년 계약에다 정부에서 의뢰 (依賴)한 기한제 파견 근무직이었다.

그들은 주급으로 100달러씩을 받았다. 망명객에게는 대단한 돈이었다. 그렇게 하여 1년간 받는 총 액수가 6,000달러였다. 하지만 6,000달러라는 금액은 당시 할리우드 저명 대본작가의 주급 정도에 지나지 않았다. 망명객들의 60배에 해당하는 금액이었다. 독일의 저명 작가들이 할리우드에서는 경제적 소득으로 볼 때 미국 영화사 소속 대본작가들의 1/60에 해당되었다. 실제로 프랑크와 같은 사무실의 옆자리에서 일하던 미국 대본작가는 주당 3,500달러를 수령했는데 프랑크는 그 사실을 알고 그와 대화하자 그에게 조롱을 받았다. 자본주의 사회질서에 익숙하지 않다는 것이 요지였다. 독일 작가 프랑크가 바로 미국의 자본주의 체계와 현실을 접하는 순간이었다. 프랑크는 "9시 정각 스튜디오에 출근해야 했다. 창구차단유리 뒤에 있는 직원이 출근을 체크했다. 지루하게 하루 해전을 보낸 뒤, 5시 정각에 퇴근했다. 그 대가로 매주 토요일 100달러 수표를 받았다" (LiWo 670).

이러한 맥락에서 하인리히 만의 경우는 상징적이다. 하인리히 만이 누구인가? "거대한 필생의 역작을 쓰고 이미 70세인 위대한 소설가이자 정신적 대영주 (大領主, Grandseigneur)인 하인리히 만 역시 9시 정각에 스튜디오에 출근하여 100달러를 위해 의자에 앉아 시간을 보내야만 했다. 왜냐하면 정치적 망명객이라는 명예 이외에 가진 것이 없었기 때문이다." (LiWo 653) 하인리히 만은 망명 전 바이마르 공화국 독일의 예술원 원장까지 역임한 독일문단의 원로인데다 망명객들에게 인품이나 작품으로 존경받는 인물이었다. 그런 그도 다른 망명 작가들처럼 영화사에 소속되어 영화대본 작업을 하고, 그 대가로 주급 100달러를 받았다. 그 일도 1년 계약이었다. 영화사와의 계약 기한이 끝나자 하인리히 만도 다른 작가들처럼 빈궁한 생활의 나락에 떨어졌다. 생존을 위해 이것저것 노력해 보기에는 연로한 나이였다. 그의 젊은 부인은 이런저런 잡일로 생활을 꾸려갔다. 너무나 힘이 들어 세 번이나 자살을 시도했다. 결국에는 네 번째에 무의미하게 생을 마감했다. 그녀는 망명객도 아니었다. 따라나선 남편이 그저 저명한 망명객이었을 뿐이었다. 너무나 빈궁했던 하인리히 만은 무직자 수당을 신청했다. 수당을 신청하려고 미국 노동청 복도 의자에 대기하고 앉아 있던 상황을 떠올리며 오스트리아 어느 독문학자는 '독일의 치욕!'이라며 통탄을 금치 못했다.[26)]

할리우드에서 프랑크가 대면한 첫 번째 현실은 '자본주의 미국사회'와 'American way of Life'로 대변되는 '미국식 삶의 방식'이었다. 문화충격이었다. 'American way of Life'란 전형적인 미국식 삶의 양식으로 '개인주의', '자유사랑', '현세적 행복과 부 추구'로 요약된다. 바로 미국인들의 사고와 행동 근간이었다. 그야말로 'life', 'liberty', 'pursuit of happiness'는 그들의 표어였고, 미국인들은 자부심을 가지고 의기양양하게 그것을 마음껏 구가했다. 아메리칸 스타일은 실용주의를 바탕으로 한 '낙천주의'와 '액션 (action)'이 뿌리깊이 박혀 있었고 그 중심에 '아메리칸 드림'이 있었다.

프랑크가 본 미국인들은 내적으로 외로웠다. 그들의 삶이 보여주기 위한 것, 과시, 외모 등 외적인 것에 치중해 있었기 때문이었다. 미국 여자들은 몸을 인위적으로 가꾸었다. 은은한 향수 냄새를 풍기고 놀라울 정도로 얼굴을 그리고 파마를 한 금발머리가 어깨 아래로 파도

26) 하인리히 만의 망명과 귀환이주의 문제점에 관해서는 앞으로도 더 진지한 연구가 필요하다. 이와 더불어 하인리히 만과 토마스 만 형제의 문학관의 차이, 동서독에서의 수용문제, 망명과 귀환이주, 20세기 독일 문화 지형도 속에서의 만 형제의 의미 및 역할, 그리고 이러한 사실들과 관련된 하인리히 만, 토마스 만, 클라우스 만 가문에 대한 연구가 필요하다.

를 치며 출렁댔다. '인형' 모양이었다. 미국여자들의 미소는 자동기계 장치였다. 자동기계장치는 사람들의 행동에만 있는 것이 아니었다. 도시들 전체가 그랬다. 주유소, 편의점, 영화관 등 모든 건물은 어느 한 공장에서 찍어낸 것처럼 100% 똑같았다. 그들은 특수한 기계들에 종속되어 있었다. 우유를 데우는 것 같은 단순한 일도 거의 기계에 의존했다.

미국은 자본주의 경제체제로 말미암아 돈이 만물의 척도였다. 돈이 전부였다. 독일에서 온 저명한 문화예술 망명객들도 미국 자본주의 사회에서는 유령에 불과했다. 미국 기업가들은 매년 수많은 돈을 광고에 투자했다. 그러면 미국인들은 끊임없이 광고의 최면에 걸렸고, 무덤에 갈 때까지 기업가들이 걸어 놓은 최면술에 높은 생활수준을 유지하며 기업가들의 노예 족쇄에 걸려들었다. 미국 시민들은 광고로 인해 평생 동안 상품과 소비의 연결고리를 벗어나지 못했다. 선전을 통해 최면당한 상품을 구입해서 분할상환했다. 그들이 힘들게 벌어들인 돈은 분할상환을 통해 자기의 주머니에서 빠져나가는지도 모르게 기업가들 손으로 들어갔다. 결과적으로 미국 시민들은 냉장고, 텔레비전 등의 기계를 소지했지만 실제로 그들의 삶은 아무것도 없는 셈이었다. 프랑크 역시 미국 경제체제에 대해 의구심은 있었지만 구입하지 않아도 되는 상품을 구입하는 유혹에 말려들곤 했다. 그렇게 미국은 소비사회였다. 대량 생산된 물품을 한 번 쓰고 소비하는 'throw- away society (내던져 버리는 사회, Wegwerfgesellschaft)'였다. 'throw-away society'란 '과잉사회'와 '소비사회'를 비판하는 사람들에 의해 쓰이는 용어로 아직 학문적으로 정립된 개념은 아니다.[27)]

---

27) 'Wegwerfgesellschaft (내던져 버리는 사회)'에 관해서는 Wolfgang M. Heckl:

미국은 어린 시절 프랑크가 꿈꿔왔던 나라이고 그의 소설 『도적단』에서도 묘사한 곳이다. '와일드 웨스트 (Wild West)'의 미국은 서부 개척 정신의 역사를 지닌 무한한 꿈과 가능성의 나라였다. 하지만 현실은 이렇게 달랐다. 그가 체험한 미국인들은 감정이 가난했다. 미국인들은 전 세계에서 내적으로 가장 고독한 사람들이었다. 프랑크는 전적으로 미국이 마음에 들지 않았다. 'American way of Life'를 도저히 받아들일 수 없었다. 미국인들이나 미국에서 새로운 활력소를 발견한 망명객들이 '미국식 생활방식 (American way of life)'을 강요하자 강력하게 '미국식 생활방식에 대한 거부 (American way *against* life)'를 나타냈다. 프랑크는 뼛속깊이 독일인이었다. 게다가 자본주의 맞은편에 선 사회주의자였다. 프랑크는 미국 사람들 및 미국에서 새로운 활력소를 발견한 독일망명객들을 향해 "인간성을 보호 유지하려면, 'American way *against* life'가 전 지구상에 파급되어야한다" (LiWo 670)는 점을 강조했다. 미국 사회에 대한 비판적인 시각은 단순히 레온하르트 프랑크와 같이 감정을 중시하는 작가들에게만 나타난 것이 아니었다.

막스 호르크하이머와 테오도르 아도르노는 1944년 로스앤젤레스에서 파시즘과 독점자본주의에 대한 비판을 배경으로 자본주의 문화 일반에 대한 비판을 기획한 저서 『계몽의 변증법』을 발간했다. 1939년부터 1944년 사이 캘리포니아에서 자본주의 대중문화의 상징이라고 할 수 있는 미국의 대중문화를 직접 체험한 결과물이다. 프랑크나

Die Kultur der Reparatur. München 2013 / Christian Kreiß: Geplanter Verschleiß: Wie die Industrie uns zu immer mehr und immer schnellerem Konsum antreibt - und wie wir uns dagegen wehren können. Berlin 2014 / Jürgen Reuß, Cosima Dannoritzer: Kaufen für die Müllhalde: Das Prinzip der Geplanten Obsoleszenz. Freiburg im Breisgau 2013 참조

여타의 저명 망명객들이 캘리포니아에 머물던 시기와 동일하다. '문화산업'과 '대중문화'란 용어를 처음으로 사용했다. 독일에서 온 망명객들이 일반적으로 보고 느낀 미국사회를 대변이나 하듯이 그들의 독특한 방법론으로 인간과 사회를 통찰한 저술이다. 책의 주요 내용은 문화가 산업화됨으로써, 즉 생산자의 미리 짜인 의도에 따라 획일화된 욕구와 사유의 양식을 만들어냄으로써, 문화산업은 언제든지 대중을 지배할 수 있는 수단이 된다는 것이다. 그리고 이 획일성 덕분에 문화를 지배하는 독점의 힘이 강화된다는 것이다. 문화적 생산물은 오직 상품으로서만 가치가 평가되고, 수지타산의 동기에 따라 철저히 계산된 효율성의 지배를 받는다는 것이다. 이윤추구의 동기는 문화적 작품을 대중화시켜야 되며, 대중화시키기 위해서는 일정한 획일적인 틀에 의해 대량생산을 하여야 한다는 것이다.

미국 인상에서 시작하여 비판으로 발전한 이 저서는 프랑크푸르트학파를 대표하는 '비판이론'의 근간을 놓았다는 평가를 받고 있다. 이 저서가 미국문화에 대한 비판적 시각에도 불구하고 오늘날 '세계의 문화산업' 진흥에 초석을 놓았다는 사실은 어찌 보면 역설적일 수도 있지만, 사실은 사회의 문제점을 지적하여 새로운 사회로 발돋움하기 위한 주춧돌을 놓았다는 점에서는 중요한 공헌이라고 볼 수 있다. '대중기만으로서의 계몽'인 '문화산업'을 타자의 눈을 통해 포괄적인 관점에서 긍정적으로 검토한다면 그 속에 오늘날 세계의 문화산업[28]이 당면한 과제나 진흥책이 다분히 들어 있기 때문이다. 망명연

28) 오늘날 세계의 5대 문화산업으로는 시기에 따라 변동이 있기는 하지만 일반적으로 '비방디', '타임워너', '월트디즈니', '바이어컴', '베텔스만'을 꼽는다. 그리고 세계 10대 미디어 그룹으로는 'AOL 타임 워너', '월트 디즈니', '비아콤', '베텔스만', '뉴스코퍼레이션', '컴캐스트', 'NBC 유니버설', '비벤디 유니버설', '소니 엔터테인먼트', '휴스 일렉트로닉스'를 열거한다. 당시 망명객들의 비판과 지적에

구가 중요한 한 까닭이 바로 이러한 사실 속에 도사리고 있다.

참고로 망명객들의 망명국 인상기는 망명연구에서 중요한 위치를 차지한다는 사실을 상기시키고 싶다. 망명연구가 단순히 정치, 사회 , 역사적인 분야뿐만 아니라 문화연구 ―좀 더 정확히 말해 문화접촉 및 문화교류―에도 중요한 몫을 담당하기 때문이다. 망명국 인상기는 직접적인 증언 혹은 회고록뿐만 아니라, 위와 같은 학술서적 양식, 혹은 소설, 시 등 다양한 형태로 나타난다.

프랑크의 초창기 할리우드 생활은 영화사로부터 주당 100달러를 수령한다는 사실 이외에는 아무 소득도 없고 지루한 나날의 연속이었다. 그러자 프랑크는 봉급에 관한 이러 저러한 어지러운 생각만 털어 버리면 사실상 '1941년 10월까지 매주 100달러를 수령하는' 안정된 1년 생활이 보장된다는 사실을 깨닫게 된다. 그러자 프랑크는 남는 시간을 쪼개 소설을 쓰기 시작했다. 되블린이나 하인리히 만 등 다른 작가들도 마찬가지였다. 1941년부터 고향 근처의 중세도시 로텐부르

도 불구하고 당시의 거대 문화산업이 오늘날에도 계속해서 융성하고 그들의 대부분이 그 당시나 지금에도 미국에 속해 있다는 점을 감안하다면 세계문화산업의 본질, 문화문명 발전과 인간사회, 문화의 긍정적 혹은 부정적인 측면, 세계문화산업의 미래 등을 진지하게 다시 논의해 보아야 하는 계기를 마련한다고 볼 수 있다. 참고로 미국의 종합 미디어 기업 그룹인 'AOL 타임 워너'는 1923년 워너브라더스로 출발하였고, 현재 잡지 타임 및 영화사 워너 브라더스, 워너텔레비전, 뉴스 전문 채널인 CNN, AOL, HBO 등을 산하에 두고 있다. 미국의 거대 미디어 및 엔터테인먼트 종합 회사인 '월트 디즈니' 역시 1923년에 설립되었고, 현재는 디즈니랜드를 비롯한 11개의 테마 파크, 월트 디즈니 픽처스, 월트 디즈니 애니메이션 스튜디오, 픽사 애니메이션 스튜디오, 터치스톤 픽처스, 헐리우드 픽처스, 미라맥스 필름즈와 같은 영화 제작사, 방송사인 ESPN, ABC 등을 소유하고 있다. 1835년 독일의 작은 가족 기업에서 출발하여 세계적인 복합 미디어 그룹으로 성장한 베텔스만은 현재 63개국에 200개 이상의 기업과 10만 명 이상의 임직원을 둔 세계 미디어 산업 분야에서 가장 큰 다국적 미디어 기업이다. 손꼽히는 세계의 거대 문화산업은 대부분 미국에 소속되어 있고 독일, 프랑스, 일본 등이 가세하고 있는 현실이다.

크를 배경으로 나치정권 지배와 미국사회를 비판적 시각에서 다룬 독일 (단편)소설 『도이췌 노벨레 (*Deutsche Novelle*)』를 쓰기 시작하여 1944년 완간했다. 프랑크푸르트학파 사회학자들이 이 시기에 『계몽의 변증법』을 써서 비판이론의 근간을 놓았다면 프랑크는 『도이췌 노벨레』를[29] 통해 나치 독일과 자본주의 미국을 비판하는 망명문학의 한 줄기를 마련했다.

프랑크가 이 소설을 창작하게 된 동기는 왜 독일에서 나치가 발생했고 결국에는 성공할 수 있었는지에 대한 의문 때문이었다. 또 다른 하나는 망명지 미국식 생활양식과 자본주의 미국사회에 대한 불만 및 비판 때문이었다. 이러한 동기에 대해 특히 주목해야 할 점은 왜 하필이면 망명지 미국에서 이러한 생각이 떠올랐는가 하는 점이다. 프랑크는 독일인이었고, 나치 체제의 등장을 반대하여 망명을 떠난 사람이었다. 그런 그가 거대한 희망의 땅 미국에서 미국식 생활양식과 자본주의사회의 문제점을 보며 자본주의야말로 나치에 버금가는 또 다른 위험성을 내포하고 있다는 사실을 어렴풋이 느꼈기 때문이다. 나치와는 또 다른 새로운 형태의 폭력사회를 예감한 것이다. 이러한 지적은 인간의 존엄과 품위 있는 인간사회 마련을 위해 누구나 눈여겨보아야 할 부분이다. 프랑크의 소설 『도이췌 노벨레』는 알레고리 형식으로 되어 있다.

프랑크는 신뢰, 복종, 민족우월, 국가우월 등을 미덕으로 삼는 독일인들의 유혹당할 성향이, 탐욕스러운 권력의 나치를 태생시키는 비

29) 『도이췌 노벨레』에 대해서는 Jang-Weon Seo: Die Darstellung der Rückkehr, Remigration in ausgewählten Autobiographien deutscher Exilautoren, Würzburg 2004, 77쪽, Judit Hetyei: Leonhard Frank und die "Deutsche Novelle", Berlin 2007, 참조.

극을 초래했다고 생각했다. 이와 마찬가지로 '개인주의'와 '자유사랑'을 바탕으로 '현세적 행복과 부 추구'를 위해 돈에 예속당할 성향의 미국 사회와 자본주의 체제는 인간성을 파괴하는 새로운 형태의 비극의 탄생으로 보았다. 삶에 대한 의미 확보와 새로운 가치창출 측면에서 이 두 사회가 부족한 점은 비판적 사고나 행동이 결여되었다는 점이다. 그러하기 때문에 독일과 미국은 나치사회와 과도기적 자본주의 사회 사이에서 능욕을 당했고, 인간성이 파괴되었다는 것이다. 프랑크의 이러한 관점은 유럽적 혹은 사회주의적 시각과 가치판단에서 비롯된 것이다. 프랑크가 나치태동의 원인과 자본주의의 문제점을 미리 예견했다는 것은 문학사적 의미뿐만 아니라 정치, 사회, 문화적 측면에서도 매우 중요한 의미를 지니고 있다.

정치 사회적인 비판 이외에도 프랑크는 이 소설을 통해 철물공, 대장장이, 제화공, 실내 페인트공, 목수 등 독일의 전통적인 장인들과 수공업제품을 다루었다. 독자들에게 생생하게 그들의 모습을 보여줄 수 있었고, 이미 철물공 수습과 실내 페인트공으로 일한 경험이 있기 때문에 그들의 세계를 너무나 잘 아는 장점이 있었다. 그래서 소설쓰기도 문제가 없었다. 전통적인 장인정신과 수공업제품을 소설화한 점은 특히 토마스 만도 감탄하여 그의 작품 일부의 모티브로 삼았다. 당시 프랑크는 토마스 만 집을 자주 오가며 자주 교류하던 관계였다. 어느 날 밤 토마스 만 집에서 프랑크는 아직 완성되지 않은 『도이췌 노벨레』를 읽어 주었고, 토마스 만 역시 아직 완성되지 않은 『파우스트 박사 (*Doktor Faustus*)』를 읽어 주었다. 후일 프랑크는 토마스 만이 '『파우스트 박사』의 탄생 배경'을 설명하며 프랑크의 작품에 감동하여 일부분을 삽입했다는 토마스 만의 고백을 들었다.[30)]

하여간 프랑크는 작품을 통해 획일성과 독점화된 대량생산 (혹은 대량복제) 제품이 고유한 문화적 전통을 은폐하고 일반 대중들에게 전통적인 생산물이 아무런 문화적 가치도 없다는 것을 암묵적으로 주입시키는 미국 사회를 보며 독일의 전통적인 장인정신과 수공업제품이 얼마나 소중한 가치를 지니고 있는지를 제시한 것이다. 문화적으로 역사가 깊지 않은 미국은 전통적인 유럽식 사고방식을 부정하며 사회속의 대중들을 그들 나름대로 새로운 획일적인 이데올로기에 빠지게 하고 주입시키며 미국식 사고방식을 정당화시키고 있었다. 그 결과는 대중을 상품에 순응하는 소비자로 만들었고, 과학과 기술은 그러한 목표를 달성하기 위한 수단일 뿐이었다. 예술과 학문도 그러한 수단에 불과했다. 프랑크는 이렇게 고향과 타지, 독일과 미국을 분명하게 선 그었다. 그리고 항상 고향을 향한 작가였다. 프랑크는 미국에 대해 비판적이긴 했지만 기본적으로 미국에 대한 악감정은 없었다. 망명객에 대해 적대적이었던 프랑스에 비해 망명객인 그를 구해주고 받아준, 그리고 새로운 세계상을 보여준 미국에 대해 오히려 감사해했다.

영화사와의 1년 계약이 만료된 후 프랑크는 다른 망명 작가들처럼 '작가기금 (Writers' Fund)'의 보조와 적은 액수의 인쇄로 생활했다. 이 시기에 『도이췌 노벨레』는 완성했지만, 1940년에 쓰기 시작한 소설 『마틸데』는 1944년이 되도록 1장 (章)밖에 쓸 수 없었다. "바싹 정신이 들게 하는" 베를린 날씨에 익숙해 있던 프랑크에게 "피를 엷게 하는 열대성 온난기후" (LiWo 670)에서는 아무리 집중해 보려고 해도 도저히 집중이 되지 않았던 것이 직접적인 이유였다. 로스앤젤

30) 프랑크의 『도이췌 노벨레』와 토마스 만의 『파우스트 박사』의 관계에 대한 레온하르트 프랑크의 주장에 대해서는 레온하르트 프랑크의 자서전적 소설 『심장이 있는 왼쪽으로』 (LiWo 661-662) 참조.

레스를 둘러싼 캘리포니아의 아름다운 자연환경도 아열대성 기후로 인해 그에게는 도저히 아름답게 여겨지지 않았다. 이 지역에 정을 붙이려고 해도 도저히 붙일 수 없었던 것은 그것만이 아니었다.

> 몇 년 만에 막대한 돈을 벌어 호화저택에 백만장자 삶을 누리고 있던 할리우드에서 성공한 독일의 영화인들 모두가 초창기에는 프랑크를 찾아와 캐딜락 승용차로 그들의 호화궁전으로 모셨다. 〔그러나〕 프랑크가 할리우드 하늘에서 스타가 될 수 없다는 냄새를 맡자 그들은 아무도 찾아오지 않았다. (LiWo 654)

고향 사람들의 우쭐댐과 차가운 감정이 그를 슬프게 했다. '할리우드에서는 돈이 모든 것을 결정하고 돈 이외의 것은 이 세상에서 아무것도 아니다'라는 사실을 고향사람들에게서까지 직접적으로 경험하고서는 비참해졌다. 그는 낙담했다. 혼자였다. 다른 사람들과의 왕래가 끊어졌다. 고향이 그리웠다. 망명초기 할리우드에서 자동차로 달려 태평양 연안에서 "가슴을 찍어 누르는 유럽에 대한 동경이 엄습하여, 수평선 저 너머 멀리에는 유럽이 있을 것이라는 마음에 희망도 없이 그곳을 응시했다" (LiWo 663). 하지만 태평양 연안을 서성이던 몇 주가 지나자 자기가 지금까지 바라본 바다 저편은 유럽이 아니라 아시아라는 사실을 깨달았다. 독일이 아니라 아시아 일본, 한국 쪽을 바라보며 고향을 그리워했던 것이다. 프랑크는 치유할 수 없는 유럽병 환자였다.

할리우드시대 프랑크를 기억하는 한 망명객은 당시 프랑크가 거의 벙어리였다고 한다. 그래서 망명객들 사이에서는 '속 깊은 시인'이라 말하고들 했다고 한다.[31] 할리우드는 프랑크에게 기다림의 지옥이었다. 할리우드 망명 5년 동안 눈발 한번 보지 못했다. 끊임없이 여름만 계속되는 곳이었다. 그야말로 숨 막히는 기다림의 지옥이었다.

2.2.2. 뉴욕망명

1945년 가을『카를과 안나』영화 저작권을 팔아넘겼다. 여기에서 생긴 자금을 바탕으로 1945년 11월 19일 '영원히 햇빛이 비치고, 현실생활과는 동떨어진 기다림의 지옥 할리우드'를 뒤로하고 망명지를 뉴욕으로 옮겼다. 뉴욕은 "〔할리우드 보다는〕 정확히 유럽에 4,800km 더 가까운 곳" (LiWo 663)에 위치한 도시였다. 고향 앞으로 4,800km 전진한 것이다. 뉴욕은 독일작가 프랑크에게 고향 유럽으로 가는 통과 장소였다. 제2차 세계대전이 끝난 시점이었다. 독일로의 귀향의지가 확고했다.

뉴욕에 도착하여 호텔 밖을 내다보니 독일처럼 눈이 내리고 있었다. 그것이 첫 인상이었다. 지리적으로 유럽에 가까워질수록 프랑크는 날씨마저도 고향 독일과 비슷하다는 느낌을 받았다. 할리우드가 기다림의 지옥이었다면 뉴욕은 희망에 부푼 꿈의 대합실이자 통과지점이었다. 나치가 패망했고, 제2차 세계대전이 끝났기 때문에 가능한 일이었다. 뉴욕은 프랑크에게 단순히 통과지점보다 더 큰 의미를 지니고 있다. 이 시기 고향을 떠올린 문학을 창작했다. 또 다른 한편으로는 그의 세 번째 부인이 된 한 여인을 운명적으로 만났기 때문이다.

프랑크는 작품의 소재를 폭격으로 폐허가 된 그의 고향 도시 뷔르츠부르크에서 찾았다. 1945년 3월 16일 밤 역사적인 고도 뷔르츠부르크는 영국 '왕립 공군 (Royal Air Force)'에 의해 무지막지하게 폭

31) Jang-Weon Seo: Die Darstellung der Rückkehr, 77쪽 참조

격을 당했다. 런던 서부에 위치한 공군기지에서 뷔르츠부르크와 뉘른베르크를 폭격장소로 설정하고 오후 5시부터 출격한 약 500대의 '아브로 랭카스터 (Avro Lancaster)' 타입 폭격기는 저녁 9시 25분부터 9시 42분 사이 3번에 걸친 파도치기식 공격으로 뷔르츠부르크를 폭격해 댔다. 처음엔 지붕이 날아가고 창문이 깨졌다. 그 다음 여기저기에서 건물이 붕괴되었다. 다음날 보니 3,000여 명의 시체가 건물 잔해 속에 파묻혀 있었다. 2,000여 명의 사상자도 이미 나있었다. 20여 분 만에 약 5,000명의 희생자를 냈고 도시의 90%가 완전히 파괴되었다. 프랑크는 뉴욕에서 '이제 뷔르츠부르크는 더 이상 존재하지 않는다'라는 신문기사를 읽었다. '1300년의 고도 고향도시가 폭격을 당해 25분 만에 파괴되었다는 기사에 그의 몸은 완전히 얼어붙었다.'

> 〔나〕는 우아함의 극치인 바로크 (건물의) 도시 뷔르츠부르크를 보고 있었다. 동시에 이제는 더 이상 존재하지 않는 도시 뷔르츠부르크가 그의 아주 아름다움 속에서 곧바로 치솟아 올라 거대한 회색의 잔해더미로 변한 것을 보고 있었다. 감정 한가운데의 나를 내리쳤다. 감정을 때려 부수었다. 〔나〕는 내적으로 벙어리가 되었다. 〔나〕의 고통은 주체할 수가 없었다. 동시에 절단당한 팔의 고통을 아직도 느끼는 한 인간에 대한 고통으로 감정을 주체할 수가 없었다. 감정이 차곡히 쌓인 〔내〕 인생의 한 부분이 영원히 닦여 나간 것이다. 백만 가지 어린 시절 체험의 그 장소를 〔나〕는 더 이상 가지고 있지 않은 것이다. 〔… 남부 독일에 주둔하고 있던 미군 장교에게 고향 소식을 부탁했다.〕 누님과 형님은 아직도 생존해 있다는 소식을 들었다. 그것도 정확한 장소까지 알려주며. 〔…〕 파괴된 뷔르츠부르크에 대한 슬픔과 아직도 누님과 형님이 생존해 있다는 기쁨이 마치 삶과 죽음을 예리하게 갈라 논 것처럼 마음속에서 교차했다. (LiWo 665)

프랑크는 폭격당한 고향도시 뷔르츠부르크를 떠올린 소설 『예수의 제자들』을 창작했다. 1947년 1월 초에 쓰기 시작하여 1947년 12월 말에 탈고했다. 이 책은 1949년 암스테르담에 있는 퀘리도 출판사에서 출간되었다.

미국을 배경으로 한다거나 미국을 대상으로 삼는 등의 미국식 '쇼트스토리 (short story)' 쓰기 시도는 아예 포기했다. 영국인, 프랑스인, 이탈리아인들 등 유럽인들은 알지만 미국인들을 잘 모르고, 행동을 중시하는 미국인들을 유럽식 진지함으로 대할 능력이 없다고 생각했기 때문이었다. 영국인, 프랑스인, 이탈리아인들은 국가만 다르다는 것을 제외하고는 그래도 유럽인들이었다. 하지만 미국인들은 생활이나 사건을 대할 때 등등의 모든 면에서 유럽인들에 비해 다르게 반응한다고 느꼈다. 프랑크는 몇 년이나 미국에 살았지만 미국인들을 잘 이해할 수 없었고 그들과 그렇게 가까워지지도 않았다.

『예수의 제자들』과 『미하엘의 귀환』은 파괴된 독일을 배경으로 파시즘 극복을 주제로 삼고 있다. 『도이췌 노벨레』가 나치지배 발생의 원인을 다루었다면 『예수의 제자들』과 『미하엘의 귀환』은 신생 독일 국가에 나치요소가 지속되지 않을까 하는 걱정이 핵심주제였다. 이 주제를 설정하게 된 동기는 독일인들의 민족성이 광신적으로 '친구 아니면 적이라는 공식'에 배어있고, 비이성적인 자기희생적 속성을 지니고 있기 때문에 민족이나 국가가 부른다면 언제나 그것에 굴종할 준비가 되어 있는 사람들이라는 생각 때문이었다. 프랑크가 작품을 통해 궁극적으로 말하고 싶었던 것은 전후 서독의 정신적, 정치적 상황에서 독일인들의 비판적 사고와 행동이었다. 이를 통해 단순한 양극화를 지양하고 나치의 과거와 그들이 남겨준 과제가 근본적으로 무엇인지 실질적으로 토론해 보자는 것이었다. 이러한 식의 주제설정과 바람은 유토피아적 예술관에서 유래한 것이다.

1945년 2차 세계대전이 끝났음에도 불구하고 프랑크가 곧바로 독일로 귀환하지 못한 이유는 '무국적자라는 사실', '옛 독일 땅에 아직 신생 독일국가가 수립되지 않았다'는 등의 외적인 문제도 있었지만, 개인적으로 말 못할 사정이 있었다. 프랑크는 그 누구보다도 독일을 그리워했던 사람이다. 독일인이라는 자부심을 지닌 사람이었다. 다른 망명객들에 비해 미국에 잘 적응하지도 못했고, 정신적으로나 물질적으로 궁핍했고, 다른 망명객들과 잘 어울리지도 못하며 외톨이 생활을 했던 사람이다. 다른 망명객들은 비록 망명이긴 하지만 미국생활을 그 무엇인가 새로운 것을 배우는 단계로 생각한 사람들이 대다수였다. 하지만 프랑크는 영어를 배우려는 열의나 영의를 잘 하여 미국에 잘 적응하는 것보다는 항상 독일 쪽을 바라보며 독일에 대한 향수와 독일어가 몸과 마음에 배어 있던 사람이었다. 이러한 모든 정황을 고려해 볼 때 프랑크는 그 누구보다도 서둘러 독일로 귀환해야 할 사람이었다. 그런 그가 서둘러 미국을 떠나지 못한 것은 다음과 같은 이유가 있었다.

첫째, 경제적인 이유와 폐쇄된 사회생활이었다. 1945년 늦가을, 할리우드에서 뉴욕으로 이전한 프랑크는 뉴욕에서 작은 방을 얻어 생활했다. 경제적으로 빈궁했고 외부사람들과의 접촉도 별로 없었다. 이로 인해 독일로 귀환하는 방법을 모색하는 것에 대한 어려움이 있었다. 두 번째로 가족 문제였다. 세 번째로 세 번째 부인이 된 한 여인과의 운명적인 만남 때문이었다.

우선 가족 문제는 귀환이주를 어렵게 만드는 요인 중의 하나이다. 가족이라면 대개 자녀와 부인에 관한 문제로 부인이 귀환이주할 의사가 별로 없다던가, 자녀가 이미 독일어나 독일이라는 나라를 잊고 있는 경우 상황은 복잡해진다. 아이들이 영어가 모국어처럼 친근해 있고, 미국 생활에 아무 불편이 없거나 혹은 더 나아가 미국에 대해 긍정적으로 생각하고 있다면 귀환이주는 지체되거나 불가능한 상태까지 이르게 된다.

프랑크는 이미 독일에서 두 번 결혼했고, 두 번째 부인과의 사이에서 아들 하나를 두고 있었다. 프랑크는 아들과 부인을 프랑스에 남겨두고 유럽에서 혼자 미국으로 망명해 왔다. 할 수 없이 혼자 미국으로 건너오기는 했지만 가족이 프랑스에 남겨졌다는 것이 얼마나 큰 위험이라는 것을 잘 아는 프랑크는 걱정으로 인해 조금도 마음의 안정을 찾을 수가 없었다. 유럽을 떠나 뉴욕 항에 도착한 지 약 9개월이 지난 후인 1941년 7월, 부인 엘레나와 아들 안드레아스는 미국의 볼티모어에 도착했다. 볼티모어는 대서양에 위치한 메릴랜드 주에 속한 도시로 당시 프랑크가 머물고 있던 태평양변의 할리우드와는 지리적으로 끝과 끝이었다.

굳이 볼티모어를 언급하는 이유는 프랑크가 그의 자서전에 당시 미국에 도착한 부인과 아들에 대해 혹은 미국에서의 가정생활에 대해 한마디도 언급하고 있지 않기 때문이다. 대신에 이미 결혼할 당시부터 부부 간에 정이 없었고, 부인은 "긍정적인 힘보다는 부정적인 힘이 훨씬 더 강했고", "그녀를 사랑하는 사람에 대해 항상 더 부정적인 힘을 발동시켜 그녀 자신이 불행하게 되었다"고 스스로 생각하는 여자라는 점 등에 사로잡혀 있었다. 더구나 프랑크 자신은 이러한 여자와의 사이에서 '아이를 출산했기 때문에 할 수 없이 결혼했다'는 생각을 지니고 있었고, 이 점이야말로 본인 인생 최초의 패배라고 타인에게 말하곤 했었다. 이에 따라 항상 피해의식에 사로잡힌 여자가 본인의 피해의식과 불행을 정신적으로나 육체적으로 아들에게 뒤집

어씌우며 괴롭히고 복수하는 것을 보고 괴로웠다는 등 (LiWo 688) 부정적인 인생 고백들이 자서전을 채우고 있다. 이들 부부는 미국에서 별거생활 중이었다.

프랑크의 아들 안드레아스는 1941년 미국으로 건너올 때 12살이었다. 그러니 1945년에는 16세, 1948년에는 19세, 1950년에는 21세이다. 나이를 한번 계산해 보는 것은 망명지에서 '아들의 나이와 미국에서의 적응', '자식 나이와 부모와의 관계' 등을 살펴보기 위해 기초자료로 사용해 보기 위함이다. 아들 안드레아스는 원어민 수준으로 영어를 구사하고 있던 반면 독일어는 잘하는 편이 아니었다. 안드레아스는 프랑크가 뉴욕으로 이주한 후 '스워스모어 칼리지' 입학 준비 중이었다. 스워스모어 칼리지는 미국 북동부의 펜실베니아 주에 위치하고 있는 대학이다. 당시 부인과 아들은 미국 시민권을 취득하려고 노력 중이었다. 그들은 미국에 머무르려고 했고 후일 그렇게 되었다.

아버지와 아들은 갈등상태에 놓여 있었다. 안드레아스는 미국식이 다 되어 아버지에게 불손하게 대하는 것이 다반사였다. 연락도 없다가 갑자기 다른 도시에서 밤 12시에 찾아와 아버지를 "Old boy"라고 부르며 "신발이 필요하다, 옷이 필요하다, 오토바이를 구입할 돈이 필요하다"며 금전을 요구했다. 여름방학 동안 2주일간 뉴욕에 머문다고 하더니 이틀 후 인사도 없이 사라졌다. 미국 이곳저곳에서 접시 닦기, 웨이터, 목재공장의 벌목꾼으로 아르바이트를 하며 생활비를 벌었고, 어렵게 번 돈을 생각 없이 낭비하기도 했다. 4달러로 왕복 2,800km를 여행했다고 자랑스럽게 말하기도 했다. 미국 48개주 중 이미 42개주를 보았다. 뉴욕에서 할리우드를 5번이나 왕복했다. 9,600km를 5번이나. 어떻게 보면 모든 면에서 자립심이 강한 것처럼 보였지만 외적인 자립심이었다. 어린 시절 그의 어머니에게 받은 육체적, 정신적 학대로 인한 마음의 상처를 씻어버리려는 것 같았다. 몇 년 후 아버지에게 보낸 편지에서 아버지는 책을 통해서만 안다고 하기도 했다.

프랑크의 부인은 어린 시절 아들을 끔찍이 사랑했음에도 때만 되면 아들을 들볶아 댔다. 사랑이 곧 질책으로 나타났다. 프랑크가 보기에 그러한 행동은 바로 그녀의 어머니에게서 물려받은 것이었다. 프랑크가 결혼하려고 장모 될 분을 처음 만났을 때 별것 아닌 음식예절을 가지고 식탁에서 두 시간 내내 딸을 질책하는 것을 본 적이 있었다. 평생 그 광경이 머릿속을 떠나지 않고 있던 터였다. 자기 어머니에게 당한 것을 지금 자기 아들에게 집요하게 복수를 하고 있다는 생각이 항상 프랑크의 마음속에 있었다.

이런 아들과 부인을 보며 프랑크는 애증의 갈등 속에서 괴로워하고 있었다. 이런 부인과 아들이 미국에 머물고 있는 상황에서 프랑크는 선뜻 고국으로 귀환하지 못하고 있었다. 망명도 망명이지만 가정사는 망명현실 이상으로 한 인간을 괴롭혔다. 프랑크에게 망명으로 인해 가정사는 더욱 곤경에 처해 있었다.

이러한 상황에서 프랑크는 1948년 8월 운명적으로 한 여인을 만나게 된다.[32] 1948년 여름 뉴욕은 매우 더웠다. 800만의 대도시 뉴

---

32) 1948년 8월 1일 이 Farm에서 운명적으로 '한나 (Hanna)'와 재회했다. 18년 전 베를린 어느 카페에서 단 몇 분의 짧은 순간 스쳐지나가며 한 번 보았고, 1927년 작 그의 작품 『옥센프르트 남자 사중창단』에서 이상적인 여인상으로 묘사했던 사람이었다. 18년 전 베를린에서 그녀를 보았다고 하지만 실제로 그녀는 프랑크가 그녀를 보았다는 사실 자체를 느끼지도 못했고, 그에 대한 기억 자체도 없었다. 더구나 프랑크가 자기를 보았다는 그 순간을 기억에 떠올려 보니 지금의 남편과 데이트를 하던 중이었다. 그녀의 본명은 '샬롯데 예거 (Charlotte Jäger)'이고 프랑크는 그녀를 '한나'라고 불렀다. 프랑크는 그녀를 보자마자 사랑의 욕망을 막을

욕은 폭염으로 인해 사람들이 죽어나갔다. 프랑크는 찌는 더위로 인해 숨쉬기도 어려운 비좁은 방에서 더 이상 작업을 할 수도 없고 견딜 수도 없어서 뉴욕 근교의 '농장 (Farm)'에 갔다. 그 농장은 독일 뉘른베르크 출신의 독일인 가족이 지어 운영하는 일종의 게스트하우스로 독일 망명객들이 즐겨 찾던 곳이었다. 고향의 일부분처럼 느끼던 곳이었다.

샬롯데 예거는 배우 출신으로 미모가 뛰어나고 재기를 겸비한 매력적인 여인이었다. 1934년 망명길에 올라 런던, 파리, 뉴욕을 거쳐 워싱턴에 거주하던 중이었다. 그녀는 이미 '쿠르트 런던 (Kurt London)'과 결혼하여 미국의 수도 워싱턴에서 사회적으로 안정적인 생활을 하며 유럽에 대한 동경이나 독일로의 귀환 따위는 염두에도 두고 있지 않았었다. 쿠르트 런던은 유대인 혈통의 법학박사로 베를린에서 희곡을 쓴 적이 있었다. 1933년 독일을 떠났고, 파리에서 샬롯데 예거와 결혼했다. 그들은 이미 베를린 시절부터 연인관계였다. 2차 대전이 발발하자 그들 부부는 미국으로 망명했다. 부부는 미국에서 미국 국적을 취득했다. 런던은 워싱턴에서 변호사 사무실에서 근무했다. 그녀도 국회도서관에서 일하고 있었다. 부부관계에도 이상이 없었다.[33)]

이러한 그녀에게 프랑크는 청혼했다.[34)] 프랑크의 청혼으로 결국

길이 없었다. 첫 부인 '리자'에게 느꼈던 감정 그대로였다. 당시 프랑크의 나이 65세였다. 그녀의 마음을 얻기 위해 무엇이든지 해야겠다고 마음을 먹었다. 샬롯데 예거는 프랑크보다 25세 연하였다. 그 둘의 관계는 그 둘의 자서전에 아련하게 묘사되어 나타나고 있다.

33) 샬롯테 프랑크의 베를린, 런던, 파리, 뉴욕의 생활에 대해서는 Charlott Frank: Sagen, was noch zu sagen ist. Mein Leben mit Leonhard Frank, Mit einem Nachwort von Rita Mieke. Frankfurt/M - Berlin 1992. 5-37쪽 참조. 앞으로 인용시 쪽수와 더불어 Charlott Frank로 표기함.

샬롯데와 쿠르트 런던은 2년 후인 1950년 5월 정식으로 이혼했고[35], 프랑크도 두 번째 부인과 이혼했다.

두 사람은 결혼을 하기로는 했지만 선뜻 유럽으로 귀환하기에는 아직 문제가 남아 있었다. 샬롯데는 혈통으로 볼 때 반은 유대인이었기 때문에 일반적인 유대인들이 느끼는 유럽에 대한 불안감을 지니고 있었다. '영어가 이미 모국어'가 되어 있었고, 미국 시민권자로 미국에 잘 적응하며 미국이라는 국가에서 보호받고 있다는 느낌으로 살고 있었고, '그녀가 태어난 나라인 독일에 대해서는 불의가 지배하는 야만국가'로 여겼기 때문에[36] 독일로 귀환하려는 프랑크의 계획에 반대 입장을 취하고 있었다. 프랑크 자신도 아들 문제 때문에 선뜻 미국을 떠나지 못하는 상황이긴 했지만 근본적으로 미국에 머무르려는 샬롯데의 경우와는 완전히 달랐다. 프랑크는 정치적 성향 때문에 미국 정보부의 감시대상자였다. 샬롯데와 만난 이후 1950년 5월 미국

34) 처음에 샬롯데는 대수롭지 않게 받아들였다. 작가란 환상이 많은 사람들이라 그러려니 했다. 그러나 프랑크의 진지함에 결국 두 사람은 사랑에 빠져 결혼을 생각하는 단계까지 갔다. 그러나 결혼을 실행으로 옮기기에는 극복하지 못할 장애물이 기다리고 있었다. 독일로 귀환해야 될지 망명지에 계속 남아야 될지를 결정해야 했다. 두 사람이 결혼 상태를 유지하고 있었기 때문에 이혼을 하는 것이 새로운 결혼의 전제조건이었다. 샬롯데의 남편 런던도 처음에는 대수롭지 않게 생각했다. 그저 철부지 아내의 불장난이나 순진한 작가의 환상 정도로 치부했다. 그러나 사건은 심각하게 발전해 나갔다.

35) 샬롯데 프랑크와 쿠르트 런던의 이혼에 관해서는 (Charlott Frank 99-116) 참조.

36) "영어는 나에게 습관이 되어 버렸다. 이 언어는 마치 피부처럼 나에게 맞았다. 내가 사는 나라는 나의 마음에 든다. 내가 태어난 저 멀리 떨어진 나라는 불의와 야만의 나라가 되었다. 악이 추억을 그늘로 뒤덮고 선함 역시 밀쳐낸다. (Das Englische war mir zur Gewohnheit geworden, die Sprache paßte mir wie eine Haut. Das Land, in dem ich lebte, gefiel mir - das weit entfernte Land meiner Geburt war ein Land der Rechtlosigkeit und Barbarei geworden. Das Böse überschatete die Erinnerung und verdrängte auch das Gute.)" (Charlott Frank 41) 참조.

귀화신청서를 냈지만 관청에 의해 거절당했다. 내적으로도 현실적으로도 프랑크에게 미국은 '더 이상 숨을 쉬고 살 곳이 아니었다' (Charlott Frank 102). 물론 독일로 돌아간다고 해도 나치에 의해 박탈당한 독일국적을 회복하는 과제가 남아 있기는 했다.

프랑크는 아들을 미국에 남겨두고 그의 세 번째 부인이 될 샬롯데와 함께 1950년 9월 21일 유럽으로 건너가는 여객선 'Flying Enterpreise'에 몸을 실었다. 귀환 목적지는 독일이었다. 미국 망명생활 10년을 마감하는 순간이었고, 나치로 인해 독일을 떠나 유럽에서의 망명 7년을 합하면 도합 17년 만에 독일로 귀환하는 것이었다.

3. 심정적 사회주의자의 서독 귀환

3.1. 비현실적 기대와 부적절한 귀환

1950년 10월 4일 샬롯데와 프랑크는 프랑스 '르아브르'항에 도착했다. 프랑크가 르아브르에서 처음 목격한 것은 전쟁으로 인한 폐허였다. 그 광경을 보자 그에게 떠오른 첫 생각은 "미국 전역에는 폐허가 없었다. 미국에는 전쟁이 없었다" (LiWo 694)는 것이었다. 그리고 그는 지금 "목발과 의족에 의지하여 서 있는 상처입고 절단당한 유럽" (LiWo 694)에 와있는 것이었다. 독일은 두말할 것도 없이 폐허속의 나라였고 한참 재건 중이었다. 미국은 서방 연합국과 함께 2차 대전에 참전했지만 전쟁터는 유럽이었고, 폐허가 된 것은 유럽이었다. 후일 노벨 평화상 수상자 빌리 브란트 서독 수상은 미국과 소련이 첨예하게 대치하고 있던 냉전시절에 집권당이 NATO와 함께 소련의 최신예 무기에 대항하기 위해 독일 내에 강력한 무기를 설치하려고 하자 최신예 무기 설치는 전쟁만을 부르고 전쟁터를 제공하는 것은 독일이라며 이를 강력하게 반대하며 오히려 군축을 주장한 일이 있었다.37)

프랑크는 기차를 타고 벨기에를 거쳐 독일로 입국하여 아헨에서 하룻밤을 묵은 후 고향 뷔르츠부르크로 향했다. 마음속으로 가까웠고 몇 년이나 떨어져 지내야만 했던 큰 누님을 다시 만나보기 위해서였다. 고향 역에서 기차를 내리자 "누님이 미소를 짓고 있었는데 입술은 꼭 깨물고 있었다, 그와 동시에 울고 있었기 때문이었다" (LiWo 695)라고 자서전에서 술회하고 있다. 프랑크의 나이 68세 때였다. "20년 전에 마지막으로 서로 만나 보았지만, 마치 어제 만나 작별한 것 같았고, 이웃 마을에 다녀온 것만 같았다" (LiWo 695). 프랑크는 공간적으로 서로 멀리 떨어져 있었다 하더라도 결코 혈육은 떼어놓을 수 없다는 것을 확신했다. 마음속에도 결코 떨어져 있었다는 생각이 들지 않았다. 그들에게는 다만 정치 사회적 변고로 발생한 이산가족의 뼈저린 상처와 재회의 기쁨만이 남아 있었다. 1950년 10월 5일과 6일 사이의 밤이었다.

---

37) 1983년 10월 22일 서독의 수도 본에서 행해진 평화시위에서 전임 수상이자 당시 야당 대표였던 빌리 브란트는 '나토 2중 결의 (NATO Double-Track Decision)'를 비판하며 "우리는 독일에서 더 이상 대량살상무기를 필요로 하지 않는다, 우리는 더 적은 것을 필요로 한다"고 주장했다. 즉 독일은 최신예 무기가 필요 없다는 것이었다. 1979년 12월 12일에 발효된 '나토 2중 결의 (NATO Double-Track Decision)'는 소련의 최신예 무기에 대항하기 위해 무기현대화와 소련 무기에 대한 공백을 채우기 위한 일환으로 미국의 중거리 지대지 핵탄도 미사일인 '퍼싱 II (Pershing II)'와 'BGM-109 토마호크 미사일 (Tomahawk missile)'을 서유럽에 설치하는 것을 골자로 하는 군비정책이었다. 당시 집권여당은 기민당 (CDU)이었고, 수상은 헬무트 콜이었다. 망명에서 귀환이주하여 서독 수상 자리에 오른 빌리 브란트는 레온하르트 프랑크처럼 이 땅에서 "전쟁은 다시는 있어서는 안 된다! (Nie wieder Krieg!)"는 신념을 몸소 실천한 평화주의자였다.

기본적으로 프랑크는 독일에 대한 환상을 지니고 귀환했다. 그의 삶이 항상 독일을 바탕으로 했고, 그가 추구하던 바가 유럽적 이상이라고 여겼기 때문이었다. 그와 더불어 고향에 가면 당연히 환영을 받고 모든 일이 뜻하는 대로 이루어질 것으로 생각했다. 이러한 환상을 지니게 된 직접적인 배경은 이미 스위스에서 망명을 하고 제1차 세계대전이 종전했을 당시 귀환이주가 성공적이었던 경험이 있었기 때문이었다. 당시 프랑크는 귀환이주 후 자타가 공인하는 최고의 작가가 되었고 본인의 자의식 속에서도 최고의 작가였다. 이와 함께 개인의 생활은 물론 사회적, 정신적, 물질적으로 최고의 풍요로움을 즐겼었다.

이러한 경험을 바탕으로 이번에도 편안한 마음으로 자기 자신과 동일한 모국어 언어권과 독일 문화권으로 귀환했다. 그러한 다음에는 고향과 다시 재회하고 새로운 독일 건설에 참여하려고 마음을 굳게 먹고 있었다. 그 아름다운 귀향을 위해 그 어려운 망명생활도 나름대로 잘 견뎌왔다고 자부했다. 프랑크는 그의 자서전에서 피레네 산맥을 넘고 리스본을 통과하여 '긴급구조위원회 (ERC)'의 중재로 미국으로 망명할 당시인 "10년 전에 이미 유럽으로의 귀환을 결정했었다" (LiWo 692)라고 강조할 정도로 귀환이주는 당연하고도 확고한 것이었다. 굳건한 마음으로 망명생활을 견디어온 프랑크에 비해 그동안 어떤 망명객들은 자살을 했다. 망명지를 새로운 고향으로 선택한 사람도 있었다. 미국 국적을 취득한 사람들이 대부분이었다. 미국의 문물을 새로운 이상으로 삼은 인사들도 있었다. 점령군의 일원이 되어 고국으로 진주한 사람들도 있었다. 하지만 프랑크는 이 모든 난관을 극복하고 드디어 독일로 귀환하는 중이라고 생각했다. 아들도 미국에 남겨두고 왔다. 독일에 대한 증오심도 이미 없었다. 개인적으로는 운명적으로 만난 사랑하는 여인을 동반하고 귀환하니 모든 것이 꿈만 같았다. 이러한 모든 것이 프랑크의 환상이었다. 하지만 현실은 달랐다.

환상이 깨어지는 첫 현실과의 대면은 작가와 작품에 관한 것이었다. 그는 무엇보다도 '독일작가'였다. 적어도 그는 그렇게 생각했다. 독일에 관한 소재를 가장 잘 작품화한 작가라고 생각했다. 국경을 넘어 독일 땅에 도착한 첫 순간 ―정확히 아헨에서 하룻밤을 묵고 난 바로 그 다음날― 기대에 부풀어 서점에 들러 "미소를 지으며 레온하르트 프랑크의 책들을 〔찾는다〕" (LiWo 695)고 서점원에게 말을 건넸다. 그런데 젊은 서점원은 프랑크라는 작가는커녕 프랑크의 작품명을 알지 못하고 있었다. 귀환이주의 현실을 처음으로 뼈저리게 대면하는 순간이었다. 프랑크는 이미 과거의 인간이자 ―아니 아무도 그를 알아보지 못하는 한 인간― 잊혀진 작가였다. 프랑크는 나치가 금서로 지정하고, 분서당한 본인의 책이 나치 체제가 붕괴된 이후에도 여전히 잊혀져 있고 독자들에게 흥미조차 없다는 현실을 보며, "나치가 프랑크에 승리했다" (LiWo 695)는 비참함을 금치 못했다. 프랑크는 1940년 미국 뉴욕항에 처음 도착하여 기자들이 히틀러에 관해 물었을 때 "히틀러는 세계에 승리하지 못한다, 세계가 히틀러에 승리할 것이다"라고 인터뷰한 적이 있었다. 그런데 지금 프랑크는 히틀러에 패배한 것이다.

나치에 의해 침묵을 강요당한 망명 작가들의 작품들은 2차 대전이 끝난 후인 지금 독일 독자들에게 아직도 깊이 함몰되어 있었다. 깊이 함몰된 작품은 다시 밖으로 나오지 못하고 잊혀진 상태였다. 더구나 당시 "40세 미만의 독일인들" (LiWo 695)은 레온하르트 프랑크 자체를 모르고 있는 것 같았다. 프랑크의 경우 명예회복은커녕 그대로 파묻힌 상태였다. 지금까지 독일문학사 기술에서 보면 레온하르트 프랑크는 표현주의 작가 정도로만 기억되고 있고, 전후 문학에서는 거의 거론되지 못하고 있다. 이러한 현실에서 프랑크의 환상은 완전히 깨어졌고, 1차 대전 후 귀환이주와 같은 영광을 다시는 되찾을 수 없다는 사실을 깨달아야만 했다.

레온하르트 프랑크는 바이마르 공화국 시절 가장 비중 있게 평가받는 작가 중 한 사람이었다. 그의 작품들은 높은 판매량을 기록했고 수많은 독자층을 확보하고 있었다. 프랑크의 소설들은 시대의 파수꾼으로 독자들의 욕구를 충족시켜 주었었다. 빌헬름 황제 시대 때에는 억압적이고 보수적인 기성세대에 대해 반란과 폭동으로 대항했다. 1차 세계대전 때에는 반전 평화주의로 맞섰고, 폭력을 해소하기 위해 사형제도 폐지 운동을 문학을 통해 부르짖었다. 바이마르 공화국 시절 실업자 문제가 최고조에 달했을 때에는 인간들 간의 평화와 정의를 소설 속에서 외쳐댔다. 그런데 2차 대전 이후, 귀환이주한 프랑크를 기억하는 독자는 ―특별한 관계를 제외하고― 아무도 없었다. 이러한 실상은 단지 레온하르트 프랑크 개인에게만 국한된 일이 아니었다. 1933년 이후 망명을 떠난 대다수의 망명 작가들이 공통으로 경험해야만 했던 일이었다. 잊혀진 작가와 복원되지 못한 작가, 잊혀진 작품과 복원되지 못한 작품들 등에 관한 문제는 망명문학 연구나 귀환이주 문제에서 심도 있게 다루어야 할 한 중요한 부분에 속한다. 이 부분은 단지 한 작가나 작품에 관한 문제뿐만이 아니라 정치, 사회, 역사적인 복잡한 문제가 그 뒤에 도사리고 있기 때문이다.

프랑크는 개인적으로 환상을 지니고 ―비현실적인 기대를 지니고― 귀환했지만 정치, 사회, 역사적인 측면에서 볼 때는 부적절한 귀환이었다.

두 번째 망명을 떠난 지 17년 후인 1950년, 68세의 나이로 귀환했을 때, 프랑크가 원하고 바랐던 조국 독일은 이미 없었다. 공식적으로 분단된 동·서독만이 있었을 뿐이었다. 분단은 엄연한 현실이었다. 전쟁을 반대하고 평화주의자 작가인 프랑크를 기다리는 것은 다만 냉전의 상징인 분단된 독일이었다.

동독에는 소련을 배후세력으로 하는 공산주의자들이 그들의 이상 실현을 위해 공산주의 국가를 건설했고, 서독에는 미국을 위시한 서방세계의 강한 우의동맹을 바탕으로 '기민당 (CDU)' 아데나워 정권이 국가 재건과 경제 부흥을 기치로 강한 국가를 건설하는 중이었다. 이미 점령군 군정시절 새로운 두 국가의 토대는 굳건히 마련되어 있었다. 더구나 분단된 조국은 미국과 소련의 냉전체제 속에서 대리 전쟁터로 발돋움하는 중이었다. 1950년에 발발한 한국의 6·25전쟁은 국제정치 상황에서 볼 때 분단된 독일의 냉전체제를 더욱 공고히 하기 위한 —혹은 더욱 굳건하게 만든— 사건으로 다가온다. 이 가설은 물론 전문가들의 구체적인 연구를 기다리는 부분이다.

이러한 현실에서 프랑크가 설 수 있는 자리는 더 이상 없었다. 더구나 망명 작가 프랑크는 유대인이 아니고 순수 독일인이었다. 그가 살아온 개인의 역사를 감안하면, 프랑크는 독일을 버릴 수 없는 사람이었다. 그는 사상이나 이념보다도 독일을 사랑했기 때문에 귀환한 망명객이었다.

이러한 당시의 상황을 고려해 보면 레온하르트 프랑크는 비현실적인 기대를 가지고 부적절한 시기 및 사회관계 속으로 귀환이주했다고 볼 수 있다. 프랑크는 귀환이주 후 망명객이 겪을 문제점을 미리 예견하지 못했다. 이러한 직접적인 원인은 프랑크가 제1차 세계대전 후인 1918년 이미 스위스 망명에서 성공적으로 독일로 귀환이주한 경험을 가지고 있었기 때문이다. 하지만 1918년과 1950년의 독일 사회는 바이마르 공화국과 분단된 독일이 상징적으로 말해주듯 이미 큰 차이를 가지고 있었다.

두 번째로 프랑크는 성향으로 볼 때 동독구역 내지 동독으로 귀환하는 것이 예견되었으나 예상과는 달리 서독으로 이주했기 때문이었다. 더구나 심정적 사회주의자인 프랑크가 독일의 대표적 보수 성향 구역인 바이에른 주에 정착한 것은 부적절한 귀환이었다. 이러한 점들을 종합해 보면 그의 귀환이주는 문제점으로 나타날 수밖에 없고, 비극적으로 끝날 수밖에 없었다. 하지만 프랑크는 독일을 사랑했고 독일로 돌아올 수밖에 없기 때문에 이러한 어려운 상황에서도 귀환이주를 감행한 것은 개인적으로는 당연한 일이었다. 그럼에도 불구하고 한 개인에게 나타난 이러한 문제점과 비극은 개인의 문제라기보다는 독일역사의 문제점과 독일적임 및 독일인들이 지니고 있는 비극 그 자체 때문이었다.

3.2. 굴욕적 환영과 환상파괴의 현장

프랑크는 귀환이주 후 그의 고향에서 굴욕적인 환영을 받았다. 그는 조국으로 귀환만 하면 바이마르 공화국 시절의 저명했던 망명 작가가 다시 돌아왔다며 독일의 독자들이 반길 것이라고 생각했다. 더구나 그가 태어나고 자란 고향 뷔르츠부르크를 문학작품의 무대로 삼았고 이를 세상에 알렸기 때문에 고향사람들은 고향의 이름을 빛낸 고향의 아들이 드디어 망명생활을 마치고 귀향했다며 대환영할 것이라고 굳게 믿고 있었다. 하지만 그것은 환상이었다. 그 혼자만의 생각이었다.

독일의 각 도시는 고향의 이름을 빛낸 고향의 아들딸들을 자랑스럽게 여기는 전통이 있다. 마인강변의 프랑크푸르트에서 태어난 세계적인 문호 요한 볼프강 폰 괴테는 프랑크푸르트의 아들이고, 라인강변의 본에서 태어난 루트비히 판 베토벤은 본의 아들이라며 고향사람들은 자부심이 대단하다. 한국에 이어 서양에서 최초로 금속활자를 발명한 요하네스 구텐베르크는 라인강변에 위치한 마인츠의 아들이다. 지금도 마인츠 대학교의 정식명칭은 '요하네스 구텐베르크-마인츠대학교'[38]이고 프랑크푸르트 대학교는 '괴테-프랑크푸르트대학교'[39]

---

38) 마인츠 대학교의 공식명칭은 '요하네스 구텐베르크-마인츠 대학교 (Johannes Gutenberg-Universität Mainz)'로 독일 라인란트팔츠 주의 수도인 마인츠에 위치해 있다. 학생 수는 37,000명이고, 10개 단과대학에 150개의 연구소와 대학병원을 갖추고 있으며, 현재 독일에서 12번째로 큰 규모의 대학교이다. 1400년 마인츠에서 출생한 금속활자 발명가 요하네스 구텐베르크에서 교명이 유래한다. 1477년에 개교했다. 참고로 11세기 말에 개교한 이탈리아의 볼로냐대학교, 13세기 초의 파리대학교와 옥스퍼드대학교에 이어 독일어권에서는 프라하 (1348), 빈 (1365), 에어푸르트 (1379), 하이델베르크 (1386), 쾰른 (1388), 뷔르츠부르크 (1402), 라이프치히 (1409), 로스톡 (1419), 바젤대학교 (1459) 등이 오래된 대학교이다. 튀빙엔대학교는 마인츠와 같은 해인 1477년에 개교했다.

39) 프랑크푸르트 대학교의 공식명칭은 '요한 볼프강 괴테-프랑크푸르트 (암 마인) 대학교 (Johann Wolfgang Goethe-Universität Frankfurt am Main)'였고, 2008년부터 '괴테-프랑크푸르트 (암 마인) 대학교 (Goethe-Universität Frankfurt am Main)'로 불린다. 1914년에 개교했다. 학생 수로 볼 때 베를린자유대학교 (FU Berlin), 베를린훔볼트대학교 (HU Berlin)에 이어 독일에서 세 번째로 큰 대학교이다. 16개 단과대학에 학생 수는 46,500명이다. 1749년 프랑크푸르트에서 출생한 독일의 문호 요한 볼프강 폰 괴테에서 교명이 유래한다. 참고로 1809년에 개교하고 1810년부터 수업이 시작된 베를린훔볼트대학교는 근대적 의미로 볼 때 가장 오래된 대학교로 언어학자인 빌헬름 폰 훔볼트 (Wilhelm von Humboldt)의 이념에 의해 창립되었다. 훔볼트 이전의 대학교는 '가르치는 자와 배우는 자의 공동체 (universitas magistrorum et scolarium)'였는데 훔볼트의 대학교 이념은 '학문의 공동체 (universitas litterarum)'였다. 이후 훔볼트의 대학 이념은 독일뿐만 아니라 전 세계적으로 대학의 이념과 근간이 되었다. 제2차 세계대전 이후 원래의 베를린대학교인 훔볼트대학교가 동독구역에 소재하고 있었기 때문에 서방성향의 교수들과 학생들이 서베를린으로 이주하여 1948년에 창립한 대학교가 베

로 고향사람들은 이름과 함께 고향의 아들을 기린다. 이 정도로 고향의 이름을 빛낸 고향의 아들딸들은 고향과 함께 찬연히 빛을 발하고 있다.

하지만 빛이 비치면 비치는 대로, 빛이 밝으면 밝을수록 가려진 혹은 감추어진 암흑이 그 어디엔가 뚜렷하게 존재하는 것이 인간사회의 기본속성이다. 인간에 대한 절대적인 평가가치는 존재하지 않는다. 인간들은 객관적이고도 인간적인 측면에서 한 개인을 진지하게 평가하고 받아들이지 않고 사회가 ―대부분 정치 사상적인 권력관계의 결과 내지 성패에 따라 형성된― 인간을 자리매김하며 한 인간에 대한 전체를 흑백으로 정확하게 분류한다. 역사의 물결에서 밀려난 자는 잊히거나 죽음의 어두운 나락으로 내던져버려지기가 일쑤이고 시류에 합류하거나 승리한 자는 찬연히 빛나는 것이 인간사회의 법칙이다. 고향사람들에게 뜻이 같다는 전제하에 ―대부분 이데올로기― 이득이 되는 저명한 고향 출신은 과도한 환대를 받지만, 그렇지 못할 경우는 증오의 대상이 되거나 아예 매몰차게 배척을 당한다. 이 논리는 혈육의 경우에도 마찬가지로 적용된다.

독일의 저명한 시인 하인리히 하이네(1797-1856)의 경우는 뒤셀도르프의 아들이라는 이유로 후일 '하인리히 하이네-뒤셀도르프대학교'[40]라는 명칭을 부여받긴 했지만 빛보다는 어두움이 짙게 깔린 예에 속한다. 하이네는 뒤셀도르프에서 태어났지만 그가 태어난 고향도시 뒤셀도르프와는 오랫동안 복잡하지 않은 관계를 유지해 오고 있

를린자유대학교이다.

40) 노르트라인베스트팔렌의 주정부 수도인 뒤셀도르프에 위치한 뒤셀도르프 대학교는 1965년 의학전문대학을 합병하면서부터 출발한 대학교로 1988년부터 '하인리히 하이네-뒤셀도르프대학교 (Heinrich-Heine-Universität Düsseldorf)'라는 교명을 사용하고 있다.

지 않은 것이 지금까지의 현실이다. 1830년 프랑스에서 7월 혁명이 발생하자 열광적으로 혁명을 반겼던 혁명적 진보주의자 하이네는 결국 전제주의 보수적인 프로이센에 적개심을 품게 되고 독일에서의 검열에 반기를 들고 1831년 프랑스 파리로 이주한 것이 결국 돌아오지 못할 망명의 길이 되고 말았다. 1933년 하이네의 책들은 나치에 의해 불살라졌다. 오늘날 유대인 혈통이자 급진적 사고를 지닌 하이네에 관해 뒤셀도르프 고향 독일인들은 '좋다 혹은 나쁘다'라는 말 자체까지를 꺼리는 묘한 관계를 유지해 오고 있다. 유대인을 중심으로 하이네를 거명하는 것 자체에 대해 드러내놓고 반대하기도 혹은 찬성할 처지도 안 되고, 그렇다고 공식적으로 거명하기도 싫어하는 것이 고향 뒤셀도르프를 축으로 하는 독일 사회의 현실이다.

프랑스 파리로 망명한 「로렐라이」의 작가 하이네는 180년이 훨씬 지난 지금에도 아직 고향 뒤셀도르프로 돌아오지 못하고 있다. 그는 지금도 프랑스 파리의 몽마르트 공동묘지에 묻혀 있다. 살아생전 '타국에서'[41] '조국 독일과 어머니'[42], 그리고 고향과 모국어인 독일어

---

41) 하이네는 파리 망명시절 초기에 다음과 같은 〈타지에서〉라는 제목의 시에서 고향 상실과 독일어에 대한 그리움을 절절히 노래하고 있다.

> 〈타지에서〉
> 나에겐 아름다운 조국이 있었다.
> 참나무가
> 그곳에선 그렇게 높이 자라고, 오랑캐꽃은 부드럽게 산들거리고
> 그것은 꿈이었다.
>
> 그것은 독일어로 입맞춤 (küssen, 퀴센)하고 독일어로 말했다.
> 「그 말이 어떻게 그렇게 좋게 울리는지
> 아무도 모르리라」
> 그 말: "이히 리베 디히! (나는 너를 사랑해!)" 그것은 꿈이었다.

를 그렇게도 그리워했던 하이네는 지금도 망명지의 공동묘지에 대리석상이 되어 묘비명과 함께 지나가는 여행객의 마음을 울리고 있다.

---

42) 1843년 파리 망명 중에 쓰여진 〈밤의 상념〉이라는 시에서 하이네는 잠 못 이루는 밤에 어머니와 고향에 대한 절절한 그리움에 눈물을 쏟아 내고 있다. 1844에 발간된 『시대 시편들 (*Zeitgedichte*)』에 실려 있다.

〈밤의 상념〉

밤에 독일을 생각한다,
그러면 나는 잠을 이룰 수 없다,
나는 더 이상 눈을 감을 수 없다,
그리고 나의 뜨거운 눈물이 흐른다.

해는 오고 해는 간다!
어머님을 뵙지 못한 지도,
벌써 십이 년이 지나갔구나;
동경과 그리움이 자라난다.

나의 동경과 그리움이 자라난다.
그 늙은 부인이 나에게 마법을 건다,
나는 항상 그 늙은 부인을,
신이 보존하는 그 늙은 부인을 생각한다!

그 늙은 부인은 나를 그렇게 사랑했고,
그녀가 쓴 편지들에서 나는
얼마나 그녀의 손이 떨리는지,
얼마나 깊이 어머니의 마음이 감동을 주는지를 본다.

어머니는 항상 나의 생각 속에 자리 잡고 있다.
십이 년이 흘러갔다,
어머니에게 잘 해드리지 못하고 지난지도
십이 년이 흘러가 버렸다,

독일은 영원히 존립한다,
독일은 속까지 튼튼한 나라다,
독일의 참나무들과, 독일의 보리수들과 함께
나는 항상 독일을 다시 발견하리라.

어디가?

언젠가 어디가
방랑에 피로한 이 사람의
마지막 안식처가 될까?
남쪽나라의 야자수 아래일까?
라인강의 보리수 아래일까?

황무지 어느 한 곳에 나는
낯선 손에 의해 묻히게 될까?
혹은 모래 속 어느 바닷가 해변에
영면하게 될까?

끊임없이! 저곳에서도 이곳처럼
신의 하늘이 나를 에워싸게 될 것이고
밤에 별들이 죽은 자의 등불이 되어
내 위를 떠돌 것이다

레온하르트 프랑크가 고향 뷔르츠부르크에 도착하자 "교양이 있고, 열린 사고의 소유자"인[43] 뷔르츠부르크 시장은 그가 묶고 있던 호텔을 예방했다. 시장은 귀환인사와 함께 뷔르츠부르크 시 이름으로 환영회를 개최하여 레온하르트 프랑크에게 공식적으로 경의를 표할 예정이라는 사실을 알렸다. 1950년 10월 6일 'dpa-통신사'는[44] "레온

---

43) Charlott Frank: Sagen, was noch zu sagen ist. Mein Leben mit Leonhard Frank, München 1982, 122쪽. 앞으로 인용시 쪽수와 더불어 SS로 표기함.

44) dpa-통신사 (Deutsche Presse-Agentur)는 1949년 8월 18일에 설립된 독일 최대의 통신사이다. 본사는 함부르크에 있고, 편집센터는 베를린에 있다. 약 700명의

하르트 프랑크가 그의 고향도시 근교에 정착할 것"이라고 보도했다. 1950년 10월 12일 뷔르츠부르크 인근 도시 아샤펜부르크의 한 지방신문 '마인-에코'는 프랑크가 뷔르츠부르크에서 창작활동을 할 것이라고 보도했다. 그야말로 17년 동안의 망명에서 귀환한 고향 출신의 저명한 작가를 모두가 대대적으로 환영하는 분위기였다.

하지만 미리 통고했던 '뷔르츠부르크 시 주체 환영회'는 개최되지 않았다. 그냥 한 정치인의 겉치레 인사였다. 추측성 보도를 내보냈던 언론도 프랑크가 고향에 도착하자 입을 다물었다. 그에게 관심을 보이지 않았다. 고향 뷔르츠부르크 사람들은 레온하르트 프랑크를 거부했다. 고향과 고향사람들에 대한 환상이 완전히 깨졌다. 고향사람들에게 환멸을 느꼈기 때문이다. 환멸로 인해 지금까지 살아오며 형성된 세계관과 인생관이 일순간 무너졌다. 그와 더불어 항상 뷔르츠부르크를 배경으로 자아와 세계상을 실현했던 문학적 작업 역시 길을 잃었다. 고향에서 거부당하는 것은 고향을 잃는 것이다. 고향을 잃는다는 것은 설 자리를 잃는 것이다. 설자리가 없는 사람은 투명인간이고, 고향사람들에게는 유령과도 같은 존재다. 알프레트 폴가의 말처럼 프랑크에게 "타향은 고향이 되지 못했다, 그러나 고향도 타향이 되었다" (SS, 195).

프랑크는 자기가 살아온 인생을 되돌아다보았다. 태어나고 자랐고 살아온 곳을 되돌아보았다. 그러면서 '사람이 태어나고 자란 곳을 어찌 떼어내 버릴 수 있을까'를 생각했다. 그리고 '고향은 정말로 우리들 속에 있다', '우리들은 정말로 고향의 한 부분이다'라는 생각을 누누이 했다. 누가 뭐라고 해도 뷔르츠부르크는 프랑크의 고향이었다.

사원이 근무하고 있으며 전 세계 100여 개의 지사를 운영하고 있다.

프랑크는 뷔르츠부르크의 한 부분이었다. 프랑크는 고향에 온 사람이었다.

당시 프랑크에 대한 뷔르츠부르크 사람들의 반응을 살펴보기 위해 1947년 '바이에른 주둔 미군정청'이 실시한 설문 조사서를 다시 한 번 검토해 보자. 뷔르츠부르크 사람들은 "고향을 찾아온 망명객들, 그중에서도 특히 고위직과 군정청 관료들에 대해 반감을 지니고 있었고, 그로 인해 아예 초반부터 주민 대다수가 망명객들을 불신"(ThoWie, 73)하고 있었다. 뷔르츠부르크 사람들은 "망명객들이 고향에 돌아오고자 한다면, 독일을 도울 준비가 되어 있어야 한다"(ThoWie, 73)는 점을 강조했다.

그렇다면 1947년 설문 조사가 실시될 당시부터 프랑크는 거부의 대상이었을까? 1947년 7월 3일 뷔르츠부르크 설문 조사서를 들여다보면 레온하르트 프랑크라는 이름은 발견되지 않는다. 다만 뉘른베르크 조사서를 살펴보면 프랑크가 눈에 뜨이는데 '프랑크'라는 이름의 성만 적혀 있다. 그래서 프랑크가 '브루노 프랑크 (1887-1945)'인지 '레온하르트 프랑크'인지 불분명하다. 브루노 프랑크는 1933년 오스트리아, 스위스, 프랑스, 영국을 거쳐 미국으로 망명하여 1945년 캘리포니아에서 생을 마감한 망명 작가이다. 비슷한 망명의 길을 밟은 작가이다. 그런데 조사서를 눈여겨보면 망명객들에 관한 문제가 아니라 "〔...〕 프랑크, 헤세, 카프카, 만 〔...〕 츠바이크, 추크마이어" 등 "1933년 이전의 시기에 독일에서의 문학적 업적" (ThoWie, 174)에 관련된 맥락에서 거명되고 있다.

이러한 기초적인 자료들을 근거로 유추해 보면 레온하르트 프랑크는 미국 군정청에 의해 의도적으로 설문조사 대상에서 제외되었거나 설문 대상자로서의 가치가 없는 귀환 이주자라는 결론에 도달하게 된다. 의도적으로 제외될 수 있는 근거는 심정적 사회주의자이자 반전주의자인 프랑크는 매카시즘의 광풍이 몰아치던 1940년대 후반 미국 정부의 입장이나 독일에 주둔하고 있는 미국 군정청의 시각에서 보면 공산주의자이자 요주의 인물로 지목될 수 있는 소지를 다분히 지니고 있는 인물이기 때문이다. 둘째로 뷔르츠부르크 고향사람들에게 프랑크는 아직 그저 알 만한 사람만 아는 1933년 이전의 작가일 뿐이었다. 게다가 토마스 만은 귀환이주를 해야 되는지 아닌지로 전 국민의 이목이 집중될 정도의 국가적 작가였고, 칼 추크마이어는 2차 대전 이후 '총체적 죄와 과거사 극복문제'를 시기적절하게 제기한 시대사적 작가였다. 반면에 레온하르트 프랑크는 그저 망명에서 고향으로 돌아온 지나간 작가 정도였다. 더구나 젊은 세대는 레온하르트 프랑크라는 작가를 알지 못했다. 이러한 상황에서 고향과 고향사람들에 대한 환상을 지니고 프랑크는 귀환했다.

하여간 귀환이주자 프랑크는 고향 사람들로부터 거부당했다. 프랑크가 태어난 도시인 뷔르츠부르크 주민들은 레온하르트 프랑크가 도시의 이름을 더럽혔다고 여겼다. 미국망명 시절 뷔르츠부르크가 영국 공군의 폭격으로 25분 만에 잿더미로 변한 기사를 접하고 나서 쓴 애도문학 소설 『예수의 제자들』이 직접적인 원인이었다. 『예수의 제자들』을 창작하게 된 동기는 뷔르츠부르크는 곧 자기의 전부였고, 폭격으로 인해 뷔르츠부르크가 파괴되는 것은 곧 자기의 육체와 영혼이 파괴당하는 것과 마찬가지라고 느꼈기 때문이었다.

> 마인강변에 위치한 뷔르츠부르크, 포도주와 생선의 도시, 고딕과 바로크 교회들의 도시, 한집 건너면 또 한집이 그 무엇으로도 대체할 수 없는 예술 문화유산들인 도시. 1300년 동안 보존되어 내려왔던 이 도

> 시는 25분 만에 파괴되었다. 다음날 아침 마인강은 이 땅의 가장 아름다운 도시를 강물에 비추며 천천히 그리고 도도히 쓰레기와 잔해를 통과하여 시간 밖으로 흘러내려갔다.[45)]

뷔르츠부르크의 파괴는 자기 영혼의 파괴뿐만 아니라, 자기가 살아온 인생사가 파괴되는 것과 마찬가지였다. 그의 삶은 뷔르츠부르크에 속해 있었고, 그의 문학 작품들은 독일역사와 더불어 항상 뷔르츠부르크에 초점이 맞추어져 있었다. 프랑크는 고향이 폭격당한 것을 보고 가슴이 찢어졌다. 파괴로 인해 어린 시절의 추억이, 항상 돌아가고 싶었던 그를 기다리던 그 땅이, 고향과 관련된 그 모든 것들이 쓰레기와 잔해가 되어 강물과 함께 영원히 역사 속으로 흘러 내려갔기 때문이다. 프랑크는 내적으로 벙어리가 되었다. 그런데 지금 뷔르츠부르크 사람들은 이 소설이 뷔르츠부르크와 뷔르츠부르크 사람들의 명예를 크게 실추시켰다며 프랑크를 거부하고 있는 것이다.

프랑크는 망명에서 귀환한 지 며칠 지나지 않아 프랑크푸르트에서 출판인 곳트프리트 베어만 핏셔를 만났는데 그는 그 자리에서 "당신의 책 『예수의 제자들』은 서독에서 당신에게 큰 해를 입혔다" (SS, 124)라는 말로 그를 영접했다. 당시의 독일 분위기를 대변하는 한 사건이었다. 그에게 당한 굴욕적 환영 이후 프랑크는 그와 결별했다. 그의 핏셔출판사와도 관계를 끊었다. 뷔르츠부르크의 수많은 저명인사들은 작품 『예수의 제자들』 중 "유대인이 뷔르츠부르크 시장광장(Marktplatz)에서 맞아 죽었다" (SS, 124)라는 프랑크의 소설 내용에

---

45) 레온하르트 프랑크: 『예수의 제자들』 소설 시작 첫 부분 두 번째 단락. Leonhard Frank: Die Junger Jesu, In: Ausgewählte Werke Band 2, Berlin und Weimar 1991, 429쪽.

대해 격분했다. 그러나 후일 연구결과에 의하면 시간과 장소는 약간 다르더라도 유대인이 독일인들에 의해 맞아 죽은 것은 사실이었다.

1938년 11월 10일 뷔르츠부르크 유대인 포도주 상인 에른스트 레베만 (Ernst Lebemann)은 소위 '수정의 밤' 사건시 독일인들이 유대인 가게나 유대인 예배당을 방화하고 파괴하는 과정에서 성난 뷔르츠부르크 독일인들에게 자택에서 습격을 받고 거리로 끌려나왔다. 레베만은 그들에 의해 구타를 당한 결과로 그 다음날 죽었다.[46] 독일인들의 유대인에 대한 박해는 계속해서 발생했다. 1941년부터 1943년 사이 뷔르츠부르크와 쉬바인푸르트 두 도시를 축으로 하는 바이에른 주 소속 마인프랑켄 지역[47]에서만 해도 2,063명의 유대인들이 뷔르츠부르크의 화물역에서 동부 유대인 수용소로 끌려갔다.[48] 레온하르트 프랑크 사후 뷔르츠부르크 사람들은 "유대인들을 지하든, 시장광장이든, 수용소에서 죽였든 간에, 그것은 상관없는 일이다" (SS, 124)라고들 했다.

레온하르트 프랑크가 고향을 위해 그의 모든 문학적 정열을 집중시켰지만 고향 사람들로부터 거부를 당했던 현실적인 문제는 그에게만 국한되었던 문제가 아니라, 귀환이주 망명객들이 경험해야만 했던 일반적인 현실이다. 이러한 예는 특히 알프레트 되블린이나 클라우스

---

46) Rotermund, Erwin: Zwischen Ost und West: Leonhard Frank im Nachkriegsdeutschland (1950-1961). In: Rückkehr aus dem Exil. Emigranten aus dem Dritten Reich in Deutschland nach 1945. Essays zu Ehren von Emst Loewy. Hrsg. von Thomas Koebner und Erwin Rotermund. Marburg 1990. 73쪽 참조

47) 바이에른 주에서 마인프랑켄의 크기를 알아보기 위해 현재의 통계를 참고해 보면, 2010년대 바이에른 주 전체 인구 약 1,260만 중 마인프랑켄의 인구수는 약 96만 명 정도이다. 이는 바이에른 인구의 약 1/13에 해당된다.

48) 위의 책 73쪽 참조

만의 경우에도 나타난다. 알프레트 되블린의 1956년 작 『햄릿 또는 기나긴 밤은 끝났다』와 배우 그륀트겐스를 실제 모델로 한 클라우스 만의 작품 『메피스토』는 고향 독일에서 수난을 겪어야만 했던 작품들이다.

3.3. 원하지 않는 이주자

프랑크는 전후 서독의 독일인 사회에서 원하지 않는 이주자였다. 사회비판적인 망명객 출신 귀환이주자일뿐더러, 점령군 군복을 착용하고 돌아온 자들처럼 기득권자도 아니었다. 더구나 국가가 양분되었기 때문에 독일 남부에 위치한 바이에른 주와 같은 보수 성향의 사회에서는 더더욱 의심받을 수밖에 없었다. 그렇다고 배척을 받을 만큼 공산주의 색깔이 뚜렷한 것도 아니었고, 심정적으로 사회주의를 지지하는 고향 출신의 흘러간 소설가 정도였다.

『예수의 제자들』에서 프랑크는 명백히 나치 독일의 과거사를 비판하고 있다. 이러한 행동은 1950년대 초반의 독일 사회가 원하는 바가 아니었다. 피하고 싶은 주제였다. 실제로 외면을 당했고, 불필요하고 걸림돌일 뿐이었다. 프랑크는 본인의 작품이 "뷔르츠부르크와 뷔르츠부르크 사람들의 명예를 실추시키려는 의도가 아니고, 피가 뚝뚝 떨어지는 나치의 만행을 고발하기 위한 것" (LiWo 697)이라고 부르짖었다. 뷔르츠부르크가 아닌 "독일의 어느 장소를 소설의 무대로 선택했다고 한들 〔주제는〕 마찬가지였을 것" (LiWo 697)이라는 말까지 부언했다. 하지만 고향 사람들에게 프랑크의 변명은 들리지 않았다. 프랑크는 1933년 이전에 이미 고향 뷔르츠부르크를 배경으로 한 소설들 『도적단』, 『시민』, 『삼백만 명 중의 세 사람』을 발표하며 높은 판매수를 기록했을 때에도 고향사람들과 아무 문제가 없었다. 그런데 유독 『예수의 제자들』만이 돌아온 고향에서 문제가 된 것이다.

프랑크가 비판을 당하고 거부당한 속내를 들여다보면 단순히 뷔르츠부르크라는 장소 때문만이 아니었다. 전후 독일의 정치 발전 상황 맥락에서 보면 시대의 관심사와 맞지 않았다. 이제 나치 독일에 대한 과거사 비판은 관심 밖이었다. 오히려 그러한 문제를 제기하는 사람이 배척받는 분위기가 된 것이다. 이제 독일은 군정시대를 뒤로 하고 1949년 동독과 서독의 단독 정부가 수립되었고, 고향사람들 역시 군정청이 주도하는 탈나치화나 재교육 프로그램 속에 속해 있는 사람들이 아니었다. 프랑크의 입장에서 보면 뷔르츠부르크 사람들은 그가 망명 중 그리워했던 순박한 고향 사람들이라기보다는 나치시대의 사람들이었다. 결과적으로 프랑크는 그가 떠났던 나치의 범행의 장소로 되돌아온 셈이었다.

이러한 맥락에서 군정 시절에 귀환했던 칼 추크마이어의 경우를 다시 한번 떠올려 볼 필요가 있다. 당시 칼 추크마이어의 『악마의 장군』이 긍정적인 측면에서 논의된 반면 1950년대 초반 프랑크의 『예수의 제자들』은 의심을 받고 거부당하는 작품이었다. 『악마의 장군』 공연으로 인해 그렇게 대중적인 인기를 독차지했던 칼 추크마이어의 작품 역시 1950년대 초반부터는 서서히 관심의 대상에서 제외되었다. 이러한 근본적인 현상은 서독 내의 정치 사회적 변화로부터 기인한다. 이러한 분위기에서 프랑크처럼 뒤늦게 귀환하여 이제야 나치의 과거사를 비판하는 작품을 독자들에게 선보여 보았자 시류에 맞을 리가 없었다.

1949년 독일 내에 두 개의 단독정부가 수립되자 망명객들의 모든 정치적 꿈, 환상, 유토피아적 사고, 희망은 끝이 났다. 그러한 이유로 수많은 망명객들은 더 이상 고국으로 귀환하지 않았다. 이 시기에 레온하르트 프랑크처럼 서독으로 귀환한 경우 환영받을 리가 없었고, 단지 원하지 않는 이주자일 뿐이었다. 더구나 냉전시대가 오며 서독은 경제, 국방, 문화 등 모든 면에서 서방이 주도하는 서방 모델로 탈바꿈해 나갔고, 동독 역시 동방이 주도하는 동방 모델로 탈바꿈했다. 동독과 서독 두 국가는 자주적인 힘을 발휘할 수 없는 상황 속에서 소련과 미국 두 강대국의 영향권 내에 있었다. 동·서독은 결국 미국과 소련을 대리하는 대결구도로 변했다. 보수적인 기민당이 이끄는 당시 서독 정부는 미국과의 굳건한 동맹을 바탕으로 국가재건과 경제부흥을 최우선으로 삼고 있었다. 사회 분위기도 재건과 경제부흥 일색이었다.

뷔르츠부르크 사람들은 그들에게 독일 과거사를 거론하며 '나치 폭력을 방지하기 위해 이렇게 했었어야만 했고' 앞으로 우리의 '인간성 회복을 위해 저렇게 해야만 할 것'이라는 등 갑자기 나타난 사람이 이래라저래라 하는 것 자체를 껄끄러워 했다. 뷔르츠부르크 사람들은 나치시대에 발생한 끔직한 일 자체를 기억해내고 싶어 하지 않았다. 일종의 타부였다. 프랑크에 대해 불쾌해하고 거부하는 것은 이러한 분위기 때문이었다.

뷔르츠부르크의 한 지방신문은 작품 『예수의 제자들』과 관련하여 프랑크를 '경향성을 지닌 작가'라고 못 박았다. 더구나 손대지 않았으면 좋았을 주제의 작품으로 "시민 질서의 적"이 되었다고 매도했다.[49] "실제가 아닌 일그러진 모습"만 부각시켰다고 몰아붙였다.[50]

---

49) A. Meyer, Leonhard Frank. Zur Neuausgabe seiner Werke, in: Main-Post 120 (2.8.1952) / Jang-Weon Seo: Die Darstellung der Rückkehr. 89쪽 참조

50) Jang-Weon Seo: Die Darstellung der Rückkehr. 89쪽 참조

뷔르츠부르크 사람들은 프랑크가 침묵을 지켰었더라면 오히려 좋았을 것이라고 했다. 왜냐하면 그동안 독일에서 도망쳐서 다른 나라에 머물던 망명객이 2차 대전이 끝난 다음 이제야 돌아와 독일문제를 판단할 처지가 아니라는 것이었다. 단도직입적으로 말해 『예수의 제자들』이라는 작품을 들고 나타나 질이 좋은 말의 안장에 앉아 폭격으로 파괴된 뷔르츠부르크를 땅바닥까지 아래로 내려다보며 뷔르츠부르크의 아픈 상처를 긁어대는 '제1의 여인', 즉 오페라의 여왕 '프리마돈나' 짓을 그만두라는 것이었다.

프랑크는 고향 뷔르츠부르크에 남아 있던 사람들을 이해할 수 없었다. 고향 사람들의 행동에 대해 분노를 느꼈다. '고향 사람들은 정말로 나치에 감격하여 그들과 함께 뜻과 행동을 같이했단 말인가?' '그들과 함께 천인공노할 인종말살 행위에 참여했단 말인가?' '저항은 어디로 갔고, 봉기는 어디로 갔단 말인가?' '왜 고향 뷔르츠부르크 사람들은 1945년 이후 돌아온 망명객들이 나치만행에 대해 경종을 울리는 것을 따르지 않는가?' 등의 질문을 프랑크는 혼자서 되새겼다.

반면에 『예수의 제자들』은 동독에서 "주제는 사실적이고, 구조는 예술성을 지닌 프랑크의 역작 중 최고의 작품"이라는 찬사와 함께 환영을 받았다.[51] 오스트리아와 스위스에서는 중립적인 평가를 받았다.

『예수의 제자들』은 도적 모티브로 줄거리는 전후 독일사회의 『도적단』에 관한 내용이다. 바이마르 공화국 시절에 쓴 『도적단』은 대략 '기성세대들의 세계에 대항하는 미래도 희망도 없는 세대들, 즉 실업, 굶주림, 주택난, 노상살인, 시위하는 노동자와 곳곳에서 맞부딪치기나

---

51) Peter Cersowsky: Nachwort zum Roman L. Franks "Die Jünger Jesu", Würzburg 1995, 227쪽 참조.

하는 경찰관 등의 세대들'을 다루고 있다. 프랑크는 당시 '희망도 미래도 없는 세대들의 일상생활을 지배하는 일자리에 대한 고민과 싸움, 먹을 것에 대한 고육지책, 자유를 위한 투쟁' 등에 대한 요구를 소설 속에서 충족시켜 주었다. '문학이 그러한 일에 대해 기여를 한다면', '문학이 인간의 의식을 깨우친다는 것은', 먹을 것을 제공해 주는 것보다 적지 않은 일을 의미한다는 것을 프랑크는 확신했다.[52)]

2차 대전 이후 미국에서 창작된 『예수의 제자들』은 바이마르 공화국 시절에 쓴 『도적단』과는 다른 목적을 지니고 있었다. 이번 작품은 문학적으로 나치에 대항하기 위한 것이었다. 레온하르트 프랑크 스스로 그의 자서전에서 밝힌 소설의 줄거리를 간략히 정리해 보면 다음과 같다.

1. "페트루스를 지도자로 하는 소년단 행동 비밀회의는 항상 다음과 같은 강령으로 개회한다: '우리 예수의 제자들은 정의의 집행자로서 모든 것을 가진 자들의 부를 취하여 아무것도 가지지 못한 가난한 자들에게 준다.'" (LiWo 672 이하)
2. "예견되는 비밀리에 다시 조직된 히틀러 청소년단의 변종인 독일에서의 네오나치 묘사하기" (LiWo 673)
3. "독일 소녀와 미국 병사 간의 비극적인 사랑" (LiWo 673)
4. "17세의 순결한 소녀가 바르샤바에 있는 독일군 위안소에 끌려갔고, 전후에는 수많은 병사들에 의해 강간당한 후 영적으로 파괴된 채 그녀가 사랑했던 한때의 약혼자가 살고 있는 고향으로 돌아오는 한 유대인 소녀의 숙명" (LiWo 673)

---

52) 위에 언급한 문학사적 의미에 대해서는 Walter Janka: ...bis zur Verhaftung, Berlin 1993, 31쪽 이하 참조.

이 네 개의 줄거리 맥락은 1950년대 서독에서의 사회주의 문제, 독일에서의 네오나치 문제, 독일에서의 점령군 문제, 독일 내에서의 유대인 문제를 지목하여 되돌아보게 하고 있다. 이러한 문제 제기는, 더구나 이러한 문제들을 가지고 나치체제가 붕괴하고 이제 막 지나간 과거를 잊고 싶어 하며 재건과 경제부흥에 박차를 가하고 있는 서독인들에게 논의를 제안하는 것은 의심의 눈초리만 배가시킬 뿐이었다.

우선 프랑크가 소설에서 말하려고 했던 것은 사회주의 정당성과 사회주의 방어였다. '정의의 집행자'로서 '부유한자들의 재산을 취하여 가난한 자들에게 분배'한다는 것이 프랑크식의 사회주의 모델이었다. 하지만 우선 『예수의 제자들』에서 사용하고 있는 도적 모티브의 표적이 된 부유한 자들이 전후 세계에서 옛 나치들인지 혹은 일반적인 자본주의의 부를 지칭하는지 불분명하다. 옛 나치주의자들 중 체제를 이용하여 혹은 체제에 덕을 입어 부를 축재하고 있는 자들은 분명히 있었을 것이다. 그리고 일반적인 자본주의자들의 부를 의미했다면 문제가 있다. 독일에서는 아직 자유 시장경제를 근간으로 하는 현대적 의미의 자본주의가 발달하지 않았기 때문이다. 아마도 미국 망명시절 미국식 자본주의의 폐단을 경험했기 때문에 작가적 직관력으로 일반적인 자본주의를 모티브로 삼았을 수는 있다.

하여간 나치 체제를 이용하여 부를 축재한 자들의 재산을 접수해도 되는지 혹은 접수한다 해도 어떠한 방법으로 공평하게 분배해야 되는지에 관한 사항은 문제점으로 떠오른다. 더구나 폐허의 잿더미 속에서 어려운 생활을 영위하던 전후의 독일인들에게 자본가들의 부를 접수하여 공평하게 분배한다는 것은 현실적으로 실현 불가능한 공상에 불과할 뿐이었고 근본적인 해결책이 아니었다. 당시 서독에는 사민당을 제외하고는 어떠한 사회주의 성향의 단체도 존재하지 않았다.

프랑크가 귀환이주했던 1950년대의 독일에서 네오나치 문제는 수면으로 떠오르지 않았다. 거론할 수 있는 주제가 아니었다. 이미 미군정이 탈나치화를 중요 정책으로 전면에 내세우며 실행에 옮긴 것이 주원인이었다. 1960년대까지 네오나치 활동은 미미했으나, 옛 나치들에 의해 사상은 잔류했다. 1970년대까지 명맥을 유지해 오던 네오나치는 70년대 후반부터 나치체제나 제2차 세계대전의 경험이 없는 세대들에 의해 점차 활성화되기 시작했다. 1990년 통독 후 활기를 띠기 시작한 —특히 구 동독을 중심으로— 네오나치는 독일국가 수치심의 상징이 되며 문제로 등장했다. 오늘날 옛 군국주의였던 일부 국가에서 아직도 수치스러운 용기를 지닌 편협한 국수주의자들이 지향하는 네오나치 운동은 자국뿐만 아니라 인류와 세계평화를 갈구하는 모든 사람들에게 걸림돌이 되고 있다. 이는 인류공영과 세계의 평화로운 질서유지를 위해 모든 국가 및 전 인류가 공동으로 풀어 나가야 할 과제로 떠오르고 있다.

나치 패망 후 점령군과 독일 주민들과의 예견되는 갈등은 '독일 소녀와 미국 병사 간의 비극적인 사랑' 설정을 통해 나타난다. 미군병사의 "너희들은 우리를 증오하지, 우리가 너희들 〔독일〕도시를 파괴했으니?"라는 물음에 독일 소녀는 "아니야, 곰곰이 생각해 본다면"[53] 이라고 대답한다. 이러한 대화를 통해 프랑크는 옛 초강대국인 나치세력과 신 초강대국인 미국 사이에서 전후 독일 주민들이 어떠한 절망감과 분노, 혹은 어떠한 혼란과 갈등을 미리 예감해 보고 싶었던 것 같다. 하지만 당시의 독일인들은 정치 참여에 관심이 없었다. 전쟁은 어차피 지나갔고, 처참했던 지난 과거를 잊고 싶어 했다. 그들

---

53) 레온하르트 프랑크: 『예수의 제자들』. Leonhard Frank: Die Junger Jesu, In: Ausgewählte Werke Band 2, Berlin und Weimar 1991, 514쪽.

은 새로운 복지를 원했고, 복지를 확고히 하고 싶어 했다.

예를 들면 1950년 마르부르크에서 실시된 여론조사에 의하면 15세에서 19세까지의 청소년 75%가 정치에 관심이 없다고 대답했고, 20세에서 25세까지의 청년층 65%, 25세 이상의 성인 62%가 정치에 관심이 없다고 대답했다. 설문조사에 나선 청소년 79%가, 그리고 성년 82%가 청치에 대해 책임을 느낄 필요가 없다고 대답했다.[54] 프랑크가 예견했던 점령군에 대한 옛 나치 추종자들의 저항이나 갈등은 기우였다. 전후 독일인들은 생존하기에 급급했고, 새로운 복지국가 건설을 위해 노력 중이었다.

전쟁과 위안소, 점령군에 의한 여성 약자들에 대한 무차별적 강간 사건은 인간과 사회가 지니는 미묘한 속성, 혹은 정치 사회적 분위기 때문에 아직도 밝혀지지 않고 폭로와 연구를 기다리는 부분이다. 소설 속의 등장인물 '룻'은 고향 뷔르츠부르크로 돌아왔으나 고향 사람들에 의해 '어린 유대인 창녀'라는 비난과 함께 거절당한다. 프랑크는 귀환이주 후 '독일인들이 생존해있거나 수용소에서 돌아온 유대인들에 대해 반감을 나타냈고 뷔르츠부르크 사람들에 의해 배척을 받는 것'을 목격했다. 프랑크는 이러한 상황을 경험하며 '뷔르츠부르크에는 빵 (먹을 것)보다도 나치가 더 많다'고 울분을 토했다.

프랑크의 『예수의 제자들』은 돌아온 고향에서 '아주 폭발성이 강한 정치적인 주제'이며 '대부분의 우호적인 비평가들에 의해 애매모호하게 처리되었다'는 평가를 받았다. 프랑크는 이 소설로 신생 조국 독일 발전에 기여하고 싶어 했으나 헛수고였다. 독일은 분단되었고, 분단된 독일의 동독이나 서독 그 어느 곳에서도 올바른 평가를 받지

54) Jang-Weon Seo: Die Darstellung der Rückkehr. 94쪽 참조

못했다.

이로 인해 프랑크의 귀환이주와 그의 망명문학 주제는 돌아온 고향 독일에서 어느 정도 낯설게 되었고 이방인이 되었다. 프랑크와 그의 작품들은 전후 독일의 변화된 사회적, 정신적, 문학적 분위기를 스스로 감지해야만 했고 속사정을 깨달아야만 했다. 실제로 귀환 이주자 프랑크와 그의 문학은 고향 어디에도 설 자리가 없었다. 서독 일반대중들은 공공연히 귀환 이주한 망명객들과 그들의 작품에 대해 눈을 감았고 곧바로 제외시켰다. 독일문학 지형도도 변해있었다.

옛 나치 작가들에게는 직업 금지령이 내려졌고, 점령군들에 의해 출판금지를 받음으로써 침묵형이 선고된 셈이었다. 내적 망명 작가들은 명예회복에 나섰고, 모든 분야에서 약진했다. 내적 망명 작가들은 나치 시대에 나치 반대파들이었고, 대부분 기독교인들이었다. 그들은 1933년 이전의 미적 전통을 연결하려고 했다. 한스 카로사, 게오르크 브리팅 (Georg Britting, 1891-1965), 에른스트 펜촐트 (Ernst Penzoldt, 1892-1955), 슈테판 안더스, 요셉 봐인헤르버 (Josef Weinherber, 1892-1945), 붸르너 베르겐그륀, 에른스트 뷔혀르트, 게르트루트 폰 르 포르트 (Gertrud von Le Fort, 1876-1971), 루돌프 알렉산더 슈뢰더 (Rudolf Alexander Schroeder, 1878-1962)가 이 부류에 속하는 내적 망명 작가들이다. 나치 시절 국내에 머물렀던 이들은 2차 대전 이후 귀환이주 망명객들처럼 어려움을 겪지 않았고 오히려 모든 면을 주도해 나갔다.

'젊은 세대'들은 전장에서 귀향한 나치군 참전 젊은이들이었다. 그들은 1946년 뮌헨에서 '젊은 세대들의 자주적인 지면들'이라는 모토 아래 문화정치 잡지 『루프 (Ruf, 외침)』를 발간했다. 정치성향으로 볼 때는 '사회주의적 인문주의 (sozialistischer Humanismus)'를 강령으로 내걸었다. 『루프』의 창립자들은 결국 47그룹의 선도자들이 된다. 전후 초반 내적 망명 작가들에게 집중되었던 문단 권력은 시대가 변함에 따라 자동적으로 '젊은 세대' 작가들에게로 옮겨갔다. 망명에서 귀환이주한 작가들은 이러한 상황에서도 결국 설 자리를 잃게 되었다.

프랑크의 『예수의 제자들』은 그동안 공산주의 국가에서 주로 읽혔다. 1990년 동·서독이 통일된 이후, 그리고 뷔르츠부르크가 영국 공군에 의해 폭격을 당한 지 50주년이 된 해인 1995년 『예수의 제자들』은 그의 고향 뷔르츠부르크에 있는 한 출판사에서 발행되었다. 이후 레온하르트 프랑크 탄생 100주년을 기념하기 위해 그의 고향 뷔르츠부르크에서 학자들이 모여 1982년에 창립한 '레온하르트 프랑크 학회 (Leonhard-Frank-Gesellschaft)'를 중심으로 그에 대한 연구는 활기를 띠고 있다.

프랑크에게 고향은 혐오, 불신, 부인(否認), 의심, 조롱, 모욕, 거절 등의 표제어로 정리된다. 하지만 고향에서의 굴욕적 환영과 원하지 않는 이주자 취급을 받은 것에 대해 프랑크는 개인적으로 크게 개의치 않았다. 다만 나치 정권이 저지른 세계적인 죄과에 대해 당연히 사죄를 해야 함에도 불구하고 오히려 창피한 줄도 모르는 용기를 지닌 고향 사람들에 대해 쓴맛만 다실 수밖에 없었다. 이러한 연유에서 고향사람들과의 재회는 친척으로 제한될 수밖에 없었다. 그 이외에 처녀작 『도적단』에서 소설의 인물로 등장시킨 어린 시절의 친구들을 오랜만에 고향에서 만나는 것으로 만족해야 했다. 프랑크는 고향 뷔르츠부르크에 뿌리를 내리지 못하고, 고향 바이에른 주의 주정부 수도인 뮌헨에 정착했다.

4. 동 · 서독 사이의 귀환이주자

4.1. 동 · 서독 사이의 작가

레온하르트 프랑크는 동독과 서독을 맴돌던 귀환이주 망명객에 속한다. 망명지에서 조국 독일로 귀환했지만 실질적으로 서독에도 속하지 못하고, 동독에도 속하지 못하는 동 · 서독 사이의 작가였다. 현실적으로 프랑크는 서독에 거주했고, 동독의 지인들과 접촉하고 있었다. 본인이 원하던 원하지 않던 간에 분단된 독일의 한가운데 서 있는 격이 되었다. 역사의 흐름은 개인이 막을 수 있는 일이 아니었다. 전후의 독일 정치발전 상황은 여러 측면에서 망명객들이 미래의 독일로 구상해왔던 '다른 독일'과 일치하지 않는 부분이 많았다. 동독은 동독대로, 서독은 서독대로 프랑크와 같은 생각을 지녔던 부류의 망명객들이 원했던 독일이 아니었다. 그들은 귀환을 하였던 하지 않았던 간에 어느 쪽에도 속할 수 없는 사람들이었다. 돌아오지 않은 자들은 외부인이 되었고, 돌아온 망명객들은 동 · 서독 사이의 사람이 되었다.

1950년대 초반 서독에서는 옛 나치들이 법원과 행정관청 등 법조계와 관계의 고위직을 차지했다. 대표적인 예로 나치정권 내무부 참사관 직책 소유자로 유대인을 말살하기 위한 1935년의 '뉘른베르크법' 제정에 중요한 역할을 담당했던 한스 글롭케 (Hans Globke, 1898-1973)는 나치 패망 후 1953년 기민당 아데나워 정권 수상청의 차관급인 국가비서를 역임했다. 그 이전에는 기민당 소속 독일연방의회 의원을 역임했다. 나치 당원이었고 동유럽 민속 연구가로 나치 국방 최고사령부 담당관을 역임했던 테오도르 오버랜더 (Theodor

Oberländer, 1905-1998)는 1953년부터 1960년까지 '추방자, 난민, 전쟁피해자' 연방장관을 역임했다. 1953년부터 1961년, 1963년부터 1965년 기간에는 독일연방의회 의원을 역임했다. 나치 전력 비난이 일자 장관직을 사임했다. 그 이외에도 나치 시절 유대인 수용소 의사와 유대인 집단 학살 수용소 의사로 인체실험을 담당했던 한스 뮌히 (Hans Münch, 1911-2001)는 '크라카우 아우슈비츠재판'에서 무죄로 석방되었다.

일련의 이러한 정치적 발전과 관련하여 프랑크는 '옛 나치들'을 솎아 내서 근절시킬 때에야만 비로소 '독일민족의 건강'이 가능할 것이라고 주장했다. 실질적인 과거사 청산은 소수 몇 사람에만 국한된 것이 아니라 사회 전 분야에 걸친 철저한 탈나치화를 내용으로 해야 하며 그중에서도 가장 중요한 것 중 하나는 오랜 숙원인 독일 사법제도가 개혁되어야 한다는 것이었다. 이렇게 함으로써 독일 민족은 속죄를 위한 죄와 의지에 대한 통찰을 만천하에 보여주어야 한다는 것이었다.[55)]

프랑크는 서독의 정치 발전상황을 보며 의구심이 생기자 동독에 대한 희망도 회의적이었다. 그가 설 곳은 없었다. 동독이냐 서독이냐를 결정한다는 것 자체가 무의미 했다. 이러한 상황에서 그가 할 수 있는 일은 혹은 해야만 하는 일은 독일의 역사, 정치, 사회, 문화, 정신적인 문제점들을 문학을 통해 형상화하는 일이었다. 그에게는 오직 하나의 독일이 있을 뿐이었고, 하나의 독일문화가 있을 뿐이었기 때문이다. 하지만 그의 의지와는 상관없이 그에 대한 평가는 상반되게

---

55) 레온하르트 프랑크의 과거사청산 주장에 관해서는 Ralph Grobmann: Gefühlssozialist im 20. Jahrhundert. Leonhard Frank 1882-1961, Frankfurt/M 2004, 283쪽 참조

나타났다. 냉전시대 서독에서는 레온하르트 프랑크에 대해 전혀 언급도 되지 않은 반면에 동독에서는 높이 평가되었다. 동독에서 높이 평가받은 직접적인 요인으로 작용하게 된 것 중의 하나는 단편 소설 『인간은 선하다』와 자서전적 소설 『심장이 있는 왼쪽으로』의 제목 때문이기도 하다. 『인간은 선하다』는 평화주의를, 『심장이 있는 왼쪽으로』는 사회주의를 나타내는 대표적인 표어로 동독의 선전문구로 적합한 것도 한 몫을 했다.

뮌헨에 정착한 후 프랑크는 자기의 인생을 회고하는 자서전적 소설 쓰기에 전념했다. 1952년 5월 자서전을 완성하여 『심장이 있는 왼쪽으로』[56]라는 제목을 붙였다. 그가 살아온 인생을 프랑크는 그렇게 요약했다. 뮌헨 정착 후 뮌헨 소재 '바이에른 예술원' 회원이 되었다. 1952년에는 '뷔르츠부르크 시 은 휘장'을 수상했고, 1953년에는 '뉘른베르크 문화상'을 수상했다. 1952년 뮌헨의 님펜부르크 출판사에서 자서전적 소설 『심장이 있는 왼쪽으로』가, 1954년에는 『독일 단편소설』이 역시 같은 출판사에서 발행되었다.

1952년은 프랑크에게 특히 의미 있는 해였다. 그해 5월 샬롯데와 결혼했다. 세 번째 결혼이었다. 그의 나이 70세였다. 프랑크는 그의

---

56) 1952년 서독 뮌헨에서 초판이 발행된 레온하르트 프랑크의 소설 『심장이 있는 왼쪽으로 (Links wo das Herz ist)』는 후일 서독 출신 후세들에 의해 비슷한 제목으로 재발간된다. 서독의 사민당 소속으로 촉망받는 유력 정치인인 오스카 라퐁텐 (Oskar Lafontaine)은 1999년 『심장은 왼쪽에서 뛴다 (Das Herz schlägt links)』를 발표했고, 2015년에는 1953년 서독 출생으로 FAS (Frankfurter Allgemeinen Sonntagszeitung) 경제부 기자인 라이너 항크 (Rainer Hank)에 의해 『심장이 뛰는 왼쪽으로 (Links, wo das Herz schlägt)』가 출간된다. 이러한 맥락에서 보더라도 표어 "심장이 있는 왼쪽으로"는 사회주의를 지향하는 사람들에게 중요한 지표 역할을 했음에 틀림없다. 분명히 해두어야 할 것은 프랑크가 지향하고 싶었던 것은 공산주의가 아니라 사회주의였고, 작가적인 직관력이 발휘된 심정적 사회주의였다.

자서전 마지막에서 “〔나의〕 커다란 행복은 리자와의 삶이었고, 가장 무거운 고통은 그녀의 죽음이었다” (LiWo 700)라고 밝히고 있다. 리자는 그의 첫 번째 부인이다. 리자는 작가로서의 프랑크가 있게 한 여인이다. 리자는 그녀가 세상을 떠난 후 평생 프랑크에게 각인된 아픔이었고, 프랑크는 평생을 그 추억과 함께했다. 그리고 자서전의 마지막 구절을 프랑크는 “〔나는〕 샬롯데에게 말했다: 한 남자에게 가장 큰 행복이 무엇인가를 이제 당신에게 털어놓을게요. 그의 가장 큰 행복은 한 남자가 사랑하는 그 여자에게 사랑을 받은 것이었소, 그것을 경험하지 않은 사람은, 산 것이 아니오” (LiWo 701)라고 맺고 있다. 프랑크는 평생을 어렵고 아프게 살았지만 어머니, 리자, 샬롯데를 사랑하고 세 여인에게 사랑을 얻은 행복한 한 남자였다.

70회 생일에는 수많은 사람들로 부터 축하를 받았다. 테오도르 호이스 서독 대통령이 생일날 밤에 축하편지를 보내왔고, 뮌헨시는 시 이름으로 경의를 표했다. 뮌헨 시장 토마스 빔머 (Thomas Wimmer, 1887-1964)는 뮌헨 시립극장 초청 형식으로 만찬을 베풀었다. 축하연설은 프랑크의 오랜 친구인 한스 루트뷔히 헬트 (Hans Ludwig Held, 1885-1954) 교수가 했다. 뷔르츠부르크 시는 작가 낭송회를 개최해 주었고, 그 자리에서 뷔르츠부르크 시장 명의로 ‘뷔르츠부르크 시 은 휘장’을 수상했다.

동독에도 레온하르트 프랑크가 미국망명에서 뷔르츠부르크로 귀환했고, 뮌헨에 정착했다는 소문이 퍼졌다. 동독으로 귀환이주한 베를린 시절 옛 친구들이 뮌헨에 있는 프랑크부부를 방문했다. 뷜리 브레델, 에리히 벤트 (Erich Wendt, 1902-1965), 요하네스 R. 베혀, 발터 양카 (Walter Janka, 1914-1994) 등 당시 동독의 요직에 있는 사람들이었다. 뷜리 브레델은 사회주의적-사실주의 문학의 선구자 작가로 1950년 동독 예술원 창립 멤버였고, 1962년부터 1964년까지 동 예술원 원장을 역임한 인물이다. 1954년부터 1964년까지는 동독 공산당 중앙위원회 위원, 1957년부터는 문화 위원회 위원을 역임했다.

에리히 벤트는 독일 공산주의 정치가로 샬롯데 울브리히트의 첫 번째 남편이었다. 샬롯데 울브리히트는 1949년부터 1960년까지 동독 수상을 지낸 발터 울브리히트의 두 번째 부인이다. 에리히 벤트는 1949년부터 1965년까지 동독 문화동맹 의장단 위원을 역임한 인물로 1951년부터 1953년까지는 동 연맹의 연방서기, 1958년부터는 부의장을 지냈다. 1950년부터 1958년까지는 동독 최고인민회의 의원과 문화동맹 분과 위원장을 역임했다. 요하네스 R. 베혀는 동독 국가 작사자로 유명한 표현주의 시인이다. 1953년부터 1956년까지 동독 학술원 원장, 1954년부터 1958년까지 초대 동독 문화부 장관을 역임했다. 발터 양카는 1950년부터 아우프바우-출판사의 영업 대표에 오른 뒤 1953년부터 사장을 역임했다. 이들의 면면에서 보듯이 동독의 문화계를 주도하던 인사들이 뮌헨에 거주하는 프랑크를 방문했다. 그렇다면 이들이 단순히 옛정 때문에 방문한 것일까, 아니면 특별한 목적이 있었을까?

프랑크가 청년일 때부터 사귀어온 프랑크의 가장 오래된 친구인 요하네스 R. 베혀는 프랑크에게 다시 교류하고 싶다는 뜻을 강력하게 전달했다. 뮌헨 출신인 베혀와 뷔르츠부르크 출신인 프랑크는 —둘 모두 바이에른 출신— 청년시절 뮌헨의 카페에서 어울리며 문학과 인생을 논하던 젊은 시절의 고향 친구였다. 베혀는 프랑크를 무조건 동독으로 데려가려고 했다. 그리고 그에게 동독의 문화적인 삶을 보여주고 싶어 했다. 베혀는 평소에도 그러했듯이 수행원들까지 대동하고 프랑크를 방문했다. 뮌헨에서 그의 옛 친구를 공개적으로 환영하려는 목적이었다.

빌리 브레델은 프랑크를 동독 작가연맹 가입과 작가회의에 참석시키려는 목적으로 뮌헨을 방문했다. 그러나 브레델은 목적을 달성하지 못했다. 프랑크의 개인 집을 방문한 브레델을 프랑크의 부인이 냉정하게 돌려보냈기 때문이다. 프랑크의 부인은 브레델이 누구인지, 브레델이 동독의 어떠한 위치에서 어떠한 역할을 하는지 아무 것도 몰랐다. 브레델이 자초지종을 설명하려고 하자, 부인은 "죄송합니다만, 남편은 집에 없는데요"라며 말을 끊었다. 그러나 그것은 거짓말이었다. 프랑크는 사실상 문 뒤에 서서 부인과 브레델이 하는 대화를 듣고 있었다. "언제 쯤 돌아올까요, 좀 기다려도 되겠습니까?"라고 브레델이 말하자 "그러실 필요 없습니다, 이발소에 갔는데 아주 오래 걸릴 겁니다"라고 부인이 말하자 브레델은 화가 나서 그냥 가버렸다.[57]

이 사건과 관련하여 프랑크의 부인 샬롯데는 "독일의 분단이나 정치 경제적인 질서에 대한 서로 다른 의견이 프랑크의 인간관계를 해친 것은 아니다" (SS 167)라고 언급하고 있다. 즉 프랑크는 인간관계는 인간관계고, 사상이 다른 것은 다른 것이라는 사실 관계를 분명히 했다.

프랑크는 동독과 접촉하지 않았다. 서독의 일반대중과 정부에 찬물을 끼얹지 않기 위하여, 긴장감을 조성하지 않기 위하여 동독의 인사들이나 기관과의 접촉을 피했다. 하지만 프랑크는 개인적으로 그를 찾아온 사람들을 만나지 못한 것을 유감으로 생각했다. 왜냐하면 그들은 "베를린 시절 옛 친구였고, 아주 훌륭한 작가" (SS 168)였기 때

57) 뮌헨에서 빌리 브레델의 레온하르트 프랑크 접촉시도에 대해서는 Walter Janka: ...bis zur Verhaftung, Berlin 1993, 32쪽 참조

문이었다. 분단의 비극이었고, 분단은 가까운 친구도 옛 추억도 갈라 놓았다.

냉전 상태는 동독과 관계를 유지하고 있던 인사들에게 정치적인 사안이 걸린 일에 대해서는 거리를 두게 만들었다. 프랑크는 그의 자서전에서 동독의 '작가연맹'이나 '작가회의'에 대해 일절 언급을 하지 않고 있다. 하지만 1947년 베를린에서 개최된 작가회의에서는 프랑크의 이름이 언급되고 있다: "사람들은 우리들에게 레온하르트 프랑크가 전후에 쓴 『인간은 선하다』에 대한 감격을 요구한다."[58]

'작가연맹'은 애초 1950년 '독일의 민주적 부흥을 위한 작가동맹' 내에 설립되었고 1952년부터 '독일 작가연맹'이라는 독립단체가 되었다. 하지만 이 단체는 실질적으로 국가나 동독 공산당에 의해 조종되었고, 작가 관련 전 분야에 폭넓은 영향을 미쳤다. '독일작가보호연맹 (SDS)'은 1947년 7월에 이미 프랑크를 그해 9월 베를린 동쪽 구역에서 개최되는 '독일 작가회의'에 초대한 적이 있었다. 이 모임은 2차 대전 후 최초이자 단 한 번 개최된 전 독일 작가회의였다. 소련 군정청 관료들이 후원했고, 미국, 영국, 프랑스 군정청이 허가했다. 소련 군정청은 지속적으로 작가회의를 지지한 반면, 서방 연합군 점령군은 추이를 살펴보다가 결국에는 거부했다. 프랑크는 아직 뉴욕에 거주하던 중 초청장을 받았지만, 토마스 만, 아르놀드 츠바이크, 게오르크 루카치, 쿠르트 힐러, 오스카 마리아 그라프, 한스 요제 레피쉬, 에른스트 블로흐처럼 참석하지 않았다. 프랑크는 당시 기술적인 이유로 베를린에 간다는 것은 불가능하다는 내용의 답변을 보냈다.

망명객들과 독일 국내에 머물렀던 작가들과의 화해를 위해 리카르

58) 뷘 프리트 자비스의 연설문 중에서. Eine Rede von Winfried Sabis, in: U. Reinhold, D. Schlenstedt und H. Tanneberger, 328쪽 이하 참조

다 후흐 (Ricarda Huch, 1864-1947)가 명예의장을 맡았다. 후흐는 당시 83세의 원로 문인으로 나치가 집권하던 1933년 4월 나치 영향력에 대한 항의 표시로 프로이센 시인 예술원을 탈퇴한 전력의 여류 시인이었다. 하지만 나치 집권시절 독일 국내에 체류하며 생존했고 1944년 80회 생일에는 나치의 축하를 받기도 했다. 2차 대전 후 1946년 82회 생일에는 예나대학교로부터 명예박사 학위를 받기도 했다. 83세의 노 시인 후흐는 소련 점령지역에서 서방 연합군 점령지로 이주했고 1947년 세상을 떠났다.

동베를린에 위치한 아우프바우 출판사의 사장이었던 에리히 벤트도 뮌헨에 있는 프랑크를 방문했지만 목적을 달성하지 못했다. 벤트는 프랑크에게 동베를린을 방문하여 작가연맹에 참석해 달라는 초청장을 들고 왔다. 동시에 프랑크의 작품 저작권에 대해 논의하려고 했다. 프랑크는 동독과 접촉할 준비가 되어 있지 않다며 벤트의 요청을 거절했다. 프랑크는 작가회의의 숨은 의도에 악용당하지 않으려고 했다.

요하네스 R. 베혀는 '사회주의야말로 유일하고 정의로운 사회질서이고, 그것이야말로 두 독일이 건설되는 데 기여를 할 것'이라며 동독 행을 권했지만 프랑크는 이를 거절했다. 그러자 문화부 장관인 베혀는 발터 양카를 시켜 동독 문화부 장관 명의로 프랑크에게 동독의 공식 초청장을 보내왔다. 그러자 프랑크는 정치적인 모임에는 참여하지 않는다며 거절 의사를 완곡히 전했다. 망명생활과 귀환이주 후의 경험을 통해 정치적인 목적을 지닌 자들의 숨은 의도에 대해 유연하게 거절하는 행동양식을 이미 체득했기 때문이었다. 프랑크뿐만 아니라 당시 귀환이주한 망명 지성인들도 비슷한 행동양식을 보이며 사회에 적응하고 있었다.

1954년에는 결국 프랑크 부부가 동베를린을 방문하여 작가연맹의 환대를 받는다. 프랑크가 보기에 동독은 '아직도 독일의 한 부분'일 뿐이었다. 프랑크는 귀환 후 베를린을 다시 보았고, 옛 친구들을 다시 만났다. 1955년 동독은 프랑크의 문학을 기려 동독 대통령 빌헬름 피크 명의로 제1급 국가상을 수여했다. 그러자 서독 일각에서는 프랑크의 수상 수락을 좋게 생각하지 않았다. 신문들은 프랑크가 공산주의 체제 편향이라고 질타해 댔다. 바이에른 예술원 회원 중 한두 명은 프랑크가 자유를 억압하는 정권의 상을 수상한 데 대해 격분했다. 그러던 중 2년 후인 1957년 이번에는 서독 대통령으로부터 십자대훈장을 수상했다.

이러한 사건은 프랑크에 대한 동독과 서독 두 공화국의 상징적 수상이었다. 하지만 프랑크는 실질적으로 동독이나 서독 어느 구역에도 속하지 않았던 (혹은 못했던) 인물이다. 1957년 서독 대통령으로부터 대훈장을 받자, 그는 한 상자에 두 개의 훈장을 넣으며 '이것이 통일이다'라는 말을 했다고 그의 부인이 회고했다. 프랑크는 동독과 서독의 대통령으로부터 동시에 국가 1급 훈장을 받았지만 실제적으로는 어느 쪽에서도 반기지 않는 작가였다.

4.2. 메아리 없는 구상과 공허한 경각심

레온하르트 프랑크가 귀환이주에 실패할 수밖에 없었던 것은 고향 사람들에 대한 비현실적인 기대와 전후 독일 사회에 대한 환상 때문이기도 했지만, 또 다른 한 요인은 망명기간 동안 꿈꿔온 미래의 독일에 대한 이상주의적 사고방식이 당시 서독의 일반대중이나 사회전반, 그리고 직접적으로는 기민당이 이끄는 정치체제와 맞지 않았기 때문이다. 프랑크는 1952년에 발간한 그의 자서전적인 소설 『심장이 있는 왼쪽으로』에서 지나온 자기 인생을 되돌아보며 소위 몇 가지 '믿음 (신앙)고백'을 한다.

믿음고백을 하기 위한 전제조건으로 우선 프랑크는 자기가 살아온 길을 문학작품과 더불어 회고한다. 왜냐하면 그가 지금까지 써온 책들은 "자기 내면의 그림들" (LiWo 699)이었기 때문이었다. 배곯으며 지난 8년 후 베를린에서 처음 쓴 소설 『도적단』에서 프랑크는 '영혼학살자' 뒤러 선생을 묘사했다. 한 인간에게 머리가 얻어터진다는 상상이 몇 년이고 그를 괴롭혔다. 사형 제도를 반대하여 『원인』을 썼다. 그 소설 속에서 뒤러 선생을 살해했다. 프랑크는 전쟁을 반대하여 스위스로 망명했고, 반전문학 『인간은 선하다』를 썼다. 1925년부터 1930년까지는 세계 도시 중 세계적인 도시 베를린에서 노동자처럼 쉬지 않고 매일매일 책을 썼고, 이러한 결과로 책은 연달아 출간되었다. 1933년 그는 모든 것을 뒤로 남겨두고 두 번째 망명을 떠나야만 했고, 나치에 반대하는 소설 『예수의 제자들』을 썼다.

프랑크는 자기의 인생을 회고해 보니 "역사적으로 폭풍우가 몰아치는 20세기의 전반기에 투쟁하는 독일의 한 소설가" (LiWo 699)였다. 그는 어릴 때부터 그를 건들이지 않는 사물을 조심스럽게 돌보아 왔고, 아무것도 하지 않는 인간은 —도덕적 자살을 감행하는 자는— 스스로 존경을 잃는다는 의견을 지니고 있었다. 불의에 대해서는 정의를 부르짖었고, 살인자 앞에서는 인간생명 존중을 일깨웠다. 서랍에 넣어두기 위한 원고는 그의 문학이 아니었다. 그렇다면 그러한 경험들에서 얻은 것은 무엇이고, 그 얻은 것을 가지고 어떻게 해야 할까를 프랑크는 스스로에게 자문해 보았다. 이러한 맥락에서 프랑크는 더 이상 아무것도 믿지 않고 희망 없는 유럽의 젊은이들을 위해 '믿음 (신앙)고백'을 하기로 결심을 했다. 프랑크의 '믿음 (신앙)고백'은 다음과 같다.

첫째, "물질적인 치부를 제일로 삼는 자본주의 질서하에서는 부자건 가난한 사람이건 간에 인간의 선한 특성이 독립 불가능하다"는 것을 믿는다. 더 나아가 "인간이 극단적으로 불평등하고 인간적이지 않은 것은 당연한 일로 귀결된다"는 사실을 믿는다. 둘째, "역사의 과정은 커다란 선에서 사회주의 경제 질서로 완성된다"는 것을 믿는다. 셋째, "핵전쟁을 반대한다". 넷째, "2000년이 되면 가지기 —더 가지기—경제 질서와 핵전쟁이 사회주의 경제 질서에 의해 교체될 것이다"라는 사실을 믿는다. 다섯째, "우리에게 허락된 것처럼 우리후손들이 행복해도 된다는 것"을 믿는다. 여섯째로 "인간은 그 어떤 것에 의해서도 더 이상 비인간적이지 않기를 강요당하지 않을 때에야 비로소 인간적인 능력을 갖출 수 있고 인간적일 수 있다"는 것을 믿는다. 일곱째, "인간을 믿는다, 왜냐하면 어린이의 순진무구한 눈길을 믿기 때문이다". (LiWo 700-701)

프랑크의 구상은 자본주의 질서 부정, 사회주의 경제 질서 옹호, 핵전쟁 반대, 부의 편중 반대, 인간중심 복지사회, 야만적 인간사회 청산, 인간에 대한 믿음 등으로 요약된다. 하지만 그의 구상은 당시의 정치상황 발전과 비교해 볼 때 대부분이 역행하는 것이었다. 아데나워가 이끄는 기민당 정권은 시장경제 체제를 도입하여 경제부흥을 제1의 목표로 삼고 있었다. 그러기 위해 우방인 미국의 경제 질서를 선진 모델로 삼으려 했다. 두 번째로 사회주의 경제 질서를 옹호하는 구상은 동·서독이 대치하고 있는 냉전 상황에서 잘못하면 공산주의 옹호자로 오해받을 수도 있었다. 당시의 제1야당인 사민당이 사회주의적 계획경제 질서를 정강정책으로 내세웠지만 집단이 아닌 한 개인이 부르짖는 것은 위험부담이 뒤따랐다.

1950년대 초반 독일은 한국전쟁 등으로 인해 냉전 상태가 더욱 공고해졌던 시기였다. 미·소 양국을 대리하여 동·서독이 서로 대치하고 있는 상황에서 반전요구는 흘러간 옛날의 구호를 외치는 격이었다. 경제부흥과 확고한 안보를 우선시하던 분위기에서 부의 편중을 반대한다던가, 인간중심의 복지사회 건설을 요구하는 것은 한 순진한 심정적 사회주의자의 시대착오적 발상으로 취급될 정도였다. 이제 막 재건으로 바쁜 시기에 이미 과거사가 되어버린 나치와 같은 야만적 인간사회를 청산하자는 요구는 시대 발전에 걸림돌로 작용할 수밖에 없다는 생각이 독일 일반인들의 생각이었다.

프랑크의 구상은 어떠한 호응도 이끌어 내지 못했다. 서독 국민들에게 경각심을 고취시키려던 의도는 공허해졌다. 프랑크는 고향에서의 망명객이 되었다. 「고향에서의 망명객」이란 글에서 프랑크는 다음과 같이 말한다.

> 방대한 필생의 저작을 쓴 한 78세의 작가는 인생의 나머지에 무엇을 하는가? 그의 소설들과 세계문학의 모든 위대한 소설들이 인간들과 사회적 관계들을 개선하지 못한 것을 들여다본 다음, 들여다보아야만 했던, 그는 무엇을 하는가? (예술적) 환상이 없는, 그의 소설들이 인간들을 인간적으로 만들었다는 거짓말로 스스로를 진정시키려는 준비가 되어 있지 못한, 78세의 작가는 무엇을 하는가? [...] 모든 잃어버린 (예술적) 환상에도 불구하고 그는 그의 양심이 그에게 요구하는 것을 쓴다. (SS 195)

프랑크가 살아온 길과 그가 살며 보고 느낀 사건들은, 그리고 그가 그의 작품 속에 담아낸 것들은 '시대의 거대한 주제들'이었다. 프랑크는 어느 인터뷰에서 "우리 같이 늙은 사람들이 더 이상 쓸 수 없다면, 반드시 써져야만 하는 시대의 거대한 주제들을 젊은 작가들에게 넘겨주어야 한다" (SS 196)고 말했다. 전쟁과 폭력을 반대한 대가로 두 번에 걸친 망명의 길을 떠나야만 했던 프랑크는 귀환이주 이후에도 동·서독 어디에서도 설수가 없었을 뿐더러 바이마르 공화국 시절의 명성도 회복하지 못한 채 불우한 작가로 인생을 마감했다.

레온하르트 프랑크는 베를린장벽이 설치된 며칠 후인 1961년 서독의 뮌헨에서 세상을 떠났다. 1961년 베를린 장벽 설치는 독일역사에 분단현실을 알리는 구체적인 사건이었고, 레온하르트 프랑크에게는 동·서독 사이에 선 귀환이주자에게는 더 이상 설 자리가 없음을 구체적으로 알리는 마지막 상징적 사건이었다.

4.3. 독일 내의 재망명

독일 내에 두 개의 공화국이 건설되자마자 동독으로 귀환이주한 망명객들도 있었다. 서독으로 귀환한 레온하르트 프랑크의 경우에서 보았듯이, 동독으로 귀환한 망명객들도 어려움을 겪기는 마찬가지였다. 그들 중에서는 서독으로 재망명을 감행한 사람들이 있었다. 레온하르트 프랑크처럼 순수 독일인들뿐만 아니라 종족규정상 독일인이 아닌 망명객들도 이 시기에 귀환이주했다. 예를 들면 테오도르 W. 아도르노, 에른스트 블로흐, 한스 마이어, 레오 코플러, 알프레트 칸토르비치, 막스 호르크하임어 등의 망명객들도 귀환했는데, 이들은 모두 순수 독일 혈통이 아니었다. 그런데 레온하르트 프랑크와 이들의 유사한 점은 독일을 출발점으로 삼았다는 사실이다. 독일을 출발점으로 삼았다는 말은 인종, 국가, 사고, 문화, 학문 등을 말한다. 즉 국가나 땅으로서의 독일뿐만 아니라, 문화나 학문 등으로서의 독일을 출발점으로 삼은 사람들이다.

에른스트 블로흐는 1948년 라이프치히 대학교에서 철학교수로 초빙하자, 이를 수락하고 다음해인 1949년 라이프치히로 귀환이주했다. 1948년 당시 라이프치히는 소련군 점령지역이었고, 1949년 동독정부가 수립된 이후에는 동독에 속한 도시였다. 1885년생인 에른스트 블로흐는 제1차 세계대전 중 활동적인 반전주의자로 1917년에서 1919년까지 그의 부인과 함께 스위스에서 머문 경력의 소유자이다. 전쟁이 끝나고 독일에 공화국이 수립되자 블로흐는 독일로 귀환했다. 블로흐는 정치적인 면에 대단히 활동적이었다. 독일사회에 나치당이 등장할 초창기부터 블로흐는 나치당에 대한 투쟁을 벌였다. 1933년 나치체제가 등장한 이후 국적을 박탈당했다. 처음에는 스위스로 망명했고, 이탈리아로 오스트리아 빈으로 망명했다. 그러한 다음 체코슬로바키아를 거쳐 1939년 미국으로 망명했다. 망명지에서는 게오르크 루카치와 강한 '표현주의 논쟁'을 벌였고, 미국 망명시절 그의 주저인 『희망의 원리』를 썼다.

1949년 라이프치히 대학교의 철학교수직을 수락하며 동독으로 귀환이주한 후인 1955년, 그는 동독의 국가훈장을 수여받았다. 서독으로 귀환한 레온하르트 프랑크를 연상시키는 부분이다. 레온하르트 프랑크와 에른스트 블로흐는 제1차 세계대전 당시 반전주의자로 스위스에 망명했고, 제2차 세계대전 후 미국에서 귀환이주한 후 1955년 동독의 국가훈장을 수여받은 것이 공통점이다. 하지만 프랑크는 서독으로 이주했고, 블로흐는 동독으로 이주한 것이 다른 점이다. 또 하나의 다른 점은 블로흐는 반기는 사람에 의한 공식 초청으로 귀환한 것이고, 프랑크는 개인자격으로 이주한 것이 차이라면 차이다. 또 하나의 차이는 프랑크는 독일인이었고, 블로흐는 유대인이었다.

블로흐는 국가훈장뿐만 아니라 동독학술원의 회원이 되었다. 이로 인해 그는 단순한 철학교수가 아니라 동독의 국가철학자로 승격되었다. 하지만 1961년 베를린 장벽이 설치되자 서독여행을 기화로 서독에 완전히 이주했다. 블로흐에게도 동독은 그가 원한 국가가 아니었다. 서독으로 이주한 후 튀빙엔대학교에서 강의했다. 1967년에는 독일서적출판 평화상을 수여받았다. 서독에서 68운동이 전개되자 비판적인 논조로 학생들과 동조했다. 1977년 8월 4일 그가 92세의 나이로 세상을 떠났을 때 약 3,000명 정도의 학생이 운집해 횃불을 들고 그의 죽음을 애도했다.

1945년 스위스에서 귀환이주한 후 서독의 미군정하에서 문화편집인으로 일하던 한스 마이어는 1948년 그의 친구 슈테판 헤름린과 함께 소련군 점령지역으로 이주했다. 그 후 라이프치히 대학교의 문학교수가 되며 독문학계의 영향력 있는 비평가 역할을 하였다. 구역에 상관없는 문학비평가로서의 영향력 때문에 한스 마이어는 동·서독을 왕래할 수 있었다. 동독에서는 대학교 강의와 문학관련 대화에서 활동했고, 서독에서는 47그룹 모임에 참여했다.

1956년부터 동독정권의 권력자들이 정권을 강화하고 공산주의 정책을 공고히 하자 1963년 서독 튀빙엔 방문을 기회로 서독에 완전 이주했다. 1965년 서독의 하노버 대학교에 신설된 독문과의 교수로 초빙되어 1973년 정년퇴직할 때까지 봉직했다. 그러한 다음 튀빙엔 대학교의 명예교수로 평생을 재직하다 94세의 나이로 세상을 떠났다.

그 이외에 동독의 유명한 독문학자였던 알프레트 칸토르비치가 서독으로 재망명한 사건은 귀환이주 망명객의 현실을 보여주는 대표적인 예이다. 1933년 망명을 떠난 칸토르비치는 1946년 소련군 점령지역으로 귀환이주했다. 그는 1949년 이래 동독에 위치한 베를린 훔볼트 대학교의 독문학교수로 명성을 떨치던 중 1957년 서베를린으로 도주했다. 칸토르비치가 동독에서 서독으로 재망명한 사건은 망명 후 동독으로 귀환이주한 망명객들이 겪은 동독사회의 문제점과 귀환이주의 문제점을 적나라하게 보여주었다. 하지만 서독으로 재망명한 이후에도 그의 문제점은 해결되지 않았다. 그는 출판도 할 수 있었고, 인터뷰도 할 수 있었지만, 9년 동안에 걸쳐 서독의 법정에 서야만 했다.

독일 내의 재망명 사실도 연구되어야 할 부분이다. 동·서독 사회 각자가 지니고 있는 문제점이 들어날 수 있는 반면 망명객 스스로의 문제점 및 모순을 발견할 수 있기 때문이다. 더 나아가 인간과 사회에 관한 본질적인 문제를 제시할 수도 있다.

제7장

구역 밖으로의 귀환이주

제7장 구역 밖으로의 귀환이주

1. 소수와 다수

1.1. 마지막 사람들

떠난 자들에 비해 귀환한 망명객들은 소수였다. 1945년 나치 체제가 패망한 직후 미국, 영국, 소련, 프랑스 등의 군정지역으로 귀환한 망명객들에 비해 1949년 이후 동독이나 서독으로 귀환한 망명객들은 소수였다. 군정지역이나 분단국가로 귀환한 망명객들의 실태는 어느 정도 알려져 있다. 하지만 이들을 제외한 귀환이주 망명객들의 실태는 거의 알려져 있지 않다. 이들은 군정지역이나 분단국가로 이주한 망명객들에 비해 숫자로 나열할 필요가 없을 정도로 극소수였거나 혹은 그들을 망명연구에서 다루지 않은 이유가 분명히 있었을 것이다. 망명연구에서 그들을 다루지 않은 이유로는 그들이 사회현상으로 부각되지 않았거나 의도적으로 이들을 연구대상에서 제외한 두 가지 경우를 추측해 볼 수 있다. 이러한 추측을 가능하게 하는 것은 귀환이주 망명객과 관련된 전후 독일의 급박한 사회변동과 정치발전 상황이다.

1949년 독일 내에 두 개의 공화국이 수립되며 서로 다른 가치를 내세운 양 국가는 서서히 냉전체제의 중심에서 대치하게 되었고, 망명과 귀환이주에 관한 논의도 이와 함께 서서히 자취를 감추기 시작했다. 서독은 서독대로, 동독은 동독대로 조국의 현실이나 과거사에 대한 논의보다도 그들이 원하는 국가건설에 더욱 치중했다. 서독은 폐허의 땅에 라인강의 기적을 이루어 내며 세계의 경제대국으로 위치를 확고히 했고, 동독은 사회주의 국가건설로 공산주의 국가들 중 선두 자리를 견지했다. 이로 인해 서독에서는 망명에 대한 논의는 별로 흥미를 끌지 못했고, 동독에서는 나치 체제 비판과 망명에 관한 사항을 체제수호와 체제경쟁을 위한 선전 도구로 이용했다. 이러한 사회적 분위기에서 망명객들이 귀환했다고 해도 별로 사회적인 이슈가 되지 못했으며, 간혹 귀환한 망명객들이 화제에 오른다고 하더라도 그들의 취향과 목적에 부합되지 않으면 귀환이주 망명객으로서의 환대를 받을 수 없었다. 독일사회는 이미 그들 나름대로의 확고한 구역이 설정되어 있었다. 망명객들은 귀환하기는 했지만 고국 내의 구역 밖으로 귀환이주할 수밖에 없었다. 이러한 상황에서 망명과 귀환이주에 관한 논의 자체는 이슈가 되지 못했다.

하지만 1968년의 프랑스와 서독 대학생들의 '68운동'은 망명 논의에 대한 새로운 이정표를 마련했다. '68운동'은 베트남전쟁으로 인한 미국 대학생들의 반전데모와 당시 대통령 후보였던 마르틴 루터 킹 목사의 암살사건으로 촉발되었다. 1968년 학생운동과 그 사회적 분위기가 배출한 '68세대'는 기존의 억압적이고 권위적인 기성세대의 행태나 사고방식을 전면 거부하며 새로운 의식혁명의 토대를 마련했다. '68세대'는 1968년에 20대였던 젊은이들을 기준으로 통칭 1940년부터 1950년 사이에 태어난 세대를 말한다. 물론 개인적으로

'68운동'에 가담한 1938년 혹은 1939년생들도 이 세대에 속한다고 기록할 수 있다. '68운동'은 사회, 문화, 의식 등 각 방면에서 독일역사의 전환기를 마련하며 '68혁명'으로까지 승화되었다. '68세대'는 학생운동으로 시작되었지만, 이에 연관된 많은 작가와 학자들을 배출했다.

롤프 디터 브링크만, 울라 한, 페터 한트케, 엘케 하이덴라이히, 크리스토프 하인, 보토 슈트라우스, 우베 팀이 여기에 속하는 작가들이다. 그리고 게르하르트 베커 (사회정치학), 울리히 베크 (사회학), 미하엘 돔쉬 (경영학), 하르트무트 에써 (사회학), 볼프강 파흐 (정치이론), 하르트무트 호이써만 (도시사회학), 하이너 코이프 (사회심리학), 유르겐 코카 (역사), 마르틴 콜리 (사회학), 게르트 랑굿 (정치학), 클라우스 오페 (정치사회학), 페터 슬로터딕 (미학, 철학), 클라우스 테붸라이트 (미술이론), 폴커 붸데킹 (문학과 매체) 등이 이에 속하는 학자들이다. 이들은 2005년 65세가 되며 서서히 직장에서 퇴직을 하기 시작했다. 참고로 '68세대' 혹은 '68혁명'은 작가나 학자들에 의해 시작된 것이 아니라, 학생운동에 의해 촉발된 점이라는 것은 분명히 해 두어야 한다.

68학생운동은 제2차 세계대전 이후 독일 현대 문화사의 중요한 전환기를 마련한다. 1960년대 후반부터 전개되기 시작한 의식혁명은 각 분야에 새로운 활력소로 작용하기 시작했다. 1968년의 의식혁명을 계기로 서독에서도 객관적 의미의 망명문학에 대한 연구가 활성화되기 시작했다. 이제 사람들은 전보다도 국가나 전체보다는 사회와 개인의 문제에 대해 좀 더 진지하게 생각하기 시작하였다. 이러한 사회 문화적 전환기에서 서서히 발견되기 시작한 사람들이 제3의 귀환이주자들이다. 제3의 귀환이주자들이란 특별하게 눈에 띄었던 '군정

지역으로 귀환이주'한 망명객들도 아니고, '분단국가로 귀환이주'한 망명객들도 아닌 '눈에 띄지 않는 귀환이주' 망명객들을 말한다.

제3의 귀환이주자들은 다수의 숫자로 무리를 형성하고 있는 철옹성 구역 밖에 있던 소수의 인간 무리들이었다. 그들은 소수자였다. 소수자 무리는 태생적으로 힘이 없는 집단이다. 소수자란 원래 다수자에 속할 수 없거나 속하지 못한 자들을 말한다. 소수자는 인류학적, 기질적 혹은 사회적 특성상 힘을 결집할 수 없는 특성을 지니고 있다. 이러한 의미에서 소수자들은 대부분 혼자일 수밖에 없다. 혼자인 사람은 집단 테두리 밖의 사람이다. 테두리 밖의 사람은 혼자이고 싶어서 혼자인 것이 아니다. 어디에고 속하려고 해도 속할 수 없기 때문이다. 혼자인 사람은 사회적으로 '마지막'과 투쟁하고, 심리적으로 '마지막'을 느끼는 사람들이다.

마지막 사람들은 마지막 시간을 겪은 사람들이다. 마지막 시간은 죽음에 이르는 상황이다. 절망의 시간이고 기다림과 소망의 시간이다. 현실은 없고 오직 미래만이 존재하기 때문이다. 오지 않는 기차를 기다렸던 사람, 떠나지 않는 배를 타야만 했던 사람들, 그동안 같이 지낼 수 없었던 사람들에게 이방에서 온 반기지 않는 손님이 되어버린 사람들이다. 인간 역사에서 마지막 시간을 경험한 사람들은 수없이 많다. 제3의 귀환이주자들은 대부분 마지막 사람들이었다.

마지막 사람들

우리는 마지막 사람들이다.
꼬치꼬치 캐물어 보아라.
우리는 준비 되어 있다.

우리는 우리 친구들의 신상 명세가 적힌
메모지 색인상자를 멜빵 목판 상자 장사꾼처럼
배 앞에 메고 운반하고 다닌다.
연구소들은 잊혀져 사라진 자들의
세탁물 계산서를 얻으려 애쓰고,
박물관은 우리들의 단말마고통 표제어를
유품처럼 유리 진열장 속에 보존한다.
우리는,
당연히 어느 누구라도 알 수 있는 이유 때문에
우리의 이 시대를 어슬렁거린 우리들은,
이해할 수 없는 비렁뱅이 패가 되어버렸다.
우리들의 숙명은 기념비들 위에 서 있다.
우리들의 가장 좋은 고객은
후대의 더러운 양심이다.
활용하여라, 기회를 이용하여라.
우리는 마지막 사람들이다.
꼬치꼬치 캐물어 보아라.
우리는 준비되어 있다.

2002년도 노벨 문학상 수상자인 헝가리 출신의 작가 임레 케르테스는 '한스 잘 (Hans Sahl)상'을 받는 자리에서 "우리는 마지막 사람들이다"라는 주제로 수상연설을 했다. 1929년생인 케르테스는 1944년 아우슈비츠 나치 포로수용소로 끌려갔다가 죽임에서 살아남은 유대인 출신 작가로 어린 나이에 겪은 경험을 1975년에 『운명 없음』으로 세상에 발표했으나 한동안 주목을 받지 못했던 작가인데 2002년에 노벨상을 수상했다. "우리는 마지막 사람들이다"라는 제목은 임레 케르테스가 수상 연설을 위해 특별히 준비한 것이 아니라 1933년 히틀러 나치 독재를 피해 프랑스로, 그리고 끝내는 미국으로 망명했던 독일 출신 작가 한스 잘의 시 「마지막 사람들」의 첫 부분을 인용한 것이다.

한스 잘처럼 제3의 귀환이주자들은 대부분 알려져 있지 않았던 인물들로 본인들의 업적이나 행적이 세상에 알려지며 혹은 누군가에 의해 발견되며 서서히 주목을 받기 시작한 귀환이주자들이다. 이러한 제약 때문에 '구역 밖으로의 귀환이주'에 관한 연구는 전체적인 조망보다는 개인적인 현상을 바탕으로 전체를 파악하는 방법을 강구할 수밖에 없다. 이에 본 연구는 '구역 밖으로의 귀환이주'에 관한 대표적인 실례를 보여주는 한스 잘과 노르베르트 엘리아스를 선별하여 연구의 대상으로 삼는다. 한스 잘은 망명과 귀환이주에 대한 실상과 이론을 구체적으로 제시하고 있기 때문에 한스 잘에 관한 자료를 주요 연구대상으로 삼고, 노르베르트 엘리아스에 관한 사실은 보충자료로 이용한다.

한스 잘은 1933년 망명을 떠난 후 1993년 세상을 떠날 때까지 '망명중의 망명'과 '망명후의 망명'을 겪은 20세기의 한 고독했던 지성인으로 다수자들 속에서는 소수자였고, 소수자들 속에서는 국외자로 한 번도 "정신적인 가까움"[1]으로 여겼던 본인의 공간으로 귀환이주를 해보지 못한 이 세상의 영원한 망명객이었다. 이러한 숙명적인 상황에서 한스 잘은 본인을 "구역 밖의 한 인간" 혹은 "이방 문화의 한 손님"이라고 자가 해석을 하고 있다.[2]

1) Hans Sahl: Die Wenigen und die Vielen, 172쪽.
2) Hans Sahl: Das Exil im Exil. Memoiren eines Moralisten II. Frankfurt/M 1991, 156쪽.

한스 잘은 특히 본인이 겪은 망명현실과 20세기를 살아온 한 영원한 망명객의 숙명을 그의 작품 『소수와 다수』, 『밝은 밤들』, 『우리는 마지막 사람들이다』와 두 권의 자서전 『한 도덕주의자의 회고록』과 『망명중의 망명』, 비평집 『그리고 하지만...』을 통해 소상히 밝힘으로써 망명과 귀환이주 연구에 중요한 자료를 제공하고 있다. 더구나 시, 소설, 비평 등 그의 전 작품의 주제는 거의 모두가 망명과 망명경험에 관한 것으로 이루어져 있다. 게다가 그는 문학적 기교보다는 작가 개인이 겪은 시대적 아픔과 문제점들을 적나라하게 서술하는 데 중점을 두고 있다. 이러한 사실들은 망명에 관한 역사적 현실을 누구나 한번 되짚어보게 만들뿐더러 지금까지 연구되지 않았던 분야를 보충하게 만드는 기회를 제공한다.

한스 잘은 1902년 드레스덴에서 출생하여 1993년 튀빙겐에서 세상을 떠났다. 1933년 히틀러 나치 체제가 등장하자 망명의 길을 떠났고, 망명을 떠난 지 56년 만인 1989년 87세의 나이로 영구 귀환이주했다. 영구 귀환이주란 1989년의 귀환이 처음이 아니었기 때문이다. 그는 이미 1949년 망명지 미국에서 유럽으로 잠시 귀환했었다. 그때는 이주가 아니라, 업무로 인한 귀환이었다. 한스 잘은 1953년 자기가 태어난 나라인 독일로 귀환이주를 시도했다. 하지만 귀환이주를 성공하지 못하고 1958년 다시 망명지였던 미국으로 돌아간 개인적인 이력이 있다.

한스 잘은 1970년대까지 독일 출신 작가이면서도 소수의 망명문학 전문가를 제외하고는 별로 알려져 있지 않았던 인물이었다. 한스 잘은 2차 대전 이후 독일의 일반 독자들에게 망명 작가라기보다는 쏜턴 와일더, 아더 밀러, 테네시 윌리엄스 등을 번역하는 영·미 문학 번역가 내지 독일어권 언론매체의 미국 특파원으로 기억되고 있었다. 한스 잘이라는 인물이 독일의 일반 독자들에게 망명 작가로 대두되기 시작한 것은 1983년과 1991년 자서전적인 회고록인 『한 도덕주의자의 회고록』과 『망명중의 망명』이 발간되면서부터였다.

> 나는 영웅이 아니다. 〔…〕 나는 소음 가득히 돌아가는 학살과 세계 멸망들의 현장에 있었음에도 불구하고 영웅이 되지 못했다. 아니, 나는 하나의 영웅이 되기를 거부한다. 나는 금세기의 한 인간이다. 그것이 전부다.3)

한스 잘이 '구역 밖으로 귀환이주'할 수밖에 없었던 이유는 "소음 가득히 돌아가는 학살과 세계 멸망들의 현장"이었던 20세기에서 "영웅이 되지 못했고", "영웅이 되기를 거부했고", 다만 20세기의 "한 인간"으로 머물렀기 때문이다. 이러한 사실들과 개인적인 고백은 그가 살아온 개인적인 망명현실과 깊은 연관관계를 맺고 있다.

1.2. 망명중의 망명

한스 잘은 유대인 출신이었다. 독일인이긴 했지만 유대인이었고 유대인이지만 독일인이었다. 독일에서는 유대인이었고 망명지에서는 독일인이었다.

1902년생인 한스 잘은 1925년 '브레스라우의 15세기 회화에 관한 연구'로 박사학위를 취득한 후 '베를린의 촉망받는 비평가'로서 문학과 연극분야에서 두각을 나타내기 시작했다. 1922년부터 1932

---

3) Hans Sahl: Das Exil im Exil. Memoiren eines Moralisten II. Frankfurt/M 1991, 9쪽 이하.

년까지 한스 잘이 신문이나 잡지 그리고 전집 등에 발표한 글은 636편[4]에 이르고 1930년에는 이미 28세의 나이로 안나 제거스, 쏜턴 와일더, 어네스트 헤밍웨이의 작품에 대한 비평을 했다. 한스 잘은 바이마르 공화국 시절 이미 촉망받던 베를린의 비평가 시절부터 수많은 작가 내지 지식인들과 교유해 왔고 또한 그들이 시대적 상황에 따라 변모해 가는 모습을 국외자의 입장에서 면밀히 관찰한 비평가였다.

1933년 4월 독일을 떠나야만 했던 한스 잘은 프라하, 취리히, 암스테르담, 파리 등 유럽에서 망명생활을 했고, 1939년 프랑스에서는 적국에서 온 위험한 외국인이란 혐의로 감금을 당하게 된다. 1940년 수용소를 탈출한 한스 잘은 마르세이유를 경유하여 1941년 또 다른 망명지인 뉴욕에 도착하게 된다. 한스 잘의 망명 시기는 그의 망명경로에서 나타나듯이 크게 '파리시절', '뉴욕시절', 그리고 망명후의 망명시기로 구분해 볼 수 있다.

한스 잘은 파리 시절의 망명 생활이 "비참함, 무력함, 가난"으로 점철되었다고 회상하고 있다. 한스 잘은 망명생활 중 배가 고파서 자주 침대에 누었다고 그의 자서전에서 밝히고 있다. 누워 있는 것이 배고픔을 참기가 더 쉬웠기 때문이었다. 빵 한 조각과 커피, 달걀 한 개 그리고 담배로 하루를 지냈다고 한다. 그때 그는 사람이 목숨을 연명하는 데 얼마나 적은 양의 음식이 필요하다는 것을 깨달았다고 한다. 그러한 상황에서도 그는 글을 썼다. 작가는 글을 써야 하는 사람이기 때문이었다. 글로서 양심을 지키고 역사를 지켜야 했기 때문이었다. 그런데 이러한 회상들 중에서 특히 눈길을 끄는 것은 "무력함"을 느꼈다는 대목이다. 이때 '무력함'이란 감정적 상태보다도 현

4) G. Ackermann / M. Brodersen (Hrsg.): Hans Sahl. Eine Bibliographie seiner Schriften, Marbach 1995, 36-107쪽 참조

실적으로 '힘이 없음'을 의미한다. '힘이 없음'은 '힘을 가지고 있음'에 대비되는 현실로 '힘을 가진 자'와 '힘이 없는 자'의 현실 상황으로 나타난다. 한스 잘이 파리시절에 절감한 '무력함'은 그가 망명 중에서 또 다른 망명의 현실로 진입할 수밖에 없었던 사실을 의미한다.

한스 잘은 바이마르 공화국 시대의 전형적인 좌파 지식인에 속한다. 그러나 그는 특정 당파에 연계되지 않았고 또한 독일 공산당 KPD에도 입당하지 않았다. 그는 공산주의자들의 주변 인물이었다. 당시 한스 잘은 베르톨트 브레히트, 한스 아이슬러, 레온하르트 프랑크, 헤르베르트 이에링, 에곤 에르윈 키쉬, 볼프강 쾨펜, 롯데 렌야, 에르윈 피스카토르, 쿠르트 봐일 등과 교류했다. 이들은 바이마르 공화국 시대의 좌파 지식인들이었고 히틀러 정권이 들어서자 한스 잘처럼 무기력하게 망명을 떠나야 했던 지식인들이었다.

한스 잘은 망명 중 공산주의에 기반을 둔 좌파 지성인들의 세계관에 의심을 갖기 시작했고, 1936년에는 '망명 독일작가 수비동맹'을 탈퇴했다.[5] 이와 더불어 안나 제거스, 마네 스페르버, 한스 마르흐빗자 등 평소 교분이 있던 좌파 지성인들과 거리를 두기 시작했다. 1944년 뉴욕에서는 베르톨트 브레히트에 관한 연극비평을 계기로 브레히트와도 결별을 한다.

한스 잘은 1936년 "어느 망명이든 정치적인 권력투쟁이 있다"라는 칼 마르크스의 문장을 실감한다. 그는 실제로 다수의 숫자로 무리를 형성하고 있는 이데올로기화된 집단주의 망명객들 집단 앞에서 소수자로서의 '무력함'을 경험한다. 망명사회에서 망명객들 사이의 논

5) 한스 잘과 관련된 '20세기의 소음과 지성인의 길', '이데올로기화된 집단주의와 개별인간의 무기력', '지성인의 고독과 무기력' 등은, 서장원: 지성인과 무기력 - 한스 잘의 망명경험과 문학적 개인인식, 헤세연구 제17집, 2007. 255-274쪽 참조

의는 대부분 정치 사회적인 것으로 망명현실이나 히틀러 패망 후 독일의 미래에 관한 것들이 주제였다.

한스 잘은 당시 노벨문학상 수상자인 토마스 만이 명예회장으로 되어 있는 '망명 독일작가 수비동맹'의 의장단에 소속되어 있었고 안나 제거스, 알프레드 칸토로비치, 보도 우제, 마네 스페르버, 한스 마르흐빗자, 루돌프 레온하르트 등이 의장단을 구성하고 있었다. 이 단체는 에곤 에르윈 키쉬, 안나 제거스, 마네 스페르버와 같은 공산주의자들에 의해 주도적으로 운영되고 있었고 사회민주당원이나 무당파 지성인들은 곁다리 역할을 할 뿐이었다. 이들은 바이마르 공화국 시절 좌파 지성인들로 이미 한스 잘과 교류가 있었던 인물들이었다.

당시 광신적인 공산주의자인 마네 스페르버는 한스 잘에게 레오폴트 슈바르츠쉴트가 편집하는 모스크바 재판에 대한 스탈린 지지 기사에 대해 '망명 독일작가 수비동맹'의 이름으로 동의하자는 서명을 요구했다. 모스크바 재판이란 당시 스탈린에 의해 주도된 소련 공산당 내의 권력투쟁으로 '피의 숙청'을 예고하는 사건이었다. 안나 제거스나 한스 마르흐빗자 등 '망명 독일작가 수비동맹'의 다른 의장단들도 좌파 지성인인 한스 잘이 당연히 서명할 것으로 여겼었다.

한스 잘은 당시의 상황을 그의 소설 『소수와 다수』에서 1937년 7월 10일자의 일기를 인용하여 다음과 같이 회고하고 있다.

> 나는 당시 더 이상 그들과 같이 하지 않았다. 나는 그들을 반대하고 있었다. 나는 나의 서명이 기록물 속에 들어가는 것을 거절했다. [⋯] 그것은 사악하고 불평등한 투쟁이었다. 그들은 나를 협박과 간청, 감언이설과 비방으로 동의를 받아내려는 시도를 했다. 그들은 감정과 이성에 호소를 했다. 그리고 그들은 내가 포기할 경우 나의 지위에 걸맞게

> 보답하겠다는 것을 암시했다. 기본적으로 나는 그들에게 절대로 속하지 않았었다. 나는 항상 주변인물이었다. 〔…〕 그리고 비록 위험하긴 할지라도 한 시대에서 혼자라는 것이 더 좋을 것이라는 〔…〕 하나의 행복한 예감이 나에게 떠올랐다.[6)]

한스 잘은 서명을 거부하고 '망명 독일작가 수비동맹'을 탈퇴했다. 공산주의를 떠나 '전향자'가 되었다. 이 사건을 계기로 한스 잘은 '자유에 대한 결정이 거의 자유 그 자체보다도 더 중요하다'[7)]는 것을 확신했다. 한스 잘은 이러한 결정의 순간에 소수자 중의 혼자였고 다수의 무리로 권력을 형성한 공산주의자들 앞에선 무기력한 개인이었다. 한스 잘이 바라는 공산주의는 인간에 대한 억압 없는 이상사회였지 이데올로기화된 집단주의는 아니었었다.

1.3. 집단주의 밖의 고독한 지성인

서명거부와 탈퇴사건을 계기로 한스 잘은 다른 좌파 지성인들에게 '의심스러운 형제'로 낙인찍혔다. 한스 잘도 그들을 '의심스러운 형제'로 보기는 마찬가지였다.[8)] 이러한 상황에서 한스 잘은 이데올로기화된 집단주의자들이 '하나의 질문에 하나의 대답만을 준비하고 있는 자들'이라고 단정하게 되었다. 그리고 이데올로기화된 집단주의자들에게 "좌나 우로만 가지 말고 〔…〕 본인 자신과 본인의 양심에 책임이 있는"곳으로 돌아갈 것을 충고하며 "누가 그들을 따를 것인지

---

6) WuV, 178쪽 이하.

7) MM, S. 65쪽.

8) Traktat über den Zweifel, in: UD, 7-9쪽 참조

〔묻지 말 것을〕" 집단주의 밖에서 홀로 무력하게 요구했다.9) 망명에서 터득한 그의 현실관은 한스 잘을 망명현장에서도 집단주의 밖의 고독한 지성인으로 머물게 할 수밖에 없었다.

한스 잘이 망명의 현장에서 집단주의 밖의 한 고독한 지성인으로 머물 수밖에 없었던 사실은 무엇보다도 히틀러 나치의 전체주의를 피해 망명한 망명객들 사회에도 또 다른 형태의 전체주의가 엄연히 실재하고 있다는 것을 절감했기 때문이다. 그리고 한스 잘은 전체주의 집단과 타협할 수도 없었고, 타협할 의지도 없었기 때문이다. 이러한 결과는 한스 잘을 다수자 밖의 소수자로, 소수자 밖의 혼자로 내몰았으며, 결국에는 집단 밖의 고독한 인간으로 내몰릴 수밖에 없었다.

한스 잘이 집단주의 밖의 한 고독한 지성인이었음에도 불구하고 그가 생존할 수 있었던 이유는 그가 도덕을 신봉했기 때문이다. 한스 잘은 본인의 자서전을 두 번에 걸쳐 『한 도덕주의자의 회고록』이라고 대외에 공표할 만큼 본인 자신을 철저한 도덕주의자로 규정했다. 한스 잘이 말하는 도덕은 철학이나 윤리학 혹은 신학분야에서 일반적으로 정의하는 고답적인 도덕이 아니라, 현실을 바탕으로 하는 사회적 개념의 도덕이다.

> 당신은 도덕주의자다. 그리고 당신은 세상을 주시한다; 당신의 걱정은 오직 하나. 있는 그대로를 본다는.10)

생트뵈브의 문장을 모토로 삼듯이 한스 잘은 도덕주의자를 일반적

9) Vgl. Traktat über den Zweifel, in: UD, 7쪽 이하 참조

10) Hans Sahl: Das Exil im Exil. Memoiren eines Moralisten II. Frankfurt/M 1991. 49쪽.

으로 세상에서 이해하고 있는 도덕적 당위성의 옹호자가 아니라 현실에서 끊임없이 발생하고 있는 부도덕한 상황을 관찰하는 자로 이해한다. 한스 잘이 이해하는 도덕주의자는 기존의 세상에서 통용되고 있는 가치나 판단 혹은 규칙을 조건 없이 수용하기보다는 본인의 양심에 따른 판단과 비판을 통해 인간 상태와 사회현상에 대해 문제점으로 발견된 부분에 대해 보완하고 충고하는 인간이다.

한스 잘의 도덕개념은 윤리적 판단이나 종교적 신념에서 비롯된 것이 아니라 그가 살아온 망명과 20세기의 경험에서 얻어진 것이다. 한스 잘은 도덕적 가치판단을 사회적 정의실현보다는 한 개인의 존엄성이 무엇보다도 중시되어야 한다는 것에 초점을 맞추고 있다. 이러한 맥락에서 한스 잘은 20세기의 특이한 정치적 집단주의로 인해 수많은 인간들이 현실적으로 피해를 입었음에도 불구하고 인간은 서로서로가 증오해서는 안 된다는 현실적인 도덕관을 고수한다.

한스 잘은 지성인의 고독을 소수와 다수의 문제로 해결하지 않고 도덕으로 극복하고자 노력했다. 소수도 다수에 속해 있고 또한 혼자도 소수라는 것을 한스 잘은 분명히 파악하고 있었기 때문이다. 한스 잘의 도덕은 독립된 개인주의를 근간으로 하고 있다. 독립된 개인주의란 인간 개개인의 가치와 도덕적 체계를 집단의 이익이나 목적보다는 상위에 두고 개개인을 최대한 인정하고 존중하려는 생각을 말한다. 이데올로기화된 집단주의에 대항할 수 있는 유일한 길도 한스 잘은 독립된 개인주의라고 생각한다. 한스 잘이 이러한 생각에 강한 집착을 갖게 된 동기는 히틀러의 국가사회주의나 공산주의 등이 20세기의 대표적인 집단주의이고, 망명의 현장에서조차 집단주의의 문제점을 발견했기 때문이다.

1944년 한스 잘은 그동안 공산주의자들 중에서는 지성인으로 여기던 베르톨트 브레히트와도 결별한다.[11] 1945년 종전 후에도 한스 잘은 뉴욕에서 독일민주화협회 결성을 위한 서명을 요구 받았지만 집단주의적 행동은 허위라는 확신에서 서명을 거절한다.

1945년 히틀러 나치 체제가 붕괴되자 망명객들은 고국으로의 귀환을 서둘렀다.

> 망명객들은 자기 자신을 영웅이라고 여기며 고향으로 돌아간다. 하지만 나는 다음까지 여기에 머무르기로 결심했다. 나는 빈손으로 돌아가지 않을 것이다. 나는 아무 해결책도 발견하지 못했다. 나는 그들이 무엇을 해야 할지 말할 수가 없다.[12]

베르톨트 브레히트, 안나 제거스, 알프레드 칸토로비치, 한스 마르흐빗자 등 한스 잘과 오랜 기간 친분이 있었던 대다수의 좌파 지식인들은 승리자라는 생각을 지니고 귀환했다. 그들의 대부분은 점령군 복장이었다. 망명사회에서 이데올로기화된 집단주의를 바탕으로 권력을 지녔던 지성인들은 나치 체제가 붕괴되자마자 소련군 점령지역으로 귀환했다. 그들은 귀환이주 후 망명지에서 꿈꿔왔던 새로운 국가 건설에 참여했다. 이와 더불어 군정청 혹은 신생국가의 각계각층에서 자기의 신분에 상당하는 전권을 장악하였다. 이러한 시기 한스 잘은 무력하게 아직도 망명지의 고독한 지성인으로 남아 있었다. 그가 돌아갈 곳은 없었다.

> 그는 그가 살아 있는 동안 여기에 머물러야 되고 망명은 절대로 끝

---

11) Schwierigkeiten im Verkehr mit dem Dichter Bert Brecht, EE, 145-148쪽.
12) WuV, 272쪽.

나지 않을 것이라는 것을 알았다. 그것은 더 이상 어떤 특정한 나라에 엮인 것이 아니었다. 그것은 하나의 정신적인 상태, 하나의 삶의 형식이 되어 있었다. 그것은 단지 세력과 저항세력, 운동과 반대운동만을 생각하는 세계에 대한 한 수동적인 저항 방식이었다.[13)]

한스 잘은 돌아가야 할 사람이었다. 그러나 돌아갈 곳이 없는 자였다. 돌아갈 곳으로 가지 못하는 자였다. 한 망명객의 모순이 아니라 시대의 모순이었다. 20세기의 모순이었다. 일찍이 프랑스로 망명한 하인리히 하이네도 그랬듯이 조국 독일만 생각하면 한스 잘은 잠을 이룰 수가 없었다.

한스 잘은 2차 세계대전 이후 독일로 귀환이주하지 않은 망명객에 속한다. 그리고 그는 "이방 문화의 한 손님인 구역 밖의 한 사람"이 되어 있었다.[14)] 한스 잘은 그의 망명경험과 망명발생으로 인한 20세기의 과제를 문학적 방법을 통해 기록해 나갔다. 특히 소설『소수와 다수』는 1933년에 쓰기 시작하여 1946년에 완성되었는데, 이 작품 속에는 바이마르 공화국 시대의 전형적인 지성인이 겪은 망명경험과 문학적 개인의식이 자서전적으로 서술되고 있다. 이 자서전적인 소설은 한 망명객의 '자기 주장의지'를 문학적으로 증언함으로써 망명문학 연구에 중요한 자료를 제공하고 있다.

---

13) WuV, 285쪽.
14) EE, 156쪽.

2. 망명후의 망명

2.1. 이방으로의 귀환이주

제2차 세계대전이 끝나자 한스 잘은 독일로 귀환하려는 시도를 여러 번 했다. 1946년 영화 대본 작가로 스위스에서 작업을 하던 중 잠시 독일에 들른 적이 있었다. 이주를 하려고 독일에 온 것은 아니었지만 망명에서의 첫 번째 귀환이었다. 망명을 떠난 지 십 몇 년 후에 찾아온 독일은 망명 동안 그가 그리워했고 가고 싶었던 나라가 아니었다. 그가 본 독일은 마치 달밤의 세상처럼 현실과 허구의 중간세계에 있었다.

1954년 귀환이주 목적으로 독일로 돌아왔다. 몇 년을 살았다. 그러나 자기 나라가 아니었다. 고향이 아니었다. 반기는 사람은 없었고 언제 다시 떠나느냐는 질문만이 있었다. 무엇 하러 귀국했느냐는 것이었다. 방송극도 써 보고 시도 발표했지만 독자들의 반응은 없었다. 망명에 관한 사항은 이미 2차 대전 직후 사회적인 이슈였다가 지금은 아무에게도 관심이 없는 주제로 작품으로서는 너무 늦었다는 것이었다. 아니면 주장하는 바가 사회의 정황으로 볼 때 수용되기에는 너무 이르다는 평이었다. 설 곳이 없었다. 그는 서독사회에 속할 수 없는 구역 밖의 손님일 뿐이었다. 그의 고향이었던 독일은 그에게 이방이었다. 한스 잘은 조용히 짐을 싸서 뉴욕으로 다시 돌아왔다. 다시는 독일로 돌아가지 않기로 마음먹고 미국 시민권을 얻었다.

한스 잘은 불행했던 독일로의 귀환이주 시도와 망명지 미국으로 되돌아갈 수밖에 없었던 현실을 다음과 같이 시로 읊었다.

과거에로의 전세기 비행

그들이 망명에서 돌아왔을 때
사람들은 그들의 손에 장미 하나를
건넸다.
엔진은 침묵했다.
테겔 비행장에서
속죄는 거행되었다.
후세대들은 살아남는 자들을
환영했다.
죄 없는 자들이 아버지들의 죄에 대해
사죄했다.

장미가 시들었을 때 그들은
그들의 제2의, 제3의, 제4의 고향인
망명으로 되돌아갔다.
다시 영어로 말했다.
게트렝케가 다시 드링크로
바뀌었다.
그들이 롱 아일랜드 해안에
다가갔을 때
그들은 하벨강 위를 줄지어 날아가는
백조들을 보았다.
그리고 그들은 울었다.[15]

15) WL, 110쪽.

1958년 한스 잘은 서독에서 다시 뉴욕으로 돌아갔다. 한번 망명의 길은 그에게 다시는 돌아올 수 없는 여행이 되었다. 그는 그가 나고 자란 땅에서 이방인이 되었다. 그동안 같이 지낼 수 없어 보고 싶었던 사람들에게는 구역 밖의 손님일 뿐이었다. 독일로 귀환하여 사용하였던 모국어는 이제 다시 망명지 언어인 영어로 바뀌었다. 그리고 제2의 고향이 되어버린 망명지 미국 북동부의 롱 아일랜드 해변에 앉아 한스 잘은 고향 독일의 브란덴부르크와 베를린을 흘러내리는 하벨강을 떠올리는 구역도 보이지 않는 구역 밖의 사람이 되었다.

한스 잘의 이러한 개인적인 이력은 단순히 한 개인에게만 벌어진 감상적인 불행이라기보다는 1950년대 독일의 정치, 문화, 사회 분야의 복잡한 현실 때문이다. 한스 잘이 귀환이주를 시도했던 1950년대 중반의 독일은 정치적으로 동·서독 분단의 현장인 냉전시대였고 또한 사회적으로는 폐허를 극복하고 경제건설에 치중하던 때였다. 비판이나 과거사에 얽매이기보다는 강력한 조국건설이 우선이던 때였다.

이러한 시대적 분위기에서 한스 잘과 같은 지성인은 서독사회에 적합한 인물이 아니었다. 그렇다고 동독 역시 이미 공산주의에서 전향한 지성인이 돌아갈 수 있는 나라도 아니었다. 한스 잘은 50년대 독일체류 기간 중 47그룹과도 갈등을 겪었다.

> 나는 서독을 떠났다. 왜냐하면 사람들이 정치에 얽매여 있는 것을 전혀 피할 수 없었기 때문이었다. 나는 어떠한 출발점도 발견하지 못했다. 나의 글이 출판된 곳은 『데어 모나트』였는데 사람들은 〔이 잡지가〕 CIA에서 자금을 충당한다고 여겼고 또한 〔이로 인해〕 많은 지성인들에 의해 거부되었었다.16)

---

16) Erich Wolfgang Skwara: Hans Sahl. Leben und Werk, New York 1986, S.

『데어 모나트』는 미군정 시기인 1948년에 창간된 잡지로 미군의 관리가 편집했고, 편집방향 역시 미국의 문화정책을 표방하고 있었다. 2차 대전 당시 독일 국내에 거주했던 지성인이나 전후 젊은 세대들의 시선으로 볼 때 이러한 잡지는 당연히 미국의 CIA에서 운영하는 것으로 인식될 수밖에 없었다. 그리고 이러한 잡지에 글을 기고하는 귀환이주 망명객인 한스 잘은 국내에 거주했던 독일인들의 시각으로 볼 때 미국인으로 간주되었다.

한스 잘은 돌아온 고국에서 이방의 문화를 느껴야 했다. 그리고 이러한 배경은 또 다른 방법으로 한스 잘을 고독한 지성인의 길로 내몰았다. 한스 잘은 미국에서는 유럽인이었고 돌아온 고국에서는 미국인이었다. 한스 잘에게 몰아닥친 이러한 정신적인 상황은 그를 영원한 망명객으로 만들었다.

한스 잘은 서독에서 뉴욕으로 돌아온 후 독일 사람도 아니고, 미국 사람도 아닌, 그저 한 인간으로만 살려고 결심했다. 그에게 이미 조국은 없었고, 망명은 생활 그 자체가 되어버렸다. 그는 이제 다만 거대한 도시 뉴욕의 한 사람이었고, 도시라는 돌에 갇힌 사나이였다. 미국작품을 독일어로 번역하며 생계를 유지했다.

한스 잘은 뉴욕으로 돌아온 후 59세의 나이에 인생에서 처음으로 결혼을 했다. 독일 점령군이었던 흑인 GI를 따라 미국에 온 후 결혼에 파경을 맞은 독일 출신의 젊은 여자였다. 60이 넘은 나이에 아들 둘을 얻었다. 그러나 한스 잘에게 인생의 행복이란 오지 않았다. 행복해 본 적도 없고 고독해 본 적도 없었다. 한스 잘은 그냥 혼자였다. 아들 둘만 있었다. 한스 잘은 82세에 이혼을 했다. 그는 자서전에서

115.

결혼에 대해 한마디도 언급하고 싶지 않다고 토로했다. 그리고 87세에 독일로 영구 귀환해서 91세가 되던 해에 세상을 떠났다.

한스 잘은 망명으로 인해 '다수자들 속에서는 소수자'가 되었고, 이로 인해 본인은 평생 동안 '망명중의 망명' 현실을 벗어날 수가 없었다. 그리고 2차 대전 이후의 역사는 한스 잘이 망명기간 중 기대했던 것과는 다른 방향으로 진행되었기 때문에 그는 귀환은 했지만 귀환하지 못한 '마지막 사람'이 될 수밖에 없었다.

2.2. 20세기 비판

1990년 독일은 통일이 되며 사실상 서양의 20세기를 마무리 지었다. 20세기는 국가사회주의나 공산주의와 같은 전체주의 시대였고, 이로 인해 히틀러나 스탈린 등 영웅이 지배하던 시대였다. 혁명이나 전쟁과 같은 폭력의 시대였고, 이로 인해 망명사태가 발생했다. 망명과 귀환이주에 대한 역사적 현실로 인해 시대나 사회의 문제점은 고스란히 드러났다. 시대나 사회뿐만 아니라 인간의 본성이 지니는 문제점도 드러났다. 그러나 20세기의 문제점을 진지하게 논의하는 사람은 거의 없다.

한스 잘에 관련된 망명과 귀환이주 사실은 그 자체만으로도 암시하는 바가 많다. 한스 잘은 그 자신이 회고하듯이 20세기를 살아온 한 인간이었다. 바이마르 공화국 시절 젊은 지성인이었고, 나치 체제와 전쟁을 겪어야 했으며, 망명 중에는 공산주의로 인한 집단주의의 문제점을 직면해야 했으며, 1945년 이후에는 귀환이주 대열에 참여하지 못하고 구역 밖의 한 사람으로 머물러야 했으며, 이로 인해 전후 독일 사회의 문제점을 실감해야 했으며, 마침내는 동독이 무너지며 독일이 통일되는 모습을 현장에서 지켜본 사람이다.

1990년 한스 잘은 『프랑크푸르트 알게마이네 차이퉁』에 기고한 글에서 "우리는 다시 0의 해를 써야 되는가?"라는 물음을 제기하며 "〔20세기〕 지성인"을 "양의성의 부당 이득 자" 내지 "사실을 아는 자"로 규정하였다.[17] 1990년 11월은 독일이 재통일을 이룬 직후로 국가사회주의나 공산주의 등 20세기 독일의 집단주의가 역사 속으로 사라진 시기였고 안나 제거스나 베르톨트 브레히트, 에곤 에르윈 키쉬나 마네 스페르버 등 지난 40여 년 동안 동독의 체제를 지탱했던 공산주의 지성인들이 더 이상 영향력을 발휘할 수 없었던 시대가 되었다. 이러한 시기에 한스 잘과 같은 마지막 망명객은 "세기마감 - 우리 지혜의 마감? 국가사회주의 시대 지성인 상황에 대한 오늘날의 증인"[18]으로서의 의미를 지니고 있었다. 이제 독일은 한스 잘과 같은 마지막 망명객들에게 '꼬치꼬치 물어볼' 시간이 온 것이고, 그들을 '활용'할 시대가 된 것이다.

왜냐하면 당시의 독일인들에게 한스 잘과 같은 마지막 망명객은 20세기를 마감 하고 동시에 21세기를 준비하는 전환기에서 히틀러 전체주의 시대의 지성인 상황과 나치나 공산주의와 같은 전체주의의 문제점을 지적하고 증언할 수 있는 시대를 경험한 지성인이었기 때문이었다. 그리고 20세기를 살아온 구역 밖의 한 고독한 지성인이 20세기를 어떻게 비판하고, 더 나아가 21세기에 어떠한 의미를 지닐 수

17) H. Sahl: Profiteure der Zweideutigkeit oder Jeder ist Mitwisser. Schreiben wir wieder ein Jahr Null? Zur Situation der Intellektuellem in unserer Zeit, in: UD, 28-34쪽 참조.

18) H. Sahl: Jahrhundertende - Ende unserer Weisheit? Ein Zeitzeuge der NS-Zeit über die Situation der Intellektuellen in der heutigen Zeit, in: Die Furche, Nr. 26 vom 27. 6. 1991. 13쪽 참조.

있는지 점검해 볼 수 있는 기회를 제공할 수 있었기 때문이다.

한스 잘은 작가나 예술가 등 20세기의 수많은 지성인들이 전체주의에 대해 "면역 결핍증"을 지니고 있다고 해석한다.[19] 그는 이러한 이유를 대다수의 지성인들이 '소속'으로부터 이탈되면 '혼자'가 될까 봐 '불안'해 하기 때문이라고 설명한다. 그리고 혼자이기를 두려워하는 지성인들은 20세기 역사에서 다수의 집단주의를 형성하여 권력과 영향력을 행사했다고 한스 잘은 규정한다.

지성인들 중에서 '다수'에 속하는 경우를 한스 잘은 그의 소설 『소수와 다수』에서 '앙드레 시몬'이란 인물로 등장시킨다. 작중인물 '앙드레 시몬'은 실제인물 '오토 카츠' (1893-1952)로 멕시코 망명 중 다수의 편에서 권력과 영향력을 행사했을 뿐더러 귀환이주 후에는 체코슬로바키아 외무부의 언론담당 수장을 지낸 인물이다. 그는 모스크바의 붉은 광장에서 "끊임없이 지나가는 행렬"과 "그들이 부르는 노래를 들었을 때 〔…〕 더 이상 혼자가 아님을 알았〔고〕"[20] 이러한 경험은 그를 철저히 다수의 편에 서게 하는 계기가 되었다고 토로했다. 오토 카츠는 근본적으로 민주주의를 증오했다. 왜냐하면 민주주의에 대한 증오는 민주주의 자체에 대한 부정보다는 "고독해지는 것에 대한 증오"[21]였기 때문이었다.

1991년 한스 잘은 "내가 살아 있는 한, 살인, 오류, 파렴치함은 자행될 것이지만 나는 〔노래하는 것을〕 포기하지 않을 것이다"[22]라고

19) Vgl. H. Sahl: Profiteure der Zweideutigkeit oder Jeder ist Mitwisser. Schreiben wir wieder ein Jahr Null? Zur Situation der Intellektuellem in unserer Zeit, in: UD, 28쪽.
20) WuV, 29쪽 참조
21) WuV, 29쪽 참조
22) Hans Sahl: Man lebt immer als ob, in: Hans Sahl: "Und doch ...".

표명했다. 한스 잘의 이러한 발언은 한스 잘의 문학이 지금까지 일반 독자들에게 별로 반향을 일으키지 못했음에도 불구하고 한스 잘의 문학방식이 과연 어느 정도 문학으로서 자생력을 유지할 수 있을까 하는 언론인들의 부정적인 물음에 대한 답변이었다.[23)]

독자에게 별로 반응을 얻지 못하더라도 포기하지 않고 문학적 과제를 지속적으로 수행해야 된다는 이러한 한스 잘의 원칙은 한스 잘이 영국의 사상가 토마스 홉스의 정치철학에 강한 영향을 받으면서부터이다.[24)] 인간의 충동에 관한 토마스 홉스 철학은 '인간은 동물과 달리 명예와 품위를 위해 끊임없이 경쟁을 하고 이러한 결과는 동물들보다 더 자주 질투, 증오, 전쟁의 결과를 초래한다'로 요약해 볼 수 있다.

한스 잘은 그의 자서전에서 토마스 홉스보다도 한참 후대인 20세기의 인간들이 토마스 홉스가 두려워했던 인간의 늑대적인 기질을 정당화시켰다고 간파한다.[25)] 인간의 충동 본질에 대한 토마스 홉스의 이러한 암시를 바탕으로 한스 잘은 앞으로의 세기에도 살인, 전쟁, 탐욕, 오류는 인간들에 의해 계속해서 정당화될 것이라는 예언을 하게 된다. 그리고 이러한 역사가 되풀이되지 않기 위해서는 늑대적인 기질의 인간들이 범할 수 있는 우둔한 오류를 끊임없이 관찰하고 지적하는 것이 지성인의 의무 그리고 또한 문학의 과제라고 파악한다.

한스 잘은 구역 밖의 한 고독한 지성인으로서 20세기의 인간 상태

Frankfurt/M 1991, 249쪽.

23) 위의 책 다음 문장 참조. "결국에는 희망도 없는데 희망을 가지라고요? 거의 어떤 사람도 듣지 않는데 노래를 하라고요? 계속하라고요, 혹독함 속에서도?"

24) 토마스 홉스의 인간기질에 관해서는, 서장원: 문학기질과 상호 문화교류, 2010 만해축전 자료집 (상), 525-538쪽 참조.

25) Hans Sahl: Memoiren eines Moralisten. Darmstadt 1985, 175쪽.

와 시대적 현실이 '무엇인가 정상적이지 않다'[26]고 보고 있다. 20세기 인간들은 나치 체제 집권이나 1,2차 세계대전으로 인해 인간이 멸망하는 역사를 겪었고, 인간들의 집단 이기주의로 인해 얼마나 많은 인간들이 소외당하고 어려움을 겪고 있음을 실감하면서도 "무엇이 해답이고 무엇이 질문인지?"[27] 모르는 시대에 살고 있다고 통렬히 비판한다. 이러한 구역 밖 인간들의 비판은 21세기를 준비하는 인간들에게 시대의 문제점을 극복할 중요한 암시를 제공한다.

2.3. 중개자로서의 망명객

한스 잘과 같은 구역 밖의 귀환이주자들은 특히 중개자로서의 가치를 지닌다. 한스 잘은 마지막 귀환이주자로 미국에 오랫동안 체류했고, 미국에 체류하는 동안 독일 언론사 특파원 자격으로 독일과 미국문화를 중개한 인물이다. 독일의 독자들에게 미국문학 번역가로 이름이 기억될 정도로 미국문학을 독일에 소개했고, 미국의 인물사전에는 미국 작가로 이름이 실릴 정도였다.

하지만 그는 태생적으로 독일 작가였고, 독일 출신의 독일을 향한 지성인이었다. 1950년대 그가 진지하게 독일로 귀환이주를 시도했을 때 본인 자신이 '이방문화의 한 손님'으로 느낀 것은 이미 독일 사회에 속할 수 없었기 때문이었고, 뉴욕에서 '망명 후의 망명'을 느낀 것은 미국 사회에 속하기 어려웠기 때문이었다. 이러한 사실들은 어

---

26) "무엇인가 정상적이지 않다. 나에게 무엇인가 맞지 않다는 것을 나는 안다." Hans Sahl: Ich kann nicht hassen, in: Hans Sahl: "Und doch ...". Essays und Kritiken aus zwei Kontinenten, Frankfurt/M 1991, 6쪽 참조

27) Hans Sahl: Das Exil im Exil, 193쪽 참조

찌 보면 문화와 사회의 중개자 위치에 서 있는 것을 말한다. 한스 잘이 처했던 이러한 상황들은 문화 중개자로서의 의미를 강하게 지니고 있다.

한스 잘의 사고방식이나 행동 양식을 보면 망명으로 인한 비참한 현실과 20세기의 인간 과제가 투영되어 나타나지만, 또 다른 한편으로는 현대 사회의 발전과정에서 나타난 포스트모더니즘적 경향도 두드러지게 나타난다. 그의 '구역 밖'의 사고가 바로 이러한 것들을 대변해 준다. 하지만 한스 잘이 누차 강조하듯이 망명과 귀환이주를 학문만을 위한 학문 혹은 문화현상만을 위한 문화로 파악할 것이 아니라 인간 숙명의 차원에서 다루는 것은 마땅하다. 한스 잘은 지역과 지역 혹은 문화와 문화 사이의 중개자보다는 세대와 세대를 잇는 중개자 역할을 자임하고 있다.

> 너희들, 내가 만나보지 못한 너희들에게 -
> 우리는 무엇인가를 털어놓아야만 한다.
> 이 시대의
> 인간 상태에 대하여
>
> 사람들이 포도주를 잘못 따를 때에도
> 창문에 못을 박을 때에도
> 너희들은 그곳에 있었다.
> 〔…〕
> 동시대인이여, 증인이여, 사실을 아는 자여:
> 〔…〕
> 나는 원하지 않는다
> 우리들끼리만 알고 남기를

그래서 나는
이러한 구상을 하였다.

한스 잘은 동시대인들에게 "증인"으로서 그리고 "사실을 아는 자"로서 "이 시대의 인간 상태에 대하여" "무엇인가를 털어 놓아야만 한다"고 요구한다. 왜냐하면 보고들은 자가 말을 하지 않고, 털어놓지 않으면 역사와 진실은 파묻혀 없어지기 때문이다. 한스 잘은 이 시를 통해 세상을 바라만 보고 관조할 것이 아니라 동시대를 살고 경험한 사람들에게 과거를 거울삼아 현실의 문제점을 인식하도록 요구하고 있다. 이러한 요구는 동시대인들을 향한 것이라기보다는 지나간 역사나 현실에서 국외자로서 살아온 한스 잘 자신의 세상에 대한 적극적인 동참 의지표명인 동시에 후대에 이러한 사실을 알리려는 개인적인 노력의 소산이다.

3. 죽어가는 자의 고독

1933년 히틀러 나치 체제가 등장할 당시 30대 나이의 인물이 망명을 떠났다면, '68혁명'이 지난 1970년대는 70대의 나이이었을 것이고, 1933년 40대의 인물이라면 80대의 나이이었을 것이다. 그러나 30대의 그렇게 젊은 나이로 망명의 길을 떠난 사람들도 많지 않았고, 1970년대 혹은 1980년대까지 생존한 망명객들은 그리 많지 않았다.

하인리히 만은 살아생전 귀환하지 못한 채 1950년 79세의 나이로 망명지인 미국의 캘리포니아에서 생을 마감했고, 토마스 만도 1955년 스위스의 취리히에서 80세의 나이로 세상을 떠났다. 1955년 알베르트 아인슈타인도 세상을 떠났고, 알프레트 되블린도 1957년 79세의 나이로 세상을 떠났다. '군정지역으로 귀환이주'했거나 '분단국가로 귀환이주'했던 대부분의 저명한 망명객들은 1970년대나 1980년대를 기준하여 볼 때 이미 세상을 떠난 지 오랜 시간이 흘렀다. 그러나 '마지막 사람들'로 '구역 밖으로 귀환이주'한 망명객들은 아직도 생존해 있는 사람들이 있었다. 하지만 그들은 망명과 귀환이주의 현실 속에서 서서히 죽음을 바라보고 있었다.

내가 곧 죽게 될 것이라는 것을 나는 안다,
너무 오랫동안 나는 이 세상의 손님이었다,
지구의 이 작은 점 위에, 이 조각위에
그것을 당신이, 나의 신이시여, 당신에게 주셨다면, 나에게 주셨다면.

내가 행했고 내가 살아온 모든 것에서 무엇을 모면했는가?
단지 하나의 작은 것: 한 인간은 개최되었다.
자기가 지금 죽게 되리라는 것을 아는 한 인간은
피곤하다 그리고 말한다: '신물이 난다'고.

거의 이미 그렇게 나이가 들었다,
불바다의, 살인자의, 고문의,
민족파손자의, 민족경멸자의 나의 세기는.
사랑했고 증오했고 두려워했고 경이로웠던 나의 세기는.

그렇게, 오 형제들이여, 너희들은 지상 가득히 악수를 하고
그리고 길 위에서 너희들은 나에게 작별을 고한다.
내가 곧 죽게 될 것이라는 것을 나는 안다.
한 손님은 조용히 그의 모자를 집어 들고 그리고선 길을 간다.

'구역 밖으로 귀환이주'한 마지막 망명객들은 고독한 속에서 서서히 죽음을 향해 달려가고 있었다. 이러한 예의 한 망명객이 노르베르트 엘리아스이다. 그는 『기득권자와 아웃사이더』, 『죽어가는 자의 고독』이라는 저술을 남김으로써 귀환이주자의 사회적 상황과 만년의 정신적 문제를 적나라하게 다시 한 번 돌아볼 수 있는 계기를 마련해 주었다.

칼 만하임의 제자로 사회학자였던 노르베르트 엘리아스는 1933년 프랑스로 망명한 다음, 1935년 프랑스에서 영국으로 망명했다. 엘리아스는 후에 영국 국적을 취득했다. 1954년 57세의 나이로 신설된 영국의 레스터 대학교 사회학과의 전임강사로 임용되어 1962년까지 근무했다. 1962년 아프리카 가나대학교의 사회학 교수로 초빙되어 1964년까지 봉직했다. 그 후 영국으로 돌아와 재야학자로 생활했다.

이러한 그의 이력은 한스 잘과 비슷한 맥락을 보이고 있다. 한스 잘과 노르베르트 엘리아스의 차이점은 한스 잘이 작가 겸 비평가였지만 노르베르트 엘리아스는 학자였다는 점이다. 직업의 차이에도 불구하고 망명과 귀환이주에 관련된 그들의 현실과 그들이 느낀 점은 어느 정도 흡사했을 것이라고 추측된다.

노르베르트 엘리아스는 1975년부터는 네덜란드 암스테르담에 확고한 주소지를 정하고 독일의 여러 대학에 객원교수 자격으로 강의를 나갔다. 한스 잘이 만년에 독일로 귀환한 것에 비해 노르베르트 엘리아스는 실질적으로 독일구역 밖으로 귀환한 셈이다. 1965년 68세의 나이로 베를린 대학교에 출강했고, 1966년에는 뮌스터 대학교, 1972년 75세의 나이가 되었을 때는 콘스탄츠 대학교, 1979년에는 82세의 나이로 빌레펠트 대학교에 출강했다. 그가 출강한 대학교는 모두 독일에 소재했지만 그의 확고한 주소지는 네덜란드의 암스테르담이었다.

1976년 『문명화 과정』이 문고판으로 출판되어 성공을 거두자 독일에서 처음 그를 알아주기 시작했고 일반적으로 승인되었다. 그때 그의 나이는 79세였다. 그는 1990년 93세의 나이로 암스테르담에서 세상을 떠났다. 그는 결혼을 하지 않고 일생을 마쳤다. 인생의 마지막에 노르베르트 엘리아스는 '인간의 운수'에 대해 생각했다.

제8장

생각해야 할 의무: 맺는말을 대신하여

제 8 장 생각해야 할 의무: 맺는말을 대신하여

20세기 독일역사에서 대규모로 발생한 망명과 귀환이주 현실은 인간과 사회의 본질적인 문제점들을 고스란히 드러내고 있다. 본 연구는 어떻게 해서 이러한 대참사가 발생했고 대참사의 현황 및 문제점이 무엇인지를 중점적으로 추적했다. 본 연구를 통해 20세기 독일의 실상과 일반인들에게는 밝혀지지 않은 사실들이 어느 정도 드러났다. '실상'이란 독일을 중심으로 하는 20세기 세계 각국의 시대사를 말하고 '밝혀지지 않은 사실들'이란 망명객 개개인들이 겪어야만 했던 개인적인 경험과 그들에게 다가온 인간과 사회의 모든 문제점들을 말한다.

망명과 귀환이주 현실에 대한 객관적인 시선을 확보하기는 쉽지 않다. 그럼에도 불구하고 이에 대한 추적을 포기할 수 없는 이유는 시대와 인간의 근본적인 문제점이 그 속에 도사리고 있기 때문이다.

망명은 대참사이다. 인간에 의한 대참사이다. 망명객은 '뿌리 뽑힘'을 당한 사람이다. 뿌리 뽑힌 사람이 대면하는 인간과 사회는 문제투성이이다. 망명객은 망명현실에서 '혼종'을 경험한다. '혼종' 경험은 귀환이주 시 문제의 요인이기도 하지만 궁극적으로는 문화전달자로써의 역할을 하기도 한다.

국내외적으로 '망명과 귀환이주'의 실상은 어느 정도 알려져 있다. 이 문제가 얼마나 중대한 주제라는 사실도 누구나 감지하고 있다. 단지 과거만의 일이 아니고 오늘날 세계 각국이 겪고 있는 문제의 진원지이기 때문이다. 하지만 이 주제에 대한 연구는 전 세계적으로 아직 초보단계에 있다. 그만큼 걸림돌이 많고 민감한 주제이기 때문이다. 그뿐만 아니라 방대한 작업이다. 이러한 이유들 이외에도 어느 한편으로 치우치지 않은 객관적인 시각을 확보해야 된다는 문제점을 안고 있다.

'망명과 귀환이주'에 대한 물음은 고답적인 학자들만의 연구 대상이 아니다. 주제가 지니는 복잡하고 중차대한 사안에 비추어 볼 때 시대를 살아가는 인간이라면 어느 누구를 막론하고 쉬지 않고 '생각해야 할 의무'에 속한다. '생각해야 할 의무'라고 굳이 규정짓는 이유는 '망명과 귀환이주'에 관한 문제는 우리 모두에게 해당되는 인간과 사회의 근본적인 물음들이기 때문이다.

연구의 말미에 독일 헌법이 눈길을 끈다. 독일 기본법 (헌법) 1조 1항은 "인간의 존엄은 침해당할 수 없다. 그것을 존중하고 보호하는 것은 모든 국가 권력의 의무이다"[1)]라고 명시되어 있고, 제2항은 "독일민족은 그래서 모든 인간 공동체와 평화 및 정의의 기초로서의 불가침이고 불가양인 인권에 대해 확신하는 바이다"[2)]라고 부언하고 있

1) Grundgesetz für die Bundesrepublik Deutschland: Die Grundrechte: (Art. 1.): Die Würde des Menschen ist unantastbar. (Art. 2.): Sie zu achten und zu schützen ist Verpflichtung aller staatlichen Gewalt.

2) Das Deutsche Volk bekennt sich darum zu unverletzlichen und unveräußerlichen Menschenrechten als Grundlage jeder menschlichen

다. 이것은 '공화국'과 '국민주권'을 강조했던 바이마르 헌법 제1조 1항[3] "독일제국은 공화국이다. 국가권력은 나라사람[4]으로부터 출발한다"에서 한 걸음 더 나아가 전 세계의 '인간존엄'과 '인권보장'을 국가의 책무로 규정하고 있다. 헌법 개정 핵심 내용은 국가권력 체제 우선이 인간존엄 및 인권보장 제일로 발전한 것이다. 즉 황제제국에서 민주공화국으로, 민주공화국에서 독일 민족국가로의 체제 이행과정에서 나타난 전쟁과 폭력, 그러한 과정에서 나타난 '망명과 귀환이주' 현실 경험을 통해 인간 중심으로 바뀐 것이다. 이는 흥망성쇠와 역사의 소용돌이를 겪은 독일과 독일인들이 '망명과 귀환이주'의 결과로 나타난 인간과 사회의 소중함을 얼마나 진지하게 받아들이고 있는가를 잘 보여주는 사례이다.

본 연구를 통해 망명과 귀환이주에 대한 연구모델을 창출했다. '망명의 본질', '망명 발생의 원인', '망명객 유형', '망명경로', '망명경험', '귀환이주 현실', '군정지역에로의 귀환이주', '분단국가로의 귀환이주', '구역 밖으로의 귀환이주'가 "망명과 귀환이주"에 관한 대표적인 연구범주이다. 본 연구는 이러한 유형들 속에서 '망명과 귀환

Gemeinschaft, des Friedens und der Gerechtigkeit in der Welt.

3) Die Verfassung des Deutschen Reichs (Weimarer Reichsverfassung): Erster Hauptteil: Erster Abschnitt: (Art. 1.): Das Deutsche Reich ist eine Republik. Die Staatsgewalt geht vom Volke aus.

4) 독일어의 "Volk"라는 표현은 일반적으로 민족, 국민, 인민 등으로 번역된다. 중세 독일어에서 "volc", 고고지독일어에서 "folc"로 사용되다가 8세기부터 Volk로 정착한 이 단어는 "많은"이라는 뜻을 담고 있다. 라틴어 "vulgus"와도 어원이 연결되는데, 이 단어는 "군인의 무리 (Kriegsschar, Kriegerhaufen)", "인간무리 (Menschenmenge)"라는 뜻을 지니고 있다. 이러한 어원과 바이마르 헌법의 내용을 염두에 두었을 때 "Volk"라는 표현은 국가를 구성하는 많은 사람들, 혹은 개개의 사람들을 의미한다. 그렇다면 "국민"이라든가 "인민"이라는 한자어투의 번역보다는 "나라사람"이라는 한글번역이 더 적절하다는 생각이 든다.

이주'에서 나타날 수 있는 모든 현상 포착에 집중했다. 그렇기 때문에 용어 하나하나에서부터 표현과 문장, 그리고 단락배열까지 중요한 의미와 암시가 포함되어 있다. 때에 따라서는 일상사 연구나 스토리텔링 형식을 취한 것은 망명과 귀환이주에 나타나는 특이한 현상을 고려했기 때문이다. 인간과 사회의 근본적인 문제점을 연구함에 있어서 너무 학문적인 형식만을 고수하다보면 본질적인 문제 파악에 걸림돌이 될 수 있기 때문이다. 인간과 사회의 문제점을 파악하는 것이 학문의 목적이지, 학문을 위한 인간과 사회가 연구 대상이 아니기 때문이다.

이제 본 연구가 제기한 연구 동기에 대한 연구결과를 도출해 낼 차례이다. 본 연구의 기본 목적은 이미 밝혔듯이 격동하는 우리 역사의 현장에서 발생한 '망명과 귀환이주'에 관한 연구에 학문적 토대를 놓기 위함이다. 독일의 역사적 진행상황을 보며 우리의 상황과 너무나 유사한 점이 많다는 것을 누구나 느꼈을 것이다. 단지 하나의 차이라면 그들은 통일을 달성했고, 우리는 아직도 통일이 과제로 남아 있다는 사실이다. 이러한 사실들을 자각하면 연구를 위한 문제의 심각함이 드러나고 걸림돌이 곳곳에 있음을 감지하게 한다. 그렇다고 피할 수만 있는 일이 아니다. 역사와 현실이 강력하게 연구를 요구하고 있기 때문이다. 문제의 원인을 진단하고 진행상황을 파악하여 인간과 사회가 건강하게 나아갈 길을 모색해야 하는 압박으로 다가온다. 이러한 의미에서 20세기 독일에서 발생한 '망명과 귀환이주' 현실이 보여준 암시를 바탕으로 우리 역사에서 발생한 '망명과 귀환이주'에 관한 연구주제를 설정하고 방법론을 제시해 보기로 한다. 연구주제 설정은 다만 가설일 뿐이다.

우선 '망명과 귀환이주'에 관한 문제는 19세기 말부터 20세기에 걸친 역사, 정치, 사회, 제도, 관습, 문화, 사상 전반의 변동 상황에서 발생한 '거대한 주제'이다. 이 주제는 조선왕조 체제 변화, 동·서 문물접촉, 일제 강점, 해방 전후 문제, 점령군 군정문제, 남·북 분단, 통일문제, 해외 거주 동포 문제, 다수자와 소수자 등 거의 전 분야에 걸친 시대사적 정신사적 문화 사회사적 문제이다. 이러한 의미에서 단순히 과거만의 문제가 아니라 현실의 문제이고, 미래에 관한 문제이다. 현실의 문제는 과거를 밝혀냄으로써 풀어낼 수 있고, 미래의 문제는 과거와 현실을 바탕으로 준비할 수 있다.

연구방법론으로는 독일의 역사적 현상을 그대로 적용할 필요는 없다. 오히려 천편일률적으로 적용할 경우 사건은 미궁으로 빠질 수가 있다. 암시를 바탕으로 대상이 요구하는 적합한 방법론이 적용되어야 한다. 예를 들면 사건 중심인지 인물 중심인지 등이 고려되어야 한다. 역사와 학문은 생동함으로 연구도 이에 준해야 한다. 독일의 특징이 있고 한국의 특징이 있다. 독일의 역사적 현실은 파란만장하지만 한국의 상황은 그 장구한 역사만큼이나 더 복잡 미묘한 부분이 있다. 이러한 상황파악에서 우리가 잊지 말아야 할 것은 역사적 사실과 학문탐구에 대한 진지함이다.

우선 갑신정변과 일제강점으로 인한 '망명과 귀환이주'는 일차적으로 부상하는 주제이다. 1884년 12월 김옥균, 박영효, 서광범, 서재필 등이 주축이 된 갑신정변으로 인한 '망명과 귀환이주' 현실은 고전적 의미로 나타난다. 고전적 의미란 망명의 원인이 제도 개혁을 위한 혁명 시도 및 정권장악 실패에 있었고, 이에 따른 망명경로와 망명경험, 망명지에서의 혼종경험 및 국내적용, 시대적 상황 변화에 따른 귀환이주, 귀환이주 후 국내 사정 변화에 따른 재망명, 망명지에서의 생의 마감 등이 교과서적으로 진행되고 있기 때문이다. 이 사건에는 방법론적으로 민족적인 측면은 물론, 역사, 정치, 사회, 문화, 정신 그리고 문화 접촉, 문화 충돌 등이 종합적이고도 개별적으로 적용되어야 한다.

일제강점으로 인한 망명의 원인에 관해서는 강점의 원인부터 철저히 밝혀야 한다. 이를 위해서는 일본의 제국주의, 군국주의, 문명화 과정 (예를 들면 후쿠자와 유키치의 '탈아입구론 (脫亞入歐論)', 정한론 등의 실체를 파악해야 한다. 일제 침략의 외적 사실도 중요하지만 어떻게 해서 강점을 당하게 되었는지 근본적인 원인을 밝혀내는 것이 중요하다. 그러한 다음 망명을 떠나게 된 엘리트집단에 대한 연구가 뒤따라야 된다. 엘리트집단은 크게 조선왕조를 지탱했던 조선왕조 중추세력과 일제 강점 결과로 나타난 반대 엘리트 집단으로 대별될 것이다. 반대파는 동학농민운동 세력 등 전통적인 민족계열과 개항 등으로 인한 서양문물 수용자로 대별될 것이다. 서양문물 수용자들로는 기독교, 사회주의, 공산주의, 신교육을 받은 사람들 등이 있다. 이들이 곧 망명객의 유형을 형성하는 갈래가 될 것이다. 시기적으로 일제강점과 더불어 떠난 사람, 3·1운동 관련자, 그 이후에 떠난 사람들을 분류해야 된다. 그래야만 어느 정도 자유의지 망명 (도피성격)인지 도주자 (망명객)인지가 구별된다. 망명원인은 귀환이주 후 망명객들의 성향 파악 자료로 사용될 수 있다. '망명과 귀환이주'에 관한 연구는 어느 한 사람의 숙명에 관한 연구이기도 하지만 실상은 그 사람을 통한 그 사람과 같은 부류의 이데올로기 및 집단에 관한 연구이다. 예를 들면 조선왕조 시대를 지탱했던 엘리트가 1945년 이후 귀환이주했다면 과연 그 망명객과 '조선왕조의 전통은 귀환이주에 성공했을까?'라는 물음이 가능하다.

1945년 이후의 '귀환이주 현실', '군정지역에로의 귀환이주', '분단국가로의 귀환이주', '구역 밖으로의 귀환이주'는 '망명과 귀환이주' 논의의 핵심주제이다. 어느 한편으로 치우칠 문제도 아니고, 미루어 둘 일도 아니다. 이 부분은 거대한 주제이고 현실적인 문제와 밀접하게 연관되어 있음으로 방법론상 본 연구가 창출한 연구 모델 결과의 암시를 바탕으로 차분하게 우리에게 적합할 근본적인 물음으로부터 접근해야 된다.

예상 가능한 질문은 다음과 같다. 망명은 어떠한 상황에서 발생했으며 망명의 결과는 어떠한 양상으로 나타났는가? 망명의 길을 떠나야 했던 자들은 누구이며, 망명의 동기는 무엇인가? 망명을 떠난 자들의 숫자는 어느 정도인가? 조국에서 도주한 자들은 어떠한 망명경로를 밟았으며, 그들이 정착한 망명의 땅은 어느 곳인가? 망명의 땅에서 망명객들은 무엇을 했으며 또한 어떠한 경험을 했는가?

망명객들이 그동안의 망명생활을 뒤로하고 조국으로 귀환할 수 있었던 정치 사회적 배경은 무엇인가? 망명객들은 언제, 어느 망명의 땅에서 조국으로 귀환이주했는가? 귀환한 망명객들의 숫자는 실제로 어느 정도인가? 귀환이주한 자들은 어떠한 부류의 망명객들인가? 귀환이주자들은 어떠한 방법을 통해 조국으로 돌아왔는가? 망명객들이 귀환하기로 결정했을 때 망명지 현실은 어떠했으며, 그들이 떠나 있던 옛 고향은 어떻게 변해 있었는가?

망명객들이 고국으로 귀환했을 때, 국내에 거주하고 있던 자들은 그들을 어떻게 생각했는가? 국내에 거주하고 있던 자들이란 일제와 행동을 같이한 엘리트 그룹이 있었을 것이고, 전통적 양반 계층과 일반 서민이 있었을 텐데 그들 각자는 어떠한 생각들을 지니고 있었을까? 귀환이주한 망명객들은 국내에 거주했던 친일 엘리트 그룹이나 전통적 사고방식 계층인사들에게 어떠한 대접을 받았을까? 망명객들은 돌아온 고국 현실에서 어떠한 경험을 해야만 했을까? 귀환이주를 하지 못한 망명객들은 왜 돌아오지 못했고 그 이후의 상황은 어찌 되었을까?

1945년 이후의 '망명과 귀환이주'에 관한 물음은 그 생동하는 역사의 과정만큼이나 수많은 과제를 제기하고 있다. 과제의 제기는 과거와 현실, 현실과 미래, 인간과 사회의 본질적인 문제에 대한 물음이다. 물음은 문제를 진단하는 첫 걸음이고, 진단은 새로운 해결책의 방안이다. 이러한 과정은 당연히 논쟁의 과정을 거치지 않을 수 없다. 우리는 해답을 기다리는 것이 아니다. 이 세상에 해답은 없다. 해답만을 믿을 경우 문제는 항상 발생한다. 인간과 사회는 인간과 사회가 태생적으로 지닐 수밖에 없는 모순과 실수를 적절히 발견해 내어 똑같은 실수가 반복되지 않도록 경종을 울려주는 시대의 파수꾼역할을 하는 것이 인간과 시대의 의무이자 도리이다.

호라티우스는 말한다:
Grammatici certant et adhuc sub iudice lis est.
학자들은 논쟁한다, 그리고 아직도 논쟁은 결판나지 않았다.

1) 1차 문헌

Döblin, Alfred: Autobiographische Schriften und letzte Aufzeichnungen, hrsg. v. Edgar Pässler. Olten: Walter Verlag, 1978.

Frank, Leonhard: Ausgewählte Werke in vier Bänden, Aufbau-Verlag Berlin und Weimar 1991.

Sahl, Hans: Die Wenigen und die Vielen. Roman einer Zeit, Hamburg 1994.

________: Memoiren eines Moralisten, Darmstadt 1985.

________: Das Exil im Exil. Memoiren eines Moralisten II, Frankfurt/M 1991.

Zuckmayer, Carl: Als wär's ein Stück von mir. Horen der Freundschaft, Frankfurt/M 1966.

________: Zuckmayer Lesebuch, Frankfurt/M 1976.

________: Der Hauptmann von Köpenick, Des Teufels General. Zwei Theaterstücke, (Sonderausgabe 40 Jahre Fischer Taschenbücher), Frankfurt/M 1992.

________: Katharina Knie, Theaterstücke 1927-1929, Frankfurt/M 1995.

________: Die langen Wege, Frankfurt/M 1996.

2) 2차 문헌

Abel, Angelika: Thomas Mann im Exil, Zum zeitgeschichtlichen Hintergrund der Emigration, München 2003.

Arendt, Hannah: Über das Böse. Eine Vorlesung zu Fragen der Ethik. Piper, München 2006 (Originaltitel: Responsibility and Judgment, übersetzt von Ursula Ludz),

________: Nach Auschwitz. Essays und Kommentare. Bittermann,

1989, ISBN 3923118813.
________: Elemente und Ursprünge totaler Herrschaft. 9. Auflage. München 2003 (Originaltitel: The Origins of Totalitarianism (New York 1951)), ISBN 3-492-21032-5 (deutsch: Frankfurt 1955).
________: Macht und Gewalt, 15. Aufl., München 2003, ISBN 3-492-20001-X (Originalfassung: On Violence, New York, London 1970.)
________: Über die Revolution, München 1963.
Bachrach, Peter: Die Theorie demokratischer Elitenherrschaft, Frankfurt/M 1970.
Barth, Boris: Dolchstoßlegenden und politische Desintegration. Das Trauma der deutschen Niederlage im Ersten Weltkrieg 1914-1933. Droste, Düsseldorf 2003.
Bastin, Andrea: Der Heimat-Begriff. Eine begriffsgeschichtliche Untersuchung in verschiedenen Funktionsbereichen der deutschen Sprache, Tübingen 1995.
Bauer, Franz J. : Das 'lange' 19. Jahrhundert (1789-1917). Profil einer Epoche, Stuttgart 2004.
Becker, Sabine / Krause, Robert (hrsg.): Exil ohne Rückkehr. Literatur als Medium der Akkulturation nach 1933, München 2010.
Benz, Wolfgang (Hrsg.): Legenden, Lügen, Vorurteile. Ein Wörterbuch zur Zeitgeschichte. München 1992.
Benz, Wolfgang: Flucht aus Deutschland. Zum Exil im 20. Jahrhundert, München 2001.
Berglund, Gisela: Deutsche Opposition gegen Hitler in Presse und Roman des Exils. Eine Darstellung und ein Vergleich mit der historischen Wirklichkeit, Stockholm 1972.
Bödeker, Birgit: Amerikanische Zeitschriften in deutscher Sprache, 1945-1952. Ein Beitrag zur Literatur und Publizistik im Nachkriegsdeutschland. Frankfurt am Main 1993.
Briegel, Manfred und Frühwald, Wolfgang (hrsg.): Die Erfahrung der Fremde. Weinheim 1988.
Brinkmann, Donald: Die Schuldfrage als philosophisches Problem. Eine Auseinandersetzung mit Karl Jaspers, in: Theologische Zeitschrift,

5. Jahrgang, Heft 4. Juli-/August 1949.
Cersowsky, Peter: Nachwort zum Roman L. Franks "Die Jünger Jesu", Würzburg 1995.
Critchfeld, Richard D.: When Lucifer Cometh. The Autobiographical Discourse of Writers and Intellectuals Exiled During the Third Reich, New York 1994.
Delianidou, Simela: Transformative - transitäre - transgressive Identitätsmodelle. Autothematische Exilliteratur zwischen Moderne und Postmoderne, Würzburg 2010.
Denkler, Horst / Prümm, Karl: Die deutsche Literatur im Dritten Reich, Themen – Traditionen – Wirkungen, Stuttgart 1976
Emmerich, Wolfgang (Hrsg.): Lyrik des Exils, Stuttgart 1985.
Endruweit, Günter: Elite und Entwicklung, Frankfurt/M 1986.
Fraenkel, Ernst: Korea, Ein Wendepunkt im Volkerrecht? Berlin 1951.
Feilchenfeldt, Konrad: Deutsche Exilliteratur 1933-1945. Kommentar zu einer Epoche, München 1986.
Frei, Norbert: Vergangenheitspolitik. Die Anfänge der Bundesrepublik und die NS-Vergangenheit. München 1996.
________: Das Dritte Reich im Bewusstsein der Deutschen, München 2005.
Freytag, Nils / Petzold, Dominik (hrsg.): Das 'lange' 19. Jahrhundert. Alte Fragen und neue Perspektiven, München 2007.
Gehring, H.: Amerikanische Literaturpolitik in Deitschland 1945-1953. Ein Aspekt des Re-Education-Programms, Stuttgart 1976.
Gimbel, John: Eine deutsche Stadt unter amerikanischer Besatzung, Köln 1964.
Glaubrecht, Martin: Studien zum Frühwerk Leonhard Franks, Bonn 1965.
Grimm, Reinhold, Jost Hermand (Hg.): Exil und innere Emigration. Third Wisconsin Workshop, Frankfurt am Main 1972.
Häny, Arthur: Die Dichter und ihre Heimat. Bern, München 1978.
Halbwachs, Maurice; Das Gedächtnis und seine sozialen Bedeutungen, 2. Aufl., Frankfurt/M 1985
________: Das kollektive Gedächtnis, 2. Aufl., Frankfurt/M 1985.
Hartmann, Michael: Elitesoziologie. Eine Einführung, Frankfurt/M

2004.
________: Elite und Macht in Europa. Ein internationaler Vergleich, Frankfurt/M 2007.
Hay, Gerhard (hrsg.): Leonhard Frank. Selbstzeugnisse und Aussagen, Würzburg 1982.
________: Zur literarischen Situation 1945-1949, Kronberg 1977.
Hebditch, David / Connor, Ken: Wie man einen Militärputsch inszeniert. Von der Plannung bis zur Ausführung, Graz 2006.
Heilbut, Anthony: Kultur ohne Heimat. Deutsche Emigranten in den USA nach 1930, Aus dem Amerikanischen von Jutta Schust, Titel der Originalausgabe: 'Exiled in Paradise - German Refugee Artists and Intellectuals in Amerika, from the 1930s to the Present": 1983 The Viking Press, New York, der deutsche Ausgabe: 1987 Quadriga Verlag, Weinheim und Berlin.
Henke, Klaus-Dietmar & Woller, Hans (hrsg.): Politische Säuberung in Europa. Die Abrechnung mit Faschismus und Kollaboration nach dem Zweiten Weltkrieg, München 1991.
Hermand, Jost: Schreiben in der Fremde. Gedanken zur deutschen Exilliteratur. in: Exil und innere Emigration. hrsg. von Reinhold Grimm und Jost Hermand, Frankfurt am Main 1972, S. 7-30.
________: Kultur in Wiederaufbau 1945-1965, München 1986. Von der bedingungslosen Kapitulation bis zur Gründung der Bundesrepublik, S. 1-210.
Hermand, Jost / Lange, Wigand: 'Wollt ihr Thomas Mann wiederhaben?". Deutschland und die Emigranten. Hamburg 1999.
Heukenkamp, Ursula (hrsg.): Deutsche Erinnerung. Berliner Beiträge zur Prosa der Nachkriegsjahre (1945-1960), Berlin 2000.
Hobsbawm, Eric: Europäische Revolution 1789 bis 1848, Zürich 1962.
Hoffschulte, Martina: "Deutsche Hürer!" Thomas Manns Rundfunkreden (1940 bis 1945) im Werkkontext, Münster 2002.
Huß-Michel, Angela: Literarische und politische Zeitschriften des Exils 1933-1945, Stuttgart 1987.
Janka, Walter: ...bis zur Verhaftung, Berlin 1993.
Jaspers, Karl: Die Schuldfrage, Für Völkermord gibt es keine

Verjähung, München 1979.

Jens, Inge: Dichter zwischen rechts und links, Leipzig 1994.

Kahler, von Erich: Die Verantwortung des Geistes. Gesammelte Aufsätze, Frankfurt am Main, 1952.

Keßler, Mario: Exil und Nach-Exil. Vertriebene Intellektuelle im 20. Jahrhundert, Hamburg 2002.

Kesten, Hermann (hrsg.): Ich lebe nicht in der Bundesrepublik, München 1964.

Kocka, Jürgen: Das lange 19. Jahrhundert. Arbeit, Nation und bürgerliche Gesellschaft, 10. Aufl. Stuttgart 2002.

Koebner, Thomas und Rotermund, Erwin (hrsg.): Rückkehr aus dem Exil. Emigranten aus dem Dritten Reich in Deutschland nach 1945. Essays zu Ehren von Ernst Loewy, Marburg 1990.

Koepke, Wulf / Winkler, Michael (hrsg.): Deutschsprachige Exilliteratur. Studien zu ihrer Bestimmung im Kontext der Epoche 1930 bis 1960, Bonn 1984.

________: Die Selbstdarstellung des Exils und die Exilforschung, in: E. Rotermund / L. Winckler (Hrsg.): Exilforschung, Bd. 23. München 2005, S. 13-29.

Krause, Robert: Lebensgeschichten aus der Fremde. Autobiografien deutschsprachiger emigrierter SchriftstellerInnen als Beispiele literarischer Akkulturation nach 1933, München 2010.

Krauss, Marita; Heimkehr in ein fremdes Land. Geschichte der Remigration nach 1945, München 2001.

Kreis, Georg: Die Rückkehr des J-Stempels. Zur Geschichte einer schwierigen Vergangenheitsbewältigung, Zürich 2000.

Krohn, Claus-Dieter / Rotermund, Erwin / Winckler, Lutz / Wojak, Irmtrud / Koepke, Wulf (Hrsg.): Exilforschung. Ein internationales Jahrbuch, München 1983-2005, Bd.1-25.

Krohn, Claus-Dieter / Mühlen, Patrik von zur / Paul, Gerhard / Winckler, Lutz (Hrsg.): Handbuch der deutschsprachigen Emigration 1933 - 1945, Darmstadt 1998.

Kruke, Anja (hrsg.): Zwangsmigration und Vertreibung - Europa im 20. Jahrhundert, Bonn 2006.

Krüger, Horst: Literatur zwischen links und rechts, München 1962.

Lange, Wigand: Theater in Deutschland nach 1945. Zur Theaterpolitik der amerikanischen Besatzungsbehörden, Frankfurt am Main 1980.

Lenk, Kurt: Theorien der Revolution, München 1973.

Leupold, Dagmar; Poetischer Stoffwechsel; Vergessen, Erinnern, Korrespondieren. Oder; Wie die Poesie entsteht?, in; Ders.; Alphabet zu Fuss, München 2005, S. 61-112.

Loewy, Ernst (hrsg.): Exil. Literarische und politische Texte aus dem deutschen Exil 1933-1945, Stuttgart 1979.

Lowell, George & Higley, John: Eliten und Liberalismus, Opladen 1983.

Luttwak, Edward: Wie inszeniert man einen Staatsstreich oder: Der Coup d'Etat, Reinbek 1969.

Mann, Thomas / Thiess, Frank / Molo, von Walter: Ein Streitgespräch über die innere und äußere Emigration, Dortmund 1946.

________: Die große Kontroverse. Ein Briefwechsel um Deutschland. Hrsg. von J. F. G. Grosser, Hamburg 1963.

Mertz, Peter: Und das wurde nicht ihr Staat. Erfahrungen emigrierter Schriftsteller mit Westdeutschland, München 1985.

Nickel, Gunther & Weiß, Ulrike (Ausstellung und Katalog): Carl Zuckmayer 1896-1997. "Ich wollte nur Theater machen", Stuttgart 1996.

Mitscherlich, Alexander und Margarete: Die Unfähigkeit zu trauern. Grundlagen kollektiven Verhaltens, München 1967.

Nora, Pierre; Zwischen Geschichte und Gedächtnis; Die Gedächtnistheorie. in; Ders.; Zwischen Geschichte und Gedächtnis (Kleine kulturwissenschaftliche Bibliothek, Bd. 16). Berlin 1990, S. 11-33.

Ott, Ulrich und Pfäfflin, Friedrich (Hrsg.): Carl Zuckmayer 1896-1977. 'Ich wollte nur Theater machen' (Marbacher Katalog 49), Stuttgart 1996.

Petzold, Joachim: Die Dolchstoßlegende. Eine Geschichtsfälschung im Dienst des deutschen Imperialismus und Militarismus. Berlin 1963.

Pikulik, Lothar: Warten, Erwartung. Eine Lebensform in End- und

Übergangszeiten, Göttingen 1997.

Popp, Valerie: "Aber hier war alles anders ...". Amerikabilder der deutschsprachigen Exilliteratur nach 1939 in den USA, Würzburg 2008.

Radkau, Joachim: Die Deutsche Emigration in den USA. Ihr Einfluß auf die amerikanische Europapolitik 1933-1945, Düsseldorf 1971.

Rafetseder, Hermann: Bücherverbrennungen. Die öffentliche Hinrichtung von Schriften im historischen Wandel, Wien/Köln 1988.

Roloff, Gerhard: Exil und Exilliteratur in der deutschen Presse 1945-1949, Worms 1976.

Rohwasser, Michael: Der Stalinismus und die Renegaten. Die Literatur der Exkommunisten, Stuttgart 1991.

Rotermund, Erwin: Deutsche Literatur im Exil 1933-1945, in: Viktor Zmegac (Hg.): Geschichte der deutschen Literatur vom 18. Jahrhundert bis zur Gegenwart, Bd. III/1: 1918-1945, Königstein/Ts. 1984, S. 186-317.

________: Zwischen Ost und West: Leonhard Frank im Nachkriegsdeutschland (1950-1961). In: Rückkehr aus dem Exil. Emigranten aus dem Dritten Reich in Deutschland nach 1945. Essays zu Ehren von Emst Loewy. Hrsg. von Thomas Koebner und Erwin Rotermund. Marburg 1990, S. 67-81.

Sattler, Johanna Barbara: Links und Rechts in der Wahrnehmung des Menschen. Zur Geschichte der Linkshändigkeit, Donauwörth 2000.

Sauder, Gerhard: Die Bücherverbrennung. Zum 10. Mai 1933. München 1983.

Schmeling, Christian: Leonhard Frank und die Weimarer Zeit, Frankfurt/M 1989.

Schmitz-Berning, Cornelia: Vokabular des Nationalsozialismus, Bern / New York 1998.

Schneiß, Wolfgang: Flucht, Vertreibung und verlorene Heimat im frühen Ostdeutschland. Beispiele literarischer Bearbeitung, Frankfurt am Main 1995.

Schottel, Justus Georg: Ethica. Die Sittenkunst oder Wollebenskunst,

Wolfenbüttel 1669 (Berns, Jörg Jochen (hrsg.): in: Deutsche Barock-Literatur, Bern 1980.)

Schwab, Claus-Dieter: Kultur zwischen Kontrolle und Kleiner Freiheit. Amerikanische Kulturpolitik in München am Beispiel der Information Control Division. in: Trümmerzeit in München. Kultur und Gesellschaft im Aufbruch 1945-1949. hrsg. von Friedrich Prinz, München 1984, S. 60-68.

Seo, Jang-Weon: Die Darstellung der Rückkehr. Remigration in ausgewählten Autobiographien deutscher Exilautoren, Würzburg 2004.

Skwara, Erich Wolfgang: Hans Sahl. Leben und Werk, New York 1986.

Spalek, John M. / Strelka, Joseph (Hrsg.): Deutsche Exilitieratur seit 1933. Bd. 1. Kalifornien, Bern u. München 1976.

Spies, Bernhard: Hans Sahl. Remigration als doppeltes Exil, in: Lühe, Irmela / Krohn, Claus-Dieter (Hrsg.): Fremdes Heimatland. Remigration und literarisches Leben nach 1945, S. 153-168.

Stephan, Alexander: Die deutsche Exilliteratur 1933-1945. Eine Einführung, München 1979.

Stolleis, Michael: Der lange Abschied vom 19. Jahrhundert, Berlin 2002.

Strothmann, Dietrich: Nationalsozialistische Literaturpolitik. Ein Beitrag zur Publizistik im Dritten Reich, Bonn 1960.

Trapp, Frithjof: Deutsche Literatur im Exil, Bern 1983.

Undset, Sigrid: Die Umerziehung der Deutschen, in: Karl Jaspers: Die Antwort an Sigrid Undset, Südverlag, Konstanz 1947.

Van Haren, Werner: Grundrisse einer Theorie der Intellektuellen. Zu Funktion, Geschichte und Bewußtsein von Intellektuellen, Köln 1988.

Vollnhals, Clemens (hrsg.): Entnazifizierung. Politische Säuberung und Rehabilitierung in den vier Besatzungszonen 1945-1949, München 1991.

Wagner, Hans-Ulrich (Wissenschaftliche Bearbeitung): Rückkehr in die Fremde? Remigranten und Rundfunk in Deutschland 1945 bis 1955, Berlin / Bonn / Frankfurt am Main 2000.

Walter, Hans-Albert: Deutsche Exilliteratur 1933-1950. Bd. 1. Bedrohung und Verfolgung bis 1933, Darmstadt und Neuwied 1972. Bd. 2: Asylpraxis und Lebensbedingungen in Europa. Darmstadt 1972. Bd. 4: Exilpresse, Stuttgart 1978.

Wasner, Barbara: Eliten in Europa. Einführung in Theorien. Konzepte und Befunde, Wiesbaden 2004.

Weiß, Ulrike (Hrsg.): Zur Diskussion: Zuckmayers 'Geheimreport' und andere Beiträge zur Zuckmayer-Forschung, Göttingen 2002.

Weyrauch, Wolfgang (hrsg.): Ich lebe in der Bundesrepublik. Fünfzehn Deutsche über Deutschland, München, 1960.

Wischermann, Clemens; Geschichte als Wissen, Gedächtnis oder Erinnerung? Bedeutsamkeit und Sinnlosigkeit in den Vergangenheitskonzeptionen der Wissenschaften vom Menschen, in Ders. (Hg.), Die Legitimität der Erinnerung und die Geschichtswissenschaft, Stuttgart 1996, S. 55-86. (Studien zur Geschichte des Alltags, Bd. 15)

Zeller, Bernhard (hrsg.): Als der Krieg zu Ende war. Literarisch-politische Publizistik 1945-1950 (Sonderausstellungen des Schiller-Nationalmuseums Katalog Nr. 23), Stuttgart 1986.

Herdan-Zuckmayer, Alice: Die Farm in den grünen Bergen, Frankfurt/M 1997.

Zühlsdorf, Volkmar: Deutsche Akademie im Exil. Der vergessene Widerstand, Berlin 1999.

강진구: 「중앙아시아 고려인 문학에 나타난 기억의 양상 연구 - 강제이주를 중심으로 - 」, 『국제한인문학연구』 창간호 (국제한인문학회), 2004, 329-366쪽.

김 게르만: 한인 이주의 역사, 서울 (박영사), 2005.

김 예브게니 예브게니예비치 (영웅) / 리 블라지미르 표도로비치 (우효) (편저) (김명호 옮김): 스딸린체제의 한인 강제이주. 구소련 국립중앙문서보관소 공개 극비문서, 서울 (건국대학교 출판부), 1994.

김 피오트르 게르노비치 / 방상현 (공저): 재소 한인이민사. 스탈린의 강제이주, 서울 (탐구당), 1993.

서윤정: 독일 제3제국 시기의 망명여성 : 미국, 『독일문학』 45권 3호 통권 제91집 (한국독어독문학회, 2004.) 147-165쪽.
_____: 모스크바에서 뉴욕까지 :망명작가 릴리 쾨르버 Lili Korber의 생애와 작품, 『독일문학』 제14권 제3호 제34집 (한국독일어문학회, 2006.) 141-156쪽.
서장원: 망명시인, 쫓겨난 자의 노래. 독일 출신 작가 한스 잘의 경우, 『시경』 2004 상반기 제4호, 313-327쪽.
_____: 제1차 세계대전과 평화주의. 레온하르트 프랑크의 반전문학, 『창작21』 창간호 2004, 159-170쪽.
_____: 지성인과 무기력 - 한스 잘의 망명경험과 문학적 개인의식, 『헤세연구』 제17집 (한국헤세학회, 2007.) 255-274쪽.
_____: 독자적 해석과 외적시각 - 한스 잘의 시에 나타난 20세기 현대시 논의, 『독일언어문학』 제37집 (한국독일언어문학회, 2007.) 163-183쪽.
_____: 칼 추크마이어의 자서전에 나타난 망명경험 서술방식, 『독일문학』 제109집 (한국독어독문학회, 2009.) 120-143쪽.
_____: 망각과 기억의 시학, 『시와 문화』 제9호, 2009, 186-193쪽.
_____: 문학기질과 상호 문화교류, 『2010 만해축전 자료집』 (상) (만해사상선양실천회) 525-538쪽.
신종락: 독일 나치망명시기의 출판상황과 망명출판사 : 망명출판사 퀘리도와 알레르트 드 랑에를 중심으로, 『뷔히너와현대문학』 제28호 (한국뷔히너학회, 2007.) 175-199쪽.
_____: 독일 나치망명시기 지식인의 문학적인 삶과 출판가로서의 작가 : 자가출판을 중심으로,『독일언어문학』 제37집 (한국독일언어문학회, 2007.) 273-293쪽.
아렌트, 한나: 폭력의 세기 (김정한 옮김), 서울 (이후), 1999.
_______: 전체주의의 기원 1. 2. (이진우, 박미애 옮김), 서울 (한길사), 2006.
_______: 혁명론 (홍원표 옮김), 서울 (한길사), 2005.

이경분: 망명 음악, 나치 음악. 20세기 서구 음악의 어두운 역사, 서울 (책세상), 2004.

이광규: 러시아 연해주의 한인사회, 서울 (집문당), 1998.

이명재: 「포석 조명희 연구 -조명희와 소련지역 한글문단- 」, 『국제한인문학연구』 창간호 (국제한인문학회), 2004, 265-298쪽.

이명재: 「미주 한인문학의 현황과 특성」, 『국제한인문학연구』 제3호 (국제한인문학회), 2006, 5-48쪽.

장사선 / 우정권: 고려인 디아스포라 문학연구, 서울 (월인), 2005.

홉스봄, 에릭: 폭력의 시대 (이원기 옮김), 서울 (민음사), 2008.

________: 극단의 시대 (상, 하) (이용우 옮김), 서울 (까치), 1997.

________: 미완의 시대 (이희재 옮김), 서울 (민음사), 2007.

| 약 어 |

BFD Bewegung Freies Deutschland 자유 독일 운동
BRD Bundesrepublik Deutschland 독일연방공화국 (서독)
BVP Bayerische Volkspartei 바이에른 인민당

CARE Cooperative for American Remittances to Europe 미국유럽구제협회
CDU Christlich-Demokratische Union 기독 민주 연합 (기민당)
CIA Central Intelligence Agency (미국) 중앙정보국
CSU Christlich-Soziale Union 기독 사회 연합 (기사당)

DAD Das Andere Deutschland / La Otra Alemania 다른 독일
DAG Deutsche Angestellten-Gewerkschaft 독일 직원 노조
DAP Deutsche Arbeiterpartei 독일노동자당
DDP Deutsche Demokratische Partei 독일민주당
DDR Deutsche Demokratische Republik 독일민주공화국 (동독)
DHR Deutsche Hochschulring 독일대학 연결고리
DNVP Deutschnationale Volkspartei 독일국가 인민당
DSt Deutsche Studentenschaft 독일대학생회
DStP Deutsche Staatspartei 독일국가당
DSV Deutsche Schriftstellerverband 독일작가동맹
DV Demokratische Volkspartei 민주인민당
DVP Deutsche Volkspartei 독일인민당

ERC Emergency Rescue Committe 긴급구조위원회

FBI Federal Bureau of Investigation (미국) 연방수사국
FDJ Freie Deutsche Jugend 자유 독일 소년단
FDP Feie Demokatische Partei 자유민주당

GER German Educational Reconstrution 독일 교육 재구성
Gestapa Geheimes Staatspolizeiamt 비밀국가경찰청
Gestapo Geheime Staatspolizei 비밀국가경찰 (게슈타포)
GStV Gemeinschaft studentischer Verbände 대학생연합회

HI Hitlerjugend 히틀러 청소년단

IAH Internationale Arbeiterhilfe 국제노동자후원회
IAS Institute for Advanced Study, Princeton (프린스턴) 고등연구소
ICD Information Control Division 정보통제국
IRH Internationale Rote Hilfe 국제적색구조
IRK Internationales Rotes Kreuz 국제적십자
ISK Internationaler Sozialistischer Kampfbund 국제 사회주의 투쟁연맹

KfdK Kampfbund für deutsche Kultur 독일예술투쟁동맹
Komintern Kommunistische Internationale 공산주의 인터내셔널 (코민테른)
KP Kommunistische Partei 공산당
KPD Kommunistische Partei Deutschlands 독일공산당
KPdSU Kommunistische Partei der Sowjetunion 소련공산당
KPO Kommunistische Partei Deutschlands/Opposition 야권 독일공산당
KPÖ Kommunistische Partei Österreichs 오스트리아 공산당

KWG Kaiser-Wilhelm-Gesellschaft 빌헬름 황제 협회
KWI Kaiser-Wilhelm-Institut 빌헬름 황제 연구소
KZ Konzentrationslager 집중수용소 (유대인수용소)

LAKFD Lateinamerikanisches Komitee der Freien Deutschen 자유독일인 라틴아메리카 위원회
LDPD Liberaldemokratische Partei Deutschlands 독일자유민주당

MGM Metro-Goldwyn-Mayer 메트로 골드윈 메이어 스튜디오
MPI Max-Planck-Institut 막스 프랑크 연구소

NKFD Nationalkomitee "Freies Deutschland" "자유독일" 국가위원회
NS Nationalsozialismus 국가사회주의 (나치)
NSDAP Nationalsozialistische Deutsche Arbeiterpartei 국가사회주의 독일 노동자당 (나치당)
NSDStB Nationalsozialistische Deutsche Studentenbund 국가사회주의 독일 대학생연맹 (나치 대학생 연맹)
NWDR Nordwestdeutscher Rundfunk 독일서북방송

ÖVP Österreichische Volkspartei 오스트리아 인민당
OSS Office of Strategic Services 전략사무국
OWI United States Office of War Information 미국전쟁정보기관

PDS Partei des Demokratischen Sozialismus 독일 민주사회당
PEN Poets, Essayists, Novelists 국제 펜 클럽

RDP Radikaldemokratische Partei 급진민주당

RGO Revolutionäre Gewerkshafts-Opposition 혁명 노동야권조합 제국위원회

RMVP Reichsministerium für Volksaufklärung und Propaganda (나치독일) 선전부

SA Sturmabteilung (나치당) 나치돌격대

SAPD Sozialistische Arbeiterpartei Deutschlands 독일사회노동자당

SBZ Sowjetische Besatzungszone 소련점령구역

SDAP Sozialdemokratische Arbeiterpartei (오스트리아)사회민주노동자당

SDS Schutzverband deutscher Schriftsteller 독일작가보호연맹

SED Sozialistische Einheitspartei Deutschlands 독일사회통일당 (동독공산당)

SMAD Sowjetische Militäradministration in Deutschland 주독일 소련 군정청

SPD Sozialdemokratische Partei Deutschlands 독일사회민주당 (사민당)

SPÖ Sozialdemokratische Partei Österreichs 오스트리아 사회민주당

SS Schutzstaffel (나치당) 나치친위대

UN United Nations 국제연합

USPD Unabhängige Sozialdemokratische Partei Deutschlands 독일무소속사민당

VOA Voice of America 미국의 소리 (방송)

ZENTRUM Deutsche Zentrumpartei 독일중앙당

ZK Zentralkomitee 중앙위원회

|부 록 1| 저명 망명객들의 간략한 약력

차 례

1. 망명정치인
2. 망명 작가와 언론출판인
3. 망명 연극인과 영화인
   3.1. 망명 연극인
   3.2. 망명 영화인
4. 망명 예술가
   4.1. 망명 음악가
   4.2. 망명 화가 및 조각가
   4.3. 망명 건축가
   4.4. 망명 사진작가
5. 망명 학자
   5.1. 망명 자연과학자
      5.1.1. 망명 수학자
      5.1.2. 망명 물리학자
      5.1.3. 망명 생물학자 및 화학자
      5.1.4. 망명 의학자
   5.2. 망명 정신과학자
      5.2.1. 망명 문헌학자
      5.2.2. 망명 역사학자
      5.2.3. 망명 철학자
   5.3. 망명 사회과학자
      5.3.1. 망명 법학자
      5.3.2. 망명 경제학자
      5.3.3. 망명 정치학자
      5.3.4. 망명 사회학자
   5.4. 망명 심리학자
   5.5. 망명 예술사학자
   5.6. 그 밖의 망명학자들
6. 망명 경제인사와 법조인

1. 망명 정치인

▸ 빌헬름 아벡 Wilhelm Abegg (1876–1951): 독일민주당 (DDP), 프로이센 내무부 국가서기 (1926–1932).[1)]

1933년 망명을 떠나기 직전 '현대 프로이센 경찰' 창시자 겸 경찰청장. 1933년 스위스로 망명, 스위스에서 '자유 독일 국가위원회 (NKFD)' 공동창립자. 1933년부터 국제인권변호사 (특히 난민 보호). 1935년부터 '독일인민전선' 창립준비, 1944년부터 '서양문화정책협회' 회장, 1944/45년 '자유 독일문화 친우 협회' 회원, '독일작가보호연맹 (SDS) 회원. 1944년 '자유 독일 운동 (BFD)' 창립회원 및 지역장. 강연 차 서독 방문 중 심장마비로 사망.

▸ 알렉산더 아부쉬 Alexander Abusch (1902–1982): 독일공산당 (KPD), '적기 (Rote Fahne)' 편집국장.

1933년 프랑스 파리로 망명. 1934년부터 『우리시대. 반격』 편집주간. 1935/36년 '독일인민전선' 준비, 1939/40년 '적대 외국인'으로 감금당함. 1941년 멕시코로 망명. 1946년까지 월간지 『자유 독일』 주간. 1946년 동독으로 귀환이주. 1949년 '동독문화연맹' 부회장, 1954년 문화부 대표, 1957년 동독 공산당 중앙위원 등 동독 고위직 역임.

▸ 안톤 아커만 Anton Ackermann (1905–1973): 독일공산당 (KPD).

1933년부터 1935년 사이 불법으로 '독일공산당 (KPD)' 활동. 1935년 프라하로 망명. 1937년 스페인 내전 참전, 파리에 체류한 후 1940년 모스크바로 망명. 1941년부터 1945년까지 '자유 독일' 방송 관리. 1945년 5월 발터 울브리히트, 빌헬름 피크, 프란츠 달렘 등과 더불어 독일공산당 (KPD)을 재건하기 위하여 베를린 소련 군정지역으로 귀환이주, 주도적으로 작센 주 독일공산당 (KPD) 재건 참여. 이후 동독공산당 (SED) 간부,

---

1) 이하 망명을 떠날 당시의 당적 및 간단한 경력.

중앙위원회 정치국원 후보 역임.

▸ 마르타 아렌트제 Martha Arendsee (1885-1953): 독일공산당 (KPD), 제국의회 의원 (1924-1930).

1933년 나치에 의해 6개월형. 1934년 프라하, 파리를 경유하여 모스크바로 망명. 1941년부터 '모스크바 라디오 방송'에서 활동. 1943년 여성으로는 유일하게 '자유 독일 국가위원회 (NKFD)' 창립 위원. 1945년 6월 동독으로 귀환이주. 1946/47년 동독공산당 의장단. 1949/ 1950년 베를린 '사회보험공단' 이사장.

▸ 발터 아우어바흐 Walter Auerbach (1905-1975): 독일사민당 (SPD).

1933년 5월 네덜란드 암스테르담, 1939년 영국으로 망명. 1946년 영국군 점령구역으로 귀환이주.

▸ 지크프리트 아우프호이저 Siegfried Aufhäuser (1884-1968): 독일사민당 (SPD), 제국의회 의원 (1921-1933).

1933년 자르브뤼켄을 경유하여 프라하로 망명, 파리를 경유하여 1939년 미국 뉴욕으로 망명. 1951년 서베를린으로 귀환이주, 1952년부터 1959년까지 베를린 지역 '독일 직원 노조 (DAG)' 위원장.

▸ 프릿츠 바데 Fritz Baade (1893-1974): 독일사민당 (SPD), 제국의회 의원 (1930-1933).

1935년 터키로 망명, 1939년까지 '농업 시장기구' 자문위원. 1946년 미국으로 건너감, 전후 독일에 대한 '모겐소-플랜' 반대 캠페인과 '(독일) 산업시설 철거' 반대, '마셜 플랜' 지지에 참여. 1948년 영국군 점령구역인 서독 킬 대학교 정교수로 초빙되며 귀환이주. 1948년부터 1961년까지 킬 대학교 '세계경제연구소' 소장, 1949년부터 1953년까지 독일연방의회 'ERP-문제 위원회' 위원장.

▸ 오토 바우어 Otto Bauer (1881-1938): (오스트리아) 사회민주노동자당 (SDAP), '사회민주노동자당 (SDAP)' 대표 (1918-1934).

1938년 벨기에 브뤼셀, 프랑스 파리로 망명. 프랑스 파리에서 사망. 1948년 유해 오스트리아 빈으로 이장.

▸ 파울 베르츠 Paul Bertz (1886-1950): 독일공산당 (KPD), 제국의회 의원 (1924-1930). 혁명 노동야권조합 제국위원회 (RGO) 회원.

1933년 네덜란드, 1934년 프랑스로 망명. '적대 외국인'으로 감금당함. 1940년 스위스로 도주. 1940년부터 1943년까지 스위스 독일공산당 (KPD) 지도적 역할 및 '자유 독일' 운동 지원. 1945년 동독 켐니츠로 귀환이주, 소련 군정 지역 철도청 부청장.

▸ 빌리 브란트 Willy Brandt (1913-1992): 독일사회노동자당 (SAPD).

독일연방공화국 (서독) 제4대 수상, 노벨평화상 수상자.

1933년 덴마크를 경유하여 노르웨이로 도주, 학업 및 언론 활동. 1937년 스페인 방문하여 스페인 내전 보도. 1940년 스톡홀름에 잠적하며 언론활동. 1945/46년 스칸디나비아 신문 특파원으로 독일에 머물며 뉘른베르크 재판 보도. 1948년 독일국적 회복하며 서베를린으로 귀환이주, 1948년 사민당 (SPD) 베를린 의장단 대표. 1949년부터 1957년까지 독일연방의회 의원, 1957년부터 1966년까지 베를린 시장, 1966년부터 1969년까지 서독 외무부장관. 1969년부터 1974년까지 서독 제4대 수상. 1971년 동서독 긴장완화와 동방정책으로 노벨 평화상 수상. 1976년부터 1992년까지 '사회주의 인터내셔널 (SI)' 의장.

▸ 막스 브라우어 Max Brauer (1887-1973): 독일사민당 (SPD), 알토나 시장.

1933년 오스트리아를 경유하여 프랑스로 망명, 1933년 10월 행정전문가로 중국 상하이, 난징에 체류. 1934년 미국을 거쳐 무국적자로 프랑스를 비롯한 유럽, 미국등지를 전전하다 1937년부터 미국에 거주하며 망명활동.

1946년 서독 함부르크로 귀환이주. 1946년부터 1953년까지 사민당(SPD) 후보로 전후 제1대 함부르크 시장, 1957년부터 1960년까지 제3대 시장.

▸ 오토 브라운 Otto Braun (1872-1955): 독일사민당 (SPD), 프로이센 총리 (1920-1921, 1921-1925, 1925-1932).

1933년 2월 6일 파울 폰 힌덴부르크 제국대통령의 명에 의해 최종적으로 해직 당함, 1933년 3월 4일 스위스로 망명. 스위스에서 사망.

▸ 오스카 콘 Oskar Cohn (1869-1934): 독일사민당 (SPD), 제국의회 의원 (1912-1918), 바이마르 국민의회 의원 (1919/20), 프로이센 지방의회 의원 (1919-1924).

1933년 팔레스타인으로 망명할 목적으로 파리로 도주. 팔레스타인 비자를 받기 전 스위스 제네바에서 사망.

▸ 룻 핏셔 Ruth Fischer (1895-1961): 독일공산당 (KPD), 제국의회 의원 (1924-1928).

오스트리아 철학자 루돌프 아이슬러의 장녀, 작곡가 한스 아이슬러와 언론인이자 작곡가인 게르하르트 아이슬러의 누님. 1933년 프라하를 경유하여 프랑스로 망명, 1936년까지 트로츠키와 활동. 1936년 '트로츠키주의자'로 궐석 상태로 모스크바재판에서 사형언도 받음. 나치와 스탈린주의자들로부터 쫓기는 신세가 되어 남프랑스, 스페인, 포르투갈, 쿠바를 경유하여 1941년 뉴욕으로 망명. 1945년 케임브리지 대학교에서 공산당사 연구 의뢰받음, 1948년 결과물 『스탈린과 독일 공산주의』 발간. 1955년부터 파리체류. 프랑스 파리에서 사망.

▸ 빌헬름 프로리안 Wilhelm Florin (1894-1944): 독일공산당 (KPD), 제국의회 의원 (1924-1933).

1933년 파리를 경유하여 소련으로 망명. 1943년 '자유 독일 국가위원회

NKFD' 창립위원. 소련 모스크바에서 사망. 1954년 유해 베를린으로 이장.

▸ 페터 깅골트 Peter Gingold (1916-2006): 독일 공산 청년단.

1933년 프랑스로 망명. 1936년 '자유 독일 청소년단 (FDJ)' 조직. 1945년 8월 서독 프랑크푸르트로 귀환이주.

▸ 알베르트 그르체신스키 Albert Grzesinski (1879-1947): 독일사민당 (SPD), 프로이센 내무장관 (1926-1930), 베를린 경찰청장.

1933년 스위스를 경유하여 프랑스로 망명. 1936년부터 1937년까지 '독일 정치 난민자 상담위원회' 의장. 1937년 미국 뉴욕으로 망명. 1938년 망명자연합 '독일 노동자 대표단' 단장, 1944년 '민주독일협회' 창립위원. 미국 뉴욕에서 사망.

▸ 쿠르트 하거 Kurt Hager (1912-1998): 독일공산당 (KPD).

'동독공산당 (SED)' 수석 이론가. 1933년 히틀러 '제1차 라디오 연설' 방해자로 체포되어 '호이베르크 유대인 수용소' 수감, 석방 후 1936년 스위스, 체코, 프랑스로 망명. 1937년부터 1939년까지 스페인 내전 기자로 참가. 1939년 프랑스에서 '적대 외국인'으로 감금당함, 영국으로 망명. 1945년 동베를린으로 귀환이주, 신문 『전진』 주간. 1949년 베를린 (훔볼트)대학교 철학 정교수. 이후 동독공산당 '중앙위원회 (ZK)' 위원, 정치국원으로 동독의 문화 및 교육정책에 막대한 영향을 미침.

▸ 베르너 한센 Werner Hansen (1905-1972): 독일사민당 (SPD), 1926년부터 국제사회주의투쟁연맹 (ISK).

1937년 파리, 1938년 런던으로 망명. 1945년 서독 라인란트로 귀환이주. 1947년부터 1956년까지 '독일노조연맹 (DGB)' 회장단.

▸ 파울 헤르츠 Paul Hertz (1888-1961): 독일사민당 (SPD), 제국의회 의원 (1920-1933).

'Sopade'[2]를 조직하기 위하여 오토 벨스, 에리히 올렌하우어 등 사민당 의장단원들과 더불어 1933년 자르브뤼켄을 경유하여 프라하로 망명, 『사회주의 잡지』 주간. 1937년 스페인 내전 상황을 살피기 위해 스페인 방문. 1939년 미국으로 망명. 1949년 서베를린으로 귀환이주. 1951년부터 1953년까지 마셜플랜 관료.

▸ 루돌프 힐퍼딩 Rudolf Hilferding (1877-1941): 독일사민당 (SPD), 제국재무장관 (1923, 1928-1929), 제국의회 의원 (1924-1933).

'국가독점자본주의론'의 초석을 놓음. 1933년 스위스로 망명. 1938년부터 프랑스에 체류. 1941년 마르세유에서 프랑스 당국자에 체포된 후 게슈타포에 넘겨져 죽임 당함.

▸ 칼 카우츠키 Karl Kautsky (1854-1938): 독일사민당 (SPD).

나치가 오스트리아를 합병한 후 1938년 3월 빈에서 네덜란드로 망명하여 1933년 10월 네덜란드 암스테르담에서 사망.

▸ 브루노 크라이스키 Bruno Kreisky (1911-1990): 오스트리아 혁명 사회자당 (RSÖ).

나치가 오스트리아를 합병하자 1938년 스웨덴 스톡홀름으로 망명. 1940년 스웨덴에 망명하고 있던 빌리 브란트와 사귀게 되어 평생 우정을 나눔. 1945년 이후 스웨덴 오스트리아-구호단체에서 활동, 빈 방문. 1950년 말 오스트리아 빈으로 귀환이주. 1953년부터 1959년까지 수상 청 (廳) 국가 서기, 1956년부터 1983년까지 국회의원, 1959년부터 1966년까지 외무장관,

2) Sopade는 '독일사민당 (Sozialdemokratische Partei Deutschlands)'에서 약자를 따온 것으로 망명지 '사민당 의장단'을 말한다. 1933년부터 1938년 초까지 체코 프라하에 조직체가 있었고, 나치군이 체코로 진격하자 프랑스 파리로 옮겨 1940년까지 존속했다.

1967년부터 1970년까지 야당당수. 1970년부터 1983년까지 오스트리아 총리.

▸ 하인츠 퀸 Heinz Kühn (1912–1992): 독일사민당 (SPD).

1933년 잘란트, 프라하, 브뤼셀을 경유하여 스위스 제네바로 망명. 2차 대전 중에는 런던에 체류. 2차 대전 후 서독 쾰른으로 귀환 이주하여 초반에는 신문사, 방송국 등에서 언론인으로 활동. 1953년부터 1963년까지 연방의회 국회의원. 1966년부터 1978년까지 노르트라인-붸스트팔렌 주지사.

▸ 에른스트 랑구트 Ernst Langguth (1908–1983): 독일공산당 (KPD).

1934년 체포위험 때문에 독일공산당 (KPD)이 프라하로 피신시킴. 1935년 독일공산당-망명객 정치 지도자. 1938년 영국으로 망명. 1941년 '적대 외국인'으로 감금당함. 1946년 동베를린으로 귀환이주. 브란덴부르크 '자유 독일 노조동맹 (FDGB)' 서기장.

▸ 테오도르 립크네히트 Theodor Liebknecht (1870–1948): 독일사회노동자당 (SAPD), 마지막 USPD의장 (1924–1931).

1933년 스위스 바젤로 망명. 1936년부터 1939년까지 네덜란드 암스테르담 소재 '국제 사회사 연구소 (IISG)'에서 연구. 2차 대전 후에도 스위스 바젤에 주거. 독일 방문 중 니더작센 알텐도르프에서 사망.

▸ 한스 말레 Hans Mahle (1911–1999): 독일공산당 (KPD), '제국–선구자–지도 (단) (Reichs–Pionier–Leitung)' 제1서기.

1935년 파리를 경유하여 프라하로 도주, 암스테르담에서 체포당함. 1936년 체코슬로바키아를 경유하여 소련으로 망명. 1943년 '자유 독일 국가위원회 (NKFD)' 창립위원. 1945년 4월 30일 '울브리히트 집단' 소속으로 동베를린으로 귀환이주. 귀환하자마자 소련군점령구역 방송재건에 참여, 방송국 편집국장. 1945년부터 1947년까지 동독공산당 의장단, 예술연맹 의장단. 1949년부터 '동독 (국영)방송국' 총국장.

▸ 칼 마론 Karl Maron (1903–1975): 독일공산당 (KPD).

1934년 코펜하겐으로 망명, '붉은 스포츠-인터내셔널 (RSI)' 보도부 편집인. 소련 모스크바로 건너가 1935년부터 '코민테른', 'RSI' 대표. 1945년 '울브리히트 집단'과 함께 동베를린으로 귀환이주, 1946년까지 베를린 시장 제1대표, 1949년까지 시의회의원. 1949년부터 1950년까지 일간지『신독일』주간. 1955년부터 1963년까지 동독 내무장관 및 경찰청장.

▸ 헤르만 마테른 Hermann Matern (1893–1991): 독일공산당 (KPD), 프로이센 지방의회 의원 (1932–1933), 동프로이센 정치단장.

1933년 7월 체포당함, 1934년 9월 탈출에 성공하여 프랑스로 망명. 1936년 노르웨이, 스웨덴으로 망명한 후 1941년 모스크바로 이전. 1945년 5월 1일 '안톤 아커만' 집단으로 동독 귀환이주. 1950년부터 동독공산당 중앙위원회 정치국원 (교통 분과). 1950년부터 1954년까지 동독 인민회의 부의장, 동독 국방위원회 위원.

▸ 파울 메르커 Paul Merker (1894–1969): 독일공산당 (KPD), 베를린 KPD–지방정치단 단원, 혁명 노동야권조합 제국위원회 (RGO) 회원.

1931년부터 1933년까지 코민테른 위탁으로 미국에서 공산당 자문위원으로 근무, 1933년 여름 소련 레닌그라드로 이전. 1934년 초 독일로 잠입하여 불법 노동운동. 1935년부터 1939년까지 독일공산당 정치국원. 1937년 프랑스로 망명, 1941년 '적대 외국인'으로 감금당함. 1942년 멕시코로 망명. 1946년 동독으로 귀환이주. 동독공산당 중앙서기, 정치국원, 브란덴부르크 지방의회 의원, 동독 인민회의 대의원, 1949년부터 1950년까지 동독 농림부 국가 서기.

▸ 빌리 뮌첸베르크 Willi Münzenberg (1889–1940): 독일공산당 (KPD), 제국의회 의원 (1924–1930).

1933년 '제국의회 방화사건' 직후 파리로 망명, 출판사 'Éditions du Carrefour' 설립 (1937년까지 독일어판 50편 출간). 1938년 스탈린 학살

정책 비판으로 독일공산당 중앙위원 출당조치 및 모든 직위 해제당함. 출판사 'Éditions Sebastian Brant' 설립, 망명문학 잡지 『미래』 창간. 1940년 5월 '적대 외국인'으로 감금당함, 1940년 6월 남프랑스로 도주. 1940년 10월 남프랑스 어느 숲에서 목매어 죽은 시체로 발견됨.

▸ 에리히 올렌하우어 Erich Ollenhauer (1901-1963): 독일사민당 (SPD), 사민당 의장단 위원.

사민당 의장단의 해외 나치정권 저항단체 구축을 위한 파견 결정에 따라 프라하로 망명. 1933년부터 1938년까지 'Sopade'를 바탕으로 망명객 3,000명 규합. 1938년 'Sopade'조직과 함께 파리로 도주, 1939년 오토 벨스와 공동으로 사민당 반전 호소. 1940년 '적대 외국인'으로 감금당함. 1940년 스페인과 리스본을 경유하여 1940년 런던으로 망명. 1945년 'Sopade'의 유일한 대표로 영국군 점령구역 사민당 하노버 전당대회 참가. 1946년 2월 서독으로 귀환이주. 1949년부터 1963년까지 연방의회 의원. 1949년부터 1952년까지 연방의회 사민당 원내대표. 1952년부터 1963년까지 사민당 당수, 연방의회 원내 대표.

▸ 루트비히 크비데 Ludwig Quidde (1858-1941): 급진민주당 (RDP), 1927년 노벨평화상 수상자.

1933년 스위스로 망명. 1935년 '망명 평화주의자 후원 위원회' 조직. 스위스 제네바에서 사망.

▸ 빌헬름 피크 Wilhelm Pieck (1876-1960): 독일공산당 (KPD), '독일 적색 구조 (Rote Hilfe Deutschlands)' 의장.

1933년 3월 에른스트 텔만이 체포되자, 독일공산당 (KPD) 중앙위원회 당대표로 위임. 1933년 5월 중앙위원회의 결정에 따라 파리로 망명. 망명지를 모스크바로 이전. 1937년 '국제 노동자후원 (회) (IAH)' 의장. 1943년 '자유 독일 국가위원회 (NKFD)' 공동 창립위원. 1945년 7월 1일 동베를린으로 귀환이주. '동독공산당 (SED)' 공동 창당자. 1946년 오토 그로테볼과 동독공산당 (SED) 공동 당수. 1949년부터 1960년까지 동독 대통령. 동독 역사에서 유일한 대통령을 지냄.

▸ 쿠르트 로젠펠트 Kurt Rosenfeld (1877-1943): 독일사회노동자당 (SAPD), 제국의회 의원과 부의장.

1933년 '제국의회 방화사건' 직후 파리로 망명, 미국으로 망명, 게르하르트 아이슬러와 공동으로 망명 잡지 『독일계 미국인』 편집, '독일계 미국인 구조위원회' 회장. 미국 뉴욕에서 사망.

▸ 에른스트 로이터 Ernst Reuter (1889-1953): 독일사민당 (SPD), 마그데부르크 시장 (1931-1933).

정치가 겸 '도시학 학자'. 1933년부터 수차례에 걸쳐 체포당해 '유대인수용소 (KZ)'에 수감되었다가 석방됨. 1935년 영국을 경유하여 터키로 망명. 1935년부터 1939년까지 터키 경제부, 1939년부터 교통부 근무. 1938년부터 앙카라 행정아카데미 '도시건축과 도시계획' 교수. 1946년 베를린으로 귀환이주, 교통부 부장. 1947년 소련의 비토로 베를린 시장 취임 좌절. 1948년부터 1951년까지 서베를린 시장.

▸ 아우구스트 짐센 August Siemsen (1884-1958): 독일사회노동자당 (SAPD), 제국의회 의원 (1930-1933).

1933년 스위스를 경유하여 1936년 아르헨티나로 망명. 부에노스아이레스 '페스탈로치 학교' 교사, 잡지 『다른 독일』 편집. 1952년 서독으로 귀환이주, 1955년 아들의 요청으로 동독으로 이주.

▸ 후고 지몬 Hugo Simon (1880–1950): 전직 독일무소속사민당 (USPD)[3], 은행가.

1933년 스위스를 경유하여 파리로 망명. 은행을 설립하여 망명 후원회 후원, 평화주의 기구 '신 조국 연맹' 창립위원. 1940년 마르세이유로 도주, 1941년 스페인과 포르투갈을 경유하여 브라질로 망명. 브라질 상파울로에서 사망.

▸ 빌헬름 졸만 Wilhelm Sollmann (1881–1951): 독일사민당 (SPD), 제국의회 의원 (1920–1933), 제국 내무장관 (1923).

1933년 잘란트, 룩셈부르크를 경유하여 미국으로 망명. 1949년 잠시 독일로 귀환하여 쾰른대학교 객원교수, 미국 '전략사무국 (OSS)' 고문. 1950년 독일주둔 미군 '고위급 간부'. 미국 코네티컷에서 사망.

▸ 프리드리히 슈탐퍼 Friedrich Stampfer (1874–1957): 독일사민당 (SPD), 『전진 (Vorwärts)』 주필, 제국의회 의원 (1920–1933).

1933년 자르브뤼켄을 경유하여 프라하로 망명, 프라하에서 반공주의자임을 선언. 1939년 파리를 경유하여 미국으로 망명. 1948년 서독으로 귀환 이주.

▸ 오토 슈트라써 Otto Strasser (1897–1974): 전직 나치당 (NSDAP), 1930년 7월 '국가사회주의 독일 노동자당 (나치당 NSDAP)' 탈당.

1933년 빈으로 망명. 잡지 『독일 혁명』 발행 및 저술 등을 통하여 히틀러 독재 비난. 1938년 스위스로 이전, 1940년 포르투갈로 망명, 1940년 캐나다로 이주. 1948년 회고록 『히틀러와 나』 발간. 1955년 과거 정치적 이력 때문에 서독 당국에 의해 귀환이주 허가가 거절당했으나, '연방행정재판소'의 판결에 따라 귀환이주. 1956년 정당 '독일 사회 연합'을 창당했

3) '1918년 11월 혁명' 이후 '독일 무소속 사민당 (USPD)' 소속으로 단기간 동안 프로이센 '인민연방' 재무장관으로 재직했던 기간이 알프레트 되블린의 장편소설 『1918년 11월』의 소재가 됨.

으나 정치적으로 아무런 영향력을 발휘하지 못함.

▸ 발터 울브리히트 Walter Ulbricht (1893-1973): 독일공산당 (KPD), KPD 중앙위원회 위원, 제국의회 의원 (1928-1933).

1933년 지명수배 당한 후, 1933년 10월 파리, 1938년 모스크바로 망명. 1941년 모스크바 라디오방송국에서 독일어 방송을 진행함. 1943년 '자유독일 국가위원회 (NKFD)' 창립위원. 1945년 4월 30일 '울브리히트 집단' 수장으로 독일 귀환이주. 1946년 막스 페히너와 공동으로 동독공산당 대표 의장. 1949년부터 1960년까지 동독 수상, 1960년부터 1973년까지 동독 평의회 의장.

▸ 야콥 발허 Jacob Walcher (1887-1970): 독일사회노동자당 (SAPD), SAPD 당의장단 위원.

1933년 파리로 망명. 해외 '독일사회노동자당 (SAPD)' 조직. '적대 외국인'으로 감금당함. 1940년 스페인, 포르투갈을 경유하여 미국으로 망명. 1946년 소련군 점령구역으로 귀환이주. 1946년부터 1949년까지 노조신문 『논단』 주간.

▸ 헤르베르트 붸너 Herbert Wehner (1906-1990): 독일공산당 (KPD), KPD 중앙위원회 위원.

1935년 프라하, 1937년 소련으로 망명. 1941년 공산당 나치 저항단체를 조직하기 위하여 스웨덴으로 건너감. 1942년 스톡홀름에서 간첩혐의로 체포되어 1년간 복역. 1946년 서독 함부르크로 귀환 이주하여 사민당 (SPD) 당원. 이후 사민당의 중요요직에 올랐으나 과거 공산당 전력 때문에 대부분 2인자의 자리에 머묾. 1949년부터 1983년까지 연방의회 의원, 1949년부터 1966년까지 연방의회 '전독일 (동·서독)문제' 위원회 의장 (동·서독 통일문제를 다룸). 1952년부터 1982년까지 사민당 의장단. 1966년부터 1969년까지 '전독일 (동·서독)문제 연방장관'. 1969년부터 1983년까지 연방의회 사민당 원내대표.

▸ 오토 벨스 Otto Wels (1873-1939): 독일사민당 (SPD), SPD 당수, 제국의회 의원 (1920-1933).

'Sopade'를 조직하기 위하여 사민당 의장단원들과 더불어 1933년 자르브뤼켄을 경유하여 프라하로 망명. 1938년 망명지를 파리로 이전. 프랑스 파리에서 사망.

▸ 요셉 뷔르트 Joseph Wirth (1879-1956): 독일중앙당 (Zentrum), 제국의회 의원 (1920-1933).

1921년부터 1922년까지 바이마르 공화국 제국 수상. 1933년 빈으로 망명. 1935년 파리 이전, 독일 망명객들과는 거리를 둠. 2차 대전이 발발하자 중립지역인 스위스로 이전. 1948년 프랑스 외무부에 개인적으로 간청하여 프랑스군 점령구역인 서독 프라이부르크로 귀환이주. 빌헬름 엘페스와 공동으로 기독교 사회 노동자당 강령을 바탕으로 한 '중도 연방' 창당.

▸ 클라라 쳇킨 Clara Zetkin (1857-1933): 독일공산당 (KPD), 제국의회 의원 (1920-1933).

1933년 '제국의회 방화사건' 직후 소련으로 망명. 1933년 6월 20일 소련 모스크바에서 사망.

2. 망명 작가와 언론출판인

▸ 에리히 아렌트 Erich Arendt (1903-1984)

1933년 스위스로 망명. 1934년부터 1936년까지 스페인령 마요르카섬에서 가정교사로 일함. 1939년 스페인 내전 참전 후, 프랑스로 갔다가 '적대 외국인'으로 감금당함. 1941년 프랑스에서 콜롬비아로 도주. 1950년 동독으로 귀환이주.

▸ 주잔네 바흐 Susanne Bach (1909-1997)

1941년 브라질로 도주. 2차 대전 후 리오데자네이로에서 서점을 운영하며 브라질에서 발간된 망명문학 작품들을 최초로 연구하기 시작함. 1983년 고향 뮌헨으로 귀환이주.

▸ 테오도르 발크 Theodor, Balk (1900-1974)

세르비아 출신으로 1929년 독일로 정치적 망명. 베를린에서 공산주의 작가로 활동하다가 1933년 프라하를 거쳐 파리로 망명. 1933년부터 1939년까지 스페인 내전 참전, 프랑스에서 '적대 외국인'으로 감금당함. 1941년 멕시코로 도주. 1945년 유고슬라비아로 귀환이주. 티토 대통령 반대파로 또 다시 체코슬로바키아로 망명.

▸ 쿠르트 바르텔 Kurt Barthel (1914-1967)

1939년 영국으로 도주. 1946년 동독으로 귀환이주. 귀환 후 독일작가 동맹 (DSV) 제1서기, 베를린예술원 회원, 최고인민회의 위원, 로스톡 인민극장 연출기획 장 역임. 서독 방문 중 지병으로 인하여 프랑크푸르트에서 사망.

▸ 비키 바움 Vicki Baum (1888-1960)

1931년 미국으로 이주. 1933년 분서사건 시 바움의 책들이 불살라짐. 1938년 미국국적 취득. 1949년 포르투갈, 프랑스, 이탈리아, 스위스 등 유럽을 여행했으나 독일은 들르지 않음. 미국 할리우드에서 사망.

▸ 요하네스 R. 베혀 Johannes R. Becher (1891-1958)

1933년 '제국의회 방화사건' 후 오스트리아, 스위스, 체코슬로바키아, 프랑스를 거쳐 소련으로 망명 (1935-1945). 망명 중 독일공산당 (KPD) 중앙 위원, 『국제문학』 편집주간 역임.

종전 후인 1945년 6월 베를린으로 귀환이주. 1945년 다양한 독일작가 들의 귀환이주를 주선함. 귀환 후 소련점령지역/동독의 문화계에 주도적인 역할 담당. 1953년부터 1956년까지 동독 학술원 원장. 1954년부터 1958년까지 초대 동독 문화부 장관.

▸ 하인츠 베르크그륀 Heinz Berggruen (1914-2007)

1936년 미국으로 망명. 망명 50년 후인 1996년 베를린으로 귀환이주. 2007년 파리에서 사망. 평생소원에 따라 고향 베를린에 안장됨.

▸ 게오르크 베른하르트 Georg Bernhard (1875-1944)

1933년 파리로 망명. 1933년 지인들과 공동으로 독일 저항지인 『파리 일간지』 창간, 1936년 『파리 일간지』를 사직하고 『파리 신문』 창간. 이와 더불어 대표적인 망명 신문 창간자가 됨. 1941년 뉴욕으로 망명하여 뉴욕에서 사망.

▸ 발터 벤야민 Walter Benjamin (1892-1940)

1933년 파리로 망명. 때때로 스페인의 섬인 이비사와 덴마크에 망명하고 있던 브레히트를 찾아가 장기간 체류하기도 함. 1940년 미국으로 망명할 계획으로 프랑스를 탈출하여 스페인으로 향하던 중 국경에서 자살.

▸ 게오르크 베른하르트 Georg Bernhard (1875-1944)

1933년 코펜하겐을 경유하여 파리로 망명. 1933년부터 『파리 일간지』 주간, 1936년부터 『파리 신문』 주간 역임. 1935년부터 "독일인민전선 준비 임시위원회" 위원. 1941년 미국으로 도주. 뉴욕에서 사망.

▸ 베르톨트 브레히트 Bertolt Brecht (1898-1956)

1933년 '제국의회 방화사건' 후인 2월 28일 독일을 떠나 프라하, 빈, 스위스를 거쳐 덴마크로 망명 (1933년 8월부터 1939년 5월까지). 1939년 5월부터 1940년 4월까지 핀란드, 1941년 7월부터 1947년 10월까지 미국에서 망명. 1948년 10월 스위스 취리히를 거쳐 베를린으로 귀환이주. 1949년 동베를린으로 이주. 1949년 베를린 앙상블 창단.

▸ 빌리 브레델 Willi Bredel (1901–1964)

1933/34년 13개월 동안 풀스뷔텔 유대인 수용소 감금. 1934년 프라하로 도주한 다음 소련으로 망명. 브레히트, 포이히트방어와 공동으로 잡지 『단어』 편집. 1937년부터 1939년까지 스페인 내전 인민위원 역임. 1939년부터 소련 체류. 국가 위원회 "자유 독일" 회원. 1945년 동베를린으로 귀환이주. 1962년부터 독일예술원 원장.

▸ 헤르만 브로흐 Hermann Broch (1886–1951)

잠시 동안 체포 구금을 당한 후 1938년 영국으로 도주한 다음 미국으로 망명. 미국 뉴 헤이번에서 사망.

▸ 페르디난트 브루크너 Ferdinand Bruckner (1891–1958)

1933년 '제국의회 방화사건' 후인 2월 28일 오스트리아 빈으로 여행하며 독일을 떠남. 1933년 5월부터 프랑스 거주. 1936년 미국으로 망명지를 옮겨 할리우드, 뉴욕에 거주. "독-미 작가협회" 부회장 역임. 1948년 첫 유럽여행. 1953년 서베를린으로 귀환이주.

▸ 프릿츠 브뤼겔 Fritz Brügel (1897–1955)

1934년 체코슬로바키아, 1936년 소련, 1938년 프랑스로 망명한 다음, 1941년부터 스페인, 포르투갈, 영국에 거주. 1945년 프라하, 1946년 베를린, 1949년 서독으로 귀환이주. 1950년 영국으로 되돌아가 런던에서 사망.

▸ 프란츠 테오도르 초코르 Franz Theodor Csokor (1885–1969)

오스트리아 빈에서 1938년 폴란드, 1939년 루마니아, 1941년 유고슬라비아로 망명. 유고 코르출라 섬에 구금당함. 빨치산에 의해 풀려난 후, 연합군이 진주한 남이탈리아 지역으로 도주. 1947년부터 오스트리아 PEN-클럽 회장.

▸ 알프레트 되블린 Alfred Döblin (1878–1957)

1933년 '제국의회 방화사건' 후인 2월 28일 독일을 떠나 스위스, 1933년 9월 파리로 망명. 1940년 7월 프랑스에서 도주, 스페인과 포르투갈을 거쳐 미국으로 망명. 1945년 서독으로 귀환이주. 프랑스 점령군 문화담당 장교. 1953년 전후 독일 상황에 환멸을 느껴 프랑스 파리로 이주.

▸ 프릿츠 에르펜베크 Fritz Erpenbeck (1897–1975)

1933년 프라하로 망명한 다음, 1935년 소련으로 망명. 잡지 『단어』와 『국제문학』 편집인. 국가위원회 "자유 독일" 회원. 1945년 동베를린으로 귀환이주. 『시대의 연극』을 비롯한 다양한 신문의 편집 주간, "베를린 인민무대" 드라마투르그 (연출 기획자)장 역임.

▸ 리온 포이히트방어 Lion Feuchtwanger (1884–1958)

1933년 미국 강연여행 후 독일로 귀국하지 않고 프랑스에 거처를 정함. 잡지 『단어』 편집인. 1940년 프랑스에서 '적대 외국인'으로 감금당한 후 1941년 스페인, 포르투갈을 거쳐 미국으로 도주. 미국 로스앤젤레스에서 사망.

▸ 에른스트 핏셔 Ernst Fischer (1899–1972)

1934년 오스트리아 빈 불법체류, 1934년 3월 체코슬로바키아로 도주, 모스크바 체류. 1935년부터 코민테른 '오스트리아 공산당 (KPÖ)' 대표. 1945년 오스트리아 빈으로 귀환이주. 1961년까지 오스트리아 공산당 정치국원.

▸ 브루노 프랑크 Bruno Frank (1887–1945)

1933년 '제국의회 방화사건' 후인 2월 28일 독일을 떠나 오스트리아, 스위스, 프랑스, 영국으로 망명. 1939년 미국으로 망명지를 옮김. 미국 캘리포니아 베벌리힐스에서 사망.

▸ 레온하르트 프랑크 Leonhard Frank (1882–1961)

1933년 스위스 취리히, 1937년 파리로 망명. 파리에서 '적대 외국인'으로 감금당함. 1940년 포르투갈을 경유하여 미국으로 망명. 1950년 서독 뮌헨으로 귀환이주.

▸ 브루노 프라이 Bruno Frei (1897–1988)

1933년 프라하로 망명. 『반격』 편집인 및 주간. 1939년부터 1941년까지 '적대 외국인'으로 르 베르네 강제수용소에 감금당함. 1941년 멕시코로 도주. 1946년 초 오스트리아 빈으로 귀환이주. 1948년부터 1956년까지 신문 『저녁』 편집 주간.

▸ 오스카 마리아 그라프 Oskar Maria Graf (1894–1967)

1933년 오스트리아 여행 중 '제국의회 방화사건'이 발생하자 독일로 귀국하지 않음. 망명 잡지 『새로운 독일지』 공동 편집인. 1934년 초 체코슬로바키아의 브륀으로 거처를 옮김. 제1차 '소련작가 전 연방 회의' 참석. 1938년 체코에서 미국으로 도주. '독일 작가 협회' 회장. 1958년, 1960년, 1964년 유럽여행. 뉴욕에서 사망.

▸ 발터 하젠클레버 Walter Hasenclever (1890–1940)

나치 권력찬탈 당시 프랑스 니스에 체류 중. 1935년 유고슬라비아, 1935/36 영국 런던, 1937/38 이탈리아 토스카나 등지를 전전하다 마침내 프랑스 까네에 체류. '적대외국인'으로 감금당함. 독일군의 프랑스 진격에 공포를 느껴 레 밀레에서 자살.

▸ 율리우스 하이 Julius Hay (1900–1975)

'제국의회 방화사건' 후 오스트리아로 도주. 오스트리아에서 체포되어 추방당함. 스위스 취리히에 거주. 1935년 소련 초청방문. 1945년 고국인 헝가리로 귀환이주. 헝가리 봉기의 대표적 인물. 1963년 서방세계로 출국. 스위스 인트라그나에서 사망.

▸ 슈테판 헤름린 Stephan Hermlin (1915–1997)

1933년부터 1936년까지 불법으로 일함. 1936년 팔레스타인, 프랑스, 스위스로 망명. 스페인 내전 참전, 프랑스 군대 자원병, 레지스탕스 대원. 전쟁 말 레지스탕스의 도움을 받아 스위스로 도주. 1945년 서독 프랑크푸르트로 귀환, 1947년 동베를린으로 이주. 동독의 작가연맹과 예술원의 고위직 역임.

▸ 막스 헤르만-나이쎄 Max Herrmann-Neiße (1886–1941)

1933년 '제국의회 방화사건' 후인 2월 28일 독일을 떠나 스위스 취리히, 프랑스 파리, 영국 런던으로 망명. 런던에서 사망.

▸ 뷔란트 헤르츠펠데 Wieland Herzfelde (1896–1988)

1933년 프라하로 망명. 1933년부터 1935년까지 안나 제거스와 공동으로 망명 잡지 『새로운 독일지』 편집. 1938년 영국으로 도주, 1939년 미국으로 망명. 1949년 동독으로 귀환 이주하여 라이프치히 대학교 교수. 1959-1970 동독 펜클럽 회장.

▸ 슈테판 하임 Stefan Heym (1913–2001)

1933년 체코로 도주, 1935년 미국으로 이주. 1937년부터 1939년까지 『독일 민족의 메아리』 편집주간. 1943년부터 미군 장교 (선전부대), 종전 후 독일주둔 미군정 문화담당 장교 (『새로운 신문』 주간). 1951/52 미국의 한국전쟁 개입 항의의 표시로 훈장반납하고 독일로 귀환이주. 1953년 동독으로 이주. 1994년 통독된 국회의원 선거에 '독일사회당 (PDS)'으로 출마하여 당선, 최고령 당선자로 국회 개회사.

▸ 쿠르트 힐러 Kurt Hiller (1885–1972)

1933년 체포되어 1934년까지 '오라니엔부르크 유대인 수용소' 등지에 수감되어 심한 가혹행위를 당함. 1934년 9월 프라하로 도주, 1938년 영국으로 망명. 망명 중 '독일사회주의자 자유 동맹' 및 '자유 독일작가 그룹'

창립. 1939년부터 1946년까지 '자유 독일작가 그룹' 의장. 1955년 서독 함부르크로 귀환이주.

▸ 에드가 힐젠라트 Edgar Hilsenrath (1926-)

1938년 어머니, 동생과 함께 루마니아 시레트 (Siret)로 도주. 1941년 루마니아 점령지역인 우크라이나 'Mohyliw-Podilskyj' 게토로 강제 이송되어 감금당함. 1944년 소련군대에 의해 해방됨. 우크라이나 체르니우치로 왔다가, 소련 당국에 의해 체포당함. 그곳에서 팔레스타인으로 도주. 1947년 프랑스, 1951년 미국 (뉴욕)으로 망명. 1975년 베를린으로 귀환이주.

▸ 외된 폰 호르바트 Ödön von Horváth (1901-1938)

나치집권 초기 헝가리 여권을 소지했기 때문에 독일에 체류. 1934년 스위스 취리히, 오스트리아, 프랑스로 망명. 파리 샹젤리제를 지나던 중 벼락으로 꺾이며 떨어진 나뭇가지에 맞아 사망.

▸ 게오르크 카이저 Georg Kaiser (1878-1945)

1933년 출판이나 공연이 금지되었음에도 불구하고 독일에 머묾. 게슈타포의 가택수색 위험에 처하자 1938년 네덜란드, 스위스로 망명. 1940년 일본 군국주의의 가면을 벗긴 반전연극 (反戰演劇) 『병사 다나카』 초연. 스위스 아스코나에서 사망.

▸ 알프레트 케르 Alfred Kerr (1867-1948)

1933년 2월 15일 독일을 떠나 체코슬로바키아, 빈, 취리히를 경유하여 1933년 말부터 1935년 가을까지 파리로 망명한 다음 영국 런던으로 망명. 1941년부터 1948년까지 '해외 독일작가 펜-클럽' 회장. 1947년 영국 시민권 취득, 1948년 서독 함부르크에서 사망.

▸ 헤르만 케스텐 Hermann Kesten (1900-1996)

1933년 파리로 망명. 1939년 프랑스에서 '적대 외국인'으로 감금당함.

1940년 미국으로 망명. 1949년부터 1951년까지 유럽의 각국에 체류. 1952년부터 1977년까지 이탈리아 로마 거주. 1968년 서독 펜-클럽 부회장, 1972년 서독 펜-클럽 회장. 스위스 바젤에서 사망.

▸ 이름가르트 코인 Irmgard Keun (1910-1982)

수차례에 걸친 게슈타포의 심문을 받은 후 1936년 벨기에, 네덜란드로 망명 (1936-1940). 1936년부터 1938년까지 소설가 요셉 로트와 연인 관계. 1940년 독일로 귀환하여 가짜 증명서로 불법 체류하며 생존.

▸ 에곤 에르윈 키쉬 Egon Erwin Kisch (1885-1948)

1933년 '제국의회 방화사건' 후인 2월 28일 체포당함. 3월 체코슬로바키아의 중재로 석방됨. 1937/38 스페인 내전 참전. 1939년 12월 프랑스, 미국을 경유하여 멕시코로 망명. 잡지 『자유 독일』 편집위원. '하이네 클럽' 부회장. 1946년 초 체코슬로바키아로 귀환이주.

▸ 안네테 콜프 Annette Kolb (1870-1967)

1933년 룩셈부르크, 파리로 망명. 1941년 71세의 나이로 스페인, 포르투갈을 경유하여 미국 뉴욕으로 망명. 1945년 10월 유럽으로 귀환 (아일랜드, 스위스). 1946년 뮌헨으로 귀환. 파리와 뮌헨을 번갈아 가며 거주하다 1961년 뮌헨으로 영구 귀환이주.

▸ 지크프리트 크라카우어 Siegfried Krakauer (1889-1966)

1933년 프랑스, 1941년 미국으로 망명. 1941년부터 1943년까지 뉴욕 '현대미술 박물관' 연구원. 1952년부터 1958년까지 컬럼비아대학교 'Bureau for Applied Social Research' 소장. 1956년 베를린의 옛 거주지 방문. 아도르노와는 다르게 독일의 어떠한 학술기관으로부터 귀환이주 초청을 받지 못함. 뉴욕에서 사망.

▸ 테오도르 크라머 Theodor Kramer (1897-1958)

1939년 영국으로 망명. 1940년부터 1941년까지 '적대 외국인'으로 감금당함. 1943년부터 1957년까지 대학도서관의 사서로 근무. 1957년 오스트리아로 귀환이주.

▸ 알프레트 쿠렐라 Alfred Kurella (1895-1975)

1934년 모스크바로 망명. 1935년까지 디미트로프의 비서. 소련의 여러 잡지 편집인 역임. '자유 독일 국가 위원회 (NKFD)' 위원 역임. 1954년 동독으로 귀환이주. 각종 문화 분야에서 주도적 역할 담당. 1958년부터 1963년까지 정치국원 후보, 중앙당 (ZK) 비서. 도그마 사실주의 개념의 대표자.

▸ 페터 마르틴 람펠 Peter Martin Lampel (1894-1965)

1933년 이후 '나치돌격대 (SA)' 대원으로 독일에 머물렀으나 작품이 '문화 볼셰비키' 경향을 지니고 있다는 이유로 재판에 회부되어 감옥생활. 1936년 스위스로 도주한 다음 유고슬라비아, 그리스, 동인도 (자바), 발리 (1937), 오스트레일리아 (1938)를 경유하여 1939년 초 미국 뉴욕으로 망명. 1949년 서독 함부르크로 귀환이주.

▸ 엘제 라스카-쉴러 Else Lasker-Schüler (1869-1945)

1933년 스위스 취리히로 망명. 1934년과 1939년 팔레스타인 방문. 1939년 제2차 대전 발발로 인해 스위스로 귀환할 수 없었음. 1939년부터 팔레스타인 거주. 예루살렘에서 사망.

▸ 루돌프 레온하르트 Rudolf Leonhard (1889-1953)

1927년부터 파리에 거주. 1933년 10월 해외 '독일작가 보호 연맹'을 창립하고 프랑스 지부 의장. 1939년 '적대 외국인'으로 감금당함. 1943년 도주하여 레지스탕스 대원. 1950년 중병 환자로 동베를린으로 귀환이주.

▶ 하인츠 리프만 Heinz Liepmann (1905–1966)

1933년 네덜란드로 망명. '네덜란드 우방국 최고지도자 모욕죄'로 기소당함. 프랑스 거주. 1936년 영국, 1937년 미국으로 망명. 『Time』 편집인. 1947년 『Time』 특파원으로 서독 함부르크로 귀환이주. 1962년 함부르크에서 스위스 취리히로 이주. 스위스 아가로네에서 사망.

▶ 에밀 루드뷔히 Emil Ludwig (1881–1948)

1932년 스위스 국적취득. 1933년 독일에서 금서처분 당함. 1940년 미국으로 망명. 1945년 스위스로 귀환이주.

▶ 에리카 만 Erika Mann (1905–1969)

토마스 만의 첫째 딸. 1933년 스위스로 망명. 1933년부터 1936년까지 카바레 "후추 분쇄기" 리더. 1937년 미국으로 망명. 2차 대전 중 미국군 종군기자. 1952년 스위스로 귀환이주. 스위스 취리히에서 사망.

▶ 하인리히 만 Heinrich Mann (1871–1950)

토마스 만의 형. 망명 전 '프로인센 예술원' 문학 분과 원장. 1933년 2월 21일 슈트라스부르크를 통과하여 프랑스로 망명. 니스에 거주. '독일인민전선' 운동의 대표적 지도자. 망명 중 왕성한 집필활동. 스페인 포르투갈을 경유하여 1940년 10월 13일 미국도착. 1949년 '동독 예술원' 원장으로 피선되어 조국으로 초빙되었으나 1950년 캘리포니아 산타모니카에서 사망함으로 귀환이주 자체가 무산됨. 1961년 그의 유해는 동베를린으로 이장됨.

▶ 클라우스 만 Klaus Mann (1906–1949)

토마스 만의 첫째 아들. 1933년 3월 13일 스위스, 네덜란드, 프랑스로 망명. 암스테르담 쿼리도 출판사에서 망명 잡지 『모음』 편집. 1936년 미국으로 망명. 1942년 12월부터 미군 복무 (북아프리카, 이탈리아, 독일, 오스트리아 등지 종군기자). 1945년 5월 초 미군 신분으로 뮌헨 진주하여 망명 전 부모님과 살았던 옛 집 방문. 프랑스 칸에서 자살로 생을 마감.

▸ 토마스 만 Thomas Mann (1875–1955)

1929년 노벨문학상 수상자. 하인리히 만의 동생. 1933년 2월부터 유럽 여행 중 나치가 집권하자 독일로 귀국하지 않음. 1938년 미국으로 망명하여 프린스턴 대학교 객원교수. 1941년 캘리포니아로 주거지 이전. 1945년 "나는 왜 독일로 귀환하지 않는가?"라는 공개서한으로 '총체적 죄 테제'를 대표함. 이 테제로 인해 '내적 망명객'들과 충돌. 1949년 최초로 전후 독일 방문. 1952년 스위스 취리히로 귀환이주. 스위스 취리히에서 사망.

▸ 한스 마르히비차 Hans Marchwitza (1890–1965)

1933년 4월부터 1934년 11월까지 취리히로 추방당한 후 프랑스로 망명. 스페인 내전 참전. 1938년 다시 프랑스로 이전. 1941년 미국으로 망명. 1946년 서독 슈투트가르트로 귀환이주한 후 1947년 소련 점령군 지역인 바벨스베르크로 이주. 1950년 동독예술원 창립멤버.

▸ 발터 메링 Walter Mehring (1896–1981)

1933년 '제국의회 방화사건' 후 파리, 빈으로 망명. 1938년 오스트리아에서 프랑스로 도주. '적대 외국인'으로 감금당함. 1941년 마르세유를 경유하여 미국 뉴욕으로 망명. 1953년 유럽으로 귀환이주하여 독일의 여러 도시를 전전하다 스위스 취리히에 정착. 스위스 취리히에서 사망.

▸ 헤어만 모스타 Herrmann Mostar (1901–1973)

본명 게르하르트 헤어만 (Gerhart Hermann). 1933년 "모스타 (Mostar)"라는 필명으로 스위스로 망명, 오스트리아로 추방 및 불법 입국. 1938년 유고슬라비아, 불가리아, 루마니아로 도주. 1944년 퇴각하는 독일군대에 합류했다가 발각되어 잠시 수감생활. 서독 뮌헨에서 사망.

▸ 로베르트 무질 Robert Musil (1880–1942)

1933년 베를린에서 빈으로 이주. 1938년 이탈리아를 경유하여 스위스로 이주. 스위스 제네바에서 빈궁하고 고독하게 사망.

▸ 알프레트 노이만 Alfred Neumann (1895–1952)

1933년 이탈리아 피에솔레, 1938년 프랑스 니스로 망명. 1941년 리스본을 경유하여 미국 로스앤젤레스로 망명. 1949년 유럽으로 귀환이주하여 이탈리아 피렌체에 거주. 이탈리아 루가노에서 사망.

▸ 로베르트 노이만 Robert Neumann (1897–1975)

1934년 영국으로 일시적 망명. 1936년과 1937년 몇 달간씩 오스트리아에 거주. 1938년 런던에서 '자유 오스트리아 펜-클럽' 조직. 2차 대전 후 (1958년까지) 영국에 거주, 스위스 로카르노 거주. '국제 펜-클럽' 부회장 역임. 독일 뮌헨에서 사망.

▸ 에른스트 에리히 노트 Ernst Erich Noth (1909–1983)

1933년 프랑스로 망명. 프랑스의 여러 신문사 편집인. '적대 외국인'으로 감금당함. 1941년 미국으로 망명. 오클라호마 대학교 등 미국의 여러 대학교 교수 역임. 1963년 유럽으로 귀환하여 프랑스에서 교수생활, 1970년부터 서독 프랑크푸르트 거주.

▸ 발더 올덴 Balder Olden (1882–1949)

1933년 초 프라하, 1935년 프랑스로 망명. 1941년 아르헨티나로 도주. 우루과이 몬테비데오에서 자살.

▸ 칼 오텐 Karl Otten (1889–1963)

1933년 파리, 1936년 스페인령 마요르카 섬으로 망명. 스페인 내전이 발발하자 프랑스를 거쳐 영국으로 이주. 1958년 스위스로 귀환이주. 스위스에서 사망.

▸ 레오 페루츠 Leo Perutz (1882–1957)

1938년 이탈리아 베니스를 경유하여 팔레스타인 텔아비브로 망명. 1952년 오스트리아로 귀환이주.

▸ 얀 페터센 Jan Petersen (1906-1969)

1933년부터 1935년까지 베를린 소재 불법 저항단체 지도자, 불법 신문 『찌르고 내려치기』 편집인. 1935년 파리에서 개최된 "문화방어를 위한 국제 작가회의"에 "검은 마스크의 사나이"로 참여. 1936년 스위스, 1937년 영국으로 망명. 1938년부터 1947년까지 "자유 독일 문화연맹" 작가분과 위원장 (런던). 1940/41 캐나다에서 감금당함. 1946년 동베를린으로 귀환 이주. '베를린 민족극장' 극장장.

▸ 쿠르트 핀투스 Kurt Pinthus (1886-1975)

1937년 미국으로 망명. 1957년부터 수차례에 걸쳐 유럽여행. 1967년 서독으로 귀환이주.

▸ 테오도르 플리피어 Theodor Plievier (1892-1955)

1933년 3월, 프라하, 빈, 프랑스를 거쳐 스웨덴으로 망명. 1934년 소련으로 망명. "자유 독일 국가위원회 (NKFD)" 위원. 1945년 동독지역 바이마르, 1947년 서독으로 귀환이주.

▸ 알프레트 폴가 Alfred Polgar (1873-1955)

1938년 취리히를 경유하여 파리로 망명. 1940년 스페인과 리스본을 경유하여 미국으로 망명. 1949년 스위스 취리히로 귀환이주.

▸ 구스타프 레글러 Gustav Regler (1898-1963)

1933년 파리로 망명. 1934년 제1차 '소련작가 전 연방 회의' 참석. 스페인 내전 중 '12 국제여단 정치위원'. 1939년 중상을 입고 프랑스 체류. '적대 외국인'으로 감금생활. 1941년 멕시코로 도주. 멕시코에서 독일공산당과 심한 갈등. 1952년부터 정기적으로 유럽방문. 인도 유학 중 뉴델리에서 사망.

▸ 한스 요제 레피쉬 Hans José Rehfisch (1891-1960)

1933년 4월 빈, 1936년 5월 영국, 1945년 뉴욕으로 망명. 1947년부터 1949년까지 뉴욕 "New School for Social Research" 강사. 1950년 서독 함부르크, 뮌헨으로 귀환이주. 1951년부터 1953년까지 '독일 극작가 및 작곡가 협회' 회장. 스위스 한 요양원에서 사망.

▸ 에리히 마리아 레마르크 Erich Maria Remarque (1898-1970)

1933년 나치가 집권하던 때 스위스 거주 중 1939년 미국 뉴욕으로 망명. 1945년 이후 뉴욕과 스위스에 번갈아 가며 살다가 1948년부터는 주로 스위스에 거주. 스위스 로카르노에서 사망.

▸ 루드뷔히 렌 Ludwig Renn (1889-1979)

1933년 '제국의회 방화사건' 발생하던 날 밤 체포되어 2년 6개월형을 언도받고 복역. 1935년 석방, 스위스로 도주. 최고위급 장교로 스페인 내전 참전. 1940/41년 영국과 미국을 경유하여 멕시코로 망명. 1940년부터 1942년까지 'Michoacán' 대학교 '현대 유럽 역사와 언어' 교수. 1941년부터 1946년까지 '자유 독일 운동' 공동 창립 및 회장, '라틴아메리카 자유 독일 위원회' 의장. 1947년 동베를린으로 귀환이주.

▸ 쿠르트 리쓰 Curt Riess (1902-1993)

1933년 프랑스로 망명, 1934년 일간신문 'Paris-Soir' 미국 특파원. 1941년 뉴욕 맨해튼 거주. 1945년 말 미국신문 특파원 자격으로 베를린 방문, 1946년 다시 뉴욕으로 돌아감. 1952년 스위스로 귀환이주. 스위스 취리히에서 사망.

▸ 요셉 로트 Joseph Roth (1894-1939)

히틀러가 총통으로 임명되기 전인 1933년 1월 30일 베를린을 떠나 파리로 감. 오스트리아 군주주의자들 등과 더불어 정치참여 운동. 1933년 5월 27일 프랑스 파리에서 사망.

▸ 넬리 작스 Nelly Sachs (1891–1970)

1966년 노벨문학상 수상자. 1939년 스웨덴으로 망명. 스웨덴 스톡홀름에서 사망.

▸ 알브레히트 쉐퍼 Albrecht Schaeffer (1885–1950)

1939년 미국으로 망명. 1950년 서독 뮌헨으로 귀환이주. 귀환한 바로 그해 뮌헨의 한 전차 안에서 심장마비로 사망.

▸ 한스 잘 Hans Sahl (1902–1993)

1933년 프라하, 1934년 취리히, 파리로 망명. 1939/40년 '적대 외국인'으로 감금당함. 1940년 마르세유로 도주, 1941년 포르투갈을 경유하여 미국으로 망명. 1989년 서독으로 귀환이주.

▸ 아담 샤르 Adam Scharr (1889–1948)

1933년 여름 체코슬로바키아로 망명. 1934년 소련으로 이주하여 모스크바, 우크라이나, 모스크바 (1937년부터)거주. 1945년 5월 동독 슈베린으로 귀환이주.

▸ 막시밀리안 쉐르 Maximilian Scheer (1896–1978)

1933년 프랑스로 망명. 『Inpress』 편집인. '적대 외국인'으로 감금당함. 1940년 포르투갈을 경유하여 미국으로 망명. 1947년 동독 바이마르로 귀환이주.

▸ 르네 쉬클레 René Schickele (1883–1940)

1932년 나치집권 임박을 예감하고 남프랑스로 이주. 프랑스 방스에서 사망.

▸ 발터 쇤스테트 Walter Schönstedt (1909–?)

1933년 초 파리로 망명. 1934년 북미로 망명, 1935년부터 미국 거주. "독일작가협회" 근무. 1941년 미군 입대. 1950년 유럽여행. 1950년부터 행방불명.

▸ 안나 제거스 Anna Seghers (1900-1983)

게슈타포에 체포 후 1933년 스위스를 경유하여 프랑스로 망명. 망명 잡지 『새로운 독일지』 공동 편집인. 1940년 파리에서 마르세유로 도주, 1941년 3월 수송선을 타고 산 도밍고, 엘리스 섬을 거쳐 멕시코로 망명. '하이네 클럽' 회장. 1947년 동베를린으로 귀환이주. 1952년부터 1978년까지 동독 '작가연맹 (DSV)' 회장. 1981년 작가의 고향인 서독 마인츠 방문, 마인츠 시로부터 명예시민권 수여받음.

▸ 막스 타우 Max Tau (1897-1976)

1938년 노르웨이 오슬로로 망명, 독일군이 오슬로를 점령하자 1942년 스웨덴으로 망명. 1945년 오슬로로 이주. 오슬로에서 사망.

▸ 아드리네 헤르타 토마스 Adriene Hertha Thomas (1897-1980)

1932년 스위스, 1934년 프랑스, 1935년 오스트리아로 망명. 1938년 프랑스로 도주. '적대 외국인'으로 감금당함. 1940년 미국으로 망명. 1947년 오스트리아로 귀환이주.

▸ 예쎄 토르 Jesse Thoor (1905-1952)

1933년 오스트리아, 1938년 체코슬로바키아, 1939년 영국으로 망명. 1952년 오스트리아로 귀환이주.

▸ 에른스트 톨러 Ernst Toller (1893-1939)

'뮌헨 소비에트공화국'의 중심인물. 1933년 '제국의회 방화사건' 발생 시 스위스 체류. 1933년 '(나치)독일 제국 제 1차 국적 박탈자 명단'에 오름. 1933년 그의 책이 나치에 의해 불태워짐. 취리히, 파리, 런던 체류 후 1935년 거주지를 미국 캘리포니아로 옮김. 1934년 모스크바 방문. 1938년 '스페인 민간인 구조위원회' 창립. 뉴욕에서 자살.

▶ 프리드리히 토어베르크 Friedrich Torberg (1908-1979)

1938년 스위스로 망명, 프랑스 군대 입대. 1940년 포르투갈로 도주하여 미국 (로스앤젤레스)으로 망명. 1951년 오스트리아로 귀환이주. 1954년부터 1965년까지 문화정치 잡지 『포럼』 편집.

▶ 쿠르트 투홀스키 Kurt Tucholsky (1890-1935)

1929년 스웨덴으로 이주. 스웨덴에서 자살.

▶ 보도 우제 Bodo Uhse (1904-1963)

1933년 프랑스로 망명. 1936년 스페인 내전 참전, 병을 앓게 되자 1938년 파리로 돌아옴. 1938년 미국, 1940년 멕시코로 망명.
잡지 『자유 독일』 공동 창간. 1948년 여름 동베를린으로 귀환이주. 1949년부터 1958년까지 『건설』, 1963년부터 『의미와 형식』 편집주간.

▶ 에리히 봐인에르트 Erich Weinert (1890-1953)

1933년 나치돌격대에 의해 원고가 폐기 당함, 스위스로 망명. 파리로 추방당한 후, 1935년 모스크바로 망명. 1937년부터 1939년까지 스페인 내전 참전. 참전 후 프랑스에 돌아왔다가 1939년 2월부터 가을까지 '적대 외국인'으로 감금당함. 소련으로 다시 돌아옴. '자유 독일 국가 위원회' 공동 창립자, 의장. 1946년 1월 동베를린으로 귀환이주. 소련 군정청 '민족 교육부 중앙청' 차장 (차관).

▶ 에른스트 봐이스 Ernst Weiß (1882-1940)

1933년 '제국의회 방화사건' 후인 2월 27일 체코 프라하로 돌아감 (체코 국적자). 병든 어머니를 간호하며 임종까지 지키고 1934년 초 파리로 망명. 파리에서 사망.

▶ 페터 봐이스 Peter Weiss (1916-1982)

1936년 체코 프라하, 1938년 스위스를 경유하여, 1939년 스웨덴 스톡홀름으로 망명. 스톡홀름에서 사망.

▸ 프란츠 붸르펠 Franz Werfel (1890-1945)

1938년 독일이 오스트리아를 합병할 당시 이탈리아 카프리 (Capri)에 체류. 그 후 파리, 암스테르담, 런던, 프랑스 싸나리에 체류. 1940년 파리에서 도주하여, 피레네 산맥을 넘고, 포르투갈을 경유하여 미국으로 망명. 미국 캘리포니아 베벌리힐스에서 사망.

▸ 프리드리히 볼프 Friedrich Wolf (1888-1953)

1933년 '제국의회 방화사건' 전날 밤 체포위협으로 인하여 오스트리아, 스위스, 프랑스로 망명. 1933년 11월 소련 모스크바로 이주. 1938년 초까지 소련에 체류하다 프랑스로 출국, 프랑스에서 '적대 외국인'으로 감금당함. 1941년 3월 소련 위조여권을 소지하고 소련입국. 전쟁포로들에게 '선전 작업'. '자유 독일 국가위원회' 공동 창립자. 1945년 9월 동독으로 귀환이주. '독일영화 협회 (DEFA)' 창립에 참여. 1949년부터 1951년까지 폴란드 주재 동독대사.

▸ 테오도르 볼프 Theodor Wolff (1868-1943)

1933년 스위스, 이탈리아 니스로 망명. 1943년 5월 23일 이탈리아 점령군 민간요원에게 체포. 게슈타포에게 넘겨져 미르세유 감옥, 작센하우젠 유대인 수용소 수감. '봉소직염'에 걸려 '베를린 유대인 병원'으로 이송 후 3일 만에 사망.

▸ 칼 볼프스켈 Karl Wolfskehl (1869-1948)

1933년 2월 28일 스위스로 망명. 1934년부터 1938년까지 이탈리아, 1938년 이후 뉴질랜드 망명. 뉴질랜드 오클랜드에서 사망.

▸ 파울 체히 Paul Zech (1881-1946)

1933년 공직박탈, 1933년 8월 체포당함. 1933년 프라하, 파리를 경유하여 아르헨티나 (1933년 12월)로 망명. 아르헨티나 부에노스아이레스에서 사망.

▸ 막스 침에링 Max Zimmering (1909–1973)

1933년 파리, 1934년 팔레스타인으로 망명. 1935년부터 1939년까지 체코슬로바키아 거주. 1939년 3월 폴란드, 영국으로 도주. 영국에서 잡지 『자유 독일 문화』 편집인. 1945년 체코슬로바키아, 동독 드레스덴으로 귀환이주.

▸ 헤다 친어 Hedda Zinner (1907–1994)

1933년 빈을 경유하여 프라하로 망명. 1935년 소련으로 이주. 소련에서 방송인으로 활동. 1945년 베를린 분단되기 전 동베를린 구역으로 귀환이주.

▸ 칼 추크마이어 Carl Zuckmayer (1896–1977)

1933년부터 잘츠부르크 근교 헨도르프 거주. 1938년 스위스, 1939년 미국으로 망명. 1940년부터 1946년까지 농장운영. 1946/47년 독일주둔 미군 문화장교로 근무. 1958년 유럽으로 귀환이주하여 스위스에 정착. 스위스 뷔습에서 사망.

▸ 아르놀트 츠바이크 Arnold Zweig (1887–1968)

1933년 3월 프라하, 빈, 프랑스 싸나리를 경유하여 팔레스타인으로 망명 (1933년 12월 도착). 잡지 『오리엔트』 공동편집. 1948년 10월 동베를린으로 귀환이주. 1949년부터 1967년까지 (동독 최고) 인민회의 대의원. 1950년 1급 동독국가훈장, 1950년부터 1953년까지 동독예술원 원장, 1957년 동독 펜-클럽 의장.

▸ 슈테판 츠바이크 Stefan Zweig (1881–1942)

1938년 영국, 1940년 뉴욕을 경유하여 브라질로 망명. 브라질 리오데 자네이로 페트로폴리스에서 자살.

3. 망명 연극인과 영화인

3.1. 망명 연극인

▸ 알베르트 바써만 Albert Bassermann (1867-1952): 배우

1934년 오스트리아로 망명. 나치 독일이 오스트리아를 합병하자 1938년 3월 미국으로 망명. 할리우드 영화 출연. 1946년 빈으로 귀환 이주하여 '빈 폴크스 테아터 (빈 민족극장)' 출연. 전후 83세의 나이까지 다시 유럽 무대에 출연. 스위스 취리히에서 사망.

▸ 에르윈 게숀네크 Erwin Geschonneck (1906-2008): 배우

1933년 폴란드를 경유하여 소련으로 망명. 1938년 소련 '내무성 (NKWD)'으로부터 출국을 강요받아 체코슬로바키아로 이주. 1939년 3월 프라하에서 체포되어 게슈타포에게 넘겨짐. '작센하우젠', '다하우', '노이엔감메' 유대인 수용소 수감생활. 나치 패전으로 수용소에서 살아남음. 1946년부터 1948년까지 서독 함부르크에서 연극 및 영화 활동. 1949년 브레히트에 의해 '베를린앙상블'로 옮겨짐. 동독에서 대성공. 1961년과 1986년 1급 동독국가훈장.

▸ 알렉산더 그라나흐 Alexander Granach (1890-1945): 배우

1933년 스위스를 경유하여 폴란드 바르샤바로 망명. 1935년 소련 키예프로 이주. 1937년 11월 12일 '스탈린 대숙청'으로 인해 체포당함. 리온 포이히트방어의 중재로 풀려나 스위스로 출국 허가를 받음. 1938년 미국으로 망명. 미국 뉴욕에서 사망.

▸ 에른스트 하오이써만 Ernst Haeusserman (1916–1984): 배우, 후에 극장장

나치 독일이 오스트리아를 합병하자 1939년 미국으로 망명. 2차 대전 후 미국점령군 문화장교로 오스트리아 귀환이주. 1948년부터 1953년까지 주 오스트리아 미국대사관 '영화, 연극, 음악과' 과장. 이후 '부르크 극장' (1959-1968) 등 오스트리아 저명 극장들의 극장장 역임. 빈에서 사망.

▸ 볼프강 하인츠 Wolfgang Heinz (1900–1984): 배우, 감독, 후에 베를린 '도이치 테아터' 극장장

1933년 오스트리아로 도주, 1934년 '취리히 샤우슈필하우스'로 옮겨 1946년까지 감독과 배우로 활동. 1943년 '독일공산당 (KPD)'에서 탈퇴했으나, 공산주의자로 머묾. 1946년 '빈 폴크스 테아터'에서 활동. 1948년부터 1956년까지 빈에서 배우, 감독, 극장장으로 활동. 운영하던 극장이 공산주의 무대로 지목되어 폐쇄되자 동베를린으로 건너감. '도이치 테아터' 극장장 (1963-1969), '국립 베를린 연극학교' 학장 (1959-1962), 동독 예술원 원장 (1968-1974) 역임.

▸ P. 발터 야콥 P. Walter Jacob (1905–1977): 배우, 연극평론가, 연출가

1933년 4월 네덜란드 암스테르담, 파리로 망명. 1938년 남아프리카, 1939년 아르헨티나 부에노스아이레스로 망명. 1949년 서독으로 귀환 이주. 1950년 '도르트문트 국립극장' 극장장.

▸ 레오폴트 예쓰너 Leopold Jessner (1878–1945): 감독

1934년 영국, 1935년 팔레스타인, 1937년 미국으로 망명. 미국 할리우드에서 사망.

▸ 볼프강 랑호프 Wolfgang Langhoff (1901–1966)

1933년 게슈타포에 체포되어 나치돌격대에게 심한 고문을 받고 13개월 동안 투옥됨. 1934년 스위스로 도주. 취리히 극장 (취리히 샤우슈필하우

스)에서 감독과 배우로 활동. 1945년 서독으로 귀환이주하여 뒤셀도르프 극장 (뒤셀도르프 샤우슈필하우스) 극장장, 1946년부터 1963년까지 동베를린 '독일 극장 (도이치 극장, DT) 극장장 역임. 동베를린에서 사망.

▸ 레오폴트 린드트베르크 Leopold Lindtberg (1902-1984): 감독, 후에 '취리히 샤우슈필하우스' 극장장

1933년 파리, 바르샤바, 텔아비브를 경유하여 스위스로 망명. 1933년부터 1948년까지 '취리히 샤우슈필하우스' 감독. 1963년부터 1965년까지 빈 '음악 미술 아카데미'의 '영화학교' 교장, 1965년부터 1968년까지 '취리히 샤우슈필하우스' 극장장. 스위스에서 사망.

▸ 에른스트 로타르 Ernst Lothar (1890-1974): 감독

나치 독일이 오스트리아를 합병하자 1938년 프랑스, 1939년 미국으로 망명. 뉴욕에서 '오스트리아 연극' 창립. 1946년 미 국무성 (전쟁 정보과) '연극 및 음악' 담당 점령군 장교로 귀환이주. 1948년부터 1962년까지 '부르크테아터' 감독.

▸ 에르윈 피스카토르 Erwin Piscator (1893-1966): 감독

1931년 모스크바, 1936년 파리로 망명. 1938년 미국 뉴욕으로 망명. 1940년부터 뉴욕 "New School for Social Research"의 연극-워크숍을 이끔. 1951년 서독으로 귀환이주. 1962년 '(서)베를린 자유 민족 극장 (프라이에 폴크스뷔네)' 극장장.

▸ 막스 라인하르트 Max Reinhardt (1873-1943): 감독, 연출장

1933년 출생국인 오스트리아로 이전. 1937년 미국으로 망명. 1938년 '연극, 영화 아카데미'류의 '막스 라인하르트 워크숍' 설립. 미국 뉴욕에서 사망.

▸ 안톤 월부룩 Anton Walbrook (1896-1967): 배우

1937년까지의 이름은 아돌프 볼브뤼크, 영국 망명 중 안톤 월부룩으로 개

명. 1936년 프랑스, 할리우드를 경유하여 영국으로 망명. 2차 대전 이후 다시 독일의 무대에 출연 (뒤셀도르프, 함부르크, 슈투트가르트), 영화제작에 참여. 서독 오버바이에른에서 사망.

▸ 구스타프 방겐하임 Gustav Wangenheim (1895–1975): 배우, 극장장, 영화감독, 작가

1933년 3월 프랑스, 1933년 8월 소련으로 망명. '자유 독일 국가위원회' 위원. 1945년 6월 동베를린으로 귀환이주. 베를린 '쉬프바우어담 극장' 극장장, '도이치 극장' 극장장. 1946년 이후 영화감독.

3.2. 망명 영화인

▸ 지크프리트 아르노 Siegfried Arno (1895–1975): 배우

1933년 네덜란드, 벨기에, 스위스, 이탈리아, 스페인 포르투갈로 망명. 1939년 미국으로 망명. 미국 캘리포니아 우들랜드힐스에서 사망.

▸ 레온 아스킨 Leon Askin (1907–2005): 배우

1933년 4월 대로변에서 체포되어 경찰 감옥행. 1933년 파리로 도주. 1935년 빈으로 되돌아와 연극 활동. 1938년 다시 파리로 도주. '적대 외국인'으로 감금당함. 1940년 미국으로 망명. 미군 초급 장교로 영국 주둔. 1952년부터 1994년까지 할리우드에 거주하며 할리우드 영화 출연. 1994년 오스트리아로 귀환이주.

▸ 쿠르트 보이스 Curt Bois (1901–1991): 배우

영화사 최초의 아역스타. 히틀러가 정권을 잡은 1주일 후인 1933년 2월 7일 독일을 떠나 빈으로 감. 1934년까지 오스트리아에서 활동한 후 런던, 취리히, 파리, 미국 뉴욕으로 망명지를 옮김. 1950년 동베를린으로 귀환이주. 1920년대와 미국 망명시절에 쌓은 영화인으로서의 업적을 동독에서

발휘할 수 없음을 깨닫자 1954년 서베를린으로 이주. 이후 왕성한 활동.

▸ 에릭 샤렐 Erik Charell (1894-1974): 제작자

1936년 미국으로 망명. 1945년 서독 뮌헨으로 귀환이주.

▸ 에른스트 도이취 Ernst Deutsch (1890-1969): 감독

1933년 독일을 떠나 빈, 프라하, 취리히, 브뤼셀 등지에서 활동한 후 1936년 런던으로 망명. 1938년 미국 뉴욕으로 망명. 1946년 부에노스아이레스에서 공연 후 1947년 파리, 스위스를 경유하여 빈으로 귀환이주. 1951년 서베를린으로 이주.

▸ 말레네 디트리히 Marlene Dietrich (1901-1992): 배우

독일이 배출한 20세기 전반기의 할리우드 최고 여배우. 1920년대부터 독일에서 명성을 날린 후 1930년부터 미국 할리우드에서 활동. 1936년 나치 선전상인 요젭 괴벨스가 좋은 조건을 제시하며 독일에서 활동할 것을 제의했지만 거절. 1943/44년 북아프리카, 이탈리아, 프랑스에서 미군 위문공연. 1947년 미국 전쟁성에서 시민에게 수여하는 최고의 훈장인 '자유의 메달' 수상. 1950년 프랑스 최고훈장. 1960년 독일 방문, 독일인들에게 '민족 배반자'로 낙인찍히며 거절당함. 1976년부터 프랑스 파리에서 은둔생활. 프랑스 파리에서 사망.

▸ 슬라탄 두도우 Slátan Dudow (1903-1963): 감독

1934년 프랑스로 망명. 프랑스에서 추방당한 후 스위스로 이주. 1948년 동독으로 귀환이주.

▸ 틸라 두리외 Tilla Durieux (1880-1971): 배우

1933년 스위스로 이주, 유럽의 여러 나라에서 활동 (특히 스칸디나비아). 1934년 유고슬라비아 자그레브 (Zagreb)로 망명. 독일군이 진격한 후 유대인인 남편이 체포당함 (2년 후 베를린에서 사망.). 이를 계기로 저항단체

를 돕기 시작함. 1952년 베를린에서 공연 후 다시 유고로 돌아옴. 1970년 90세 생일을 기념하여 서독 정부로부터 십자대훈장.

▸ 한스 펠트 Hans Feld (1902–1992): 영화비평가

1933년 프라하로 망명. 월간지『비평』창간 (1935년 7월 호 까지 발간). 1935년 영국으로 망명. 1937년부터 영화비평을 하지 않고 식료품 수입업에 종사. 1989년 60년 만에 독일영화의 메카 바벨스베르크로 돌아와 비평 참가. 영국 런던에서 사망.

▸ 야콥 플렉 Jakob Fleck (1881–1953): 감독

1910년 안톤 콜름 부부와 공동으로 '제1 오스트리아 영화 산업' 창립. 나치 독일이 오스트리아를 합병한 후 1938년 체포되어 '부헨발트 유대인 수용소'와 '다하우 유대인 수용소'에 16개월 동안 수감됨. 1940년 부인 루이제 플렉과 중국 상하이로 망명. 1947년 플렉 부부 오스트리아로 귀환이주.

▸ 루이제 플렉 Luise Fleck (1873–1950): 감독

프랑스 알리스 귀이에 이어 세계 두 번째 여자 영화감독. 1910년 첫 번째 남편 안톤 콜름, 후에 두 번째 남편이 된 야콥 플렉과 공동으로 '제1 오스트리아 영화 산업', 1919년 뷔타필름 창립. 1922년 남편 안톤 콜름이 사망하자 1924년 그녀의 조감독이었던 야콥 플렉과 결혼. 1940년 남편 야콥 플렉과 중국 상하이로 망명. 1947년 플렉 부부 오스트리아로 귀환이주.

▸ 릴리안 하르파이 Lilian Harvey (1906–1968): 배우, 가수, 무희

독일인 아버지와 영국인 어머니 사이 런던에서 출생. 1차 대전 당시 독일에 머물렀고 독일에서 교육받음. 1933년 나치가 정권을 장악할 당시 해외 거주 (런던, 할리우드 등). 1935년 독일로 귀국. 유대인 애인을 위해 항의하고 유대인 편에 서자 게슈타포에 감시당함. 1939년 프랑스 주영레평으로 망명. 독일군이 프랑스를 점령하자 1942년 미국 할리우드로 망명.

1946년 프랑스로 귀환. 프랑스 주엉레펑에서 사망.

▸ 오스카 칼봐이스 Oskar Karlweis (1894–1956): 배우

나치가 집권하자 1933년 출신국인 오스트리아로 주거 이전. 나치가 오스트리아를 합병하자 1938년 스위스를 경유하여 파리로 망명. 1940년 스페인과 포르투갈을 경유하여 미국으로 망명. 1948년 빈으로 귀환이주. 빈, 베를린, 뉴욕 브로드웨이에서 활동. 미국 뉴욕에서 사망.

▸ 레오폴디네 콘스탄틴 Leopoldine Konstantin (1886–1965): 배우

1938년 영국을 경유하여 미국으로 망명. 1948년 빈으로 귀환이주.

▸ 프릿츠 코르트너 Fritz Kortner (1892–1970): 감독

바이마르 공화국이 불안정해지고 나치세력이 부상하자 1932년 초 스위스 아스코나로 거주지 이전. 1934년 체코슬로바키아, 빈, 파리를 경유하여 영국으로 망명. 1937년 미국 뉴욕으로 망명, 1941년 할리우드로 이주. 1947년 서독으로 귀환이주. 1957년 서독 정부 십자대훈장.

▸ 프릿츠 랑 Fritz Lang (1890–1976): 감독

무성영화와 유성영화 시기에 새로운 미적 기술적 척도를 도입한 영화사적 인물. 『M』(1931), 『메트로폴리스』(1925/26)와 같은 작품은 세계영화사에 이정표로 기록됨. 1933년 나치 선전상인 요젭 괴벨스가 '제국 (나치 정권)-영화 관장'직을 제의하자 '생각할 시간을 달라'고 자리를 피한 당일 파리로 망명. 1934년 할리우드의 계약권유를 받아들여 미국 할리우드에서 활동 (1934년부터 할리우드에서 영화 22편 제작). 1936년 사회비판영화 『격분』이 독일에서 성공을 거둠, 1936년 '반 나치 연맹' 창립. 1942/43년 베르톨트 브레히트와 함께 반 나치 영화 『사형집행인들 역시 죽는다』 제작. 1956년 유럽으로 귀환이주. 1960년 다시 미국으로 돌아감. 미국 캘리포니아 베벌리힐스에서 사망.

▸ 페터 로레 Peter Lorre (1904-1964): 배우

1933년 빈, 파리로 망명. 1935년 미국으로 망명. 1944년 베르톨트 브레히트, 리온 포이히트방어, 하인리히 만 등 저명한 독일 망명객들과 공동으로 '민주 독일 협회' 창립. 미국 로스앤젤레스에서 사망.

▸ 예 마이 Joe May (1880-1954): 감독

독일영화 선구자 중의 한 사람. 1933년 런던으로 망명, 1934년 할리우드 'UFA-프로덕션'의 제의를 받고 미국으로 건너감. 미국 할리우드에서 사망.

▸ 자이모어 네벤찰 Seymour Nebenzahl (1897-1961): 제작자

1933년 파리, 1938년 할리우드로 망명. 1942년 루돌프 요젭, 에르윈 브레타우워와 공동으로 영화사 '앤젤러스 픽쳐스' 설립, 1944년 브레타우워와 결별하고 단독으로 영화사 '네로 필름스사' 설립. 운명하기 직전 독일로 귀환이주하여 베를린에서 영화사 '네로 필름사' 설립.

▸ 막스 노이펠트 Max Neufeld (1887-1967): 감독

1933년 빈, 파리, 로마, 마드리드로 망명. 나치가 오스트리아를 병합한 후 로마 (1941년까지 활동), 스페인으로 망명. 2차 대전 후 로마로 돌아온 다음 1948년 빈으로 귀환이주.

▸ 막스 노섹 Max Nosseck (1902-1972): 배우, 감독

1933년 프랑스, 1934년 스페인, 포르투갈, 네덜란드로 망명. 1939년 미국으로 망명. 1955년 서독으로 귀환이주.

▸ 막스 오퓔스 Max Ophüls (1902-1957): 감독

1933년 '제국의회 방화사건' 직후 파리로 망명. 1942년 미국으로 망명. 1949년 프랑스 파리로 귀환이주. 독일 함부르크에서 사망하고, 프랑스 파리에 묻힘.

▸ 리하르트 오스발트 Richard Oswald (1880–1963): 감독

1933년 오스트리아, 프랑스, 네덜란드, 영국을 경유하여 1938년 미국으로 망명. 독일방문 중 뒤셀도르프에서 사망.

▸ 릴리 팔머 Lilli Palmer (1914–1986): 배우

1934년 파리, 런던으로 망명. 할리우드-계약서를 가지고 영국에서 미국으로 건너가 '게리 쿠퍼' 등의 배우와 연기. 1954년 서독으로 귀환이주하여 전후 서독은 물론 프랑스 미국 영화계 은막의 스타가 됨. 미국 로스앤젤레스에서 사망.

▸ 프란츠 프라너 Franz Planer (1894–1963): 카메라맨

오스트리아-헝가리 출신으로 1933년 오스트리아 빈으로 거주지를 옮김. 1937년 미국으로 망명. '컬럼비아 픽처스'에서 일한 후 1945년부터 자이모어 네벤찰 (제작자), 에드가 G. 울머, 로베르트 지오드막, 막스 오퓔스 감독 등 망명객들과 작업. 미국 할리우드에서 사망.

▸ 에리히 폼머 Erich Pommer (1889–1966): 제작자

무성영화 『메트로폴리스』와 말레네 디트리히가 출연한 유성영화 『푸른 천사』 제작자로 영화사적 인물. 1933년 이후 파리와 할리우드 '20세기 폭스'사에서 일함. 1946년 미군정 영화장교로 독일에 귀환하여 1949년까지 머문 다음 다시 미국으로 돌아감. 미국 로스앤젤레스에서 사망.

▸ 오토 프레밍어 (오토 프레민저) Otto Preminger (1905–1986): 감독

1933년 영국, 1935년 미국으로 망명. 1944년 '20세기 폭스'사에서 공포영화 『라우라』 감독. 1953년 독자적으로 제작사 설립. 미국 뉴욕에서 사망.

▸ 아르놀트 프레스부르거 Arnold Pressburger (1885–1951): 제작자

1937년 영국을 경유하여 프랑스로 망명. 1941년 미국 할리우드로 망명하여 영화 제작사 '아르놀트 프레스부르거 필름스' 설립. 서독 함부르크에서

사망.

▸ 그레고르 라비노뷔치 Gregor Rabinowitsch (1889–1953): 제작자

러시아 키예프 출신으로 1920년대 러시아에서 프랑스 파리로 망명. 1926년 노에 블로흐와 공동으로 '씨네-알리앙스' 설립. 1928년 베를린으로 건너가 'UFA'에서 제작 활동. 1932년 '유니온 유성필름'을 설립하고 다음 해에 '씨네-알리안츠 유성영화사'로 개명. 1937년 독일을 떠나 파리에서 활동. 1950년 서독으로 돌아와 1952년 뮌헨에서 제작사 설립. 서독 뮌헨에서 사망.

▸ 발터 라이쉬 Walter Reisch (1903–1983): 감독, 시나리오작가

1933년 나치가 집권하자 출생지인 빈으로 이전. 1937년 미국 할리우드로 망명. 'MGM', 'Universal', 'Paramount', '20th Century Fox' 등에서 활동. 미국 로스앤젤레스에서 사망.

▸ 라인홀트 쉰첼 Reinhold Schünzel (1888–1954): 감독, 배우

혈통상 '반 (1/2) 유대인'이었기 때문에 1933년 이후는 나치의 특별 허가를 받아야만 감독으로서 작업을 할 수 있었음. 1937년 그가 증오했던 나라 미국으로 망명. 1949년 서독으로 귀환이주.

▸ 더글라스 지륵 Douglas Sirk (1897–1987): 감독

본명은 한스 데트레프 지륵 (Hans Detlef Sierck). 나치 반대파로 유명했음에도 1934년 UFA에서 계약하고 작업할 수 있었음. 1934년 유대인 혈통의 여인과 재혼함에 따라 1937년 파리, 미국으로 망명함. 할리우드에서 예명 'Douglas Sirk' 사용하기 시작. 1943년 MGM에서 반 나치영화 『히틀러의 미치광이』 제작. 1949년 서독으로 귀환이주했다가 곧 바로 할리우드로 되돌아감. 요양 중 스위스 루가노에서 사망.

▸ 로베르트 지오드막 Robert Siodmak (1900-1973): 감독

『일요일의 사람들』(1929)로 '신즉물주의'의 중요한 대표자가 됨. 1933년 파리로 망명. 1939년 미국으로 망명. 1950년대 스위스로 귀환이주하여 아스코나에 정착. 스위스 로카르노에서 사망.

▸ 최케 좌칼 Szöke Szakall (1884-1955): 배우

헝가리 부다페스트 출신으로 1933년 나치가 집권하자 빈으로 이전. 1936년까지 빈과 부다페스트에서 활동. 1937년 감독 프리드리히 첼닉이 영화 제작을 위해 런던으로 데리고 감. 1939년 미국으로 건너가 다시는 오스트리아에 돌아오지 못함. 미국 할리우드에서 사망.

▸ 콘라트 파이트 Conrad Veidt (1893-1943): 배우

1933년 영국으로 망명. 1940년 미국으로 망명. 미국 할리우드에서 사망.

▸ 로베르트 뷔네 Robert Wiene (1873-1938): 감독

1934년 부다페스트, 런던을 경유하여 파리로 망명. 프랑스 파리에서 사망.

▸ 빌리 빌더 (빌리 와일더) Billy Wilder (1906-2002): 감독

50년 이상 영화계에 종사하며 60편 이상의 작품을 남김. 할리우드 황금시대에 활동한 총명하고 다재다능한 영화제작자의 한 사람. 1933년 '제국의회 방화사건' 직후 파리로 망명. 1934년 미국으로 망명하여 '컬럼비아'에 채용됨. 1936년 'Paramount Studios'에 채용되고, 이후 할리우드에서 최고의 고료를 받는 시나리오 작가가 됨. 1946년 미군 대령계급장을 달고 독일을 방문하여 나치의 과거사 청산 문제를 다룬 영화 제작. 1950년 이후 주로 영화제작에 전념. 미국 로스앤젤레스에서 사망.

4. 망명 예술가

4.1. 망명 음악가

▸ 쿠르트 블라우코프 Kurt Blaukopf (1914–1999): 음악사회학 창시자

오늘날의 루마니아와 우크라이나에 속하는 중앙유럽에 위치한 부코비나 출생. 부모와 함께 오스트리아 빈으로 이주하여 교육받음. 1938년 파리, 1940년 예루살렘으로 망명. 예루살렘에서 나치로부터 오스트리아 해방을 위해 투쟁. 1954년 잡지 『음향』 편집. 1962년부터 1984년까지 '빈 음악 예술 아카데미 (빈 국립음악대학)' 교수. 1977년부터 오스트리아 유일의 음악사회학 정교수. 오스트리아 빈에서 사망.

▸ 아돌프 부쉬 Adolf Busch (1891–1952): 바이올린연주가

1927년 스위스 바젤로 거주지를 옮겨 1939년까지 활동 (실내악단 창단). 1936년 영국에서 'Busch Players' 창단. 나치 반대파로 1933년부터 1949년까지 독일 땅을 밟지 않음. 1939년 미국으로 망명. 첼리스트였던 그의 동생 헤르만 부쉬와 'Busch-Serkin-Trio' 결성. 미국 버몬트에서 사망.

▸ 에른스트 부쉬 Ernst Busch (1900–1980): 성악가, 배우, 감독

1933년 성악가인 부인 에바 부쉬와 네덜란드, 벨기에, 취리히, 파리, 빈을 경유하여 소련으로 망명. 1937년 스페인 내전지를 방문하여 반파쇼 가곡 공연. 1938년 전장을 떠나 벨기에에서 활동. 1940년 벨기에 앤트워프에서 체포되어 남프랑스 수용소에 수감됨. 1942년 소련으로 도주하던 중 프랑스 국경수비대에 체포되어 게슈타포에게 넘겨진 후 1943년 3월 모아비트 형무소에 수감됨. 1943년 11월 연합군의 형무소 공습 시 중상을 입음. 1944년 4년형을 언도받고 복역, 소련 적군에 의해 해방됨. 1945년 5월 1933년 이전에 살던 집으로 귀환, 1949년 동베를린으로 이주. 1956년, 1966년, 1979년 동독 국가 훈장.

▸ 프릿츠 부쉬 Fritz Busch (1890-1951): 지휘자

1933년 3월 7일 드레스덴 '젬퍼오퍼' 총 음악감독직을 물러남. 영국, 아르헨티나 부에노스아이레스, 스톡홀름, 코펜하겐, 영국 에든버러로 망명. 1945년부터 1950년까지 '뉴욕 메트로폴리탄 오페라' 지휘자. 1951년 서독 쾰른 방문하여 '서북독일방송 (NWDR)'에서 지휘. 영국 런던에서 사망.

▸ 마르타 에게르트 Marta Eggerth (1912-2013): 성악가, 배우

부모 중 한 편이 유대인이란 이유로 1935년 이후 무대에 설 수 없게 되자 빈 거주. 나치가 오스트리아를 병합하자 1938년 프랑스를 경유하여 뉴욕으로 망명. 2차 대전 후 1952년 최초로 빈 방문하여 '라이문트 극장' 공연. 1938년 이후 뉴욕거주.

▸ 한스 아이슬러 Hanns Eisler (1898-1962): 작곡가

알반 베르크, 안톤 붸버른과 더불어 아르놀트 쉔베르크의 후기 수제자, 제2 빈 학파. 정치적 예술적으로 작가 베르톨트 브레히트와 동반자의 길. 1940년대 테오도르 아도르노와 영화음악에 관한 저작 『영화를 위한 작곡』 공동저술.
오스트리아 출신 철학교수인 아버지 루돌프 아이슬러와 어머니 이다 마리아 사이에서 독일 라이프치히에서 출생 (1901년 빈으로 이주하여 성장하고 오스트리아-헝가리 군대 복무). 독일 라이프치히에서 태어나, 독일에서 활동했고, 동독 국가를 작사했으며, 독일 베를린에서 사망했지만 평생 오스트리아 국적 보유.
1933년 체코슬로바키아, 파리, 런던, 빈으로 망명. 1936/37년 스페인 망명 (스페인 내전을 위해 투쟁가 작곡). 1938년 미국 망명. 1942년부터 캘리포니아에서 영화음악 작곡, 대학교수. 1943년 아카데미 영화음악상 (할리우드), 1944년 올해의 최고 악보상 수상. 1948년 미국에서 추방당하고, 빈으로 귀환이주. 1950년 동베를린 '국립 음악대학' (후에 '한스 아이슬러 베를린 독일 음악대학'으로 개명 됨) 작곡과 교수. 1950년 동독 국가 작곡, 동독 제1 국가 훈장, 동독 예술원 창립에 참여. 1962년 동독 '음악 평

의회' 설립하고 의장이 됨. 동베를린에서 사망.

▸ 에마누엘 포이어만 Emanuel Feuermann (1902–1942): 첼로연주가

1933년 런던으로 망명. 일본과 뉴욕 순회공연 마치고 유럽으로 돌아옴. 1938년 스위스 체류 중 미국 시민권 신청하여 미국 시민권 취득. 미국 뉴욕에서 사망.

▸ 베르톨트 골드쉬미트 Berthold Goldschmidt (1903–1966): 작곡가

1935년 영국으로 망명. "1933년 이전 독일음악의 커다란 희망" (한스 페르디난트 레드리히)이라고 칭찬받았지만 망명지에서는 빛을 보지 못함. 영국 런던에서 사망.

▸ 헤르만 그랍 Hermann Grab (1903–1949): 피아노연주가

체코 프라하 출생으로 나치 독일군이 체코슬로바키아로 진격하자 1939년 프라하를 떠나 파리, 뉴욕으로 망명. 미국 뉴욕에서 사망.

▸ 파울 힌데미트 Paul Hindemith (1895–1963): 작곡가, 바이올린이스트

1935년 학생들의 간청에도 불구하고 '베를린 음악대학' 교수직을 휴직하고 터키 앙카라에 장기간 체류. 1937년 '베를린 음악대학' 교수직 사표. 1938년 스위스, 앙카라를 경유하여 1940년 미국으로 망명. 1940년부터 1953년까지 예일 대학교 교수. 1953년 예일 대학교 교수직을 사직하고 스위스 취리히 대학교 교수. 고향 근처 도시인 독일 프랑크푸르트에서 사망.

▸ 프리드리히 홀랜더 Friedrich Hollaender (1896–1976): 작곡가, 카바레티스트

1933년 파리, 1934년 미국 할리우드로 망명. 할리우드에서 미국판 '팅겔-탕겔-극장 (카바레)' (1931년 독일 베를린에서 이미 '팅겔-탕겔 - (지하)극장'을 설립함) 개관. 1955년까지 미국에 체류한 후 서독 뮌헨으로 귀환이주하여 카바레 개관. 1960년 서독 십자 1급 훈장.

▸ 얀 키푸라 Jan Kiepura (1902–1966): 성악가, 배우

리하르트 타우버, 요젭 슈미트와 더불어 1930년대 유명 '3대 테너', 당시 성공적인 유럽 영화 배우가수. 파리 거주 중 1939년 미국으로 망명. 미국에서 오페라 가수로 성공 (미국에 정착). 2차 대전 이후 유럽 오페라무대에서도 대성공. 1958년 고국 폴란드 (폴란드 소스노비에츠 출생)에서 여러 번에 걸친 공연을 했으나 별로 호응을 얻지 못함. 미국 뉴욕에서 사망.

▸ 에리히 크라이버 Erich Kleiber (1890–1956): 지휘자

1935년 베를린 '국립 오페라' 수석 지휘자를 사임하고 쿠바, 아르헨티나 부에노스아이레스로 망명. 1950년 유럽으로 귀환하여 1951년 다시 '베를린 국립 오페라' (동베를린 위치)에서 지휘. 동독 지도부로부터 환영받지 못하고 서베를린에서도, 빈에서도 뿌리를 내리지 못하자 스위스 취리히 호텔에서 기거. 스위스 취리히 호텔에서 사망.

▸ 오토 클렘페러 Otto Klemperer (1885–1973): 지휘자

20세기 최고 지휘자 중의 한사람. 1933년 '문화 볼셰비키주의자'로 지목되며 공연금지 조치 당함. 1933년 미국으로 망명하여 1933년부터 1939년까지 '로스앤젤레스 필하모닉 오케스트라' 지휘자 (1933-1939). 당시 미국 망명지에서 베토벤, 브람스, 말러 등 독일의 고전파와 낭만파 작곡자들의 작품을 집중적으로 지휘함. 1947년 유럽으로 귀환하여 1947년부터 1950년까지 '부다페스트 국립오페라' 음악 단장. 1950년부터 1953년까지 캐나다 '몬트리올 교향악단' 지휘자. 1954년 스위스에 정착하며 1959년부터 1973년까지 런던 '필하모니아 오케스트라' (종신) 수석 지휘자. 스위스 취리히에서 사망.

▸ 에리히 볼프강 코른골트 Erich Wolfgang Korngold (1897–1957): 작곡가

오페라 『죽은 도시』 (1920) 작곡가로 유명, 빈의 신동으로 불렸음. 1934년 막스 라인하르트의 초청으로 할리우드로 건너가 영화사 '워너브라더스

엔터테인먼트' 등에서 영화음악 작곡(영화음악의 새로운 장 개척, 오스카상 수상). 나치가 오스트리아를 합병할 당시 할리우드에 있었으므로 '워너 브라더스'의 도움으로 가족과 부모를 미국으로 모시고 올 수 있었음. 1946년을 기점으로 영화음악에서 손을 떼고 고전 오케스트라 음악에 집중. 1949년부터 1951년까지 오스트리아에 체류했으나 관중들로부터 별로 호응을 얻지 못함. 1946년 이후의 작품들은 별로 평가를 받지 못함. 미국 로스앤젤레스에서 사망.

▸ 게오르크 크라이슬러 Georg Kreisler (1922-2011): 작곡가, 카바레티스트

유대인 변호사인 아버지 지그프리트 크라이슬러와 어머니 힐다 크라이슬러 사이에서 빈에서 출생. 나치가 오스트리아를 합병하자 가족은 제네바와 마르세유를 경유하여 미국으로 망명. 할리우드에서 아버지는 아들이 영화계에 진입할 수 있도록 재정적인 지원과 유대-독일인 망명객들과 인간관계를 맺어주는 데 전력을 기울임. 1943년 미국 시민권 취득하고 미군 입대하여 2차 대전 참전. 2차 대전 후 통역관으로 독일에 와 고위 나치전범들을 심문하고 면전에서 목격함. 이후 할리우드에서 활동한 후 1955년 빈으로 귀환이주. 오스트리아 잘츠부르크에서 사망.

▸ 에른스트 크레넥 Ernst Krenek (1900-1991): 작곡가

나치가 오스트리아를 합병하자 1938년 미국으로 망명. 1939년 이후 '배사 대학', 1942년부터 1947년까지 '햄린 대학교' 교수. 2차 대전 후 유럽으로 귀환 이주하지 못함. 미국 캘리포니아 팜스프링스에서 사망.

▸ 로테 레만 Lotte Lehmann (1888-1976): 성악가

에르나 베르거, 엘리자베트 그륌머, 힐데 귀덴, 마르타 뫼들, 엘리자베트 쉬바르츠코프와 더불어 20세기 독일의 뛰어난 소프라노.
나치돌격대 창설자인 헤르만 괴링의 요구를 따르지 않자 세계적인 소프라노였지만 1933년 이후 무대에 오르는 것이 불가능해짐. 나치가 오스트리

아를 합병하자 1938년 미국으로 망명. 1938년부터 1951년까지 뉴욕 '메트로폴리탄 오페라'에서 활동. 1951년 이후 제자양성에 전념. 1964년 서독 십자대훈장. 미국 캘리포니아 샌타바버라에서 사망.

▸ 알마 말러-붸르펠 Alma Mahler-Werfel (1879-1964): 작곡가

20세기 전반기 미술, 음악, 문학 분야의 팜파탈로 회자됨. 작곡가 구스타프 말러, 건축가 발터 그로피우스, 시인 프란츠 붸르펠의 부인이었으며 그 이외에 오스카 코코슈카 등 당대의 수많은 명사들과 염문을 퍼트림.
나치가 오스트리아를 합병하자 1938년 프라하, 부다페스트를 거쳐 남편 프란츠 붸르펠이 기다리는 이탈리아 밀라노로 망명. 그 후 붸르펠 부부는 파리, 1940년 파리에서 도주하여 포르투갈을 경유하여 미국으로 망명. 미국 뉴욕에서 사망.

▸ 에른스트 헤르만 마이어 Ernst Hermann Meyer (1905-1988): 작곡가, 음악학자

음악에서 동독 사회주의-리얼리즘의 대표자. 1933년 영국 케임브리지로 망명. 1945년 케임브리지 대학교 '킹스 칼리지' 객원교수. 1948년 소련 군정지역으로 귀환이주. 1948년 베를린 (홈볼트)대학교 음악사회학 교수. 1963년 동독 1급 국가훈장. 1968년부터 1982년까지 '작곡자 음악학자 연맹' 회장, 1971년부터 1988년까지 동독 공산당 중앙위원회 위원.

▸ 카롤 라트하우스 Karol Rathaus (1895-1954): 작곡가

1933년 파리, 런던 (1934-1938)으로 망명. 1938년 미국으로 망명. 뉴욕 '퀸스 칼리지' 작곡과 교수. 미국 뉴욕에서 사망.

▸ 막스 로즈탈 Max Rostal (1905-1991): 바이올린연주가

1933년 베를린 음악 대학교 교수직 사임, 1934년 영국으로 망명. 1944년부터 1957년까지 런던 '길드홀 음악 연극 학교'에서 강의. 1957년 서독으로 귀환이주하여 1957년부터 1982년까지 '쾰른 음악 대학' 교수.

▸ 요셉 슈미트 Joseph Schmidt (1904–1942): 성악가

1930년 독일에서 가장 유명한 성악가 중의 한 사람. 1933년 5월 빈으로 도주, 1934년 팔레스타인, 1937년 3월 뉴욕 카네기홀 데뷔. 1938년 오스트리아에서 벨기에로, 1940년 프랑스로 망명. '적대 외국인'으로 감금당함. 1942년 스위스로 도주, 불법체류자로 체포되어 '그린바트' 수용소에 감금, 수용소에서 사망.

▸ 아르놀트 쇤베르크 Arnold Schönberg (1874–1951): 작곡가, 음악이론가

20세기 초반 가장 영향력 있는 작곡가 중의 한 사람. '무조 (無調)'를 발전시킨 중심인물. '12음 주의' 창시자. '12음 주의'는 후에 '음렬 주의 (音列主義)'로 발전되며 '신 음악' 작곡의 기초를 놓아 줌.
1933년 유대인 혈통이란 이유로 '공무원 신분 원상회복법'에 의거 '프로이센 예술아카데미' 교수직 박탈당하고 파리를 경유하여 미국 보스턴으로 망명. 1934년 로스앤젤레스로 이전, 1936년부터 1944년까지 '캘리포니아 대학교 로스앤젤레스 (UCLA)' 교수. 망명지 미국에서 중요한 작품들 완성. 퇴직 후 경제적인 어려움 때문에 1945년 다시 개인교습. 1949년 고향 오스트리아 빈 市로부터 '빈 명예시민권'. 미국 로스앤젤레스에서 사망.

▸ 로베르트 슈톨츠 Robert Stolz (1880–1975): 작곡가, 지휘자

1933년 오스트리아로 이전. 나치가 오스트리아를 합병하자 1938년 취리히를 경유하여 파리로 망명. '적대 외국인'으로 감금당함. 1940년 미국 뉴욕으로 망명. 1946년 빈으로 귀환이주.

▸ 에른스트 토흐 Ernst Toch (1887–1964): 작곡가

1933년 파리, 런던으로 망명. 1935년 미국으로 망명. 미국 캘리포니아 샌타모니카에서 사망.

▸ 브르노 발터 Bruno Walter (1876–1962): 지휘자

20세기 저명한 지휘자 중의 한 사람. 1933년 오스트리아로 망명. 나치가 오스트리아를 합병하자 1938년 이탈리아 루가노, 1939년 미국으로 망명. 1947년부터 1949년까지 '뉴욕 필하모닉' 수석 지휘자. 2차 대전 후 1947년부터 수시로 유럽 방문. '빈 필하모닉' 객원 지휘자. 미국 캘리포니아 베벌리힐스에서 사망.

▸ 쿠르트 봐일 (쿠르트 바일) Kurt Weill (1900–1950): 작곡가

1933년 파리, 1935년 미국으로 망명. 1947년 잡지 『라이프 (Life)』지가 "독일 출신 작곡가"라고 표기하자 "나는 독일에서 태어나긴 했지만, 〔…〕 나치는 나를 〔독일 작곡가〕라고 표기하지 않고, 나는 그들의 나라를 떠났다. 〔…〕 나는 미국 시민권자다"라고 공개서한에서 밝혔다. 미국 뉴욕에서 사망.

▸ 알렉산더 폰 쳄린스키 Alexander von Zemlinsky (1871–1942): 작곡가, 지휘자.

1933년 베를린을 떠나 빈으로 이전. 나치가 오스트리아를 합병하자 1938년 미국으로 망명. 미국 뉴욕에서 사망.

4.2. 망명 화가 및 조각가

▸ 요셉 알버스 Josef Albers (1888–1976): 화가

1933년 미국으로 망명. 1933년부터 1949년까지 노스캐롤라이나 '블랙 마운틴 칼리지' 교수. 1953년 이후 서독 울름의 한 대학에서 객원 강사 등 서독에서 활동. 1970년 고향 '보트롭' 명예시민. 미국 코네티컷 뉴헤이븐에서 사망.

▸ 게르트 아른츠 Gerd Arntz (1900–1988): 그래픽예술가

현대 '픽토그램'의 선구자. 1932/33 모스크바에서 근무 중, 1934년 네덜

란드로 망명. 1940년 네덜란드 통계재단 재단이사장. 1946년 서독으로 귀환이주하여 1929년부터 1932년까지 근무하던 '빈 사회- 경제 박물관' 그래픽 실장으로 복귀. 1951년부터 1961년까지 UNESCO 사진통계사로 근무. 네덜란드 헤이그에서 사망.

▸ 막스 베크만 Max Beckmann (1884–1950): 화가

1933년 '슈테델슈울레 (오늘날 프랑크푸르트 국립 미술 대학)'에서 해직당함. 1939년 미국 비자를 신청하여 미국으로 망명하려던 계획이 수포로 돌아가자 네덜란드 암스테르담에 체류. 1947년 여름 미국 비자를 받고 미국으로 건너가 그해 가을부터 대학에서 미술 수업 담당. 미국 뉴욕에서 사망.

▸ 하인리히 캄펜동크 Heinrich Campendonk (1889–1957): 화가

1933년 유대인 혈통이란 이유로 '공무원 신분 원상회복법'에 의거 '뒤셀도르프 예술아카데미' 교수직을 박탈당하고 1934년 벨기에로 망명. 1935년 '(벨기에) 미술 제국아카데미' 교수. 2차 대전 후 독일로 귀환이주하지 않고 네덜란드 국적자로 네덜란드 암스테르담에서 사망.

▸ 막스 에른스트 Max Ernst (1891–1976): 화가, 조각가

초현실주의의 지도적 인물. 1922년 프랑스로 이주. 2차 세계대전이 발발하자 1939년 '적대 외국인'으로 수차례에 걸쳐 감금당함. 1941년 스페인과 포르투갈을 경유하여 미국으로 망명. 1953년 파리로 귀환이주. 프랑스 파리에서 사망.

▸ 리오넬 파이닝거 Lyonel Feininger (1871–1956): 화가, 캐리커처화가

독일계 이주민 부모 사이에서 뉴욕에서 태어나 6세 때 독일 함부르크로 이주 (미국 국적 소유자). 나치는 그의 작품을 '변종된' 예술로 지목, 작품 400점이 독일 박물관에서 압류당함. 1937년 미국으로 이주. 미국 뉴욕에서 사망.

▸ 오토 프로인트리히 Otto Freundlich (1878–1943): 화가, 조각가

1933년 이후 '변종된' 예술가로 지목되며 작품이 독일의 박물관에서 철거됨. 1934년 프랑스로 망명. '적대 외국인'으로 감금당함. 1943년 밀고당해 체포된 후 약 1,000명의 유대인과 더불어 프랑스 점령 독일군에 의해 독일 동부 유대인 수용소로 이송되어 도착한 날 살해당함.

▸ 게오르게 그로스츠 George Grosz (1893–1959): 화가, 그래픽작가

나치가 정권을 장악하자마자 가택과 아틀리에로 나치가 들이닥침. 1933년 1월 12일 뉴욕으로 망명. 2차 대전 후 1951년 최초로 독일 방문. '독일 예술원' 회원으로 선출되자 1959년 독일로 귀환이주. 이주한 지 며칠 후 자기 고향 베를린에서 사망.

▸ 라울 하우스만 Raoul Hausmann (1886–1971): 화가, 작가

'변종된' 예술가로 지목되며 1933년 취리히 프라하를 경유하여 파리로 망명, 전쟁 중에는 남프랑스로 도주. 프랑스 리모주에서 사망.

▸ 존 하트필드 John Heartfield (1891–1968): 화가, 그래픽 예술가

본명은 헬무트 헤르츠펠트 (Helmut Herzfeld). 1933년 4월 프라하로 도주. 1938년 파리를 경유하여 런던으로 망명. 1950년 동독 라이프치히로 귀환이주. 1957년 동독 예술과 문학 국가훈장. 1960년 '베를린 예술 아카데미' 교수.

▸ 파울 클레 Paul Klee (1879–1940): 화가

표현주의, 구성주의, 입체파, 초현실주의 등 다양한 예술 형태를 바탕으로 한 20세기 전형적인 모더니스트. 스위스 출생으로 1898년 독일로 이주. 1933년 '뒤셀도르프 예술아카데미' 교수직을 박탈당하고 스위스 베른으로 이전. 1937년 나치는 그의 작품을 '변종된' 예술로 지목, 작품 102점이 독일 박물관에서 압류당함. 스위스에서 사망.

▸ 오스카 코코쉬카 Oskar Kokoschka (1886-1980): 화가

1934년 빈에서 파리로 망명. 1937년 나치는 그의 작품을 '변종된' 예술로 지목, 작품 417점이 독일 박물관에서 압류당함. 1938년 영국 런던으로 도주. 1943년 '자유 독일 문화연맹' 의장. 1953년 영국 국적 소유자로 스위스로 이주. 1953년 프리드리히 벨츠와 공동으로 '잘츠부르크 인터내셔널 하계 미술 아카데미'를 설립하고 1963년까지 원장. 스위스에서 사망.

▸ 루드뷔히 마이드너 Ludwig Meidner (1884-1966): 화가

1939년 영국으로 망명. 1940년부터 1941년 '적대 외국인'으로 감금당함. 1953년 서독으로 귀환이주하여 프랑크푸르트 유대인 양노원 등에서 생활하다가 갤러리스트 한나 벡커 폼 라트의 도움으로 한 아틀리에에서 작업.

▸ 라스츨로 모올리-나기 László Moholy-Nagy (1895-1946): 화가, 사진작가, 무대디자이너

1923년부터 1928년까지 바이마르와 데싸우 바우하우스 교사, 발터 그로피우스 조교. 1934년 암스테르담, 영국 (1935-1937)을 거쳐 미국으로 망명. 시카고에서 '뉴 바우하우스', 1938년 '디자인 스쿨' 설립. 미국 시카고에서 사망.

▸ 펠릭스 누쓰바움 Felix Nussbaum (1904-1944): 화가

1933년 나치 집권 시 '프로이센 예술아카데미' 장학생으로 이탈리아 로마에 체류 중 1935년 이탈리아에서 파리를 경유하여 벨기에 브뤼셀로 망명. 1940년 '적대 외국인'으로 벨기에 당국자에게 체포되어 남프랑스 수용소로 이송 중, 도주하여 다시 브뤼셀로 돌아옴. 1944년 밀고로 부인과 함께 독일군에 체포되어 아우슈비츠 유대인 수용소에서 살해당함.

▸ 한스 리히터 Hans Richter (1888-1976): 화가, 그래픽아티스트, 전위예술가

1933년 네덜란드, 스위스를 경유하여 1940년 미국으로 망명. 1941년 뉴

욕 'College of the City' 교수, 영화사 인수. 영화 '돈으로 살 수 있는 꿈' (1947)과 '8x8' (1957) 제작. 스위스에서 사망.

▸ 쿠르트 쉬뷔터스 Kurt Schwitters (1887–1948): 화가

1933년부터 1936년까지 수차례 외국 (특히 노르웨이) 체류, 1937년 1월 노르웨이 오슬로 근방 Lysaker로 망명. 독일군대가 점령하기 전인 1940년 4월 도주하여 1940년 6월부터 스코틀랜드 체류. 영국 켄달에서 사망.

▸ 요하네스 뷔스텐 Johannes Wüsten (1896–1943): 화가, 작가

1933년 굄리츠 '독일공산당 (KPD)-저항단체' 장. 1934년 프라하, 1938년 파리로 망명. 1939년 10월 감금당함, 1940년 6월 감금상태에서 파리로 도주. 1940년 겨울 결핵에 걸린 것을 알자 할 수 없이 (프랑스에서는 독일인이 입원할 수 없었음으로) 독일군 병원 입원. 치료 후 게슈타포에 넘겨져 독일로 이송된 후 '민족재판소 (VGH)'에서 15년형을 언도받고 복역 중 감옥병원에서 결핵으로 사망.

4.3. 망명 건축가

▸ 막스 케토 Max Cetto (1903–1980): 건축가

'현대 건축 국제회의 (CIAM)' (1926) 공동 설립자. 1938년 미국, 1939년 멕시코로 망명. 미국, 멕시코 대학교에서 객원교수. 멕시코 멕시코시티에서 사망.

▸ 요젭 프랑크 Josef Frank (1885–1967): 건축가, 디자이너

오스카 슈트란트와 더불어 '건축 빈 학파' 창설자. 1933년 스웨덴으로 망명. 스웨덴 디자인 회사 'Svenskt Tenn (스웨덴 주석)'의 저명 디자이너가 됨. 1945년 이후 빈으로의 귀국 (귀환이주) 초청에도 불구하고 스웨덴에 머묾. 스웨덴 스톡홀름에서 사망.

▸ 발터 그로피우스 Walter Gropius (1883-1969): 건축가

'바우하우스' 설립자. 루트비히 미스 반 데어 로에, 르 코르뷔지에와 더불어 현대 건축의 선구자로 불림. 1919년 바이마르에 국립 바우하우스 설립, 1923/24년 루트비히 미스 반 데어 로에와 아방가르드 건축 집단 '고리' 공동창립. 나치가 '고리'를 '유대-볼셰비키 건축가들', '바우 하우스'를 '마르크스주의 교회'로 규정하며 개인적으로 협박하자 1934년 영국으로 망명. 1937년 미국으로 망명하여 하버드대학교 디자인대학원 건축학 교수. 1946년 'The Architects Collaborative (TAC)' 창립 및 회장. 1955년부터 1957년 사이 서베를린에서 건축 진열, 1960년부터 서베를린에서 거대 주택지 '그로피우스 시 (市)' 건축. 미국 보스턴에서 사망.

▸ 에리히 멘델스존 Erich Mendelsohn (1887-1953): 건축가

1920년대 저명한 건축가. 1933년 네덜란드를 경유하여 런던으로 망명. 1933년 런던, 1934년 예루살렘에 건축사무소 개설. 1939년 파리로 이주, 1941년 미국으로 망명. 1942년 미 행정부 고문. 1947년 버클리대학교 강사. 미국 샌프란시스코에서 사망.

▸ 브루노 타우트 Bruno Taut (1880-1938): 건축가, 도시계획자

베를린 '거대 주거' 건축으로 유명한 '근대 건축'의 대표자. 1933년 스위스를 경유하여 일본으로 망명. 1936년 터키로 이주, 터키 교육부 건축국 국장. 터키 이스탄불에서 사망.

▸ 콘라트 봐하스만 Konrad Wachsmann (1901-1980): 건축가

1933년 나치 집권 시 '프로이센 예술아카데미 로마상' 장학생으로 이탈리아 로마에 체류 중. 1938년까지 로마에 체류. 1938년 파리로 망명, 프랑스군 자원입대. 1941년 물리학자 아인슈타인의 도움을 받아 미국으로 망명, 발터 그로티우스와 공동작업 시작. 1949년부터 시카고 '디자인 연구소', 1964년부터 서던 캘리포니아 대학교에서 연구 및 교육. 미국 로스앤젤레스에서 사망.

▸ 마르틴 봐그너 Martin Wagner (1885–1957): 도시계획자, 건축가

1933년 2월 '베를린 예술 아카데미' 탈퇴. 1935년 터키 이스탄불시 도시건축 고문으로 초빙됨. 1938년 미국으로 망명, 1950년까지 하버드대학교 '도시건축 및 지방 계획' 교수. 1952년 독일 방문. 미국 케임브리지에서 사망.

4.4. 망명 사진작가

▸ 헤르베르트 바이어 Herbert Bayer (1900–1985): 사진작가

1937년 뮌헨 전시회에서 나치는 바이어의 작품을 대표적인 '변종된' 예술로 규정. 1937년 미국여행, 1938년 미국으로 망명. 1946년부터 1965년까지 'Container Corporation of America (CCA)', 1966년부터 1985년까지 로스엔젤레스 'Atlantic Richfield Company (ARCO)' 고문. 1964년 서독 카셀 'documenta III' 참가자. 미국 캘리포니아 몬테시토에서 사망.

▸ 한스 벨머 Hans Bellmer (1902–1975): 사진작가, 작가

1938년 파리로 망명, '인형'을 주제로 작업. '적대 외국인'으로 감금당함. 전후 『인형의 유희』 발간. 1958년 '윌리엄 노마 코프리 재단상' 수상. 프랑스 파리에서 사망.

▸ 알프레트 아이젠슈테트 Alfred Eisenstaedt (1898–1995): 사진작가

20세기 저명한 사진작가. 1935년 미국으로 망명, 곧 'AP' 통신의 스타 사진작가가 됨. 패션잡지 『하퍼드 바자 (Harper's Bazaar)』와 『보그 (Vogue)』, 『라이프 (Life)』지에서 활동. 미국 존 F. 케네디 대통령 수행 사진기자. 미국 뉴욕에서 사망.

▸ 기젤레 프로인트 Gisèle Freund (1908–2000): 사진작가

로테 야코비와 더불어 20세기 저명 여류 사진작가. 1933년 파리로 망명. 1940년 파리에서 도주하여 프랑스 자유 구역 농가에 은둔한 다음, 1942

년 아르헨티나 부에노스아이레스로 망명. 1945년 칠레에서 프랑스 영화배우들 사진사. 2차 대전 후 프랑스 잡지 『마그눔 (Magnum)』에서 활동, 파리에서 전시회. 프랑스 파리에서 사망.

▸ 욘 구트만 John Gutmann (1905–1998): 사진작가

1930년대 대공황 당시 도시 생활을 기록으로 남긴 사진작가로 유명. 1933년 미국 샌프란시스코로 망명. 잡지사 사진기자로 활동, 1936년까지 『Foto-Presse』, 1937년 『Pix Inc.』, 그 후 『Time』, 『Life』. 1938년부터 1976년까지 '샌프란시스코 주립 대학' 교수. 2차 대전 중에는 미군 전쟁정보처 근무. 미국 샌프란시스코에서 사망.

▸ 발터 페터한스 Walter Peterhans (1897–1960): 사진작가

1938년 미국으로 망명. 1945년부터 1947년까지 시카고대학교 교수. 2차 대전 후 독일로 귀환이주하여 1953년 울름 '조형 (예술)대학', 1959/60년 '함부르크 미술대학' 교수.

5. 망명 학자

5.1. 망명 자연과학자

5.1.1. 망명 수학자

▸ 에밀 아르틴 Emil Artin (1898–1962): 수학자

20세기의 주도적인 대수학자 (代數學者). 1921년 라이프치히대학교 구스타프 헤르크로츠 교수에게서 박사학위. 1923년 함부르크대학교에서 교수자격논문 통과와 더불어 전임강사. 1925년 비정년 교수. 1926년 뮌스터대학교에 초빙받았으나 거절하고 동년 함부르크 대학교 정교수.
1937년 부인이 유대인 혈통이란 이유로 교수직을 박탈당하자 미국으로 망명. 노트르담 대학교 (1937-1938), 인디애나대학교 (1938-1946), 프린스턴대학교 (1946-1958) 교수. 1958년 서독으로 귀환이주.

▸ 파울 베르나이스 Paul Bernays (1888–1977): 수학자, 논리학자

독일-유대인 혈통 출신으로 스위스 취리히 시민. 1912년 괴팅겐대학교 에드문트 란다우 교수에게서 박사학위. 1912년부터 1917년까지 취리히대학교 전임강사, 1922년 괴팅겐대학교 비정년 교수.

1933년 유대인이란 이유로 교수직을 박탈당하자 스위스 취리히로 되돌아감. 1945년부터 1958년까지 스위스 취리히 공대 교수. 스위스 취리히에서 사망.

▸ 알프레트 테오도르 브라우어 Alfred Theodor Brauer (1894–1985): 수학자

1928년 베를린대학교 이싸이 슈르 교수와 에하르트 슈미트 교수에게서 최우수 점수 (summa cum laude)로 박사학위 취득 후 이싸이 슈르 교수의 조교. 1932년 교수자격논문 통과와 동시에 전임강사.

1938년 교원직 박탈당함. 1939년 미국으로 망명하여 1939년부터 1942년까지 프린스턴대학교 조교. 1942년 노스캐롤라이나대학교 조교수를 거쳐 1943년부터 1947년까지 부교수. 1947년부터 1959년까지 수학 풀 교수 (Full Professor). 1944년 미국국적 취득. 미국 노스캐롤라이나 채플힐에서 사망.

▸ 리하르트 브라우어 Richard Brauer (1901–1977): 수학자

1926년 베를린대학교 이싸이 슈르 교수에게서 박사학위 취득 후 쾨니히스베르크대학교, 튀빙겐대학교에서 조교로 근무. 1933년 미국으로 망명하여 1935년 캐나다 토론토대학교 조교수. 1948년 다시 미국으로 이주하여 미시간대학교 교수. 1952년부터 1971년 정년퇴직할 때까지 하버드대학교 교수. 미국 매사추세츠 Belmont에서 사망.

▸ 아돌프 아브라함 할레비 프렝켈 Adolf Abraham Halevi Fraenkel (1891–1965): 수학자

1914년 브로츠와프대학교에서 최우수 점수 (summa cum laude)로 박사학위 취득. 1916년 마르부르크대학교에서 교수자격논문 통과. 다년간 마르

부르크대학교에서 연구 및 강의 후 1928년부터 킬 대학교에서 강의. 독실한 유대교 신자로 1929년 팔레스타인으로 이주하여 히브리 대학교 교수, 학장, 총장역임. 이스라엘 예루살렘에서 사망.

▸ 필립 프랑크 Philipp Frank (1884–1966): 수학자, 물리학자, 철학자

1907년 통계역학과 통계열역학으로 유명한 오스트리아 빈 대학교 물리학자 루트비히 에두아르트 볼츠만 교수에게서 이론물리학으로 박사학위 취득. 1910년 빈 대학교에서 교수자격 논문 통과 후 강사. 1912년 물리학자 아인슈타인의 추천으로 프라하대학교 교수가 되어 1938년까지 재직. 1938년 미국으로 망명하여 하버드대학교 수학과 물리학 강사. 미국 매사추세츠 케임브리지에서 사망.

▸ 쿠르트 괴델 Kurt Gödel (1906–1978): 수학자, 논리학자

오스트리아-헝가리 출신으로 불완전성의 정리로 유명한 수학자이자 논리학자. 1923년 오스트리아국적 취득. 1930년 오스트리아 빈 대학교 한스 한 교수에게서 박사학위 취득. 1933-34년 미국 학자들의 초청으로 미국 방문. 1940년 시베리아 횡단열차를 타고 소련, (추측컨대 한국,) 일본을 거쳐 미국으로 망명한 후 '프린스턴 고등연구소'에서 연구. 1947년 미국국적 취득. 1955년 아인슈타인이 사망하기까지 절친한 우정관계 유지. 1953년에야 프린스턴대학교 교수가 되었지만 지병으로 인해 1960년대 강의 중단. 미국 뉴저지 프린스턴에서 사망.

▸ 에밀 율리우스 굼벨 Emil Julius Gumbel (1891–1966): 수학자

1914년 뮌헨대학교에서 경제학 박사학위 취득. 1923년 하이델베르크 대학교에서 교수자격논문이 통과된 후 전임강사를 거쳐 1930년부터 비정년 교수. 하이델베르크대학교 사회주의 학생회에서 1차 세계대전 당시 아사에 관한 사건을 떠올린 연설로 인해 교원자격 상실. 나치가 집권하자 프랑스로 망명한 후 1940년 미국으로 망명. 2차 대전 후 하이델베르크대학교 교수 복직의 꿈이 좌절되자, 미국에 남아 미국 시민권

자가 되고 1953년 컬럼비아대학교 교수가 됨. 미국 뉴욕에서 사망.

▸ 그레테 헤르만 Grete Hermann (1901–1984): 수학자, 물리학자, 철학자

1925년 괴팅겐대학교 에미 뇌터 교수에게서 박사학위를 취득한 후 1927년까지 괴팅겐대학교 철학과 레오나르트 넬손 교수의 개인 조교. 1930년대 초반 잡지 편집과 기고를 통해 나치와 투쟁.

1936년 덴마크로 망명한 다음, 1937년 영국으로 망명. 영국국적 취득. 1946년 독일로 귀환이주 후 1947년 브레멘 교육대학 설립에 참여. 1956년부터 1966년까지 동 대학 철학, 물리학 교수. 1961년부터 1978년까지 넬손 교수가 창립한 "철학-정치 아카데미" 회장.

▸ 리하르트 폰 미제스 Richard von Mises (1883–1953): 수학자

오스트리아-헝가리 출신으로 1907년 오스트리아 빈 공과대학 게오르크 하멜 교수에게서 박사학위 취득. 1908년 교수자격 논문이 통과된 후 강사를 거쳐 1909년 슈트라스부르 대학교 응용수학 교수. 1차 세계대전 후 드레스덴공대 교수를 거쳐 1919년 베를린대학교 교수 및 '응용수학 연구소' 소장.

1933년 터키로 망명하여 이스탄불대학교 응용수학 교수. 1939년 미국 하버드대학교의 초청을 받아 1945년 풀 교수. 미국 매사추세츠 보스턴에서 사망.

▸ 욘 폰 노이만 John von Neumann (1903–1957): 수학자

수리학, 함수해석학, 양자역학, 게임이론 분야에 뛰어난 업적을 남긴 오스트리아-헝가리 출신 수학자로 컴퓨터과학의 아버지로 불림. 17세의 고등학교 학생으로 이미 수학 논문 발표. 1926년 헝가리 부다페스트대학교 레오폴트 페예르 교수에게서 박사학위 취득한 후, 1926년부터 1929년까지 최연소자로 베를린대학교 전임강사를 거쳐 1929/30 함부르크대학교 전임강사.

1933년 프린스턴 고등연구소에 초청받아 수학 교수. 2차 대전 중 영국과

캐나다가 참여하고 미국이 주도했던 핵폭탄 제조를 위한 맨해튼 프로젝트의 일원이 되어 '로스알라모스 연구소'에서 한스 베테, 빅터 바이스코프와 공동연구. 미국 워싱턴 D.C.에서 사망.

▸ 에미 뇌터 Emmy Noether (1882-1935): 수학자

추상대수학의 토대를 마련한 수학자. 에어랑겐대학교 수학교수 막스 뇌터의 딸. 1907년 에어랑겐대학교 파울 고르단 교수에게서 박사학위 취득. 1915년 괴팅겐대학교에 교수자격 논문을 제출했으나 여성이라는 이유로 심사위원회의 장기간에 걸친 논란을 거듭한 후 1919년에 논문은 통과되었으나 1922년에야 비정년 교수, 1923년 봉급 수령 비정년 교수. 1928/29 모스크바 소재 대학과 1930년 프랑크 푸르트대학교 객원교수.
1933년 유대인 혈통이란 이유로 '공무원 신분원상회복법'에 의거 교수직을 박탈당하고 미국으로 망명하여 1933년 브린모어 여자대학 객원교수, 1934년 프린스턴 고등연구소에서 강의. 미국 펜실베이니아 브린모어에서 사망.

▸ 프릿츠 뇌터 Fritz Noether (1884-1941): 수학자

저명한 수학자 에미 뇌터의 남동생. 1909년 뮌헨대학교에서 최우수 점수(summa cum laude)로 박사학위 취득. 1911년 카를스루에대학교에서 교수자격논문 통과 후 전임강사를 거쳐 1918년 비정년 교수, 1922년부터 1933년까지 브로츠와프공대 고등수학 정교수.
1933년 유대인 혈통이란 이유로 '공무원 신분 원상회복법'에 의거 교수직을 박탈당하고 소련으로 망명하여 톰스크대학교 수학 교수. 대학살 당시 독일 스파이 죄명으로 체포되어 25년형. 1941년 총살당함.

▸ 로베르트 레막 Robert Remak (1888-1942): 수학자

대수학 군론 (群論)의 레막 분해이론으로 유명하며, 그 이외에도 정수론, 조화함수의 페텐셜이론으로도 유명한 수학자. 1911년 베를린대학교 페르디난트 게오르크 프로베니우스 교수에게서 박사학위 취득. 교수자격논문

통과 후 1929년부터 1933년까지 베를린대학교 전임강사.
1933년 유대인 혈통이란 이유로 '공무원 신분 원상회복 법'에 의거 교수직 박탈당함. 1938년 '수정의 밤' 후 체포되어 작센하우젠 (유대인) 집중수용소 수감. 석방 후 네덜란드로 망명했으나 독일군대가 네덜란드를 점령하자 1942년 또 다시 체포되어 아우슈비츠 (유대인)집중수용소에서 죽임 당함.

▸ 이싸이 슈르 Issai Schur (1875-1941): 수학자

선형대수학의 '슈르분해 이론'으로 유명. 1901년 베를린대학교 페르디난트 게오르크 프로베니우스 교수와 라자루스 임마누엘 훅스 교수에게서 최우수 점수 (summa cum laude)로 박사학위 취득. 1903년 교수자격논문 통과 후 1903년부터 1913년까지 베를린대학교 전임강사. 1913년 본 대학교 비정년 교수. 1916년 베를린대학교 비정년 교수를 거쳐 1921년 정교수. 1922년 프로이센 학술원 회원.
1933년 유대인 혈통이란 이유로 '공무원 신분 원상회복법'에 의거 교수직 박탈당하고, 얼마 후 프로이센 학술원 회원직도 박탈당함. 1939년 스위스를 거쳐 팔레스타인으로 망명. 팔레스타인 텔아비브에서 사망.

▸ 칼 루드뷔히 지겔 Carl Ludwig Siegel (1896-1981): 수학자

정수론 전공으로 20세기의 뛰어난 수학자로 간주됨. 1920년 괴팅겐대학교 에드문트 란다우 교수에게서 박사학위 취득. 1922년 프랑크푸르트대학교 교수. 나치 체제에 대한 반감을 지녔고, 동료학자인 유대인 혈통의 강사 에른스트 헬링거와 막스 덴과 개인적 우정관계와 학문적 유대를 유지함. 1938년 괴팅겐대학교로 이직.
1940년 덴마크와 노르웨이에 객원으로 머물던 중 독일로 돌아가지 않기로 결심하고 미국으로 망명. 1940년부터 1951년까지 프린스턴 고등연구소에서 강의 및 연구. 1951년 서독으로 귀환이주하여 1951년부터 1959년 정년 때까지 괴팅겐대학교 교수.

▸ 오토 퇴플릿츠 Otto Toeplitz (1881–1940): 수학자

1905년 브레스라우대학교에서 박사학위 취득. 괴팅겐대학교에서 연구한 후 1913년 킬대학교 비정년 교수를 거쳐 1920년 정교수. 1928년 본대학교 정교수.
1933년 유대인 혈통이란 이유로 '공무원 신분 원상회복법'에 의거 교수직을 박탈당하던 시절에도 2년간 더 강의하다가 1935년 퇴직당함. 1939년 팔레스타인으로 망명. 팔레스타인 예루살렘에서 사망.

▸ 헤르만 봐일 Hermann Weyl (1885–1955): 수학자, 물리학자, 철학자

20세기 초반 현대 수학의 대표자. 괴팅겐대학교 재학시절 수학, 물리학 이외에도 현상학자 에드문트 훗설 교수의 철학 강의 수강. 1908년 괴팅겐대학교 다비드 힐베르트 교수에게서 박사학위 취득. 1910년 교수자격논문 통과 후 1910년부터 1913년까지 괴팅겐대학교 전임강사. 1913년 '취리히 연방 공과대학교' 기하학 정교수 (1916-1918년 일반상대성원리를 발견한 물리학자 앨버트 아인슈타인과 교분). 1928년부터 1929년까지 미국 프린스턴대학교 객원교수. 1930년 괴팅겐대학교 정교수.
1933년 미국으로 망명하여 물리학자 앨버트 아인슈타인의 주선으로 프린스턴 고등연구소에서 1951년 정년할 때까지 교수. 만년을 스위스에서 보내다 스위스 취리히에서 사망.

5.1.2. 망명 물리학자

▸ 한스 베테 Hans Bethe (1906–2005): 물리학자

1967년 노벨물리학상 수상자. 1928년 뮌헨대학교 아르놀트 좀머펠트 교수에게서 '전자 회절 (electron diffraction, Elektronenbeugung)' 이론에 관한 연구로 박사학위 취득. 프랑크푸르트, 슈투트가르트대학교에서 강의한 후 1930년부터 뮌헨 대학교 전임 강사.
1933년 영국으로 망명하여 맨체스터대학교 강사. 1935년 미국 코넬대 학교에 초빙받아 1935년 조교수, 1937년 교수. 2차 대전 중에는 MIT에서 레이더 연구. 오펜하이머의 초빙으로 맨해튼 계획으로 세계 최초로 핵폭탄

을 개발한 '로스앨러모스 국립 연구소' 연구. 1941년 미국 시민권 취득. 1952년 '로스앨러모스 국립 연구소'에서 수소폭탄 제조 참여. 1960년대 미국 행정부의 영향력 있는 보좌관 역할. 1980년대와 90년대 원자력의 평화적 이용 운동에 참여. 미국 뉴욕에서 사망.

▸ 마르틴 도이취 Martin Deutsch (1917–2002): 물리학자

포지트로늄 발견자. 어머니 헬레네 도이취는 지그문트 프로이트의 마지막 제자로 오스트리아 빈 대학교 정신병리학 교수.
1934년 가족을 따라 스위스를 거쳐, 1935년 미국으로 망명. 1941년 MIT 로블리 D. 에번스 교수에게서 박사학위 취득.
1946년부터 정년퇴직까지 MIT 교수. 1958년부터 미국 '국립과학아카데미' 회원. 1973년부터 1979년까지 MIT '원자핵 (과)학연구실 (LNS)' 실장. 미국 매사추세츠 케임브리지에서 사망.

▸ 알베르트 (앨버트) 아인슈타인 Albert Einstein (1879–1955): 이론물리학자

세기를 초월한 최고의 물리학자 중의 한명으로 꼽힘. 알베르트 (앨버트) 아인슈타인은 평생을 살며 다양한 국가의 국적을 소지했음. 뷔르템베르크 왕국에서 태어나 (1879-1896; 독일 제국 소속이었으므로 독일국적 소유자에 해당) 1896년부터 1901년까지 무국적자 신분을 거친 다음 스위스국적자. 1911년부터 1912년까지 오스트리아-헝가리 국적, 1914년부터 1918년까지 프로이센 왕국 국적을 거쳐 1918년부터 1933년까지 프로이센 자유국가 국적 소유 (즉 1914-1933까지 독일국적). 1933년 히틀러체제 등장으로 인해 스위스 국적, 1940년 미국국적.
1900년 스위스 취리히공과대학 수학, 물리학 디플롬 학위. 1907년 스위스 베른대학교 교수자격논문 통과. 1909년 스위스 취리히 대학교 이론물리학 비정년 교수를 거쳐 1911년 체코 프라하대학교 정교수. 1914년 프로이센 과학 아카데미 회원. 1921년 노벨물리학상 수상.
1933년 히틀러 일당의 인권침해에 항의하고 미국으로 이주하여 프린스턴

고등연구소 교수. 1938년 작가 토마스 만, 헤르만 브로흐와 공동으로 미국으로 망명하는 사람들을 도움. 1939년 8월 2일 개인적으로는 평화주의자임에도 불구하고 원자 폭탄 제조에 관한 프랭클린 D. 루즈벨트 미국대통령의 요구에 서명. 1940년 미국 시민권을 취득했지만, 스위스 시민권은 평생 간직함. 1945년 8월 미군이 일본 히로시마와 나가사키에 원자폭탄을 투하하자 1946년 '핵 과학자 긴급 위원회 (Emergency Committee of Atomic Scientists)'[4]를 결성하고 핵에너지의 평화적 사용운동을 벌임. 미국 뉴저지 프린스턴에서 사망.

▸ 제임스 프랑크 James Franck (1882-1964): 물리학자

노벨물리학상 수상자, '프랑크-헤르츠 실험'과 '프랑크보고'로 유명. 1906년 베를린대학교 에밀 봐르부르크 교수에게서 박사학위 취득. 베를린대학교 하인리히 루벤스 교수의 조교를 거쳐 1911년 전임 강사, 1916년 비정년 교수. 1926년 '프랑크-헤르츠 실험'으로 구스타프 헤르츠와 공동으로 노벨물리학상 수상. 1918년부터 베를린 '빌헬름 황제 물리화학연구소' 물리학 실장. 1920년 괴팅겐대학교 실험물리학 정교수.
1933년 유대인 혈통이란 이유로 '공무원 신분 원상회복법'에 의거 교수직 박탈당함. 1933년 미국으로 망명하여 1933년 존스 홉킨스 대학교 교수. 1938년부터 1947년 정년까지 시카고대학교 물리화학 교수.
미국국적 취득, '맨해튼 계획'에 참여. 원자폭탄 제조를 위한 플루토늄 제조에 참여. 독일 방문 중 독일 괴팅겐에서 사망.

▸ 에르윈 프로인트리히 Erwin Freundlich (1885-1964): 천체물리학자

화학자 헤르베르트 프로인트리히의 동생. 1910년 괴팅겐대학교 펠릭스 클라인 교수에게서 박사. 1차 세계대전 후 포츠담 '아인 슈타인 탑' 태양관

---

4) 1946년 앨버트 아인슈타인과 레오 실라르드에 의해 창립된 '핵 과학자 긴급 위원회'는 위원장 앨버트 아인슈타인, 부위원장 해럴드 어레이를 위시하여 한스 베테, T. R. 홍네스, 필립 모르스, 리너스 파울링, 레오 실라르드, 뷕토르 봐이스코프 등 총 8명의 학자로 구성.

측소 설치 및 소장.
1933년 할머니가 유대인이라는 이유로 공직 박탈당함. 1933년부터 1937년까지 터키 이스탄불대학교에서 강의 후 1939년까지 체코 프라하대학교 교수, 영국 세인트앤드루스대학교. 세인트앤드루스대학교 교수 퇴직 후 독일로 귀환하여 마인츠대학교에서 명예교수로 강의.

▸ 오토 프리쉬 Otto Frisch (1904-1979): 물리학자

1926년 오스트리아 빈 대학교에서 박사학위 취득. 함부르크대학교 물리화학 오토 슈테른 교수 조교.
1933년 영국 런던으로 망명한 다음 1934년부터는 1922년 노벨물리학상 수상자인 닐스 보어 교수 곁에서 핵물리학 연구. 1939년 덴마크에서 영국을 방문하던 중 2차 대전이 발발하여 덴마크로 돌아오지 못함. 1943년 영국 시민권을 취득한 다음 영국 대표의 일원으로 '맨해튼 계획' 참여. 1946년 영국으로 귀환하여 영국 '원자력 연구 기구' 핵물리학 실장. 1972년까지 케임브리지 트리니티 대학 교수. 영국 케임브리지에서 사망.

▸ 발터 하이틀러 Walter Heitler (1904-1981): 물리학자

1926년 뮌헨대학교 칼 페르디난트 헤르츠펠트 교수에게서 박사학위 취득. 1933년 영국으로 망명하여, 1934년 한스 베테와 공동으로 제동 복사 발견 ('베테-하이틀러-공식'). 1941년 영국 더블린대학교 교수, 1949년 스위스 취리히대학교 교수. 1968년 독일물리학회로부터 '막스-프랑크-메달' 수상. 스위스 취리히에서 사망.

▸ 리제 마이트너 Lise Meitner (1878-1968): 물리학자

1939년 오토 프리쉬와 공동으로 '핵분열' 발견. 1906년 오스트리아 빈대학교 루트비히 볼츠만 교수와 프란츠-제라핀 엑스너 교수에게서 박사학위 취득 후 베를린에서 오토 한과 방사능 공동연구. 1912년 여성최초로 베를린에서 대학 조교 (막스 플랑크). 1913년 베를린 '빌헬름 황제 화학연구소' 연구원. 1918년 오토 한과 공동으로 '원소 91 (Protactinium)' 발견.

바이마르 공화국의 여권신장 정책에 따라 1922년 여성 최초로 물리학 교수자격 논문 통과. 1926년 베를린대학교 비정년 교수.
1933년 나치 체제 등장으로 교수직 박탈당함. 1938년 네덜란드를 경유하여 스웨덴으로 망명. 1944년 공동작업인 '핵분열 발견' 결과는 오토 한 단독에게만 노벨화학상 수상이 돌아감. 1947년 스톡홀름 공대 연구교수. 1960년 스톡홀름 공대 퇴직 후 영국으로 이주. 영국 케임브리지에서 사망.

▸ 한스 라이헨바흐 Hans Reichenbach (1891-1953): 물리학자, 과학철학자

1915년 에어랑겐대학교 막스 뇌터 (수학) 교수와 파울 헨젤 (철학) 교수에게서 박사학위 취득. 1920년 슈투트가르트 공대에서 교수자격논문 통과 후 전임강사. 1926년 아인슈타인의 천거로 베를린대학교 물리철학 비정년 교수.
1933년 나치 체제가 등장하자 최초로 해직된 대학 교수 중의 1인. 터키로 망명하여 이스탄불대학교 교수, 1938년 미국으로 망명하여 임종까지 UCLA 교수. 미국 로스앤젤레스에서 사망.

▸ 한스 로젠베르크 Hans Rosenberg (1879-1940): 물리학자, 천문학자

1905년 슈트라스부르크대학교 에른스트 베커 교수에게서 박사학위 취득. 1910년 튀빙겐대학교에서 물리학자로는 천문학 분야에서 최초의 교수자격 논문 통과자. 1926년 킬 대학교 정교수. 1927년과 1929년 북스웨덴과 동남아시아 시암에서 일식 (日蝕) 탐험.
1933년 유대인 혈통이란 이유로 한 때 강제 퇴직당할 위기에 처하긴 했으나 1차 대전 참전 용사인 점을 감안하여 강의는 계속 할 수 있었음. 1934년 해외여행이 허락되자 미국에 입국하여 귀국하지 않고, 1934년부터 1937년까지 시카고대학교에서 강의. 1938년 터키로 망명하여 임종까지 이스탄불대학교 교수. 터키 이스탄불에서 사망.

▸ 오토 슈테른 Otto Stern (1888-1969): 물리학자

1943년 노벨물리학상 수상자. 1912년 브레스라우대학교에서 박사학위를 취득하자마자 동년 아인슈타인이 연구하고 있던 프라하대학교로, 1913년에는 아인슈타인을 따라 스위스 취리히 연방 공과대학교로 옮겼다. 1914년 프랑크푸르트대학교로 옮겨 1915년 막스 보른 교수에게서 물리화학과 이론물리학으로 교수자격논문 통과. 1923년 함부르크대학교 정교수.

1933년 미국으로 망명하여 1939년 미국 시민권 취득. 1943년 노벨물리학상 수상. 1945년까지 피츠버그 카네기 연구소 물리학 연구교수. 나치에 의해 박탈당한 박사타이틀을 오스트리아 빈대학교가 복원시킴. 미국 버클리에서 사망.

▸ 레오 실라르드 Leó Szilárd (1898-1964): 물리학자

미국의 핵폭탄 개발 프로그램인 맨해튼 계획 참여 학자로 유명. 오스트리아-헝가리 (부다페스트) 출신. 1922년 베를린대학교에서 박사학위 취득(아인슈타인에게서 최고의 칭찬을 받음) 후 막스 폰 라우에 교수의 조교, 1927년 베를린대학교 전임강사.

1933년 오스트리아 빈을 거쳐 영국 런던으로 망명한 다음, 1938년 미국으로 망명. 1939년 아인슈타인 등의 학자들과 함께 원자폭탄 제조에 관한 프랭클린 D. 루즈벨트 미국대통령의 요구에 서명하고 맨해튼 계획에 참여. 1939년부터 1942년까지 컬럼비아대학교 교수. 1942년 이탈리아 출신 학자 엔리코 페르미와 공동으로 원자 폭탄의 재료가 되는 플루토늄을 생산하기 위해 이용되는 원자핵 분열 연쇄 반응을 성공시킴. 1945년 8월 미군이 일본 히로시마와 나가사키에 원자폭탄을 투하하자 아인슈타인 등의 학자들과 더불어 1946년 '핵 과학자 긴급 위원회'를 결성하고 핵에너지의 평화적 사용운동을 벌임. 미국 캘리포니아 라호이아에서 사망.

▸ 에드워드 텔러 Edward Teller (1908-2003): 물리학자

수소폭탄의 아버지로 불림. 오스트리아-헝가리 (부다페스트) 출신. 1930년 라이프치히대학교 베르너 하이젠베르크 교수에게서 박사학위 취득.

1934년 영국을 거쳐 1935년 미국으로 망명한 후 1941년까지 조지 워싱턴대학교 강사. 1941년 미국 시민권 취득. 1942년 로버트 오펜하임어의 요청으로 브릭스 위원회에 근무하면서 맨해튼 계획에 참가. 1946년 시카고대학교 교수. 1949년 소련이 핵폭탄 개발에 성공하자 1950년 2차 대전 중 맨해튼계획을 진행했던 '로스 앨러모스 국립연구소'로 돌아와 수소 폭탄 계획에 참여. 지속적인 핵개발을 주장하는 핵개발론의 옹호자로 1958년부터 1960년까지 캘리포니아대학교 로렌스 리버모어 연구소 소장을 거쳐 1975년까지 명예소장. 미국 스탠포드에서 사망.

▸ 빅토르 봐이스코프 Victor Weisskopf (1908-2002): 물리학자

1937년 미국으로 망명. 2차 대전 중 로버트 오펜하임어의 요청으로 맨해튼 계획에 참가. 1944년 '미국 과학자 연맹 (FAS)' 창립 회원으로 핵에너지 민간이용 역설. 2차 대전 MIT 교수 (임종까지 MIT에서 연구). 미국 매사추세츠 뉴턴에서 사망.

▸ 유진 파울 뷔그너 (유진 폴 위그너) Eugene Paul Wigner (1902-1995): 물리학자

1963년 노벨물리학상 수상자. 오스트리아-헝가리 (부다페스트) 출신. 1925년 베를린공대 미하엘 (마이클) 폴라니 교수에게서 박사학위 취득. 1926년 베를린공대 리하르트 베커 교수의 조교, 1928년 베를린공대에서 교수자격논문 통과. 1930년 베를린공대 비정년 교수.

1933년 유대인 혈통이란 이유로 교수직 박탈당하자 미국으로 망명하여 1938년부터 1971년 정년퇴직할 때까지 프린스턴대학교 수학 교수. 1937년 미국 시민권 취득. 1963년 J. 한스 D. 옌젠, 마리아 괴퍼트메이어와 공동으로 노벨물리학상 수상. 미국 뉴저지 프린스턴에서 사망.

5.1.3. 망명 생물학자 및 화학자

▸ 막스 베르크만 Max Bergmann (1886-1944): 화학자

고전 유기화학의 창시자로 1902년 노벨화학상을 수상한 헤르만 에밀 피셔

의 제자. 1921년 창립되고 후에 막스플랑크협회 (MPG)로 발전한 '빌헬름 황제 가죽연구소' 소장.
1933년 미국으로 망명하여 록펠러 의과대학 근무. 막스 베르크만 연구실에서 후일 두 명의 노벨상 수상자 배출. 미국 뉴욕에서 사망.

▸ 막스 델브뤽 Max Delbrück (1906-1981): 생물리학자, 유전학자

1969년 노벨 생리학・의학상 수상자. 1929년 괴팅겐대학교에서 양자역학에 관한 연구로 박사학위 취득. 1932년 '빌헬름 황제 화학연구소' 리제 마이트너와 오토 한 조교.
1937년 미국으로 망명하여 캘리포니아 공과대학교에서 연구. 1939년 밴더빌트 대학교 물리학 교수. 1961년부터 1963년까지 쾰른대학교에서 연구, 쾰른대학교 유전분자 연구소 설립. 미국 캘리포니아 패서디나에서 사망.

▸ 헤르베르트 프로인트리히 Herbert Freundlich (1880-1941): 화학자

1906년 뮌헨대학교에서 물리 무기화학으로 교수자격논문 통과. 1911년 브라운슈바이크 공대 교수. 1916년 베를린 '빌헬름 황제 물리 화학 연구소' 연구원을 거쳐 1919년 소장. 1923년 베를린대학교에서 명예교수로 강의.
1933년 할머니가 유대인이라는 이유로 교수직을 박탈당하자 1933년 영국으로 망명한 다음, 미국으로 망명하여 1938년 미네소타대학교 교수. 미국 미네소타 미니애폴리스에서 사망.

▸ 리하르트 골드슈미트 Richard Goldschmidt (1878-1958): 생물학자

1902년 하이델베르크대학교 오토 뷔쉴리 교수에게서 박사학위를 취득한 다음, 뮌헨대학교에서 박사논문을 지도받은 리하르트 헤르트뷔히 교수의 조교. 1904년 교수자격논문 통과된 다음 1909년 뮌헨대학교 비정년 교수. 1914년 베를린 '빌헬름 황제 생물연구소' 동물유전학 실장을 거쳐 1919년 동 연구소 부소장.
1935년 유대인 혈통이란 이유로 독일국적 박탈당하고 미국으로 망명하여

캘리포니아 대학교 버클리대학교 유전학, 세포학 교수. 미국 캘리포니아 버클리에서 사망.

▸ 프릿츠 하버 Fritz Haber (1868-1934): 화학자

1919년 노벨화학상 수상자. 독가스 개발로 화학무기의 아버지로 불림. 1891년 베를린대학교 칼 리버만 교수에게서 박사학위 취득. 1894년 카를스루에 공대 물리화학 조교를 거쳐 1896년 교수자격논문 통과. 1898년 카를스루에대학교 기계화학 비정년 교수를 거쳐 1906년 물리화학, 전기화학 정교수. 1912년 베를린 '자연과학 후원 빌헬름 황제 협회 (KWG)' 물리화학, 전기화학 실장. 1912년 베를린대학교 물리화학 명예정교수. '포스겐 (Phosgene, CG)'과 '클로닌 (Chlorum, Cl)'의 화학합성 결과로 생산된 독가스 (부인의 반대에도 불구하고)가 1차 세계대전에 사용됨으로써 화학무기의 아버지란 호칭을 얻음. 1차 대전 후 연합군에 의해 전범으로 수배당하자 잠시 동안 스위스에 은둔. 1919년 '독일 해충퇴치 협회 (Degesch) 초대 회장.
1933년 유대인 혈통이란 이유로 강제 퇴직당하자 1934년 가을 미국으로 망명. 1934년 스위스 방문 중 스위스 바젤에서 사망.

▸ 오토 프릿츠 마이어호프 Otto Fritz Meyerhof (1884-1951): 생화학자

1922년 영국 심리학자 아치볼트 비비안 힐과 공동으로 노벨의학상 수상. 1909년 하이델베르크대학교 프란츠 니슬 교수에게서 박사학위 취득. 1913년 킬 대학교에서 교수자격논문 통과 후 1918년 교수. 1924년 베를린 '자연과학 후원 빌헬름 황제 협회' 생물학 실장, 1929년 하이델베르크 '자연과학 후원 빌헬름 황제 협회' 의학 실장을 거쳐 1930년 심리학 실장. 1935년 유대인 혈통이란 이유로 직책 박탈당함. 1938년 스위스를 거쳐 프랑스로 망명한 다음 1940년 미국으로 망명하여 펜실베이니아대학교 연구교수. 미국 필라델피아에서 사망.

▸ 칼 노이베르크 Carl Neuberg (1877-1956): 생화학자

1900년 베를린대학교 알프레트 볼 교수에게서 박사 학위 취득. 1916년 베를린대학교 비정년 교수를 거쳐, 1919년 정교수. 1913년부터 '자연과학 후원 빌헬름 황제 협회' 생화학실에서 1934년 퇴직당할 때까지 부서장, 실장.
망명 후 팔레스타인 예루살렘대학교, 미국 뉴욕대학교 교수. 미국 뉴욕에서 사망.

▸ 미하엘 (마이클) 폴라니 Michael Polanyi (1891-1976): 화학자

오스트리아-헝가리 (부다페스트) 출신. 1919년 부다페스트대학교에서 박사 학위 취득. 1920년 '자연과학 후원 빌헬름 황제 협회' 섬유화학실 연구를 거쳐 실장. 1923년 동 협회 물리화학, 전기화학실로 옮김.
1933년 영국으로 망명하여 1933년부터 1948년까지 맨체스터대학교 물리화학 교수. 영국 맨체스터에서 사망.

5.1.4. 망명 의학자

▸ 젤마 아쉬하임 Selmar Aschheim (1878-1965): 의학자

1901년 프라이부르크대학교에서 박사학위 취득. 1908년 베를린 소재 샤리테 대학병원 실험실 실장. 1931년 베를린대학교 명예교수.
1935년 유대인 혈통이라는 이유로 교수직을 잃고 1937년 프랑스 파리로 망명하여 1957년까지 '프랑스국립과학연구센터'에 근무. 프랑스 파리에서 사망.

▸ 오스카 간스 Oscar Gans (1888-1983): 피부과전문의

1912년 프라이부르크대학교에서 박사학위 취득. 1919년 함부르크대학교에서 교수자격논문이 통과된 후 1924년 하이델베르크대학교 비정년 교수, 1930년 프랑크푸르트대학교 정교수.
1934년 유대인 혈통이란 이유로 강제퇴직당하자, 영국 여권을 소지하고 인도로 망명하여 봄베이에서 개인병원 개업. 1946년 독일로 귀환하여 뮌

헨대학교와 프랑크푸르트대학교에서 강의한 후 1949년 프랑크푸르트 대학교 의과대학 병원장. 1950년부터 1951년까지 프랑크푸르트 대학교 의과대학 학장, 1953년부터 1954년까지 프랑크푸르트대학교 총장. 영국 림프스필드에서 사망.

▸ 쿠르트 골드슈타인 Kurt Goldstein (1878–1965): 신경학자, 심리학자

'신경심리학'과 '정신신체 의학'의 선구자. 1903년 브레스라우대학교에서 박사학위 취득. 1906년부터 1914년까지 쾨니히스베르크 신경정신병원 근무. 1914년 프랑크푸르트 '젱켄베르크 신경과 연구소' 소장. 1923년 프랑크푸르트대학교 신경과 정교수.
1933년 '나치돌격대'에 체포되어 망명 강요당함. 스위스와 네덜란드를 거쳐 1935년 미국으로 망명. 1936년 무보수 컬럼비아대학교 신경과 교수를 거쳐, 1940년부터 1945년까지 보스턴 터프츠대학교 신경과 교수. 1940년 미국 시민권 취득. 미국 뉴욕에서 사망.

▸ 베르너 헨레 Werner Henle (1910–1987): 바이러스학자

하이델베르크대학교에서 박사학위 취득. 1936년 하이델베르크대학교 의학박사 동창이자 역시 바이러스학자인 게르투루데 치펑기어와 미국으로 망명한 다음 결혼. 1936년부터 펜실베이니아대학교, 1939년부터 필라델피아 병원에서 부인과 공동으로 바이러스를 연구하여 1960년대 'Epstein-Barr-Virus (EBV)'와 'Burkitt's lymphoma (BL)' 제시. 1971년 부인과 공동으로 독일 '로버트-코흐-상' 수상. 미국 펜실베이니아 브린모어에서 사망.

▸ 파울 풀렙카 Paul Pulewka (1896–1989): 약학자, 독물학자

1927년 쾨니히스베르크대학교에서 박사학위 취득. 1929년부터 튀빙겐 대학교 강사를 거쳐 1933년 약물학, 독극물학 비정년 교수.
1935년 터키로 망명하여 1946년 앙카라대학교 교수. 터키어를 구사할 수 있었으나 독일어로 강의. 1953년 터키 국적취득 제의 거절. 독일에서의 초청으로 귀국하여 튀빙겐대학교 약물학 객원교수. 1957년 바덴-뷔템베르크

주에 '약물학 연구소' 설립.

▸ 필립 슈바르츠 Philipp Schwartz (1894-1977): 신경병리학자

1919년부터 프랑크푸르트대학교 병리학 연구소에서 연구, 1926년 프랑크푸르트대학교에서 교수자격논문통과 후 1927년 비정년 교수.
1933년 4월 유대인 혈통이란 이유로 '공무원 신분 원상회복법'에 의거 교수직 박탈당함. 1933년 4월 스위스 취리히에서 위기에 처한 과학자들을 돕기 위한 ('비상대책협회'에 상당하는) '독일 과학자 상담소' 설립. 1951년 '(독일의) 보상정책'에 의거 프랑크푸르트대학교 정교수 복직이 승인되었지만 실현되지 않음. 1953년부터 펜실베이니아 워렌국립병원 병리학과 근무. 1957년 프랑크푸르트대학교에 복직을 희망했지만 대학에 의해 받아들여지지 않음. 미국 플로리다 포트로더데일에서 사망.

5.2. 망명 정신과학자

5.2.1. 망명 문헌학자

▸ 파울 프리트랜더 Paul Friedländer (1882-1968): 고전문헌학자

1905년 본 대학교에서 박사, 1911년 베를린대학교에서 교수자격논문 통과. 플라톤 및 그리스 비극 전공자. 1914년부터 베를린대학교 비정년 교수를 거쳐 1920년 마르부르크대학교 정교수, 1932년 할레대학교 정교수.
1935년 비 아리아인종이란 이유로 교수직 박탈당함. 1939년 미국으로 망명하여 존 홉킨스대학교 및 UCLA에서 강의한 후 1945년부터 UCLA 교수. 미국 로스앤젤레스에서 사망.

▸ 쿠르트 폰 프릿츠 Kurt von Fritz (1900-1985): 고전문헌학자

1923년 뮌헨대학교 에두아르트 슈봐르츠 교수에게서 박사학위 취득.
1927년 교수자격논문 통과 후 1933년 로스토크대학교 비정년 교수.
1935년 강제퇴직당한 후 1936년 영국을 거쳐 1936년 미국으로 망명.
1937년부터 컬럼비아대학교에서 강의. 1954년 독일로 귀환이주하여 자유

베를린대학교 교수를 거쳐 1958년부터 1968년 정년퇴직할 때까지 뮌헨대학교 교수.

▸ 베르너 예거 Werner Jaeger (1888-1961): 고전문헌학자

20세기 독보적인 고전문헌학자. 1911년 베를린대학교 헤르만 딜스 교수에게서 베를린대학교 '고전어문학과'에서 40년 만에 최초로 수여한 최우수 점수 (summa cum laude)로 박사학위 취득. 1914년 교수자격논문 통과 후 (평생 한 번도) 조교나 전임강사도 거치지 않고 26세의 나이로 한때 프리드리히 니체의 후임 자리인 바젤대학교 정교수. 1915년 킬 대학교 정교수, 1921년 베를린대학교 정교수. 1924년 프로이센 학술원 회원. 나치 시절에는 비정치적 입장을 취하다가 나치 교육학자 에른스트 크릭과 나치 교육정책에 대한 격렬한 논쟁을 벌임.
1936년 미국으로 이주 (부인은 유대인 혈통). 시카고대학교를 거쳐 1939년부터 하버드대학교 교수. 미국 매사추세츠 케임브리지에서 사망.

▸ 에른스트 캅 Ernst Kapp (1888-1978): 고전문헌학자

1912년 프라이부르크대학교 에두아르트 슈바르츠 교수에게서 박사학위 취득. 1920년 뮌헨대학교에서 교수자격논문 통과 후 1927년 함부르크대학교 정교수.
부인이 유대인 혈통이란 이유로 '공무원 신분 원상회복법'에 의거 1937년 교수직 박탈당한 후 1939년 미국으로 망명. 1941년부터 컬럼비아대학교 강사를 거쳐 1948년부터 교수. 2차 대전 후 함부르크대학교 복직을 위해 오랫동안 투쟁했지만 법원은 퇴직 판결만을 내림. 비정규직으로 강의.

▸ 파울 마스 Paul Maas (1880-1964): 고전문헌학자

1902년 박사학위를 취득한 후, 1910년 베를린대학교 전임강사, 1920년 베를린대학교 비정년 교수, 1930년 쾨니히스베르크대학교 정교수.
1934년 유대인 혈통이란 이유로 '공무원 신분 원상회복법'에 의거 교수직 박탈당한 후 1939년 영국 옥스퍼드로 망명. 망명 중 궁핍한 생활. 1959년

옥스퍼드대학교 명예박사. 영국 옥스퍼드에서 사망.

▸ 한스 마이어 Hans Mayer (1907-2001): 문예학자

1930년 베를린대학교에서 박사학위 취득. 1933년 프랑스로, 1934년 스위스 제네바로 망명. 1945년 서독 프랑크푸르트로 귀환한 후 1948년 소련 군정 지역으로 이주하여 라이프치히 대학교 교수. 1963년 서독을 방문했다가 동독으로 귀환하지 않음. 1965년부터 1973년 정년퇴직할 때까지 하노버공대 독문학 교수를 거쳐 튀빙겐대학교 명예교수.

▸ 레오 슈핏쳐 Leo Spitzer (1887-1960): 불문학자, 문학이론가

1910년 오스트리아 빈대학교에서 박사학위 취득. 1913년 빈대학교 전임강사, 1925년 마르부르크대학교 프랑스어학 정교수, 1930년 쾰른대학교 정교수.

1933년 유대인 혈통이란 이유로 '공무원 신분 원상회복법'에 의거 교수직 박탈당한 후 1933년 터키로 망명. 이스탄불대학교에 유럽어문학과 창설한 후 학과장. 1936년 미국으로 이주하여 1956년 정년퇴직할 때까지 존 홉킨스대학교 불문과 교수. 이탈리아에서 사망.

▸ 리하르트 루돌프 발처 Richard Rudolf Walzer (1900-1975): 고전문헌학자, 철학자, 오리엔트학자

1927년 베를린대학교에서 박사학위 취득. 1932년 교수자격논문 통과된 후 베를린대학교 서양고전어문학과 전임 강사. 1933년 유대인혈통이란 이유로 교수직 박탈당한 후 이탈리아 출신인 부인과 함께 이탈리아로 가서 로마대학교에서 그리스 철학 강의. 이탈리아에서도 유대인은 안전하지 않자 영국으로 망명. 1942년 옥스퍼드 대학교 강사로 시작하여 1950년 그리스 철학 교수. 영국 옥스퍼드에서 사망.

5.2.2. 망명 역사학자

▸ 프란츠 보르케나우 Franz Borkenau (1900-1957): 역사철학자, 문화사학자, 사회학자

1933년 오스트리아로 망명했다가, 프랑스로, 그러한 다음 파나마로 망명. 1947년 서독으로 귀환하여 마르부르크 대학교 역사학 교수.

▸ 프란치스 L. 카르스텐 Francis L. Carsten (1911-1998): 역사학자

1936년 프랑스로 망명한 다음, 1939년 영국으로 망명. 1947년부터 1960년까지 런던대학교 웨스트필드 대학 강사를 거쳐 1961년부터 1988년까지 런던대학교 유럽사 교수 역임. 영국 런던에서 사망.

▸ 에른스트 엥겔베르크 Ernst Engelberg (1909-2010): 역사학자

1934년 베를린대학교 헤르만 온켄 교수에게서 『독일 사회민주주의와 비스마르크식 사회정책』이란 주제로 박사학위 취득. 박사학위 시험 며칠 후 체포당하여 복역. 복역 후 스위스를 거쳐 1940년 터키로 망명. 1948년 소련군정 지역으로 귀환이주하여 1949년 라이프치히대학교 교수. 1958년부터 1965년까지 '독일 사학자 협회' 의장, 1960년 '독일 역사 아카데미' 원장, 1960년부터 1980년까지 '동독 사학자 국가위원회' 의장. 통독 후 '독일 민주사회당 (PDS)' 당적 소유.

▸ 헬무트 히르쉬 Helmut Hirsch (1907-2009): 역사학자

1933년 당시의 자르지역으로 망명한 다음, 1935년 프랑스로, 1941년 미국으로 망명. 1945년부터 1957년까지 루즈벨트 대학교 유럽사 조교수. 1957년 서독으로 귀환. 1958년부터 1971년까지 뒤셀도르프 정경아카데미 강사. 1972년부터 1977년까지 뒤스부르크 대학교 명예교수로 정치학 강의.

▸ 하요 홀보른 Hajo Holborn (1902-1969): 역사학자

1926년부터 하이델베르크 대학교 전임강사를 거쳐 베를린 '독일 정치대

학' 역사학 교수.

1934년 영국을 거쳐 미국으로 망명. 1936년부터 1942년까지 매사추세츠 터프츠 대학교에서 강의. 2차 대전 중 미국 시민권자로 미국 첩보기관인 OSS에서 근무. 2차 대전 후 예일 대학교 교수. 1955년 빈대학교 객원교수. 하이델베르크에서 출생하고 아버지와 함께 망명의 길에 올랐던 그녀의 딸 한나 홀보른 그레이는 예일대학교 교수를 거쳐 예일대학교 총장, 시카고대학교 총장을 역임함. 서독 본에서 사망.

▸ 에른스트 콘-브람슈테트 Ernst Kohn-Bramstedt (1901-1978): 역사학자, 사회학자

1933년 영국으로 망명. 1940년 영국국적 취득. BBC방송 근무. 1943년부터 1947년까지 영국외무성 근무. 1952년 오스트레일리아로 건너감. 1952년부터 1969년까지 시드니대학교 유럽사 교수. 1969년 영국으로 귀환("retirement").

▸ 골로 만 Golo Mann (1909-1994): 역사학자

노벨문학상 수상자 토마스 만의 아들. 1932년 하이델베르크대학교 칼 야스퍼스 교수에게서 박사학위 취득. 1933년 가족을 따라 스위스를 거쳐 프랑스로 망명. 1940년 그의 큰 아버지인 작가 하인리히 만 과 함께 스페인을 경유하여 미국으로 망명. 1942년부터 1958년까지 미국의 여러 대학교에서 역사학 강의. 1958년 유럽으로 귀환하여 스위스 취리히에 정착. 1960년부터 1964년까지 슈투트가르트대학교 정치학 교수.

▸ 아르투르 로젠베르크 Arthur Rosenberg (1889-1943): 역사학자 (고대사)

1911년 베를린대학교에서 로마사 연구로 박사, 1913년 교수자격논문 통과. 1930년부터 1933년까지 베를린대학교 비정년 교수. 1933년 유대인 혈통이란 이유로 '공무원 신분 원상회복법'에 의거 교수직 박탈당함. 1933년 스위스로, 1934년 영국으로, 1937년 미국으로 망명. 영국 리버풀대학교, 미국 브루클린대학교에서 강의. 미국 뉴욕에서 사망.

▸ 한스 로젠베르크 Hans Rosenberg (1904-1988): 역사학자

1928년 베를린대학교 프리드리히 마이네케 교수에게서 박사학위 취득, 1934년 교수자격논문 통과. 1934년 캐나다, 쿠바를 거쳐 1935년 미국으로 망명. 1938년부터 1959년까지 브루클린대학교, 1959년부터 1972년까지 캘리포니아 대학교 (UCB) 역사학 교수. 1977년 서독으로 귀환하여 프라이부르크대학교 명예교수.

▸ 한스 로트펠스 Hans Rothfels (1891-1976): 역사학자

하이델베르크대학교에서 역사학 전공한 후 1926년부터 쾨니히스베르크 대학교 교수. 1934년 유대인 혈통이란 이유로 교수직 박탈당한 후 1939년 영국을 경유하여 미국으로 망명. 1951년 귀환하여 튀빙겐대학교 교수를 역임했으나 1969년까지 미국 국적을 유지하며 미국 시카고대학교 강의 병행. 독일 튀빙겐에서 사망.

▸ 알프레트 박츠 Alfred Vagts (1892-1986): 작가, 역사학자

1919년 뮌헨 소비에트공화국 참여한 후 극좌파로 활동. 1923년부터 1932년까지 함부르크대학교 '대외정책 연구소' 연구원. 1932-33년 영국을 거쳐 미국으로 망명. 1933년 미국 시민권 취득. 1938/39년 하버드대학교 객원교수, 1939년부터 1942년까지 프린스턴 대학교 고등연구소 연구원. 미국 매사추세츠 케임브리지에서 사망.

5.2.3. 망명 철학자

▸ 테오도르 W. 아도르노 Theodor W. Adorno (1903-1969): 철학자, 사회학자

1934년 영국으로 망명한 다음, 1938년 미국으로 망명. 1938년 프랑크푸르트에서 미국 뉴욕으로 이전한 '사회연구소' 정회원. 1942년 막스 호르크하이머와 "계몽의 변증법" 공동 작업을 위해 캘리포니아로 거주지를 옮김. 1949년 서독으로 귀환. 프랑크푸르트 대학교 사회철학 비정년 교수. 호르크하이머와 공동으로 재건한 '사회연구소'를 이끌어 나감. 1956년부

터 1969년까지 프랑크푸르트 대학교 사회학, 철학 정교수. 1969년 스위스에서 심장마비로 사망.

▸ 귄터 안더스 Günther Anders (1902-1992): 철학자

1923년 프라이부르크대학교 에드문트 훗설 교수에게서 현상학에 관한 주제로 박사학위 취득. 1929년 프랑크푸르트대학교 파울 틸리히 교수에게 교수 자격논문을 제출했으나 Th. W. 아도르노의 반대로 통과되지 못함. 정치사상가 한나 아렌트와 결혼 생활 (1929-1937). 1933년 프랑스 파리로 망명한 후 1936년 미국으로 망명. 작가 엘리자베트 프로인트리히와 결혼생활 (1945-1955). 1950년 고향 오스트리아 빈으로 귀환이주. 동독이나 서독은 귀환이주를 허락하지 않음.

▸ 한나 아렌트 Hannah Arendt (1906-1975): 정치사상가

1933년 프랑스로 망명한 다음, 1941년 미국으로 망명. 1937년 독일 국적 박탈당함. 1937년 망명지에서 귄터 안더스와 이혼하고 1940년 하인리히 블뤼허와 재혼. 1951년 미국 시민권 취득. 1953년 뉴욕 브루클린 칼리지 교수. 1963년부터 1967년까지 시카고대학교 교수. 뉴욕에서 사망.

▸ 발터 벤야민 Walter Benjamin (1892-1940): 철학자, 사회이론가

1933년 프랑스 파리로 망명. 1940년 미국으로 망명할 목적으로 스페인 국경을 넘어가던 중 자살로 생을 마감.

▸ 구스타프 베르크만 Gustav Bergmann (1906-1987): 철학자, 실증주의자

1928년 빈대학교에서 수학 박사학위 취득. 베를린에서 앨버트 아인슈타인의 조교. 1938년 아인슈타인의 도움을 받아 미국으로 망명. 1940년 아이오와대학교 철학 조교수, 1950년 교수. 1967년 '미국 철학회' 회장.

▸ 에른스트 블로흐 Ernst Bloch (1885-1977): 철학자

1차 세계 대전 중인 1917년부터 1919년까지 스위스 망명. 1933년 독일 국적 박탈당함. 스위스로 망명. 1939년 미국으로 망명. 1944년 뉴욕에서 알프레트 되블린, 리온 포이히트방어, 존 하트필드, 하인리히 만과 더불어 아우로라 출판사 창립. 1948년 동독 구역 라이프치히 대학교 철학교수. 1949년 서독 구역 프랑크푸르트 대학교 교수직 초빙 거절. 1955년 동독 국가훈장. 1961년 서독 강연여행 중 부인과 함께 동독으로 돌아가지 않고 서독에 정착. 1961년 튀빙겐대학교 철학교수.

▸ 하인리히 브뤼혀 Heinrich Blücher (1899-1970): 철학자

1933년 체코의 프라하로 망명한 다음, 1934년 프랑스로 망명. 1941년 프랑스의 수용소에서 탈출하여, 스페인과 포르투갈을 거쳐 미국으로 망명. 1952년 미국 시민권 취득. 1952년 뉴욕소재 바드 칼리지 철학교수. 미국 뉴욕에서 사망.

▸ 베르너 곳프리트 브록 Werner Gottfried Brock (1901-1974): 의학자, 철학자

1928년 괴팅겐대학교 게오르크 미쉬 교수에게서 프리드리히 니체에 관한 주제로 박사학위 취득. 1931년 철학적 생물학에 관한 주제로 교수자격논문 통과. 1930년부터 마르틴 하이데거의 조교 겸 전임강사. 1933년 유대인 혈통이란 이유로 교원자격 박탈당함. 1934년 하이데거의 도움으로 영국 게임브리지로 건너가 독일철학 강의. 1951년 독일로 귀환하여 프라이부르크대학교 비정년 교수.

▸ 마르틴 부버 Martin Buber (1878-1965): 철학자

1924년부터 1933년까지 프랑크푸르트대학교 강사, 유대종교학, 윤리학 명예교수. 유대인 혈통이란 이유로 교수직 박탈당함. 1938년 팔레스타인 예루살렘으로 망명하여 예루살렘 히브리대학교 교수. 이스라엘 예루살렘에서 사망.

▸ 루돌프 카르납 Rudolf Carnap (1891-1970): 철학자

논리실증주의 대표자. 1921년 예나대학교 브루노 바우흐 교수에게서 박사학위 취득. 1926년 빈대학교에서 교수자격 논문 통과된 후 1931년까지 빈대학교 전임강사. 1931년부터 1935년까지 프라하대학교 비정년 교수. 1936년 미국으로 망명하여 시카고대학교에서 강의. 1941년 미국 시민권 취득. 1952년부터 1954년까지 프린스턴대학교 교수, 1954년부터 1961년 정년퇴직할 때까지 UCLA 교수. 미국 캘리포니아 샌타모니카에서 사망.

▸ 에른스트 카시러 Ernst Cassirer (1874-1945): 철학자, 예술사학자

1899년 마르부르크대학교 헤르만 코엔 교수와 파울 나토릅 교수에게서 박사학위 취득. 1906년 베를린 대학교에서 교수자격논문 통과된 후 베를린 대학교 전임 강사. 1919년 함부르크대학교 철학 정교수.
1933년 유대인 혈통이란 이유로 '공무원 신분 원상회복법'에 의거 교수직 박탈당한 후 영국으로 망명하여 옥스퍼드대학교 객원교수. 1935년 스웨덴으로 망명하여 괴테보르크대학교 교수. 1939년 스웨덴 시민권 취득. 1941년 미국으로 이주하여 예일대학교와 컬럼비아대학교에서 강의. 미국 뉴욕에서 사망.

▸ 프리드리히 빌헬름 푀르스터 Friedrich Wilhelm Foerster (1869-1966): 철학자

1893년 베를린대학교에서 박사학위 취득. 1898년 취리히대학교에서 교수자격논문 통과 후 1898년부터 1912년까지 취리히대학교 철학, 교육학 전임강사. 1913/14년 빈대학교 비정년 교수를 거쳐 1914년부터 뮌헨대학교 철학, 교육학 정교수. 1933년 프랑스를 거쳐 1940년 미국으로 망명. 1963년 스위스로 귀환하여 스위스에서 사망.

▸ 필립 프랑크 Philipp Frank (1884-1966): 철학자, 물리학자, 수학자

1907년 빈대학교에서 이론물리학으로 박사학위 취득. 1910년 빈대학교에서 교수자격논문 통과 후 아인슈타인의 추천으로 프라하대학교 아인슈타인

후임. 1938년 미국으로 망명하여 하버드대학교 수학, 물리학 강사. 미국 매사추세츠 케임브리지에서 사망.

▸ 곳하르트 귄터 Gotthard Günther (1900-1984): 철학자 (논리학자)

1937년 이탈리아를 거쳐 남아프리카로 망명한 다음, 1940년 미국으로 망명. 1948년 미국 국적 취득. 1961년부터 1972년까지 일리노이 대학교 '생물학 컴퓨터 실험실 (BCL)' 연구교수. 1972년 서독으로 귀환이주하여 함부르크 대학교에서 철학 강의.

▸ 프릿츠 하이네만 Fritz Heinemann (1889-1970): 철학자

1930년부터 1933년까지 프랑크푸르트대학교 비정년 교수. 1933년 네덜란드, 프랑스, 터키를 경유하여 1937년 영국으로 망명. 1939년부터 1956년까지 맨체스터대학 교수. 1957년부터 정년퇴직한 교수로 프랑크푸르트대학교에서 강의. 영국 옥스퍼드에서 사망.

▸ 칼 구스타프 헴펠 Carl Gustav Hempel (1905-1997): 철학자

1934년 베를린대학교에서 박사학위 취득. 1939년 미국으로 망명하여 1940년부터 1948년까지 퀸스 칼리지에서 강의. 1948년부터 1955년까지 예일대학교, 1955년부터 1974년까지 프린스턴 대학교 교수. 1961년 미국 철학회 회장. 미국 프린스턴에서 사망.

▸ 디트리히 폰 힐데브란트 Dietrich von Hildebrand (1889-1977): 철학자, 작가

괴팅겐대학교 에드문트 훗설 교수에게서 박사학위 취득. 1918년부터 1933년까지 뮌헨대학교 철학 교수. 나치 체제가 집권하자 오스트리아로 도주한 후 1938년 스위스를 거쳐 프랑스로 망명한 후 브라질을 거쳐 미국으로 망명. 미국 뉴욕에서 사망.

▸ 리하르트 회니히스발트 Richard Hönigswald (1875–1947): 철학자

1902년 오스트리아 빈대학교에서 의학박사학위 취득한 후 1904년 오스트리아 그라츠대학교에서 철학박사학위 취득. 브레스라우대학교에서 교수자격논문 통과 후 1910년 비정규직 교수, 1916년 교수, 1919년 정교수. 1924년 사회학자 노르베르트 엘리아스의 논문을 지도하여 박사학위 수여. 1930년 뮌헨대학교 교수. 1933년 유대인 혈통이란 이유로 교수직 박탈당하고 1938년에는 박사 칭호도 박탈당함. 1939년 미국으로 망명. 1941년 독일국적 박탈당함. 1944년 미국 시민권 취득. 미국의 대학에서 자리를 구하지 못하고 출판사도 구하지 못함. 미국 코네티컷 뉴헤이번에서 사망.

▸ 한스 요나스 Hans Jonas (1903–1993): 철학자

『책임의 원리』 저자. 1930년 마르부르크 대학교 마르틴 하이데거 교수에게서 박사학위 취득.

1933년 영국을 거쳐 1935년 팔레스타인 예루살렘으로 망명. 1949년 캐나다로 이주한 후 1955년 미국으로 이주. 뉴욕 'New School for Social Research' 교수. 미국 뉴욕에서 사망.

▸ 라이몬트 클리반스키 Raymond Klibansky (1905–2005): 철학자

1929년 하이델베르크대학교에서 박사학위 취득, 1931년 교수자격논문 통과 후 하이델베르크대학교 전임강사. 1933년 교수직 박탈당한 후 1933년 영국으로 망명하여 옥스퍼드대학교 교수, 캐나다 몬트리올대학교 교수. 캐나다 몬트리올에서 사망.

▸ 리하르트 크로너 Richard Kroner (1884–1974): 철학자, 신학자

1908년 프라이부르크대학교 하인리히 리커르트 교수에게서 박사학위 취득. 1912년 교수자격논문 통과 후 하이델베르크대학교 철학 전임강사. 1924년 드레스덴 공대, 1928년 킬대학교 철학 정교수.

1938년 영국을 경유하여 1940년 미국으로 망명. 1941년부터 1952년 정년퇴직까지 뉴욕 유니온 신학교 종교철학 교수.

▸ 헬무트 쿤 Helmut Kuhn (1899–1991): 철학자

1923년 브레스라우대학교에서 박사학위 취득. 1930년 베를린대학교에서 교수자격논문 통과 후 1937년까지 베를린대학교 전임강사. 1937년 미국으로 망명하여 노스캐롤라이나 대학교 (채플힐) 교수를 거쳐 1947년 에모리대학교 교수. 1949년 독일로 귀환이주하여 에어랑겐대학교 교수, 1953년 뮌헨대학교 미국문화사 교수를 거쳐 철학 정교수. 1957년부터 1962년까지 '일반 독일 철학회' 회장.

▸ 테오도르 레씽 Theodor Lessing (1872–1933): 철학자

1907년 하노버 공대 전임강사. 1933년 3월 1일 체코로 도주했으나, 그해 8월 30일 나치 자객들에 저격당하여 목숨을 잃음.

▸ 아르투르 리베르트 Arthur Liebert (1878–1946): 철학자

마르부르크학파의 대표자. 1907년 베를린대학교 프리드리히 파울젠 교수와 알로이스 릴 교수에게서 박사학위 취득. 1904년 '칸트학회' 창립. 1919년부터 1933년까지 베를린 상과대학에서 철학 강의. 1933년 강제퇴직당한 후 세르비아 베오그라드로 망명. 1939년 영국으로 이주. 1946년 베를린으로 귀환하여 베를린 (훔볼트)대학교 교육학 부학장으로 잠시 강의.

▸ 칼 뢰비트 Karl Löwith (1897–1973): 철학자

1923년 뮌헨대학교 모리츠 가이거 교수에게서 박사 학위 취득. 1928년 마르부르크대학교 마르틴 하이데거 교수에게서 교수자격논문 통과. 1934년 마르부르크대학교 역사철학 비정년 교수. 1933년 유대인 혈통이란 이유로 교수직 박탈당하고 출판금지 당함. 1934년 이탈리아로 망명한 후, 일본으로 망명하여 1936년부터 1937년까지 일본의 도호쿠대학 (東北大学)에서 강의. 1941년 미국으로 이주하여 1949년부터 1952년까지 'New School for Social Research' 교수. 가다머 교수의 주선으로 1952년 하이델베르크대학교의 정교수가 되어 1964년 정년퇴직.

▸ 루드뷔히 마르쿠제 Ludwig Marcuse (1894–1971): 철학자

1917년 베를린대학교 에른스트 트뢸취 교수에게서 프리드리히 니체에 관한 주제로 박사학위 취득. 1933년 프랑스로 망명한 다음, 1939년 소련을 경유 미국으로 망명하여 남캘리포니아 대학교 (USC) 교수. 1944년 미국 시민권 취득. 2차 대전 후 종종 고국을 방문하다가 1960년대 서독 바이에른에 정착.

▸ 게오르크 미쉬 Georg Misch (1878–1965): 철학자

1900년 베를린대학교에서 박사학위 취득. 1905년 베를린대학교 빌헬름 딜타이 교수에게서 교수자격논문 통과. 1911년 마르부르크대학교 비정년 교수, 1916년 괴팅겐대학교 비정년 교수, 1919년 괴팅겐대학교 철학 정교수. 1935년 유대인 혈통이란 이유로 교수직 박탈당한 다음 영국으로 망명. 1946년 독일 괴팅겐으로 귀환이주하여 퇴직교수로 연구.

▸ 헬무트 프레스너 Helmuth Plessner (1892–1985): 철학자, 사회학자

'철학적 인간학' 대표자. 1926년 쾰른대학교 비정년 교수. 1933년 아버지가 유대인 혈통이란 이유로 '공무원 신분 원상회복법'에 의거 교수직 박탈당함. 1933년 터키로 망명한 다음, 1934년 네덜란드로 망명. 독일군이 네덜란드를 점령하자 지하 (단체)로 은신. 1946년 네덜란드 그로닝겐대학교 철학 정교수. 1950년 서독으로 귀환하여 1952년부터 1962년까지 괴팅겐대학교 사회학 교수.

▸ 칼 포퍼 Karl Popper (1902–1994): 철학자, 과학이론가

1928년 빈대학교 칼 빌러 교수에게서 박사학위 취득. 1937년 뉴질랜드로 망명하여 캔터베리 대학교 강사. 1946년 영국으로 이주하여 런던 정치경제대학교 (LSE) 비정년 교수. 1949년 런던대학교 논리학 교수 (1969년 정년퇴직). 영국 런던에서 사망.

▸ 헤르만 라우슁 Hermann Rauschning (1887-1982): 나치 정치가, 파시즘 이론가

1932년부터 1934년까지 나치 상황을 기록으로 전하는 『히틀러와 대화』 저자. 1932년부터 나치 당원이었으나 강령을 거부하고 1934년에 당을 탈퇴하여 나치 체제 비판자가 됨. 1933년부터 1934년까지 단치히 자유도시 의회 의장. 1936년 스위스, 1938년 프랑스, 1939년 영국을 거쳐 1941년 미국으로 망명. 미국 오리건 포틀랜드에서 사망.

▸ 요셉 슐라이프슈타인 Josef Schleifstein (1915-1992): 철학자

1933년부터 나치 저항 운동을 하다가 체포되어 투옥됨. 1935년 석방된 다음 무국적자가 되어 폴란드로 추방됨. 폴란드에서 체코슬로바키아로 망명한 다음, 1939년 영국 런던으로 망명. 1946년 서독 쾰른으로 귀환이주하여 1949년 서독 독일공산당 의장단 서기. 1951년 동독 소재 (칼 마르크스)라이프치히대학교 강사, 1956년 박사학위 취득, 1958년 교수자격논문 통과. 1968년 서독으로 귀환하여 1968년부터 1981년까지 프랑크푸르트 '마르크스 연구소' 소장.

▸ 울리히 존네만 Ulrich Sonnemann (1912-1993): 철학자

1933년 스위스로 망명하여 1934년 바젤대학교에 박사논문 제출하여 박사학위 취득. 1940년 브뤼셀에서 체포되어 프랑스에 수감. 1941년 수용소 탈출에 성공하여 미국으로 도주. 'New School for Social Research' 심리학 부교수. 1955년 서독으로 귀환이주하여 1958년부터 1969년까지 뮌헨 거주하며 자유문필 생활. 1969년부터 1974년까지 '뮌헨 영화학교' 강사를 거쳐 카셀대학교 철학 교수.

▸ 에디트 슈타인 Edith Stein (1891-1942): (가톨릭) 수녀 철학자

유대인 출신 가톨릭 수녀 철학자. 1916년 프라이부르크대학교 에드문 트 훗설 교수에게서 박사학위 취득. 괴팅겐대학교, 브레스라우대학교, 프라이부르크대학교에 교수자격논문 제출했지만 통과되지 못함. 1938년 네덜란

드로 이주. 1942년 8월 2일 게슈타포에 체포되어 1942년 8월 9일 유대인수용소 독가스실에서 죽임 당함.

▸ 레오 슈트라우스 Leo Strauss (1899–1973): 철학자

1921년 함부르크대학교 에른스트 카시러 교수에게서 박사학위 취득한 다음 마르부르크대학교 에드문트 훗설 교수와 마르틴 하이데거 교수에게서 수학. 1925년부터 1932년까지 베를린 '유대교학 대학' 강사. 1931년 신학자 파울 틸리히에게 제출된 교수자격논문 거절당함. 나치 체제 집권하기 직전 록펠러 장학금을 받아 프랑스 파리로 감. 1934년부터 1938년까지 역시 록펠러 장학금을 받아 영국에서 토마스 홉스 연구. 1938년 미국으로 건너가 'New School for Social Research'에서 강의. 1944년 미국 시민권 취득. 1949년부터 1968년 정년퇴직할 때까지 시카고대학교 정치철학 교수. 독일은 1954년 단 한 번만 방문 (하이델베르크대학교 칼 뢰비트 교수와 한스 게오르크 가다머 교수를 방문하고 소크라테스에 관한 강연). 미국 메릴랜드 아나폴리스에서 사망.

▸ 파울 틸리히 Paul Tillich (1886–1965): 조직신학자

칼 바르트, 디트리히 본회퍼, 루돌프 불트만, 칼 라너와 함께 20세기 전반기를 대표하는 신학자 중의 한 사람. 1910년 오이겐 퀴네만 교수에게서 셸링에 관한 주제로 박사 학위 취득. 1차 세계대전 참전 후 베를린대학교 전임강사, 1924년부터 마르부르크 대학교, 1925년부터 드레스덴 공대, 1929년부터 1933년까지 프랑크푸르트대학교 전임강사. 1933년 유대인 혈통이란 이유로 '공무원 신분 원상회복법'에 의거 교수직 박탈당한 후 미국으로 망명하여 '유니온 신학교 (UTS)' 교수. 1944년 망명단체 '민주 독일 평의회' 창립하고 의장. 미국 시카고에서 사망.

5.3. 망명 사회과학자

5.3.1. 망명 법학자

▸ 아르놀트 브레히트 Arnold Brecht (1884-1974): 법학자, 정치학자

1906년 박사학위 취득. 1918년부터 1933년까지 바이마르 공화국 고급 공무원. 1933년 미국으로 망명하여 뉴욕 'New School for Social Research'에서 강의. 2차 대전 종전이 되기 전에 미국 대외정책 고문. 2차 대전 종전 후 서독으로 귀환하여 정치학 재건 및 서독 헌법 제정에 관여.

▸ 오씨프 K. 프레히트하임 Ossip K. Flechtheim (1909-1998): 법학자, 정치학자

독일 '미래학' 창시자. 1934년 쾰른대학교에서 법학박사 학위 취득. 1935년 스위스로 망명한 다음 1939년 미국으로 망명. 1946년 미국 육군중령으로 독일에 귀환하여 뉘른베르크 전범재판 미국 주임검사실장 역임. 1951년 서베를린으로 귀환하여 객원교수를 역임한 후 1958년부터 자유베를린대학교 교수.

▸ 제임스 골드슈미트 James Goldschmidt (1874-1940): 법학자

1895년 베를린대학교에서 박사학위 취득. 1901년 베를린대학교 요셉 콜러 교수와 프란츠 폰 리츠트 교수에게서 교수자격논문 통과. 비정년 교수를 거쳐 1919년부터 베를린대학교 법학 정교수. 1934년 강제퇴직당함. 1938년 영국을 거쳐 우루과이로 망명. 우루과이 몬테비데오에서 사망.

▸ 헤르만 헬러 Hermann Heller (1891-1933): 법학자

1930년 출간한 『법치국가인가 독재인가?』라는 저서에서 사용한 "사회적 법치국가 (sozialer Rechtsstaat)"라는 개념으로 유명. 1915년 오스트리아 그라츠대학교에서 법학박사 학위 취득. 1920년 킬 대학교에서 교수자격논문 통과. 1928년 베를린대학교 비정년 교수를 거쳐 1932년 프랑크푸르트 대학교 공법 정교수.

1933년 강연 차 영국으로 갔다가 독일로 돌아오지 않고 스페인 마드리드 대학교 객원교수로 강의하기 위해 마드리드로 망명. 1933년 9월 1일 유대인 혈통이란 이유로 '공무원 신분 원상회복법'에 의거 교수직을 박탈당하고 1933년 11월 5일 마드리드에서 심장마비로 사망.

▸ 알베르트 헨젤 Albert Hensel (1895–1933): 세법학자

본대학교에서 교수자격논문 통과 후 1923년 본대학교 비정년 교수를 거쳐 1929년부터 1933년까지 쾨니히스베르크대학교 공법 정교수. 1933년 4월 '아리안 조항'에 의거 학교 당국으로부터 '안식년' 조치 당하여 이탈리아 파비아에 갔다가 1933년 10월 18일 이탈리아 파비아에서 사망.

▸ 헤르만 칸토르비치 Hermann Kantorowicz (1877–1940): 법학자

1900년 하이델베르크대학교에서 박사학위 취득. 1907년 프라이부르크 대학교에서 교수자격논문 통과 후 1913년부터 1929년까지 프라이부르크 대학교 전임강사, 비정년교수. 1929년부터 1933년까지 킬 대학교 법학 정교수. 유대인 혈통이란 이유로 '공무원 신분 원상회복법'에 의거 교수자격 박탈당함. 1933년 미국으로 망명한 다음, 1934년 영국으로 망명. 1933년부터 1934년까지 뉴욕의 씨티칼리지에서 강의. 1934년부터 1937년까지 런던의 'School of Economics', 옥스퍼드의 'All Souls College', 케임브리지 대학교에서 강의. 영국의 케임브리지에서 사망.

▸ 에리히 카우프만 Erich Kaufmann (1880–1972): 법학자

바이마르 공화국과 초창기 서독의 중요한 헌법, 국제법학자. 1906년 할레 대학교에서 박사학위 취득. 1908년 킬 대학교에서 교수자격논문 통과 후 1912년 킬 대학교 비정년 교수, 1913년 쾨니히스베르크대학교 정교수. 1917년 베를린대학교 정교수, 1920년 본 대학교 정교수. 1927년 베를린 대학교 명예교수로 이직했다가 1933년 베를린대학교 정교수. 1934년 유대인 혈통이란 이유로 '공무원 신분 원상회복법'에 의거 교수직 박탈당한 후 1938년 네덜란드로 도주. 1946년 서독으로 귀환이주하여 1947년부터

1950년까지 뮌헨대학교 정교수. 1950년부터 1958년까지 서독 수상 및 외무성 고문.

▸ 한스 켈젠 Hans Kelsen (1881–1973): 법학자

20세기의 저명한 법학자 (특히 헌법, 국제법 분야). 1906년 빈대학교에서 박사학위 취득. 1911년 빈대학교에서 헌법과 법철학으로 교수자격논문 통과 후 1917년 빈대학교 비정년 교수, 1919년 빈대학교 법학 정교수. 1930년 쾰른대학교 국제법 정교수. 1933년 유대인 혈통이란 이유로 '공무원 신분 원상회복법'에 의거 대학교에서 안식년 처리를 당한 후 1934년 퇴직 당함. 1933년부터 1940년까지 스위스 제네바 '국제연구 대학원' 국제법 교수 겸 1936년부터 1938년까지 체코 프라하의 칼 페르디난트 대학교 국제법 정교수. 독일국적과 오스트리아국적을 박탈당하자 1936년 체코국적 취득. 1940년 미국으로 망명. 하버드대학교에서 명예박사를 수여받았으나 교수직위를 받지는 못함. 1942년 캘리포니아 대학교 버클리 (UC Berkeley)로 옮겨 1945년 동 대학교에서 풀 교수로 임명되었고 1957년까지 정치학 강의. 1945년 이후 오스트리아 학술원 회원으로 추대되고 공적으로 경의를 받았지만 오스트리아로 귀환이주하지 않음. 미국 버클리 오린다에서 사망.

▸ 로베르트 켐프너 Robert Kempner (1899–1993): 법률가

뉘른베르크 전범재판 당시 미국 검사장 로버트 H. 잭슨의 대리인으로 근무. 프라이부르크대학교에서 학업을 마친 후 베를린에서 검사로 일한 다음, 1928년 프로이센 내무부 근무. 1933년 공직 박탈당함. 1935년 이탈리아를 거쳐 미국으로 망명. 1939년부터 프랭클린 D. 루즈벨트 대통령 행정부 고문, 1943년 '유엔 전쟁범죄 위원회 (UNWCC)' 위원. 2차 세계대전 종전 후 1945/46 뉘른베르크 전범재판 미국 측 검사. 뉘른베르크 전범재판 후 독일에 정착하여 1951년 프랑크푸르트에서 변호사 개업.

▸ 프리드리히 케슬러 Friedrich Kessler (1901–1998): 법학자

1928년 베를린대학교에서 박사학위 취득. 1931년부터 1933년까지 베를린상과대학 전임강사. 1934년 미국으로 망명. 1942년 미국 시민권 취득. 1935년부터 1938년까지 예일대학교 로스쿨 조교수, 1938년부터 1947년까지 시카고대학교 로스쿨 부교수, 1947년부터 1970년까지 예일 대학교 로스쿨 교수. 1970년 예일대학교 정년퇴직 후 UC 버클리 로스쿨에서 강의. 미국 버클리에서 사망.

▸ 오토 키르히하임머 Otto Kirchheimer (1905–1965): 행정학자, 헌법학자

저명한 헌법이론가. 1928년 본 대학교에서 박사학위 취득. 1930년부터 1933년까지 상과대학 정치학 강사, 1932년부터 1933년까지 베를린에서 검사로 근무. 1933년 프랑스로 망명한 다음, 1937년 미국으로 건너감. 1937년부터 1942년까지 컬럼비아대학교 강사. 1944년부터 1952년까지 미국 첩보 기관 OSS에서 근무. 1954년 'New School for Social Research' 객원 교수를 거쳐, 1955년부터 1961년까지 동 대학교 정치학 정교수. 1960년부터 1965년까지 컬럼비아대학교 정치학 정교수. 미국 뉴욕에서 사망.

▸ 칼 코르쉬 Karl Korsch (1886–1961): 법학자, 언론인, 마르크스 이론가

안토니오 그람시, 게오르크 루카치와 더불어 저명한 마르크스 철학 복구자에 속함. 1910년 예나대학교에서 박사학위 취득. 1919년 예나대학교에서 교수자격논문 통과 후 전임강사를 거쳐 1923년 민법, 소송법, 노동법 교수. 1933년 덴마크로 망명한 다음 영국을 거쳐 1936년 미국으로 망명. 워싱턴 주립대학교, 툴레인대학교 등에서 객원교수를 지냈지만 개인적인 정치적 색채 때문에 교수 직위는 거부당함. 미국 매사추세츠 벨몬트에서 사망.

▸ 베르너 S. 란데커 Werner S. Landecker (1911–2002): 법학자, 사회학자

1936년 베를린대학교에서 박사학위 취득 후 1936년 미국으로 망명. 인디애나대학교 교수를 거쳐 시카고대학교 교수. 미국 미시간 앤아버에서 사망.

▸ 오토 라이히터 Otto Leichter (1897-1973): 법학자, 언론인

1920년 빈대학교에서 박사학위 취득. 1919년부터 1934년까지 오스트리아 잡지 『투쟁』 근무. 1925년부터 1934년까지 빈 소재 사민당 중앙기관지인 『노동자 신문』 근무.
1938년 벨기에를 거쳐 프랑스로 망명한 다음, 1940년 미국으로 망명. 1946년 빈으로 귀환하여 오스트리아 사민당원으로 정치에 참여하던 중 전후 오스트리아 사민당 정책에 환멸을 느껴 1948년 미국으로 다시 건너감. 미국 뉴욕시티에서 사망.

▸ 요한 모르케 Johann Mokre (1901-1981): 법학자

1924년 오스트리아 그라츠대학교에서 박사학위 취득. 1932년부터 1938년까지 그라츠대학교 전임강사. 1939년 대학교로부터 강제퇴직당함. 1939년 스위스, 이탈리아를 거쳐 미국으로 망명. 1946년 미국 시민권 취득. 1948년 오스트리아로 귀환하여 그라츠대학교 객원교수를 거쳐 1949년부터 1971년까지 그라츠대학교 법학, 행정학 정교수. 1949년 오스트리아국적 회복.

▸ 프란츠 노이만 Franz Neumann (1900-1954): 정치학자, 법학자

1923년 프랑크푸르트대학교에서 박사학위 취득. 1928년부터 1933년까지 베를린에서 변호사. 1928년부터 베를린 '독일 정치대학'에서 강의. 1933년 영국으로 망명하여 1935년 '런던 정치경제대학교' 해럴드 라스키 교수와 칼 만하임 교수에게서 두 번째 박사학위 취득. 1936년 미국으로 이주하여 컬럼비아대학교 사회연구소 근무. 1942년부터 OSS에서 2차 대전 후 미래 독일에서의 미군정 정책 작업 근무한 다음, 미국국무부에서 근무. 1946년 뉘른베르크 전범재판 미국 측 대표로 참가. 1948/50 컬럼비아대학교 정치학 교수. 자유 베를린대학교 정치학과 재건에 참여. 스위스에서 자동차 사고로 사망.

▸ 에른스트 라벨 Ernst Rabel (1874–1955): 법학자

1895년 빈대학교에서 박사학위 취득. 1906년 바젤대학교 정교수, 1911년 괴팅겐대학교 정교수, 1920년부터 1925년까지 뮌헨고등법원 근무. 1926년 베를린대학교 정교수. 1937년 유대인혈통이란 이유로 교수직 박탈당한 후 1939년 벨기에를 경유하여 미국으로 망명. 1950년 서독으로 귀환이주.

▸ 프릿츠 슐츠 Fritz Schulz (1879–1957): 법학자

로마법 권위자. 1905년 브레스라우대학교에서 박사학위 취득. 1910년 인스부르크대학교 정교수, 1912년 킬 대학교, 1916년 괴팅겐 대학교, 1923년 본대학교, 1931년 베를린대학교 정교수. 1934년 프랑크푸르트대학교로 강제이직 후 1935년 강제퇴직당함. 1939년 네덜란드를 경유하여 영국 옥스퍼드로 망명. 1947년 영국 시민권 취득. 영국 옥스퍼드에서 사망.

▸ 한스 지몬스 Hans Simons (1893–1972): 법학자, 정치학자

바이마르 공화국 시절 헌법 내무 등 분야의 관리로 활동. 1920년 쾨니히스베르크대학교에서 박사학위 취득. 1925년부터 1930년까지 '독일 정치대학' 교수로 국제법, 헌법, 행정법 등 강의. 1933년 유대인 혈통이란 이유로 '공무원 신분 원상회복법'에 의거 공무원직 박탈당함. 1934년 미국으로 망명하여 'New School for Social Research' 교수. 1940년 미국 시민권 취득. 1950년부터 1960년까지 'New School for Social Research' 총장. 미국 뉴욕 용커스에서 사망.

▸ 하인츠 차이셀 Hans Zeisel (1905–1992): 법학자, 통계학자

1938년 오스트리아에서 미국으로 망명. 1953년부터 1992년까지 시카고대학교 통계학, 법학 교수. 미국 시카고에서 사망.

5.3.2. 망명 경제학자

▸ 괴츠 브리프스 Götz Briefs (1889–1974): 사회학자, 경제학자

1911년 프라이부르크대학교에서 박사학위 취득. 1913년 프라이부르크 대

학교에서 교수자격논문 통과. 1919년 프라이부르크 대학교 경제학 교수. 1921년 뷔르츠부르크 대학교 정교수. 1926년 베를린 공대 교수. 1934년 미국으로 망명. '미국 가톨릭 대학교' 객원교수를 거쳐 1937년 워싱턴 조지타운 대학교 교수. 이탈리아 로마에서 사망.

▸ 게르하르트 콜름 Gerhard Colm (1897-1968): 경제학자, 재정학자

1927년 킬 대학교에서 교수자격논문 통과, 1929년 킬대학교 재정학 비정년 교수. 1933년 미국으로 망명. 뉴욕에서 망명대학교 'New School for Social Research' 창립, 동 대학교의 경제학 교수. 1940년 백악관 재정 담당관으로 이직. 1946년 해리 투르먼 대통령 경제자문의원. 미국 매릴랜드 Chevy Chase에서 사망.

▸ 페터 드룩커 (피터 드러커) Peter Drucker (1909-2005): 경제학자

1940년대 이래로 경영의 이론과 실제에 대한 중요저서 발표. 현대경영학의 개척자로 불림. 프랑크푸르트대학교에서 박사학위 취득. 1933년 영국으로 망명한 다음, 1937년 미국으로 망명. 버몬트 벤닝턴 칼리지의 역사학, 정치학 교수를 거쳐 1950년 뉴욕 대학교 교수. 1971년부터는 로스앤젤레스 근교 '클레몬트 대학원 대학교' 교수. 1943년 미국 시민권 취득. 미국 클레몬트에서 사망.

▸ 헨릭 그로쓰만 Henryk Grossmann (1881-1950): 경제학자, 통계학자

마르크스주의에서 '도산이론'의 대표자. 1908년 오스트리아-헝가리 령 크라카우 (현 폴란드) 야기엘론스키 대학교에서 박사학위 취득. 1922년 바르샤바 자유 대학교 경제학, 통계학 정교수. 1925년 프랑크푸르트로 이주하여 '사회연구소' 연구원. 1930년 프랑크푸르트대학교 비정년 교수. 1933년 프랑스 파리, 1936년 영국, 1938년 미국으로 망명하여 1948년까지 '사회연구소' 연구원. 매카시즘 위협을 피해 1949년 소련 군정지역으로 귀환이주하여 라이프치히대학교 경제학 교수.

▸ 프란츠 굿만 Franz Gutmann (1879–1967): 경제학자

1904년 슈트라스부르크대학교에서 박사학위 취득. 1912년 튀빙겐대학교에서 교수자격논문 통과. 1921년 예나대학교 정교수, 1929년 브레스라우대학교, 1931년 괴팅겐 대학교 정교수. 1935년 유대인혈통이란 이유로 잠정적인 휴직상태였다가 1936년 퇴직당함. 1939년 미국으로 망명. 1941년 독일국적 박탈당하고 후에 미국 시민권 취득. 1939년부터 정년퇴직하는 1949년까지 노스캐롤라이나 대학교 경제학 교수. 노스캐롤라이나대학교 정년퇴직 후 경제적인 이유로 밀워키대학교에서 강사 생활을 하고 65세 넘은 부인은 간호사로 일함. 한 번도 독일을 방문하지 않음 (혹은 못함). 미국 밀워키에서 사망.

▸ 게오르게 니콜라우스 할름 George Nikolaus Halm (1901–1984): 경제학자

1936년 미국으로 망명. 1937년부터 보스턴 근교 터프츠 대학교 경제학 교수를 거쳐 1944년부터 역시 보스턴 근교 '법과 외교 플레처 스쿨' 국제경제학 교수. 독일로 귀환이주하지 않음. 미국에서 사망.

▸ 에두아르트 하이만 Eduard Heimann (1889–1967): 경제학자, 사회학자

신학자 파울 틸리히 그룹의 저명한 종교사회주의자. 1912년 하이델베르크대학교 알프레트 붸버 교수에게서 박사학위 취득. 1922년 쾰른대학교에서 교수자격논문 통과. 1925년부터 1933년까지 함부르크 대학교 교수. 1933년 네덜란드를 거쳐 미국으로 망명. 1958년까지 뉴욕 'New School for Social Research' 경제학, 사회학 강의. 1948년부터 유럽에서 객원 강의. 1963년 서독으로 귀환. 퇴직 교수로 함부르크 대학교에서 경제학, 사회학 강의. 본 대학교 신학부 명예교수.

▸ 파울 헤름베르크 Paul Hermberg (1888–1969): 경제학자, 사회과학자

1913년 킬 대학교에서 박사학위 취득. 1925년 라이프치히 대학교 비정년 사회학, 경제학 교수. 1929년 예나 대학교 정교수. 1936년 콜롬비아로 망

명한 다음 1940년 미국으로 망명. 1946년 미 군정청 상공회의 분과 관리로 독일 귀환. 1956년 자유 베를린 대학교 강사를 거쳐 명예 교수. 미국 버클리에서 사망.

▸ 프레데릭 헤르츠 Frederick Hertz (1878-1964): 사회학자, 경제학자, 문화역사학자

1903년 뮌헨대학교에서 박사학위 취득. 1930년부터 1933년까지 할레대학교 경제학, 사회학 교수. 1933년 나치정권이양 후 5월에 교수직에서 쫓겨나 오스트리아 빈으로 도주한 후 재야학자 생활. 1938년 영국으로 망명. 1939년 대독일 제국 국적 박탈당함. 1940년 뮌헨 대학교 박사학위 칭호 박탈당함. 1946년 영국 시민권 취득. 2차 대전 당시와 전후 망명조직에서 주도적 역할 담당. 런던에서 재야학자로 생활하다 런던에서 사망.

▸ 알프레트 캘러 Alfred Kähler (1900-1981): 경제학자

1932년 킬 대학교에서 박사학위 취득. 1934년 미국으로 망명. 뉴욕의 'New School for Social Research' 교수. 미국 아칸소 리틀록에서 사망.

▸ 게르하르트 케슬러 Gerhard Kessler (1883-1963): 경제학자

1905년 박사학위 취득. 1912년 예나대학교 경제학 비정년교수. 1919년 예나대학교 경제학 정교수. 1927년 라이프치히대학교 정교수. 1933년 터키로 망명. 이스탄불대학교 경제학 교수. 1950년 괴팅겐대학교 객원교수. 1951년 서독으로 귀환. 명예교수로 1958년까지 괴팅겐대학교에서 강의.

▸ 위르겐 쿠친스키 Jürgen Kuczynski (1904-1997): 경제학자

1934년 영국으로 망명. 영국주재 미국 첩보기관 OSS 통계전문가, 미 군 통계관으로 근무. 1945년 소련군 점령지역으로 귀환하여 소련 군정청 재정부 중앙행정청 청장. 1946년 베를린대학교 경제사 교수. 1946년부터 1956년까지 베를린대학교 경제사연구소 소장. 1947년 '독-소 우호협회(DSF)' 전신인 '소련문화 연구협회' 회장. 1949년부터 1958년까지 동독인

민회의 대의원. 1955년 동독 학술원에 경제사 분과 창립 및 분과 위원장.

▸ 에밀 레더러 Emil Lederer (1882-1939): 경제학자, 사회학자

1905년 빈대학교에서 박사학위 취득, 1911년 뮌헨대학교에서 박사 학위 취득. 1912년 하이델베르크대학교에서 교수자격논문 통과. 1920년 하이델베르크대학교 사회정책 비정년 교수를 거쳐 1920년 정교수. 1923년부터 1925년까지 일본 동경대학교 객원교수. 1923년부터 1931년까지 알프레트 베버와 공동으로 하이델베르크 대학교 사회과학 및 행정학 연구소 공동소장. 1931년 베를린대학교 경제학, 재정학 교수. 1933년 유대인 혈통이란 이유로 '공무원 신분 원상회복법'에 의거 대학교에서 휴직당함. 1933년 일본으로 망명한 다음, 1933년 미국으로 망명. 1933년 망명대학교인 'New School for Social Research' 설립자 중의 한 사람. 미국 뉴욕에서 사망.

▸ 헤르만 레뷔 Hermann Levy (1881-1949): 경제학자, 작가

1902년 뮌헨대학교에서 박사학위 취득. 1905년 할레대학교에서 교수 자격논문 통과. 1910년 하이델베르크대학교 비정년 교수. 1921년 베를린공대 교수. 1933년 유대인 혈통이란 이유로 '공무원 신분 원상회복법'에 의거 교수직 박탈당한 다음 영국으로 망명. 영국 런던에서 사망.

▸ 아돌프 뢰베 Adolf Löwe (1893-1995): 사회학자, 경제학자

1926년 킬 대학교에서 교수자격논문 통과. 1926년부터 1933년까지 킬 대학교 경제이론, 사회학 교수, 프랑크푸르트대학교 정치경제학 교수. 1933년 영국으로 망명한 다음, 미국으로 망명. 1941년부터 1963년까지 'New School for Social Research' 경제학 교수. 1983 서독으로 귀환.

▸ 프릿츠 칼 만 Fritz Karl Mann (1883-1978): 재정학자, 재정사회학자

1906년 쾨팅겐대학교에서 박사학위 취득. 1922년 쾨니히스베르크대학교 재정학 교수. 1927년부터 1933년까지 쾰른대학교 재정학 교수. 1933년

미국으로 망명. 1935년부터 1944년까지 '미 전쟁성 (United States Department of War)'에서 독일 전시경제 분석가로 근무. 미국 워싱턴 D.C.에서 사망.

▸ 야콥 마르샥 Jacob Marschak (1898-1977): 경제학자

우크라이나 키예프 출신. 1916년 사회주의 운동, 평화운동으로 투옥 중 니콜라이 2세 황제 체제가 붕괴되자 석방됨. 1919년 독일 베를린으로 망명. 1933년 오스트리아로 피신한 다음, 영국으로 망명. 1933년 옥스퍼드대학교 통계학 교수. 1929년에 취득한 독일국적을 1935년에 박탈당함. 1939년 영국을 떠나 미국으로 이주. 미국이 세 번째 조국이 됨. 1939년 뉴욕의 'New School for Social Research' 교수를 시작으로 1943년 시카고 대학교, 1955년 예일대학교, 1960년 UCLA 교수를 끝으로 1965년 정년퇴직. 미국 로스앤젤레스에서 사망.

▸ 루드뷔히 폰 미제스 Ludwig von Mises (1881-1973): 경제학자

20세기 경제학 오스트리아학파의 대표자. 1906년 빈대학교에서 박사 학위 취득. 1913년 빈대학교 전임강사, 1918년 빈대학교 비정년 교수, 1934년 제네바 국제연구 대학원 (HEI) 비정년 교수. 1940년 미국으로 망명. 1946년 미국 시민권 취득. 1949년부터 1969년까지 뉴욕대학교 교수. 미국 뉴욕에서 사망.

▸ 한스 나이써 Hans Neisser (1895-1975): 경제학자

1919년 브레스라우대학교에서 박사학위 취득. 1927년 킬 대학교 경제학 강사. 1933년 미국으로 망명. 펜실베이니아대학교 '금전이론 (Monetary economics)' 교수. 미국의 교수 중에서 케인즈 이론을 최초로 강의하고 발전시킨 학자. 1942년부터 1943년까지 워싱턴 D.C.에서 '물가조정' 관리로 근무. 1943년부터 1965년까지 뉴욕의 'New School for Social Research' 교수. 미국 캘리포니아 버클리에서 사망.

▸ 프릿츠 노이마르크 Fritz Neumark (1900–1991): 재정학자

1921년 예나대학교에서 박사학위 취득. 1927년 프랑크푸르트대학교에서 교수자격논문 통과. 1931년 프랑크푸르트대학교 비정년 교수. 1933년 유대인 혈통이란 이유로 '공무원 신분 원상회복법'에 의거 대학교에서 직위 해직당함. 1933년 터키로 망명. 이스탄불대학교 교수. 1951년 서독으로 귀환하여 프랑크푸르트대학교 교수.

▸ 오토 노이라트 Otto Neurath (1882–1945): 경제학자

1906년 베를린대학교에서 박사학위 취득. 1917년 하이델베르크대학교에서 교수자격논문 통과. 1918년부터 독일 '전시 (전쟁)경제 박물관' 소장. 1919년 바이에른 소비에트공화국 시절 중앙경제부 설립을 제안하고 수장을 맡음. 5일 천하 소비에트공화국 몰락 후 국가배신자로 몰려 프로이센군에 체포되어 18개월형을 받았으나 오스트리아 정부의 외교 노력으로 곧 석방. 1934년 네덜란드로 망명한 후, 1940년 영국으로 망명. 영국 옥스퍼드에서 사망.

▸ 칼 폴라니 Karl Polanyi (1886–1964): 경제학자, 사회학자

전통적인 경제사조에 반대하여 서구의 시장체계를 분석한 『거대한 전환』 저자로 유명. 1933년 오스트리아에서 영국으로 망명한 다음, 1940년 미국으로 망명. 1947년부터 1953년까지 컬럼비아대학교 객원교수. 캐나다 온타리오 피커링에서 사망.

▸ 빌헬름 뢰프케 Wilhelm Röpke (1899–1966): 경제학자

1922년 24세의 나이로 최연소 독일인 예나대학교 교수. 1929년부터 1933년까지 마르부르크대학교 정치경제학 정교수. 1933년 터키로 망명한 다음 이스탄불대학교에서 강의. 1937년 스위스로 이주하여 '제네바 국제연구 대학원 (IUHEI)' 국제경제 교수. 1947년 '몽페를랭학회' 창립회원. 1961년부터 1962년까지 '몽페를랭학회' 회장. 스위스 제네바에서 사망.

▸ 알렉산더 뤼스톱 Alexander Rüstow (1885-1963): 경제학자, 사회과학자

신자유주의 (Neoliberalism) 개념 창시자 (1938년). 1908년 에어랑겐대학교 파울 헨젤 교수에게서 박사학위 취득. 1911년부터 파르메니데스 (Παρμενίδης)에 관한 주제로 교수자격논문을 준비하던 중 1914년 1차 세계대전의 발발로 논문 중단하고 참전. 전후 독일 내에 학자가 부족하자 1918년부터 1924년까지 '제국경제부' 관리로 근무한 후 '독일 기계 장비제작조합 (VDMA)' 근무. 1933년 터키로 망명하여 이스탄불대학교 경제학교수. 1949년 서독으로 귀환하여 1950년부터 1955년까지 하이델베르크 대학교 경제학 교수.

▸ 존 로렌츠 슈미트 Johann Lorenz Schmidt (1900-1978): 사회과학자

원래 이름은 라슬로 라드봔이 (Laszlo Radvanyi)로 헝가리 부다페스트 출신. 1919년 헝가리 소비에트공화국이 붕괴되자 독일로 도주하여 하이델베르크 대학교 칼 야스퍼스 교수 지도로 철학박사 학위 취득. 1933년 프랑스로 망명. 프랑스의 수용소생활 후 1941년 멕시코로 망명. 1946년 멕시코 시민권 취득. 1952년 동베를린으로 귀환하여 베를린 (훔볼트)대학교 교수. 1954년부터 1965년까지 동독 학술원 경제학 연구소 소장.

▸ 한스 슈타우딩거 Hans Staudinger (1889-1980): 경제학자

1913년 하이델베르크대학교 알프레트 붸버 교수에게서 박사학위 취득. 바이마르 공화국 시절 사민당 소속 정치가로 활동. 1933년 벨기에, 프랑스, 영국을 거쳐 미국으로 망명. 1934년 'New School for Social Research' 경제학 교수. 1940년 미국 시민권 취득. 1944년 파울 틸리히, 파울 헤르츠, 칼 추크마이어와 공동으로 '민주독일협회' 결성. 미국 뉴욕에서 사망.

▸ 프릿츠 슈테른베르크 Fritz Sternberg (1895-1963): 경제학자, 마르크스 이론가, 정치가

프랑크푸르트대학교에서 교수자격논문 통과가 실패로 돌아가자 대학에서

의 학문 활동 포기하고 1923년부터 제국주의 연구 및 반제국주의 운동에 심혈을 기울임. 1933년 체코슬로바키아를 거쳐 스위스로 망명한 후, 1939년 미국으로 망명. 1948년 미국 시민권 취득. 1954년 서독으로 귀환.

5.3.3. 망명 정치학자

▸ 아르놀트 베르크슈트레쓰너 Arnold Bergstraesser (1896-1964): 정치학자

1937년 미국으로 망명. FBI에 의해 나치 스파이 혐의로 체포되었다 풀려남. 시카고 대학교를 비롯한 미국의 여러 대학교에서 독일문학 및 역사학 교수를 지냄. 1954년 서독으로 귀환. 프라이부르크 대학교 사회학, 정치학 교수. 1955년부터 1959년까지 '대외정책 독일학회' 연구소 소장.

▸ 하인츠 오이라우 Heinz Eulau (1915-2004): 정치학자

1934년 독일을 떠나 1935년 미국으로 망명. 1941년 캘리포니아 대학교 버클리 박사학위 취득. 2차 대전 중 미국 법무부 소속 선전-분석가. 1958년부터 스탠포드 대학교 교수. 1971년부터 1972년까지 미국정치학회 회장. 미국 캘리포니아 스탠포드에서 사망.

▸ 에른스트 프렝켈 Ernst Fraenkel (1898-1975): 정치학자

1938년 영국을 경유하여 미국으로 망명. 1944년부터 1950년까지 미 행정부 법률, 군사 고문. 1946년부터 1951년까지 미국 정부 (미 군정청)와 마셜플랜 위원회 고문으로 한국 근무. 미소공동위원회 참가. 한국 초대 민의원 선거 준비. 1951년 서베를린으로 귀환. 1953년부터 1967년까지 자유 베를린 대학교 정치학 교수. 미국 콜로라도 대학교, 노스캐롤라이나대학교 객원교수.

▸ 보리스 골덴베르크 Boris Goldenberg (1905-1980): 정치가, 언론인, 역사학자

1933년 프랑스로 망명한 다음, 1935년 팔레스타인으로 망명. 1937년 다

시 프랑스로 거주지를 이전했다가 1941년 쿠바로 망명. 하바나 대학교 객원교수 및 언론인. 1960년 쿠바를 떠나 영국에 정착. 1964년 서독 쾰른으로 귀환.

▸ 아르카디우스 루돌프 랑 구르란트 Arcadius Rudolf Lang Gurland (1904-1979): 정치학자

1933년 벨기에, 프랑스 망명한 다음 1940년 미국으로 망명. 1945년까지 뉴욕의 '사회연구소'에서 연구. 1950년 서베를린으로 귀환. 1950년부터 1954년까지 자유 베를린 대학교 '정치학 연구소' 소장. 1962년부터 1972년까지 다름슈타트 공과대학 정치학 교수.

▸ 욘 H. 헤르츠 John H. Herz (1908-2005): 정치학자

국가 간의 '안보 딜레마 (security dilemma) 이론' 으로 유명. 1935년 스위스로 망명한 다음, 1938년 미국으로 망명. 워싱턴 대학교, 뉴욕 대학교 정치학 교수. 미국 뉴욕에서 사망.

▸ 루이제 홀보른 Louise Holborn (1898-1975), 정치학자 (난민정책 전문가)

물리학자 루트뷔히 홀보른의 딸, 역사학자 하요 홀보른의 누이. 1933년 미국으로 망명. 2차 대전 중 미국 첩보기관인 OSS에서 근무. 뉴런던 코네티컷 여자대학 교수. 미국 플로리다에서 사망.

▸ 지크프리트 란츠훗 Siegfried Landshut (1897-1968): 정치학자, 사회학자

마르크스 초기 저작물 발굴과 마르크스 저작물 편집자로 유명. 1933년 이집트로 망명한 다음, 1936년 팔레스타인으로 망명. 1945년부터 1948년까지 이집트 체류. 1951년 서독으로 귀환. 1951년 함부르크대학교 정치사회학 교수.

▸ 하인츠 랑거한스 Heinz Langerhans (1904-1976): 사회과학자, 정치학자, 언론인

1933-39 유대인 포로수용소 수감. 1939년 벨기에, 1940년 프랑스로 망명한 다음 1941년 미국으로 망명. 겟츠버그 칼리지 교수. 1957년 서독으로 귀환. 1960년 프랑크푸르트대학교 비정년 정치학 교수.

▸ 한스 모르겐타우 Hans Morgenthau (1904-1980): 정치학자

1929년 프랑크푸르트 노동재판소 판사. 1932년부터 스위스 제네바 대학교 공법 전임강사. 나치 집권으로 인해 독일로 돌아갈 수 없게 되자 스페인, 이탈리아, 프랑스를 거쳐 1937년 미국으로 망명. 1943년 미국 시민권 취득. 1949년 시카고대학교 정치학 정교수. 1949년부터 1977년까지 하버드, 예일, 컬럼비아, 프린스턴, 버클리 대학교 객원교수. 미국 뉴욕에서 사망.

▸ 프란츠 노이만 Franz Neumann (1900-1954): 정치학자

1933년 영국으로 망명한 다음, 1936년 미국으로 망명. 1942년부터 미국 첩보기관 OSS 내 독일전문가로 근무하며 장차 전쟁이 끝난 후 미 군정이 펼쳐야 할 업무를 준비. 1946년 '뉘른베르크 재판' 미국 측 인사로 참여. 1948년부터 1950년까지 컬럼비아대학교 정치학 교수. '자유 베를린대학교' 창립에 관여. 자동차 사고로 스위스에서 사망.

▸ 지그문트 노이만 Sigmund Neumann (1904-1962): 정치학자

1933년 영국으로 망명한 다음, 1934년 미국으로 망명. 1944년 웨슬리언 대학교 사회과학 교수. 예일, 하버드, 컬럼비아, 미시간 대학교 객원교수. 1949년 서독으로 귀환한 후 뮌헨대학교, 베를린대학교 객원교수.

▸ 에릭 페겔린 Eric Voegelin (1901-1985): 정치학자, 철학자

1928년부터 오스트리아 빈대학교에서 사회학과 국가학 강의. 1938년 스위스를 거쳐 미국으로 망명. 1944년 미국 시민권 취득. 1958년 서독으로 귀환해서 1920년부터 공석이었던 사회학자 막스 베버 후임 교수. 뮌헨대

학교 정년퇴직 후 1969년 다시 미국으로 이주하여 1969년부터 1974년까지 'Henry Salvatori Distinguished Scholar'에서 근무, 1974년부터 1985년까지 스텐포드대학교 '후버 (전쟁, 혁명, 평화) 연구소' 선임연구원. 미국 캘리포니아 팰로앨토에서 사망.

5.3.4. 망명 사회학자

▸ 프란츠 아들러 Franz Adler (1908-1983): 사회학자

오스트리아 출신으로 1938년 오스트리아에서 미국으로 망명. 1944년 미국 시민권 취득. 1947년부터 1953년까지 아칸소 대학교 조교수를 거쳐 1956년 정교수. 1958년 캘리포니아대학교 로스앤젤레스 (UCLA) 전임강사. 미국 로스앤젤레스에서 사망.

▸ 빌헬름 발다무스 Wilhelm Baldamus (1908-1991): 산업사회학자

칼 만하임 제자로 1937년 영국으로 망명. 1951년부터 1957년까지 버밍햄 대학교 사회학 교수. 영국 리즈에서 사망.

▸ 케테 바우어-멩엘베르크 Käthe Bauer-Mengelberg (1894-1968): 사회학자

1939년 미국으로 망명. 뉴욕 럿거스 대학교와 뉴저지 칼리지 사회학 교수. 미국 뉴욕에서 사망.

▸ 리하르트 프릿츠 베렌트 Richard Fritz Behrendt (1908-1973): 사회학자

1934년 파나마로 망명한 다음 남미의 여러 국가에서 망명생활. 1935년부터 1940년까지 파나마대학교의 사회학 및 경제학 정교수. 1950년대 스위스로 이주했다가 1960년대 서독으로 귀환. 1956년 스위스 베른 대학교 정교수. 1960년 베른대학교 '사회학 및 사회경제 발전문제 연구소' 소장. 1965년부터 1972년까지 자유베를린 대학교 사회학 정교수.

▸ 베르너 J. 칸만 Werner J. Cahnman (1902-1980): 사회학자

1938년 다하우 유대인 수용소 수용. 지리학자이자 저명한 지정학자인 은사 카를 하우스호퍼의 도움으로 석방. 1939년 영국으로 망명한 다음, 미국으로 망명. 피스크 대학교를 비롯한 여러 대학에서 사회학을 강의한 다음 1960년부터는 럿거스 대학교에서 강의. 2차 대전 종전 후 뮌헨대학교 객원교수 역임. 미국 뉴욕에서 사망.

▸ 레뷔스 A. 코저 Lewis A. Coser (1913-2003): 사회학자

20세의 나이로 1933년 프랑스로 망명한 다음, 1939년 포르투갈을 거쳐 미국으로 망명. 1944년 컬럼비아 대학교에서 박사학위. 1951년부터 1968년까지 브렌다이스 대학교 교수를 역임한 후 뉴욕 주립대학교 교수. 1974년부터 1975년까지 미국 사회학회 회장 역임. 미국 매사추세츠 케임브리지에서 사망.

▸ 프릿츠 크로너 Fritz Croner (1896-1979): 사회학자

1929년부터 1933년까지 베를린 소재 '독일 정치대학' 사회학, 사회정치 강사. 1934년 스웨덴으로 망명. 1935년 룬드대학교 사회연구소 창립. 1939년까지 동 연구소를 이끌음. 스톡홀름 대학교 교수. 1944년 스웨덴 시민권 취득. 스웨덴 스톡홀름에서 사망.

▸ 노르베르트 엘리아스 Norbert Elias (1897-1990): 사회학자, 철학자, 시인

1933년 프랑스로 망명한 다음, 1935년 영국으로 망명, 후일 영국 시민권 취득. 1954년부터 1962년까지 레스터 대학교 사회학과 강사. 1962년부터 1964년까지 아프리카 가나대학교 사회학 교수. 가나에서 영국으로 귀환하여 재야학자로 활동. 1975년부터 네덜란드 거주. 독일의 대학에 출강. 네덜란드 암스테르담에서 사망.

▸ 에른스트 핏셔 Ernst Fischer (1899-1972): 철학자, 언론인, 정치가

1934년 오스트리아에서 소련으로 망명. 1945년 오스트리아 빈으로 귀환.

▸ 에른스트 후고 핏셔 Ernst Hugo Fischer (1897-1975): 철학자, 사회학자

1925년부터 1938년까지 라이프치히 대학교 철학 전임강사를 거쳐 비정년 교수. 1938년 노르웨이로 망명한 다음, 영국으로 망명. 영국에서 재야학자로 활동하며 수차례에 걸쳐 인도여행. 1949년부터 인도 바나라스 힌두 대학교에서 서양철학 객원교수. 서독으로 귀환이주 후 1956년부터 뮌헨 대학교 비정년 문명철학 교수.

▸ 에메리히 K. 프란치스 Emerich K. Francis (1906-1994): 사회학자

1939년 영국으로 망명한 다음, 1940년 캐나다로 퇴거당함. 1947년 미국으로 이주. 1947년 인디애나 주 소재 '노트르담 가톨릭 대학교' 조교수를 거쳐, 1950년부터 1954년까지 동 대학교 비정년 사회학 교수. 1954년 미국 시민권 취득. 1954년 처음으로 유럽방문. 1955년부터 뮌헨과 오스트리아 인스부르크 대학교 객원교수를 거쳐, 1958년부터 1974년까지 뮌헨 대학교 정교수.

▸ 브루노 프라이 Bruno Frei (1897-1988): 철학자, 언론인

오스트리아 출신으로 1933년 초 베를린에서 체코의 프라하로 망명한 다음, 1939년 프랑스로 망명. 프랑스에서 수용소 생활을 한 다음 1941년 멕시코로 망명. 1947년 오스트리아의 빈으로 귀환.

▸ 테오도르 가이거 Theodor Geiger (1891-1952): 사회학자

1928년 브라운슈바이크 공대 사회학 비정년 교수를 거쳐 1929년 정교수. 1933년 덴마크로 망명, 후일 덴마크 국적 취득. 1938년부터 1940년까지 아르후스 대학교 사회학 교수. 1943년부터 1945년 중립지역인 스웨덴으로 망명지를 옮김. 1943년부터 1945년까지 스톡홀름, 웁살라, 룬드 대학교 객원강의. 1945년 종전이 되자마자 덴마크로 귀환하여 아르후스 대학

교 정교수. 캐나다에서 덴마크로 향하던 여객선에서 사망.

▸ 한스 하인리히 게르트 Hans Heinrich Gerth (1908-1978): 사회학자

1938년 영국을 거쳐 미국으로 망명. 1940년부터 일리노이 대학교와 위스콘신 대학교 사회학 조교수를 거쳐, 1947년부터 위스콘신 대학교 교수. 1971년 서독으로 귀환하여 1975년까지 프랑크푸르트 대학교 사회학 교수.

▸ 루돌프 헤베를레 Rudolf Heberle (1896-1991): 사회학자

1929년부터 1938년까지 킬 대학교 전임강사. 1938년 미국으로 망명. 1938년부터 1963년까지 루이지애나 주립 대학교 사회학 교수. 동시에 미시간 주립 대학교, 노스캐롤라이나 대학교, 컬럼비아 대학교, 독일 프라이부르크 대학교 객원교수 역임. 2차 대전 후 독일 마르부르크 대학교 교수 초빙 거절. 1951년부터 1952년까지 '남부 사회학회' 회장. 1966년부터 1967년까지 '미국 사회학회' 부회장. 미국 루이지애나 배턴루지에서 사망.

▸ 파울 호니히스하임 Paul Honigsheim (1885-1963): 사회학자

1927년 쾰른대학교 사회학 교수. 1933년 프랑스로 망명한 다음, 파나마로 망명. 1936년부터 1938년까지 파나마 국립 대학교에서 강의. 1938년 미국 대학교의 교수초빙으로 미국 이주. 1938년부터 1950년까지 미시간 주립 대학교 사회학 교수. 미국 미시간 이스트랜싱에서 사망.

▸ 막스 호르크하임어 Max Horkheimer (1895-1973): 사회철학자

1926년 프랑크푸르트 대학교 전임강사. 1930년 프랑크푸르트 대학교 사회철학 정교수. 1933년 스위스를 거쳐 프랑스로 망명한 다음, 1934년 미국으로 망명. 1934년 뉴욕 컬럼비아 대학교에 재차 사회연구소 설치. 1940년 미국 시민권 취득. 1949년 서독으로 귀환. 귀환과 함께 프랑크푸르트 대학교 사회철학과 정교수로 복직. 1951년부터 1953년까지 프랑크푸르트 대학교 총장.

▸ 구스타프 이히하이저 Gustav Ichheiser (1897-1969): 사회심리학자, 사회학자

1938년 오스트리아에서 스위스로 망명한 다음, 1940년 영국을 거쳐 미국으로 망명. 어머니, 형제, 조카는 유대인 수용소에서 학살당함. 1950년 미국 시민권 취득. 미국 시카고에서 사망.

▸ 게오르크 야코비 Georg Jacoby (1904-1978): 사회학자, 통계학자

1930년 킬 대학교 발터 옐리네크 교수에게서 박사학위 취득. 1936년 뉴질랜드로 망명. 1946년 뉴질랜드 시민권 취득. 오세아니아에 위치한 섬나라 피지에서 사망.

▸ 마리 야호다 Marie Jahoda (1907-2001): 사회과학자

1932년 25세의 나이로 빈대학교에서 당시 오스트리아 최연소 박사학위 취득. 지하운동. 1936년 오스트리아에서 영국으로 망명한 다음, 1945년 미국으로 이주. 1945년부터 1958년까지 뉴욕의 'New School for Social Research' 사회심리학 교수. 1958년 영국으로 귀환. 1962년 'Brunel College of Advanced Technology' 사회학 교수. 1965년부터 1973년까지 서섹스 대학교 사회심리학 교수 (영국 최초의 여성 사회심리학 교수). 영국 서섹스에서 사망.

▸ 에리히 폰 칼러 Erich von Kahler (1885-1970): 작가, 문화철학자, 사회학자

1933년 체코슬로바키아로 망명한 다음, 1935년부터 1938년까지 스위스에 머문 다음, 1938년 미국으로 망명. 뉴욕의 'New School for Social Research'와 노스캐롤라이나 블랙 마운틴 칼리지 역사와 역사철학 교수. 1947년 코넬대학교 독문학 교수. 미국 프린스턴에서 사망.

▸ 르네 쾨니히 René König (1906-1992): 사회학자, 언어학자, 번역가

1937년 스위스로 망명. 1938년 스위스 취리히대학교 사회학 교수자격 논

문 통과. 취리히 대학교 강사, 비정년 교수. 1949년 서독으로 귀환하여 1949년 쾰른대학교 사회학 정교수.

▸ 레오 코플러 Leo Kofler (1907-1995): 사회학자

1938년 오스트리아에서 스위스로 망명. 1947년 소련군 점령지역으로 귀환. 동독 할레대학교 역사학 교수. 1950년 서독으로 이주. 1953년 서독 도르트문트 '사회 아카데미' 강사. 1969년 보훔대학교 철학교수.

▸ 율리우스 크라프트 Julius Kraft (1898-1960): 사회학자, 철학자

1933년 네덜란드로 망명한 다음, 미국으로 망명. 미국의 몇몇 대학교 강사를 거쳐 1947년 제퍼슨 대학 철학 교수. 1957년 서독 프랑크푸르트로 귀환. 프랑크푸르트대학교 교수. 학회 참석 중 미국에서 사망.

▸ 헤르타 크라우스 Hertha Kraus (1897-1968): 사회과학자

1933년 미국으로 망명. 1939년 미국 시민권 취득. 2차 대전 후 미국 '퀘이커 봉사 위원회 (AFSC)' 특별 대표 자격으로 독일에 귀환하여 파괴된 독일에 미국식 교육제도를 적용함. 미국 펜실베이니아 하버퍼드에서 사망.

▸ 로제 라웁 코저 Rose Laub Coser (1916-1994): 사회학자

1933년 벨기에로 망명한 다음, 1939년 미국으로 망명. 노스이스턴 대학교와 뉴욕 주립 대학교 교수. 미국 매사추세츠에서 사망.

▸ 파울 펠릭스 라차르스펠트 Paul Felix Lazarsfeld (1901-1976): 사회학자

1925년부터 1929년까지 빈의 인문계 고등학교 수학 물리학 교사. 1933년부터 1935년까지 록펠러 재단 장학생으로 미국 체류. 1933년 이후 미국에 체류하기로 결정. 1939년부터 1971년까지 컬럼비아대학교 사회과학 교수. 미국 뉴욕에서 사망.

▸ 레오 뢰벤탈 Leo Löwenthal (1900–1993): 문학사회학자

테오도르 아도르노, 막스 호르크하이머, 헤르베르트 마르쿠제와 더불어 프랑크푸르트학파 '비판이론' 창시자에 속함. 1934년 미국으로 망명. 1956년 캘리포니아 대학교 교수. 미국 캘리포니아 버클리에서 사망.

▸ 게오르크 루카치 Georg Lukács (1885–1971): 헝가리 철학자, 문학비평가, 정치가

1933년 베를린에서 소련으로 망명. 1945년 헝가리 부다페스트로 귀환. 1946년 헝가리 국회의원. 후에 문화부 장관. 1948년 부다페스트 대학교 미학, 문화철학 교수.

▸ 어네스트 만하임 Ernest Manheim (1900–2002): 사회학자, 인류학자, 작곡가

1933년 헝가리를 거쳐 영국으로 망명한 다음, 1936년 미국으로 망명. 1943년 미국 시민권 취득. 1940년 캔자스시티 미주리대학교 사회학 교수. 1955/56년 오스트리아 그라츠대학교와 빈대학교 객원 교수. 102세로 미국 캔자스시티에서 사망.

▸ 칼 만하임 Karl Mannheim (1893–1947): 사회학자, 철학자

헝가리 부다페스트 출신으로 헝가리 소비에트공화국이 붕괴되자 1919년 오스트리아 빈으로 망명한 다음 1920년 독일로 망명. 1926년부터 하이델베르크대학교 전임강사. 1930년부터 1933년까지 프랑크푸르트대학교 사회학 정교수. 1933년 네덜란드로 망명한 다음, 영국으로 망명. 1940년 영국 시민권 취득. 런던 '정치경제대학교' 경제학 전임강사를 거쳐 1945년부터 1947년까지 런던대학교 교수. 영국 런던에서 사망.

▸ 헤르베르트 마르쿠제 Herbert Marcuse (1898–1979): 철학자, 정치학자, 사회학자

1933년 스위스를 거쳐 프랑스로 망명한 다음, 1934년 미국으로 망명. 컬

럼비아대학교 사회연구소에서 연구. 1940년 미국 시민권 취득. 1942년부터 1950년까지 워싱턴 주재 미국 첩보기관 OSS 부서장, 유럽담당 국장으로 근무. 1954년 브렌다이스 대학교 철학, 정치학 교수. 1964년 캘리포니아 대학교 샌디에이고 캠퍼스 정치학 교수. 독일 방문 중 독일에서 사망.

▸ 알프레트 모이젤 Alfred Meusel (1896-1960): 사회학자

1925년 아헨공과대학교 비정년 교수를 거쳐, 1930년 경제학, 사회학 정교수. 1933년 유대인 혈통이란 이유로 '공무원 신분 원상회복법'에 의거 교수직 박탈당한 다음 1934년 덴마크를 거쳐 영국으로 망명. 런던 주재 '자유 독일 문화연대', '자유 독일 대학' 등 망명조직 단체에서 활동. 1946년 동베를린으로 귀환하여 1947년 베를린 (훔볼트)대학교 근대사 정교수. 1951년 베를린대학교 '역사연구소' 초대 소장. 1952년 '독일민족사연구소' 소장 및 '독일역사박물관' 관장. 동독최고인민회의 대의원.

▸ 프리드리히 폴락 Friedrich Pollock (1894-1970): 사회학자, 경제학자

1923년 프랑크푸르트대학교 사회연구소 창립에 참여. 1924년 펠릭스 바일과 공동으로 마르크스-엥겔스 전집 (MEGA) 편집. 1928년 프랑크푸르트대학교 전임강사. 1933년 호르크하이머와 함께 스위스, 프랑스를 거쳐 미국으로 망명. 뉴욕에서 재 창립한 사회연구소 세미나장 및 총무. 1950년 서독으로 귀환하여 1951년 프랑크푸르트대학교 비정년 교수를 거쳐 교수.

▸ 오이겐 로젠슈톡-휘씨 Eugen Rosenstock-Huessy (1888-1973): 사회학자, 법철학자

1910년 하이델베르크대학교에서 박사학위 취득. 1912년 라이프치히대학교에서 교수자격논문 통과 후 당대 독일 최연소 전임강사. 1923년부터 1933년까지 브레스라우대학교 교수. 1933년 미국으로 망명. 1935년부터 1957년까지 다트머스 칼리지 교수. 미국 버몬트에서 사망.

▸ 알베르트 살로몬 Albert Salomon (1891–1961): 사회학자

1926년 베를린 정치대학 강사. 1931년 쾰른 직업교육 연구소 명예교수. 1933년 유대인 혈통이란 이유로 '공무원 신분 원상회복법'에 의거 교수직 박탈당함. 1935년 스위스를 거쳐 미국으로 망명. 1966년까지 'New School for Social Research'에서 강의. 미국 뉴욕에서 사망.

▸ 곳프리트 살로몬 Gottfried Salomon (1892–1964): 사회학자, 경제학자

1921년부터 1931년까지 프랑크푸르트대학교 사회학 비정년 교수. 1933년 프랑스로 망명한 다음, 1941년 미국으로 망명. 1941년부터 1943년까지 'New School for Social Research' 교수. 2차 대전 중 워싱턴 미국 전쟁성 근무. 1946년부터 1950년까지 컬럼비아대학교 사회학 교수. 1958년 프랑크푸르트대학교 교수로 귀환.

▸ 알렉산더 폰 쉘팅 Alexander von Schelting (1894–1963): 사회학자

1934년 미국으로 망명. 1936년부터 1938년까지 컬럼비아대학교에서 강의. 2차 대전 중 스위스 체류. 1948년부터 1953년까지 UNESCO 연구원. 1950년 스위스로 귀환하여 1953년부터 1954년까지 스위스 취리히 대학교에서 강의.

▸ 알프레트 쉬츠 Alfred Schütz (1899–1959): 철학자, 사회학자

현상학적 사회학 창시자. 1938년 프랑스로 망명한 다음, 1939년 미국으로 망명. 1943년부터 'New School for Social Research' 강의하기 시작하여 1952년 동 대학교 풀 교수. 미국 뉴욕에서 사망.

▸ 한스 지몬스 Hans Simons (1893–1972): 법학자, 정치학자

1920년 쾨니히스베르크대학교에서 박사학위 취득. 1934년 미국으로 망명하여 'New School for Social Research' 교수. 1940년 미국 시민권 취득. 1947년부터 1949년까지 '독일 미군정청 (OMGUS)' 국장. 초창기 정부구조나 행정구조 등 서독 정부 수립 정책에 미국인으로 관여. 미국으로 돌아

갔다가 1951년 미국 외무성의 위임으로 다시 독일에 파견되어 대학교육 정책에 관여. 미국 뉴욕에서 사망.

▸ 알프레트 존-레텔 Alfred Sohn-Rethel (1899-1990): 경제학자, 사회학자, 마르크스 철학자

1937년 스위스와 프랑스를 거쳐 영국으로 망명. 2차 세계대전 후 영국 공산당 입당. 1972년 서독으로 귀환하여 1972년부터 1976년까지 브레멘대학교 객원교수를 거쳐 1978년부터 1980년대 중반까지 정교수.

▸ 한스 슈파이어 Hans Speier (1905-1990): 사회학자

사회학자 칼 만하임에게서 박사학위를 취득한 최초의 제자. 1929년부터 베를린 '울슈타인 출판사' 사회과학 편집부에서 일한 다음 1931년 '독일 정치대학' 강사. 1933년 미국으로 망명하여 1933년부터 1942년, 1947년부터 1948년까지 'New School for Social Research' 교수. 2차 대전 기간부터 종전 후 얼마 동안까지 미행정부에서 선전전문가, 독일전문가로 근무. 1945년부터 약 15년 동안 미국의 대표적인 싱크탱크 중의 하나인 랜드연구소 (RAND Corporation) 사회학 분야 제1 소장으로 근무. 1969년부터 1973년까지 매사추세츠 대학교 교수. 미국 플로리다 사라소타에서 사망.

▸ 마네 슈페르버 Manès Sperber (1905-1984): 작가, 사회심리학자, 철학자

오스트리아-헝가리 출신인 마네 슈페르버의 가족은 1차 세계 대전 전장의 혼돈을 피해 헝가리에서 오스트리아 빈으로 도주. 1933년 독일에서 '보호감호수용'후 그의 고국인 오스트리아를 거쳐 유고슬라비아, 프랑스로 망명. 1939년 프랑스 외인부대 (Légion étrangère) 자원병. 1942년 프랑스에서 스위스로 도주. 1945년 프랑스로 귀환. 1950년 CIA의 재정적 지원을 받아 설립된 반공문화단체 '문화자유회의 (Congress for Cultural Freedom)' 설립자 중 한 사람. 프랑스 파리에서 사망.

▸ 베르너 슈타르크 Werner Stark (1909-1985): 지식사회학자, 종교사회학자

1933년 체코슬로바키아로 망명한 다음, 1939년 영국으로 망명. 1951년부터 1963년까지 맨체스터대학교 교수. 1963년 미국 뉴욕의 포드햄 대학교 사회학 교수. 1964년 오스트리아 빈대학교에서 법정대학 교수로 초빙하였으나 거절함. 1975년 오스트리아로 귀환.

▸ 아돌프 슈트름탈 Adolf Sturmthal (1903-1986): 정치학자, 사회학자

1934년 오스트리아로부터 국적을 박탈당한 후 스위스로 감. 그 후 벨기에와 영국을 거쳐 미국으로 망명. 1960년 일리노이대학교 노동사회학, 산업사회학 교수. 미국 코네티컷에서 사망.

▸ 헤르베르트 술탄 Herbert Sultan (1894-1954): 경제학자, 사회과학자

1931년 이후 하이델베르크대학교 조교를 거쳐 비정년 교수. 1939년 영국으로 망명. 1946년 우선 영국군 점령구역으로 귀환하여 1947년부터 1954년까지 하이델베르크대학교 사회학 비정년 교수.

▸ 발터 슐츠바흐 Walter Sulzbach (1889-1969): 사회학자

1921년 프랑크푸르트대학교 사회학 전임강사, 1930년부터 1933년까지 비정년 교수. 1937년 미국으로 망명하여 1937년부터 1945년까지 캘리포니아 클레어몬트 소재 한 대학에서 교수. 1956년 서독으로 귀환하여 프랑크푸르트대학교 사회학 정교수. 1960년부터 스위스에서 거주하다가 스위스에서 사망.

▸ 에른스트 칼 뷘터 Ernst Karl Winter (1895-1959): 정치가, 사회학자

1938년 오스트리아에서 스위스를 거쳐 미국으로 망명. 1939년 뉴욕의 "오스트리아-미국-센터"와 공동으로 국가위원회를 설립하여 시위, 행진, 주보발행 주도. 뉴욕에서 대학교 교수. 1945년 오스트리아 그라츠대학교 교수직을 희망했으나 수포로 돌아감. 1955년 오스트리아로 귀환하여 빈 대

학교 강사.

▸ 칼 아우구스트 뷔트포겔 Karl August Wittfogel (1896-1988): 사회학자, 중국학자

1930년 프랑크푸르트대학교에서 『중국의 경제와 사회』라는 주제로 박사학위 취득. 1934년 영국을 거쳐 미국으로 망명. '극동과 러시아 연구소' 연구소 교수 및 워싱턴대학교 교수. 뉴욕에서 사망.

▸ 쿠르트 하인리히 볼프 Kurt Heinrich Wolff (1912-2003): 사회학자

1939년 영국을 거쳐 미국으로 망명. 1945년 미국 시민권 취득. 1952년 오하이오 주립대학교 사회학 교수. 1959년부터 1982년까지 매사추세츠 브렌다이스 대학교 교수. 정년퇴직 후 1993년까지 강의. 미국 매사추세츠 뉴턴에서 사망.

5.4. 망명 심리학자

▸ 루돌프 아른하임 Rudolf Arnheim (1904-2007): 미디어학자, 예술심리학자

1928년부터 1933년까지 주간지 『세계무대』 편집자로 문화면 편집과 영화비평. 1928년 베를린대학교 막스 붸르트하이머, 볼프강 쾰러, 쿠르트 레뷘 교수에게서 박사학위 취득. 1933년 이탈리아 로마로 이주, 1939년 영국으로 망명한 후, 1940년 미국으로 망명. 1942년부터 1949년까지 뉴욕 New School for Social Research에서 예술심리학 강의. 1968년 하버드대 학교 Carpenter Center for the Visual Arts 예술심리학 교수. 1974년부터 1984년까지 미시건대학교 예술심리학 강사. 미국 미시건 앤아버에서 사망.

▸ 지크프리트 베른펠트 Siegfried Bernfeld (1892-1953): 개혁교육학자, 심리분석학자

당시 오스트리아-헝가리에 속했던 우크라이나 갈리치아 렘베르크에서 출생

하여 오스트리아 빈에서 성장. 현대 '청소년 연구 (Youth studies)' 창시자 중의 한 학자. 1915년 빈대학교에서 '청소년 개념에 대하여'란 주제로 박사학위 취득. 1917년부터 1921년까지 서 오스트리아 지역 시온주의자 중앙위원회 근무. 1920년대 지그문트 프로이트 정신분석학 운동에 참여. 1934년 프랑스를 경유하여 미국으로 망명. 미국 샌프란시스코에서 사망.

▸ 칼 빌러 Karl Bühler (1879-1963): 심리학자, 언어이론가

뷔르츠부르크 학파 '사고심리학'의 대표자. 1903년 프라이부르크대학교에서 의학 박사학위 취득, 1904년 슈트라스부르크 대학교에서 심리학 박사학위 취득. 1907년 뷔르츠부르크대학교에서 교수자격논문 통과. 1913년부터 1918년까지 뮌헨대학교 비정년 교수. 1918년 드레스덴 공대 철학, 교육학 정교수. 1922년 빈대학교 심리학 정교수와 심리연구소 소장. 1928년부터 1931년까지 '독일심리학회' 회장. 1938년 나치에게 잠시 체포되었다가 1940년 오슬로, 런던을 경유하여 미국으로 망명. 1940년부터 미네소타대학교 교수, 1945년부터 1955년까지 남캘리포니아 대학교 (USC) 교수. 미국 로스앤젤레스에서 사망.

▸ 샬롯테 빌러 Charlotte Bühler (1893-1974): 심리학자

'사고심리학'의 대표자 칼 빌러의 부인. 20세기 '발달심리학' 분야의 권위자. 1918년 뮌헨대학교에서 최우수 점수 (summa cum laude)로 박사학위 취득. 1920년 드레스덴 공대에서 교수자격논문 통과. 1923년 빈대학교 강사, 1929년 비정년 교수. 1940년 남편과 함께 미국으로 망명. 1942년 미니애폴리스 중앙병원 심리치료과장. 1945년 미국 시민권 취득. 1945년 로스앤젤레스 지역병원 심리치료과장. 1963년 남편이 사망한 후 로스앤젤레스에 체류하던 중 1970년 병이 들자 자녀들과 함께 1971년 서독 슈투트가르트로 귀환하여 80세인 다음해에 사망.

▸ 헬레네 도이취 Helene Deutsch (1884-1982): 심리분석학자

'여성의 심리'와 '여성의 성'을 전문화시킨 최초의 심리분석학자. '포지트

로늄'을 발견한 저명한 물리학자 마르틴 도이취의 어머니. 1912년 빈대학교 의과대학에서 박사학위 취득. 지그문트 프로이트의 제자로 1918년부터 '빈 심리분석협회 (WPV)'에서 동 회원으로 심도 깊게 여성심리를 연구한 최초의 여성심리학자. 1935년 미국으로 망명. 미국 매사추세츠 케임브리지에서 사망할 때까지 저명한 여성심리학자로 활동.

▸ 오토 페니첼 Otto Fenichel (1897-1946): 심리분석학자

1920년 23세의 나이로 '빈 심리분석협회 (WPV)' 회원. 1922년 베를린으로 거처를 옮겨 신경과와 심리분석 전문의 교육 받음. 1924년 하랄트 슐츠-헹케와 공동으로 소위 '어린이 세미나 (Kinderseminar)'로 불리는 '베를린 심리분석 연구소' 창립. 1934년 오슬로, 1935년 프라하로 망명한 다음, 1938년 미국으로 망명. 미국 로스앤젤레스에서 사망.

▸ 지그문트 프로이트 Sigmund Freud (1856-1939): 심리분석학자

정신분석학의 창시자, 20세기 가장 영향력 있는 사상가 중의 한 사람. 1881년 빈대학교에서 의학박사학위 취득. 1885년 빈대학교에서 '신경병리학'으로 교수자격논문 통과. 1885년부터 1902년까지 빈대학교 신경병리학 강사. 1902년 빈대학교 신경병리학 교수. 1916/17년 빈대학교에서 "정신분석학 입문" 마지막 강의. 1919년 "국제 정신분석학 출판사" 설립. 1930년 프랑크푸르트 시 괴테상 수상. 1933년 앨버트 아인슈타인과 공동으로 "왜 전쟁을?" 발간. 1933년 5월 10일 프로이트 저서 분서 당함. 1938년 나치들에 의해 망명을 강요당하여, 영국으로 망명. 영국 런던에서 사망.

▸ 에리히 프롬 Erich Fromm (1900-1980): 심리분석학자, 철학자, 사회심리학자

1922년 하이델베르크대학교에서 박사학위 취득. 1930년부터 프랑크푸르트 사회연구소에서 헤르베르트 마르쿠제, 테오도르 아도르노와 공동으로 연구. 1933년 스위스로 망명한 다음, 1934년 미국으로 망명. 1934년부터

1939년까지 뉴욕 컬럼비아 대학교에서 강의. 1940년 미국 시민권 취득. 1941년부터 1950년 버몬트 대학교 심리학 교수. 1949년 멕시코시티로 이주. 1951년 멕시코시티 국가대학 심리학 비정년 교수. 1965년 정년퇴직. 1974년 스위스에 정착.

▸ 마그누스 히르쉬펠트 Magnus Hirschfeld (1868–1935): 의사, 성 (Sex) 학자

동성애 (homosexuality) 운동 창시자 중의 한사람. 성과학 (性科學, Sexology) 선구자. 1892년 베를린대학교에서 의학박사학위 취득. 1897년 베를린에서 '반-동성애 형법'에 반대하는 단체인 '과학적-인도주의 위원회 (WhK) 창립. 1902년부터 1908년까지 WhK-뮌헨지부 존속. 1906년 WhK-빈지부, 1921년 WhK-프랑크푸르트 지부 설립. 1919년 베를린에 '성과학 (性科學) 연구소' 창립. 1933년 프랑스로 망명. 프랑스 니스에서 사망.

▸ 마리 야호다 Marie Jahoda (1907–2001): 사회심리학자

1932년 빈대학교에서 박사학위 취득. 1933년부터 1936년까지 '경제 심리학 연구소'에서 연구. 1936년 지하단체 운동 혐의로 체포당한 후 오스트리아 국적박탈과 동시에 24시간 이내 출국명령을 당하며 영국으로 망명. 2차 대전 중 대 오스트리아 선전 방송 근무. 1945년 미국으로 이주하여 1958년까지 망명대학교인 뉴욕 New School for Social Research 사회심리학 교수. 1958년 영국 Brunel College of Advanced Technology 강사를 거쳐, 1962년부터 1965년까지 동 대학교 교수. 1965년부터 1973년 정년퇴직할 때까지 서식스 대학교 사회심리학 교수. 영국 서식스에서 사망.

▸ 볼프강 쾰러 Wolfgang Köhler (1887–1967): 심리학자, 형태이론가

막스 붸르트하임어, 쿠르트 코프카와 더불어 '형태심리학 (게슈탈트심리학)' 및 '형태이론 (게슈탈트 이론)'의 창시자로 불림. 1909년 베를린대학교 칼 슈툼푸 교수에게서 박사학위 취득 후 프랑크푸르트 심리연구소에서

연구하며 후일 형태심리학을 정립하는 막스 붸르트하이머, 쿠르트 코프카와 교유. 1914년부터 1920년까지 프로이센학술원 '유인원연구소'에서 연구. 1922년부터 1935년까지 베를린대학교 교수 및 심리연구소 소장. 1933년 유대인혈통 교수들에 대한 나치들의 교수직 박탈에 대해 신문 기고를 통해 공개적으로 항의하고 교수직 자진반납. 1935년 미국으로 망명. 펜실베이니아 스와스모어 칼리지 교수. 1956년부터 1959년까지 미국심리학회 회장. 미국 뉴햄프셔 엔필드에서 사망.

▸ 아르투르 크론펠트 Arthur Kronfeld (1886-1941): 심리학자, 정신병리학자, 정신치료학자, 성전문학자

1909년 하이델베르크대학교에서 박사학위 취득. 1919년 베를린에 '성 과학 (性科學) 연구소' 창립 회원 중의 한 사람. 1927년 샤리테 (Charité, 베를린대학교 의과대학 병원) 칼 본회퍼 교수에게서 '정신의학' 및 '신경치료'에 관한 주제로 교수자격논문 통과 후 1929년 베를린 의과대학 비정년 교수. 1927년 '일반 심리치료 의사 협회' 창립하고 1930년부터 동 협회 회장단. 1935년 망명 목적으로 스위스로 이주한 후 1936년 소련으로 망명. 1937년 소련 시민권 획득. 1941년 독일군의 모스크바 진격에 위협을 느껴 부인과 함께 음독자살.

▸ 쿠르트 레빈 Kurt Lewin (1890-1947): 사회심리학자

사회심리학, 산업조직심리학, 응용심리학 등 경험 사회심리학 창시자. 막스 붸르트하임어, 볼프강 쾰러, 쿠르트 코프카와 더불어 '형태심리학' 베를린 학파의 4대가 (大家)로 손꼽힘. 사회학 '장 (場) 이론 (Field theory)'가로 유명. 1920년대 초반부터 베를린대학교에서 강의. 1933년 미국으로 망명. 1933년 코넬대학교 교수, 1935년부터 1944년 까지 아이오와대학교 교수, 1944년 MIT 교수. 미국 매사추세츠 뉴턴빌에서 사망.

▸ 빌헬름 라이히 Wilhelm Reich (1897–1957): 정신병학자, 심리분석학자, 성 (Sex) 연구가, 사회학자

'신체심리치료 (Body psychotherapy)' 창시자. 1920년 학생신분으로 '빈 심리분석협회 (WPV)' 회원에 가입됨. 1924년부터 1930년까지 '빈 심리 분석 치료 세미나' 이끎. 1933년 오스트리아와 덴마크를 거쳐 1934년 노르웨이로 망명한 다음, 1939년 미국으로 망명. 뉴욕의 New School for Social Research에서 강의. 미국 펜실베이니아에서 사망.

▸ 테오도르 라익 Theodor Reik (1888–1969): 심리분석학자

1912년 빈대학교에서 박사학위 취득한 후 1928년까지 '빈 심리 분석협회 (WPV)' 비서로 근무. 1928년부터 1933년까지 '베를린 심리 분석 연구소 (BPI)' 연구원. 1933년 네덜란드로 망명한 다음, 1938년 미국으로 망명. 1948년 '국립 심리분석 심리학회' 창립. 미국 뉴욕에서 사망.

▸ 윌리암 슈테른 William Stern (1871–1938): 심리학자

'차별 (개성) 심리학과 인격심리학' 창시자. '지능지수 (IQ)' 발견자. 1893년 베를린대학교 헤르만 엡빙하우스 교수에게서 박사학위 취득. 1900년부터 1918년까지 부인과 공동으로 본인의 세 자녀를 키우며 '일기 (쓰기) 방법'을 통해 '발달심리' 개척. 1904년 '독일심리학회' 창립멤버. 1906년 오토 리프만과 공동으로 '응용심리 및 심리수집 연구 연구소' 창립. 1911년 '차별 (개성) 심리학' 정립. 1912년 지능에 관한 연구를 발표하자 다음해부터 'IQ' 개념으로 고정되어 통용되기 시작함. 고향인 베를린대학교에서 기독교 개종을 전제로 교수초빙하자 교수직 거절. 1916년 함부르크대학교 교수. 1933년 나치에 의해 퇴직당하고 1933년 네덜란드로 망명한 후 미국으로 망명하여 듀크대학교 교수. 미국 노스캐롤라이나 더럼에서 사망.

▸ 막스 붸르트하임어 Max Wertheimer (1880–1943): 심리학자

'형태심리학 (게슈탈트심리학)' 창시자. 1905년 뷔르츠부르크대학교 오스발트 퀼페 교수에게서 박사학위 취득. 1910년부터 1914년까지 '형태심리

학' 토대 연구. 1916년부터 1922년까지 프랑크푸르트대학교 전임강사를 거쳐 1922년부터 1929년 까지 베를린대학교 심리학 비정년 교수. 1929년부터 1933년까지 프랑크푸르트대학교 심리학 정교수. 1933년 체코슬로바키아를 거쳐 미국으로 망명. 1933년부터 1943년까지 뉴욕 New School for Social Research에서 강의. 미국 뉴욕의 뉴로셸에서 사망.

5.5. 망명 예술사학자

▸ 발터 프리트랜더 Walter Friedlaender (1873–1966): 예술사학자

베를린대학교에서 산스크리트를 전공한 후 1898년 박사학위 취득. '대 영 박물관'에서 Post-Doctor를 하며 예술사에 흥미를 느끼자 독일로 귀국한 후 베를린대학교 하인리히 뵐플린 교수에게서 예술사 공부 시작. 1907년부터 1911년까지 로마 '프로이센 역사 연구소'에서 연구. 1914년 프라이부르크대학교 전임강사. 1933년 유대인 혈통이란 이유로 '공무원 신분 원상회복법'에 의거 교수직 박탈당한 후 미국으로 망명. 에르윈 판오프스키의 도움으로 펜실베이니아 대학교에서 비정규직으로 일한 후 뉴욕대학교의 '미술연구소' 정규직 직원. 미국 뉴욕에서 사망.

▸ 에른스트 크리스 Ernst Kris (1900–1957): 예술사학자, 정신분석학자

정신분석학적 '자아심리학'의 대표자. 1922년 빈대학교 율리우스 폰 슈롤써 교수에게서 예술사로 박사학위 취득 후 예술사박물관 관리인으로 근무. 1928년 '빈 심리분석협회 (WPV)' 회원에 가입됨. 1938년 영국으로 망명하여 BBC방송국 나치 선전 학문적 분석 부서에 근무. 캐나다를 거쳐 미국으로 망명. 1940년 New School for Social Research 교수. 미국 뉴욕에서 사망.

▸ 에르윈 판오프스키 Erwin Panofsky (1892–1968): 예술사학자

도상학 (圖像學)을 발전시킨 20세기의 저명한 예술사학자. 프라이부르크, 뮌헨, 베를린대학교 등에서 예술사를 전공한 후 1914년 빌헬름 페게 교수

에게서 박사학위 취득. 1921년 함부르크대학교 전임강사, 1927년 함부르크대학교 교수. 1933년 유대인 혈통이란 이유로 '공무원 신분 원상회복법'에 의거 교수직 박탈당한 후 미국으로 망명. 1933년부터 1935년까지 뉴욕대학교에서 강의한 후 프린스턴 '고등과학연구소'에서 강의. 미국 뉴저지에서 사망.

▸ 니콜라우스 페브스너 Nikolaus Pevsner (1902-1983): 예술사학자

1924년 라이프치히대학교 빌헬름 핀더 교수에게서 박사학위 취득. 1924년부터 1928년까지 드레스덴 회화갤러리 근무한 후 괴팅겐대학교 게오르크 뷔츠툼 폰 에크슈테트 교수에게서 교수자격논문 통과. 1929년부터 1933년까지 괴팅겐대학교 전임강사. 1934년 영국으로 망명. 1946년 영국 시민권 취득. 1959년부터 1969년까지 런던대학교 버크벡 칼리지 교수. 영국 런던에서 사망.

▸ 로자 샤피레 Rosa Schapire (1874-1954): 예술사학자

1904년 하이델베르크대학교에서 박사학위 취득 (독일 최초의 예술사박사학위 취득 여성)한 후 다수의 프랑스어 및 폴란드어로 된 예술사 관련 서적 독일어로 번역. 1916년 이다 데멜과 공동으로 '독일미술후원 여성동맹' 창립. 1933년부터 1939년까지 '함부르크 유대인 예술동맹'에서 활약. 1939년 영국으로 망명. 영국 런던에서 사망.

▸ 게로르크 슈바르첸스키 Georg Swarzenski (1876-1957): 예술사학자

베를린대학교 아돌프 골드슈미트 교수와 하이델베르크대학교 헨리 토데 교수에게서 예술사 전공한 후 1901년 박사학위 취득. 1903년 교수자격논문 통과. 1906년 프랑크푸르트 '슈테델 미술관' 관장. 1933년 유대인 혈통이란 이유로 '공무원 신분 원상회복법'에 의거 공직 박탈당한 후 1938년 미국으로 망명. 1938년부터 1949년까지 프린스턴 '고등과학연구소'에서 강의. 미국 매사추세츠 브루클라인에서 사망.

▸ 파울 붸스트하임 Paul Westheim (1886-1963): 예술사학자

베를린대학교 하인리히 뵐플린 교수, 빌헬름 보링거 교수 제자. 1917년부터 1933년까지『예술 신문』편집. 1933년 프랑스로 망명. '적대 외국인'으로 감금당함. 1938/39년『자유 예술과 문학』편집. 1940년 멕시코로 도주. 1963년 멕시코 국적자로 서베를린에 초청되어 서베를린 방문 중 사망.

5.6. 그 밖의 망명학자들

▸ 귄터 안더스 Günther Anders (1902-1992): 사회철학자, 작가

1933년 오스트리아에서 프랑스로 망명한 다음, 1936년 미국으로 망명. 1929년부터 1937년까지 정치철학자 한나 아렌트의 남편. 1950년 오스트리아로 귀환.

▸ 헤르베르트 발두스 Herbert Baldus (1899-1970): 인류학자

1933년 연구목적으로 브라질에 갔다가 독일로 귀환하지 않음. 1937년부터 포르투갈어로 출판하기 시작함. 1939년 상파울루에서 인류학 교수가 됨. 브라질 상파울루에서 사망.

▸ 한스 폰 헨티히 Hans von Hentig (1887-1974): 법학자, 범죄학자

1931년부터 1934년까지 킬 대학교 형법, 형사소송, 범죄학 정교수. 1934년 본 대학교 형사학 교수로 초빙. 1935년 9월 본 대학교로부터 퇴직당함. 1935년 미국으로 망명. 예일 대학교 로스쿨 조교수를 거쳐 1937년부터 워싱턴 고등검찰청 전문 감정인. 콜로라도, 오리건, 아이오와, 캔자스 대학교에서 강의. 푸에르토리코 대학교에서 초빙했으나 비자 문제로 갈 수 없었음. 망명 중 경제적 빈궁으로 끊임없는 괴로움을 당하고 볼셰비키 노선 전력으로 FBI에 의해 지속적인 감시를 받음. 서독으로 귀환이주하여 1951년 본 대학교 교수로 복직. 본 대학교 신학부 명예교수.

▸ 발터 A. 프리트랜더 Walter A. Friedländer (1891-1984): 사회교육학자

1920년 베를린대학교에서 박사학위를 취득한 다음 변호사 개업. '청소년법'에 관한 저서 발표. 1933년 파리로 망명한 다음, 1937년 미국으로 망명. 1943년까지 시카고대학교 강사. 1943년 미국 시민권 취득. 1949년부터 1959년까지 버클리대학교 사회복지학 교수. 미국 캘리포니아 오클랜드에서 사망.

▸ 헤르만 만하임 Hermann Mannheim (1889-1974): 범죄학자

1924년부터 1934년까지 본대학교에서 강의. 1934년 영국으로 망명. 1940년 영국국적 취득. 1946년 런던 '정치경제대학교' 범죄학 정교수. 영국 런던에서 사망.

▸ 파울 라이발트 Paul Reiwald (1895-1951): 법학자, 범죄학자

베를린대학교 범죄심리학 강사. 1933년 벨기에로 망명한 다음, 1939년 스위스로 망명. 제네바대학교 범죄심리학 강사. 스위스 바젤에서 사망.

▸ 레오폴트 슈바르츠쉴트 Leopold Schwarzschild (1891-1950): 언론인, 사회학자

바이마르 공화국 시절 베를린에서 빈 출신 슈테판 그로스만과 공동으로 잡지 『일지』 발간. 1933년 파리로 망명하여 『신 일지』 발간. 1933년 독일국적 박탈당하고, 1940년 미국으로 망명. 1949년 서독으로 귀환.

▸ 안나 짐센 Anna Siemsen (1882-1951): 교육학자, 정치가

뮌헨, 뮌스터, 본 대학교에서 수학한 후 1909년 박사학위 취득. 1923년 예나대학교 명예교수. 1932년 나치 민족교육부장관 프릿츠 뷔헤틀러에 의해 명예교수직 박탈당함. 1933년 스위스로 망명. 1946년 서독으로 귀환하여 1947년부터 1951년까지 함부르크대학교 강사.

▸ 요아힘 바흐 Joachim Wach (1898-1955): 종교학자, 사회학자

1929년 라이프치히대학교 종교학 교수. 1935년 혈통 문제로 교수직 박탈당함. 1935년 미국으로 망명하여 1935년부터 1939년까지 브라운대학교 교환교수를 거쳐 1939년부터 1946년까지 부교수. 1945년부터 시카고대학교 종교학 교수. 1946년 미국국적 취득. 스위스 로카르노에서 사망.

▸ 한스 빌브란트 Hans Wilbrandt (1903-1989): 농학자, 정치고문

1930년부터 베를린농대 강사, 전임강사. 1933년 유대인 혈통이란 이유로 '공무원 신분 원상회복법'에 의거 강사직 박탈당함. 1934년 터키로 망명하여 터키정부 농업 자문위원. 1940년부터 1952년까지 터키에서 자영업. 1953년 서독으로 귀환하여 킬 대학교 '세계경제연구소', 유엔 '식량 농업기구 (FAO)' 연구원. 1962년 베를린 공대에, 그리고 1963년 쾨팅겐대학교에 해외 농업학과 설치. 서독 정부 개발도상국 문제 및 개발도상국 원조 자문위원.

▸ 에밀리오 빌렘스 Emilio Willems (1905-1997): 사회학자, 인류학자

1931년 브라질로 망명하여 1936년 상파울로 대학교 사회학강의를 시작으로 1937년 교수. 1949년 미국으로 이주하여 1974년 정년퇴직할 때까지 밴더빌트 대학교 사회학, 인류학 교수. 미국 테네시 주 내슈빌에서 사망.

▸ 칼 아우구스트 뷔트포겔 Karl August Wittfogel (1896-1988): 중국학자, 사회학자

1933년 에스터붸게/파펜부르크 (유대인)집중수용소 수감. 1934년 영국으로 망명한 다음, 1940년 미국으로 망명. 1941년 미국국적 취득. 1947년 시애틀대학교 중국사 교수를 거쳐 1966년까지 워싱턴대학교 교수. 냉전시대에는 반공주의자. 미국 뉴욕에서 사망.

6. 망명 경제인사와 법조인

▸ 막스 알스베르크 Max Alsberg (1877-1933): 변호사, 작가

바이마르 공화국 시절 저명한 형사사건 변호사. 형사사건에 관한 다수의 저작물 발표. 1931년 베를린대학교 명예교수가 되어 주로 '형집행의 심리와 사회학'에 대한 강의를 함. 1931년 베를린대학교로부터 정교수의 자질을 갖추었다고 인정받음. 1933년 3월 말 스위스로 망명. 소르본대학교의 비정년 교수직, 런던에서 변호사직 제의를 받음. 1933년 9월 스위스 자메단에서 권총 자살함.

▸ 알프레트 아펠 Alfred Apfel (1882-1941): 변호사

1918년부터 베를린에서 변호사, 공증인. 정치적인 형사사건을 주로 담당, 작가 칼 폰 오씨츠키 변호 담당. 1933년 영국으로 망명. 프랑스 마르세유에서 사망.

▸ 오토 칸-프로인트 Otto Kahn-Freund (1900-1979): 법조인, 나치 저항 운동가

1차 대전 참전 후 프랑크푸르트, 하이델베르크, 라이프치대학교에서 법학 전공 후 1925년 법학박사 학위 취득. 1928년 베를린 노동재판소 판사. 1933년 '공무원 신분 원상회복법'에 의거 법관직 박탈당함. 1933년 영국으로 망명하여 1936년부터 영국 법률분야에서 활동. 1977년 케임브리지대학교 명예박사. 영국 옥스퍼드에서 사망.

▸ 프릿츠 바우어 Fritz Bauer (1903-1968): 판사, 검사

1936년 덴마크로 망명한 다음, 1943년 스웨덴으로 망명. 1949년 서독으로 귀환하여 브라운슈바이크 지방법원장 취임. 1950년 브라운슈바이크 고등법원 검사장. 1956년부터 1968년까지 헤센 주 검사장.

▸ 루돌프 올덴 Rudolf Olden (1885-1940): 언론인, 변호사

1926년부터 '베를린어 타게블라트 (Berliner Tageblatt)' 신문사 편집부 기자로 문예와 정치기사를 쓰며 편집장까지 오름. 1926년 베를린에서 변호사. 1933년 체코슬로바키아, 프랑스, 자르구역을 거쳐 영국으로 망명. 1940년 미국으로 건너가던 중 독일 잠수함의 공격으로 여객선이 침몰되어 대서양에서 사망.

|부 록 2| 흑색목록[1] -볼프강 헤르만 목록-

1. 문학

나탄 아쉬 (Nathan Asch)
샬롬 아쉬 (Schalom Asch)

이삭 바벨 (Isaac Babel): 『부디오니의 기마군단』
헨리 바르부쎄 (Henri Barbusse)
막스 바르텔 (Max Barthel): 『죽은 남자로 가는 물레방아』
요하네스 R. 베허 (Johannes R. Becher)
리하르트 베어-호프만 (Richard Beer-Hofmann)
귄터 비르켄펠트 (Günther Birkenfeld)
프릿츠 브라이 (Fritz Bley): 『동물과 사냥이야기』를 제외한 모든 작품
엘레나 보빈스카야 (Elena Bobinskaja)
니콜라이 복다노프 (Nikolai Bogdanow): 『첫 번째 처녀』
발데마 본젤스 (Waldemar Bonsels): 『벌 마야』, 『하늘 민족』, 『인디언 운행』을 제외한 전 작품
루돌프 브라우네 (Rudolf Braune): 『오르가 프리바트의 처녀』
베르톨트 브레히트 (Brecht, Bertolt)
요셉 브라이트바흐 (Joseph Breitbach): 『적대적』

1) 볼프강 헤르만의 흑색목록 (Schwarze Listen)은 Werner Treß: »Wider den undeutschen Geist!« Bücherverbrennung 1933, Berlin 2003, 250-259쪽 참조

막스 브로트 (Max Brod): 『튀효 브라헤』를 제외한 전 작품
크리스타 아니타 브뤽 (Christa Anita Brück): 『타자기 뒤의 운명』

로베르트 카르 (Robert Carr)

알프레트 되블린 (Alfred Doeblin): 『발렌슈타인』을 제외한 전 작품
욘 도스 파쏘스 (John Dos Passos)

에리히 에버마이어 (Erich Ebermayer): 『바르샤바의 밤』
카지미르 에드슈미트 (Kasimir Edschmid,): 『티무르』와 『여섯 합류점』을 제외한 전 작품,
일야 에렌부르크 (Ilja Ehrenburg): 『그라쿠스 바도오이프』를 제외한 전 작품
헤르만 에씨히 (Hermann Essig)
한스 H. 에붸스 (Hans H. Ewers): 『알라우네 밤피어』

에밀 펠덴 (Emil Felden): 『한 인간의 길』
리온 포이히트방어 (Lion Feuchtwanger)
게오르크 핑크 (Georg Fink)
레온하르트 프랑크 (Leonhard Frank): 『도적단』, 『옥센푸르트의 사중창단』을 제외한 전 작품
알렉산더 프라이 (Alexander Frey): 『고약상자』

루돌프 가이스트 (Rudolf Geist)
피요도르 글라드고프 (Fjodor Gladkow)
에른스트 글뢰저 (Ernst Gläser)
이봔 골 (Iwan Goll)
막심 고르키 (Maxim Gorki): 『스파이, 현실의 동화, 참회』, 『어떻게 한 인간이 태어났는가, 푸른 인생』

오스카 마리아 그라프 (Oskar Maria Graf): 『놀라운 인간들, 달력이야기』를 제외한 전 작품
칼 그륀베르크 (Karl Gruenberg)

야로스라브 하젝 (Jaroslav Hašek)
발터 하젠클레버 (Walter Hasenclever)
어네스트 헤밍웨이 (Ernest Hemingway): 『다른 나라에서』
헤르만 게오르크 (Hermann Georg): 『쿠빈케, 눈, 헤르츠펠트 박사의 밤』
칼 야콥 히르쉬 (Karl Jakob Hirsch): 『전과자, 황제 날씨』
요셉 호프바우어 (Josef Hofbauer): 『혼돈으로의 행진』
리하르트 호프만 (Richard Hoffmann): 『전선장병』
아르투르 홀리쳐 (Arthur Holitscher)
알베르트 호토프 (Albert Hotopp)

벨라 일레스 (Bela Illes)
일야 일프 (Ilja Ilf): 『12 의자』
붸라 인버 (Vera Inber)

하인리히 에두아르트 야콥 (Heinrich Eduard Jacob): 『피와 셀룰로이드』
에른스트 요하네센 (Ernst Johannesen): 『보병 중 4명』

에리히 케스트너 (Erich Kästner): 『에밀과 탐정들』을 제외한 전 작품
요셉 칼린니코프 (Josef Kalinikow)
발렌틴 카타예프 (Valentin Katajew)
기나 카우스 (Gina Kaus)
베른하르트 켈러만 (Bernhard Kellermann): 『11월 9일』
알프레트 케르 (Alfred Kerr)
이름가르트 코인 (Irmgard Keun)
헤르만 케스텐 (Hermann Kesten)

에곤 에르윈 키쉬 (Egon Erwin Kisch)
쿠르트 클레버 (Kurt Kläber)
에델프 쾨펜 (Edlef Köppen): 『군대의 보고』
알렉산드라 콜론타이 (Alexandra Kollontay)
하인리히 쿠르트치히 (Heinrich Kurtzig): 『마을 유대인』
미하엘 쿠스민 (Michail Kusmin)

안드레아스 라츠코 (Andreas Latzko)
페터 마르틴 람펠 (Peter Martin Lampel): 『배반한 소년들』, 『청소년보호소의 반란』
에바 라이트만 (Eva Leidmann)
마리아 라이트너 (Maria Leitner): 『호텔 아메리카』
레오니트 레오노프 (Leonid Leonow): 『건설』
알렉산더 레르넷-홀레니아 (Alexander Lernet-Holenia)
루트비히 레빈손 (Ludwig Lewinsohn): 『피의 유산』
유리 N. 리베딘스키 (Juri N. Libedinsky)
블라디미르 리딘 (Wladimir Lidin)
하인츠 리프만 (Heinz Liepmann)
오토 링크 (Otto Linck): 『운명의 전우』
잭 런던 (Jack London): 『마르틴 에덴』, 『구속복』, 『철 발꿈치』
에밀 루트비히 (Emil Ludwig)

하인리히 만 (Heinrich Mann)
클라우스 만 (Klaus Mann)
빅토르 마이어-에크하르트 (Viktor Meyer-Eckhardt): 『파울 벤델린의 소멸』
구스타프 마이링크 (Gustav Meyrink)
프리드리히 미하엘 (Friedrich Michael): 『잘 추천받은 여인』

로베르트 노이만 (Robert Neumann): 『낯선 펜으로』를 제외한 전 작품
알렉산더 S. 네베로프 (Alexander S. Newerow)

니콜라이 오그니예프 (Nikolai Ognjew), 이반 올브라하트 (Ivan Olbracht), 에른스트 오트발트 (Ernst Ottwalt)

표도르 판표로프 (Fjodor Panfjorow)
레오니트 판텔레예프 (Leonid Pantelejew)
쿠르트 핀투스 (Kurt Pinthus)
테오도르 플리뷔어 (Theodor Plivier)

구스타프 레글러 (Gustav Regler)
에리히 마리아 레마르크 (Erich Maria Remarque)
루트비히 렌 (Ludwig Renn): 『전쟁 후』만.
요아힘 링겔나츠 (Joachim Ringelnatz)
요셉 로트 (Joseph Roth)
루트비히 루비너 (Ludwig Rubiner)

넬리 작스 (Nelly Sachs)
라엘 산차라 (Rahel Sanzara)
알브레히트 쉐퍼 (Albrecht Schaeffer): 『엘리 혹은 일곱 계단』
알프레트 쉬로카우어 (Alfred Schirokauer)
헤르베르트 그림 슈룸프 (Herbert Grimm Schlump)
아르투어 슈니츨러 (Arthur Schnitzler): 『야외로 가는 길』을 제외한 전 작품
칼 슈레더 (Karl Schröder)
리디아 자이플리나 (Lidija Seifullina): 『탈주자』를 제외한 전 작품
안나 제거스 (Anna Seghers)
업톤 싱클레어 (Upton Sinclair)

한스 소차체붸어 (Hans Sochaczewer)
미하일 소쉬첸코 (Michail Soschtschenko)
알렉산더 세라피모비치 (Alexander Serafimowitsch): 『철의 전류』
표도르 솔로굽 (Fjodor Sologub)
베르타 폰 주트너 (Bertha von Suttner): 『항복』

리자 테츠너 (Lisa Tetzner): 『한스 우리안』
아드린네 토마스 (Adrienne Thomas)
주나오 토쿠나가 (Sunao Tokunaga)
에른스트 톨러 (Ernst Toller)
B. 트라벤 (B. Traven): 『정부』, 『짐수레』
쿠르트 투홀스키 (Kurt Tucholsky), 베르너 튀륵 (Werner Türk)

아르놀트 울리츠 (Arnold Ulitz): 『아라라트, 봅스, 유언장』
프릿츠 폰 운루 (Fritz von Unruh): 『장교들, 루이 페르디난트』를 제외한 전 작품

칼 봐넥 (Karl Vanek)

야콥 봐써만 (Jakob Wassermann)
알렉스 붸딩 (Alex Wedding, 원명: 그레테 봐이스코프 Grete Weiskopf)
아르민 T. 붸그너 (Armin T. Wegner)
프란츠 칼 봐이스코프 (Franz Carl Weiskopf)
프란츠 붸르펠 (Franz Werfel): 『바바라』, 『베르디』, 『소시민의 죽음』을 제외한 전 작품
오스카 뵈를레 (Oskar Wöhrle): 『유탄』

아르놀트 츠바이크 (Arnold Zweig)
슈테판 츠바이크 (Stefan Zweig)

최근 시 선집
최근 산문선집
『신 러시아의 새로운 30인 소설가들』
『30인의 새로운 독일 소설가들』

2. 역사

발렌틴 아스트로프 (Walentin Astrow) - 알렉산더 슬렙콥 (Alexander Slepkow): 『삽화속의 러시아 혁명사』
앙리 바르뷔스 (Henri Barbusse): 『1억5천9백만』
오토 바우어 (Otto Bauer): 『오스트리아 혁명』
빌헬름 블로스 (Wilhelm Blos): 『군주국가에서 민족국가로』
오스카 블룸 (Oskar Blum): 『러시아의 두뇌들』
하인리히 쿠놉 (Heinrich Cunow): 『종교와 신앙의 기원』
테오도르 단 (Theodor Dan): 『실제의 소비에트러시아』
테오도르 드라이저 (Theodore Dreiser): 『소비에트러시아』
쿠르트 아이스너 (Kurt Eisner): 모든 저작물
오이겐 핏셔 (Eugen Fischer): 『사라예보에서 세계대전까지 위기의 39일』
오이겐 핏셔-바링 (Eugen Fischer-Baling): 『1918년 독일혁명 민족재판』
에밀 굼벨 (Emil Gumbel): 모든 저작물
파울 한 (Paul Hahn): 『뷔템베르크 혁명 회상들』
W. 헤게만 (W. Hegemann)
프리드리히 폰 헬발트 (Friedrich von Hellwald): 『풍속도 1-2권』
마르틴 호봄 (Martin Hobohm): 『심사위원회와 뒤통수치기』
아르투어 호릿쳐 (Arthur Holitscher): 『소비에트러시아 3개월 여행』
엘리아스 후르뷔츠 (Elias Hurwitcz): 『최근 러시아혁명사』
캄프마이어-알트만 (Kampffmeyer-Altmann): 『사회주의자 법 앞에서』
헤르만 U. 칸토르비치 (Hermann U. Kantorowitcz): 『영국정치정신과 독일 포위의 전설』

칼 카우츠키 (Karl Kautsky)
쿠르트 케르스텐 (Kurt Kersten, 필명: 게오르크 푀르스터): 『비스마르크와 비스마르크 시대』
에곤 에르윈 키쉬 (Egon Erwin Kisch): 모든 저작물
알프레트 클라인베르크 (Alfred Kleinberg): 『근대유럽문화』
에밀 루트비히 (Emil Ludwig): 모든 저작물
로자 룩셈부르크 (Rosa Luxemburg): 모든 저작물
발레리우 마르쿠 (Valeriu Marcu): 『역사의 그림자』
프란츠 메링 (Franz Mehring): 모든 저작물
프릿츠 메르켄슈라거 (Fritz Merkenschlager): 『신들, 영웅들 그리고 권터』
헤르만 뮐러-프랑켄 (Hermann Müller-Franken): 『11월 혁명』
구스타프 노스케 (Gustav Noske): 『킬에서 캅까지』
오다 올베르크 (Oda Olberg): 『소비에트러시아에서 온 편지들』
오싶 파트니키 (Osip Pjatnickij): 『한 볼셰비키의 수기』
존 리드 (John Reed): 『세계를 뒤흔든 열흘』
아르투어 로젠베르크 (Arthur Rosenberg): 『독일공화국 성립 1871-1918』
오토 뤼레 (Otto Rühle): 『삽화 속의 프롤레타리아의 문화와 풍속사』
율리우스 쉐퍼 (Julius Schäffer): 『인종궤도를 통한 민족사유 파괴』
알렉산더 샤포발로프 (Alexander Schapowalow): 『마르크스주의로의 길에서』
프릿츠 쉬프 (Fritz Schiff): 『인류의 거대한 환상』
빅토르 쉬프 (Victor Schiff): 『베르사유에서는 그랬다.』
칼 제베링 (Carl Severing) 『일기와 악천후 속의 1919-1920』
카를로 스포르차 (Carlo Sforza): 『신 유럽의 형성과 형성자. 유럽의 독재자들』
F. 스랑 (F. Slang): 『장갑순양함 포템킨』
브루노 좀머 (Bruno Sommer): 『종교사 1-2권』, 『성경』
요씨프 W. 스탈린 (Jossif W. Stalin): 『10월로의 길에서』
레오 트로츠키 (Leo Trotzki)
칼 추픽 (Karl Tschuppik): 『루덴도르프』

A. T. 붸그너 (A. T. Wegner): 『당신위의 다섯 손가락』
헤르베르트 G. 벨스 (Herbert G. Wells): 『우리 세계의 역사. 세계사 기본』
칼 A. 뷔트포겔 (Karl A. Wittfogel)

『독일통일 - 독일자유. 1929년 제헌절 비망록』
『서방의 동료』
『독일혁명. 수집이 보여주었다. 저작물』
『전선 뒤의 무방비』
『새로운 전쟁은 어떠한 모습일까?』

3. 미술

오토 딕스 (Otto Dix): 『전쟁』
조지 그로스츠 (George Grosz, 원명: 게오르크 에렌프리트 그로스 Georg Ehrenfried Groß): 전 작품
에리히 크나우프 (Erich Knauf): 『격양과 형상』 『다우미르 (다우미르 자체는 도서관에 있다)』
루 메르텐 (Lu Märten): 『예술의 본질과 변화에 대한 역사적-물질적인 것』
프란스 마세렐 (Frans Masereel): 『대도시의 그림들』만 ("프란스 마세렐의 다른 모든 작품들은 남긴다!")
안나 짐센 (Anna Siemsen): 『정치적 미술과 미술정책』
업턴 싱클레어 (Upton Sinclair): 『금 사슬』
빌리 볼프라트 (Willi Wolfradt): 『오토 딕스』

샤갈 (Chagall), 클레 (Klee), 라우트레 (Henri Toulouse-Lautrec), 마이트너 (Ludwig Meidner), 뢰쎌 (Karl Roessel)에 대한 소개서

4. 정치학과 행정학

루돌프 아브라함 (Rudolf Abraham): 『현대 사회주의 이론』
마르크 아브라모뷔치 (Mark Abramowitsch): 『사회학의 주요 문제들』
막스 아들러 (Max Adler): 모든 저작물
케테 아쉬 (Käthe Asch): 『샤를 푸리에 (Charles Fourier)론』
지크프리트 아우프호이저 (Siegfried Aufhäuser): 모든 저작물
앙겔리카 발라바노프 (Angelica Balabanoff): 모든 저작물
앙리 바르뷔스 (Henri Barbusse): 『사형집행자』, 『1억 오천만』
루트비히 바우어 (Ludwig Baur): 『내일 다시 전쟁』, 『여론』
O. 바우어 (O. Bauer): 모든 저작물
아우구스트 베벨 (August Bebel): 『여성과 사회주의』
에두아르트 베른슈타인 (Eduard Bernstein): 모든 저작물
프릿츠 베른슈타인 (Fritz Bernstein): 『집단현상으로서의 인종주의』
안나 블로스 (Anna Blos): 『사회주의 측면에서 본 여성문제』
율리안 보르햐르트 (Julian Borchardt): 『학문적 사회주의 입문』
N. 브루파혀 (N. Bruphacher): 『마르크스와 레닌』
니콜라이 이바노비치 부카린 (Nikolaj Ivanovič Bucharin): 『공산주의자들의 프로그램』
빌헬름 콘슈테트 (Wilhelm Cohnstaedt): 『질의』
리하르트 N. 쿠덴호프-칼레르기 (Richard Nikolaus Coudenhove-Kalergi): 모든 저작물
하인리히 쿠눞 (Heinrich Cunow): 『일반 경제사 4권』
로베르트 단네베르크 (Robert Danneberg): 『새로운 빈 10년』
율리우스 도이취 (Julius Deutsch): 『국방과 사회민주주의』
오토 도이취 (Otto Deutsch): 『적색 경영자의 톱니바퀴』
빌헬름 디트만 (Wilhelm Dittmann): 『1917년 해군법무관살인』
드렌 (Drehn): 『임금노동과 자본』
구스타프 에크슈타인 (Gustav Eckstein): 『자본주의와 사회주의』

오토 에잉어 (Otto Ehinger): 『사회적 착취체제』
프리드리히 엥겔스 (Friedrich Engels): 『독일농민전쟁』, 『영국의 노동계층 상태』, 『루트뷔히 포이어바흐와 고전 독일 철학 출구』를 제외한 전집
안톤 에르켈렌츠 (Anton Erkelenz): 『독일 공화국 10년』
발터 파비안 (Walter Fabian): 『전쟁 책임 문제』
아르투어 파일러 (Arthur Feiler): 『볼셰비키주의의 실험』
루이스 핏셔 (Louis Fischer): 『석유제국주의』
프리드리히 빌헬름 푀르스터 (Friedrich Wilhelm Förster): 모든 저작물
에른스트 프랭켈 (Ernst Fraenkel): 『계급차별재판의 사회학』
아르놀트 프라이무트 (Arnold Freymuth): 『사회민주주의와 직업공무원제』
알프레트 H. 프리트 (Alfred H. Fried): 『평화운동 편람』
발터 괴츠 (Walter Goetz): 『독일민주주의』
G. E. 그라프 (G. E. Graf): 모든 저작물
에밀 J. 굼벨 (Emil J. Gumbel): 『배신자들은 비밀재판에 회부된다』, 『모반자』, 『정치적 살인 4년』
에두아르트 하이만 (Eduard Heimann): 『자본주의와 사회주의』, 『사회주의적 경제 질서와 노동질서』
게르트루드 헤르메스 (Gertrud Hermes): 『마르크스주의 노동자의 정신적 형태와 노동자교육문제』
테오도르 호이스 (Theodor Heuss): 『독일 곤궁으로 부터의 지도자』, 『히틀러의 길』
루돌프 힐퍼딩 (Rudolf Hilferding): 『재정자본』, 『독일 경제정책 운명의 시간』
M. 힐쿠비스트 (M. Hillquist): 『사회주의』
마르틴 호봄 (Martin Hobohm): 『뒤통수치기』
막스 호단 (Max Hodann): 『성과 사랑』
막스 횔츠 (Max Hoelz): 모든 저작물
요젭 호프바우어 (Josef Hofbauer): 『적색의 빈』
빌헬름 일겐슈타인 (Wilhelm Ilgenstein): 『사회주의의 종교적 사고세계』

마리 유하츠 (Marie Juchacz): 『노동복지』
아론 유고프 (Aron Jugow): 『5개년 계획』, 『소비에트연방 경제』
파울 캄프마이어 (Paul Kampffmeyer): 『독일 현대 사회계층의 역사』
칼 카우츠키 (Karl Kautsky): 『막 다른 골목에 선 볼셰비키주의』를 제외한 모든 저작물
F. 콜버 (F. Kolber): 『폭력과 비폭력』
칼 코른 (Karl Korn): 『사회주의 세계관』
K. 코르쉬 (K. Korsch): 『마르크스주의와 철학』
지그프리트 크라카우어 (Siegfried Kracauer): 『직원들』
미하엘 크리샤노브스키 (Michael Krischanowski): 『소련 내 계획경제노동』
파울 크리쉐 (Paul Krische): 모든 저작물 (Freidenkerverlag 프라이덴커 출판사)
알프레트 쿠렐라 (Alfred Kurella): 『가면 없는 무솔리니』
구스타프 란다우어 (Gustav Landauer): 『사회주의에로의 호소』
페르디난트 라살레 (Ferdinand Lassalle): 『배심재판소연설』, 『오늘날의 역사시기와 노동자계층 이념의 특별한 관계』를 제외한 모든 저작물
레닌 (Lenin): 『급진주의, 공산주의의 소아병』, 『1917년 혁명』을 제외한 모든 저작물
프란츠 레핀스키 (Franz Lepinski): 『청년 사회주의적 운동』
앙리 리히텐베르거 (Henri Lichtenberger): 『독일과 프랑스』
칼 립크네히트 (Karl Liebknecht): 『반전 계급투쟁』, 『연설과 논설』, 『군국주의와 반 군국주의』, 『사회발전 운동 법률에 관한 연구』
벤야민 B. 린트자이 (Benjamin B. Lindsey): 『동지애결혼』
힐데 리온 (Hilde Lion): 『여성운동 사회학』
리하르트 리핀스키 (Richard Lipinski): 『사회민주주의』
알프레트 로뷔치 (Alfred Lowitsch): 『에너지, 계획경제, 사회주의』
게오르크 루카치 (Georg Lukács): 『역사와 계급의식』
아나톨리 루나샤르스키 (Anatoli Lunatscharski): 『노동자계층의 문화과제』
로자 룩셈부르크 (Rosa Luxemburg): 모든 저작물

헨트릭 데 만 (Hendrik de Man): 『노동의 기쁨을 위한 투쟁』을 제외한 모든 저작물
하인리히 만 (Heinrich Mann): 『권력과 인간』
토마스 만 (Thomas Mann): 『독일 공화국에 관하여』, 『독일어 발음』
지크프리트 마르크 (Siegfried Marck): 모든 저작물
칼 마르크스 (Karl Marx): 모든 저작물
프란츠 메링 (Franz Mehring): 모든 저작물
칼 멘니케 (Carl Mennicke): 『운동과 과제로서의 사회주의』
프릿츠 납탈리 (Fritz Naphtali): 『경제민주주의』
피트로 넨니 (Pietro Nenni): 『자유의 사투』
프란체스코 S. 니티 (Francesco S. Nitti): 『볼셰비키주의, 파시즘 그리고 민주주의』
에릭 뇔팅 (Erik Nölting): 『민족경제론 입문』
오다 올베르크 (Oda Olberg): 『이탈리아 파시즘』, 『문화제약 속의 변질』
프란츠 오펜하이머 (Franz Oppenheimer): 『사회적 문제』, 『마르크스적 사회의 기본법』
베르톨트 오토 (Berthold Otto): 『황금만능주의, 군국주의, 전쟁 그리고 평화』
안톤 판네코엑 (Anton Pannekoek): 『마르크스주의와 다윈주의』
콘스탄틴 파쉬트노프 (Konstantin Paschitnow): 『노동계급자 상황』
파울 피쇼프스키 (Paul Piechowsky): 『프롤레타리아적 믿음』
아델하이트 포프 (Adelheid Popp): 『정점으로의 길』
후고 프로이스 (Hugo Preuss): 『독일의 공화적 제국헌법』, 『국가, 법 그리고 자유』, 『독일과 서유럽의 헌법 정치적 발전』
구스타프 라트브루흐 (Gustav Radbruch): 『사회주의 문화론』
발터 라테나우 (Walther Rathenau): 『신 국가』
칼 렌너: (Karl Renner): 『현대 사회에서의 정신노동자』, 『전체 진행으로서의 경제』, 『마르크스주의, 전쟁 그리고 인터내셔널』
에두아르트 로젠바움 (Eduard Rosenbaum): 『페르디난트 라살레』

파울 프라이헤어 폰 쉐나이히 (Paul Freiherr v. Schoenaich): 모든 저작물
게르하르트 제거 (Gerhart Seger): 『전체노동자와 평화주의』
업톤 싱클레어 (Upton Sinclair): 『종교와 이득』
그리고리이이 시노프예프 (Grigorij Sinowjew): 『러시아 공산당사』
요십 W. 스탈린 (Jossif W. Stalin): 『레닌과 레닌주의』, 『10월에의 길에서』
프릿츠 슈테른베르크 (Fritz Sternberg): 『제국주의』, 『독일자본주의 쇠퇴』
프릿츠 슈티어-좀로 (Fritz Stier-Somlo): "지방자치에 관한 논설들"을 제외한 모든 저작물
알프레트 슈트리머 (Alfred Striemer): 『자유경제에 대한 비판』
하인리히 슈트뢰벨 (Heinrich Ströbel): 『세금모욕과 경제사기』
오토 주르 (Otto Suhr): 『노동자 위치의 경제세계』
베르타 폰 주트너 (Bertha von Suttner): 『항복! 전기』
테오도르 티하우어 (Theodor Tichauer): 『사회교육』
파울 틸리히 (Paul Tillich): 『사회주의적 결정』
에른스트 톨러 (Ernst Toller): 『사법부』
레오 트로츠키 (Leo Trotzki): 모든 저작물
루돌프 우르반취쉬 (Rudolf Urbantschitsch): 『연습결혼』
테오도르 H. 봔 데 벨데 (Theodor H. van de Velde): 『결혼중의 혐오감』
칼 포어랜더 (Karl Vorländer): 『칸트, 피히테, 헤겔 그리고 사회주의』
클라우스 붸베르크 (Claus Wehberg): 『독일 평화운동의 지도자』, 『국제연맹의 근본문제』
파울 봐이젠그륀 (Paul Weisengrün): 『마르크스주의』
프리드리히 봐이스 (Friedrich Weiss): 『정치편람』
에두아르트 봐이취 (Eduard Weitsch): 『우리에게 관련된 수』
발터 에게르트-뷘덱 (Walther Eggert-Windegg): 『군대와 제국』
칼 A. 뷔트포겔 (Karl A. Wittfogel): 『소생하는 중국』을 제외한 모든 저작물
게르트루드 보커 (Gertrud Woker): 『다가오는 독극물 내지 화염전쟁과 그의 민간인들에 대한 영향』

아우구스트 치글러 (August Ziegler): 『인종차별주의에 대한 서약증인』

『하이델베르크 프로그램』
『사민당 전당대회 토의 보고서』
『검은 제국국방군 백서』 (인권동맹)
『바이마르 헌법 10년. 1929』
『제헌절 연설문 일람』

5. 문학사

율리우스 밥 (Julius Bab): 모든 저작물
베르나르트 폰 브렌타노 (Bernard von Brentano): 『자본주의와 (아름다운) 문학』
알프레트 케르 (Alfred Kerr): 모든 저작물
알프레트 클라인베르크 (Alfred Kleinberg): 『사회, 시간, 정신사적 조건속의 독일문학』
하인리히 만 (Heinrich Mann): 『정신과 행위』
프란츠 메링 (Franz Mehring): 『레싱 전설. 프로이센 전제정치와 고전주의 문학의 역사와 비판을 위하여』, 『문학사』
게르하르트 폴 (Gerhart Pohl): 『20세기로의 전진』
안나 짐센 (Anna Siemsen): 『유럽사회 발전을 통해서 본 문학편력』
슈테판 츠바이크 (Stefan Zweig): 『마적인 신과의 투쟁. 횔덜린, 클라이스트, 니체』, 『3인의 시인과 그들의 삶. 카사노바, 스탕달, 톨스토이』

6. 종교, 철학, 교육학

막스 아들러 (Max Adler): 『새로운 인간들』
아들러-뢰벤슈타인 (Adler-Löwenstein): 『사회학적, 학교 정책적 근본 문제』, 『다른 강가에서』
앙리 바르뷔스 (Henri Barbusse): 『한 전우가 말한다』
오토 바우어 (Otto Bauer): 『사회민주주의』, 『종교와 교회』
그리고리이이 브옐히 (Grigorij Bjelych), 레오니드 판텔레예브 (Leonid Pantelejew): 『슈키드』, 『뜨내기 공화국』
하인리히 쿠놉 (Heinrich Cunow): 『종교와 믿음의 기원』
귄터 덴 (Günther Dehn): 『프롤레타리아 청소년』
로베르트 드릴 (Robert Drill): 『신 청소년』
후고 에페로트 (Hugo Efferoth): 『이교도 성경』
빅토르 엥겔하르트 (Victor Engelhardt): 『시대의 전환에서』
에두아르트 에르케스 (Eduard Erkes): 『신이 창조 되었듯이』
테오도르 프릭케 (Theodor Fricke): 『프로이센의 프로테스탄티즘 역사』
오토 F. 카니츠 (Otto F. Kanitz): 『미래의 전사』
칼 카우츠키 (Karl Kautsky): 『기독교의 기원』
지크프리트 카베라우 (Siegfried Kawerau): 모든 저작물
케를뢰브-뢰벤슈타인 (Kerlöw-Löwenstein): 『생성하는 사회의 운반자로서의 어린이』
노르만 쾨르버 (Normann Köber): 『인간의 상』
칼 코르쉬 (Karl Korsch): 『마르크스주의와 철학』
파울 크리쉐 (Paul Krische): 모든 저작물 (Freidenker-Verlag 프라이뎅커 출판사)
안나 린데만 (Anna Lindemann): 『프롤레타리아 자유사상가들은 무엇을 하려고 하는가?』
벤야민 B. 린트자이-에봔스 (Benjamin B. Lindsey-Evans): 『현대 청소년의 혁명』
쿠르트 뢰벤슈타인 (Kurt Löwenstein): 모든 저작물
에밀 루트뷔히 (Emil Ludwig): 『인간의 아들』
게오르크 루카치 (Georg Lukács): 『역사와 계급의식』
테오 마이어 (Theo Mayer): 『자유 사고를 하는 인간들의 축제와 예배시간』

뮐러-리어 (Müller-Lhyer)
파울 외스트라이히 (Paul Oestreich): 모든 저작물
니콜라이 오근예프 (Nikolai Ognjew): 『코스챠 리아체프 Kostja Rjabzew』
알리세 뤼레 (Alice Rühle), 오토 뤼레 (Otto Rühle): 모든 저작물
안나 짐센 (Anna Siemsen): 『직업과 교육』
브루노 좀머 (Bruno Sommer): 『종교의 역사 제1권, 제2권』, 『성경』
빌리 슈타이거 (Willy Steiger): 『생동하는 청소년들이 생각하는 방학』

|부 록 3| 나치시대 금서 작가 (저술가 포함) 목록

알프레트 아들러 (Alfred Adler)
헤르만 아들러 (Hermann Adler)
막스 아들러 (Max Adler)
에른스트 앙엘 (Ernst Angel)
베른하르트 아쉬너 (Bernhard Aschner)
라울 아우에른하임어 (Raoul Auernheimer)

오토 바우어 (Otto Bauer)
비키 바움 (Vicki Baum)
요하네스 R. 베혀 (Johannes R. Becher)
리하르트 베어-호프만 (Richard Beer-Hofmann)
발터 벤야민 (Walter Benjamin)
마르틴 베라트 (Martin Beradt)
알리쎄 베렌트 (Alice Berend)
발터 아르투어 베렌트존 (Walter Arthur Berendsohn)
프릿츠 에른스트 베타우어 (Fritz Ernst Bettauer)
에른스트 브로흐 (Ernst Bloch)
펠릭스 브라운 (Felix Braun)
요셉 브라운탈 (Josef Braunthal)
베르톨트 브레히트 (Bertolt Brecht)
빌리 브레델 (Willi Bredel)
헤르만 브로흐 (Hermann Broch)

페르디난트 브루크너 (Ferdinand Bruckner)

알프레트 되블린 (Alfred Döblin)
욘 도스 파소스 (John Dos Passos)

카지미르 에드슈미트 (Kasimir Edschmid)
알베르트 에렌슈타인 (Albert Ehrenstein)
알베르트 아인슈타인 (Albert Einstein)
칼 아인슈타인 (Carl Einstein)
쿠르트 아이스너 (Kurt Eisner)
프리드리히 엥겔스 (Friedrich Engels)
한스 하인츠 에붸르스 (Hanns Heinz Ewers)

리온 포이히트방어 (Lion Feuchtwanger)
마리루이제 플라이써 (Marieluise Fleißer)
프리드리히 빌헬름 푀르스터 (Friedrich Wilhelm Foerster)
레온하르트 프랑크 (Leonhard Frank)
안나 프로이트 (Anna Freud)
지그문트 프로이트 (Sigmund Freud)
에곤 프리델 (Egon Friedell)
살로모 프리드랜더 (Salomo Friedlaender)

앙드레 지드 (André Gide)
클라이레 골 (Claire Goll)
오스카 마리아 그라프 (Oskar Maria Graf)
게오르게 그로스츠 (George Grosz)
에른스트 글레저 (Ernst Glaeser)

페르디난트 하르데코프 (Ferdinand Hardekopf)

야콥 하링거 (Jakob Haringer)
야로스라브 하젝 (Jaroslav Hašek)
발터 하젠클레버 (Walter Hasenclever)
라울 하우스만 (Raoul Hausmann)
하인리히 하이네 (Heinrich Heine)
막스 헤르만-나이쎄 (Max Herrmann-Neiße)
프란츠 헤쎌 (Franz Hessel)
마그누스 히르쉬펠트 (Magnus Hirschfeld)
야콥 봔 호디스 (Jakob van Hoddis)
외덴 폰 호르봐트 (Ödön von Horvath)

베라 인버 (Wera Inber)

하인리히 에두아르트 야콥 (Heinrich Eduard Jacob)
한스 헨니 얀 (Hans Henny Jahnn)
게오르크 옐리네크 (Georg Jellinek)
프란츠 융 (Franz Jung)

에리히 케스트너 (Erich Kästner)
프란츠 카프카 (Franz Kafka)
게오르크 카이저 (Georg Kaiser)
마샤 칼레코 (Mascha Kaleko)
알프레트 칸토르비치 (Alfred Kantorowicz)
칼 카우츠키 (Karl Kautsky)
한스 카일손 (Hans Keilson)
한스 켈센 (Hans Kelsen)
알프레트 케르 (Alfred Kerr)
헤르만 케스텐 (Hermann Kesten)
이름가르트 코인 (Irmgard Keun)

클라분트 (Klabund)
알마 요한나 쾨니히 (Alma Johanna Koenig)
렝카 폰 쾨르버 (Lenka von Koerber)
안네테 콜브 (Annette Kolb)
게르트루드 콜마 (Gertrud Kolmar)
파울 코른펠트 (Paul Kornfeld)
지크프리트 크라카우어 (Siegfried Kracauer)
테오도르 크라머 (Theodor Kramer)
칼 크라우스 (Karl Kraus)
아담 쿠크호프 (Adam Kuckhoff)

구스타프 란다우어 (Gustav Landauer)
엘제 라스커-쉴러 (Else Lasker-Schüler)
발디미르 일리취 레닌 (Wladimir Iljitsch Lenin)
레오폴트 리히트뷔츠 (Leopold Lichtwitz)
칼 리브크네히트 (Karl Liebknecht)
칼 리브리히 (Karl Lieblich)
후베르투스 프린츠 추 뢰벤슈타인 (Hubertus Prinz zu Löwenstein)
에른스트 로타 (Ernst Lothar)
에밀 루드뷔히 (Emil Ludwig)
로자 룩셈부르크 (Rosa Luxemburg)

앙드레 말로 (André Malraux)
하인리히 만 (Heinrich Mann)
클라우스 만 (Klaus Mann)
토마스 만 (Thomas Mann)
한스 마르히뷔차 (Hans Marchwitza)
발레리 마르쿠 (Valeriu Marcu)
루드뷔히 마르쿠제 (Ludwig Marcuse)

칼 마르크스 (Karl Marx)
발터 메링 (Walter Mehring)
구스타프 마이링크 (Gustav Meyrink)
에리히 뮈잠 (Erich Mühsam)
로베르트 무질 (Robert Musil)

알프레트 노이만 (Alfred Neumann)
로베르트 노이만 (Robert Neumann)

칼 폰 오씨츠키 (Carl von Ossietzky)
칼 오텐 (Karl Otten)
에른스트 오트발트 (Ernst Ottwalt)

헤르타 파울리 (Hertha Pauli)
쿠르트 핀투스 (Kurt Pinthus)
아델하이드 포프 (Adelheid Popp)

프릿츠 렉-말레체벤 (Fritz Reck-Malleczewen)
에릭 레거 (Erik Reger)
구스타프 레글러 (Gustav Regler)
빌헬름 라이히 (Wilhelm Reich)
에리히 마리아 레마르크 (Erich Maria Remarque)
칼 렌너 (Karl Renner)
요아힘 링겔나츠 (Joachim Ringelnatz)
루돌프 록커 (Rudolf Rocker)
루트 마가레테 뢸리히 (Ruth Margarete Roellig)
요셉 로트 (Joseph Roth)
오토 뤼레 (Otto Rühle)
알리쎄 뤼레-게르스텔 (Alice Rühle-Gerstel)

넬리 작스 (Nelly Sachs)
펠릭스 잘텐 (Felix Salten)
라엘 산차라 (Rahel Sanzara)
아르노 쉬로카우어 (Arno Schirokauer)
아르투어 슈니츨러 (Arthur Schnitzler)
안나 제거스 (Anna Seghers)
발터 세르너 (Walter Serner)
이그나치오 질로네 (Ignazio Silone)
오토 소이카 (Otto Soyka)
빌헬름 슈파이어 (Wilhelm Speyer)
루돌프 슈타이너 (Rudolf Steiner)
파울 슈테판 (Paul Stefan)
칼 슈테른하임 (Carl Sternheim)

리사 테츠너 (Lisa Tetzner)
아드린네 토마스 (Adrienne Thomas)
에른스트 톨러 (Ernst Toller)
프리드리히 토어베르크 (Friedrich Torberg)
B. 트라벤 (B. Traven)
레오 트로츠키 (Leo Trotzki)
칼 추픽 (Karl Tschuppik)
쿠르트 투홀스키 (Kurt Tucholsky)

프릿츠 폰 운루 (Fritz von Unruh)

야콥 바써만 (Jakob Wassermann)
알렉스 붸딩 (Alex Wedding)
아르민 T. 붸그너 (Armin T. Wegner)
에른스트 봐이스 (Ernst Weiß)

프란츠 붸르펠 (Franz Werfel)
오이겐 곳롭 뷩클러 (Eugen Gottlob Winkler)
프리드리히 볼프 (Friedrich Wolf)

파울 체히 (Paul Zech)
칼 추크마이어 (Carl Zuckmayer)
헤르뮈니아 추어 뮐렌 (Hermynia zur Mühlen)
아르놀트 츠바이크 (Arnold Zweig)
슈테판 츠바이크 (Stefan Zweig)

| 찾아보기 |

ㄱ

가해자 culprit, Täter 75

강제이주 compulsory change of residence, Zwangsumsiedlung 10, 11, 27, 34, 37, 38, 40

강제추방 deportation, Deportation 34, 35, 36, 37

게슈타포 (비밀국가경찰) gestapo, Gestapo (Geheime Staatspolizei) 70, 112, 126, 131, 133, 134, 138, 146, 149, 156, 192, 259, 272, 286, 332, 360, 383, 396, 402, 440, 506, 507

경유국 Transitland (Durchgangsland) 500, 502

고국 home country, Heimatland 4, 6, 17, 20, 34, 44, 239, 249, 250, 310, 318, 324, 325, 362, 364, 381, 403, 418, 459, 460, 461, 550, 578, 596

고데스베르크 강령 Godesberg Program, Godesberger Programm 283, 284

고향 homeland, Heimat 4, 17, 29, 34, 36, 37, 38, 42, 56, 96, 100, 101, 249, 315, 317, 344, 345, 346, 351, 354, 355, 361, 362, 370, 371, 375, 376, 378, 381, 387, 389, 390, 391, 392, 393, 400, 405, 406, 407, 417, 418, 421, 438, 439, 449, 454, 455, 459, 460, 462, 469, 499, 520, 521, 522, 532, 533, 537, 538, 539, 540, 543, 545, 546, 547, 548, 549, 551, 555, 557, 562, 566, 569, 593, 595

공무원 신분 원상회복법 The Law for the Restoration of the Professional Civil Service, Gesetzes zur Wiederherstellung des Berufsbeamtentums 147, 155, 162, 163, 165, 166, 170, 178, 180, 181, 182, 184, 185, 186, 193, 194, 196, 197, 199, 201, 203, 212, 213, 222, 223, 224, 226, 228

공산주의자 communist, Kommunist 19, 21, 22, 23, 28, 60, 68, 72, 75, 76, 78, 79, 87, 92, 93, 100, 109, 139, 238, 248, 255, 261, 264, 273, 275, 282, 283, 284, 286, 287, 289, 292, 294, 299, 300, 304, 322, 368, 379, 411, 425, 437, 454, 455, 457, 462, 494, 497, 498, 511, 536, 545, 586, 588, 590

과거사극복 coming to terms with the past, Vergangenheitsbewältigung 16, 18, 375, 402, 406, 428, 430, 432, 545

괼릿쳐 협정 Treaty of Zgorzelec, Görlitzer Abkommen 271

국가(國歌) national anthem, Nationalhymne 256, 278, 279, 280,

281
국가사회주의 national socialism, Nationalsozialismus 27, 89
국가사회주의자 (나치주의자) national socialist, National Socialist 60, 63, 87, 88, 89, 91, 92, 94, 95, 96, 102, 553
국적 nationality, Staatsangehörigkeit 41, 45, 135, 164, 168, 170, 182, 187, 192, 193, 200, 202, 206, 225, 243, 301, 302, 316, 326, 351, 364, 376, 388, 391, 392, 412, 418, 445, 461, 469, 500, 501, 529, 531, 533
국가주의 nationalism, Nationalismus 88, 89
국제 적색 구조대 international red aid, Internationale Rote Hilfe 272
긴 19세기 the long 19th century, Das lange 19. Jahrhundert 51, 52
긴급구조위원회 Emergency Rescue Committee 507, 508, 509, 533
긴급조치권 emergency decree, Notverordnung 68, 71, 77, 78

ㄴ

난민법 asylum law, Asylrecht 499
난민정책 asylum policy, Asylpolitik 499
난민지위 right of asylum, Asylrecht499
냉전 cold war, Kalter Krieg 53, 243, 252, 267, 284, 299, 365, 367, 368, 423, 436, 437, 531, 560, 564, 569, 578, 595
노동자- 병사 평의회 workers'- and soldiers council, Arbeiter- und Soldatenrat 274
뉘른베르크 법 Nuremberg Laws, Nürnberger Rassengesetze 71, 72, 90, 430, 558

ㄷ

다수자 majority, Mehrheit 33, 580, 589, 597
대(大)-베를린 Groß-Berlin 232, 237
대학살 Großer Terror (=대숙청 Große Säuberung) 139, 163, 273, 286, 287, 327
도주(자) refugee, Flüchtlinge 3, 37, 38, 45, 96, 97, 99, 102, 112, 122, 133, 134, 135, 136, 142, 151, 156, 191, 192, 197, 199, 204, 223, 350, 351, 355, 397, 412, 573
도피처 place of refuge, Zuflüchtsort 38
독가스실 gas van, Gaskammer 70, 192, 332, 486
독일 작가 보호연맹 Schutzverband deutscher Schriftsteller (SDS) 120, 135, 411, 422, 564
독일국적 86, 272, 454, 461, 492
독일대학생회 german student union, Deutsche Studentenschaft 80, 81
독일연방하원 Bundestag, Deutscher Bundestag 288
독일인민전선 Deutsche Volksfront 118, 120, 123, 128, 323
독일예술투쟁연맹 militant league for german culture, Kampfbund für deutsche Kultur 93
독일제국 german reich, Deutsches Reich 18, 63, 64, 65, 66, 70, 348, 371, 379, 401, 410, 479, 492
등 뒤에서 칼 찌르기 전설, stab-in-the-back myth,

Dolchstoßlegende 370, 371

ㄹ

로스알라모스 (국립) 연구소 Los Alamos National Laboratory (LANL) 162, 171, 173, 328

ㅁ

마셜플랜 marschallplan, Marschall-Plan 114, 264, 293
막스 플랑크 협회 Max-Planck-Gesellschaft (MPG) 177, 484
말살 uprooting, Entwurzelung 38, 75, 79, 90, 273
망명 독일작가 보호연맹 Schutzverband deutscher Schriftsteller im Exil 411
매카시즘 McCarthyism, McCarthy-Ära 299, 300, 301, 368, 545
맨해튼 프로젝트 Manhattan Project 162, 169, 170, 171, 172, 173, 328
멸시 discrimination, Diskriminierung 37, 74
무력군사점령 occupation, Okkupation 50
무국적자 stateless person, Staatenloser 39, 115, 168, 192, 460, 461, 501, 525
문화정책 cultural and educational policy, Kulturpolitik 27, 28, 88, 91, 92, 93, 94, 96, 248, 251, 420, 431, 596
문화혁명 cultural revolution, Kulturrevolution 53
뮌헨 소비에트공화국 Munich Soviet Republic, Münchner Räterepublik 47, 126, 182, 204, 355, 493, 494
미국의 소리 (방송) Voice of America, Stimme Amerikas 242, 246, 365
민족공동체 volksgemeinschaft, Voklsgemeinschaft 88, 89
민중봉기 (1953년 동독) Uprising of 1953 in East Germany, Aufstand des 17. Juni (DDR) 301, 369

ㅂ

(1848/49) 바덴혁명 Badische Revolution 499
박해 persecution, Verfolgung 34, 37, 38, 86, 94, 273, 290, 321, 382, 396, 397, 402, 510
반 마르크스주의 antimarxism, Antimarxismus 88, 91
반 의회주의 antiparlamentarism, Antiparlamentarismus 88, 90
반 자본주의 anticapitalism, Antikapitalismus 88, 91
발저-부비스논쟁 Walser-Bubis-Kontroverse 443
배신자 traitor, Verräter 325, 371, 418
베를린 강령 berlin programm, Berliner Programm 284
베를린 3월 투쟁 Berliner Märzkämpfe 410
변종예술 Degenerate art, Entartete Kunst 87, 154, 155, 157, 160
(독일의)보상정책 (Deutsche) Wiedergutmachungspolitik 329
보트 피플 boat people, Boatpeople 50
봐르트부르크 축제 wartburg festival, Wartburgfest 80
뿌리 뽑힘 uprooting, Entwurzelung 400, 503, 609

분서 book burning, Bücherverbrennung 27, 70, 71, 73, 75, 79, 80, 83, 84, 85, 86, 90, 94, 109, 126, 137, 355, 500, 534
붉은 군대 (혹은 적군 赤軍) red army, Rote Armee 149, 232, 274, 275, 276, 380
(OSS) 비밀보고서 (OSS) Geheimreport 444, 449
비시 정권 Régime de Vichy, Vichy-Regime 298
빌헬름 황제 협회 Kaiser-Wilhelm-Gesellschaft (KWG) 175, 176, 483, 484, 486

ㅅ

(폴란드) 11월 봉기 November Uprising, Novemberaufstand 499
12개의 테제 12 thesis, 12 Thesen 81
사회 시장경제 social market economy, Soziale Marktwirtschaft 264
사회다윈주의 social darwinism, Sozialdarwinismus 88, 89
사회민주주의자 social demokrat, Sozialdemokrat 232, 233, 238, 262, 282, 283, 285, 287, 289, 292, 304, 306, 322, 371, 455
사회주의자 socialist, Sozialist 21, 22, 29, 60, 72, 75, 76, 79, 92, 109, 238, 263, 264, 272, 283, 301, 404, 405, 418, 437, 453, 454, 462, 463, 464, 467, 468, 477, 493, 497, 498, 508, 511, 515, 531, 545
삶의 공간 이데올로기 ideology of Lebensraum, Lebensraumideologie 88, 91
서양문화정책협회 Gesellschaft für abendländische Kulturpolitik 120
선전부 (민족계몽과 선전부) Reich Ministry of Public Enlightenment and Propaganda, Reichsministerium für Volksaufklärung und Propaganda 27, 71, 94, 95
소련군점령지역 soviet occupation zone, Sowjetische Besatzungszone (SBZ) 19, 23, 28, 100, 233, 236, 247, 248, 264, 277, 287, 298, 304, 305, 314, 335, 367, 368, 369, 373, 379, 416, 454, 457, 565, 571, 572, 591
소수자 minority, Minderheit 33, 37, 39, 580, 588, 589, 597
수정의 밤 Night of Broken Glass, (Reichs)Kristallnacht 72, 90, 165, 510, 547
스파르타쿠스 봉기 spartacist uprising, Spartakusaufstand 272
스파르타쿠스단 spartacus league, Spartakusbund 272
시민권박탈(국적박탈) expatriation, Ausbürgerung 34, 39
시민권부여 naturalization, Einbürgerung 39
10월 혁명 october revolution, Oktoberrevolution 44, 46, 49, 52, 274, 275
11월 혁명 november revolution, Novemberrevolution 44, 47, 274, 371, 410, 492

ㅇ

아리안 조항 Aryan paragraph, Arierparagraph 194, 333
악 ill, Böse 27, 72, 73, 74, 75, 76, 90,

383, 439
얄타회담 Yalta Conference, Konferenz von Jalta 231
애도 Mouring, Trauer 356, 357, 363, 372, 374, 376, 406, 428, 432, 572
엘리트 elite, Elite 28, 55, 97, 109, 273, 284, 285, 286, 288, 290, 302, 371
오데르-나이세-경계 Oder-Neisse line, Oder-Neiße-Grenze 271
외국인법 foreigner law, Ausländergesetz 35
울브리히트 집단 Ulbricht group, Gruppe Ulbricht 273, 275, 276, 277, 286, 304, 322
워너브라더스 Warner Bros. Entertainment, Inc.151, 354, 510, 511, 517
유대인 배척주의 Antisemitism, Antisemitismus 88, 90, 291, 443
유럽 영화 기금 European Film Fund, EFF 510
유배 banishment, Verbannung 34, 36, 37, 42, 45
유엔한국임시위원단 UN Temporary Commission on Korea, Korea-Kommission der Vereinten Nationen 293
68세대 generation 68, 68er-Generation 15, 406, 578, 579
68운동 protests of 1968, 68er-Bewegung 294, 572, 578, 579
이데올로기 Ideology, Ideologie 2; 88, 89, 93, 95, 253, 255, 256, 371, 586, 588, 590, 591
20세기 20. century, 20. Jahrhundert 4, 13, 15, 16, 30, 43, 44, 45, 46, 49, 51, 52, 56, 63, 64, 88, 93, 263, 301, 307, 325, 326, 407, 408, 409, 456, 468, 590, 597, 598, 599, 600, 601, 602, 609
이주 resettlement, Umsiedlung 10, 11, 40, 44, 91, 132, 135, 137, 138, 139, 145, 167, 168, 179, 185, 188, 192, 195, 201, 202, 246, 271, 298, 301, 302, 308, 309, 310, 312, 313, 314, 315, 316, 330, 335, 351, 388, 406, 409, 412, 415, 572
이주자 resettler, Umsiedler 10, 40, 41, 557
인민전선전술 police of popular front, Volksfronttaktik 274
[동독 최고]인민회의 people's chamber, Volkskammer 271, 287, 295
인종주의 racism, Rassismus 88, 89

ㅈ

자유 독일 국가위원회 national committee for a free germany, Nationalkomitee Freies Deutschland (NFKD) 116, 117, 118, 119, 120, 136, 139, 273, 274, 323
자유 독일문화 친우 협회 Gesellschaft der Freunde freier deutscher Kultur 120
자유의지망명 40
재교육 re-education, Re-education (Umerziehung) 241, 251, 252, 253, 254, 255, 256, 277, 284, 394, 396, 401, 402, 405, 415, 549
저질과 오물법 Schund- und Schmutzgesetz 411
적대 외국인 enemy aliens, Feindlicher

Ausländer 114, 117, 118, 119, 121, 124, 125, 126, 128, 129, 130, 131, 134, 135, 136, 138, 142, 151, 152, 155, 156, 157, 223, 510, 511
전권 위임법 enabling act, Ermächtigungsgesetz 70, 71, 268, 269
전쟁 war, Krieg 3, 5, 45, 46, 47, 50, 51, 53, 59, 74, 98, 99, 234, 253, 254, 256, 267, 285, 370, 374, 375, 378, 380, 401, 414, 416, 418, 429, 443, 478, 479, 480, 482, 483, 487, 488, 489, 490, 491, 492, 536, 567, 569, 570, 600
전향자 renegade, Renegat 588
점령구역 occupied zone, Besatzungszone 234
점령군 (진주군) army of occupation, Besatzungsarmee 17, 18, 25, 28, 233, 234, 239, 240, 242, 247, 248, 249, 250, 251, 252, 253, 254, 256, 257, 262, 285, 364, 367, 376, 377, 399, 405, 415, 417, 418, 424, 429, 454, 455, 459, 461, 463, 555, 556, 591
정권장악 (권력장악) takeover, Machtergreifung 27, 54, 69
제3제국 the third reich, Das Dritte Reich 18, 39, 63, 64, 65, 78, 102, 103, 231, 232, 240, 256, 257, 373, 385, 402, 445, 446
제국 방송 주식회사 Reichs-Rundfunk-Gesellschaft mbH (RRG) 277
제국 재건법 (1934) Gesetz über den Neuaufbau des Reichs 70
제국의회방화사건 burning of the reichstag, Reichstagsbrand 27, 62, 69, 71, 72, 75, 76, 77, 78, 91, 92, 109, 116, 117, 120, 124, 125, 126, 141, 142, 349, 355, 412
제국의회방화사건 재판 process of reichstag fire, Reichstagsbrandprozess 76
제약 curtailment, Beschneidung 34
제재 sanction, Sanktion 34
조력자 collaborateur, Kollaborateur 358, 359, 418, 506
증오 odium, Odium 73, 74, 75, 145, 250, 291, 462, 533, 539, 554, 590, 599, 600, 604
지도자원리 Führerprinzip 88
지식인 (지성인) intellectual, Intellektuelle / intelligence, Intelligenz 21, 30, 60, 78, 97, 100, 109, 249, 301, 368, 400, 434, 437, 438, 500, 505, 506, 510, 565, 582, 585, 586, 587, 588, 589, 590, 591, 592, 595, 596, 597, 598, 599, 600
집단적 죄collective guilt, Kollektivschuld 15, 18, 428, 429, 430
집중수용소 (나치강제수용소, 유대인 수용소) concentration camps, Konzentrationslager, 70, 71, 78, 86, 97, 98, 99, 118, 131, 132, 138, 146, 155, 156, 165, 192, 215, 216, 226, 261, 263, 265, 286, 290, 295, 296, 327, 332, 374, 382, 383, 547, 555, 559, 581
짧은 20세기 the short 20th century, Das kurze 20. Jahrhundert 52, 53

ㅊ

1925 그룹 Gruppe 1925 411, 495, 502
체류불허 expulsion, Ausweisung 34, 35, 36, 37, 38, 500
총체적 죄 collective guilt, Kollrktivschuld 375, 432, 545
추방 expulsion, Vertreibung 3, 21, 22, 27, 34, 37, 38, 39, 41, 42, 43, 44, 45, 54, 59, 66, 75, 92, 104, 135, 145, 271, 312, 346, 389, 439

ㅋ

콜라보 collaborateur, Kollaborateur 418
콩피에뉴 휴전협정 (1918) Armistice of Compiègne, Waffenstillstand von Compiègne 492
콩피에뉴 휴전협정 (1940) Armistice of Compiègne, Waffenstillstand von Compiègne 506
쿠데타 coup, Putsch - 군사 쿠데타 military coup, Militärputsch 48, 49, 50, 51, 88

ㅌ

탈나치화 denazification, Entnazifizierung 234, 251, 252, 254, 255, 256, 401, 402, 405, 549, 554, 559
탈스탈린화 (스탈린 격하운동) De-Stalinization, Entstalinisierung 301
토지개혁 Land reform, Bodenreform 234, 235, 255

ㅍ

파리 평화회의 Paris Peace Conference, Pariser Friedenskonferenz 236
평화주의 pacifism, Pazifismus 481, 482, 488, 489, 491, 494, 496, 498, 535, 560
평화주의자 pacifist, Pazifist 168, 282, 323, 409, 453, 462, 478, 481, 485, 492, 493, 532, 536
폐허여성 Trümmerfrau 376, 377
폭력 force, Gewalt 27, 48, 50, 51, 54, 72, 74, 273, 463, 467, 468, 478, 482, 492, 535, 550, 570
프랑스 침공 Battle of France, Westfeldzug 506
(프린스턴) 고등연구소 Institute for Advanced Study (IAS) 161, 162, 167, 168, 182, 224, 327
피해자 victim, Opfer 75

ㅎ

혁명 revolution, Revolution 5, 45, 47, 48, 49, 50, 51, 54, 66, 67, 74, 91, 410, 423, 424, 463, 492, 579
혼종 hybridity, Hybridität 609, 613
화학무기 chemical weapon, Chemische Waffe 176, 483
흑색목록 blacklist, Schwarz Liste 80, 82, 83, 86, 383
히틀러 충성고백 Bekenntnis der deutschen Professoren zu Adolf Hitler 441, 442
히틀러 암살 계획 (1944년 7월 20일 거사) Attentat vom 20. Juli 1944 271, 360
히틀러-스탈린 협약 (1939년 독소 불가침 조약) Hitler-Stalin-Pakt 353

저자 소개

서장원 (徐長源, Jang-Weon Seo)

고려대학교 문과대학 독어독문학과 및 동 대학원 졸

구텐베르크-마인츠 대학교에서 독어독문학, 철학, 독일민속학 전공

구텐베르크-마인츠 대학교에서 17세기 독일 바로크문학 연구로 독문학 석사 (Magister Artium)

구텐베르크-마인츠 대학교에서 20세기 독일 망명문학 연구로 문학박사 (Dr.phil.)

고려대학교 인문대학 독일문화학과 교수

구텐베르크-마인츠 대학교 자비네 오버마이어 교수와 공동으로 '독일문학 디알로그 학회 (DeLiDi)' 창립

아 | 산 | 재 | 단 | 연 | 구 | 총 | 서

1. 전환기의 중국경제
   김윤환 외 | 단국대 경제학과
2. 폴란드 경제의 변천 개혁과 그 전망
   김광수 | 숭실대 경제학과
3. 재소한인
   이광규 외 | 서울대 인류학과
4. 소련산림과 임업
   홍성천 외 | 경북대 임학과
5. 아세안의 정치경제
   김국진 외 | 외교안보연구원
6. 태국의 사회변동과 경제발전
   최석만 외 | 전남대 사회학과
7. 중국의 사회경제 통계분석
   신한풍 외 | 고려대 통계학과
8. 중국의 정치와 경제
   박두복 외 | 외교안보연구원
9. 동유럽의 개혁과 시장경제의 도입
   허만 외 | 부산대 사범대학
10. 동유럽의 개혁운동
    박영신 | 연세대 사회학과
11. 현대 러시아 연구
    기연수 외 | 한국외대 노어과
12. 전략적 선택과 기업의 국제경쟁력
    이장호 | 서강대 경영대학
13. 협동사회의 정착과 정부의 역할
    이종범 외 | 고려대 행정학과
14. 한국 제조기업 생산성의 동적 분석
    노부호 외 | 중앙대 경영대학
15. 분배의 정의
    변형윤 외 | 서울대 경제학과
16. 도덕적 행동의 강화
    이훈구 외 | 연세대 심리학과
17. 관료부패와 통제
    김해동 외 | 서울대 행정대학원
18. 한국경제의 내실 있는 성장
    정창영 외 | 연세대 경제학과
19. 한국국민정신운동의 역사와 발전방향
    박수명 외 | 부산대 사범대학
20. 한국대학생의 가치성향과 상담효과
    이영희 외 | 숙명여대 교육학과
21. 가출청소년과 학교관리체제
    안창규 외 | 부산대 교육학과
22. 동북아 정세변화와 한 · 일관계
    한승조 외 | 고려대 정치외교학과
23. 언론과 부정부패
    정대철 외 | 한양대 신문방송학과
24. 한국의 고등학교 교육
    이원호 외 | 부산대 교육학과
25. 가족과 방송
    김학수 외 | 서강대 신문방송학과
26. 재정개혁의 전망과 재산세제의 개편 과제
    오연천 | 서울대 행정대학원
27. 청소년을 위한 전자게임 프로그램의 규제 및 평가체계 개발
    박혜원 외 | 울산대 가정관리학과
28. 정신장애자 가족의 사회심리적 특성
    이근후 외 | 이화여대 의과대학
29. 가족의 관계역동성과 문제인식
    이광규 외 | 서울대 인류학과
30. 현대인과 한국전통음식
    승정자 | 숙명여대 식품영양학과
31. 기업의 초고속정보통신망활용
    안중호 | 서울대 경영학과
32. 지역발전을 위한 교육자치제의 개선방안
    김남순 | 조선대 사범대학
33. 전환기의 공무원 가치관
    조경호 | 울산대 행정학과
34. 지방자치와 사회복지의 과제
    김영모 | 중앙대 사회복지학과
35. WTO체제하의 지방중소기업 지원정책
    최명주 외 | 계명대 통상학부
36. 현대한국의 시민운동
    이효선 | 중앙대 사회학과
37. 기업 세계화의 단계 및 정도의 측정
    허영도 외 | 울산대 경영학과
38. 가족복지를 위한 가족주치의 시범사업의 효과
    이혜리 외 | 연세대 가정의학교실
39. 한국대학생의 삶의 만족도
    김재은 외 | 이화여대 교육심리학과
40. 지역경제와 지역산업구조의 개편방향
    정기화 외 | 전남대 경제학부
41. 중국기업의 소유형태별 경영특성
    노철화 외 | 부산대 무역학과
42. 남북한의 인성 · 사상교육
    한승조 외 | 고려대 정치외교학과

43 연계적 뇌기능 조언을 위한 의료용 멀티미디어 시스템의 설계
유선국 | 연세대 의용공학교실

44 다민족국가의 민족문제와 한인사회
최협 외 | 전남대 인류학과

45 저소득층지역 청소년 여가문화와 소집단 활성화
박문수 외 | 서강대 사회학과

46 삶의 질의 국제비교와 지역간 비교분석
이재기 외 | 울산대 경제학과

47 21세기 지역주민의 삶의 질
양종회 외 | 성균관대 사회학과

48 삶의 질에 대한 국가간 비교
조명한 외 | 서울대 심리학과

49 외국인 노동자의 노사관계와 사회적 적응
석현호 외 | 성균관대 사회학과

50 한국의 사법제도와 발전 모델
정종섭 | 건국대 법학과

51 고령화사회와 중상층 노인의 사회활동
조성남 외 | 이화여대 사회학과

52 한국의 서비스 시장 개방정책
한홍렬 | 한양대 경제학부

53 한국과 AFTA간의 교역증진 및 경제 협력방안
손일태 외 | 경희대 경제통상학부

54 물류비 절감을 위한 무역업체의 정보화전략
이영수 외 | 경북대 경제통상학부

55 사회주의 체제전환과 사회정책
오정수 외 | 충남대 사회복지학과

56 남북통일 이후 농업생산체계 개편
홍성규 외 | 건국대 농업경제학과

57 국제화와 세계화
하영선 외 | 서울대 외교학과

58 IMF 개혁정책의 평가와 한국경제의 신(新) 패러다임
조동근 | 명지대 경제학과

59 구조개혁과 실업대책
박동운 | 단국대 경제무역학부

60 21세기 신노사관계
심윤종 외 | 성균관대 사회학과

61 학교에서의 집단 따돌림
이춘재 외 | 가톨릭대 심리학과

62 한국노인의 정신건강실태와 건강증진
조맹제 외 | 서울대 의과대학

63 혁명과 개혁 속의 중국 농민
김광억 | 서울대 인류학과

64 중국의 경제환경과 한국기업의 진출 전략
지용희 외 | 서강대 경영학과

65 김대중 대통령의 시스템 사고
김동환 | 중앙대 공공정책학부

66 실업과 가족해체
최일섭 외 | 서울대 사회복지학과

67 합리적 부채비율 조정방안
오상근 | 동아대 경제학과

68 한국 중산층의 생활문화
문숙재 외 | 이화여대 소비자 · 인간발달학과

69 계층간 갈등상태에서 최적소득세
김진욱 | 건국대 경상학부

70 글로벌 경쟁력 제고를 위한 기업전략과 조직구축
이만우 외 | 고려대 경영학과

71 의료보험과 국민연금의 관리효율화를 위한 통합방안
사공진 외 | 한양대 경제학부

72 정부개혁의 과제와 전략
박우서 외 | 연세대 행정학과

73 책임운영기관 제도에 관한 비교분석
김근세 | 가톨릭대 행정학과

74 새로운 패러다임하에서의 한국기업의 바람직한 지배구조
최운열 외 | 서강대 경영학과

75 현대 한국사회의 계층구조
양춘 외 | 고려대 사회학과

76 한국의 산업정책과 산업구조조정
강인수 | 숙명여대 경제학부

77 기업구조조정
김석진 | 경북대 경영학부

78 지식경영을 위한 인적자원 개발 및 관리체계
장영철 | 경희대 경영학부

79 뉴 비즈니스 모델
전성현 | 국민대 정보관리학부

80 중산층의 정체성과 소비문화
함인희 외 | 이화여대 사회학과

81 외국관광객 유치를 위한 마케팅 전략
박상규 | 강원대 경영학과

82 한국인의 세대별 문학의식
이동순 | 영남대 국문과

83 공공부문의 효율성 평가와 측정
김재홍 외 | 울산대 사회과학부

84 한국 청소년의 정치의식과 형성요인
김광웅 외 | 숙명여대 아동복지학과

85 한국 대학생의 정치의식
배한동 | 경북대 윤리교육과

86 산업의 정보화와 산업발전
이기동 | 계명대 통상학부

87 한국 제조업의 고용조정 분석
이종원 외 | 성균관대 경제학부

88 지식자산에 대한 경영전략적 평가모형 개발
배재학 외 | 울산대 컴퓨터 · 정보통신공학부

89 관광사업을 위한 한국적 이미지의 휴식복 개발
채금석 | 숙명여대 의류학과

90 한국 정치제도의 개혁
신정현 | 경희대 사회과학부

91 e비즈니스와 아웃소싱 전략
정승화 외 | 연세대 경영학과

92 집단 따돌림의 진단 및 치료방안
홍준표 | 중앙대 인간생활환경학과

93 16대 총선과 낙선운동
조기숙 | 이화여대 국제대학원

94 부동층 유권자 행태 분석
진영재 | 연세대 정치외교학과

95 사이버 공동체의 성공요인
이재관 | 숭실대 경영학부

96 온라인 소비자 행동의 이론과 실증
윤성준 | 경기대 경영학부

97 글로벌 시대 정약용 세계관의 가능성과 한계
차성환 | 한일장신대 역사사회학과

98 러시아의 체제전환 과정에서 나타난 국가의 역할과 그 전망
이상민 외 | 부산대 정치외교학과

99 남북한의 경제발전 수준과 산업구조 비교, 그리고 경제교류 협력방향
주성환 | 건국대 경제학과

100 집단따돌림과 교육해체
한준상 | 연세대 교육학과

101 공적연금제도의 효율성과 개선방안
유금록 | 군산대 행정복지학부

102 벤처기업-대기업의 성공적인 협력 모델
나중덕 | 경산대 경영학과

103 북한의 재외동포정책
조정남 외 | 고려대 정치외교학과

104 사이버 공동체 형성의 역동적 모형
장용호 | 서강대 신문방송학과

105 기업이론과 기업의 소유지배구조
김일태 외 | 전남대 경제학부

106 가축분뇨 자원화를 위한 공동이용조직에 대한 농가선호도 분석
유덕기 | 동국대 생명자원경제학과

107 개혁정책과 전문가 집단
이경원 외 | 제주대 행정학과

108 현대 한국사회의 이중가치체계
신수진 외 | 이화여대 가정관리학과

109 한국의 산업구조 변화와 기업집단 다각화 전략
김용학 외 | 연세대 사회학과

110 지식정보사회의 경제적 모형 설정 및 사례 연구
김범환 | 배제대 경영정보학부

111 변호사징계제도
오종근 | 한림대 법학부

112 인터넷 특허법
김순석 | 광주대 법학과

113 e-비즈니스 시대의 금융 및 재정정책의 새로운 패러다임
이종욱 | 서울여대 경제학과

114 청소년의 하위문화와 정체성
조성남 | 이화여대 사회학과

115 디지털금융시대의 금융구조변화와 정부규제 및 정책
이충열 | 고려대 경제학부

116 지식경영을 위한 기업의 조직설계방안
김경수 외 | 전남대 경영학과

117 전자금융의 발달과 경제정책의 새로운 패러다임
이명훈 | 명지대 경제학과

118 동아시아의 안보와 유엔체제
강성학 편저 | 고려대 정치외교학과

119 유료 치매노인 그룹홈의 개발과 관련 정책
최정신 외 | 가톨릭대 소비자 · 주거학과

120 소비자 지향적 문화산업 정책
홍영준 | 호남대 광고홍보학과

121 국제 · 국가 · 지방 환경규제의 연계
정준금 외 | 울산대 행정학과

122 현행 회사 합병 · 분할제도의 평가와 개선방안
옥무석 외 | 이화여대 법학과

123 배려지향적 도덕성과 정의지향적 도덕성
정옥분 외 | 고려대 사범대학

124 기업구조조정에 대한 채권금융기관 및 금융감독기관의 역할과 책임
이중기 | 한림대 법학과

125 실업대책으로서 한국의 법정기준근로 시간 단축
박영범 | 한성대 경제학과

126 프랑스어의 비분리성 소유개념 표현
노윤채 | 연세대 언어정보연구원

127 지방채의 효율적 관리방안
강태구 | 호원대 법행정학부

128 21세기 산업구조 변화와 과학기술정책
임채성 외 | 그리스도신학대 경영정보학부

129 인터넷 쇼핑몰 이용자의 불평행동
예종석 | 한양대 경영학부

130 한국기업의 성과급제도 현황, 효과 및 개선방안
김성수 | 서울대 경영학과

131 전자상거래와 소비자보호
서민교 외 | 경일대 인터넷국제통상학과

132 평생학습 사회에서의 인적자원개발을 위한 사회적 파트너십 구축
김영화 | 홍익대 교육학과

133 한국 공교육의 새로운 구상과 전략
권대봉 외 | 고려대 교육학과

134 한국의 정부개혁
김태룡 | 상지대 행정학과

135 지방정부 생산성 측정의 이론과 실제
이은국 외 | 연세대 행정학과

136 불가 시문학론
배규범 | 경희대 학술연구 교수

137 남북경제교류의 법적 문제
제성호 | 중앙대 법학과

138 경제위기와 청소년 발달
구인회 | 서울대 사회복지학과

139 생명과학기술의 응용과 기본권보호적 한계
정상기 외 | 한남대 법학과

140 경제발전과 정치환경의 한·일 비교분석
정갑영 외 | 연세대 동서문제연구원

141 한국 공교육의 진단
윤정일 외 | 서울대 교육학과

142 우리나라 지방자치 발전을 위한 자치단체장의 역할
정성호 외 | 경기대 사회과학부

143 의료보험제도의 개혁방안
권순원 | 덕성여대 경제학과

144 중등 도덕교육의 현실과 문제
손동현 외 | 성균관대 철학과

145 사이버공동체 발전론
이명식 | 상명대 경영학과

146 남북경협 확대에 대비한 북한 담보제도의 정비방안
박훤일 | 경희대 법과대학

147 한국 공무원 인사제도 개혁
김판석 | 연세대 행정학과

148 교사화법 교육
임칠성 외 | 전남대 국어교육과

149 세계화의 문화정치학
임혁백 외 | 고려대 정치외교학과

150 효과적인 e-SCM을 위한 의사결정 조정 시스템 모형
이원준 | 성균관대 경영학부

151 환경거버넌스
김종순 외 | 건국대 행정학과

152 자동차산업의 인적자원관리
이덕로 | 서원대 경영학부

153 한국과 영국 간 지식기반산업 비교
이명호 | 한국외대 경영학과

154 한국 벤처기업의 기술네트워킹 및 기술마케팅 전략
장영일 | 인제대 경영학부

155 회사변호사의 윤리
오승종 | 성균관대 법과대학

156 미디어교육론
이정춘 | 중앙대 신문방송학과

157 조선시대 서원과 양반
윤희면 | 전남대 역사교육과

158 환경문제와 철학
박찬국 | 서울대 철학과

159 노인보건복지 이론과 실제
김명 외 | 이화여대 보건교육학과

160 북한의 법체계
권재열 외 | 숭실대 법학과

161 생명공학기술의 안전성 확보에 관한 법적 고찰
이재협 | 경희대 법학부

162 청소년복지학
김성이 외 | 이화여대 사회복지학과

163 변화하는 세계, 변화하는 복지국가
조영훈 | 동의대 사회복지학과

164 의리의 윤리와 한국의 유교문화
김낙진 | 진주교대 도덕교육과

165 미국의 통상정책과 통상법
윤충원 | 전북대 무역학과

166 사회복지 프로그램 평가
김학주 | 경상대 사회복지학과

167 환경주의와 지속가능한 발전
정대연 | 제주대 사회학과

168 무역과 환경
김기홍 외 | 경기대 경제학부

169 산업계 유해폐기물의 위험과 관리
김금수 | 호서대 경상학부

170 백범 김구의 지적 계발과정 탐색
문용린 | 서울대 교육학과

171 태평양전쟁 발발 이후 일제의 인적 지배와 그리스도교계의 대응
윤선자 | 전남대 사학과

172 거버넌스 상황에서 갈등관리를 위한 대체적 분쟁해결제도
서순복 | 광주대 법정학부

173 시장경제의 유형과 민주주의
최배근 | 건국대 경상학부

174 일본고전소설 총론
김현정 | 국립한국전통문화학교

175 국어 교육을 위한 국어 문법론
이관규 | 홍익대 국어교육과

176 율곡의 군주론
전세영 | 부산교대 윤리교육과

177 동북아시아 환경협력
정서용 | 명지대 법학과

178 기후변화협약과 기후정책
신의순 외 | 연세대 경제학과

179 인터넷과 국제 학술정보 네트워크-하이퍼링크 분석
박한우 | 영남대 언론정보학과

180 국내 기업복지의 활성화 방안
최수찬 | 연세대 사회복지대학원

181 세계화와 인간안보
김우상 외 | 연세대 정치외교학과

182 세계문화유산 종묘 이야기
지두환 | 국민대 국사학과

183 한국 평생교육의 사회철학적 과제
곽삼근 | 이화여대 교육학과

184 강점모델
정순둘 | 이화여대 사회복지학과

185 글로벌시대의 계약법
박영복 | 한국외대 법과대학

186 배심제와 시민의 사법참여
안경환 | 서울대 법학과

187 동북아공동체
김재한 | 한림대 정치외교학과

188 정치 참여와 탈물질주의
김욱 | 배재대 정치외교학과

189 퍼지전문가회로망을 이용한 금융기관의 사이버 기업여신결정 지원시스템의 개발
권혁대 | 목원대 경영학과

190 환경정책과 환경법
송인성 | 전남대 지역개발학과

191 포스트모던 시대의 평생교육학
한숭희 | 서울대 교육학과

192 현대 한국인의 세대경험과 문화
박길성 외 | 고려대 사회학과

193 서구의 근로연계복지
김종일 | 건국대 사회복지학과

194 사회복지운동론
현외성 | 경남대 사회복지학과

195 외국의 역모기지 사례
유선종 | 건국대 부동산학과

196 옛이야기와 어린이문학
이지호 | 진주교대 국어교육학과

197 노인사회복지관광의 정책과제와 방안
김창수 | 경기대 관광학부

198 복지서비스의 민간위탁 시스템 분석
김순양 | 영남대 행정학부

199 새로운 빈곤층의 대두와 정부의 정책과제
김진욱 | 건국대 경제학과

200 문화행정론
김정수 | 한양대 행정학과

201 스칸디나비아 노인용 코하우징의 계획과 적용
최정신 외 | 가톨릭대 생활과학부

202 북한의 자연생태계
공우석 | 경희대 지리학과

203 통계로 이해하는 러시아
전홍찬 | 부산대 정치외교학과

204 사회복지법인의 경영과 회계
이동규 | 충남대 회계학과

205 의약분업 정책과정
차흥봉 | 한림대 사회복지학과

206 지역공동체와 평생교육
오혁진 | 동의대 평생교육학부

207 아동보호서비스의 실제
한미현 | 백석대 사회복지학부

208 그린마케팅
박재기 | 충남대 경영학부

209 아동권리와 아동복지
이혜원 | 성공회대 사회복지학과

210 국제 이주와 인도인 디아스포라
김경학 | 전남대 인류학과

211 질병과 의료의 사회학
조병희 | 서울대 보건대학원

212 북한이탈주민의 사회통합을 위한 지역복지실천의 모색
이기영 | 부산대 사회복지학과

213 치매노인케어론
조유향 | 초당대 간호학과

214 노인상담입문
서혜경 외 | 한림대 대학원 사회복지학과

215 '통일 이후 통일과정'으로서의 독일 통일영화
이준서 | 이화여대 독어독문학과

216 중국의 사회보장
오정수 | 충남대 사회복지학과

217 환경자원의 경제적 가치와 환경오염의 사회적 비용
김재홍 | 울산대 사회과학부

218 사회복지프로그램의 경제적 평가방법
박창제 외 | 상주대 사회복지학과

219 자유의지와 결정론
안건훈 | 강원대 철학과

220 심리학자들이 쓴 행복한 결혼의 심리학
채규만 외 | 성신여대 심리학과

221 현대 해석학 강의
양해림 | 충남대 철학과

222 한국인의 주거 빈곤과 공공주택
하성규 | 중앙대 도시 및 지역계획학과

223 IMF 경제위기와 한국 출산력의 변화
김두섭 | 한양대 사회학과

224 동아시아의 영토분쟁과 국제법
이석우 | 인하대 법학부

225 독일 복지국가와 사회복지서비스
정재훈 | 서울여대 사회사업학과

226 사회복지사를 위한 실용 비모수통계
엄명용 | 성균관대 사회복지학과

227 피해자학 연구
이윤호 | 동국대 경찰행정학과

228 광고언어창작론
박영준 외 | 부경대 국어국문학과

229 환경규제 패러다임의 전환
한철 | 한남대 법학과

230 고령사회의 노동환경변화와 고용시스템의 문제점 및 법적 대응
고준기 | 국립군산대 법학과

231 세계화와 소득불평등
이성균 외 | 울산대 사회과학부

232 유비쿼터스 사회의 이해
안중호 외 | 서울대 경영학과

233 국제환경책임법론
박병도 | 건국대 법학과

234 한국의 선거와 민주주의
윤종빈 | 명지대 정치외교학과

235 한국 시민운동의 구조와 동학
조대엽 외 | 고려대 사회학과

236 또래관계
송영혜 | 대구대 재활심리학과

237 해외 한국기업과 현지인 노동자
석현호 외 | 에스콰이아학술문화재단

238 독일 국가복지에서 민간복지단체의 역할과 의미
차성환 외 | 한일장신대 사회복지학부

239 청정공학
조정호 | 동양대 생명화학공학과

240 한국전통연희론
심상교 | 부산교육대 국어교육학과

241 정신장애와 가족
서미경 | 경상대 사회복지학부

242 빈곤통계의 작성과 활용
김주환 | 동국대 정보통계학과

243 인터넷과 한국정치
강원택 | 숭실대 정치외교학과

244 북한의 시장경제이행
정영화 외 | 서경대 법학과

245 시스템사고로 본 지속가능한 도시
문태훈 | 중앙대 도시및지역계획학과

246 실버산업과 유비쿼터스 컴퓨팅
고일상 | 전남대 경영학부

247 재활상담과 사례관리
나운환 | 대구대 직업재활학과

248 영유아교육기관에서의 장애 이해 교육
유수옥 | 우석대 유아특수교육과

249 장애의 사회적 의미와 사회통합
박수경 | 대진대 사회복지학과

250 경제분석의 수리적 기초
조인성 | 공주대 경제통상학부

251 비영리부문의 비교연구
김승현 | 서울산업대 행정학과

252 고등교육경제학
반상진 | 전북대 교육학과

253 과학윤리교육의 이론과 방법
조희형 | 강원대 과학교육학부

254 결혼이민자가족의 이해
김오남 | 대불대 사회복지학과

255 동아시아 국가의 공공부조
신동면 | 경희대 사회과학부

256 특수아동 진단 및 평가
이나미 | 대불대 특수교육과

257 계약형 사회복지와 권리옹호시스템
이명현 | 경북대 상주캠퍼스 사회복지학과

258 실내공기질 및 위해성 관리
양원호 | 대구가톨릭대 산업보건학과

259 충남 방언 문법
한영목 | 충남대 국어국문학과

260 교육권론
노기호 | 군산대 법학과

261 도시경관계획론
임승빈 | 서울대 조경 · 지역시스템공학부

262 교통의 새로운 패러다임
김형철 | 경원대 도시계획 · 조경학부

263 노인의 삶의 질 향상을 위한 주거환경 디자인
천진희 | 상명대 디자인대학 실내디자인전공

264 사회복지와 문화
박병현 | 부산대 사회복지학과

265 장애인복지의 이론과 실제
이선우 | 인제대 사회복지학과

266 창의성 개발을 위한 디자인교육 콘텐츠
김선영 | 인천가톨릭대 조형예술대학 환경디자인학과

267 구성주의 사회복지 실천 기술론
고미영 | 서울신학대 사회복지학과

268 장애아교육학
김기흥 | 부산교육대 유아교육과

269 지역사회복지와 자원부문
한상진 외 | 울산대 사회학과

270 환경관리회계
육근효 | 부산외국어대 회계학부

271 인권 관점에서 보는 장애인복지
유동철 | 동의대 사회복지학과

272 정신증상
송지영 | 경희대 의과대학병원 신경정신과

273 사이버공간의 사회심리학
이성식 외 | 숭실대 정보사회학과

274 노인에 대한 사회적 돌봄과 돌봄 서비스의 질 보장
최희경 | 신라대 가족노인복지학과

275 아동 심리치료의 실제
신현균 | 전남대 심리학과

276 사회복지와 위험관리
노충래 | 이화여대 사회복지전문대학원

277 국제 탄소시장의 이해
양승룡 | 고려대 식품자원경제학과

278 타자의 초상
신문수 | 서울대 영어교육과

279 한국정치와 환경정치
나정원 | 강원대 정치외교학과

280 북한이주민
윤인진 | 고려대 사회학과

281 음주의 사회경제적 비용
정우진 외 | 연세대 보건대학원

282 지방정치와 동북아 도시거버넌스
박재욱 | 신라대 행정학과

283 노숙인 복지론
남기철 | 동덕여대 사회복지학과

284 유럽통합과정과 지역협력
이규영 | 서강대 국제대학원

285 사회복지재정 연구
지은구 | 계명대 사회과학대학 사회복지학과

286 지역사회 교육개혁을 위한 시민사회 조직의 참여
김영화 | 홍익대 교육학과

287 복지사회를 대비한 국민연금의 구조개혁
박영석 외 | 서강대 경영학부

288 한미 FTA 지재권 협상에 따른 의약품 분야 사회후생 변화
오근엽 | 충남대 무역학과

289 산업입지, 환경 그리고 지역경제
이기동 외 | 계명대 국제통상학과

290 감성지능 개발을 통한 삶의 질 향상
김경수 외 | 전남대 경영학부

291 교육복지론
이용교 외 | 광주대 사회복지학부

292 인간과 행복에 대한 철학적 성찰
박찬국 | 서울대 철학과

293 유럽연합의 사회통합 사례와 교훈
이무성 | 명지대 정치외교학과

294 민영화와 사회후생
이상호 | 전남대 경제학부

295 북한의 교육학 체계 연구
최영표 외 | 동신대 교육대학원

296 한국 지속가능발전의 구조와 변동
정대연 | 제주대 사회학과

297 우리나라의 공익 연계 마케팅에 관한 연구
임승희 | 전주대 경영학부

298 시각장애인복지론
김영일 | 조선대 특수교육과

299 그린에너지와 환경촉매
정석진 | 경희대 화학공학과

300 취약학교 초등학생을 위한 온라인 보건 교육 프로그램
박경옥 | 이화여대 보건관리학과

301 신탁제도를 통한 고령자의 보호와 지원
최수정 | 서강대 법학전문대학원

302 사회적 약자계층에 대한 실태분석 및 정책방안
이은우 외 | 울산대 경제학과

303 한류 문화와 동북아 공동체
최혜실 | 경희대 국어국문학과

304 노동유연화와 해고보호법
권혁 | 부산대 법학전문대학원

305 사회복지 위험관리의 이해
박미은 | 한남대 사회복지학과

306 의료기관의 회계와 세무
노준화 | 충남대 경영학부

307 여성인적자원의 전문성 확보를 위한 경력개발
백지연 | 이화여대 국제사무학과

308 정신병리
강선경 | 서강대 신학대학원

309 바다의 반란 적조
윤양호 | 전남대 해양기술학부

310 한국 장애인 복지 발달사
이성규 | 서울시립대 사회복지학과

311 서양예술 속의 동양 탐색
진상범 | 전북대 독어독문학과

312 한국인의 도덕성 발달 진단
문용린 | 서울대 교육학과

313 영국정치와 국가복지
고세훈 | 고려대 공공행정학부

314 인간학적 사유를 여는 중도·중복장애 교육학
이숙정 | 단국대 특수교육과

315 개별화 교육과정
이소현 | 이화여대 특수교육과

316 인간의 긍정적 성품
권석만 | 서울대 심리학과

317 지방자치와 지역여성의 전망
이혜숙 | 경상대 사회학과

318 한국 현대 노년소설 연구
전흥남 | 한려대 교양학부

319 정보격차 해소를 위한 창의적 정보교육 프로그램
이영준 외 | 한국교원대 컴퓨터교육과

320 한국 가족과 젠더
손승영 | 동덕여대 교양학부

321 한국의 복지혼합
김진욱 | 서강대 신학대학원

322 사회자본과 자원봉사
김태룡 외 | 상지대 행정학과

323 농촌교육복지연구
박삼철 | 단국대 교양학부

324 사회정체성 평가 차원에 대한 국제 비교조사
이명진 | 고려대 사회학과

325 캐나다 복지국가 연구
조영훈 | 동의대 사회복지학과

326 한국의 소수자운동과 인권정책
전영평 외 | 서울대 행정대학원

327 한국과 미국의 보육서비스 전달체계와 품질 비교분석
김근세 외 | 성균관대 국정관리대학원

328 한국사회의 소득불평등과 국민 의료이용
이용재 | 호서대 사회복지학과

329 정보시대의 인간안보
조화순 | 연세대 정치외교학과

330 가족의 사회경제적 특성과 아동발달
김광혁 | 전주대 사회복지학과

331 초·중·고등학생의 학업소진 진행과정 및 경로분석
이상민 | 고려대 교육학과

332 다문화사회의 사법통역
이지은 | 이화여대 통역번역대학원

333 동아시아 지역주의
유현석 | 경희대 정치외교학과

334 환경친화적 공공시설관리와 지역공동체의 삶의 질
이소영 | 중앙대 실내디자인·주거환경학과

335 의료보험의 법정책
김나경 | 성신여대 법과대학

336 양극화 시대 가족해체와 청소년의 적응에 관한 한국과 미국의 비교 연구
오승환 외 | 울산대 사회복지학과

337 기업의 사회적 책임과 지역경제사회발전 연구
허영도 외 | 울산대 경영학부

338 노인의 삶의 질 향상을 위한 온라인 소셜 네트워크 구축 방안
김진우 | 연세대 경영학과

339 청소년 생활역량
윤명희 외 | 동의대 평생교육학과

340 외국인 배우자의 다양성과 국제결혼의 안정성
김두섭 | 한양대 사회학과

341 정보인권의 규범구체화
이민영 | 가톨릭대 법학과

342 한국 사회복지실천의 고유성
최성재 외 | 서울대 사회복지학과

343 스웨덴의 환경책임 실천모형
최희경 | 경북대 행정학부

344 자율운동과 주거공동체
윤수종 | 전남대 사회학과

345 한국인의 공공봉사동기
김상묵 | 서울과학기술대 행정학과

346 한국 이혼가정 아동의 성장
김혜숙 | 경인교육대 교육학과

347 동양 사상과 노인 복지
홍승표 외 | 계명대 사회학과

348 노동과 사회보장의 연계
오문완 | 울산대 법학과

349 학습장애 위험군 아동의 조기선별을 위한 읽기검사 표준화 연구
김애화 외 | 단국대 특수교육학과

350 신·재생에너지에 기초한 녹색성장과 사회통합
김인호 | 이화여대 법학전문대학원

351 문화교류역량과 다문화 경영이 기업 경영성과에 미치는 영향
임병학 외 | 부산외대 경영학부

352 빈곤영유아의 발달과 적응
정익중 외 | 이화여대 사회복지학과

353 민사법질서와 인권
양천수 | 영남대 법학전문대학원

354 성년후견제도와 사회복지제도의 연계
신권철 | 서울시립대 법학전문대학원

355 한국 다문화사회의 이방인
김순양 | 영남대 행정학과

356 현대 시민사회와 소비자계약법
이병준 | 한국외대 법학전문대학원

357 개인의 사회적 정보보호를 위한 공공정보서비스 개선 연구
장항배 | 상명대 경영학과

358 여성교육투자에 대한 교육경제학적 탐색
백일우 외 | 연세대 교육학부

359 사회적 기업과 지속가능한 지역발전
임업 외 | 연세대 도시공학과

360 다문화가정 구성원에 대한 투트랙 한국어 교육방안 연구
박시균 | 군산대 국어국문학과

361 아시아의 빈곤과 한국기업의 역할
한인수 | 충남대 경영학부

362 유치원·초등학교 연계 환경교육
박희숙 | 공주대 유아교육학과

363 비정규 고용과 사회정책
구인회 외 | 서울대 사회복지학과

364 사생활의 자유에 관한 비교법적 연구
이창현 | 서강대 법학전문대학원

365 다중융합 환경 기반의 미디어스킨을 활용한 문화콘텐츠 디자인 적용방안에 관한 연구
오문석 외 | 광운대 미디어영상학부

366 북한이탈주민 여성의 성인식 관련 기초조사
한인영 외 | 이화여대 사회복지학과

367 노인주택 파노라마
유선종 | 건국대 부동산학과

368 시설보호 청년의 적응
정선욱 | 덕성여대 사회복지학과

369 다수 집단과 소수 집단의 심리
김혜숙 | 아주대 심리학과

370 바이오 휴머니티
권택영 | 경희대 영어학부

371 프랑스 다문화교육의 이해
이경수 | 상명대 불어교육과

372 한·중 서비스산업의 비교분석과 교역 확대 방안
김상호 | 리츠메이칸 아시아태평양대 국제경영학부

373 현대의학에 있어서 생명의 시간과 인간의 존엄
김학태 | 한국외대 법학전문대학원

374 0~3세 영유아의 영상물 과몰입 실태조사 및 정신건강증진 프로그램 개발과 적용
이경숙 | 한신대 재활학과

375 복지국가의 조세와 정치
양재진 외 | 연세대 행정학과

376 청소년기 자살행위 실태와 관련 요인
박선희 | 경희대 간호과학대학

377 기술혁신에 따른 지역 간 정보격차
최정혜 외 | 연세대 경영대학

378 한국 사회의 이중구조와 생애주기적 불평등
안상훈 편 | 서울대 사회복지학과

379 소비자의 친환경행동에 영향을 미치는 사회적·경제적 가치에 대한 고찰
송재기 | 텍사스테크대 경영학과

380 어머니 양육행동 관련 변인들과 유아 사회정서행동 간의 구조모형 분석
심숙영 | 숙명여대 원격대학원

381 조선족 여성, 동남아시아 여성 그리고 새터민의 적응 유형 분석 및 삶의 질 향상 방안 모색
정태연 | 중앙대 심리학과

382 세계의 연금, 한국의 연금
허만형 | 중앙대 공공인재학부

383 노인요양원과 문화 변화
최재성 | 연세대 사회복지학과

384 시민사회와 국제개발협력
손혁상 | 경희대 공공대학원

385 복지국가의 변화와 빈곤정책
김윤태 | 고려대 사회학과

386 다문화가정의 미디어 이용과 사회적 자본의 관계
진창현 | 경기대 경영학과

387 사회진출 대졸 초년생의 탄력성 변화 양상
이상민 | 고려대 교육학과

388 사회자본과 경제 발전 그리고 정부의 질
도수관 | 대구가톨릭대 행정학과

389 망명과 귀환이주
서장원 | 고려대 독일문화학과

아 | 산 | 재 | 단 | 연 | 구 | 보 | 고 | 서

1 한국인의 도덕성 연구
배해수 | 고려대 국문학과

2 산업화와 청소년 진로
이원호 | 울산대 교육학과

3 공동체의식과 시민운동
김영섭 | 한양대 행정학과

4 한국청년의 삶의 의미 충족도와 만족적 태도
안정수 | 경희대 철학과

5 중국조선족의 사회발전과 한·중관계의 위상
손장권 | 고려대 사회학과

6 해송림 "솔껍질깍지벌레"의 천적 및 주요 종의 생태
김규진 | 전남대 농생물학과

7 사회정의와 실천윤리
박종대 | 서강대 철학과

8 동구개혁의 영향
김달중 | 연세대 정치외교학과

9 한국청소년의 의식세계
김문조 | 고려대 사회학과

10 고강도 철근 콘크리트 구조의 실용화
정헌수 | 중앙대 건축학과

11 신기술의 연관형태 및 출현예측의 구조모형
권철신 | 성균관대 산업공학과

12 민간기업의 연구개발을 위한 조세정책
권영훈 | 한양대 경제학부

13 기술개발 활성화방안
송승구 | 울산대 화학공학부

14 부패의 현상과 진단
이문조 | 영남대 정치외교학부

15 연구투자의 지역적 편중화와 부산지역의 기초과학연구 활성화방안
윤웅찬 | 부산대 화학과

16 GATT의 신구 덤핑방지협정과 그 대응방안
전창원 | 동국대 무역학과

17 한국사회의 도덕성 제고를 위한 진단과 처방
황경식 | 서울대 철학과

18 새로운 노사관계 방향
이진규 외 | 고려대 경영학과

19 21세기 동북아 정세예측과 한국의 전략적 대응방안
최평길 외 | 연세대 행정학과

20 소련의 한국에 대한 정책목표분석
신승권 | 한양대 정치외교학과

21 메모리 커패시터용 $Pb(Zr_xTi_{1-x})O_3$ 강유전체 박막의 제작과 특성
장지근 외 | 단국대 전자공학과

22 러시아 국제법학의 전통
김용구 | 서울대 외교학과

23 유럽연합의 현황과 전망
김동현 외 | 성균관대 행정학과

24 중국의 정치동원
송영우 외 | 건국대 정치외교학과

25 산업적 활용을 위한 이동로보트 시스템의 개발
박민용 외 | 연세대 전자공학과

26 중국조선족의 정치사회화과정과 동화적 국민통합의 방향
전인영 외 | 이화여대 사회생활학과

27 공적부조의 이론과 실제
최일섭 외 | 서울대 사회복지학과

28 대외통상환경의 변화와 법제개편
서헌제 | 중앙대 법학과

29 기업금융의 국제화
최생림 | 한양대 경영학부

30 자동차부품공업의 노사관계
김호진 외 | 고려대 행정학과

31 산업화 과정에서의 한국가족의 실태와 전망
정창수 외 | 성균관대 사회학과

32 공무원 가치관 실태와 정립방안
배병룡 외 | 경상대 행정학과

33 해외귀국청소년의 국내적응연구
이장영 | 국민대 사회학과

34 초고속정보통신망에서 LAN서비스 제공방안
이재용 | 연세대 전자공학과

35 WTO체제의 정책적 대응
김병진 외 | 경희대 행정학과

36 유럽의 통합정치
최수경 외 | 충남대 정치외교학과

37 유기질폐기물을 이용한 고단백사료원인 조류의 생산공정
최정우 외 | 서강대 화학공학과

38 초고속정보통신망의 수용성과 정책방향
박영상 외 | 한양대 신문방송학과

39 중국의 강남사회와 한중교섭
조영록 외 | 동국대 사학과

40 세계화시대의 사회 · 문화의식
신행철 외 | 제주대 사회학과

41 국내 외국인 노동자의 문제와 대책
성규탁 외 | 연세대 사회복지학과

42 노인인력 활용정책과 프로그램
김정후 외 | 강원대 법과대학

43 한일간 학술교류 현황과 활성화방안
정홍익 외 | 서울대 행정대학원

44 계량모형에 의한 한일 경제관계의 이해
김명직 외 | 한양대 경제학부

45 직장인의 음주행태와 삶의 질
진기남 외 | 연세대 보건행정학과

46 유통정보 시스템의 구조와 설계
정용길 | 충남대 경영학과

47 남북통일 이후 사회통합을 위한 교육의 역할
안기성 외 | 고려대 교육학과

48 대중음악에 심취한 청소년들의 심리적 특성
김인경 외 | 연세대 인간행동연구소

49 멀티미디어 시스템을 활용한 교육환경의 개선방안
김한일 | 제주대 컴퓨터교육학과

50 탈냉전기 한일관계의 쟁점
최상룡 | 고려대 정치외교학과

51 자치시대 새로운 '삶의 질' 지표의 모색
김형기 외 | 경북대 경제통상학부

52 유럽통합의 역내외 협력과 갈등
이호재 외 | 고려대 정치외교학과

53 21세기를 대비한 신노사관계
김재원 | 한양대 경제학부

54 대학의 시간제학생 등록제
안규철 외 | 전남대 교육학과

55 21세기에 대비한 방송통신정책
한진만 외 | 강원대 신문방송학과

56 주민참여를 통한 혐오시설 관리운영방안
박균성 외 | 경희대 법학부

57 여성의 정치적 권리인식과 정치참여
전경옥 외 | 숙명여대 정치외교학과

58 한국인 위장질환과 식생활 · 환경요인 및 *H. pylori* 감염과의 관계
이양자 외 | 연세대 식품영양학과

59 학생과 시민의 자원봉사활동
윤정일 외 | 서울대 교육학과

60 동북아 환경문제와 지역환경협력의 모색
신연재 외 | 울산대 정치외교학과

61 노인 자원봉사활동을 통한 사회통합 프로그램 개발
김동배 | 연세대 사회복지학과

62 물류정보 시스템
김태현 | 연세대 경영학과

63 전자식 문서교환을 이용한 항공화물 운송체계
민재형 | 서강대 경영학과

64 청소년과 성
이근후 | 이화여대 의과대학

65 민족통합과 무궁화호 위성의 남북한 공동활용방안
방정배 | 성균관대 신문방송학과

66 채식주의가 20대 여성의 영양상태와 에스트로겐 대사에 미치는 영향
성미경 | 숙명여대 식품영양학과

67 가상정보공간을 통한 지역개발 활성화 전략
유재천 외 | 한림대 언론정보학부

68 조산아 관리현황 및 정책수립 방안
박상기 외 | 조선대 의과대학

69 남북한관의 의식조사와 통일교육 개선방안
김동규 외 | 고려대 북한학과

70 동양 전통 자연사상 탐구
장동순 | 충남대 환경공학과

71 초고속정보망의 시뮬레이터 구현
한기준 | 경북대 컴퓨터공학과

72 유통원가 시스템의 유효성
정다미 | 명지대 경영학과

73 국악과 문화관광의 만남
정익준 외 | 동아대 국제관광통상학부

74 기업의 지식경영 활용사례
김창은 | 명지대 산업공학과

75 선진국과 한국의 직업교육 · 훈련제도의 특성과 한계
정주연 | 고려대 경제학과

76 제주지역 성인 여성의 자원봉사활동
이상철 외 | 제주대 사회학과

77 M&A와 문화충돌 관리
박원우 | 서울대 경영학과

78 폐금속광산 인근 주민들의 중금속 오염실태
정종학 외 | 영남대 의학과

79 북한 농촌 · 농업실태와 인력자원개발 시스템을 통한 북한 농민의 구호방안
박성열 | 건국대 교육공학과

80 중소 소매점의 경쟁력과 소매성과
채명수 외 | 한국외대 무역학과

81 고령자를 위한 쾌적한 실내온도와 착의량의 설정
정운선 | 안동대 의류학과

82 지역문화 이벤트 PR
박종민 | 경희대 언론정보학부

83 인터넷 지역정보화의 실태와 전략
유평준 외 | 연세대 행정학과

84 여성 삶의 질 향상을 위한 사회교육 활성화 방안
김양희 | 중앙대 가족복지학과

85 벤처기업과 벤처금융
강대석 외 | 충남대 무역학과

86 구조조정기에 있어서 실업대책과 사회안전망 구축
박천익 | 대구대 경제학과

87 한국 유아의 조기교육
이명조 외 | 한국외대 교육대학원

88 남북한 경제공동체 형성전략
이상만 | 중앙대 경제학과

89 지방자치회계의 투명성과 주민의 알 권리
권찬태 외 | 경북대 경영학부

90 정치지도자의 정책리더십
이해영 | 경일대 행정학과

91 경제위기와 한국인의 복지의식
신광영 외 | 중앙대 사회학과

92 북한의 노동
김강식 | 한국항공대 경영학과

93 우리나라 중소기업의 정보기술 활용 현황과 경쟁력 강화를 위한 제안
정승호 | 부산외대 정보시스템학과

94 인간배아복제의 법적·윤리적 문제점과 그 해결방안
최병규 | 한경대 법학부

95 가치변화에 따른 투표행태
조찬래 외 | 충남대 정치외교학과

96 인터넷 경매에서의 계약체결과 소비자 보호
이기수 외 | 고려대 법과대학

97 세계화시대 남북한 통합의 방향과 과제
윤민재 | 서울대 사회발전연구소

98 글로벌 시대 지방정부의 문화마케팅 전략
박흥식 | 중앙대 행정학과

99 대졸여성실업의 실태분석 및 대학-노동 시장 간 효율적 연계방안
이은우 외 | 울산대 사회과학부

100 그린 투어리즘의 분석
이응진 | 대구대 관광학부

101 지방자치단체장의 부정부패
오일환 | 한양대 아태지역연구센터

102 산업화가 유교체제하 중국여성의 지위에 미친 영향
천성림 | 배재대 사회과학연구소

103 움직이는 말하기
유혜숙 외 | 나사렛대 교양학부

104 장애학생을 위한 특수교육공학의 활용
김용욱 | 대구대 중등특수교육과

105 지식기반사회의 평생교육 이해와 평생교육 프로그램 개발
박성열 | 건국대 교육공학과

106 N세대의 미술교육
김동철 | 대구교육대 미술교육학과

107 노후계획과 투자
권택호 | 여수대 국제통상학과

108 영화산업
양영철 | 경성대 연극영화학부

109 동유럽의 변혁과 언론의 역할
정대수 | 경남대 정치언론학부

110 환율, 임금, 물가가 국제경쟁력 및 수출입산업에 미치는 영향
하인봉 | 경북대 경제통상학부

111 일본기업의 기술혁신 전략
위정현 | 중앙대 상경학부

112 노후보장정책과 역저당연금제도
조덕호 외 | 대구대 행정학과

113 유비쿼터스 라이프와 미래 사회
김석수 | 한남대 멀티미디어공학과

114 죽음과 관련된 생명윤리적 문제들
구인회 | 가톨릭의과대 인문사회과학교실

115 경제적 세계화와 빈곤문제, 그리고 국가
김준현 | 한일장신대 인문사회과학부

116 한국의 세계불교유산
김종명 | 한국학중앙연구원 한국학대학원

117 복지레저서비스론
고태규 | 한림대 국제학부

118 자생적 철학체계로서 인간중심철학
선우현 | 청주교대 윤리교육과

119 전략적 통합과 한반도 평화체제
김승채 | 고려대 정책대학원

120 환경사법론
전경운 | 경희대 법학부

121 인터넷 자료를 통해 본 한국의 이혼 문화와 사회복지
성정현 외 | 협성대 사회복지학과

122 유럽연합의 사회정책에 관한 연구
문진영 | 서강대 신학대학원 사회복지학과

123 여성건강의 통합적 관점
김혜원 | 관동대 간호학과

124 복잡계 네트워크 과학
강병남 | 서울대 물리천문학부

125 경제적인 3세대 전원주택 개발
박근준 | 호서대 건축공학과

126 사회복지와 인적자원개발
이상일 | 인제대 국제경상학부